戦後歴史学用語辞典

木村茂光【監修】
歴史科学協議会【編】

東京堂出版

はじめに

二一世紀も最初の一〇年が過ぎ、「平成」生まれの大学生が卒業を迎える時代となった。そして、「戦後」も六五年を超え、長さでは「昭和」という時代を追い越してしまった。このような時間の経緯の中で、「戦後」という時間的枠組みの有効性も疑問視されつつあるといってよいであろう。

また歴史学は、急激に進んだ世界のグローバル化と社会主義体制の「崩壊」に際して、それまでの一国史的な歴史観ないし単線的な歴史発展史観を克服したものの、その後においては、残念ながら未だ新たなグランド・セオリーを構築できない状況が続いている。

一方この間、戦後の歴史学界を担ってきた諸先輩が相次いで逝去された。研究課題・対象の拡大と細分化が進行する中で、諸先輩が創り上げてきた戦後歴史学の成果やそこで創られ使われてきた歴史用語自体が、若い研究者や研究を志す院生・学生には十分理解できない状況が生まれてきていることも間違いない。

しかし、現在の歴史学の達成が、それを肯定的に受け止めるにしても批判的に受け止めるにしても、戦後歴史学の大きな成果の上に成り立っていることは、何人であろうと否定することはできないし、否定すべきでもない。したがって、これからの歴史学の発展さらにグランド・セオリーの構築は、戦後歴史学の成果をしっかりと受け止め、その批判的検討を通じてしか実現できないことは明らかである。

このような研究をめぐる状況を踏まえ、現時点において戦後歴史学を理解する上で必要・不可欠と思われる歴史用語を選び、簡便な解説を加え、かつ基本的な参考文献を付すことによって、戦後歴史学の基本的な成果を確認しておきたいと考え、『戦後歴史学用語辞典』の編集を思い立った。若い研究者・院生・学生諸君がこれからの研究を進める上での一助になれば望外の喜びである。

本来ならば、東洋史・西洋史を含めた歴史学全体をカバーすべきであるが、時間的な問題や本の規模の問題もあり、今回は日本史に関する用語を中心とし、必要な範囲で東洋史・西洋史についても言及することにした。

以上のような編集の意図を理解され、若い研究者・院生・学生諸君を始め多くの方々が、本書を研究・教育のさまざまな分野で活用されることを切に願っている。

二〇一二年六月三日

編集企画委員
木村茂光（代表）
黒尾和久
田中禎昭
近藤成一
若尾政希
源川真希

目次

凡例

一　項目の選定は、書名のとおり、戦後歴史学において議論されてきたテーマに沿って選択したが、一部、現在の研究状況を踏まえ、近年議論されている項目も入っている。

二　項目の分類は、Ⅰ　代表的論争に関わる用語、Ⅱ　時代を理解するための体制に関する用語、Ⅲ　時代を理解するための基本用語、に三区分して選択した。

三　解説の分量はⅠⅡが二ページ、Ⅲは一ページを基準とした。

四　時代は、便宜的に原始・古代・中世・近世・近現代に区分し、時代順に配列して、最後に史資料と記録・保存を配置した。各時代とも、Ⅰ・Ⅱは五～六項目、Ⅲは四〇項目前後を選択し、ⅠⅡⅢの順に配列し、その中を編年で配列するのを原則とした。なお、原始は取り組みが遅れたこともあり、上記の基準に基づいて立項ができなかった。他日を期したい。

五　執筆に際しては、論争の契機、項目の提起などの研究状況とその後の展開がわかるように努めた。

六　参考文献は、本文中には初出年を西暦の下二桁（例：一九九八年→九八）で表記し、論文名・書名・出版社などは、巻末の【参考文献】に項目別に一括して記し、著者の五十音順に配列した。

七　巻末の参考文献においては初出年を（初出一九九八）などと表記した。ただし、論文集・著作集などに収録された論文については、執筆者の判断を尊重し、論文集などに収録される以前の所収誌を記したものもある。

八　本書の出版は、歴史科学協議会の出版活動の一部である。

戦後歴史学用語辞典

前期旧石器存否論争《ぜんききゅうせっきそんぴろんそう》

前期旧石器存否論争とは、三万年以前の日本列島に人類が存在したのかという論争である。理解の鍵は、論争を生じた背景と実際の論争の過程の二点にある。

論争を生じた背景　近代考古学は西欧の学問であり日本にはない輸入の学問であるから、その思想、用語や方法などはすべて西欧に負っている。前期旧石器研究も例外ではない。ヨーロッパの前期旧石器研究とヨーロッパ人の民族起源論研究は、進化論の是非およびキリスト教歴史観との相克、後には第一次世界大戦を引き起こしたナショナリズムに関係のある研究といえる。ことに一九世紀末～二〇世紀の初めはコッシナの民族起源論（エガース八一）が代表的な研究であり、その研究は帝国主義と深く結びついた。

大日本帝国は一九一六（大正五）年に京都帝国大学考古学講座を開講させ、大英帝国ロンドン大学留学を終えた濱田耕作（一八八一～一九三八）を助教授とした。濱田が留学から帰国した一九一六年は、第一次世界大戦（一九一四～一八年）の真最中である。この考古学講座には、日本民族の起源を探るという国家政策と深く関わりをもつ使命があり、ヨーロッパに起こった民族起源論の思想と方法をそのまま大日本帝国に持ち込む目的があったのである。

明治時代にもスコットランド人医師マンロー博士が一九〇五（明治四一）年に神奈川県の酒匂川から前期旧石器かと思われる石を採集・報告しているが、明治政府の目にとまらなかった。それは明治政府が未だ民族主義を、帝国主義を標榜する国民国家の価値として正式に認知していなかったからであろう。

一九四五（昭和二〇）年の敗戦翌年に天皇裕仁によってだされた人間宣言は国体の崩壊を意味するものであった（小熊九五）。一九四八（昭和二三）年七月には、これまで無視されつづけてきた東京大学蔵の石膏型を、勅任官教授であった長谷部言人が五〇万年前の「ニポナントロプス」（明石原人）として命名し、民族の起源をはるか数十万年延長した。

実際の論争

［河内国府遺跡の前期旧石器］　濱田が帰国して間もない一九一六（大正七）年に、京都帝国大学講師の喜田貞吉（一八七一～一九三九）が、河内の国府遺跡の礫層下白色粘土層から旧石器が出土することを講演会で述べると、早速に濱田はその真偽を確かめるために発掘調査を行い、〈石器と同じ地層から須恵器などの新しい遺物が出土するので旧石器とはならない〉と結論している。

喜田は「混合民族論の最大のイデオローグであった」（小熊九五）ので、民族の起源を旧石器に求めたのであった。そして喜田が述べた旧石器とはハンドアックスに似た形状をもつ石器であり、それは前期旧石器をさしている。

［岩宿遺跡の前期旧石器］　濱田の国府遺跡の発掘以後、旧石器は日本列島に存在しないことが定説となったが、一九四九（昭和二四）年に岩宿遺跡の発掘が行われると、旧石器の存在がにわかに脚光を浴びることになる。今では岩宿遺跡の旧石器は「後期旧石器」といわれる三万年より新しい新人段階の石器であるが、発掘当初は異なった。発掘を主導した当時の杉原荘介明治大学助教授（一九一三

～一九八三）は、出土した「ハンドアックス」を一〇万年前の原人の石器であると朝日新聞・毎日新聞東京版に発表した。これは明らかに日本原人（明石原人）を想定したものであった。後に杉原は青森県金木遺跡の発掘などを経て前期旧石器の存在そのものを否定し、岩宿遺跡の成果を最終的に「先土器」へと時代呼称を変化させ、結果的に岩宿遺跡の前期旧石器説は否定された。

［丹生遺跡の前期旧石器］　一方東京大学の山内清男は縄文時代を遡ることで日本民族起源論を追求していたが、岩宿遺跡を頑として認めない立場を貫き、一九六二（昭和三七）年二月に発見された大分県丹生遺跡の石器を前期旧石器とした。角田文衛ら古代学協会により六二年の秋から六年間発掘調査が続けられたが、石器は表土層や攪乱層から出土し、既に先土器時代説にシフトしている杉原荘介の反論もあり、丹生遺跡は前期旧石器の壇上から降板する。

［芹沢長介の前期旧石器］　岩宿遺跡を杉原荘介とともに発掘した芹沢長介（一九一九～二〇〇六）は前期旧石器追求を深めていく。一九六四年に別府湾を挟んで丹生遺跡の対岸にある早水台遺跡で、基盤直上から石英脈岩のチョッピング・ツールを発見する。芹沢は中国の周口店遺跡との関連を説いた。一九六五年には、斎藤恒民が栃木県の星野遺跡を発見し、芹沢は斎藤の発見した石核をルヴァロワ石核とした。一方、相澤忠洋も北関東をフィールドとして夏井戸遺跡など珪岩製前期旧石器を追い求めていった。芹沢が珪岩製前期旧石器とした遺跡は岩宿0文化層、栃木市向山遺跡Ⅳ文化層など北関東で一四ヵ所にものぼるが、杉原荘介をはじめとする研究者は相澤のものも含め人工品とは認めなかった。岩宿遺跡の発掘以後、ローム層から石器が出土することは確実になったが、それは炭素年代とも相俟って三万年を遡らない後期旧石器であることが定説化し、前期旧石器は存在しないことが確定的になっていったのである。

［前期旧石器捏造事件］　一九八一年に座散乱木《ざざらぎ》遺跡で芹沢長介の弟子の岡村道雄を中心とし東北大学の大学院生を含む石器文化談話会によって三万年以前の石器が発掘され、前期旧石器が仙台を中心として発見されはじめる。その遺跡数は八七年だけでも三三ヵ所にも及んだ。

しかし、二〇〇〇年一一月五日に毎日新聞によって上高森遺跡の捏造が報道され、日本考古学協会によって二〇〇三年にはこれらの発見はすべて捏造であったことがわかった。この捏造事件は、芹沢長介の弟子の岡村道雄が主導した芹沢前期旧石器研究の集大成であり（竹岡一一a）、この点から前期旧石器の捏造はまさしく日本考古学に埋め込まれた日本民族の起源を追求するという濱田耕作以来の思想を背景にもつと考えられる。

［捏造事件以後と今後の前期旧石器研究］　捏造事件以後も、長野県竹佐中原遺跡、長崎県入口遺跡、島根県砂原遺跡などを前期旧石器とする研究がでてきているが、出土層・人工品の認定など捏造事件以前と変わらない問題が多い。前期旧石器の存否論争は捏造事件を経ても続いている。今後は民族起源論を超克し、前期旧石器の研究を真に世界史に通用する研究に発展させることがのぞまれる（竹岡一一b）。

（角張淳一）

縄文農耕論《じょうもんのうこうろん》

縄文時代に植物栽培や農耕が行われたという仮説であり、一世紀以上議論されている。

縄文農耕論が乗り越えようとする定説、縄文時代が狩猟、漁撈、採集による食料採集経済、弥生時代が水稲耕作を主とする食料生産経済とする枠組みは一九三二～三三年にかけて『ドルメン』に掲載された山内清男の「日本遠古之文化」にはじまる（山内三二～三三）。西欧の新石器時代の経済基盤が農耕や牧畜によるという見解が有力になってきた当時、山内は西欧の新石器時代と縄文時代を比較しながらも、①泥炭層遺跡の植物遺体や土器の種実圧痕の厳密な検証から縄文時代における栽培植物の存在に確実な証拠を欠き、②ドングリやサケを主食、保存食とし、高度な精神文化をもつカリフォルニアIndianをモデルとし、③当初から縄文時代の短期編年観をもっていた山内は日本列島の新石器時代の特異性を意識し、④当時の最先端の研究から、地理的環境で西欧でも農耕の伝播が遅れる北欧や島国英国を先史時代の日本列島の農耕起源のモデルとし、⑤日本列島の栽培植物が大陸起源とする当時の植物学の最先端の研究成果を自説の前提とし、縄文時代を農業が行われていない新石器時代に位置づけた。ミネルヴァ論争を経て、土器型式編年に基づく縄文、弥生の年代序列の確立のもと、山内の縄文時代、弥生時代の経済史観が戦後の日本先史考古学のパラダイムとなった。

一方、縄文時代に栽培、農耕があるとする縄文農耕論も古い歴史をもつ。戦前では神田孝平にはじまり、神奈川県勝坂遺跡の調査で打製石斧の大量出土に着目した大山柏の打製石斧の用途を農具と推定する説が登場する（Kanda 1884、大山二七）。また、森本六爾は縄文時代における原初的農耕を想定し、その証拠を探索した（森本三四ほか）。大山や森本の論はミネルヴァ論争で山内が対立した、東日本の縄文式は西日本の弥生式に接触するという当時の主流の年代観が前提であるが、農耕をもつ新石器時代観を意識した論といえる。

戦後でも一九四五年から一九七〇年代にかけては、藤森栄一の縄文中期農耕論（藤森四九ほか）や賀川光夫の縄文後晩期農耕論（賀川六六ほか）など中部高地の縄文時代中期や九州の縄文時代後晩期の遺跡数・遺物数の多い大遺跡の成立背景を農耕に求めた仮説や、文化人類学の調査から日本列島の基層をアジアの照葉樹林帯に求め、狩猟→半栽培→栽培・農耕のモデルを提案した照葉樹林文化論など体系的な仮説が提案されたほか、澄田正一のヒエ馴化、大型化（澄田五五）、酒詰仲男のクリ大型化（酒詰五七）の仮説が提案された。

藤森の縄文中期農耕論や賀川の縄文後晩期農耕論は論の骨子の一つに打製石斧の用途を農具と捉え、特定の時期・地域に打製石斧の数が増加する現象に着目するが、これは神田・大山の説の流れを引く。遺跡数や遺物数の増加を農耕に求める考え方は、新石器時代革命の考え方を引く。いずれも栽培や農耕の決定的な証拠を欠いたが、地域の特色ある文化とその背景を明らかにする方向性、植物食利用の実態を追究する方向性、東アジア先史文化との対比の方向性などを示した。

渡辺誠の縄文時代の植物食の研究（渡辺七五）などは藤森の縄文中期農耕論の問題意識に直面した部分がある。また照葉樹林文化論により考古学に半栽培や管理栽培の概念が導入された。

一九七〇年代後半から一九八〇年代において福岡県板付遺跡、佐賀県菜畑遺跡などで縄文時代晩期後半突帯文土器期の水田址が検出され、突帯文土器期には水田稲作が導入されていたことが明らかになり、それらを「弥生時代早期」と扱う概念も提案された。また、縄文時代遺跡から栽培植物とされるシソ属、エゴマ、「リョクトウ」類似種、ヒョウタン、アサなどが検出された。それらの同定には走査型電子顕微鏡の観察が有効性を発揮している。「リョクトウ」類似種は野生種ヤブツルアズキかノラアズキに訂正された。考古学に自然科学分析が積極的に導入された動向は、遺跡検出の植物遺体に関心が高まる契機となった。

一九九〇年代から二〇〇〇年代にかけて、岡山県南溝手遺跡、福田貝塚、熊本県大矢遺跡、長崎県権現脇遺跡など西日本で突帯文土器群期を遡る縄文時代中期末～後晩期土器から「籾圧痕」「オオムギ」「アワ」やイネの害虫であるコクゾウムシが検出され、西日本における縄文後晩期のイネ栽培が一時期確実視された向きもあった。これには土器の種実圧痕などにシリコン樹脂を注入、型取りして、走査型電子顕微鏡で観察するレプリカ法が開発され（丑野・田川九一）、土器の種実圧痕の分析が進んだ面もあるが、籾痕土器の時期比定や種実の同定に問題があった（中沢〇九）。コクゾウムシ圧痕も縄文時代早期土器から確認され、当時のコクゾウムシが堅果類を食べたと考えられ、イネ存在の状況証拠と言えなくなった。縄文時代遺跡・遺構から検出された炭化米なども注目されたが、AMS炭素年代測定により後世の混入であることが判明した。二〇一一年の段階で突帯文土器群を遡るイネの存在を示す確実な資料はない。

一九九〇年代以降に一方で議論が活発化しているのは、クリ、ヒエ、マメ科など日本列島の野生種が縄文時代に管理・栽培され、種実が大型化したという仮説である。また、有用植物のウルシが管理・栽培されたとする仮説もある。マメ科については、レプリカ法により中部高地の縄文時代中期土器や九州の後晩期土器から栽培ダイズ大のダイズ属圧痕の検出が相次いだ。それらが実際に栽培されたか否かの検証はまだ課題であるが、少なくとも縄文時代のマメ科利用が明確となった。

クリについては、陽樹のクリを除草などで生育環境を整え、管理し、長期継続遺跡の経済基盤を支えたとする仮説（荒川編〇九ほか）、一年性の生産ではなく、クリなど森林の資源を管理や移植で増産したという、縄文時代を森林性新石器時代と括る概念（今村九九）、果実の有用性や生育の早さ、木材利用の有用性も踏まえて、「クリ林経済」とする概念も提案されている。中部・関東ではクルミも同様だろう。有用植物の管理は縄文時代の高度な有用植物利用として開発された技術の一つとして理解できるが、管理の実態の検証や生業活動全体、それを行う社会組織の復元を含めて評価する必要がある。

（中沢道彦）

弥生時代起源論争《やよいじだいきげんろんそう》

弥生時代の時代区分論　弥生時代は、戦前期に森本六爾らにより先史稲作農耕文化として設定された。戦後多くの発掘調査により、その存在が北海道・沖縄を除く日本列島各地に広がっていることが確認されたが、採集狩猟社会とされた縄紋時代との区分について、大きな議論がなされてきた。一つは「板付縄文水田」の発見を契機とした佐原真らに代表される「弥生早期論争」、もう一つは国立歴史民俗博物館を中心とした年代測定研究グループによる炭素14年代による「弥生時代開始年代五〇〇年遡行説」である（春成ほか〇四）。前者は、弥生時代を何で規定するかという問題が大きく、弥生時代生業論や縄紋農耕論とも関連する。後者は炭素14年代測定の考古学への適用をめぐって議論されたが、鉄器・金属器など弥生文化論とも結びつく。

弥生早期の設定　弥生時代設定当初は低火度焼成・無文を特徴とする弥生土器を用いる文化が弥生時代とされたが、土器編年研究により細かく土器様相がわかるようになると縄紋時代晩期終わりの土器、古墳時代はじめの土師器、それぞれと弥生土器は連続的な変化であり、物質として区分できないことから、水田稲作の導入で縄紋時代と画し、前方後円墳の出現で古墳時代と画する時代区分が主流を占めた（佐原七五）。一九七八年、福岡県板付遺跡で縄紋時代晩期夜臼《ゆうす》式土器を伴う水田が弥生前期水田の下位からみつかり、「縄文晩期水田」と呼ばれた。その後も九州北部佐賀平野の菜畑《なばたけ》遺跡で同時期の水田がみつかるなど北部九州で縄紋晩期後半とされてきた時期の水田が存在することがわかり、弥生時代を生業から規定する佐原真らは、弥生時代早期として設定した（佐原八六）。しかし弥生早期に相当する水田は北部九州以外に広がらないこともあり、議論を呼んだ。現在でも、水田遺構が確認された遺跡は縄紋時代晩期の文様を持つ土器文化でも弥生時代早期の所産とする立場と、形態や土器器種組成が大きく異なる板付Ⅰ式土器からを弥生土器とし、それ以前は縄紋時代とする立場がある。

弥生開始年代　「弥生時代五〇〇年遡行説」（春成ほか〇三）は、弥生時代早期の北九州地方の最古の水田遺構に併行する時期の土器や、その以前の縄紋時代晩期土器、後に続く弥生前期・中期の土器付着物や水田の杭などの炭素14年代測定によるもので、考古学界に大きな議論を呼んだ。従来は、遼寧式銅剣など大陸との交差年代によって実年代を考えていたが、伝播にかかる年代を過大に見積もり、水稲技術が伝播した弥生時代の始まりを前四～五世紀頃と考えていた。炭素14年代測定を重ねた結果、紀元前九三〇年頃に北部九州に伝わり、瀬戸内海沿岸に前八世紀ころ、近畿地方に前七世紀後半頃に弥生土器が見られ、水田が波及した。東海地方には前五世紀、日本海沿いに東北北部の砂沢遺跡に前四〇〇年頃水田が出現、関東には最も遅く前三世紀に水田が営まれた。以前に言われていたように二〇〇年ほどで九州・四国・本州全域に一気に弥生化が進んだのではなく、北九州から最後の関東まで七〇〇年かかったことから日本全体への弥生の広がりについて見直しが必要となった。弥生の鉄の問題や青銅器の問題も見直しが迫られている。また弥生文化と縄紋文化は交代したのか、共存していたのかが議論されてきた（中西八四）が、近畿地方弥生前期土器と縄紋系の長原《ながはら》式土器は、瀬戸内から近畿東部まで少しずつ年代を異にしながら一〇〇年ほどの期間共存し、縄紋系の人々の伝統を受け継ぐ人々と西からきた弥生文化の担い手との共存関係も確認されるようになった（小林謙〇九）。設楽博己・小林青樹によれば、東北地方の漆製品の搬入や西日本遠賀川系土器に東北晩期亀ヶ岡式土器の文様の影響が認められるなど東西の交流が判明し（設楽ほか〇七）、両文化が次第に融合していった状況が問い直され、時代区分論や日本列島の先史時代の世界史的意義に対する見直しも必要となりつつある。

弥生時代起源論の方向性　弥生早期の取り扱いについては、考古学的な時代区分論の立場の違いであり、縄紋時代の時代定義も揺らいでいる今、日本列島の先史時代区分の再編成は議論されるべき段階にきている。年代論については、大陸・半島と日本列島との考古学的文物における交差年代および炭素14年代測定と較正年代の積み重ねにより、少なくとも弥生時代の始まりが紀元前九～一〇世紀のいずれかにあることの蓋然性は高い。さらに高精度の実年代比定を重ねていく必要があるが、考古学的にはその文化内容を固めていく必要がある。また獲得経済・原始共同体社会である縄紋時代→農耕経済・階級社会である弥生時代へという発展段階論的な理解は崩れ、弥生文化の起源が、縄紋文化と大陸起源の外来文化の融合によるという理解（小林行五一）は妥当であるが、その内容や様相については多くの見解がある。その担い手についても、人類学者は、人骨に大きな形質人類学的変化が認められ相当数の渡来人が渡来したとするが、考古学的には弥生早期では外来系の土器が玄界灘に面した大きな遺跡からしか発見されていないことから縄紋文化の担い手であった縄紋系の人々が主体であり（金関ほか九五）、一割程度と少数の渡来系弥生人と協同したという理解が主体である（藤尾〇二）。従来の理解では、二〇〇年間程度で九州・四国・本州が一気に弥生化したことは、明治維新に類する急速な変革といえる農耕革命であり、コメに表徴される日本文化の基盤を形成したと捉えてきた。しかし、年代測定研究の結果、長期にわたる緩やかな交代であったこと、さらに縄紋時代前期頃から植物性食料の多角的な利用が進み、後期以降には陸稲などコメの栽培も始まっていたことが判明しており、すでに縄紋文化も段階的に農耕社会への道を歩んでいることが明らかになった。また、弥生時代の特徴として農耕以外に、戦争、鉄器、青銅器の利用があるが、受傷人骨など戦争の痕跡や青銅器は前期以降に顕著、鉄については弥生前期末・中期初頭が初出で本格的利用は後期以降であり、弥生時代早期から従来の弥生社会の定義に当てはまるのは水田稲作のみである。東日本弥生文化について設楽博己は「縄文系弥生文化」として在地的な伝統の継続性を重視する再評価を試みた。一度は水田稲作を取り入れた弘前平野の北東北地方は、弥生中期末には水田を放棄するが、これを続縄紋時代と呼び直すかどうかも議論の余地がある。先史時代の日本列島の枠組みについて再検討が迫られよう。

（小林謙一）

邪馬台国論争《やまたいこくろんそう》

概要　邪馬台国論争は『三国志』魏書東夷伝倭人条（以下『魏志』倭人伝）に記載される、邪馬台国の所在地をめぐる論争である。江戸中期の新井白石、本居宣長らが独自の説を打ち立てたが、論争の形をとるのは内藤湖南と白鳥庫吉・橋本増吉らの論文が提出される一九一〇（明治四三）年からである。当初は『魏志』倭人伝に記載される地名の比定、卑弥呼の人物比定、里程方向や距離の読み替え等の方法によって、所在地の推定が行われてきた。大正から昭和戦前に至ると、文献史料を基とした研究の進展とともに、古墳出土の銘文をもつ銅鏡の分析、前方後円墳の分布などを材料とした、考古学的な手法による推定法が加わった。戦後になるとこれまでの考古学的データに加え、新たに発見される考古資料の増加から、考古学的資料を基とした所在地論争が盛んになる（論争の開始以前から二〇世紀までの研究の歴史については、佐伯〇六を参照）。これに加え一九六〇年代以降、研究機関に所属する研究者だけではなく、市井の研究者も邪馬台国の所在地について、積極的に持論を公表する、本論争を特徴づける傾向が強まっていく。そして、一九八〇年以降に理化学的な年代推定法が活発に考古学資料に適用され、本論争の鍵をにぎる遺跡の年代測定にも積極的に用いられるようになり、新たな問題も提起されている。

『魏志』倭人伝記載の里程方向、距離をすなおに読むと日本列島の南海上に邪馬台国は存在することになり、文献からはその方向・距離に関して何かしらの基準で読み替えや解釈を行う必要がある。また、考古学的に直接所在地を証明できる遺物や遺構が確認されていない。代表的な所在地の候補として、明治の論争開始以来九州と近畿（畿内）が対立しているが、長年の論争にもかかわらず、その所在地は決していない。

戦後の邪馬台国研究　戦後邪馬台国の所在地をめぐる論争は、考古学的な成果から論究されることが多くなる。そのなかで最も大きな影響を与えたのが、小林行雄の一連の諸論である（小林五二）。特に大量保有していた京都府椿井大塚山古墳出土の三角縁神獣鏡と同じ鋳型から制作された同笵鏡《どうはんきょう》（三角縁神獣鏡の項目参照）が、各地の古墳から出土する現象を、古墳時代初頭の畿内が当時の中心地でありその直前の段階である邪馬台国は畿内であったとする、鏡の分有関係を基とした推定方法は重要である。この推定方法は二つの前提から成立する。一つは三角縁神獣鏡にある銘文に「景初」や「正始」という魏の年号を刻んだものがあることから、三角縁神獣鏡は『魏志』倭人伝に記載のある、魏から賜った「銅鏡百枚」に該当するという前提である。もう一つはこれら魏から賜ったとする三世紀中頃の鏡が、三世紀末から四世紀と小林が時期比定する古墳から出土する現象を、鏡の入手から墓への副葬までの間に伝世し、伝世を終了する段階で古墳に副葬されるようになる、と考える「伝世鏡」理論によって解釈するという前提である。小林の考える弥生時代（邪馬台国）と古墳時代（大和政権）の画期は、いくつかの著作によって復元することができるが（浜田〇九）、『魏志』倭人伝にいう共立された王である卑弥呼が存在する段階は、小林のなかでは弥生時代である、という基準があったことを忘れてはならない。

しかし、小林のこの二つの前提には、いずれも疑義が提出された。論点を簡潔にすれば、三角縁神獣鏡は中国では一面も出土していない点から、魏からの下賜という前提が揺すぶられ（森六二、王九二）、「伝世鏡」の根拠とした手擦れにも、鋳造時の湯冷え現象の可能性を指摘され（原田六〇）、近畿の弥生社会が魏から直接鏡を輸入していた証拠を示すことができない（森六二）など前提となった論拠が崩されていった。小林説への反論はこれ以外にも多く存在するが、その反論の大きさが小林説の影響の大きさを表していた、といえよう。ただし、三角縁神獣鏡の問題については、二〇〇五年に福永伸哉が、長方形の紐孔形状や特異な銘文などに魏の工人の特徴がでているとし、三角縁神獣鏡は下賜するために作られた特注鏡であるとする考えが提出されている（福永〇五）。

戦後の邪馬台国論争は、小林の畿内説から開始されたが、畿内説のもう一つの重要な要素として、箸墓古墳周辺にある奈良県纒向《まきむく》遺跡の発掘成果がある。一九七一（昭和四六）年からはじまった発掘調査で、この遺跡の規模が大きいことが判明し、弥生時代から古墳時代にかけての他地域からの搬入土器が多く出土した。また、吉備地域に淵源のある弧文が施された木製円盤なども出土した。遺跡の時期、広域な交流を伺わせる資料の出土、倭《やまと》迹迹《とと》日百襲姫命《ひももそひめのみこと》の伝承をもつ箸墓古墳を含む地域であること等から、邪馬台国の候補地として推定されるようになった（石野〇五）。さらに纒向遺跡周辺にはホケノ山古墳、石塚古墳、勝山古墳、矢塚古墳など、箸墓古墳よりも古いと推定される古墳が存在していることも、その考えを支える要件となった。ただし、纒向遺跡の具体的な性格は不明な部分が多い。

これに対して、それまで纒向遺跡のような大規模な弥生時代の遺跡が確認できていなかった九州でも、一九八六（昭和六一）年から始まった佐賀県吉野ヶ里遺跡で弥生時代前期・中期・後期に集落が形成され、広範囲な環濠をもつ遺跡が調査された。同じものと特定はできないものの、『魏志』倭人伝に記載の「宮室」「楼観」「城柵」と推定できる遺構が存在することもあり、邪馬台国が近づいたとして喧伝された（佐原九二など）。しかし、吉野ヶ里遺跡で最も遺構数や遺物の出土が多いのが中期～後期中頃の段階であり、邪馬台国の年代である後期後半～終末には、吉野ヶ里遺跡の集落はピークを過ぎていることになる。

二〇〇〇年以降、邪馬台国論争に影響を及ぼしてきているのが、放射性炭素年代測定法の加速器質量分析法（ＡＭＳ法）や、年輪年代測定法による、遺跡の実年代推定法である。これによって、箸墓古墳の年代を三世紀中葉に引き上げる考え（春成ほか〇九）が生まれ、これまでの資料の年代を改訂あるいは補強する方向にある。しかし、これらは測定試料の扱いや較正する際の限界、あるいは基礎的な測定データの未公表とその検証などの問題を含んでおり、必ずしも確定した事例とはなっていない。（浜田晋介）

三角縁神獣鏡（同笵鏡）論争《さんかくぶちしんじゅうきょう（どうはんきょう）ろんそう》

学説の概観　三角縁神獣鏡（同笵鏡）論争とは、前期古墳に副葬された、三角縁神獣鏡（同笵鏡）分有関係と弥生時代から伝えられた伝世鏡をもちい、古墳の発生とその政治史的意義ならびに初期大和政権の勢力伸張過程を描き出した、考古学者小林行雄によって構築された学説と、これに対する反論との総体である。ただし、遺物の精緻な観察と型式学的研究成果をもとにして体系化された小林の学説に対して、その反論は、型式学的研究での代案を提出しなかったことから、同一の俎上で論争が展開しなかったことが現段階からは回顧される。

明治時代に近代考古学が誕生して以来、古墳時代の開始をいかに把握するかが日本考古学の課題であることが戦後になっても継続する研究状況のなかで、小林の学説は、古墳発生の年代を明確にするとともに、その背景にある社会構造の変化を政治過程として明確にした。該期における文献資料がきわめて希薄であるなかで、考古資料をもちいた考古学の立場から古代国家の形成の問題にせまったものとして古代史の側からもその評価は高い。

学説の内容　小林の研究は、一九五〇年に福岡県一貴山銚子塚古墳の調査で得られた八面の倣製三角縁神獣鏡の分析から始まった。当初は、古墳発生の年代論が主眼であった（小林五二ａ・ｂ）。一九五三年京都府椿井大塚山古墳から三二面以上、一九五六年岡山県湯迫車塚古墳から一一面の中国製三角縁神獣鏡が発見されたことを契機として、より政治過程に踏み込んだ分析が行われた。「同笵鏡考」（小林六一）では、三六種の三角縁神獣鏡の同笵鏡を分有する三九基の各地の古墳が京都府椿井大塚山古墳と直接間接に結びつくという同笵鏡分有関係を析出し、その分有関係が成立した背後に、京都府大塚山古墳の首長が同笵鏡の配布者として行動したという解釈を導き出すとともに、古墳の発生の年代を西暦三〇〇年前後と判断した。

また「古墳の発生の歴史的意義」（小林五五）では、前期古墳からしばしば出土することのある漢中期の内行花文鏡や方格規矩四神鏡について、弥生時代以来各地の首長のもとで伝世された宝器であると論じた。そしてこの宝器を保持することによって聖性をともなう権威をもちえた司祭的首長が、その権威の内容を革新することによって、伝世を絶たれた漢中期の中国鏡が三角縁神獣鏡とともに各地域の最古と位置づけられる古墳に副葬されたと解釈した。この革新された権威の内容を、小林は、世襲的首長の地位の恒常性の外的承認と表現し、宝器を保持することで司祭的首長となりえた段階から、その必要性のない政治的首長の登場とその世襲制の発生、およびこれを大和政権が外的に承認する段階にすすんだときに、古墳が発生したことを明らかにした。大和政権の外的承認にともない与えられたものが三角縁神獣鏡であったとする。

この小林の見解は、邪馬台国の所在地論争に対しても影響を与えた。古墳の発生を西暦三〇〇年前後と考え、分析の対象がそれ以後に築造された前期古墳であることから、一見三世紀中葉の邪馬台国の所在地論争とは一線を画するようであるが、三角縁神獣鏡を卑弥呼が魏帝から下賜された銅鏡百枚の一部とみることで、邪馬台国近畿説に新しい証左を与えることにもなった。

一九六〇年代初頭にこの学説の全体像を提示しおえたのち、小林は、中国製三角縁神獣鏡（七一）、倣製三角縁神獣鏡（七六）、中国製三角縁神獣鏡のなかでも新しい一群とされた波文帯三角縁神獣鏡（七九）について精緻な型式学的研究を発表して自説の補強を着実に行っていった。また小林の学説は、専門的な学術論文ばかりでなく、一般読者にむけても多くの著作のとおして発信された（小林五九a・b・六〇・六五・六七）。

論争の内容　この学説に関する反論は主にふたつの点から行われた。ひとつは伝世鏡に対するものであり、同笵鏡に対する製作技術的な異論である。

伝世鏡については、永年保持し続けられることで鏡背の図像や鈕孔が摩滅していることがその証左とされたが、これは永年の伝世によって生じた結果ではなく、製造時の一種の鋳造欠陥によるものであるという反論が原田大六（五四）によってなされた。

また、同笵鏡についても、その製作技術が同じ鋳型を何度も繰り返し使用して鋳造を行ったという見解に対して、鋳型は複数回の鋳造に耐えられるものではなく、踏み返しないし同型の方法によるものであるとの反論が森浩一（六二）や樋口隆康（六〇）によってなされた。

これらについて、学説を構築した小林行雄は直接論争に加わらなかった。伝世鏡に認められる摩滅のような鋳肌についても、同笵鏡の製作技術についても、問題提起ではあったが、これらについては現在でも結論をみていない。

その後の展開　一九八〇年代以降、この問題に関して新しい動きが生じる。ひとつは中国人考古学者の王仲殊（八一・八七）による三角縁神獣鏡の製作地に関する論文の発表であり、もうひとつは新納泉（九一）や岸本直文（八九）らの日本人考古学者による三角縁神獣鏡の型式学的研究にもとづく編年研究の進展である。

王の論考は、三角縁神獣鏡は魏の鏡ではなく、呉の系統の鏡づくりのなかで理解されるもので、呉の職人が日本列島に渡って製作したものであると主張するものであった。中国考古学の立場から後漢から六朝にいたる期間の鏡生産の全体像を提示し、銘文も用いながら提出されたこの学説は、日本の学界に大きな影響を与えた。

また、日本人考古学者による三角縁神獣鏡の型式学的研究のなかからも、製作地論に関する新しい学説が提出された。従来の研究は、三角縁神獣鏡を中国鏡と倣製鏡にわけて考えていたが、三角縁神獣鏡は、これまで倣製鏡と考えられていたものも含めてすべてが中国鏡であるという車崎正彦の主張である（車崎九九）。

小林の学説は考古資料に依拠して組み立てられたものとして評価する傾向もあるが、純粋に考古資料の分析だけで成立したものではない。この点について、発表当時の古代史学界の潮流とどのように関係しているかについての考察も、二〇〇〇年前後ごろから表明されるようになった（車崎九九）。

（新井　悟）

任那論争《みまなろんそう》

「任那」は朝鮮南部の加耶を表す名称であるが、同時にさまざまな問題を含み込んでいる。現在では認められないが、かつては古代日本が四世紀後半から六世紀半ばにかけて「任那」を直轄領地として支配・経営し、その統治機関として「任那日本府」を設置したと考えた。古来より日本の天皇が朝鮮に直轄地や利権を持っていたとする見方は、日本帝国主義の皇国史観・植民地史観として厳しい批判の対象となった。

「任那日本府」の概要 「任那日本府」像は『日本書紀』、石上神宮の七支刀、『広開土王碑』、『宋書』などから構成された。主な出来事に「新羅征討、加耶七国平定」(四世紀後半)、「百済・新羅の臣民化、対高句麗戦」(四世紀末)、「中国南朝からの授爵」(五世紀)、「任那四県割譲」(六世紀前半)、「任那復興会議」(六世紀中頃)がある。概要は以下のようである。

①[新羅征討、加耶七国平定]『神功紀』四六(二四六→三六六 ※干支二運繰り下げ)~五二(二五二→三七二)年条による。倭による加耶への遣使から百済の日本への服属・朝貢にいたる経緯である。このなかで倭は新羅を討って加耶七国を平定し、領土の一部を百済に賜与する。東晋の「泰和四年(三六九年)」銘をもつ七支刀は百済王から倭へ貢上された。

②[新羅・百済の臣民化、対高句麗戦]『広開土王碑』による。碑文は、第一段:高句麗の建国伝承と王の生涯、第二段:王の武勲、第三段:守墓人の記録から構成されるが、うち第二段に、倭が辛卯年(三九一年)に渡海し百済や新羅を臣民化したとある。その後高句麗の攻撃を受けた倭は新羅領内から「任那加羅(金官国)」へと退却し「安羅人戍兵」を交えた対高句麗・新羅戦へと展開する。

③[中国南朝からの授爵] 五世紀代、倭の五王は中国南朝の宋に朝鮮南部の支配権を請い爵位を得た。『宋書』における倭の五王の自称および宋からの授爵には、倭王珍の「都督倭・百済・新羅・任那・秦韓・慕韓六国諸軍事」自称(四三八年)、倭王済の「都督倭・新羅・任那・加羅・秦韓・慕韓六国諸軍事」授爵(四五一年)、倭王武の「都督倭・百済・新羅・任那・加羅・秦韓・慕韓七国諸軍事」自称および「都督倭・新羅・任那・加羅・秦漢・慕韓六国諸軍事」授爵(四七八年)などがある。

④[任那四県割譲]『継体紀』六(五一二)年条による。百済が倭に任那の四県(上哆唎・下哆唎・娑陀・牟婁)を求め、倭がこれを賜与する。『継体紀』七(五一三)年~一〇(五一六)年条では、百済が「伴跛」に略奪された「己汶」の返還を倭に求め、倭がこれを与える。『継体紀』二三(五二九)年条では、百済が朝貢ルートとしての「多沙津」を倭に要請し、倭がこれを認める。

⑤[任那復興会議]『欽明紀』二(五四一)年条・五(五四四)年条による。新羅による金官加耶滅亡(五三二年)の状況下、新羅に滅ぼされた南加羅(金官)・卓淳・喙己呑の三国を復建すべく、百済の聖明王が倭や任那の旱岐に働きかけて二度開催した。「任那日本府」の名称はここに登場する。

研究抄史 以上の内容をもって、戦後のある時期までは古代日本による朝鮮支配が史実と考えられた。戦前の那珂通世（一五）、津田左右吉（一九）、池内宏（四七）、戦後の末松保和（四九）、三品彰英（六二）らはそれぞれ史料批判をおこない虚構・潤色を指摘するが『日本書記』の枠をうち破るには至らなかった。

一九六〇年代以降、「任那」の通説に対して根本的な批判や疑問が提出された。北朝鮮の金錫亨（六三・六九）による「分国論」はとりわけ大きな刺激となった。金錫亨は『日本書紀』等にある朝鮮の国名や地名は、朝鮮に本国をもつ日本のなかの分国（朝鮮系小国）であると主張し、任那日本府を含む『日本書紀』の朝鮮関係記事をいずれも日本列島内での出来事と捉えた。ほかに、李進熙（七二・八〇）が『広開土王碑』について碑文の改竄を主張し、千寛宇（七二～七三）が『日本書紀』の朝鮮関係記事における百済と倭のすり替えを主張するなど、史料価値自体の否定などもあった。

これらを契機として、日本学界ではいっそう厳密な史料批判をもって通説が再検討された。主要なものに井上秀雄（七二）、鬼頭清明（七六）、鈴木靖民（八五）、山尾幸久（八九）、田中俊明（九二・〇九）、鈴木英夫（九六）らの研究がある。個別の問題には異同もあるが、総じて通説の大部分が否定された。要点は次のようにまとめられる。

①については、七支刀が倭と百済の関係を示すにとどまる。②については、碑文の文脈によれば高句麗による潤色が前提となり内容をそのまま史実とみることはできない。③については、少なくとも称号が支配権を示すものとはいえない。④については、典拠である『百済本紀』が政治的配慮をもって編纂されており、記事の内容は百済と加耶の関係を軸に読まねばならない。⑤については、加耶諸国間の恒常的な合議体を認めるのが困難で、また「任那日本府」については「在安羅諸倭臣」（『欽明紀』一五年条）が原語に近く、統治機関とは認められない。また百済王が主催する会議において倭の果たした役割は極めて小さく、会議そのものとともに大きな意義を認めがたい。

現在、「任那」を対象とした研究は、加耶の主体性に注目した加耶史研究に移行し「大伽耶連盟」の提唱など成果を上げているが（金泰植九三、田中九二・〇九）、とくに一九八〇年代以降は考古資料が大きな役割を果たしている。高霊郡池山洞古墳群（大伽耶）、陜川郡玉田古墳群（多羅）、金海市大成洞古墳群（金官）、釜山市福泉洞古墳群など加耶地域の各地で王陵級の墳墓を含む大規模な古墳群が発掘調査され、倭系を含むさまざまな副葬品が出土した。社会の発展段階や諸分布圏についての整理が進み、諸国の位置比定や倭を含めた地域間の関係について、通説に再検討を迫る見解が出されている（小田ほか九三、鈴木ほか九八、朴天秀〇七など）。

考古資料との関連でとくに議論となるのは韓国西南部（全羅南道）で発見された前方後円墳である。造営時期が六世紀前半に集中するため「任那四県割譲」とも関わり、大きな問題となった。議論は、現在にいたって在地勢力と百済との関係を軸に倭との関わりを探る方向に落ち着き関連資料も整えられたが、被葬者像にも諸説あり、多くの議論の余地を残している（朝鮮学会編〇一など）。

（宮里　修）

縄文社会論《じょうもんしゃかいろん》

形成　縄文時代の社会に関する研究領域。空間的には日本列島、時間的には土器の出現から灌漑型水稲耕作の導入までが検討対象に含められることが多い。戦後の縄文社会論をもっとも特徴づけているのは、史的唯物論の社会構成論に依拠した研究展開である。三〇年代に刊行された論考（禰津三五、渡部三一・三六など）にその源流がもとめられ、戦後、和島（四八・六二）と後続する世代の岡本（和島・岡本五八、岡本六六）・近藤（六五）らの考古学研究者、および藤間（五一）など文献史研究者の一部によって骨格が形成された。これにより、「石器時代」の物質文化をのこした集団とその系統を文献・伝承などとの対比をとおして言い当てる旧来の問題設定は、法則定立的な人類史のなかで縄文時代が有している歴史的意義の評価へと移行した。また、二〇年代から進展してきた土器編年研究（山内二七など）の成果を取り込むことで、可能なかぎり細かく刻まれた「同時性」のなかの社会像を追究する方向性が定着した。各地域の実情をふまえた資料の読み直し作業が比較的早い段階でまとめられた事実は（鎌木編六五）、編年研究とともに、上記の問題設定と方向性に多くの研究者が共鳴していたことを示している。戦後の縄文社会論は和島を起点とするものだけではないが、それを無批判に、あるいは教条主義的に受け継いできたことがのちに批判されるほどに（土井九一）、大きな影響力をもっていた。

特徴と展開　戦後の縄文社会論は、(1)狩猟採集の経済的枠組みの維持（この点は、弥生時代研究の進展ともあいまって三〇年代までに大筋で合意がえられていた）、(2)禰津（三五）によって実証されたと評価される「無階級社会＝原始共産制社会」、を前提として出発した。そのうえでまず問題とされたのは、婚姻原理と家族構成からみた縄文時代の社会の評価であった。そこで大きな役割を果たしたのが、人々の生活痕跡を濃密にとどめている集落跡から、集団の構成・規模について論究する集落論とよばれるジャンルである。和島（四八）は当時の婚姻が集団婚であり、集落自体が母系的な氏族共同体的性格をおびた「強固な統一体」であったととらえた。これに対して水野（六九）、坪井（六二）は、住居の群別という斬新な手法を駆使して集落跡を分析し、二棟一単位の「小群」および「小群」三つを包摂する「大群」に対応する小家族～家族に相当すると考えられる単位をよみとった。また、塚田（六六）は一棟一家族を単位とする単婚の小家族を想定した。

　これら創発的な集落論は演繹的で、分析手続きの再現性・客観性が低い（長崎八〇、佐々木九六など）、遺跡間の関係をとらえる視点が希薄であるといった弱点を共通して抱えていた。一方で、竪穴住居や集落のデータから「家族」「世帯」に接近するための道筋や、利器・儀器がいかにして生産力と生産関係の体系的理解に貢献するかなど、多くの核心的な論点も議論の射程におさめていた。七〇年代以降、墓や人骨、貯蔵施設などへも検討対象が拡張されつつ良質な研究成果が生み出されていく背景には、集落論が早い段階で一定の成熟をみせ、その利点や限界をある程度見通すことができるようになっていたからである。また、初期の集落論で露呈していた方法論的課題は、廃棄パターンの類別からみた居住形態の理解、遺跡調査法へのフィードバックなどを通して深化・改良が試みられてきている。

縄文時代の道具の性能の低さ、人々の自然への抵抗力の弱さ、未発達な生産力・生産関係は三〇年代から強調されていた。「本質的には停滞的」(岡本六六)との評価に表れているように、この理解は戦後にもおおむね引き継がれている。高度経済成長期以降の大規模かつ低湿地をふくむ多様な保存条件の遺跡の発掘調査、動植物遺体の体系的研究、遺物の機能・用途論的な研究の進展は、こうした理解の更新に大きく寄与した。経済の中心としての狩猟採集の位置づけに大きな変化はないが、資源利用形態にかかわる議論の間口と奥行きは大きくひろがった。無階級社会としての理解は、資源管理や儀礼執行などにみられる「世帯」単位での一定の自立性の高まり(佐々木七六・七八・七九、林八〇)をこえて、生業分化に対応した階層を明確にみとめる見解(渡辺九〇、高橋〇一など)によって揺らいでいる部分もある。階層分解の時期をより遅く見積もる傾向を強めている弥生時代の研究との乖離・断絶が大きくなってきており、通時代的な比較・議論の必要性がよりいっそう高まってきている。八〇年代以降に活発化する環状集落、住居形態、定住性、領域、墓地、集落の形成過程などの研究経過については、谷口(九九)、山田(九九)、春成(〇二)、安斎(〇二)らによる整理に詳しい。

現状と展望　縄文時代はあらゆる意味で「前史的」意味合いを帯びており、それゆえグローバルにもナショナリスティックにも取り扱われうる対象となってきた点に注意が向けられはじめている(溝口一〇)。たしかに、地球規模の民族誌的類推は縄文社会論の重要な論拠のひとつとなってきており(渡辺九〇、Hayden 1995など)、海外における関心の高さは近年の動向からも看取される(The British Museum 2009など)。また、同じ左派研究者でも、三〇年代には「氏族」「部族」「酋長」「人民」といった術語を歴史叙述の主語として用いていたのに対し(禰津三五、三澤[和島]三六)、戦後には「われわれ」「日本人」「民族」「祖先」を連呼するような語りの変化も顕著である。終戦から五〇年代前半に生じた研究者の心理変化がその要因の一端にあると考えられるが、国家・国民・「民族」との親和性を強めながら戦後の再出発を果たしている点でも、縄文社会論をふくむ日本考古学と戦後歴史学は連動している。現在、「縄文文化」を本質主義的に実体視する論調は非常に少なくなってきているが、後氷期の日本列島の環境、遺跡分布や地域間の交渉を冷静に見直すことで、「縄文文化」というまとまりを再評価するうごきもある(小杉一一など)。今後、時代区分論や考古学的文化区分論とはべつに縄文社会論のなかでこうした視座がもつ効力を吟味するとともに、戦後の縄文社会論が自明としてきた概念や説明方法を相対化するためにさらなる学史整理と批判的総括が必要である。

(高瀬克範)

農耕社会《のうこうしゃかい》

定義　農耕社会を、生業全体のなかでも農耕に特化した生業構造をもつ社会と定義する。農耕とは栽培種の生殖を管理することなので、ヒョウタンやエゴマを栽培していた縄文人も農耕を行っていた。しかし全生業に占める農耕の割合は低かったので、縄文時代には農耕社会がない。したがって日本列島では灌漑式水田稲作（以下、弥生稲作）が始まる弥生時代に農耕社会が成立する。

　ただし農耕社会は弥生稲作が始まると同時に成立したわけではない。百年ぐらいあとの九州北部玄界灘沿岸地域に成立した。この頃、環壕集落や戦いのような、社会が質的に変化したことを示す指標が見られるようになる。福岡市有田遺跡、那珂遺跡、板付遺跡で見つかった環壕集落。福岡県糸島市新町遺跡で見つかった戦いで受けた傷が原因で亡くなった（戦死した）男性の墓や、朝鮮系磨製石鏃や磨製石剣など日本列島初の武器から戦いの存在を知ることができる。農耕社会は弥生稲作が始まって、しばらくしてから社会が質的に変化した時に成立したのである。

西と東　西日本や北陸、中部、関東南部でも弥生稲作の開始後、しばらくして環壕集落が出現するので農耕社会が成立したことがわかる。しかし関東北部から東北北部までの水田稲作を行う地域では、環壕集落や戦いの存在を示す証拠が見られないので、関東南部以西と同じ指標で農耕社会が成立していたのかを確認することはできない。

弥生稲作の開始と農耕社会成立との関係　農耕社会が弥生時代に成立することを初めて指摘したのは森本六爾（三四）である。森本がこの説を発表したのは、弥生式土器に伴って木製農具や水田などが見つかる前なので、山内清男の批判を受けた。その後、奈良県唐古遺跡や静岡市登呂遺跡で木製農具や水田跡が見つかったため、森本の考えの正しさが証明された。

　一九六〇年代、農耕社会は弥生時代の当初に成立したと考えられていた。前期初頭の板付遺跡で、完成された弥生稲作と環壕集落が見つかったからである。そこで当時の研究者たちは、縄文時代の終わり頃から原始的な農耕が行われ、それが漸進的に発展して弥生前期初頭に農耕社会が成立したと考えた。やがて原始的な農耕を求めて長崎県島原半島や佐賀県唐津市に所在する縄文晩期末の遺跡を調査することになる。その結果、炭化米や石庖丁、壺形土器など水田稲作関連の要素を見つけるに至った。

　調査を総括した森貞次郎（六一）は、弥生文化を構成するいくつかの要素が積み重ねられていき、それらが緊密に組み合わされて完全な形を備えた時が弥生文化成立の時期と見られる、という説を発表した。森説は晩期末に原始的農業が始まり、やがて発展して弥生稲作を始めると同時に、農耕社会が弥生時代の当初から成立したことを意味する。

　しかし一九七八年、板付遺跡の調査で縄文晩期後半の土器に伴って見つかったのは定型化した灌漑施設を伴った水田と大陸系の農工具類であった。また福岡県曲り田遺跡では同じ時期の鉄器も見つかった。さらに晩期終末の環壕集落が那珂遺跡で確認された結果、まず定型化された水田稲作が晩期後半に始まり、晩期終末には農耕社会が成立したと理解されることとなる。現在では、定型化した水田稲作の開始から農耕社会の成立までを弥生時代当初の出来事と考える研究者の方が多くなっている。

　都出比呂志は初期農耕社会（弥生時代）の特質として、水稲農耕を基幹とし、水稲農耕の余剰を基礎とする階級社会の形成期であること、耕地開発と階級関係の形成が急速なこと、鉄器時代の開幕期であることなどをあげている（都出八四・八九）。

稲作と畑作　弥生時代の農耕には弥生稲作と畑作がある。このうち、一九六〇～七〇年代には、弥生稲作が直播きによる原始的な稲作から始まったと考えられていたこともあり、生産性の低さを補うために畑作による補完が当然視されていた。また網野善彦らの「水田中心史観批判」もあり、水田稲作を過大評価すべきではないという考えも強かった。水田稲作卓越型とか畑作卓越型といった、畑作の割合を多く見積もる弥生農耕の類型化が、列島内の各地で設定されたのもこの頃である。

　しかし一九八〇～九〇年代にかけて調査された生産遺構は、畑作卓越地域と考えられていた関東南部といえども、水田稲作中心だったことを物語っていたので、再び弥生時代の社会・文化の説明の中心に、水田稲作を積極的にすえる研究が多くなってきた。畑は生業の一部を補うものとして存在し、決して水田稲作よりも卓越するものではない。条件のよい集落内や隣接地に、小規模なものが営まれていたと考えるべきという意見も強まっている（安藤〇九）。

短期編年から長期編年へ　弥生開始年代五百年遡上説によって、弥生稲作が前一〇世紀に始まり、前期や中期の存続幅が約二倍になると、弥生時代の存続期間が七百年という短期編年で作られた従来の弥生時代観や農耕社会像は、大きな変更を迫られることになる。存続期間が千二百年間という長期編年のもとでは、弥生稲作の開始後百年（従来の倍）かかって成立した農耕社会、西日本全体へなかなか広がらなかった弥生稲作、緩慢な人口増加率、弥生稲作が始まってから六百年後にようやく現れた鉄器、それからさらに百年以上たって始まる鍛冶による鉄器製作。近畿で想定されていた後期後半の工具や農具の鉄器化は幻となり、最初の前方後円墳が現れる近畿で、鉄器時代への転換が行われた時期は、古墳時代へ大きくずれ込むこととなった。短期編年のもとで作られた急速な農業生産の増大と鉄器の普及を前提とした右肩上がりの弥生像をもはや描くことはできず、長期編年のもとでは前二世紀までの八百年近くにわたって、弥生農耕社会と非弥生農耕社会が、東海地方を境に対峙する本州島の姿が浮き彫りになったのである。

　短期編年であれば農耕の開始後、右肩上がりの高度成長時代を経てわずか千年で古代国家が成立する、世界でも稀に見る「急速な古代化」（佐原七五）をみせた古代史像。長期編年のもとでは低成長時代の弥生時代を経て、農耕の開始後、約千七百年かかって古代国家が成立するという、まったく対照的な古代史像が描けてしまうのが、現在の学界状況である。

（藤尾慎一郎）

地域国家論《ちいきこっかろん》

概念の変遷と研究史　地域国家論とは、門脇禎二により提起された、三世紀から六世紀初頭の日本列島各地に形成された複数の政治的統一体を地域国家として把握する古代国家論を指す。その概念規定は以下の六点に要約される。⑴地域国家の領域は各地域の広大な沖積平野を中心に、家父長制的統制が強まりつつある複数の諸農業共同体を内に含み、⑵諸共同体の首長層の権限を集中して君臨する王（キミ）が、地域の公共的大事業、特に土木・灌漑事業を主導して地域社会の生産力の上昇を促すという公共的機能を持ち、⑶朝鮮半島諸国および日本列島内の他地域国家に対する独自の外交権を有する。また⑷王は従属する官僚群・武人集団を従えて統治に当たり、⑸集中的に所有した倉庫群へ税物を貢納させ、⑹支配体制の維持のために個々の共同体を超える一般法と独自のイデオロギーを保持している。総じてこれら諸条件をそなえた国家権力によって、それぞれの地域社会は代表され総括された、という（門脇七五）。

門脇は当初、弥生中・後期段階の諸農業共同体間の抗争の末形成された、征服共同体による剰余労働の収奪に基礎を置く小地域の統合体――末廬国・伊都国・奴国など――を小地域国家（小国家）と称した。三世紀、小地域国家をさらに統合した支配領域をもつ邪馬台国・投馬国などの地域統一国家が形成され、さらに古墳時代に農業共同体の内部矛盾のもとで階級的収奪関係を強化した地域統一国家――ツクシ・ヒュウガ・イズモ・ミノ・オワリ・ケヌ・ヤマトなど――が小専制国家として発展し相互に競合関係に入った。その後、家父長的奴隷制的個別経営を発展させつつあった王・首長と共同体成員間の矛盾が深化し、地域統一国家間相互の結合への志向が高まり、六世紀中葉以後にヤマト国家を中心に統一国家が生まれ律令国家成立により完成する、という国家形成の道筋が示された（門脇七五）。

しかし後に門脇は、小地域国家（小国家）を地域首長圏という用語に改め、最終的に地域首長圏－地域国家（三～六世紀初）－統一国家（六世紀中葉～九世紀）という古代国家形成史の諸段階を提示する（門脇八四）。また近年、門脇は地域王国という呼称を用いるようになるが（門脇〇〇・〇八）、その定義は地域国家と同じである。各地域国家の古代史はイズモ・キビ・タニハ・ツクシ・コシ・ヤマトについて具体的に論じられている（門脇八四・八六・八七・八八a・八八b・〇〇・〇八）。

一方、考古学の側からは、田中琢が四世紀後半以後に、吉備や大和など、列島諸地域に有力族長間の武力抗争と盟約を通して地域的な「王者」が権力を行使する「国」と呼びうる大きな政治的まとまりが形成されたという説を提起した（田中九一）。門脇が三世紀以後に、田中が四世紀中葉以後をその成立期とする点で相違はあるが、田中説も結果的に門脇説と近似した地域国家論となっている（都出九五）。

批判と課題　都出比呂志は、古墳分布に前方後円墳を中心にしたヤマト王権のもとで序列化された政治的・身分的秩序の表現をみる前方後円墳体制論に基づき、吉備・出雲・毛野など地域の有力首長は倭政権の系列下にあり、強大な地域権力ではあるが地域国家の王とはいえないとし、列島最初の国家は前方後円墳体制に基づく初期国家として成立したと論じ門脇説を批判した。都出は卑弥呼の墓を成立期の前方後円墳とみなし、邪馬台国をヤマトを中心にして形成された初期国家とみる（都出九一・一一）。一方、文献史学では、吉川真司が、ヤマト朝廷の諸地域に対する一方的な支配・従属関係を示す部民制が五世紀代にすでに存在し、「丹後王国」を例にとり、地域国家は古墳時代には存在しないと批判する（吉川九九）。しかし門脇は、前方後円墳の列島各地への広がりは、各地域首長の間での葬送儀礼という文化的共通性を示すもので、民族形成の進展を表す徴表の一つであり国家形成の指標とはならないとし、また部民制の成立を六世紀以後にみる立場から吉川の批判は成立しないと応えている（門脇〇八）。門脇の言う文化的共通性は、田中が指摘する前方後円墳祭式の「思想と心理の共通性」と通底するもので、地域国家論の是非を問う場合、前方後円墳の分布に政治的身分秩序を見いだしうるか否かが議論の焦点となっていることがわかる。都出は前方後円墳・前方後方墳・円墳といった墳形を首長の出自の差を表すシンボルとし、墳形と規模の差により首長の系譜と実力の差がヤマト王権と地域首長の間で相互承認されたと主張するが、一方、田中は「まつり」の諸要素の源泉の所在地を政治権力の中枢とみる方法そのものを批判しており、両者の隔たりは大きい。また土生田純之は、南関東地域などの大古墳が、弥生期以来の共同体社会を残存させた首長権の未発達な社会に、ヤマトの古墳文化が接触・影響を与えた時期に限り築造されていると指摘し、大型古墳の消長や築造地の移動と権力の盛衰はかならずしも一致しないと論じている（土生田〇八）。土生田説は都出理論の鋭い批判となっている一方、列島諸地域の共同体および首長権の不均等発展と諸地域間の断続的な相互交流を評価する点で門脇説と通底する部分がある。ただし土生田は古墳時代に国家の成立を認めておらず、この点では地域国家論とは相容れない。

また畿内政権論を主唱する早川庄八は、律令国家の成立を、ヤマトの大王に代表される畿内の「地域的王権」が畿外の政治的諸集団を制圧する過程とみる。早川は「地域的王権」を「国家的王権」＝国家段階の王権と区別する点で門脇説とは認識を異にするが、律令制以前の畿内政権と畿外諸集団の関係を「外交」とみる点（早川八四）は、地域国家論と通じる。

門脇によると、地域国家論は原秀三郎が史料用語としての「国家」の用例から明らかにした、ミカド・オホヤケ・アメノシタの古訓をもつ「統一的国家」と国造の国を表す「分散的国家」の二つの国家概念（原七六）に触発されて提示されたものという（門脇八四）。国家が前方後円墳体制（初期国家）や律令国家のような「統一的国家」として始まるのか、あるいは地域の「分散的国家」として成立するのかという問題は、首長国概念（鈴木九三）との関係をも含め、改めて整理されるべき論点であろう。地域国家論の今日的意義は、こうした理論的課題の提示にあると思われる。（田中禎昭）

騎馬民族説《きばみんぞくせつ》

騎馬民族説とは　騎馬民族征服王朝説などともよばれる。一九四八年におこなわれた石田英一郎（司会、民族学）・岡正雄（民族学）・八幡一郎（考古学）・江上波夫（東洋史学）による座談会「民族＝文化の源流と日本国家の形成」の中で江上により初めて提出された仮説である。翌年、『民族学研究』誌上において公表された（石田・岡・八幡・江上四九）。大陸北方系の騎馬民族が日本列島に渡来して征服王朝を樹立したとする。

弥生時代と古墳時代前期（古墳時代を二期区分したうちの前者）の文化的な連続性を指摘する一方、それと古墳時代後期（同上）との文化的な非連続性を強調し、この時期に大陸北方系文化複合体を帯同した辰王朝の末裔が渡来、近畿を占領して天皇を中心とした大和朝廷が始まったとされた。

本説は、提出後に重要な考古資料の発見が相次いだこと等もあり、江上自身によって刻々と修正・改訂がなされた。たとえば、征服の時期については、四世紀初頭に比定される崇神天皇を重視する説がとられていたが、一九六六年頃より崇神天皇らによる朝鮮半島南部から北九州へ侵入した時期と、四世紀末頃の応神天皇らによる北九州から近畿へ進出した時期の二つの画期が明示されるようになった。中公新書版（江上六七）では、征服の時期を二段階で考える後者の説がとられている。

異論・反論　本説提出直後から学界各分野より賛否両論が噴出したが、いずれの分野においても批判的見解の方が優勢であった。

柳田国男（民俗学）と折口信夫（民俗学）は『民族学研究』誌上において、騎馬民族による征服の根拠が認めがたいことを指摘した（柳田・折口四九）。三上次男（東洋史学）は大陸系渡来人の集団が「つよく日本在来の社会や文化に影響したのは」「西紀前一、二世紀から後一世紀にわたる時代であろう」と論じた（三上五〇）。小林行雄（考古学）は日本の乗馬の風習は考古学的には五世紀以前に遡ることは困難との見解を示した（小林五一）。また、後藤守一（考古学）は古墳時代の文化的推移に「発達的のものはあるが、変革的なものはない」と論じた（後藤五二）。佐原真（考古学）は、これらの見解を総括し、その後の考古資料の研究成果等を盛り込んだ『騎馬民族は来た!? 来ない!?』（江上・佐原九〇）と『騎馬民族は来なかった』（佐原九三）を上梓し、本説を論駁した。

影響　日本民族・国家の起源・形成をめぐって大陸系渡来人との関わりを重視した見解は、喜田貞吉の「天孫種族渡来説」（喜田一六ほか）をはじめ、本説以前にもいくつかの存在が知られていたが、江上の騎馬民族説は東アジアの古文献や考古資料の膨大な研究成果を巧みに織り込んだ壮大かつ魅力的な仮説で、戦後のリベラルな社会的風潮の中、それまでの「神武以来の万世一系の日本史」を打ち壊す痛快さ、新鮮さも手伝い、上記のような学界での批判的な反応とは別に、広く読書界、ジャーナリズムに受容された。

しかし、佐原の一連の著作により、本説は読書界、ジャーナリズムにおいて論駁されたと考えるのが一般的である。

（建石　徹）

王朝交替論《おうちょうこうたいろん》

帝紀・旧辞論　戦後の古代史研究は、『古事記』『日本書紀』に対して批判的検討を加えた津田左右吉の帝紀・旧辞論を前提に展開された（津田一九）。その核心的な主張は、『古事記』序文の解釈により、各天皇記は歴代の系譜を中核とする帝紀（帝皇日継）と神話・伝承的な物語たる旧辞（先代旧辞）に二分されると説く。そのうえで、仲哀（神功）朝以前における政治的述作が強調され、「御名の書き方」も応神朝以降は実名に近く、それ以前の諡号（後世のおくり名）は欽明朝前後に与えられたとして、応神朝と継体朝を画期として時期区分する。ただし、旧辞（物語）に与えられた批判は、帝紀（系譜）には基本的に及ばず、崇神朝以降の王統譜に対する疑問は提起されなかった。帝紀＝王統譜に対する史料批判の弱さが研究史的には記紀の語る血縁継承を前提として、その不連続地点を強調するという戦後の王朝交替論の前提となっている。

王朝交替論　王朝交替論の典型は、一九五二年に提起された水野祐による「三王朝交替説」である（水野五四）。万世一系を否定し、仲哀・応神間と武烈・継体間に系譜的断絶があると指摘する。この説は、古墳時代の考古学的な三期区分や先述した津田の帝紀・旧辞論の区切り、さらには朝鮮半島諸国との交渉の開始が、記紀による「神功皇后の新羅親征」ではなく応神朝に相当する四世紀後半ころと考えられたこと、などを基礎に組み立てられていた。以後の多くの王朝交替論は、天皇名の分析や宮・陵墓の分布および考古学的成果などを取り入れて精緻な議論となっていき、三輪（イリ）王朝から河内（ワケ）王朝への転換や継体系譜の信憑性が議論されている。

批判と展望　しかし、天皇の存否を『古事記』の注記たる不連続な崩年干支注記の有無に頼っている点、非実在とする天皇の和風諡号をすべて後世の統一的な追号とする点などについては批判が多い（鈴木八〇、前之園八六）。水野説以降の王朝交替論においても基本的には帝紀＝王統譜の大枠を承認したうえで、血縁的な不連続をそのまま、支配層の交替や王権の質的変化を意味する中国的な「王朝交替」と理解する点は変化していない。いずれも、男系による世襲的王権が確立していたことを自明とする議論で、検討の余地がある。また、記紀系譜論においては、さまざまな原系譜の復原が試みられているが、極論すれば恣意性を完全には排除できないのが現状であり、根源的な原系譜であることの証明はできず、記紀系譜に対する相対的な新旧関係を議論できるだけである（仁藤〇五）。

近年の古系図研究の成果により、従来は血縁継承系譜を示すとしてほとんど疑問をもたれなかった記紀の王統譜に対して、六世紀以前の「氏」の系譜は、「地位継承次第」であったことが明らかとなったことにより、「地位継承次第」が王統譜にも存在した可能性が指摘されるようになった（義江〇〇）。血縁継承系譜と考えてきた記紀系譜復原の大前提が崩れたとすれば、血縁継承が明確となる継体－欽明期の前後で、系譜意識も区分する必要が生じる。

（仁藤敦史）

条里制遺構《じょうりせいいこう》

地割形態　条里制遺構は、条–里–坪（八世紀は坊）で表示される一町方格が規則的に並ぶ、遺存地割を表す概念。畦畔・径溝網により区画され、昨今まで地表面に残っていた遺構を表層条里、発掘により確認された地下遺構を埋没条里と呼ぶ。表層条里は、近畿地方を中心に秋田県から鹿児島県までの平野部に広く分布し、その形態は一町＝一辺約一〇九m四方の坪（坊）と、一段単位の長地型・半折型の地筆を基本とする。律令国家は班田図に記載された一町の方格地割を口分田・墾田等の土地把握の基礎単位としていたが、一〇世紀の王朝国家は、班田ごとに作り替えていた班田図を固定された国図に替え（坂本七二）、それを公田・荘田の支配・規制に利用した。また一二世紀頃には一つの荘園の範囲内で完結する再編された条里が見られるようになるなど、八世紀の条里とは異なる国図の条里、荘園の条里が存在した（金田九三）。条里地割は各時代の土地管理の変遷に伴い再編・強化、あるいは新設されながら重層的に利用されたものであり、表層条里の成立時期は常に地下の埋没条里により個別に検証される必要がある。

展開過程　本格的な埋没条里の研究は、長野県更埴市条里遺構の発見が画期となった（長野県教委六八）。その後、異なる時代の遺構の重層する検出例が各地で増加し、条里の展開過程について多様な見解が出されている。七世紀後半施工説は、尺度約一〇六mの代制（岸五〇、岩本八八）や「条里制第二層」（石母田七二）、「超一町坪」（小林八四）といった特殊地割の先行を説く説、また条里分布が平野部大規模条里と縁辺部の主軸・位置の異なる小規模条里が組み合わされて存在するため、後者を屯倉の先行地割とみる説（谷岡五二、千田七五）が出されているが、批判も多い（金田〇二、井上〇四）。八・九世紀の条里は、古代官道を基準にした設計の有無が各地で確認され、律令国家による統一条里の施工計画が解明されつつある（金田九三・一二）。一方、遺構の量を比べると、一町方格網は九・一〇世紀以後の事例が多く、坪内部の長地型・半折型という明確な地筆の成立も、かつて説かれた七〜八世紀ではなく、一〇〜一二世紀であることがわかってきた（金田〇二）。条里施工の諸段階は、七世紀後半（山川九五、井上〇四）または八・九世紀（広瀬八九）の部分的施工説、一〇世紀後半〜一一世紀（寺沢八七）または一二世紀中〜後半（中井八一）の面的施工説がある一方、七世紀後半（井上〇四）に先進地域（大和）での統一条里の施工を認める説も存在する。条里地割が面的に広がる統一的景観は、現状では一二世紀までに実現したとしか集約できないだろう。金田章裕は、面的拡充段階の地割施工を国図の条里、荘園の条里による土地管理の再編・強化と結びつけて論じている。しかし八・九世紀の埋没条里も、施工地割は部分的でも班田図上の面的な統一条里の一部として認識されたと考えられる。「部分から面へ」という地割形態の推移とともに、各時期における面的統一条里の支配論理を明確にし、埋没条里地割を位置づける視点と方法が必要とされている。

（田中禎昭）

古代官衙《こだいかんが》

古代官衙とは何か　古代官衙とは、日本古代律令国家が中央集権体制を具現化するための人民統治機能や行政に関わる諸行事・諸実務を執行する役所の施設を指す。広義には、行政全般にわたる活動が展開された諸施設やその場所全体を官衙として捉えることができる。さらに、古代官衙は、専制君主である天皇を頂点とした律令政府の中枢を構成する中央官衙と、その中央集権体制を確立するための地方支配の拠点となる地方官衙とに大別できる。

中央官衙　中央官衙は、文献上から推測される推古朝の小墾田宮を原型とし、七世紀半ばの孝徳天皇の時代の難波宮（前期難波宮）に継承され、大津宮、飛鳥浄御原宮（伝飛鳥板葺宮・飛鳥京）と遷り、六九四年の藤原宮で成立した。大宝令制になって、天皇の居所である内裏や国家的儀式の中心となる大極殿を中心に、太政官を頂点とする二官八省一台五衛府と呼ばれた中央行政組織が整い、都城の宮城内に計画的に配置されていた。七一〇年遷都の平城宮で発展し、長岡宮、平安宮へと展開する。その構造は、正殿の周囲を長舎建物で取囲む朝堂院配置に代表され、地方官衙への影響も認められる。

　個々の中央官衙では、平城宮で造酒司、左右馬寮、大膳職、大炊寮、内膳司、兵部省、式部省、神祇官などの所在地が特定もしくは推定されている。また、平安宮は、数種類の宮城図によって、宮内の官衙の位置が復元され、平城宮の官衙の位置が踏襲されていた。

地方官衙　古代律令国家の領域は、中央政府の置かれた畿内と、東海・東山・北陸・山陽・山陰・南海・西海の七道に大区分され、その下が国・郡・里（のちに郷）という行政組織に細分されていた。国には、中央から任命派遣される国司の政治的拠点であり、諸国の政治・経済・文化の中心となる国府が置かれ、郡には、地方豪族から任用される郡司が行政の拠点とする郡家（郡衙）が置かれた。国府と郡家の成立時期は、これまで国府が八世紀前半、郡家がそれに先行する七世紀後半に成立（七世紀後半は評家）するとされてきた（山中九四）が、近年、国府が七世紀末～八世紀初頭に成立するという説が提唱されている（大橋〇九）。

　その他の地方官衙としては、実態が明らかになっていないものを含め、駅路の運用にあたる駅家《うまや》、津や泊などの水運施設、三関に代表される関、西日本に置かれた山城、東北の城柵・鎮、軍団の兵士駐屯場所、緊急情報を伝達する烽家《とぶひや》などの軍事施設、伊勢の斎宮寮などの祭祀関係施設などがあげられる。

　近年、国府・郡家とは明らかに異なるが、一般的な集落とも違った官衙関連遺跡が数多く発掘され、末端官衙、官衙補完施設と呼ばれている（奈良文化財研究所〇四）。特に、国・郡の下部組織である郷については、国庁・郡家と同様に独自の官衙である郷家が設置されたとみる説（井上九一など）と郷家は存在せずに、それらの遺跡を郡家の出先機関とみる説（山中九八など）があり、論争となっている。

（江口　桂）

豪族居館《ごうぞくきょかん》

「居館」の概念　居館とは、もともと、堀（濠）や土塁等の防御的な施設を有する武士の館などの中世居館の特性を援用して、古墳時代の遺構に対し遡及して適用した呼称である。

　古墳時代首長の拠点と見られる遺跡の防御的施設に関しては、すでに一九七〇年代半ばより、宮城県山前遺跡をはじめ、大阪府大薗遺跡や岡山県谷尻遺跡などで、大規模な堀や溝などで囲まれた竪穴建物や掘立柱建物が発見されてきた（阿部九〇）。一九八〇年代初めに群馬県三ツ寺Ｉ遺跡が大規模に発掘調査されると、それまで不明であった豪族（首長）居館の様相が明らかとなり、しだいに発見遺跡も増加した。その数は、一九九〇年代末には全国で一〇〇ヵ所にも及んだ。

豪族居館の構造と機能　「豪族居館」の代表例として、よくあげられるのが三ツ寺Ｉ遺跡である。遺跡は周囲を幅三〇～四〇ｍ、深さ三ｍの濠と北からの河道により囲まれた八六ｍ四方の方形館（郭）内を柵列により区画するもので、大型掘立柱建物跡や祭祀遺構が検出された。また、館の外縁には数ヵ所に大きな張出が設置されたが、濠に面する斜面には河原石による石積みが形成され、古墳の葺石を彷彿とさせた。五世紀後半～六世紀前葉にかけて存続し、北西一㎞に造営された保渡田《ほどた》古墳群（前方後円墳三基により構成）を築造した首長の居館跡と推定されている（下城ほか八八）。

　こうした発掘調査事例に基づく豪族居館の構造や機能的特徴に関しては、概ね以下の属性に整理できる（都出九三、広瀬九五）。①面積二〇〇〇㎡以上の比較的広い屋敷地を有すること、②堀・土塁・柵などの防御施設をもつこと、③居住施設のほかに、倉庫や工房などの建物を有すること、④屋敷地内が機能的に分化していることなどがあげられ、居館内では鍛冶や紡織などの手工業生産なども行われており、家政機関を内包する状況が窺える。この点では、群馬県三ツ寺Ｉ遺跡や同原之城《げんのじょう》遺跡は地域首長の居館にふさわしい様相を示している。一方畿内では、大阪府法円坂遺跡（五世紀末）や和歌山県鳴滝遺跡（五世紀前半）において、大規模な高床倉庫群が検出されており、一棟の規模がそれぞれ九一～九六㎡、五六～八二㎡を有していた。いずれも、通常の規模を大幅に上回るものであり、前者が大王権力の中枢施設の一部、後者が畿内周辺の有力首長の拠点か大王権力の先端拠点と推定され、これらが大王や中央豪族の居館の一部であった可能性も指摘されており（都出九三）、東国の豪族居館の規模や機能をはるかに凌駕する施設の存在が想定される。

　その他、豪族居館におけるもう一つの重要な機能として、水による祭祀があげられる（若狭〇四、杉井一〇）。実際、三ツ寺Ｉ遺跡では導水施設と石敷き遺構が検出されたが、三重県宝塚一号墳や兵庫県行者塚古墳の墳丘から、飛鳥酒船石遺跡の方形石槽にも通じる槽形土製品を内蔵する家形埴輪が出土しており、居館内部が首長による導水や井泉による聖なる神マツリの場として認識されていたことがわかる。上野地域の事例が普遍的な豪族居館の典型であるのか、各地での遺跡の再検討が望まれる。（松崎元樹）

単位集団《たんいしゅうだん》

単位集団は、集落遺跡を理解するための作業仮説とすることができる。集落を読み解くうえでその基礎的な構成集団に対して「単位集団」を用いることが多い。

近藤義郎は、岡山県津山市沼遺跡の調査成果から丘陵上に「周溝」によって区画された五棟の竪穴住居を、炉痕跡の脆弱さから、炊飯などの消費行動の単位が竪穴住居址ではなく、住居址群によって行われていたと想定した（近藤五九）。福岡市比恵遺跡などの事例をあげ、「単位集団」が生産単位である可能性を指摘している。単位集団は「経営と消費の小グループ」であるとしたうえで、この集団が集合したものが共同体となり、「自給的な体制と、他の共同体との接触の主体となり、また銅鐸に示されるような儀式を共通していた」と考える。その後この考え方を深める中で、こうした関係を「部族」や「氏族」としてとらえていく。

単位集団を近親集団グループであるが故の矛盾をはらみながらも、水稲栽培や灌漑における分業や集約の発展を、共同体下の規制下に得ていくのが古代社会であると考える。

一方で都出比呂志は、基本的に竪穴住居それぞれに炉が存在することから、同一住居址の居住単位を独立した一つの消費単位に位置づけ、『魏志』倭人伝の記述などから、単独の居住集団（世帯）が四、五軒あつまって形成する集団を「世帯共同体」呼ぶ。都出は大阪府安満遺跡を中核とした、小集落で構成される「共同体」を個別の経営を図りながらも、河川管理や開発行為においては協業をおこなう「農業共同体」としてとらえる。またこの「農業共同体」が政治的集団として成立していくと考える（都出七四）。弥生時代中期以降の集落の大規模化について都出は、軍事的緊張の影響と考えて、集落の大型化と墳丘墓の導入、分離の過程から階層分化が進んでいく過程を読み取ろうとする（都出八四）。

同様に検出された竪穴住居についても、都出はそれぞれの炉跡で十分に煮炊きを行えると考え、近藤は煮炊きをほとんど行わないとしている。そもそも両者で竪穴住居内の構成員の意味づけが異なる。一方で近接した墓域の状況を比べることで、社会的な階層性や氏族関係までもが同様に語られる。そのため具体的な資料を用いての議論はなかなか進展しなかった。近年、集団の具体的な性格と少し距離をおき、近接した遺跡の備えた遺構施設の関係から、「基礎集団」という概念が提示されている（若林〇三）。集落の構成要素に着眼して地域集団の性格を考えようとするものだが、限られた資料の中での議論であるから、実証的な調査成果からその成否を問うことは単位集団と同様に難しい。田中良之などのようにリネージやクランなど民族的な氏族関係を持ち込もうとする議論も同様である。竪穴住居内にいかに住まっているのか、そうした基礎的な情報へのアプローチこそ、こうした問題を解決する糸口かもしれない。

（纐纈　茂）

親族構造《しんぞくこうぞう》

親族構造とは何か　洋の東西および現在過去を問わず、対象とする社会の構造、特に親族構造を解明する作業は、人文科学に関する多くの分野において重要な研究課題とされてきた。それは考古学においても例外ではない。

キージングによれば、親族（kinship）とは直接的な血縁関係を有する場合だけではなく、文化的に認められた親子および兄弟姉妹の関係を通してたどることのできる社会的関係性のことである（キージング八二）。この親族に基づき、その成員がお互いの関係を規定する社会集団のことを親族集団（kin group）と呼ぶ。この親族という語は、欧米ではしばしば姻族《いんぞく》（affinity）と対で使用され、この両者をあわせて親族組織あるいは親族体系（kinship system）と呼ぶことも多い。親族構造とはまさにこの親族組織のあり方にほかならない。

親族の語義に親子などの系譜的関係を含む以上、親族組織は往々にして出自（descent）や出自集団（descent group）とリンクしたかたちで議論される。したがって、学術的見地から親族組織、親族構造に関して検討されるべきテーマは、家族形態や婚姻形態、および出自集団のあり方、それらの系譜的関係性などに関する諸問題ということになる。

研究の現状　考古学における親族構造の研究は、一九六〇年代後半以降数多く行われるようになる。たとえば、金関恕（六九）による墓地構造をもとにした弥生時代の親族構造の研究などは、最初期のものとして研究史的に評価されるものである。しかしながら、親族構造に関して最も多くの議論が蓄積されてきたのは縄文時代に関する研究であろう。これには、大林太良（七一）による民族学的な知見を応用した研究のほか、春成秀爾（七三・七九など）の抜歯と考古学的情報をリンクさせた研究や、佐々木藤雄（八一など）による異系統埋甕《うめがめ》の分析による研究、山本典幸（九六）の土器文様の分析による研究などのほか、埋葬人骨の遺伝子情報（mtDNAのハプロタイプ）による研究（西本ほか〇一、高橋九九）など、多種多様な事例を挙げることができる。

なかでも春成は、全国的な視野のもと、抜歯分析による親族構造の研究を精力的に推し進め、縄文時代晩期における親族構造は、東日本が夫方居住婚で父系的、東海西部から近畿地方が選択的居住婚で双系的、西日本では妻方居住婚優勢で母系的であったと結論している。

これに対しては、考古学・民族学両方の見地からの反論がある（佐々木高九一・田中九八など）。特に田中良之（九三・九八）は、春成の研究は出自の捉え方を誤っていると批判を行う一方、歯冠計測値を用いた血縁者推定法という人類学的手法を考古学に応用し、岡山県津雲貝塚をはじめとする西日本では双系的な社会が存在したと考えている。

今後の課題　縄文時代の場合をみても、親族構造に関しては多様な見解が提出されており、議論の一致を見ていない。しかしながら、親族構造を解明していくためには、もはや純粋な考古学的手法のみでは不可能であろう。今や形質人類学などの諸分野と共同して、研究を進めていくことが求められている（山田〇八）。

（山田康弘）

環状集落《かんじょうしゅうらく》

竪穴住居を中心とする居住痕跡が、中央の空間（広場）を取り囲むように環状（直径一〇〇m内外）に分布する縄文時代に特有な集落痕跡を言う。二・三〇軒から、ときに一〇〇軒以上の住居跡が検出されるが、縄文土器の型式編年にして複数階梯におよぶ時間的累積の結果である。

和島・水野集落論　原始集落研究の草分的な存在である和島誠一は、史的唯物論の立場から、環状集落について、一軒一軒の住居を「世帯」とみなし、強い共同体規制のもとに集落全体が生産単位となり、土器型式の継続する期間、広場を中心にして自然発生的な血縁集団（氏族）が結集する「定型的な集落形態」として説明した（和島四八・五八）。その後、水野正好は、出自が異なる家族（二棟一小群）が複数集まって地縁集団を形成した村の姿と解釈し、住居の環状配置に村による強い規制が働いていると説明した（坪井六二、水野六三・六九）。水野が与助尾根遺跡の資料操作の中で採用した住居群を大群・小群に線分割する手法が、民族事例を作業仮説とした双分制・三分制など縄文時代の親族組織の復元への言及へと連なった。

演繹的解釈論への疑問　和島・水野集落論は、なぜ環状構造になるのかを、作業仮説に基づき説明する演繹的な資料解釈であった。それが通用するには、最低限、環状集落が継続的定住地であること、常に住居の群別が保持されるように住居が変遷することが必要になる。しかし、調査資料は、その条件を満たすように遺されていなかった。一九七〇年代に水野集落論の資料操作の誤りが厳しく指摘されて（ふれいく同人会七一）、他方で同一時期に集落間での集団移動の可能性も示唆されるようになった（石井七七）。そして一九八〇年代には大規模で拠点的な定住集落と考えられてきた環状集落も、一時点をみれば、派生的な存在と軽視されてきた小規模な集落遺跡と大差ない、という意見も提出されるにいたった（土井八五）。恣意的解釈が過ぎた旧来の集落論に対する見なおしの気運が高まったのである。背景に全国的に進んだ集落遺跡の調査成果の蓄積がある（日本考古学協会八四）。

実証的研究の進展　旧来からの解釈や方法論に固執する研究（丹羽七八・八二・九三、小林達八六・九三、谷口〇五）が継続する他方で、なぜ環状になるのかの解釈をひとまずおき、その形成プロセスを丁寧に追いかけ、住居群の一時的景観や居住形態について調査資料に則して、実証的に検討する立場での研究が一九八〇年代後半に開始された（土井八五、黒尾八八）。分析の前提となる土器の編年細分研究も進行し（黒尾・中山・小林九五）、多くの住居を集める環状集落でも、同時機能した住居は最大に見積もっても一〇軒に満たない程度、通常三～五軒程度であり、変遷過程で、住居の存在しない時期を挟んだり、一軒となってしまうケースも珍しくない。その際、住居群は、予測された分割線と、ほとんど無関係な変遷を辿ることも判明した（縄文中期集落研究グループ九五、小林謙〇四）。なぜ環状になるのかを説明するには、こうした実証的検討成果を踏まえて、従前にない視角での作業仮説の提示が求められるだろう。

（黒尾和久）

環濠集落《かんごうしゅうらく》

概要　周囲を濠で区画する集落で、考古学的には弥生時代に登場し、弥生時代末〜古墳時代初頭に終焉するものを指す。濠が集落を囲繞するタイプを基本に規定しているが、丘陵・台地に展開する集落には、尾根を横断するだけの囲繞しないタイプもあり、これも環濠集落に含めて考える研究者は多い。藤原哲の集計では、鹿児島県から茨城県・群馬県・長野県・新潟県までの地域、早期〜後期末までの時期の、確実なものだけでも三〇〇ほどの環濠集落が知られている（藤原一一）。

性格論　一九三六（昭和一一）年に東京で奥田直栄、一九三八（昭和一三）年に福岡で鏡山猛があいついで集落を取り囲む溝を調査し、現在の環濠集落研究の先鞭をつけた。このうち福岡県比恵遺跡（那珂・比恵遺跡）は戦後鏡山によって報告され（鏡山五六〜五九）、低地にある環濠は住居地を耕地から区画する目的で作られたとした（鏡山五七）。環濠集落の性格については、鏡山の論文と同じ頃に浮上したもう一つの集落論－高地性集落と併せて検討されるようになる（高地性集落については「高地性集落」の項を参照）。小野忠凞が防禦的性格の壕状遺構の存在と「倭国乱」記事を参考に、高地性集落が軍事的な性格を持つという解釈を行い、佐原眞による香川県紫雲出山《しうでやま》遺跡での武器（石鏃）の分析から、高地性集落が抗争の激しい時代に対応する集落であると想定された。

環濠集落も小野の壕状遺構の解釈を踏襲し、こうした社会像を説明するものとして解釈された。例えば戦国時代に登場する濠の性格と関連づけた佐原（七九）の考えやヨーロッパの防禦集落との関わりから説明する都出比呂志（八三）の見解のように、環濠は争乱に伴う防禦施設と位置づけてきたのである。

こうした環濠＝防禦施設という見解が一般化した背景には、史的唯物論による階級社会形成の説明にとって、理解しやすいという側面も大きく影響しているといえるだろう。それは弥生時代が水稲農耕の導入により余剰生産物が発生すること（和島・藤沢五六）、また灌漑用水をめぐる集団の統合（近藤六二、都出八三）などを契機に集団間の緊張が存在すること等が前提となり、史的唯物論から必然的に想定できる矛盾の解消＝「争乱」と『魏志』倭人伝にいう「倭国乱」を合致させることで、多くの支持が得られたと考えられる。また、一九九〇年に韓国慶尚南道で無文土器時代の環濠集落である検丹里《こんたんに》遺跡が発見されたことで、環濠集落の源流が朝鮮半島南部にあることが推測できることになった（鄭・安九〇）。

近年の動向　一九九〇年代に入ると、環濠に関するこれまでの「定説」に対する疑義が提出されるようになる。まず防禦という機能的な点については、集団の象徴としての側面（武末九〇など）や集落・集団を維持するための施設（菅九九など）が提出され、韓国南部からの伝播に関しては、縄文時代以来の北方や長江流域からの伝播という見解（寺澤〇〇）も出されている。また、環濠集落は弥生時代に一般的なものではなく、むしろ希少な集落形態であることも指摘されてきており（藤原一一）、新たな研究段階に入っている。

（浜田晋介）

高地性《こうちせい》集落《しゅうらく》

概要　高地性集落を物理的に定義づけることは難しい。最大公約数として概念規定を行うならば、「農業社会にあって周囲に水稲耕作可能な土地がない場所に作られた集落」となろう。高地性集落の研究は、戦前に中谷治宇二郎・八幡一郎の先行研究のあと、森本六爾によって注目された。これらの段階では、弥生時代に低地の遺跡が多くなることから、この時代に農業が本格化した傍証とするなかで、低所に対する高所の遺跡という概念であった（浜田〇六）。

性格論　戦後、小野忠凞が山口県島田川流域の集落群を調査するなかで、高所に存在する集落をどのように考えるか、として高地性集落の研究が開始された。小野は高地性集落の性格についていくつか候補をあげ、壕状遺構（環濠）が防禦的性格をもつこと、『魏志』倭人伝などにいう「倭国乱」などを参考に、軍事的な性格を持つと考えた（小野五三）。その後、壕の伴わない高地性集落に、軍事的な性格はないと、その性格の一部を変更した（小野五九）。しかし香川県紫雲出山《しうでやま》遺跡から出土した石鏃を分析した佐原眞は、凸基式石鏃は戦闘用として特化したものであり（佐原六四）、戦闘用武器の発達と消長と同じくして、瀬戸内海沿岸では高地性集落が発達・終焉することから、高地性集落の出現は畿内・瀬戸内に軍事的緊張状態が起こった反映とした。そしてその年代は弥生時代中期後半（畿内第Ⅳ様式）－一世紀－「倭国乱」であるとした（佐原七五）。高地性集落の性格と歴史的意義についての佐原の論説は、同時期に刊行された後期の高地性遺跡である会下山《えげやま》遺跡が、海上権を司る性格を持っているとした分析（村川六四）とともに、その後の研究に大きな影響を及ぼした。年代の問題は、九州と畿内の土器の併行関係の分析から、畿内第Ⅳ様式が二世紀に比定しえなくなり、「倭国乱」と直接結びつけることができなくなったが、動乱は複数回存在する案で解決する方向となった。一九八〇年代までの高地性集落の形成原因や性格論に対して都出比呂志は、以下のように総括した。畑作の必要性からの原因説は弥生時代末に高地性集落が終焉する説明がつかないことで退け、洪水を避ける原因説も洪水が考えにくい場所や島嶼にも存在することからこれも退け、最終的に軍事的緊張状態に伴う、平野部の大集落から派遣された前進基地・通信基地的なものである（都出八四）。

近年の動向　一九九〇年代以降、資料の増加もあり必ずしも軍事的緊張状態を契機とするものだけではないことが指摘されてきた。その一つに小野が当初から論究してきた貝塚の分析から季節的な移動を伴う集落という分析（池田九九）等がある。こうした状況を総括し、二〇〇二年と二〇〇六年に『古代文化』誌上で高地性集落の特集が組まれ、研究史、時代・時期別集落の比較、出土遺物の分析などを通して大幅な再検討が行われた（森岡編〇二、近藤・下條編〇六）。その結果、高地性集落が軍事的な問題だけで解釈できないことが明白になってきている。それらの今日的な研究総括は下條信行（近藤・下條編〇六）に詳しく、関東の状況については浜田（一一）の論考がある。

（浜田晋介）

オホーツク文化と擦文文化

——ぶんかとさつもんぶんか

オホーツク文化　オホーツク文化は五世紀～一〇世紀頃、オホーツク海南岸を中心に展開した生活様式で、サハリン周辺より南下した人々により担われたと考えるのが主流である。

　北海道内における遺跡の分布は、道北・道東地域を中心とするものの、日本海側島嶼部、例えば奥尻島でも竪穴住居跡が報告されている。いずれの遺跡も海岸線近くに立地する。六～七世紀初頭（刻文期）以降に遺跡が増え、七～九世紀には道内独自の様式である貼付文期に最盛期を迎える。土器は深鉢や広口壺が主体であり、大半が煮沸具である。鉄器の使用が認められるが、石器も一部の器種が残る。石鏃には有茎と無茎があり、最大長も三～一〇㎝ほどと多様である。一部は銛先鏃であると考えられている。また、有溝・有孔の石錘、縦形の石杵はオホーツク文化特有の形態である。骨角器は、銛頭や釣針等の漁・狩猟具、針入れや匙、掘り具等の日常具のほか、動物像や人像も知られている。牙製婦人像や帯金具、蕨手刀は大陸や本州との交流を示す遺物である。竪穴住居は五角や六角形が主体で、一〇mを超える大型のものも少なくない。竪穴内にはコの字形の粘土貼床と石囲炉を有し、奥壁側にはヒグマ等の頭骨を集積した骨塚がみられる。墓は長方形の土坑墓を主体とし、屈葬の被甕葬が目立つ。家畜としてはイヌやブタが知られている。食料としては海生魚類や海獣が大きな比重を占めていたことが人骨の安定同位体分析から明らかになっている。

擦文文化　擦文文化は、八～一三世紀頃に北海道を中心に広がっていた生活様式で、続縄文文化が、本州の土師器文化の影響を受けることで成立したとされている。オホーツク海沿岸への本格的な波及はやや遅れ、一〇世紀以降である。

　擦文土器の名称は、擦痕状の刷毛目調整痕が顕著であることに由来し、口縁部から頸部には文様が施される。器形は深鉢や坏が主体であるが、高坏もみられる。鉄製品のみならず、鍛冶に関連する遺物も出土することから、製品加工が可能であったと考えられる。竪穴住居の形態は東北地方に類似しており、四角形で四本柱、カマドを有するものが主体である。オホーツク文化と同様に火災住居跡の割合が高く、土屋根を主体としている可能性が高い。墓は、土坑墓が通有であるが、道央地域では北海道式古墳と呼ばれる墳丘墓も見られる。生業では、雑穀農耕の存在が知られているが、狩猟・漁猟具も出土しており、狩猟採集も行われていたと考えられる。

トビニタイ文化からアイヌ文化へ

一〇世紀以降、オホーツク文化は擦文文化の要素を取り込んで変質し、トビニタイ文化が成立する。土器は、文様にオホーツク文化の要素を残しつつ、器形が擦文土器に類似する。竪穴住居は四・五角形で、石囲炉を主体とする。後続するアイヌ文化には、擦文文化の要素だけでなく、動物儀礼などにトビニタイ文化を経て受け継がれたオホーツク文化の要素がみられる。

（村本周三）

アイヌ文化 —ぶんか

二つの用法　現在「アイヌ文化」には、二つの用法がある。一つは今を生きるアイヌ民族により歴史的に育まれてきた民族文化としての広義の「アイヌ文化」であり、いま一つは北海道島の歴史的変遷を論じる上で考古学的に設定された、本州島での中近世に併行する一三世紀以降の時期を対象とした狭義の「アイヌ文化」である（藤本八四）。

定義　広義の「アイヌ文化」とは、サハリン島や北千島列島を含めた日本列島北部に広がりをもち、自然界（神の世界：カムイモシリ）と人間界（アイヌモシリ）との間の互恵性を基盤とした「送り」による世界観と、この思想と深く結びついた日用・工芸品などの物質文化や言語・口承文芸・踊りによって特徴づけられる。これらの文化様式や生活行動様式の実践と共有を通じてアイヌとしての民族的同一性（アイデンティティ）の維持と世代を重ねた「アイヌプリ（アイヌとしての生き方）」の再生産がなされている。狭義の「アイヌ文化」の概念は、擦文土器の製作伝統の終焉とともに増加する鉄鍋や漆塗椀、棒酒箸、陶磁器、平地住居など、一八世紀以降のアイヌ文化につながる物質文化要素の出現時期を歴史的画期として評価し、設定されたものである。

課題　狭義の「アイヌ文化」の用法には問題がある。現存する民族集団名を特定の文化段階に冠する不適切さである（瀬川〇七）。考古学的「アイヌ文化」とそれに先行する擦文文化の間に集団交代は生じていない。近年の分子遺伝学の研究成果は、既に縄文時代に北海道島や本州島北部と、本州島中部に居住した集団との間に遺伝的交流が少なく（Adachi et al. 2009）、北海道島の集団には大陸北部の集団からの遺伝的影響を含めた独立した集団形成史が指摘されている（Sato et al. 2007）。つまり擦文文化から考古学的「アイヌ文化」への変化は、集団内の文化変容なのであり、一八世紀以降の「アイヌ文化」の系譜に連なる物質文化資料の出現のみをもって「アイヌ文化の成立」を論じることには問題がある（渡辺七二）。

アイヌ文化とは何か　渡辺仁は、「アイヌ文化」の社会的・宗教的側面の確立を示す指標としてクマ祭りに注目し、「アイヌ文化」をクマ祭り文化複合体と定義した。この考え方はさらに「アイヌ文化複合体」へと発展された（宇田川八八）。このようなクマ祭りを中心に据えた「アイヌ文化」の指標化には、反論も示されている（深沢九九、天野〇三、瀬川〇五）。問題は、民族文化を固定化したものと位置づけ、その可変性を見失うことにある。民族文化の成立や起源は極めて難しい課題であり、一線をもって境界を設定できるものではない。すべての民族文化に独自の歴史的変遷がある。大切なことは、その文化の担い手を主体とした歴史観の確立である。これまでのアイヌ文化（史）の位置づけは、日本文化起源論の比較研究の対象であり、日本史や日本考古学の地域的変異でしかなかった（佐々木八八、谷本〇四、百瀬〇四）。今、改めて広義の「アイヌ文化」へ連なる「アイヌ文化史」の解明と枠組みが求められている。

（加藤博文）

南島貝塚文化《なんとうかいづかぶんか》

南島の地域　南西諸島は地理学的に琉球弧と呼ばれ、大隅諸島やトカラ列島の「北琉球」、奄美諸島や沖縄諸島の「中琉球」、宮古諸島や八重山諸島の「南琉球」の三つに区分される。また、各島も地質から古期岩類ほかからなる「高島」と、石灰岩からなる「低島」に二分され、水資源の違いから生業に大きく影響を与えた。なお、文化も異なり、「北琉球」「中琉球」と「南琉球」は様相を変える。同じ文化圏となるのはグスク時代以降である。

時代区分と研究の状況　「中琉球」では先史時代を貝塚時代、中世をグスク時代とする。出土品等から九州以北（以下「ヤマト」と記載）との併行関係は、縄文時代が貝塚時代早期から中期、弥生時代から古墳時代が貝塚時代後期前半、古代が貝塚時代後期後半とされるが、異論もあり統一した編年はまだ確立されていない。貝塚時代と呼称されたのは、弥生時代併行期以降でも水稲耕作の痕跡が確認されず、狩猟採集活動が継続したと理解されていたことによる。集落立地も海岸砂丘地が主体であり、海産資源が中心な漁労生活を送っていたものと推測され、集落立地や出土遺物が大きく変化し、水稲・雑穀農耕が開始されたと判断されるのはグスク時代になってからである。なお、狩猟採集社会のため考古学的には相対的に低く見られ、朝貢の記録のある文献史学的な評価との齟齬があった。ほかに南方の産物が文献面で着目され、考古学的に検討されたのは、後期前半のイモガイ・ゴホウラ、後期後半のヤコウガイといった貝交易であり、木下尚子、三島格や高梨修による研究がある（木下九六、三島七七、高梨〇五）。

「南琉球」では縄文土器に類似する厚手平底の下田原《しもたばる》式土器が出土するが、台湾の土器との共通点が指摘されており、東南アジア系文化の影響下であったと推測され、他と異なる独自の変遷を遂げている。

日本列島全体を俯瞰し、文化の差を強調したのは藤本強であり、弥生時代以降は北海道の「北日本」、「ヤマト」の「中日本」、南島の「南日本」の三つの文化があったことを主張した（藤本八八・〇九）。日本が単一民族で一つの国であったというイメージとは異なる状況であったことをわかりやすく表現したわけである。

琉球弧の考古学調査を地元から先導してきたのは高宮廣衛であり、国分直一や早稲田大学の先行研究を再検討しつつ、文化の変遷や暫定的な編年をまとめ、彼の研究が現在の認識の前提になった（高宮九一・九四）。

近年では、高宮広土から狩猟採集生活だけでは生活が維持できず、大きな断絶期間があり、現在の沖縄人のルーツは再入植した農耕民によるという意見が出され、それに対して伊藤慎二が出土品の変遷の検討から批判を加えた（高宮・伊藤編一一）。さらに、沖縄諸島と奄美諸島の「ヤマト」との関係の違いが明らかにされつつあるなど（高梨〇五、高梨ほか〇九）、今までの枠組みを超えた活発な議論が行われている。　（武川夏樹）

セツルメント・アーケオロジー

セツルメント・アーケオロジーとは何か　K・チャンの定義によれば、セツルメント・パターンは、遺跡内の遺構配置や遺跡の分布の空間分析とされる。一九五三年にアメリカの考古学者G・ウィリーが、人間が自然環境のなかで行った個々の住居や共同体で使用する公共建造物の配置パターンと定義、社会組織を反映するとした。アメリカ考古学のなかで一九六〇年代に盛んとなったニュー・アーケオロジーにおいて、現在の採集狩猟民や農耕民を考古学的手法で調査する民族考古学や、北米先住民に対する開拓期の伝道師らの民族誌と考古学的記録とを対比させ、単体の遺跡ではなく関連する活動痕跡の集合として、集落群の有機的な関係を領域と捉える試みとして活用された。考古学的試料の空間分析（分布論）がセツルメント・アーケオロジーに含まれ、遺跡内・遺構内の遺物分布、遺跡内の遺構分布、遺跡周辺環境、領域内の遺跡分布とさまざまなレベルがあり、遺跡形成論や微環境復元・環境適応、廃棄論、居住システム、資源の獲得・分配・消費に関わる生産や生業活動の横断的関係として統合される社会システム・モデルであるセツルメント・システムへと向かう方法論と見なすことができる。

日本考古学における研究　日本には、ニュー・アーケオロジーを学んだ小林達雄が、一九六〇年代以降の高度成長期における広域開発に伴う遺跡調査である多摩ニュータウン遺跡群の縄紋中期集落の規模・性格別に分類した分布の検討を主とする「セトルメント・パターン論」として導入した（小林達七三）。このほか、酒井龍一による近畿地方弥生集落のネットワーク（酒井八八）、赤沢威による千葉県新田野貝塚の周辺環境の生態環境を復元するキャッチメント・エリア分析（赤沢八三）など、欧米のニュー・アーケオロジーの手法を用いた研究例が行われた。その後、縄紋集落研究では石井寛による集団移動論（石井七七）ののちに環状集落論と移動論との間の議論のなかで、集落の実態を明らかにしていく方向性（黒尾八八）が明確になるにともない、縄紋時代の遺跡分布をパターンとして認識しつつ、居住システムとして把握する研究が行われてきた（小林謙八八）。そのほか、GISなどを用いた空間分析として統計的な検討（西本ほか〇一）、計量地理学的なモデルによる解析（谷口九三）、周辺環境や天文・山岳の眺望などと遺跡立地を考えようとするような景観考古学（小林達編〇五）などがある。

遺跡とセツルメント　「埋蔵文化財包含地」とされるように、日本では土壌が発達し遺跡が土中に埋もれているため、「遺跡」は航空写真や地中レーダーで探される場合を含め、偶然見つかった遺跡や、発掘によって認識された遺跡が多い。遺跡は結果的に現在に残された過去の人類の足跡の一部であり、ピラミッドのように地表に露出しているか、発掘調査で確認できた痕跡に限られ、江戸遺跡などのように行政や開発にともなう地点名にすぎない場合もある（五十嵐〇七）。実際の過去の人類の活動痕跡はより多く多様に存在していたはずである。そうした活動痕跡を概念的に「セツルメント」と捉えたい。

（小林謙一）

貝塚《かいづか》（shell mound）

貝塚とは何か　貝類とその他の生活残渣（動物遺体・植物遺体など自然遺物と土器・石器・骨角器など人工遺物）を捨てた遺構のことである。

通常、土壌の酸性度が強い日本では動物骨有機物は遺存しにくい。一方貝塚では、貝類のカルシウム分によりそれらが保護され良好に遺存するため、古環境復元や、食資源に関し有益な情報を得ることができる。

日本において貝塚は三〇〇〇ヵ所近く存在し、大半は縄文時代に所属する。弥生時代以降の貝塚は小規模化が顕著となる。

貝塚の形成は、地球が温暖化を始める約一万年前から始まる。神奈川県横須賀市の夏島貝塚（縄文早期）は、初期の貝塚として著名である。縄文貝塚は、仙台湾周辺、利根川下流域から相模湾沿岸の地域に集中しており、三陸沿岸、伊勢・三河湾東岸、瀬戸内海沿岸、有明海沿岸地域がそれに次ぐ。一方、日本海側の貝塚分布は薄い。また、滋賀県大津市粟津湖底遺跡のような淡水貝塚もある。

貝塚研究の開始　日本における貝塚研究は、一八七七（明治一〇）年、米国人生物（貝類）学者のE・S・モースが東京都品川区の大森貝塚を発掘調査したことに始まる。その調査報告書の高い学術水準はモース帰国後、正当に継承されなかったが、モースが人骨に残された傷を人為的なものと解釈し、食人説を提唱したことは、先史民族の人種論争を過熱させる契機となった。明治末年以降、清野謙次ら形質人類学者は、良好な人骨を収集するため全国の貝塚を調査した。また先史漁労復元を目指した水産学者の岸上鎌吉や、旧海岸線の復元を試みた東木龍七などは、人種論争とは異なる視点で、貝塚とその出土資料を対象に研究を行った。一九一九（大正八）年、地質学者の松本彦七郎は、「地層累重の法則」を基に仙台湾周辺の貝塚出土土器の編年研究を行った。この成果は、長谷部言人・山内清男・八幡一郎ら人類学者・考古学者に注目され、各地の貝塚調査に援用された。また大山柏は、出土貝種の内容で貝塚の編年を行うことを構想し、甲野勇らとともに各地の貝塚を調査した。

戦後の貝塚研究　戦後、貝塚調査はより精緻さを増し、特に自然遺物の定量的な資料採取と種別の計数、微細遺物の回収、採取季節推定などの方法論が導入され、より実証的に先史時代における食料利用、生活サイクル復元を志向する。

また高度成長期以降、大規模な緊急調査が頻発するようになる。その結果、縄文貝塚については、従来の小規模調査では知りえなかった貝塚・居住域・広場といった集落の空間構成が明らかにされ、貝塚は単体として存在とするのではなく、縄文集落の構成要素の一部として存在することが明らかとなった。一方近年、居住痕跡を伴わず、人工遺物にも乏しい大規模貝塚が、旧海岸に隣接する状況で確認されている（東京都北区中里貝塚・愛知県豊橋市大西貝塚など）。これを踏まえ阿部芳郎は、集落に伴う貝塚（サト貝塚）と貝類加工に特化した地点の貝塚（ハマ貝塚）の分類概念を提唱している。

（髙橋健太郎）

土坑《どこう》

用語の意味　発掘調査で確認される遺構のうち、人間が人為的に掘りくぼめた穴を示す言葉。単なる穴であり、有機質が残りにくい一般的な遺跡では構築当初は何か埋納されていたとしても、内容物がすべて腐朽してしまうので、その用途が判明しないことが多い。ただし、低湿地遺跡では有機質遺物が残存するので用途が推測できることに加え、他と峻別が可能な特徴的な形状を持つ土坑については後述のように用途が推定されている例がある。

　用途が判明する土坑は全体のごくわずかであるのに対し、確認される遺構では土坑が最も多く、集落景観復元に困難をきたす一因でもある。用途の安易な推測は実態をゆがめて復元する恐れがあり注意が必要である。

　なお、「どこう」について「土壙」の文字を当てることについて、「壙」の文字に墓の意味が含まれているので、墓以外の用途を持つ土坑についてふさわしくないとの意見があり、「坑」の文字で標記することが一般的になっている。この理由から墓については土壙墓や墓壙と標記することもある。

用途の判明する土坑　前述のように、土坑はその用途がわからないものが大半であるが、わずかな手がかりによりその用途を復元する試みも行われている。特に陥穴《おとしあな》状《じょう》土《ど》坑《こう》と貯蔵穴について研究が行われている。

　縄文時代の土坑であるが、特にこの研究を進めていたのが今村啓爾である。陥穴状土坑について初めて総合的に検討を加えたのが霧ヶ丘遺跡群の報告であり（今村七四）、この成果を踏まえて後述する貯蔵穴も加えて検討されたのが「土坑性格論」（今村八八）、貯蔵穴と打製石斧から生業の検討を進めたのは「群集貯蔵穴と打製石斧」（今村八九）である。なお、貯蔵穴であるが、ドングリなどの堅果類が内容物として遺存している事例が西日本を中心に確認され、内容物を証拠に貯蔵穴と認識されている。また、それ以外にも上狭下広という特徴的な形状を示す、いわゆる「フラスコ状土坑」や「袋状土坑」と呼ばれている土坑があり、これらについては堀越正行の「小竪穴考」で貯蔵穴の可能性が論じられ（堀越七五ほか）、現在では貯蔵物の確認例は非常に少ないものの、貯蔵穴として認識されている。なお、同様な形状の土坑は弥生時代にも例がある（乙益八三）。こちらは稲を貯蔵したものであり、大陸に起源があると考えられているので、縄文時代の系譜を必ずしも引き継いではいない。それ以外にも多摩地域では近現代の事例として「トックリ穴」というイモやショウガを貯蔵する事例も確認されている。貯蔵に適した形状として上狭下広の形状が採用されたともいえる。

　そのほか、墓は人骨が遺存していれば確実であるが、火葬骨により荼毘の痕跡と判断されたり、小型土器や垂飾品などが出土する事例については、これらを埋納された副葬品と考えて墓と判断することも可能である。

（武川夏樹）

甕棺墓《かめかんぼ》

甕棺墓とは何か　広義には土器に遺骸を入れて葬る墓制であり、縄文時代から存在するが、特に北部九州の弥生時代に発達した成人を直接葬ることができる大型の専用棺を用いた墓制をいう。弥生時代早期の大型の壺形土器から弥生時代前期中葉に専用棺に発達した。この甕棺墓には他の墓制と異なる有利な条件があり、弥生時代研究のテーマのひとつとして盛んに取り上げられた。

甕棺墓と年代　甕棺墓は通常の墓と違い、棺が土器であるため、編年が組めるという特徴がある。森貞次郎は甕棺を九型式に分類し編年の基礎をつくり（森六八）、その後、橋口達也が五期大別一八型式の分類を行い（橋口七九）、甕棺の編年はほぼ確立された。また、橋口は副葬土器や供献土器、小児棺から日常容器との平行関係を示した（橋口七九）。さらに甕棺が分布する北部九州は大陸との関係が強い地域であるため、中国鏡などの絶対年代がわかる舶載遺物が副葬されることがあり、弥生時代の実年代を知る手がかりになった（森六八、橋口七九など）。しかしながら、二〇〇三年に国立歴史民俗博物館が発表したAMS法によるC14年代測定と暦年較正による年代は、甕棺と副葬品により組み上げられた弥生時代の年代観と大きな差があったため、論争を巻き起こしている。

甕棺墓と形質人類学　甕棺墓に葬られた場合、土壙墓や木棺墓などより骨が残りやすい。金関丈夫は、山口県土井ヶ浜遺跡の人骨と共に、佐賀県三津永田遺跡の甕棺墓に残った人骨が高身長であり、現代日本人より朝鮮半島南部の人に似ていることから弥生人渡来説を発表した（金関五五）。その後の出土例の増加により、九州地域内での地域差や弥生人の平均寿命、栄養状態、疾病などの研究もすすんでいる（中橋・永井ほか八九）。

甕棺墓と階層　弥生時代は集団内や地域間で階層化がすすむ時期である。この変化を表すひとつの手がかりを墓地の形態から導き出す研究が行われているが、そのなかでも特に詳細な編年ができる甕棺が重要な役割を果たした。高倉洋彰は墓地構成を家族墓的墓地、共同墓地、特定集団墓地、特定個人墓の四タイプに分類し、連続的段階的に変化していくことや副葬品の内容の違いから、弥生社会の発展過程を示した（高倉七三）。その後も墓地構成や副葬品などから弥生時代の社会構造や支配構造の解明を試みる研究が盛んに行われている（柳田八六、寺沢九〇、中園九一など）。それに対し、溝口孝司は甕棺の墓坑への挿入方向、埋葬の順序、性別、年齢など「一墓群単位の形成過程の微細分析」をとおして葬送儀礼復元を行い、墓地空間構造の変化は首長の地位の順調な発育をあらわすのではなく、その時々の葬送儀礼執行者の対応の違いが現れているとした（溝口〇一）。

以上のように甕棺墓は弥生時代の年代、そこに生きた人々、その社会について明らかにする重要な情報をもっており、弥生時代のタイムカプセルといえる。

（田上勇一郎）

方形周溝墓《ほうけいしゅうこうぼ》

発見と提唱の経緯　一九六四年東京都八王子市宇津木《うつぎ》向原《むこうはら》遺跡の調査において、四基（実際は五基）の幅〇・五～二・一メートル前後、深さ〇・五～一・〇メートルの矩形に巡る溝が、接しあるいは隣接して検出された。平面規模は五・五～九・七メートルほどで、二区二号と三号の中央からは埋葬施設と思われる長さ二・九～三・三メートル、幅一・四～一・六メートルの素掘りの穴が検出された。調査担当者の当時國學院大學教授の大場磐雄（六四）はこの遺構を当初「方形周溝特殊遺構」、直後に「方形周溝墓」と呼称した。

大場は方形周溝墓の特徴を、立地と形状では、住居群から一定の間隔をおいて立地し、墓域と集落域が分離している。墓は溝を連接・連結させる。溝は方形や長方形に全周する場合と一隅が切れる場合がある。溝に囲まれた内部に土坑がある。土坑内からは水色から紺色のガラス玉が出土し、副葬品と思われることから、埋葬施設の可能性が高い。周溝を掘った土を内部に盛り上げ埋葬施設を覆う盛土としたと推定される。周溝内から土器が出土するが、それはある程度溝が埋められてから土器が並べられている。溝から出土した壺は、底部が穿孔され儀礼に用いられたと推定され、焼成前と焼成後のものとがある。そして、この方形周溝墓は弥生時代中期（現在では前期）から起こり末期に盛行し、一部は古墳時代まで残存することから、高塚である古墳の出現する以前の、弥生時代の甕棺墓や再葬墓に加え、新たな墓制の一つである。分布は東日本に濃密な分布を示す。弥生時代の特定の有力者を葬った墓制である。などという指摘を行った（大場七三）。

その後の評価と展開　宇津木向原遺跡の方形周溝墓の発見と大場の方形周溝墓の提唱以降、方形周溝墓は列島の中央部における弥生時代の墓制の一つとして、調査例も増加し、古墳発生以前の、内部発展の結果としての墓制として、歴史学会に定着するかに見えた（山岸八一・九六、椙山・山岸〇五）。

ところが現在、方形周溝墓という呼称は必ずしも考古学用語として全国的に使用されているとは言えない。それは、方形周溝墓とほぼ同時期に使用された近藤義郎（七七）提唱の「方形台状墓」、あるいは「墳丘墓」といった、西日本を中心に認められる弥生時代の墳墓との関連から、用語等を巡って論争が起きたりするようになる。都出比呂志（八六）は、時代を問わず墳丘のあるものすべてを「墳丘墓」とし、方形周溝墓は「低墳丘墓」とすべきとし、古川登（〇四）の「方形周溝墓」という述語は使用しないとする意見もある。埋葬施設の数や内容から、方形周溝墓が個人墓なのか家族墓なのか、といった問題も生じている。また、周囲と区画する溝を評価するのか、埋葬施設を含む盛り土を伴うことを評価するのか意見が分かれている。さらに、朝鮮半島においても方形周溝墓に類似した遺構が検出されており、その出現の起源についても問題を残す。一方、方形周溝墓と呼称する溝の一部は墓ではなく建物跡であるとして、見直しをさぐる動きもある（飯島九八、及川九八、福田〇〇）。（及川良彦）

弥生墳丘墓《やよいふんきゅうぼ》

命名の経緯　一九六〇年代頃までは、弥生時代の日本列島に墳丘を持つ墓はほとんど存在しないと考えられていたため、高塚墓の造営は大和盆地の前方後円墳をもってはじまり、その造営期間を古墳時代と定義することに深刻な問題はなかった。しかし、発掘調査の進展によって、弥生時代後期にはすでに墳丘を有する墓が列島各地に出現しており、しかも前方後円墳と極めて類似するものも存在することが判明してくるにつれ、古墳の定義に揺らぎが生じてきた。

　こうした用語上の混乱を避けるべく、近藤義郎は弥生時代後期の盛り土によって構築される墓を墳丘墓と定義し（近藤七七）、後にはこれを古墳時代に造営された墳丘墓（古墳）に対して弥生墳丘墓と呼んだ。弥生墳丘墓は、山陰の四隅突出型墳丘墓や、吉備の特殊器台を用いる墓前祭祀の広がりに見られるように、弥生時代後期にある程度の広域に及ぶ首長権と祭祀的結合が存在したことを示している。しかし、墳形や埋葬施設、副葬品などに未だ地域性が顕著である。この点において、埋葬主体部への鏡の大量副葬、長大な割竹形木棺の採用、定型化した前方後円形の墳丘などの要素が斉一的に展開する古墳とは大きな隔たりがある。近藤は、各地の弥生墳丘墓に分散的に認められたこれら諸要素が大和の箸墓古墳において統一的に結合される現象を古墳の発生とみる（近藤九八）。

弥生墳丘墓と古墳のあいだ　弥生墳丘墓と古墳を分かつ指標はほかにもいくつか提出されているが、いずれにせよ弥生墳丘墓と古墳の質的差異を認め、箸墓古墳の出現をもって古墳時代の開始とするのが現状では最も穏当な見解である。しかしこれには次のような異論もある。

　寺沢薫は、箸墓古墳の造営に先行して前方後円形の墳墓が大和盆地東南部において出現し（纒向型前方後円墳）、全国各地に同一墳形が拡散しているとして、この時期からを古墳時代と呼ぶべきと主張する。また、「纒向型前方後円墳」の祖形は近藤が弥生墳丘墓と定義した中・東部瀬戸内地域の墳丘墓に求められるとして、これらを含めて古墳と理解する（寺沢八八）。寺沢の「纒向型前方後円墳」に対しては、定型化した前方後円墳ほどに規格的な統一性が認められないことや、箸墓古墳との前後関係について異論があるものの、近年、大和盆地の「纒向型前方後円墳」の実態が次第に明らかになりつつあり（岡林・水野編〇八など）、今後の議論の行方が注目される。

　以上の諸説は弥生墳丘墓と古墳の画期に関して見解が異なるものの、古墳時代の開始において大和の勢力が主導的な役割を果たしたという前提を共有する。しかし、古墳出現前夜の大和に、大型前方後円墳を生み出す地域基盤が存在したという考古学的証拠は必ずしも十分ではない。北條芳隆らは、中・東部瀬戸内地域を中心とする地域首長（「纒向型前方後円墳」造営者も含む）の「共立」によって前方後円墳に葬られる「倭国王」が誕生するという図式を提唱する。この議論は従来の〝古墳時代大和主導説〟に対して、弥生墳丘墓を造営した地域勢力の主体性を評価し、古墳造営地としての大和の位置づけを相対化する試みと言える（北條・溝口・村上〇〇）。

（小野本　敦）

古墳《こふん》

「墳」とは盛り土をなす墓の意味である。「古墳」は広義には地域（国）・時代を問わず一般に古い高塚を言い、狭義には日本列島の古墳時代に営まれた墓制を言う。後者の場合、墳丘の高低、または有無すら問わない立場もある。すなわち狭義の「古墳」と「古墳時代」の定義は相互に依存しあう関係にあり、論者によってこの語が意味する範囲は異なる。

古墳の意義　太平洋戦争以前の学界において古墳は文化的所産として捉えられ、大規模古墳の造営がそれを造らせた権力の物理的表現であると意識されることはあっても、その歴史的意義に議論が及ぶ機会は少なかった。

前期古墳に副葬される鏡を分析した小林行雄は、伝世鏡の副葬は従来の呪的権威に拠らない首長権の世襲制の成立を示し、大和を中心に分布する同笵鏡の存在は大和政権を中心とする首長連合の形成を意味するものとして、古墳の出現を政治史的に意味づけた（小林五五）。

これに対し西嶋定生は、鏡の分布は政治的関係の成立に随伴する副次的現象であるとし、前方後円墳を頂点とする墳形の秩序が大和を中心に展開した点を重視する。すなわち古墳とは大和政権との政治的関係を媒介とする豪族権力の国家的身分の表現であり、具体的には古墳造営者のカバネを表す。カバネの秩序が古墳に表わされるのは、カバネの賜与が大和政権との擬制的同族関係の設定であるがゆえに、祖先祭祀の場としての墳墓造営の統一化が図られるためである（西嶋六一）。その後、カバネの成立が古墳発生時まで遡りえないという批判を受けたものの、墳形と規模が政治的秩序を表すという視点は都出比呂志（九一）の「前方後円墳体制論」にも引き継がれている。

これらの研究は、古墳が単なる遺骸埋葬施設や文化的表現ではなく、政治的にも機能したことを明らかにし、古墳時代を一つの歴史的段階とみなす立場に理論的根拠を与えた。ただし、小林や西嶋の説は古墳の出現地が畿内であることを前提としていたが、発掘調査の進展によって畿外の弥生時代の墳丘墓の様相が明らかになるにつれ、最古の古墳および古墳時代の開始をめぐる議論が活発になっている。

古墳の変遷と終末　近藤義郎は、古墳とは政治的・権力威示の側面と、共同体の祖霊を祀るという集団祭祀の側面との統一的結合であると考えた。墳丘の巨大化・荘厳化の進行は、前者の側面が後者を圧倒していく過程であり、葬送イデオロギーの変質を伴う横穴式石室の受容と集団成員内の家父長権の伸張による群集墳の爆発的増加は、この傾向に拍車をかけた。そして大和の大王権と地方との格差が極限に達した時、同族意識に支えられた前方後円墳の築造は終了するとした（近藤八三）。

前方後円墳の終了は畿内では六世紀後半、地方でも七世紀初頭に一斉に行われ、その後は方墳や円墳からなる終末期古墳が造営されるが、飛鳥地域の天皇陵と目される古墳では八角墳を採用する。白石太一郎はこの現象を、超越的存在としての大王家が確立したことを示すものとみて、終末期古墳の造られた時代を飛鳥時代と呼ぶ（白石〇五）。

（小野本　敦）

前方後円墳《ぜんぽうこうえんふん》

およそ三世紀から六世紀にかけて日本列島で営まれた墳墓の一形式である。この名称が江戸時代に蒲生君平が『山陵志』のなかで陵墓の形態を表した「前方後円」という語に由来することはよく知られている。

起源と変遷　初期の研究ではこの特殊な墳形の意義と発生に関心が持たれ、蒲生の宮車摸倣説を嚆矢として円墳方墳結合説・前方部祭壇説・壺摸倣説などが提唱された。しかし、発掘調査や正確な墳丘測量を経ない段階での諸説は、いずれも推論の域にとどまった。

濱田耕作は、前方部が低く細長い最古段階から、徐々に前方部が発達して後円部を凌駕するという変遷案を示した（濱田三六）。濱田の編年は天皇陵の治定を前提とするものではあったが、前方後円墳に一定の規格性と変化の方向性が存在するという視点は、戦後に活発化する築造規格論の礎となった（上田九六など）。

前方後円形という墳形の発生過程については、近藤義郎が吉備を中心とする発掘調査成果から、弥生墳丘墓の墓道が墳丘部に取り込まれ、前方部として定型化することを明らかにした（近藤九八）。ただし、弥生墳丘墓と前方後円墳では規模の上で格段の差があり、発展論のみで古墳の出現を理解することも難しい。前方後円墳出現前後の国際関係を踏まえ、中国における天円地方の思想の影響を考える説もある（西嶋六六）。

なお、朝鮮半島南部に前方後円形の墳墓が分布する事実から、これを日本列島の前方後円墳の起源とする見解が提示されたことがある（姜八四）。現在、起源論としてはほぼ鎮静化しているが、朝鮮半島における前方後円墳築造の歴史的背景や被葬者像について議論が続いている（朴〇七など）。

前方後円墳体制　前方後円墳は一貫してその他の墳形（前方後方墳・円墳・方墳など）より規模において上位を占めた。また、同時期の最大規模の前方後円墳は常に畿内に営まれ、地域の首長墓にはその相似形が採用された。都出比呂志はこうした墳墓の在り方を、形態と規模という二重原理によって被葬者の身分を具象化したものと捉え、これが機能した社会を「前方後円墳体制」と呼ぶ（都出九一）。都出の議論は新進化主義人類学の成果や墳墓以外の考古資料を援用して古墳時代の社会を初期国家として位置づけようとする意欲的なもので、以後の古墳時代論の多くはこれを肯定的または批判的に継承して進められている。

前方後円墳と陵墓問題　現在、畿内の大型前方後円墳の多くは陵墓に指定され、宮内庁の管理のもとに文化財とは異なる扱いを受けている。陵墓への関心が初期の前方後円墳研究の動機となり、古墳の保護に寄与してきた半面、こうした状況が研究の発展を阻んでもいる。

しかし近年、陵墓をめぐる情勢は変化しつつある。二〇〇八年以降、陵墓への立ち入り・公開の動きが徐々に広がっている。また、二〇一〇年六月には最大規模の前方後円墳である大仙陵古墳（仁徳天皇陵）を含む古市・百舌鳥古墳群が史跡指定を経ずに国内の世界遺産暫定リストに記載されることが決定した。いずれも今後の動向が注目される（高木・山田編一〇）。

（小野本　敦）

上円下方墳《じょうえんかほうふん》

上円下方墳とは何か　上円下方墳は、古墳時代終末期の特異な墳丘形態として知られ、伏見桃山陵（明治天皇陵）以降、現代も陵墓の墳形として採用されている。発掘調査で上円下方形が明らかになった例は、東京都武蔵府中熊野神社古墳（下方部一段目・一辺三二m）、奈良県石のカラト古墳（同・一辺一三・八m）、静岡県清水柳北古墳（同・一辺一二・四m）などがあり、ほかに未発掘の宮塚古墳、山王塚古墳（ともに埼玉県）が知られている。上円下方墳の最も古いものは、七世紀半ば、新しいもので八世紀初頭の築造年代が考えられている。

上円下方墳という名称　上円下方墳の名称は、喜田貞吉により「下方三段なる上円下方の塚」と図示された（喜田一九一三）のが知られている（池上〇八、坂詰一〇）。これ以前は、「伏見桃山山陵制説明書」（宮内庁御用掛・増田干信）のなかで「上円下方式の陵形は、天智天皇陵」とあり、一九一四年『陵墓要覧』には、「上円下方」は、「来目皇子・舒明天皇・天智天皇」および「明治天皇・大正天皇」の墳形と記されているという（坂詰一〇）。

終末期古墳としての上円下方墳

上円下方墳は主に陵墓に採用されるものと認識され、高橋健自（二四）以降、梅原末治（京都帝国大学三七）、後藤守一（三二）らが舒明天皇陵、天智天皇陵などを上円下方墳と認識してきた。

戦後、原田淑人は、天智天皇陵などのほかに新たに宮塚古墳（埼玉県）を上円下方墳の類例とした（原田五〇）。また、一九五九年、小林行雄は、上円下方墳の実例を天智陵のみとし、天智陵も後世の変形が認められれば、上円下方墳の語自体が不要とした（小林五九）。六一年には、斎藤忠がこれまで上円下方墳とされていた舒明陵、天智陵を除外し、宮塚古墳のみを上円下方墳とした（斎藤六一）。ほかに大塚初重の天智陵、宮塚古墳を上円下方墳とした意見もある（大塚七四）。このように、七〇年代までは、古墳の外観を根拠に墳丘形態を確定し、発掘調査による上円下方墳の明確な例は、認められなかった。

一九八〇年、奈良県石のカラト古墳の発掘調査が行われた。古墳の主体部は、横口式石槨を採用した七世紀末葉の古墳であることが判明した。さらに、八六年には、清水柳北一号墳も上円下方墳であることがわかった。この古墳の主体部は、石櫃と想定され、八世紀初頭の築造年代が比定されている。さらに、近年には、武蔵府中熊野神社古墳が発掘され、七世紀中頃の築造であることがわかった。

また、八〇年代には、白石太一郎（八二）により終末期古墳の新たな視点が示された。白石は、七世紀中葉以降の歴代大王墓が八角形墳に造営されたことを指摘し、上円下方墳と考えられてきた舒明陵、天智陵だけでなく天武・持統合葬陵、斉明陵まで八角形墳であるとした。現在、文武陵の可能性が指摘される中尾山古墳、草壁皇子墓の可能性のある束明神古墳も八角形墳であることが確認され、歴代陵墓の形が明らかにされた。現状では、畿内の大王墓の首長系譜に上円下方墳は、認められず、その墳形を採用する被葬者像は、はっきりしていない。

（紺野英二）

横穴墓《よこあなぼ》

横穴墓とは何か　横穴墓は、古墳時代後期を中心とした崖面または、丘陵の斜面に掘削・構築された埋葬施設で横穴式石室を規範としている。この初源は、五世紀代後半に北九州地域でみとめられ、六世紀後半以降は、古墳時代後期の主要な墓制の一部となっている。造営年代や群集して造営されるといった特徴から、群集墳の一類型として認識されている。

横穴墓の名称　横穴墓の名称は、坪井正五郎らにより「横穴」と呼称され（坪井一八八六）、この語は、後藤守一らにより踏襲された（後藤三二）。一九六〇年代には、「横穴古墳」とも呼称されたが、一九七〇年代から「横穴墓」の呼称が使用されている（池上〇四）。「横穴」の呼称は、横穴構築の目的を巡る「穴居論争」において、坪井正五郎らにより横穴を住居とする認識から使用されてきたため、「横穴」の語に群集墳の一類型として「墓」を付した「横穴墓」が多数派となっている。

横穴墓研究の現状　明治期に盛んに議論された「穴居論争」以降、昭和初期には、横穴墓被葬者の社会階層における研究など（森本二六）、横穴墓被葬者を対象とした研究が増加した。当時、横穴墓出土遺物が脆弱である点から、横穴墓被葬者が高塚古墳の被葬者とは、社会階層の異なるものとされていた（後藤三二）。また、横穴墓を群集という面から注目した見解も出されている（三木三六）。

戦後、後期古墳を家父長家族の墓とし、古墳の築造に階級的な差異を想定した近藤義郎の報告が発表されると（近藤五二）、和島誠一らにより、横穴墓は、群集して存在するという点で後期小古墳と類似することが注目された（和島五八）。また、赤星直忠による横穴墓の型式編年も試みられた（赤星五九）。山本清は、横穴墓被葬者の階層に差異が認められることに着目している（山本五九）。また、西嶋定生は、社会上の地位の差異として後期古墳に占める横穴墓の位置を想定した（西嶋六一）。

一九七〇年代前半には、地域の横穴墓の個別研究が盛んになった。この時期には、併せて近藤義郎の見解を発展させた研究の方向性が窺える。

七〇年代後半になると、横穴墓の調査例の増加とともに、地域における横穴墓の被葬者の想定といった方向性が研究の中心となっていく。なかでも、北武蔵の吉見百穴横穴墓群を題材にした金井塚良一の著作が有名である（金井塚七五）。金井塚は、胴張りという特徴的な横穴式石室を主体部とする古墳と横穴墓が六世紀後半に出現する背景を、『日本書紀』安閑紀に認められる屯倉の設置と文献から推定した屯倉管掌者である壬生吉士の移住に結びつけた。ほかに装飾大刀などの遺物と横穴墓の関連を考察したものや（穴沢・馬目七七ほか）、地域の横穴墓と文献史料を勘案し、横穴墓の造営者を想定した論考などがある（藤沢七五など）。

近年、池上悟により、全国に展開する横穴墓葬法が、総括的に研究されている（池上〇四ほか）。このなかで、横穴墓研究の課題を「総体的な位置づけを意識した個別の地区の内容分析が果たされるべき」であるとしている。

（紺野英二）

土器・陶磁器編年《どき・とうじきへんねん》

土器や陶磁器の編年は、考古学における遺構・遺物の年代決定における基本的な作業である。遺物の型式学的な検討と、共伴関係から求められた相対的な組列関係として求められる。

土器編年の進展　土器編年の基本的な考え方（層位的な情報と、型式学的な検討）は戦前より確立されてきた。各地で編年の整備が図られてたが、実際には、関東や関西での型（形）式に影響されてきた部分も大きい。文様要素や器形を分解し、その要素ごとのセリエーション分析から型式内容を決めていく方法は各時期の土器研究で広く認められる。異系統文様を併用する土器（佐藤七五）や「キメラ土器」（大塚〇〇）などのように、土器器面での共伴関係を着目する研究も一定の成果を収めている。胎土の問題も山内の時代から着目されてきたが、近年では地質学の成果を織り込んでの自然科学分析から、分布と製作地の問題が論じられ、編年の空間的側面に厚みを与えている。また編年の基礎になる遺跡での出土状況や、一括遺物の認定についてはさまざまな試みがなされた。『井戸尻』（藤森六五）では、住居址から出土した大量の土器を、住居址の切り合い関係からその先後関係をもとめた「井戸尻編年」が示された。またセツルメント・パターン論や住居址の一次埋没土の検証の過程で、一九七〇年代後半から出土遺物の位置記録の提示が行われるようになった。接合関係を組み合わせて時間的関係をとらえることによって、さらに細かな時間的な裏付けを得ることが可能となった。この成果は新地平編年（黒尾ほか九五）に結実している。

陶磁器編年　陶磁器の編年、特に近世陶磁器の編年は、一九七〇年代まで低調であった。都立一ツ橋高校地点や動坂遺跡など江戸の遺跡群が調査されるに至り、ようやく考古学的な報告がなされるようになった。

一方で生産地遺跡での窯跡調査は、戦後間もなく三上次男が瀬戸市の小長曽窯跡を調査している。『日本の考古学』で楢崎彰一（六七）が編年を整備し、美濃では美濃古陶研究会の編年が示された（美濃古窯研究会七六）。一九五四年の鍋島藩窯の調査のほか、五五年には天神森窯などが調査されているが、こちらも美術史的研究を主眼としており、考古学的な調査は六五年からはじまった天狗谷窯跡の調査からである。一九八〇年代以降、江戸での調査事例の増加と、窯業生産地での成果を突き合わせる作業が行われ、東大編年（東京大学埋蔵文化財調査室九七）などに反映されている。

陶磁器編年は、生産地と消費地とで一〇〜五〇年ほどの乖離が見られた時期もあったが、暦年資料などの比較からそのずれも少なくなりつつある。

土器編年と実年代　近年の放射性炭素同位体年代法の精度向上は、土器・陶磁器編年にも少なからず影響を与えている。特に弥生後期以降の土器編年については、後漢鏡との共伴関係などから、実年代を想定してきており、懐疑的な見方が根強い。逆に縄文時代などの資料を扱う場合には、相対的な時間幅としての土器編年の時間的な幅を知るものさしとして用いられつつある。

（纐纈　茂）

タイポロジー

タイポロジー(typology)と型式　考古学におけるタイポロジー（typology）とは、考古学的資料である遺物、遺構等のモノを特性、特質によって分類し、分類の結果を考察することである。とくに考古学では型式学《けいしきがく》と称され、その位置は生物学の種の分類に近いといわれる。型式とは山内清男の縄紋土器の研究において、「地方差、年代差を示す年代学的の単位――我々が型式といって居る――」であるとされた（山内三九）。また杉原荘介は「考古学における資料たる遺物がすべて限定者の事象であれば、それは多少にかかわらず、限定者の性格を表示するものである。この意味において、遺物はことごとく型式としての意義をもっている」と、型式と限定者（人間集団）との関係を説明し、遺物の分類から歴史叙述の方法への道筋を示した（杉原四二）。

戦後の研究史　横山浩一は「型式学は考古資料の分類学であり、研究者が必要と認めたもののみを抽出して構成した概念が「型式」である」とした（横山八五）。横山によれば型式を一定の原理に従って整理配列、分類体系を整える研究が「型式学」となる。また型式分類については、「考古学の研究の基礎となり」「歴史的に意味ある分類でなければならない」といい、正しい有意な分類を行うため、「考古資料を分類配列してゆく際の座標軸として最も基本的なものは、機能と、時間と、空間」であると指摘する。また「型式とは研究者の視点に応じて構成される」（大塚〇八）という理解に対して、「型式《かたしき》とは集団の表現形態・集団表象で型式の広がりは、その範型を保有する集団の広がりをあらわす」（小林七五）というように型式《かたしき》を当時の製作者集団側の視点に置いた理解もあるが、あくまで研究者・分類者側で設定された基準であることを混同してはいけない。戸沢充則は、「型式学的方法で得られた結果を、歴史叙述としてまとめるための理論が型式論である」と、型式学と型式論を区別した（戸沢八五）。

型式学の方法　田中琢は「考古資料の大海の中で、同質的な部分と異質の要素を探り出し、それらを残した人間活動の内容と時間的空間的な広がりを推定する手掛りにしようと試み、そのための重要な方法が型式学的研究法」（田中七八）と規定する。そして抽出された型式の時間的変遷は系統としてたどることが可能で、この順序づけられた型式の連なりを「型式の組列」と呼んだ。田中によれば型式の組列という作業仮説の検証にとって重要なのは「一括遺物」で、考古学的資料の型式分類においてはその具体的な検討（遺物の組合せにおいて同時代に製作されたと思われる事例を増し、同時代の製品である蓋然性を高める作業）が十分に行われなければならないことを説いた。

なお型式という用語（概念）規定について日本考古学では今なお研究者間での見解は一致しない。縄紋土器でいう「型式」は、細分された「型式」または総称としての「型式」（大型式、型式群）の両者に用いられ（山内六七など）、小林達雄のいう型式《かたしき》、様式や弥生土器などで用いられている様式等とも相違がある。今後は学史を尊重しながらも、時代や地域で異なって用いられている型式概念の統一的理解が課題であろう。　（中山真治）

層位論《そういろん》

層位論とは何か　考古学における層位論は層序学、層位学ともよばれるが、現在層位論という場合が通有である。考古学における層位論は、麻生優によれば「地層の変化を系統的に追及する層位論は、地質学研究の基本原理のみならず、考古学研究者にとっても編年論の骨格を組み立てるためのもっとも重要な方法論である」とされる（麻生八五）。地質学研究における「一連の地層においては、上に重なる地層は、下にある地層より新しいという地層累重の法則」に基づき、「一つの地層には、その地層に特有な化石が含まれていて、その化石はその上の地層にも、その下の地層にも含まれていないという地層同定の法則」の原則の応用による標準化石を、考古学では遺物―標準型式に置き換えて行われていくことになる。ここで型式論と層位論が結びつく。麻生によれば、これまでの日本考古学では「地層累重の法則」のみが強調され「地層同定の法則」が軽視されていたが、双方の利点を活用することによって、より幅の広い編年体系を構築できるものとした。したがって「編年論研究を推進し、裏付ける層位論的検証は、絶え間なく続けられなければならない」とした。これら麻生による「層位論」は編年論研究重視の立場から述べられているが、詳細な層位的発掘は、単に編年研究のみならず、人間行動の多様性を追求すべく、遺跡構造論の役割も担うともいう。遺物の出土状態は必ずしも理想的な包含状態、いわゆる「原位置」にあるわけではないが、遺物の層位と平面分布との相互関係において人間行動の立体的な解明に向かうべきことを強調した点は評価される（麻生七五）。

層位と型式　芹沢長介は「前期」旧石器の研究において「層位は型式に優先する」としたため（芹沢六二など）編年至上主義として批判されていた。今日的にいえば層位と型式は別次元にあり、大塚達郎によれば、「層位は存在論的に型式に先行し、型式は認識論的層位に先行し、かつ、型式と層位は相互にほかを前提とする循環関係にある」と縄文土器研究の方法の中で的確に述べている（大塚二〇〇八）。要するに先に型式認識が進行していないと層位的関係はそれとしての評価や追認が全くできないため、相互に比較、照合していくしか道はないということになる。

狭義の層位論は当初は遺物包含層等における自然堆積層とそこに遺存する遺物との関係で土器等の編年研究論が中心であった。ところで、集落遺跡に残された竪穴住居址を埋める堆積覆土の形成過程は多様であり、近年の出土遺物の位置記録により導き出される情報からは、二次的、多次的改変の影響も加わり、そこに遺存する土器などの遺物の来歴も個々においてすべて異なる。そういう点できわめて個別的であり単純化することが困難であることは明白である。遺跡の構造論的な研究においても人為的堆積層の卓越する貝塚遺跡や、竪穴住居址など遺構内の堆積覆土の微細な観察や遺物の接合などを含めた遺物出土状況の検討による遺跡の形成過程（時間的推移）の追求も層位論研究の一部を担うべきものとして重要である。

（中山真治）

放射性炭素年代法《ほうしゃせいたんそねんだいほう》

放射性炭素年代法（炭素14年代測定法）とは何か　質量数12、13、14の炭素同位元素のうち、炭素14は放射性同位体で、ベータ線と呼ぶ放射線を出して規則正しく崩壊する。炭素14年代測定法は、一九四〇年代末にアメリカのW.F.Libbyによって開発された自然科学的年代測定法で、過去数万年間、地球上のどこでも炭素14濃度は一定という点を前提とし、炭素の半減期は五七三〇年で計算する。同時に測定した$\delta^{13}C$値で補正して、^{14}C年代を得る。もっとも汎用的で信頼度が高い年代測定である。^{14}C年代自体は実年代ではなく、年輪年代の確定した年輪試料の^{14}C測定に基づく較正《こうせい》曲線を用い暦年代推定する。日本産樹木年輪による較正も試みられている。

考古学との関わり　文献史料のない考古学上の事物に対して絶対年代を与えてきたが、過去の測定においては、測定上の統計誤差が一〇〇年以上となり、細かな年代的位置づけには必ずしも適していなかった。一九八〇年代以降、それまでの放射線を計測するβ線計数法（気体計数管法）や液体シンチーレーション法と異なり、加速器質量分析法（AMS：Accelerator Mass Spectrometry）と呼ばれる、直接的に炭素同位体の量を測る方法が発展した。AMSの利点は、計測する対象が一mgと極めて少量で済み、少量の煤・煮焦げなど土器付着物を対象にでき、測定時間が短時間で多数の測定を行えることにある。

考古学側・分析側両者が、互いに検証可能な協業体制において最適の資料を選定し、測定結果を土器自体の出土状況や土器編年に対比させて、検証を重ねる必要がある。教育を受け、測定方法と目的を理解し考古学調査・研究に通じた研究者が、試料の選定から前処理まで係わるべきである。

柱材・板材など樹木幹の年輪試料など、一定の年代間隔を持つ試料の^{14}Cを較正曲線と比較するウイグルマッチ法を用いれば、単独の測定値よりも高精度な年代推定ができる可能性がある。

安定同位体比を測定すると、試料の由来が推定できる場合がある。$\delta^{13}C$値が標準の陸生試料より重たい場合には、海洋リザーバー効果の影響がある場合がある。深層海洋には古い大気が溶け込んでいるためであり、年代値を古くする影響を与えるが、海産物のお焦げなどを推定する手がかりになる。雑穀などC_4植物の存在を推定することができる場合がある。

時代区分論・先史社会復元のツールとして　日本考古学における炭素14年代の利用の歴史は、一九五〇年から利用されてきた（キーリほか八二、山本九九）が、夏島貝塚の縄紋早期撚糸紋期が炭素14年代で約九五〇〇年前と測定されたことによる縄紋時代長短期編年論争（芹沢五九、杉原六二、山内ほか六二）や、一九九八年の縄紋時代一六〇〇〇年起源説、二〇〇三年の弥生時代開始年代五〇〇年遡行説、二〇〇八年の箸墓古墳年代など、年代論や時代区分について議論されてきた。近年では、縄紋時代土器編年の実年代比定など、土器型式変化や文化伝播の時間、集落・居住施設の継続期間など先史社会理解へ適用されつつある（小林〇四）。

（小林謙一）

年輪年代法《ねんりんねんだいほう》

測定法の概念　アメリカの天文学者ダグラス（一八六七～一九六二）が、一九二〇年代に考案した自然科学的年代測定法。寒帯から温帯地域の樹木は一年を周期として年輪を形成するが、年輪幅は気温や降水量、湿度、日照量の違いで変化し、同じ地域・時代に生育した樹木は年輪形成パターンが共通する特性を持つ。そこで出土・伝世木材の代採年代を過去の年輪変動幅に照らして測定する方法を年輪年代法という。一年単位、さらには伐採した季節も特定できるため、最も精度の高い年代測定法といえるが、分析の前提には、暦を反映した一年ごとの年輪変動パターン（標準年輪幅変動パターン）と呼ぶ時間軸を予め作成しておく必要がある。

　そのため、数多くの現生木の年輪幅を計測し、現代から過去に遡って変動傾向を調べていくが、国内産の天然ヒノキの場合、樹齢はせいぜい二〇〇～三〇〇年程度がほとんどで、それ以前は、古建築物の修理部材や遺跡出土の木材を援用して、順次遡上させていく。また、樹種ごとに年輪変動幅が異なるため、樹種単位で変動パターンをつかむ必要がある。日本は欧米諸国と比べて地形が複雑で、気象条件が各地で異なり、一つの地域で同一樹種による長期間の変動パターンを把握しづらいため、長らく年輪年代測定法は適用できないと考えられてきた。

近年の成果と課題　ところが、一九八〇年代以降、奈良文化財研究所で本格的な研究が始まり、長野・岐阜県産ヒノキの年輪形成が、約四〇〇km以上離れた四国地方でも照合することが判明し、九州・北海道地方など一部の地域を除く、全国的に敷衍できる年輪変動パターンが用意された。二〇一一年現在、最長ＢＣ一三一三年から現代に至る樹種別の時間軸が作られ、適用樹種もヒノキ・コウヤマキ・スギ・ヒバなど一四種を数える。

　その結果、近年各地の遺跡・建造物で、これまで定説であった年代値よりも大きく遡る報告例が相次いでいる。いくつかの例を挙げると、大阪府の国史跡池上曽根遺跡では、大型掘立柱建物に使用された柱の伐採年が紀元前五二年と判明し、共伴する土器の年代より数百年古い測定結果が得られた。また、三世紀後半の築造と想定される奈良県桜井市纒向石塚古墳・勝山古墳では、ともに周濠出土のヒノキ材が西暦二〇〇年前後の伐採と判明した。さらに、かつて創建・再建論争のあった法隆寺五重塔は、和銅年間（七〇八～七一五年）に再建されたことで一応の決着を見ていたが、芯柱の伐採年が五九四年とする測定値が呈示された。これらは弥生時代の時期区分、古墳時代の開始年代、歴史的建造物の創建年代など、従前の通説に対して見直しを迫ることとなった。

　その一方で、測定法の根拠となる標準年輪幅変動パターンは、作成経緯・経過が必ずしも公表されておらず、科学的な妥当性が証明されていないとする意見もあり、測定結果は放射性炭素年代測定法や考古学・建築史・美術史学など他の手法・学問分野の成果と照らして検証する必要がある。

（依田亮一）

花粉分析法《かふんぶんせきほう》

花粉分析法とは、堆積物を酸・アルカリなどで処理をし、その残渣のなかから検出した植物の花粉と胞子化石の種類およびその構成から、古植生、古環境、地質環境、時代や変遷などを考える研究法である。

花粉は被子植物の雄性生殖細胞であるが実際の花粉分析では、花粉化石以外にもシダ類胞子や、鮮苔類の胞子なども同定対象とされる。花粉は、外膜が化学的に安定で分解に強く大量に生産され、植物の種類によって風媒花、虫媒花となり拡散する。また植物の種類ごとに形が異なるなどの特徴を持つ。本来の目的（子孫を増やす）を果たす花粉はごく僅かで、大部分が地表に落下し、とくに湿地な環境に長期間保存される。

これらの花粉化石の組成を調査することによって、過去当時の古植生を知り、古環境を復元することが可能となる。さらに、広範囲に一様に散布されるため、その組成を空間的に広げれば、層序対比が可能となる。この方法の研究成果は、植物学界だけではなく地質学、考古学、地理学、古生物学など多くの学際分野に利用され成果をあげている。昨今の遺跡発掘調査においては、過去の自然環境の復原や変遷解析、栽培植物の検討などに応用例が多い。

歴史　初期においては、一六〇〇年代にイタリアのM. Malpighiが花粉の形が植物によって異なることに注目したことから始まる。その後Gunnar Erdtmanが氷期・間氷期の森林変遷を解明するにまで至った。

わが国では一九二〇年代末に欧州に留学した林学関係の学者たちにより紹介された。戦後は国内の資源開発に関連した炭田地域での花粉分析調査が活発になり、徳永重元（五八）は国内主要炭田の調査研究に従事し、石炭の性質を花粉分析の成果から捉えた。一九七〇年代中頃からは、第四紀の植生環境変遷を主とした自然史研究に応用されるようになり、開発に先行する埋蔵文化財発掘調査が増加すると考古学研究や遺跡調査の分野にまで広がった。泥炭地や低湿地遺跡での発掘調査では、遺跡が営まれていた当時の自然環境復原や生業解明に関する課題が増え広く応用されるようになった。

応用　旧石器時代では、地球規模での氷期・間氷期の環境変動による寒暖の植生環境復原に、縄文時代では遺跡周辺の森林植生変遷解析と当時の植物利用復原に役立っている。弥生時代以降は稲作などの栽培植物の検討やその頃から始まる植生干渉・破壊・植林なども花粉分析によって推定されている。

花粉の特性や化石の保存性から、より詳細な環境復元に応用範囲が広がりつつあるが、堆積物地中から花粉化石を抽出するだけではなく、研究課題への応用を発展させるためには、植物による花粉の生産量、堆積物中に取り込まれる過程、取り込まれてからの保存環境、堆積物の性質や量・堆積過程・経過時間、伴出する他の化石や組成など同時に検討する必要がある。これらの条件によっては、花粉分析結果の花粉組成に偏りがあり、当時の植生環境をそのまま反映していないことが多いことから、今後も研究課題は多い。

（橋本真紀夫）

プラント・オパール分析法《——ぶんせきほう》

　プラント・オパールとは、植物組織(細胞)内に形成される五〇㎛程度の微少な鉱物(非晶質含水珪酸)である(植物珪酸体ともいう)。プラント・オパール分析法は、植物の種類によって異なる植物珪酸体の形態分類を利用し、対象とする堆積物中に含まれる植物を推定し、当時の古植生や生業を研究する方法の一つである。

歴史　顕微鏡の発達に伴い、一九世紀のヨーロッパの科学者らによってその存在が発見され、これらの形態学的研究が進んでいった。二〇世紀に入ると、堆積物や土壌中に比較的残留しやすいことや、イネやムギなどの主要栽培植物が多く属するイネ科植物の葉部に特徴的な形態の植物珪酸体が形成されることが明らかとなってきた。一九五〇年代頃から、古環境復元法の一つとして、植物珪酸体分析が利用されはじめた。その後、土壌学者、植物学者、農学者、地質学者による研究報告が、一九五〇年代~七〇年代にかけて増え、わが国でも植物珪酸体の研究が行われるようになった。その他、イネ科以外の形態分類に関する研究が進んでいないこと、化石化の過程に不明な点が多いことなどの課題もあるが、昨今の研究により解消されつつある。プラント・オパールは、形成されるのが植物全体の一部であるという短所があるものの、微化石が分解されやすい台地や丘陵上の植生を直接知ることのできる唯一の手段であることから、低地が少ない場所における古環境を推定できる手段として、期待されている。

応用　一九七〇年代後半以降、埋蔵文化財発掘調査の増加に伴い、作物や栽培に関する生業としての土地利用が検討されるようになりプラント・オパール分析は期待が高まった。遺構を包含する堆積物を層位的に調査することにより、イネ、ムギ、キビなどイネ科作物の出現と消長の検討がなされ稲作の可能性を示唆できるようになった。

　さらにプラント・オパール分析法の効果には、次のことがあげられる。乾田遺構では、イネのプラント・オパール以外にも水田雑草の花粉や種実が水田耕土に含まれ、また湛水と落水の影響で鉄やマンガンなどの成分が溶脱や集積を起こす。そのため、植物珪酸体分析とともに、花粉分析や種実同定、理化学分析を併用することで、水田雑草の種類や周囲の植生に対する稲作の影響、あるいは農耕の様態に関する検討も可能である。

　また、畑作土中に混入した植物遺体に由来する植物珪酸体も残留することから、稲藁や麦藁などの敷き藁、あるいは稲藁堆肥の有無に関する情報が得られる。畑作土を含む層位的な分析調査により、畑作の開始層位や畑作以前の土地利用についての情報が得られる。さらに、住居構築材として使われたススキやササ類の利用の有無、燃料材として使用されたイネ科草本類の有無を検証することもできる。

　古植生に関しては、水辺など湿潤な場所に多いヨシ属、比較的乾いた場所に多いススキ属を含むウシクサ族、温暖な場所に多いネザサ節、寒冷な場所に多いクマザサ属などの産状から、当時の古環境や土地の水分条件に関する情報を得ることが可能である。

(橋本真紀夫)

圧痕法（レプリカ法）　あっこんほう（――ほう）

圧痕研究の歴史　圧痕とは、焼成前のやわらかい土器の表面に動植物などの物体が付着または混入した後、土器の焼成によって本体が失われ、その形状のみが土器の粘土に押圧されて残った痕跡である。

土器圧痕の研究は、わが国では長谷部言人が一九二五年に宮城県枡形囲遺跡から発見された圧痕土器に粘土と石膏による型取りを行い、稲籾であることを確認したことにはじまる。本研究は日本における圧痕土器研究の最も初期の研究で、山内清男によれば、H・ファウルズ Fauldsが一八八〇年に日本有史以前の土器にある指頭圧痕に注目し、人類指紋の研究を行ったのが契機とされる（山内二五）。国内においてはその後、とくに籾痕土器の調査法として普及するが、従来の研究ではもっぱら肉眼観察によって進められてきたために、同定された植物のなかにも誤認が多くその実証性を十分発揮することができなかった。しかし、これらの弱点を補う新たな手法として、レプリカ法による観察法が開発された。

レプリカ法による研究　レプリカ法とは、土器圧痕の凹部にシリコーン樹脂を流し込んで型取りし、その表面を顕微鏡で観察するものである。この分析法は丑野毅によって開発されたもので、当初は石器の接合資料に対する失われた剥片・石核を目に見える形にするために考案された手法である（丑野〇七）。以後、丑野は施紋具、木葉痕、繊維混入物、整形痕、陶器の印刻など土器の製作技術や製作に関わる季節、環境の解明のほか、土器表面の動植物圧痕など多様な範囲に応用研究を展開している（丑野・田川九一）。

型取りされた圧痕レプリカの観察には、被写界深度が深く、低倍率から高倍率の観察に適した走査型電子顕微鏡（Scanning Electron Microscope=SEM）が用いられ、植物圧痕や種子研究などに大きな成果をもたらしてきている。このため本分析法を、レプリカ・セム法と呼ぶこともある（中山一〇）。

中沢道彦らは、このレプリカ法を土器に付着する植物圧痕研究に応用し、従来の籾圧痕と判定されていた縄文時代の土器を中心に見直しを図り、イネ籾やオオムギ顆果などの確実な資料を検出している（中沢・丑野九八、中沢ほか〇二）。また近年では、縄文時代のダイズ、アズキ、アワ、シソ、エゴマなどの栽培植物やコクゾウムシなども報告されている（山崎〇五、小畑ほか〇七、小畑一一、中山ほか〇八）。

本分析法は、これまで植物遺存体の分析でもっとも問題となっていた試料汚染（コンタミネーション）の危険性を回避することができ、時代比定の点でより確実な資料を得ることができる非常にすぐれた手法である。また、圧痕のなかには動植物が非常に新鮮な状態で焼成前の土器に付着したものもあり、炭化物に比べ多くの表面情報を有している場合がある。SEMを用いた観察では、約一五～一〇〇〇倍程度の倍率でも鮮明に表面情報を観察できるものも存在し、従来問題となっていた植物同定の確実性が格段に増したことが、この分析法の注目される点である。

（中山誠二）

ウォーターセパレーション・フローテーション法《――ほう》（水洗選別法）《（すいせんせんべつほう）》

本分析法は、肉眼で確認できるすべてのサイズの大型植物遺体を漏れなく回収することを目的として一九六〇年代初めにアメリカ人考古学者により考案・実践され、以来世界各地で実施されてきた（Pearsall 2000）。発掘現場における肉眼による大型植物遺体の回収作業は、様々な制約（調査者の経験値、土壌の色調、日光の照射量等）に起因する見落としを常に伴うので（Pearsall 2000）、研究の客観性を高める意味で本分析法は重要である。

この分析法により、①サンプル採集地周辺における植生の歴史的変遷の復原、②人類による可食性植物の利用の歴史の復原（山藤〇四）、そして③人類と植物の関わり方（栽培化の問題等）についてのアプローチが可能となる（辻九九）。

対象となる植物遺体　本分析法の対象は種子や果実類等の大型植物遺体であり、肉眼で確認できない花粉や胞子の類は含まれない。また、一般的には①被熱した（炭化した）場合、②過度の乾燥状態に置かれていた場合、そして③漆などの化学的に強靭な皮膜で覆われている場合、についてのみ大型植物遺体自体の検出が可能である（辻九九）。ただし、大型植物遺体が自然堆積により保存される水域・水辺環境ではこの限りではない。

このため、酸性土壌が顕著で有機物が失われる可能性の高い日本列島では、炭化した大型植物遺体が検出対象として最も一般的ということになるだろう。

分析方法　国や地域、また分析対象となる土量に応じて用いる装置の形態・規模は異なるが（Pearsall 2000、Renfrew and Bahn 2004）、土壌を水洗して大型植物遺体（特に炭化したもの）を回収するという一連の作業工程は共通している。以下では、バケツを用いる最も基本的な方法（バケツ法 Washover technique）（高瀬・山藤〇四、Pearsall 2000）について、作業工程ごとに簡略に解説する。

［土壌のサンプリング］　水域・水辺環境にはない遺跡における土壌のサンプリングに当たっては、大型植物遺体が炭化して残りやすい炉や焼失住居等の被熱した遺構の覆土を選択する必要がある。

［フローテーション作業］　水を満たしたバケツに土壌を二リットル程度ずつ投入し、攪拌する。この際、遺構・土壌サンプル別に作業を行い、サンプルの容量（リットル数）を必ず記録する。炭化物等が浮遊した上澄みを〇・五ミリメッシュ以下の篩にゆっくりと流して回収する。炭化物等の浮上が見られなくなるまでこの作業を繰り返した後、一ミリメッシュの篩に残りの土壌すべてを流し込み、水により洗浄しながらより大型の植物遺体やその他の微細な遺物を回収する。〇・五ミリメッシュ以下の篩に回収した植物遺体は、破壊しないように小型のスプーンでさらし布等に採集して包み、遺構名・容量を記録したカードと共に天箱に並べて保管・乾燥する。上記の作業を土量に応じて繰り返す。

［同定作業］　乾燥後、現代の混入物（非炭化物）を取り除き、炭化種子と炭化材を選別し、小分けにして容器に保管する（一次同定）。さらに、炭化種子・炭化材共に種類を同定し、数量をカウントする（二次同定）。

（山藤正敏）

遺跡保存運動《いせきほぞんうんどう》

高度経済成長と緊急発掘調査件数の増加　一九七〇年代以降の高度経済成長期、汎日本列島的に行われた様々な開発行為に先立って記録保存を前提とした緊急発掘調査が実施された。このような場合、そのほとんどの遺跡は、発掘調査が終了した時点で破壊される運命にあった。発掘調査の結果、文化財保護を担う地元自治体等がその遺跡の重要性を認識して保存・活用することも稀にあったが、こうした判断が下されない場合、市民・研究者が、「国民的財産」である「文化財」としての遺跡を破壊せずに保存・活用しようと組織的に立ち上がり、開発行為の原因者や文化財保護を担う地元自治体等にこれを求める動き（遺跡保存運動）が全国各地で登場した。その結果、破壊を免れて保存・活用された遺跡もあったが、当初の予定通りに開発行為が進められ、破壊され消滅した遺跡も少なくなかった。

遺跡保存運動の意義　遺跡を保存することにより、市民はいつでもその場所に立って地域の歴史に触れることができる。また、遺跡保存が地域の自然環境保護につながる事例も少なくない。また、考古学をはじめとする歴史学研究者にとっては、文献史学の研究者が古文書を保存するのと同様、研究対象の資料（遺跡、遺構等）を保存することによって、いつでも資料を直接に参照・確認しながら研究することが可能になる。最終的に遺跡保存が実現しなかったとしても、運動の過程で、多くの市民が遺跡の重要性、ひいては文化遺産の次世代継承の重要性を認識することはとても重要である。実際に、一九八五年の横浜市金沢区上行寺東遺跡の保存運動では、遺跡の現地保存は実現しなかったものの、これを契機にそれまで文化財保護条例すら持たなかった横浜市がこれを策定するなどの成果があった。

歴史的視野に立った判断の重要性　遺跡を保存しようとする際には、発掘調査終了後に遺跡を破壊・消滅させる原因となる開発行為が本当に必要かどうかを歴史的・長期的な視野に立って判断することが重要である。例えば、一九五四年に静岡県の指定史跡となりながら、一九七三年に、保存運動が全国的な広がりを見せたにもかかわらず、史跡指定を解除してまで破壊された静岡県浜松市伊場遺跡は、国鉄の貨物輸送基地建設がその原因であった。その後、日本国内の物流の主流が鉄道の貨物輸送からトラックによる輸送へと転換し今日にいたっていることは周知のとおりである。また、奈良県奈良市長屋王邸跡も、一九八八年に保存運動の甲斐なく奈良そごうデパートの建設のために破壊されたが、現在デパートは閉店している。遺跡の保存や破壊といった問題は、まさに百年、二百年先を見据えて考えていくべき問題である。

今後の遺跡保存運動　従来、遺跡といえば原始・古代の遺跡が多かったが、現在では中・近世遺跡はもとより近・現代遺跡もその重要性が認識され始めている。特に広島県広島市の原爆ドームがユネスコの世界文化遺産に指定されたように、今後、遺跡保存運動の対象はこうした戦争遺跡も含めてさらに拡大していくものと思われる。

（宮瀧交二）

記録保存《きろくほぞん》

遺跡の破壊と記録保存　現在日本各地で行われている遺跡の発掘調査は、そのほとんどが開発行為に先立つ緊急発掘調査であり、発掘調査の終了と同時に直ちに開発行為（工事）が始まり、検出された遺構は破壊され遺跡は消滅してしまう。この時、開発行為の原因者や当該遺跡のある地域の文化財保護行政を担当する自治体は、「遺跡は記録保存された」という常套句を用いることが一般的であり、あたかも遺跡それ自体が保存されたかのような印象を与えるが、実際には発掘調査の諸記録（調査時の図面や写真、ひいてはこれらを整理して掲載した発掘調査の報告書）が保存されたにすぎないのであって、あくまでも遺跡は消滅しているのである。換言すれば、遺跡破壊のまさに「隠れ蓑」としてこの「記録保存」という言葉が用いられているのが現状である。

「記録保存」の典拠　今日、「記録保存」という言葉が文化財保護行政の現場であまりにも頻繁に飛び交っているためか、この言葉が埋蔵文化財の取り扱いを定めた文化財保護法に登場する言葉だと誤解するむきがある。しかしながら、同法にはこの言葉は一切登場せず、実際には、文化財保護法に基づいて各都道府県教育委員会に宛てて文化庁が出している諸通知の中に登場する言葉にすぎないことはあまり知られていないようである。例えば、平成一〇年九月二九日付けで文化庁次官から各都道府県教育委員会の教育長に宛てて出された「埋蔵文化財の保護と発掘調査の円滑化について」の第六項は以下のとおりである。

6　開発事業に伴う記録保存のための発掘調査等について

(1)記録保存のための発掘調査の要否等の判断

周知の埋蔵文化財包蔵地における開発事業と埋蔵文化財の取り扱いについての調整の結果、現状保存することができないこととされた遺跡については、記録保存のための発掘調査その他の措置を執ることとされているが（後略）

ここで重要なのは、「記録保存」はあくまでも遺跡の「現状保存」が困難な時に限っての措置であるという点である。換言すれば、遺跡は本来「現状保存」すべきものであり、これがかなわない場合に限って、やむをえず発掘調査を実施し、その結果得られた諸記録（調査時の図面や写真、ひいてはこれらを整理して掲載した発掘調査の報告書）を保存・活用しようということなのである。

このような通知の文脈から離れて、文化財保護行政の現場で「記録保存」という言葉が大手を振って一人歩きしている現在の状況は決して好ましいものとは言えない。それどころか、先年、日本考古学協会が数十年間にわたって収集してきた全国の発掘調査報告書等の書籍を海外に放出しようとしたように、肝心の「記録」それ自体の「保存」すら危うくなっているのが現状である。

（宮瀧交二）

歴史考古学《れきしこうこがく》

文献史学と考古学　考古学は「過去人類の物質的遺物に拠り人類の過去を研究するの学なり」と一般的に定義されるように（浜田二二）、研究の対象は人類が登場して以降の物質資料で、時代が限定されるものではない。しかし、歴史学には、先史・原史・歴史時代という文字資料の多寡を基準にした時代区分呼称があり、考古学でも慣例として対象とする時代により先史考古学・歴史考古学の用語が用いられてきた（坂詰七七など）。現在、歴史の復元考証はさまざまな学問分野が協業して行われるが、日本で考古学が導入された当初は、先史時代では考古学は人類学とともに研究の中心的立場であるのに対して、歴史時代では文献史学の補助的な学問として見られる傾向が強かった。扱う時代によって方法論が異なるわけではないが、文献の記録が存在する歴史時代は、考古学的が解明すべき課題に既知の事象である場合があり、その際両者の資料の性格を吟味して考証する必要がある。それは、後世に残すべくして残った文献史料と、過去のある時点で廃棄・遺棄・放棄された考古資料では、自ずと復元される歴史像が異なるためで、さらに考古学は民衆史や地域史の解明に果たす役割も大きい側面を持っている（土井八八）。歴史考古学は、寺院跡・古瓦など仏教に関連した遺跡が初期の関心事で、ほかに神籠石や平城宮といった古代の山城や都城跡も主要な研究課題であったが、戦後各地で発掘調査が増えてくると、調査の対象も地方官衙・寺院、生産・集落・居館・墳墓・祭祀遺跡など、当時の生活に関わるあらゆる分野へと広がった。そのなかでも木簡・墨書土器・漆紙文書などの出土文字資料は、それまでの文献史学の手法だけでは判明しなかった新たな古代史像を考古学の側から提供することとなった。

対象とする時代の拡大　当初、歴史考古学が扱う時代は、飛鳥時代～奈良・平安時代までが主であったが、一九八〇年代以降を境に、城館・経塚・墓地など中世を考古学の立場から検証する機運が芽生えてきた。また、都市部の遺跡では続く近世の城下町を、さらに最近は、戦跡・産業遺産などの近現代をも研究の関心事に含める傾向がある（鈴木〇七）。そもそも、考古学で発掘調査の対象にならない時代はなく、最も身近な過去とも言える近現代も研究対象に含まれるのも自明なことで、ようやく考古学的手法であらゆる時代を扱う風潮が到来してきたと言える。その際、これらの新たな研究分野は、本来的には、歴史考古学の範疇に含まれるものではあるが、中世考古学・近世考古学・近現代（戦跡・産業）考古学とそれぞれ呼称されるのが通例である。したがって、今日「歴史考古学」の用語自体は、いささか学史的に古めかしい印象があり、時代とともにその言葉が持つ意味合いも変化しつつあると言えるが、依然として飛鳥～奈良・平安時代のいわゆる古代を対象とする枠組みにおいては充分慣例化して用いられている。

（依田亮一）

戦跡考古学《せんせきこうこがく》

定義　戦争遺跡（戦跡）について考古学的な手法を用いて調査・研究する学問分野。この場合戦跡とは「近代軍制が始まった明治初期から昭和前期のアジア太平洋戦争の終結後まで」の間に、「日本の侵略戦争とその遂行課程で、戦闘や事件の加害・被害・反戦抵抗に関わって国内国外で形成され、かつ現在に残された構造物・遺構や跡地」（十菱〇三）とされる。近現代考古学の一分野である。

戦跡は、①中央官庁や病院などの政治・行政関係、②要塞・飛行場・掩体壕などの軍事・防衛関係、③軍需工場・鉱山跡などの生産関係、④沖縄諸島・空襲被災地・原爆被災地などの戦闘地・戦場関係、⑤防空壕などの居住地関係、⑥陸海軍墓地、忠魂碑などの埋葬関係、⑦軍用道路などの交通関係、⑧奉安殿、慰安所などのその他戦跡、の八種に分類されている。これらのうち、地上に構築された建造物や壕などは「非埋没資料」、土中・水中に埋没する遺構・遺物は「埋没資料」と呼ばれ、地理的な広がりは、国内だけではなく朝鮮半島・中国大陸・東南アジア・南太平洋地域に及ぶ。

研究と保存　一九七〇年代後半から、戦跡の調査・保存運動は地元の市民・学生らによって開始されていた。名古屋市見晴台遺跡における高射砲陣地の調査や、高校生らによる長野市松代大本営の調査などが代表的である。考古学的調査・研究開始の画期は、沖縄の考古学者である當眞嗣一により提唱された「戦跡考古学のすすめ」である（當眞八四）。現在その対象はアジア地域にも広がり、戦跡の把握と調査記録は年々増加しているが、昨今「測量図の充実ばかりが目立」ち、戦争記憶の継承より「「もの」資料の単なる記録が目的化」した「歴史認識の空洞化」が指摘されている（黒尾〇六）。

戦跡の文化財指定第一号は、一九九〇年の沖縄県南風原町指定「南風原病院壕」である。一九九五年には、文化庁が国指定史跡の指定基準を改定し、指定対象とする遺跡の時代を第二次世界大戦終結頃までに拡大した。これにより広島市の原爆ドームが国の史跡指定を受け、後に世界遺産へ登録されている。その後も近代化遺産総合調査や近代遺跡の全国的な調査の実施、文化財登録制度創設により、完全ではないものの戦跡のリスト化が進んでいる。そのうち史跡指定された戦跡はごく一部であるが、戦跡の保存運動も活発化するなど、戦跡が一般に認知されるようになってきたと言える。

課題と展望　一方で、一九九八年の文化庁通知により全国的に埋蔵文化財として扱う遺跡の時代は原則中世までとされ、近代以降の遺跡は発掘調査対象にされないという制度上の矛盾が生じている。そのため、近現代の遺跡のみを対象とした発掘調査は実施が難しくなっている。戦跡も同様で、地上の建造物が伴う軍事・防衛関係、生産関係の戦跡は残されることもあるが、埋没資料が多くを占める居住地関係、戦闘地・戦場関係の戦跡は、開発等によって次第に減少している。

戦争経験者が減るなかで、戦跡考古学は戦争の記憶を後世に伝えるため今後さらに重要な役割を担う分野となる。資料の蓄積を調査者の意識や関心の高さのみに依存しない体制整備も課題である。

（永田史子）

産業考古学《さんぎょうこうこがく》

定義　産業考古学（Industrial Archaeology）は、産業遺産を調査・研究する学問であり、それらの保存・活用をも目的としている点で特徴的である。

産業遺産とは、産業活動に伴って生まれた施設・設備（産業遺構）、図面や道具、製品（産業遺物）等を指す。その時代は限定されるものではないが、日本では幕末以降における近代化に関わるものを指すことが多い。

主として物的資料を扱うことから「考古学」という名称はつくが、必ずしも土中に埋没した遺構・遺物を対象とするわけではなく、一般的な考古学とは別の学問分野とされる。しかし、考古学の一分野である近現代考古学とは共通する資料も多く、ほかにも技術史や産業史・建築史をはじめ、民俗学、機械工学等とも隣接する。保存・活用という点からは経営学や観光・地域活性化事業等とも関わりが深い。そのため研究対象や方法も多岐にわたり、非常に学際的な分野である。

研究史　学問として確立したのは、一九五〇年代のイギリスとされる。第二次世界大戦後の急激な技術革新や開発で失われつつあった産業革命期の機械や工場・技術の文化的・教育的価値を見出し、保存しようとしたのが始まりである。

日本には一九六九年に紹介された。当時の日本においても、昭和三〇年代以降のエネルギー革命により産業遺産が急激に失われていく状況があった。一九七七年には全国的な組織として「産業考古学会」が発足し、本格的な研究が開始された。

しかし、一般に認知されるようになったのは一九九〇年代後半からである。一九九〇年から実施された文化庁の「近代化遺産（建造物等）総合調査」とその結果をふまえた文化財指定・登録や、二〇〇七年より経済産業省が認定している「近代化産業遺産」など、産業遺産に対する国の施策整備も影響を与えた。民間企業・団体が選定する「選奨土木遺産」や「機械記念物」等もこの間に増加している。

産業遺産を世界文化遺産に登録する運動も各地で起こり、「佐渡鉱山の遺産群」や「富岡製糸場と絹産業遺産群」、「九州・山口の近代化産業遺産群」などが暫定リストに記載されている。

展望　現状を評して、日本における産業遺産研究は「世界に比肩できるものとなっている」（種田〇九）とする意見と、物的資料からの産業史・技術史記述の充実と、資料の保存・十分な活用には至っていないとする意見がある。後者は理由として「日本では学問として十分確立していない点」、「学際的な取り組みの不足」（平井〇九）を挙げており、今後、隣接分野との共同研究を積み重ねると同時に、専門的な産業考古学研究者の育成も必要となろう。

現在保存されている産業遺産は近代化の象徴とされるような大規模な建造物・機械等が大半を占めるが、後継者不足や需要の減少により消滅しつつある小規模な産業遺産や、いわゆる「負の遺産」を教訓として後世に残し伝えてゆくことも産業考古学の役割の一つである。なぜ、何を伝えるために残すのか、という調査者・研究者としての意識も問われよう。

（永田史子）

大化改新論争《たいかかいしんろんそう》

戦後の改新研究　一九五〇年代から七〇年代を中心に提起され、その後も継続した、大化改新の歴史的意義および近代史学史の再検討をめぐる論争。

思想・学問への抑圧から解放された戦後の日本古代史学界では、『古事記』『日本書紀』の史料批判が急速に進展した。『日本書紀』大化二年（六四六）正月甲子条のいわゆる大化改新詔については、原詔の存在を想定して郡に先行する評制の存在を主張する井上光貞と（井上五一）、ほぼ大化の実態どおりとする坂本太郎の批判（坂本五二）を嚆矢として、改新を畿内集権の一環と評価し、改新詔をほぼそのまま認める関晃の研究（関五九）、評から郡への変遷を浄御原令制とする八木充の研究（八木六〇）、人民の掌握過程を大化と六六四（天智三）年の甲子の宣の二段階とする北村文治の研究（北村五七）などの諸説が発表された。

郡と評をめぐっては、一九六六～六七年、藤原京跡出土の木簡により、郡制は大宝令制から始まることが解明されるが、これに先立つ一九六四年、岸俊男は、戸籍・計帳、班田収授を命じた詔については、その原詔の存在にはじめて疑問を呈した（岸六四）。それまで原詔の存在が想定されてきた主文自体を疑った岸の研究は、改新研究に一線を画するものとなった。

改新否定論の登場　一九六〇年代後半には、以上のような改新に関わる史料批判の進展、また折からの明治百年などに代表される政財界のキャンペーンへの批判の高まりを受けて、日本史研究会古代史部会を中心に、改新について『日本書紀』編者の史料批判と近代史学史の所産としての両面からの検討が進められることになった。同部会名での論文では、改新を古代天皇制の創造神話と位置づけ、その虚構性の解明が求められた。その結果、公民の創出は甲子の宣を経て庚午年籍（六七〇）、さらに庚寅年籍（六九〇）によって完成すること、六四九（大化五）年に求められる評の成立は改新と直接の関係を持たないことなどが指摘された（日本史研究会古代史部会六六）。

原秀三郎は『日本書紀』に描く改新像を認める立場を官学アカデミズム、近代ブルジョア史学として厳しく批判する一方、公民制の成立過程の検討から改新詔の批判を目指した。一九六六・六七年の論文で、甲子の宣にみえる民部・家部について、前者を戸籍に登録された国家所有の人民の総称、後者を豪族所有の人民とし、これらは六七五（天武四）年の部曲の廃止にともない、一部の豪族所有民を除いて解体されたとして、この段階を公民制の成立と位置づけ、これに先だって公民の成立を記す改新詔第一条を、原詔を含めてその存在を否定し、改新詔は天智・天武朝段階の実態を反映したものであることを主張した（原六六・六七）。

このほか否定論に立つ研究として、改新前後の政治過程の分析を通じて諸階層の矛盾が本質的に変化していないことを論じた門脇禎二（六九）、年号制成立の問題から大化年号を否定した佐藤宗諄（六八）、甲子の宣を部民廃止とみて改新における部民廃止を否定した狩野久（七〇）などがある。

その後の展開　以上のいわゆる改新否定論は学界に大きな衝撃を与えた。七世紀中葉は律令制と従来の支配諸制度の関係を評価する上で重要な段階であるだけに、改新否定論の検討は肯定論、否定論を問わず重要な課題となった。否定論の論点は多岐にわたっているが、とりわけ重要なのは民部・家部の理解を中心とする公民制の成立過程に関する見解である。この点について、部の語を大王への奉仕を示すトモ・べと豪族の支配を示すカキの両側面に分けて理解した鎌田元一は、甲子の宣を経て六七五（天武四）年の部曲廃止に至る過程をカキの側面の否定、公民制の確立過程と捉え、大化二年八月癸酉条の品部廃止の詔は、部民制の廃止に向けての宣言と評価し、原説を批判した（鎌田〇一）。原説を詳細に検討した石上英一は、原が改新詔自体の内在的検討を行っていないこと、甲子の宣を基準に史料を再配置する恣意的手法の破綻を指摘している（石上九六）。

また、改新否定論ではいわゆる公地公民制のうち、土地政策についての検討が充分には行われたとは言い難い。この点について、吉村武彦は官人に対する俸禄制度の一つである食封制との関連から改新詔を検討し、孝徳朝には律令制とは異なる独自の食封が存在したことを想定し、その代償として子代・部曲、屯倉・田荘の廃止を考えるべきことを主張した（吉村九六）。

さらに、改新政権の拠点となった難波宮跡（前期難波宮）の発掘調査が進展し、一九九九年には戊申年（六四八）と記された木簡と編年可能な多数の土器が出土したことにより、前期難波宮が孝徳朝の造営であることが確定し、天武朝造営説は否定された。これにより、改新時の中央支配層の拠点である難波宮が、当初から壮大な規模を有していたことが明らかとなった。孝徳朝の政治・社会構造を評価する上で、前期難波宮出現の歴史的経緯について解明することが求められている。

論争の意義と今後の課題　一連の論争によって、検討の根本史料ともいうべき『日本書紀』の史料批判が格段に進展した。また初期の論争の主要な課題であった郡評論争が木簡により解決したことは、『日本書紀』や『古事記』などの編纂史料を相対化する出土文字史料の重要性を広く認識させることにつながった。改新論争によって、七世紀史の再検討が広範に進展し、国家論を中心に長足の進歩を遂げたことは明らかであろう。また改新否定論者が近代的イデオロギーの所産としての改新観を問題としたことは、研究対象と研究者自身の関係の持ち方をめぐって、方法論の自覚的な再構築を迫るものとして、今日までその意義を失っていない。しかし一方で、議論の精緻化にともなう論点の個別分散化、一部の論者にみられた過剰な批判によって、七世紀史研究そのものの減少を招いたことも否定できないものと思われる。近年では飛鳥地域出土の木簡など、新たな素材に基づく問題提起的研究も登場するなど、新たな研究動向が生まれつつある。また七世紀史をめぐっては都城遺跡の発掘調査の進展や、仏教や礼制をめぐって多様な歴史像が構築されつつあり、単に律令制に帰着する諸制度のみを評価するのではなく、七世紀独自の課題を含み込んだ形での改新論の再提起が期待される。

（古市　晃）

畿内政権論争《きないせいけんろんそう》

律令国家論の類型　これまでの律令国家論は、大きく二つの類型に区分することができる。天皇の専制的性格を重視する専制国家論および貴族制的要素を重視する畿内貴族政権論の二つである。戦後の古代国家をめぐる議論にはしばらくの間、大化改新以後における天皇権力の絶対化という通念が存在した（関五九a）。

畿内貴族政権論の提起　こうした素朴な専制国家論が支配的であった学界状況において、関晃は一九五二年の「律令支配層の成立とその構造」において「畿内貴族政権論」を提唱する（関五二）。その内容は、畿内勢力による全国支配および畿内政権内部における天皇権力に対置しうる畿内豪族勢力の存在という二つの論点から構成されていた。以後、次々発表された諸論考により具体化されていく（関五二・五四・五九ｂｃ・七六）。

まず、畿内勢力による全国制圧については「議論の余地なく自明と思われる論点」とされ、それほど詳論されているわけではない。ただ、中国とは異なる「畿内制」の特殊なあり方を重視する。日本の畿内制は、政権を構成した豪族たちが居住し、宮や都が移動しても変化しない特殊な領域であり、律令国家の形成に伴い、畿内の地域全体に広がっていた豪族たちは、そのまま京という狭い地域に圧縮されたとする。

一方、天皇権力に対置しうる畿内豪族勢力の存在という論点については、多様な論拠が提示されている。まず第一には、大化前後には大夫《まえつぎみ》という大臣・大連に次ぐ政治的地位が存在し、彼らによる合議制の存在を『日本書紀』舒明即位前紀などから論じ、律令太政官制における合議制をその発展の上に推測した。こうした見解は、大宝二年の参議任命は、旧氏族を政治機構に参加させるための方策であり、奈良時代初期には一氏族につき一名を議政官に送り込むのが原則であったとする議論（竹内五一ａ、阿部五四）により大きな裏づけを得た。

第二の論拠としては、天皇が発布する詔勅も太政官官人の副署が必要であることを述べ、これにより天皇の自由な権力行使が制限されたとする。この点は、大夫合議制の議論とともに、早川庄八が後に律令太政官制の合議的要素を強調する場合の大きな前提となっている（早川八六）。

第三の論拠は、天皇が固有の軍事的・経済的基盤を保有しないのに比較して、畿内貴族層の特権と地位は律令の諸規定により保証されていたことである。さらに、官人の任用・昇進および処分は機械的で天皇の意志が介入する余地は少ないとした。注意すべきは、畿内貴族層の特権と高い地位を再生産する基本は、官職ではなく位階であり（竹内五一ｂ）、蔭位制が大きな意味を持っていたことである。律令官人の有する特権と高い地位については、蔭位と外位は表裏の関係を有し、蔭位は畿内貴族層に対する優遇策であり、一方、外位は在地豪族への差別政策であることを論じた野村忠夫の研究が大きな前提にある（野村六七・七五）。現在からすれば素朴な専制国家論が支配的であった当時の古代史学界において、「畿内貴族政権論」に対する反応は冷ややかであった。

「畿内貴族政権論」の展開　ところが、早川庄八が関の構想をほぼそのまま継承し、緻密な考証により内容を豊富化していく論文を次々に発表、それらをまとめて『日本古代官僚制の研究』として公刊されると（早川八六）、「畿内政権論」は一躍注目されるようになる。たとえば、「選任令・選叙令と郡領の『試練』」では、郡領が奏任官とされ、厳重な銓衡が行われた理由を、「畿内政権」にとって畿外の政治的諸勢力はいまだ自己と同質の「日本」ではないと意識されていた点に求め、「畿内政権」が地方の政治的諸集団の長と対峙する場は「外交」の場であったとし、「畿内政権」による全国支配という第一の論点が強調される（早川八四）。一方、「律令制と天皇」では、論奏事項の検討から、支配者集団内部における貴族制的要素の存在を指摘し、月次・新嘗祭祀の国家祭祀への採用からも、ヤマト朝廷における畿内政権の構造は、ほぼ原型を保ったまま律令国家の内部に継承されていると論じ、第二の論点である「貴族制」的側面の強調がなされた（早川七六）。

その後、吉田孝の「『律令国家』と『公地公民』」「律令国家の諸段階」や大津透の「律令国家と畿内」が発表されるが（吉田七二・八二、大津八五）、これらの見解は、畿内政権論を前提としつつも、石母田正による在地首長制の見解を取り入れたもので（石母田七一）、天皇の有する超越性や「畿外」における在地首長層の役割を一定程度承認する議論になっており、関や早川の議論とはやや異なる立場をとる。

批判と展望　注意すべきはその議論が、当初は専制国家論に対置される貴族共和制論（畿内豪族連合政権論）としての性格が強かったが、早川に至り専制国家内における貴族制的要素の強調、貴族に共立された天皇を中心とする政権という位置づけに転換し、吉田の議論では、個々の畿内豪族は天皇を首長とする統一体を媒介とすることによってのみ、地方豪族を支配することができ、郡司をはじめとする在地首長層に依存し、かれらの積極的な協力を得てはじめてその支配が可能になったとし、畿内豪族の持つ力量の限界を一面で指摘する。その意味で、論争は専制国家論そのものの当否ではなく、専制国家論の内実をめぐる議論に変化したといえる。在地首長制論が、天皇制や律令国家を首長制の歴史的展開の結果出現した所産として見るのは、畿内政権論への根本的批判を内包している。近年の議論の傾向は、おおよそ日本の古代国家が専制国家の一類型であることは認めつつも、そのなかにおける貴族制的要素をどの程度に評価するかという点で見解が分かれているといえる（大町八五、吉川八八、仁藤九一など）。天皇と貴族（太政官）とはどちらが強いかという個別利害論や天皇個人による自由な権力行使が貴族勢力により制約されているか否かという議論は、もはやあまり有効ではない。今後は、石母田が論じたように、国家史的観点からの考察、すなわち支配階級内部の諸矛盾を、天皇家をふくむ諸氏族・諸個人を越えた非人格的な共同機関をつくりだすことによって解決することを直接の契機として成立した「国家」機構のもつ意義を解明する方向で議論していくべきである。

（仁藤敦史）

「天皇」・「日本」号の成立論争《てんのう・にほんごうのせいりつろんそう》

天皇制における君主号としての「天皇」号および国号である「日本」の成立は、古代天皇制・国家のイデオロギーないしアイデンティティの成立に関わる問題であり、支配体制の整備の画期として論じられてきた。その主たる争点はいずれも⑴成立時期、⑵語義である。

天皇号　本格的な研究は戦前の津田左右吉（二〇）に始まる。津田は『日本書紀』を批判し、金石文から推古朝の成立を論じた。さらに語義を道教に由来するものとしており、大まかな論点はすでにこの段階で提示されている。

⑴成立年代　戦後の早い時期には政治的な画期として聖徳太子や大化改新を位置づけることが多く、それを反映して推古朝説（坂本五六）や大化改新説（竹内五二）等、七世紀前半に成立を見る学説が多い。これらの研究は、金石文や記紀以外の文献史料の検討が特徴といえる。

六〇年代は、欽明朝説のように時期を遡らせる研究（三品六七）も出るが、唐高宗の天皇号との関連から持統朝に画期を求めた研究（渡辺六七）が表される。律令制研究の高まりとともに成立を七世紀後半に求める研究が現れ、国家成立に天皇号をリンクさせた点でターニングポイントである。

七〇年代に入ると持統朝説への反論（宮田七〇、大橋七〇）や、推古朝に成立し浄御原令以後に「制度的に統一し確立した」とする折衷案（石母田七一）等、持統朝説をふまえた異論が出される。ほかにも、朝鮮と国内に対する複合的な称号として天智朝説（山尾七六）、律令制との関連をさらに重視する大宝律令説（佐藤七七）が発表され、この段階で欽明朝説、推古朝説、大化改新説、天智朝説、持統朝（浄御原令）説、大宝律令説が出揃う。

八〇年代は持統朝説を発展させた天武朝説が確立し（東野八〇）、主流となっていく。特に森公章が研究史を整理して論点を明確化し、以後の天皇号研究における基準点として大きな影響を与えることになる（森八四）。森自身も当初持統朝を重視していたが、後に天武朝と位置づけ直している（森八六）。天武朝説が主流となった背景に木簡の影響がある。特に一九八五年に飛鳥京跡で発見された「□大津皇」木簡や一九九八年に飛鳥池遺跡から見つかった「天皇聚□〔露カ〕弘寅□」と記す木簡は、天皇号を考える上で大きな影響を与えた。律令制研究と一次資料としての木簡研究の進展によって新たな段階を迎えたといえる。

ただし、九〇年代に入ると対外関係から天皇号の出現を捉えようとする、推古朝説を再評価する傾向も強まる（小林九四、梅村九五、大津九九、北〇二）。その特徴は、『日本書紀』を比較的肯定的に捉えていることを指摘できる。その背景には、大化改新否定論を乗り越えた『日本書紀』肯定論が影響している。これに対して通説的位置を獲得した天武朝説からの反論はあまりない。天武朝説と推古朝説は平行したまま議論が交わっていないのが現状である。

⑵語義　「天皇」は道教の神格に由来するという説明は津田以来説かれるところであり、特に天武朝説においては、天武の道教への傾倒から重視されている。

ほかに中国からの影響を考える見解としては、五胡十六国時代の「天王」号に着目し、その受容・改変と見なすものもある（角林七二、宮崎七八）。ただし、下出積與は天皇号を天孫降臨伝承に適合する語を借用したものして再検討を促し（下出六八）、中国的な君主号は倭において固有の観念に置き換えられており、中国的イデオロギーの継受にあたって天命思想は排除されたとする指摘もある（関七七）。音声のレベルでは、スメラミコトに注目して、オオキミからスメラミコトというシェーマが論じられ（西郷七五）これを発展的に捉えて口称と表記を区別し、国内支配と外交を分けて論じる指摘もある（小林九四）。語義においても多様な論点が提示されているといえる。

日本国号　国号に関する言及は古くから行われており、すでに平安時代に日本書紀講書において論じられている。近世には新井白石をはじめ本居宣長などが取り組み、近代にも主に語義について議論が戦わされているが、それは専著に譲る（大和九六、小林一〇）。

(1)語義　古くから遣隋使の「日出処」国書の解釈において日の出、すなわち東方を意味すると見なし、東に優越的な観念があったと考える東方説が有力であり、現在でも再説されている（三品六七、西郷八九、網野九〇）。また、それと関連して太陽信仰に基づくという見解（大和八五）や、「ひのもと」という和語からの漢字化を述べる意見もある（谷川八六）。しかし、国号を相対的な方角で表すのは不自然であるという批判がある（岩橋七〇）。また、遣隋使国書については典拠が仏典にあり（東野九一）、日本古代の観念とは別であることも明らかにされている。「ひのもと」は明確な用例が八世紀以降であることから、やはり批判が多い。現在は日本古代の中華思想や天下観念の影響を強調する見解が現れるようになっている（本位田八九、石崎九五、河内〇八）。なお、「日本」はヤマトと読むべきことが『日本書紀』に明記されており、文字表記と音声のズレに対する理解は国号を考える上で必須である。

(2)成立　『日本書紀』の記述から、渡来人、あるいは百済で用いられていた呼称が採用されたものと見なす見解がある（三品六七、小林一〇）。時期的には宣長以来、書紀に基いて大化改新期の成立と見なされることもあったが、書紀の史料批判が進むなかで近年ではこれを採る人は少ない。むしろ律令制研究の進展のなかで天皇号とセットで考えられるようになり、浄御原令制において成立したとする見解が強くなっている（川崎七六、石崎九五、小林一〇）。ただし、律令国家成立のメルクマールとして大宝遣唐使を重視する指摘もある（本位田八九）。また浄御原令説に対しては、依拠する中国・朝鮮史料の成立の問題からこれを疑問視する批判もある（河内〇八）。いずれの立場も国号における対外的な自称としての性質を重視することに変わりはないが、浄御原令説では新羅との関係を重視するものであり、大宝説では唐との関係を強調することになるといえよう。

なお、近年では井真成墓誌や禰軍墓誌など、中国出土の文字資料がその史料批判を含めて新たな課題となっている。

（河内春人）

古代家族論争《こだいかぞくろんそう》

古代家族論争とは、古代社会の基礎構造の理解をめぐる議論の一環で、当時の家族形態をどのように理解するかが争われた。議論は主として、(1)戸籍・計帳にみえる戸と家族がどのような関係にあるのか、(2)当時の家族形態はどのような歴史的段階にあるのかをめぐって繰り広げられた。

家父長制説　第一次世界大戦以降、日本でも社会経済史研究が指向されるようになり、正倉院に残された戸籍・計帳をもとに、当時の氏族・家族の秩序・構造の解明が目指された。こうした社会経済史研究の流れを受けて、マルクス主義を方法とした新たな家族論を打ち立てたのが、石母田正・藤間生大で、石母田・藤間は遺存する各地の戸籍・計帳にみられる戸の構成上の特徴を発展段階差とみなし、氏族共同体が、親族共同体・家族共同体をへて、家父長的奴隷制大家族へと移行するとの見通しのもとに、奴隷制と家父長制をともなう古代家族像を描いた（石母田三九、藤間四二）。この石母田・藤間の古代家族論、すなわち家父長制学説は、戦後古代史研究の出発点となり、この後、戸籍・計帳にみえる父系の小家族の集合体を家父長制的世帯共同体とみなし（門脇六〇）、氏族や首長制的共同体といった大経営の内部に形成される個別な経営として位置づけられるようになった（吉田晶六八）。

戸籍・計帳にみえる戸、なかでも郷戸と房戸の関係をどうのように理解するかは当初より問題となり、家父長制学説では房戸を独立的小家族と考えたのに対して、これは単なる記載様式上の変化にすぎないのではと争われた。また、戸籍・計帳にみえる寄口の位置も問題とされ、石母田はこれを家父長に隷属するものと捉えたのだが、寄口を戸主の女系親族とする見解が示され、その隷属性が問われることとなった。さらに直木孝次郎は、石母田により親族共同体として位置づけられた部集団が政治的に形成された集団であることを論じ、石母田のシェーマへの疑問を投げかけ（直木五一）、岸俊男は、戸籍・計帳は貢租のためのものであり、編戸の時点より遠ざかるほど、籍帳にみえる戸と実態との乖離が拡大すること、郷戸は法的擬制を蒙らざるをえないこと、郷里制はそうした実態との乖離を前提に房戸を単位に支配関係を構築しようとしたが、うまくゆかなかったことを実証し、石母田による古代家族の発展段階説を根本から揺るがした（岸五二）。そして、安良城盛昭が籍帳にみえる戸は、律令国家の給与制度の基礎単位であり、一定の課口を含むよう、分割や合体など操作をへて編み出されたものであるとする編戸擬制説を唱えるにいたった（安良城六九）。

非家父長制説　これ以降、戸籍・計帳から直接的に古代家族像を導くことは困難とされるようになり、戸籍・計帳をめぐる議論は停滞するが、吉田孝は、日本古代の親族呼称が父方・母方の区別がないという双方的な性格に着目し、日本古代には、明確な外婚制をともなう父系の出自集団が欠如していることから、個人を出発点とするキンドレットの原理が優勢で、父系・母系いずれの集団への帰属も選択することが可能な双系制社会として把握することを提唱した（吉田孝八三）。こうした戸籍・計帳へのスタンスは、古く高群逸枝の議論にみられるもので、かつて高群は、日本の古代に母系制が存在したことを積極的に主張したが、それは、古代の籍帳に示される戸が律令国家の父系理念に基づくものとして、これを採用せず、主として母系制的要素がみられる平安時代の貴族社会の事例から類推して、古代の基本的な血縁関係を母系制と規定したものである（高群五三）。

こうした非家父長制説は女性史研究と歩みをともにしており、関口裕子は、高群の母系制説を継承しつつ、古代の家族形態について、当時の婚姻が男女双方による通いから開始され、夫方・妻方・新処に居住したが、夫の親の世代と同居することはなかったこと、男女の関係は気の向く間だけ継続し、妻の性は夫により排他的に独占されない不安定なものであったことを主張し、これを現在のような一夫一婦婚＝単婚に至らない継続性・排他性の乏しい男女一対の配偶関係、すなわち対偶婚として概念化している（関口九三・〇四）。この結果、古代家族の基本的形態は母子と不特定の夫からなる非自立的で流動的な小家族として描かれることになり、こうした不安定な小家族が首長により人格的に体現される共同体に包摂されるという、未開な古代社会像が措定されるに至った。

問題点　現在では戸籍・計帳にみえる戸が、当時の家族そのものを示すものでないこと、当時が典型的な家父長制社会でないことは、共通の理解となっているが、編戸をめぐってどのようなつながりが選択されたのかは依然問題である。戸の一般的編成原理として、戸主の男系・女系のキョウダイ・イトコの世代のまとまりが注目されるが、編戸擬制説・双系制説の立場では、寄口が戸の編成にともない便宜的に生成されたにすぎないことが主張され、さらに寄口が戸主の女系親族を含むかどうかについても決着をみない。

また、非家父長制説の描く古代社会像は、在地首長制論に接続するが、これはあくまでも理論的な仮説にすぎない。非家父長制説では、母子＋夫の単婚小家族を論理的起点に据え、同世代での世帯間結合や村落結合を無視ないし軽視するが、これが当時の社会的実態に即しているのか疑わしい。古墳時代後期には男性を起点とする埋葬形態もみられるようになるが、今津勝紀は、当時の地域社会の構造は有力豪族層を核にしながら地縁的・個別的な結合により構成されており、首長制原理が作用していないこと、流動的な社会関係は、婚姻の不安定性が規定的要因なのではなく、圧倒的な当時の生存条件に規定されたものであること、さらに、生き延びた男性を核にして再婚が繰り返され、複婚が行われるなど、婚姻を媒介として人々の連鎖が再構築されていたこと、そうした核になる部分に父系的原理が認められ、周縁部が双系的編成されていた二重構造であったことを主張する（今津〇三）。

（今津勝紀）

アジア的生産様式論争 ——てきせいさんようしきろんそう

アジア的生産様式とは何か　アジア的生産様式という用語は、マルクスの『経済学批判』序言（一八五九）に次のように登場してくる。

「大づかみにいって、アジア的、古典古代的、封建的、および近代ブルジョア的生産様式を経済的社会構成のあいつぐ諸時期としてあげることができる」

　生産様式とは、一般的には生産手段と労働力とが結合されて行われる生産の仕方＝様式のことなので、その時代がどのような生産様式に基づいているのかによって、その時代の社会構成、社会の性格がわかってくることになる。『経済学批判』序言の各生産様式が主にイメージしているのは、古典古代的：古代ギリシャの奴隷制、封建的：ヨーロッパ中世の封建制：農奴制、近代ブルジョア的：近現代の資本主義ということになるだろう。

　そこで問題となるのは「アジア的」の内容で、古典古代よりも前に書かれていることから、それよりも前段階の生産様式なのか、それともアジアの通時代的な生産様式なのかなどがはっきりとはしない（マルクスも前後で説明を加えてはいない）。そこで、この「アジア的生産様式」とはどのような生産様式なのかに関して論争が行われることになっていったのである。

論争の内容　論争が始まったのは一九二〇年代からで、その時期の中国での革命の課題と関わって論じられ、その後、一九六〇年代からソ連と中国との対立のなかで、アジアの位置づけをめぐって、海外でも国内でも論じられた。このように政治的な側面の強い論争ではあったが、学問的な論争が行われていったことも事実である。以下では、その内容に関する考え方の諸説を整理していくことにする（大塚五五、塩沢五八、石母田七一）。

(1)アジアのみに存在した独自の社会構成とする考え方：この考え方では、前近代のアジアはヨーロッパとはまったく異なった社会ということになる。突き詰めれば、アジアという地域の前近代は奴隷制にも封建制にもならない＝変化をしない＝停滞した社会であったというアジア的停滞論につながる。

(2)封建制のアジア的形態とする考え方：この考え方では、国家が唯一の土地所有者であるという形の封建制を想定している。ただし、アジア的生産様式を封建制の一形態ととらえるならば、それはアジア独自の生産様式ではないことになる。

(3)奴隷制のアジア的形態とする考え方：この考え方でも、アジア的生産様式は奴隷制の一形態などととらえられ、アジア独自の生産様式ではないことになる。ただし、独自という意味では、古典古代の労働奴隷制とは異なるアジアに独自の奴隷制であるという考え方に発展させている学説も存在している。

(4)前階級社会から階級社会への過渡的段階とする考え方：この考え方のなかには、マルクスの「ヴェラ・ザスーリッチへの手紙草稿」に見える「農業共同体」（原始共産制から奴隷制への過渡的段階）をアジア的生産様式に当てる考えもある。

(5)原始共同体とする考え方：この考え方では、アジアではその後に独自の奴隷制（たとえば国家的奴隷制とする考え方などがある）が成立していくこととなる。

(6)奴隷制でも農奴制でもない隷属農民を想定する考え方：この考え方は、奴隷でも農奴でもない第三の範疇の隷属農民（隷農制とする考え方が多い）を想定しているため、第三範疇論と呼ばれている（吉村七六）。

以上のように、アジア的生産様式の内容に関しては、多くの考え方が存在するが、日本での研究においてこれらに大きな影響を与えたのは、第二次世界大戦後の『資本主義的生産に先行する諸形態』（『経済学批判要綱』の一部）の訳出である。『諸形態』については、アジア的・古典古代的・ゲルマン的な共同体の三形態記述であるととらえられたり、そのアジア的な形態を貢納制としてとらえられたりもしてきたが、その後の論争に大きな影響を与えたのは、アジアでは直接生産者である共同体成員は総括的統一体に対する「総体的奴隷」であると読み取れる記述がなされていることである。つまり、農工未分離の自給自足的共同体とその上に立つ専制君主という体制を総体的奴隷制として位置づけているのである。総体的奴隷制論は前記(3)の考え方に該当するが、さらに論理を発展させて、(4)・(5)・(6)の考え方でとらえる研究も存在する。

論争の行方　アジア的生産様式論争は、一九七〇年代を最後の盛期として、現在では論争はほとんど行われていないといえる。これは定説が固まったというわけではなく、以下のような点で興味関心が薄れてきているためであると考えられる。

①歴史の発展法則に対する疑問の提出：世界のどの地域でも、古代（奴隷制）・中世（封建制：近世も）・近代（資本制）という歴史発展がなされたという考え方に疑問が出され、現在では各地域におけるそれぞれ独自の歴史の展開がなされてきたという考え方も出されている。とすれば、冒頭の『経済学批判』序言の記述を世界的な単一の歴史発展の法則としてとらえることには問題が多いということになる。

②一九八〇年代末から一九九〇年代にかけての社会主義諸国の崩壊：そのため、社会主義、共産主義を最後の到達点とする歴史理論の魅力が薄れてきているといえる。

③マルクスのアジア社会認識の実態の検討の進展：マルクスのアジア社会に関する記述は独自の研究によるものではなく、当時のヨーロッパのアジア社会認識、つまりアジアをヨーロッパの対極に置きつつ、さらに歴史発展の初源形態とするという考え方にとらわれているということが明らかにされてきている（小谷七九・八五）。とすれば、総体的奴隷制論を含めて、アジア的生産様式をマルクスの文献のなかで位置づけることにいかなる歴史科学的意味があるのかを問われることになる。

以上から、現在ではアジア的生産様式論争は休止状態であるといえるが、当該時の社会を理論的にとらえて、その上で当該時の政治権力、国家の特質を考えるという研究の重要性はいまだに高いと考える。これまでの論争の内容にとらわれない、新たな研究が求められているといえる。

（浅野　充）

王民制《おうみんせい》

王民とは何か　律令制下で籍帳・五十戸一里制、班田制、課役制に編成された統治対象が公民とされたのに対して、律令制以前の段階で王権と特定の隷属・奉仕の関係にあったのが王民であったとするのが一般的理解である。王民・公民は本来支配階級を指すとする説があるものの（水林九五）、史料にもとづく実証の次元では成立困難である（荒井〇五）。なお、王民思想は中国の王土王臣思想を継受したものであるが、日本では王臣でなく王民であるのは、両者における礼的秩序の構造的差異により、この差異は歴史的発展段階の差異による（吉村八四）。

研究史　一九六〇年代に、『日本書紀』大化元年八月癸酉詔にみえる「王民」を、公民制に先行し王権の統治対象を意味する「王民制」として明確に概念化したのは、石母田正（六三）である。石母田は、律令制前の氏姓制度・部民制段階において、「〇〇臣」「〇〇連」や「〇〇部」というカバネナをもち、王権との間で特定の隷属関係にある支配者階級、および部民制下の人民は「王民」として把握されたとした。そして、庚午年籍以降の戸籍による定姓を媒介として、氏姓の秩序が一般人民にまでおよんでいった結果、姓をもたない賤が排除され良人集団が形成されるとした。また、姓を下賜する主体の天皇は良人共同体の首長となると同時に、化内・化外の双方に君臨する専制君主でもあったとした。石母田王民制論は現在まで、一方で(α)部民制を基調として王民制をとらえる研究方向、他方で(β)氏姓制度を基調として王民制をとらえる研究方向に分岐しながら継承されている。

(α)部民制との関連で王民制をとらえる方向を最初に打ち出したのは、一九七〇年代初頭の狩野久である。狩野は部曲を豪族私有民として部民から除外した上で、王民の実体は部民であるとした。そして、書紀推古二八年是歳条にみえる「臣連伴造国造百八十部并公民等本記」の「公民」は本来「王民」であり（必然的に書紀の「公民」記載はすべて本来「王民」）、「本記」は大王と大王につながる奉仕者たち、さらには彼らが統括した部民のすべてを確認して書き上げ、王民を確定するべく作成したものとした（狩野七〇）。狩野にあっては、部の制度は臣・連・伴造・国造層による「王民の分割所有」の体制となる。そして、七世紀中葉には諸豪族による王民の「私有化」の進行による部民制の矛盾が展開し、それを止揚すべく公民制が成立していくことになる。

狩野説を批判的に継承し、新たに部民＝王民論を展開したのは、一九八〇年代の鎌田元一である。鎌田は、部民とは王権のもとに組織された「べ」であると同時に、一方では諸豪族の領有する「カキ」（民・民部・部曲）でもあり、表裏一体の二面性を内包していたとする（必然的に「部曲」は王民）。さらに、部民制の秩序に包摂された中央・地方の諸集団全体が王民と観念されていたとしながらも、五世紀以来のトモから始まった部民の設定が一応の終結をみた推古朝の段階は、六世紀を通じて形成された王民観念が明確に自覚的に認識された時期であり、王民観念は、部民の「カキ」（豪族領有）の側面を否定するためのイデオロギーでもあったとする。そして七世紀後半以降、五十戸一里・籍帳支配・課役制に編成された公民制へと転回していくとした（鎌田八四・九四）。

しかし、部曲を部民としないという狩野の理解、部民が「べ」と「カキ」の両側面を表裏一体的にもつという鎌田の理解には批判も多い。また、両説は石母田王民論への批判や、律令制下の「王民」史料の存在を考慮していない点に問題が残る。

石母田王民論批判とは、王民制の根拠とした「〇〇部」に示される秩序は、実はカバネナの秩序ではなく、姓《セイ》の秩序であり、それが機能するのは律令制下においてであるから、律令制前段階における石母田王民論は成立しないという見解である（加藤七二）。

加藤のこの批判を受け、律令制下の「王民」史料を前提としながら上記(β)氏姓制度を基調として王民を理解する研究方向が打ち出される。八〇年代から九〇年代前半にかけて吉村武彦は、上記の書紀大化元年八月癸酉詔の「或本に云はく、名々の王民をいふ」という注が「氏々人等」に付されたものであることを根拠に、王民制の紐帯は姓＝カバネナの秩序ではなくウジ・ウジ名の秩序であるとし、石母田と同じ人的範囲において王民論を再構築した。また吉村は、公民制下においても姓をもたない賤民を排除した官人・百姓からなる良人を意味する広義の公民の用法があり、この広義の公民に相当する人的範囲が律令制下でも王民とされる場合があったとする。

吉村はさらに上記の『続日本紀』の①の王民は田夷を指し、②の俘囚は同神護景雲三年（七六九）十月己丑条にみえる「化民」であり、俘囚は王民ではないとした。つまり、王民は石母田のいう「王化の民」ではないということになる。

王民観念が律令制下でも伏在する理由について、吉村は賜姓・改姓が天皇固有の権限とされるようなウヂ・カバネの特徴も変化がなかったので、ウヂ・カバネに基礎づけられた王民の秩序は、変質しつつも公民秩序のなかに重層して存続したとしている（吉村八四・九三）。

課題　律令制下に伏在した王民観念は投化よる化外人の包摂を前提とした性格をもっていた。しかし、村井章介によれば、九世紀以降に登場する中世的王土王民思想は、化外の領域をケガレの充満する「異域」とした結果、化外人を排除した閉じられた国家の実効的支配空間を前提とするようになるという（村井九五）。そして、一国平均役賦課のために荘園・公領双方の住民を百姓・王民とする中世的身分観念があらわれる（木村九七）。この新たな王民観念は「皇民」と通じるものがある。王民は八世紀段階で化外の蝦夷との対比で「皇民」とも表記されるが、九世紀に入ると律令国家の浮浪人の公認によって旧公民の分裂支配を統合する観念として再生しているように（吉村九三）、中世的王民思想は八世紀の王民との間に連続性と断絶性を有する。この両者の関係が今後追究されねばならない。そのさい、八一五（弘仁六）年成立の『新撰姓氏録』と王民制の転換との関連についても問題にしたい。

（伊藤　循）

国家的土地所有《こっかてきとちしょゆう》

概念と研究史　国家的土地所有とは、必ずしも土地国有と同義ではない。したがって、国家による単なる土地管理ということではない。あくまで生産関係の問題として論じなければならないマルクス主義の概念である。『資本論』には次のようにある。「もし、彼ら（直接生産者—引用者注）に直接に土地所有者として相対すると同時に主権者として相対するものが、私的土地所有者ではなく、アジアでのように国家であるならば、地代と租税とは一致する。（中略）国家はここでは最高の領主である。主権はここでは国家的規模で集中された土地所有である」。ここで「地代と租税は一致する」という場合の地代とは、総生産から費用価格と平均利潤を控除したあとに残る超過利潤をさす。この場合、超過利潤を取得する主体が国家であるので「地代と租税は一致する」のである。

研究史的には、国家的土地所有はアジア的生産様式論争の一環として議論されてきた。アジア的生産様式論争とは、アジア社会をどのような歴史的特徴をもつ経済的社会構成とみるかをめぐる論争である。日本では、結果的に渡辺義通の日本型奴隷制論や早川二郎の封建制論に「転回」していった（川口七四・七五）。戦後、渡辺説を継承した石母田正の総体的奴隷制にもとづく国家的土地所有論がこの問題に対する一つの到達点を示す。

かつて石母田は、律令法において土地に主の有無で区別があり、口分田を私田とする外的目標があるとして土地私有主義を主張した中田薫説（中田二八）を高く評価した（石母田四九）。しかし、墾田永年私財法の制定を契機として公私田概念が変化したとする虎尾俊哉（虎尾六四）の指摘を受け、中田説の根拠がいかに薄弱であるかを認識し、国家的土地所有が律令制の土地所有の根幹をなしているとする立場に転換した（石母田七一）。

石母田は、律令制国家は二つの生産関係の上に成立したとする。第一次的・基本的生産関係は、在地における首長層と人民の間における人格的支配＝隷属として存在する生産関係であり、第二次的・派生的生産関係は、「最高の地主」としての国家と班田農民＝公民との間に結ばれる生産関係である。後者の生産関係は、在地首長制の生産関係を前提に、国家的開発にもとづく国家的土地所有によって成立したとするのである。国家による支配を生産関係とすれば、国家の収取する租税は生産関係にもとづくものでなければならない。石母田は田租をはじめとする律令制下の租税は、首長に対する共同体成員の貢納から租税に転化した国家的土地所有にもとづくライオット地代であるとした。

石母田の国家的土地所有論を総体として批判したのは大町健である。国家的開発によって国家的土地所有が成立したとする石母田の想定は、歴史的事実として疑問である。その上、私的土地所有の指標としての私功と相伝に対し、公功＝国家的開発によって公田＝国家的土地所有地が創出されたとする法論理そのものが律令制下に存在しない。さらに、調庸のみならず田租も班田制を含む国家の土地支配と対応しない。それゆえ、律令制下の租税は国家的土地所有に対する地代とすることはできない（大町八六）。

このように、石母田の国家的土地所有論にはさまざまな問題があると考えられる。とすれば、前提となるマルクスのアジア認識そのものが正しかったのか否か、またマルクスにとっての「アジア」とは何であったのか、を問い直すことが必要となる。この問題を、アジア的生産様式論争批判の立場から本格的に論じたのが小谷汪之である。小谷によれば、マルクスのアジア社会認識の展開過程は次の三期に区分できる（小谷七九）。

Ⅰ国家的土地所有（土地国有制）—世襲的土地占有農民（〜一八五三年）

Ⅱ国家的土地所有（土地国有制）—土地共有にもとづく村落共同体（＝原始的共同体）（一八五三〜八一年）

Ⅲ専制国家—農耕共同体＝原始的共同体の最終段階（一八八一年〜）

一八五〇年代初頭におけるマルクスのアジア観とは、一九世紀前半までの土地国有論を基軸とするヨーロッパの一般的なアジア的専制国家論の枠組みにすぎなかった。アジアにおける直接生産者農民の存在形態と共同体との関係について、マルクスはまず農業と手工業との家庭内結合に立脚した小農民経営＝家族共同体を経営単位とする考えを示した（Ⅰ期）。ついで農業と手工業との共同体内結合（分業）と土地の共同所有にもとづく共同体を経営単位とする立場をとった（Ⅱ期）。この場合、個別家族の経営体としての自立性は著しく弱く、共同体に埋没したものととらえられた。この土地共有にもとづく共同体は、Ⅲ期にいたって原始共同体の最終段階である農耕共同体と明確に概念化される。その結果、アジアの社会は原始的共同体関係が解体されないまま、その上に専制国家が形成された社会と一般化・定式化された。『資本論』には以上の三種の考え方が混在するが、国家的土地所有はマルクスのアジア認識の初期段階であるⅠ期に登場する概念である。

課題と展望　石母田が国家－公民の関係を生産関係として措定したのは、国家的土地所有を生産関係の基礎とする考え方に呪縛されていたからにほかならない。だが、小谷がマルクスの引用史料の孫引きや誤読、さらには彼の思い込み等をテクスト・クリティークによって明らかにしたことにより、前提となるマルクスのアジア社会認識に根本的疑義が存在することが明確になった。国家的土地所有概念は、一九世紀ヨーロッパにおける観念としての「アジア的なるもの」を前提とし、そこから論理的手続きによって導き出された「結論」にすぎない。そもそも、前近代社会において、近代社会と同様に、生産手段の所有関係が生産関係を決定するということは自明のことであろうか。それ自身、証明を要する課題であろう。現在においては、百姓農桑地と公私共利の山川藪沢を意味する民要地を内実とする学術用語としての公地制論を提唱する吉村武彦（七五）の説、七世紀以降の通時的な大土地所有の実在を主張する石上英一（八七）の説が存在する。これらの説が国家的土地所有概念を意識して提出されていることはいうまでもないが、上記のような根本的欠陥が存在する以上、少なくとも日本古代に限っては生産関係にもとづく国家的土地所有概念の使用は避けるべきであろう。

（松田行彦）

首長制《しゅちょうせい》

石母田正が集大成　日本古代の社会と国家のあり方を総合的に捉えようとする概念の一つ。本来、文化人類学等で使われる用語だが、石母田正が一九七〇年代初頭に集大成させた（石母田七一・七三）。

　石母田の首長制論については、これまでその一翼をなす在地首長制論と事実上等値されたり、国際交通論が単なる「外圧」論などと見なされがちであった。しかし内容はそう単純ではない。理論上もっとも中心にすえられるのは、マルクスの『資本制生産に先行する諸形態』理解を踏まえた、石母田自身の戦前来のアジア的共同体論である。石母田によると日本を含むアジア社会では、共同体の共同性がゲルマン社会のように「民会」ではなく、首長によって代表されるという大きな特徴をもつ。これは必然的につぎの二つの構造を生みだすという。

階級闘争としての国際交通　一つは、対外的に東アジア諸国との国際交通が、首長によって独占される事実である。これにより首長、さらには最大最高の首長である大王（ないし天皇）を軸とした支配層は、大陸諸国の先進的な物資、生産・統治技術、法典等を排他的に輸入・継受し、国際交通から疎外された「人民」に対する階級的優位性を体制化させていく。これはまさに紀元前後以降、律令制下にいたる日本古代国家の形成過程にほかならない。

　しかしそれは決して自然発生的、偶然的なものではなかった。支配層の能動的、主体的な意志にもとづいていたことを看過できない。この点で倭国の支配層は、国際交通を通じて早くから他民族の歴史の達成物や経験を人民に対して「先取り」しているのであって、これは階級闘争の一側面を特徴づけるという。しかし階級闘争の一つである以上、国際交通のあり方は固定的には捉えられない。石母田は、国際交通がやがて共同体内部の「反作用」、すなわち人民的交通による新たな階級闘争を呼び起こし、それが律令制を解体する一つの動因となる点を示唆する。

在地首長制の維持・保存　つぎに共同体が首長によって代表される首長制の基礎構造は、国内的には、共同体成員（農民）の「自立的主体」としての未成立、ひいては在地首長（国造・郡司層）の法的・軍事的自立という事態をもたらすという。そこで当時の基本的な生産関係、すなわち人格的な支配・隷属関係は、在地首長と共同体成員との間に求めざるをえない。こうした伝統的な関係に依存するかたちで、律令国家の主要な収取・支配制度が成り立っていたと説かれる。石母田は律令制下の雑徭《ぞうよう》制が、大化前代から存在した在地首長の広汎で単一な賦《ぶ》役《やく》徴収権を前提とし、それを統一的に制度化させた二次的な生産関係であることを繰り返し述べている。

　ただし在地首長と共同体成員との間の支配・隷属関係は、共同体成員の「自立的主体」としての欠如という前提条件をもつゆえに、律令国家という日本古代国家の完成後も、基本的に維持・保存され続けるという。石母田は、早くから中国文明の摂取・導入という歴史事実があるにもかかわらず、この関係が歴史貫通的に持続し、日本社会における「未開性」

のモメントをなすことを強調する。そしてそれが解体され、新たな構造が築かれるのは、「村法」が作られ、村落というものが法的・軍事的な主体としてあらわれる、中世後期（戦国期）までまたねばならないことが指摘される。

以上が、石母田によって提起された首長制理論の基本的な枠組みである。日本古代における社会と国家の関係、古代国家の形成過程、さらには頑強に持続する日本社会の「未開性」の問題などが、対内的視野と対外的視野の両面にわたって総合的に分析されている。トータルな視点と洞察力をもつだけに、本論は古代史学界に対して多大な影響を与えた。しかし部分的な批判は別にして、本論への全面的な批判学説、これを超越しようとする古代史理論は未だあらわれていないともいえる。

村落首長制論の登場　ただし部分的批判にもとづく理論的継承や、巧みな読み替えにもとづく新たな学説は、その後いくつか提示された。その一つは、石母田説のうち、在地首長制論の批判的継承をめざす村落首長制論である。これは在地首長の担う共同体機能や公的秩序については、究極的に郡レベルの首長層に包摂されていたとみる。しかし主要な生産関係は郡レベルよりもっと下位の、村落首長と農民との間に措定する理論である。吉田晶や大町健らによって唱えられた（吉田晶八〇、大町八六）。

吉田孝の「未開」論　もう一つは、日本の律令国家を首長制と律令制の二重構造で理解しようとする吉田孝の所説である（吉田孝八三）。吉田は、在地首長制を社会人類学でいう広義の親族組織として捉え直し、それが中国のような父系制（家父長制）ではなく、双系制的な原理にもとづいていたとみる。そして史料にもとづき、八世紀前後の日本の基層社会が双系制的原理に応じた、流動的で不安定な社会であり、中国と比べて「未開」な社会であったと指摘する。

他方、中国からの継受法である律令制も、実際の運営面で、中国型の「成熟した社会」に応じた統治原理として機能していなかった。この点で日本の律令制は、貴族層が中国から早熟的に「先取り」した国制上の青写真にすぎず、その実態は外見上とは異なる、「遅れた形の古代国家」であったと結論付けられる。

吉田説の特徴は、首長制から石母田の「生産関係」の概念をはずし、その上で徹底的な日中（法制）比較の方法を持ち込み、律令制下の日本の社会と国家を、全面的に「未開」という概念で捉えようとする点にある。ここでは石母田首長制論の一つの柱である「国際交通論」は後景に退き、また「先取り」という言葉も、石母田と異なる意味で用いられている。しかし吉田説はその後たくさんの賛同者を生み、一九八〇年代から九〇年代にかけて古代史研究の一つのパラダイムになった。

（坂江　渉）

律令国家《りつりょうこっか》

体制概念　日本古代史における国家概念の一つ。一般に、刑罰を定めた律と、一般的法令である令を支配制度の基本に据えた国家体制であることからこの名がある。中国から継受した律と浄御原令が準備される七世紀後半、天武・持統朝から、律令に基づく諸制度が崩壊する一〇世紀前半頃までを呼ぶことが多い。なお律令国家の権力的基盤については、これを天皇専制と捉える立場と畿内出自の貴族による共和制的形態と捉える立場の両説があるが、これについては別項（畿内政権論争）に譲る。

今日、古代国家といえば律令国家を指すものと理解される傾向もあるが、古代国家の成立に関する議論が盛んであった戦後、一九七〇年代頃までは、律令国家は古代国家の完成形態として理解され、その成立過程についても多様な見解が存在した。律令国家を三世紀の邪馬台国以来の長期にわたる国家形成過程を経た後の完成形態として捉えた石母田正（六二）、六世紀初頭の国造制の成立を古代国家成立の端緒とみる吉田晶（七三）、古代の社会構造を国家的奴隷制として、東アジア諸国家との比較検討を通じて、律令国家を古代国家の成立とみる鬼頭清明（七六・七九）などがある。これらの議論は基本的に、社会の上部構造たる国家は下部構造たる生産関係によって規定されるという、史的唯物論の立場から提起されたものが重要な位置を占め、国家成立の指標を個々の機構の成立のみではなく、社会構造との関係で巨視的に捉える傾向があったことに注意する必要がある。近年、こうした長期にわたる国家成立過程から律令国家を相対的に捉える研究は、かならずしも活発とはいえない。考古学の側からは、都出比呂志のように三世紀から七世紀の中央支配体制を前方後円墳体制と定義し、文化人類学の研究成果を援用しつつ初期国家の概念を適用するなど、重要な問題提起がなされている（都出〇五）。

律令制の形成をめぐる理解　中国で成立した律令法がどの段階で日本に継受されたかについては、それ自体に長い研究史と多様な理解がある。六世紀末から七世紀初頭の推古朝や、七世紀中頃の孝徳朝の段階で、中国に範を取った冠位制度の施行や、中国的な官司名が見られることを重視して、これらの段階での律令制の部分的施行を説く見解も、かつては存在した。しかし今日では、体系的な律令法が継受される七世紀後半、天武朝の段階をもって律令制の成立を説く見解が中心となっている。これについては、早川庄八による、太政官制成立過程に関する精緻な研究の寄与するところが大きい（早川八六）。またエンゲルスによる国家概念の指標の一つである人民の地域的編成に注目した鎌田元一による、六六四（天智三）年の甲子の宣、六七五（天武四）年の部曲の廃止による部民制の廃止を画期とする、公民制の成立過程に関する研究（鎌田〇一）も大きな影響を与えている。

六八九（持統三）年頒行の浄御原令の存在は確実視されているが、六七一（天智一〇）年施行とされる近江令の存否については見解が分かれている。青木和夫は、官僚制度の進展の画期を天武・持統朝と評し、その存在を否定した（青木九二)。さらに早川庄八の官僚制成立史研究が青木説を補強し、近江令否定説が優勢となった。

しかし一九九〇年代後半以降、飛鳥地域出土の木簡により、評の下に五十戸を編成する五十戸制が里制以前に存在したことが確定し、それが現状で乙丑年(六六五＝天智四)まで遡ることが明らかになったことから、孝徳朝の評制施行を重視する吉川真司は、近江令もまた存在したことを主張している(吉川〇四)。今後、出土文字史料の増加、また法と社会の関係に関する理解の深化とともに議論の深化が期待される。

律令国家研究と段階論　一九七一年、『日本の古代国家』において、石母田正は国家の本質はその完成形態に表れているとする立場から律令国家の分析を行った(石母田七一)。これを契機として、従来その成立過程をめぐってなされた議論の多くが、律令国家自体の分析に取って代わられるようになった。また律令国家の展開過程について、従来、三世一身法や墾田永年私財法などの土地政策の変化を律令国家の空洞化と捉える通説に対して、吉田孝は律令国家の土地政策の成熟と逆転させて捉えた。吉田はさらに、律令国家は通説のように平安初期に至って衰退するのではなく、むしろ大宝令に示された国家体制は未開な日本社会の目指すべき青写真としての性格を有し、それが九世紀に至って成熟を遂げたのが日本型の律令国家とし、これを古典的国制の段階と評価した(吉田八三)。吉田の問題提起は大きな影響力を持ち、その後、平安時代史研究が大きく進展することになる。律令国家の発展段階論に限っても、九世紀のみならず、一〇世紀を日本的な律令国家の完成形態と評価する見解も現れている。これらの見解の当否については個別の検討が必要であるが、総じていえば、体制としての成熟度に力点が置かれており、社会構造との関係性をいかに考えるかが、今後の課題となろう。

また個別研究として、平安期以降を主な対象とする儀式・政務などの研究が、一九八〇年代以降、今日に至るまで盛行している。これらの研究もまた、基本的にはこうした平安時代重視の律令国家研究の動向の影響下にあるものといえよう。

日中比較律令制研究と天聖令の発見　一九八〇年代後半から九〇年代にかけて、もう一つの大きな潮流となったのが、中国史の池田温らを中心とする比較律令制研究である(池田編九二)。これによって仁井田陞以来となる唐令の集成、及び復元的研究がなされる(池田編九七)など、大きな成果をあげている。日唐の個別の令文の比較検討も進展しているが、議論の多くは中国の先進的な法制度がどのように継受されたかという、未開と文明の二分法的理解にとどまっている点は課題を残している。

一九九九年、中国・浙江省寧波市の天一閣博物館から、北宋天聖令の写本が新たに見つかったことが発表され、その中に唐令(開元二五年令)が含まれていることが確認された。二〇〇六年には全文が刊行され(天一閣博物館ほか〇六)、すでに検討が進められており(大津編〇八)、これを機とする比較律令制研究の進展に期待が高まっている。

(古市　晃)

王朝国家《おうちょうこっか》

日本における古代から中世への移行・過渡期である平安時代の国家を、古代律令国家や中世国家と区別される独自の国家段階「王朝国家」と把握し、その支配の諸相と歴史的意義を追究する学説を王朝国家（体制）論という。「王朝国家」にこうした概念を付与したのは高尾一彦である。戸田芳実・河音能平らの負名《ふみょう》体制や在地領主制形成についての研究（戸田六七）をふまえ、坂本賞三は中央政府の政策的対応という視点から王朝国家体制の成立と展開を論じ、一一世紀四〇年代で前期・後期に区分した（坂本七二）。当初の王朝国家論は国衙支配のあり方を中心に立論されたが、その後の研究は軍制・政務・財政・荘園整理政策など当該期の国家支配の諸側面に及んでいる（坂本八五、坂本編八七）。

王朝国家の成立と展開　九世紀に律令制支配が動揺すると、中央政府は国司に律令原則にこだわらない支配方式を模索させた。一方、班田農民の階層分化から台頭した富豪層は院宮王臣家と結び、自身を院宮王臣家人、経営する土地を院宮王臣家荘と称し、人身と土地への課税を逃れようと国司支配に抵抗した。諸国における収取の困難は、中央政府では財政難となって現象した。

この危機を克服すべく、中央政府は九世紀末から一〇世紀初頭に支配の再編を行い、個別人身支配という律令制人民支配の基本原理と籍帳制・班田制などによる支配を放棄し、収取・財政構造を転換して新たな支配体制を構築した（寛平・延喜の国制改革）。これに依拠した国家が王朝国家である。まず、富豪層と院宮王臣家の結合を断ち、富豪層に対する受領の支配・課税権を強化した。そして、延喜荘園整理令に基づく校田により、課税対象となる公田と非課税地の免田（荘園）を基準国図に固定し、富豪層を負名として、請作する公田面積に応じた官物・臨時雑役を負担させた（負名体制）。負名は米や絹のほか多様な物品を、国衙からの徴符（納入物品・納入期日を指示）に従って納める。秋には、受領は子弟・郎党を検田使として国内に派遣して検田を行い、請作した公田の見作面積に応じて負名がその年に負担すべき官物額を決定した。荘園についても同様の手続きで免田からの収取を認めた（免除領田制）。続いて収納使が派遣され、負名との間で進未沙汰を行う。負名が納めた多様な物品は米などに換算され、検田結果に基づいて確定された負担すべき官物額と照合され、未進があれば催徴された。収取をめぐる受領と負名の対立は、検田・収納の際（とくに任終年）に顕在化し、国内の負名は連帯して受領の解任を中央政府に要求したり（国司苛政上訴）、実力で抵抗した（群盗蜂起）。

中央政府は国ごとに負担すべき貢納物の額を固定して、その完済を条件に国内支配を受領に委任し（受領請負制）、受領任期終了後の功過定での勤務評定を通じて受領を統制した。受領は貢納物完済を果たすため、寺社への貢納物（封物）の代替措置として国免荘を設定・付与するようになった。国免荘は受領任期限りのものであったが、先例による認可を重ねることで既得権化していき、次第に受領の国内からの収奪の足枷となっていった。

一一世紀半ばの長久年間、造内裏役賦

課に際して、中央政府が受領の申請による一国平均役を体制的に承認すると、受領は荘園からの収奪を強行しようとした。これに対して、荘園側は中央政府に個別荘園ごとの一国平均役免除を申請した。この国衙・荘園間相論は中央政府において審理されたが、それは中央政府が国衙・荘園間の紛争を調停する国家高権として立ち現れたことを意味する。これが専制的な院権力の前提となった。受領の要請する荘園整理と荘園側の領有認定双方への中央政府の対応を通じて中世的荘園公領制の形成が促進されたが、それは在地において、国衙が郡郷制改編により在地領主を郡司・郷司などに任じて荘園による公領浸食に対抗し、荘園側も在地領主を荘官としてその取り込みを図ったことによって進展した在地領主の所領形成と表裏一体をなしていた。

前期王朝国家は受領による負名支配と中央政府による受領統制によって摂関政治を支えた安定的収取を実現し、後期王朝国家は中世的荘園公領制の形成を促進することで、古代から中世への移行期に固有の役割を果たしたのである（下向井八六、加藤〇二）。

王朝国家論批判と反批判　坂本の王朝国家体制論に対しては、その指標とされた国司検田権の理解や名体制の始期、基準国図の有無、公田官物率法の成立や別名的実体の形成などについて泉谷康夫・森田悌らが批判的見解を提示していた（泉谷七二・九二、森田七八・八〇）が、一九九〇年代には、一〇世紀後半に収取・財政をはじめとする諸制度の画期を見いだす見解が相次いで発表された。その背景には、一〇世紀後半以降を後期律令国家（大津〇六）や初期権門体制（吉川九五）とする理解などがある。佐藤泰弘（〇一）や上島享（一〇）は、王朝国家論の論理構成にも批判的見解を提示した。

これに対し、下向井龍彦は王朝国家論の立場から、一〇世紀後半に画期を置く根拠とされる諸事象を九世紀末・一〇世紀初頭の体制転換をふまえた王朝国家体制内での展開として位置づけ、一〇世紀後半に画期を置く諸説の方法上の問題点を指摘した（下向井九七・一〇）。

王朝国家論と一〇世紀後半に画期を置く諸説とでは、国家と社会変革についての理解に大きな懸隔がある。王朝国家論が、国家による危機認識とそれへの対応（その結果としての体制転換）という論理で国家の能動性を重視するのに対し、一〇世紀後半に画期を置く諸説では諸制度の変化は論じられても、国家の能動性への言及はほとんどなく、「時代の「画期」は、危機の自覚や意識的変革をともなわず、徐々にいつのまにかはじまり、いつのまにかなし崩し的に達成された、と理解されている」（下向井九七）。社会構成についても、王朝国家論が在地領主制を位置づけようとするのに対し、一〇世紀後半に画期を置く諸説では在地領主制は積極的に位置づけられていない。王朝国家論の批判的継承のためには、諸事象の実証的考究とともに、戦後の平安時代史・中世成立期の研究において論点とされてきた当該期の国家・社会のあり方について、あらためて認識を研ぎすまし、日本における古代から中世への歴史過程をゆたかに描き出すことが求められているといえよう。

（今　正秀）

府官制《ふかんせい》

府官制とは何か　中国周辺諸国の王が自らの将軍号・王号に加え、王権に参加する有力首長層に官爵を仮授《かじゅ》し、除正《じょせい》を求めることでその臣僚化を実現した制度を府官制という（鈴木八五）。

中国では漢代に起源をもち、東晋《とうしん》以後、中央・地方の将軍（府主）の下に長史《ちょうし》・司馬《しば》・諮議参軍《しぎさんぐん》という文官が府主を補佐した（坂元八一）。南朝から封冊された中国周辺諸国王には、臣下たちに将軍号を授与できる仮授制があり府官を設置した（鈴木八四・八八）。

四世紀中葉以降、高句麗では中国系官人をとおして将軍号・太守《たいしゅ》号など中国官制（官号）を摂取し、在来の官位制と並用して臣下に授けて、中央・地方の軍事・行政的統治組織を構成した。広開土王が後燕《こうえん》から平州牧《へいしゅうのぼく》、遼東《りょうとう》・帯方《たいほう》二国王に封じられたとき将軍号を与えられ、初めて長史・司馬・参軍官を置いた（「梁書」）（鈴木八四・八八）。

五世紀には、百済でも将軍・太守・王・侯などの官職が行われ、長史・司馬・参軍などの府官制が存在した（「魏書」「宋書」「南斉書」各百済伝）。四一六年、東晋から余映《よえい》（腆支《てんし》王）が使持節《しじせつ》・都督《ととく》百済諸軍事・鎮東《ちんとう》将軍・百済王に冊封されたとき、長史に張威《ちょうい》が任じられて府官制が始まった。百済の府官の号をもつ使節の大半は中国風の姓をもつ中国系百済人であり、遼東・朝鮮北部から百済に流入して軍事・行政に携わった臣僚であった。

林邑《りんゆう》など南方諸国、吐谷渾《とよくこん》・高昌《こうしょう》などの西辺でも府官制がしかれたと推測されている（鈴木八四・八八）。

倭国の府官制　倭では、四三〇〜四七〇年代、宋皇帝から冊封された倭王は、臣下に対する将軍号・太守号の仮授権、宋への除正推薦権を獲得・行使して、列島内外における軍事指揮権と宋・朝鮮三国に対する外交権の二大権能を独占した。四二五年、讃《さん》が宋に遣わした司馬曹達《そうたつ》の「司馬」は、讃が宋から安東将軍に除授されたことによって置かれた将軍府の府官（鈴木八四・八八）。四三八年、倭王珍は宋に倭隋《わずい》等一三人の平西《へいせい》・征虜《せいりょ》・輔国《ほこく》将軍号除正を求めて許された（武田七五）。四五一年、済は宋から自己のほか、二三人の臣下に仮行した将軍号と郡太守号を賜授された（坂元七八）。四七八年、倭王武はみずから開府儀同三司《かいふぎどうさんし》を仮《か》り、臣下にもみな仮授した（「宋書」）。臣下たちに仮授・除正された称号は形式的なものではなく、五世紀では軍官たる府官こそが国際的共通性を有する地位表示であった。

府官や将軍号を称する有力首長層・支配層は、その下に杖刀人首《じょうとうじんのおびと》－杖刀人のような人《ひと》制を組織し、六世紀前半以降のトモ・べ制の前駆的形態を整えた。七世紀前半の推古朝には馬官《うまのつかさ》－馬飼部《うまかいべ》、山官《やまのつかさ》－山部《やまべ》のように官司制が官位制と並んで展開するが、伴造《とものみやつこ》－トモ・べ制から発生・分化してなお自立しきらず、特定の氏族が官職や官司の機能を果たす点で、未熟な王権の体制を示している。これはこの時期の王権の支配機構が王族・豪族の家政組織を内在させて成り立つという性格と表裏一体のものであった（鈴木八四・八八）。

（中野高行）

天下（治天下） てんか（ちてんか）

概念理解　「天下」とは、本来中国における世界観である。詩経などに「普天の下、王土に非ざるなし」というフレーズに端的に表されるように、中華思想において皇帝の徳と権力が夷狄を含む全世界に及ぶことを示す語として理解されている（安部五六、堀九三）。ただし、近年では「天下」を皇帝権力の実際に及ぶ領域に限定されることを強調する説も提起されている（渡辺〇三）。

日本古代においても「天下」という語句は文献・金石文双方において用いられており、その理解が焦点となる。五世紀の倭王武の上表文に「天極に帰崇す」とあり、南朝・宋の天下の末端に加わっていることを自覚している。この段階で倭国は天下的世界観を理解していたと見なしうるが、倭国中心の世界観の萌芽を強調するか（仁藤〇四）、中国への臣属を重視するか（河内〇四）、見解が分かれている。

とはいえ、倭国が五世紀後半に宋の冊封体制から離脱して中国的権威に依存しない支配体制を構築すると、その際に自国の権力の及ぶ領域を「天下」として位置づけ、独自の天下的世界観を作り上げたとする点は一致を見ている。その初期の一次資料に位置づけられる金石文では、稲荷山古墳出土鉄剣銘において「左治天下」、江田船山古墳出土大刀銘に「治天下獲□□□鹵大王」と記されており、それらは統治権の行使を意味するものと指摘されている（井上八三）。ただし、これらを中国における「御宇」と対比して倭王権の自立性に限界を見る指摘もある（東野九三）。

いずれにせよ、倭国における「天下」は単なる世界観ではなく、倭王権の統治・支配と結びついた語句として理解される。

関連する論点　金石文の用例から、「天下」は君主の称号と関連する用語であることが古くから注目され、「治天下」という語句を、君主号を構成する要素のひとつと捉える傾向が古くからあり、現在ではさらに追究が進められ、君主号を単なる「大王」ではなく「治天下」の語が付されることを重視する学説が近年有力である（吉村九八、熊谷〇一）。

ヤマト政権の支配範囲を示す「天下」がどれほどの範囲であるかということについては君主の実効的支配領域と捉える考えが一般的であるが、具体的に言及した研究は少ない。国文学では『古事記』において追究されており、列島と新羅を含むとする指摘がある（神野志八六）。歴史学では、夷狄支配を射程に入れた概念であるとする指摘も理念的支配を考える上で重要であろう（吉村九三）。

なお、「天下」はアメノシタと呼びならわされており、「治天下」はアメノシタシラシメスと読むべきとされ（大野七五）、「治天下」のみならず「御宇」も同じ読みであることも古くから指摘されている（市川三三）。ただし、アメノシタオサムと読むべきとする指摘も提起されている（熊谷九五）。

（河内春人）

国造制

国造制とは　国造制《こくぞうせい》は、いわゆる大化改新以前に、日本の古代王権が確立した全国的な地域支配制度である。

　王権が日本列島内における統一的政治権力として成長しつつある段階で、支配下に入った各地の首長層に対して、物資や労働力の徴発を要求する代わりに、彼らを国造に任命しその支配権を保障した。国造は、裁判権・徴税権・行政権・祭祀権を行使し、地域の支配を行ったことが考えられている。

研究史　戦前の研究が、国造の語義や氏族系譜の考証にとどまっていたのに対して、戦後、井上光貞・上田正昭の間で展開された「国県制論争」により（井上五一、上田五九）、国造制は一定領域の支配を行う古代王権の地方官であり、伴造・部民制のタテ割りの支配系統に対して、地域的多様性をもって二次的に編成された全国的な地方支配制度であるとの認識が定着した（新野七四a・b、篠川九六）。さらに、石母田正や吉田晶が、社会の生産関係の分析を基礎に国造制の内部構造や支配の実体を考察し、地域の有力首長としての国造の権力に依存して、王権の支配が貫徹していたことを論じた（石母田七一、吉田七三）。

課題と展望　国造制は、古代王権の支配構造と発展過程の解明、さらに、その基礎をなした社会構成を探る上で重要な研究対象であり、日本の古代国家形成の理解とも関わる。王権が国造制を介して地域支配を拡大し、日本列島内の空間的な把握に大きな効果を発揮したことは想定されるが、これまでの研究では、国造制について制度史の観点から主として議論されてきた。国造制をして王権がどのような形で各地を支配・把握していたか、制度の内実が明確にされたとは必ずしもいえない。この問題は、史料の限られている研究状況において、考古学の成果を取り入れて多角的に研究する方法もあるが、国造の地域支配の実態はいまだ十分に解明されてきたとはいえず、部民制や屯倉制など大化改新以前の諸制度とともに包括的に検討する必要がある。

　また、国造の呼称は、律令制下においても史料上散見し、別個に研究が進められてきた。大化改新以後、地域支配制度は基本的に評制・郡制へと移行したが、国造自体は存続し、依然として地域の支配に関与していたことが考察されている（篠川九六、森〇〇）。ただし、大化改新以後の国造の歴史的な位置づけについては明確になっておらず、諸説一致をみていない。この要因はどの史料を強調し、どのように解釈するのかによって位置づけが大きく異なる。大化改新以後の国造については、その役割と社会的機能を分析した上で、地域社会において国造がいかなる存在であったのか、歴史的性格を考察しなければならない。

　国造制は首長層の支配をいかに包摂して成立し、大化改新を経てどのように展開したのか、人民の支配や地域社会の編成およびその変遷を踏まえつつ具体的に解明しなければならない。

（大川原竜一）

部民制《べみんせい》

部民制研究の方向性　部研究は、戦前の政治制度としての研究や身分制・奴隷制に関わる研究を土台として、戦後になるといくつかの方向性に分かれることになる。後者の流れは、身分制・奴隷制やアジア的生産様式論とも関連して述べられる。だが、公民制とその実態としての部研究に視点が向けられ、社会史の一部としての研究に移行している。一方前者は、令制前の政治制度の一部としての究明課題であり、また諸制度との連関を求めていく。その中で部の類型化研究が蓄積するし、その一方で個別の名称や職掌を追究する視角を派生させていく。総体的な研究が類型化と政事構造の関係性で論じられ、令制前の部称者は、①品部②子代・名代③部曲に分類される（井上光四八）。また、①品部を細分化する見解として「職業的部」（平野六九）や「宗教的部」（井上辰八〇）といった区分も提起される。近年では「品部」を部称者の総称とする見解がある（鎌田〇一）。さらに個別の部研究は、氏族研究とも関わりながら頻出する。

現在の部の理解　「殿部」「水部」「掃部」などの読みから、「部」は本来付されなかったり読まなかったりするもので、「べ」の訓は新しいとされる（高橋九三）。制度の成立は五世紀後半から六世紀初頭とする見解が一般的で、いわゆる「人制」に後発する（吉村九三）。現在のところ、出雲岡田山一号墳出土大刀銘に見える「額田部臣」が最古の事例として知られる。その構造は、公民（良民）を区分して、いわゆる品部である「伴・伴部」は伴造に管掌され、天皇や皇后の名を冠して設定された「名代（御名入部）」や皇子宮に奉仕する「子代」は皇室私有民、「部曲」を豪族私有民として間接的に王権に奉仕させる制度と概述される。部の一部は、品部・雑戸として令制下に下級官人の出身母体（名負《なおいの》入色者《にっしきしゃ》を輩出する名負氏《なおいのうじ》として）となる（狩野九〇、中村〇七）。だが、部民制と種別ごとの部・個別の部について、それぞれ定説はいまだ得られていないと言える。

今後の課題と展望　成立契機や実態を異にする部それぞれに定見は見られないことや、多くの個別の部研究が連関していない問題がある。加えて部と通用する「戸」については、部よりも新しく帰化渡来系の人々の編成を想定する見解が提示され通説的だが（岸六四）、出土文字史料との関係から再検討を行う時期に来ている。また、「大化改新」批判の観点から部の存在の継続性を問題視した見解（北村五七）以降、豪族が所有する部曲の全廃時期などが課題とされたが、鎌田元一が孝徳期の天下立評を立論する過程で部曲が国家民として観念されたとする（鎌田〇一）。しかし、部称と氏名が共通するとはいえ、伴と伴造との関係に直結しないなどのように部の管掌関係はより複雑であるという実態としての課題（中村〇九）、また令制前の部称者とその制度、令制後の品部・雑戸につながる過渡的段階など制度史としての課題も残されている。

（中村友一）

氏族《しぞく》とウヂ

ウヂと氏族の概念規定　ウヂは欧米の言語を訳す際に主に「氏」が当てられ、血縁親族を「氏族」とした。そのため欧米の歴史学でいうクラン（clan）やゲンス（gens）などの訳語として、氏族制や氏族共同体などの概念を採り入れた研究が長らく続いた。現在この議論は記紀に見られる「ウヂ」「氏族」とは異なる対象であり、王権成立以前の親族集団を指すには家族（family）や親族（kins and affines）といった概念の方が近いということを認識する必要がある。この理解は、戦後すぐに津田左右吉（四七）がウヂが政治組織であることを説いたことより始まる。その後、直木（六四）・義江（八六）らによって発展的に継承されて通説的理解を得ている。現在では、血縁親族を中心としながらも名目的に系譜関係を共有する、祖先を同じくする擬制的同祖同族関係氏族を包括する集団を指す語として定着している（中村友〇九）。これらは埼玉県稲荷山古墳出土金錯鉄剣銘に見える「奉事根原」が示唆するように、王権との関係が代を重ねてウヂという王権内での政治集団として認められていくものである。中国から父系重視の価値観の被影響下に、また骨考古学の成果に示されるように（田中九五、清家一〇）、その継承はリネージ（lineage）のような父系的な出自集団であり、擬制的な同族系譜意識を基本とする（溝口八二）。

ウヂを要素とする氏姓制度　日本古代における氏姓制度はウヂ（氏）とカバネ（姓）を構成要素とし、関連する論点は多岐にわたる。制度の成立、制度における関係性、個別の氏族やカバネに関する論点等があるが、『日本書紀』の記述自体を検討するようになってから研究が進展する。制度の成立については古くは阿部武彦『氏姓』（六〇）による五世紀代説以降、しばらくは五世紀代もしくは六世紀代成立との見方が主流を占めた。これに対して七世紀代に成立を遅らせる見解が近年の主流となったが、制度の整備確立を重視したもので純粋に成立した時期とは言い難い。最近では五世紀末から六世紀前半頃に成立したとする説が有力である（中村英〇四、中村友〇九）。氏姓制を規定する明文法はないが、慣習的な制度としては天皇を中心とした人臣・公民との人格的な「仕奉《しぶ》」関係を通して政事《まつりごと》を行う制度とまとめられる。天皇は氏姓を持たず、人臣・公民の氏姓を賜《し》与貶奪《よへんだつ》する権能を有する立場である点、賜与された氏姓は「名負氏《なおいのうじ》」として一族の代表者が王権に何らかの形で仕え奉る、もしくは物品を生産・貢納する点が特徴的である（吉村九六）。七世紀に入ると氏姓は同族も称すようになり、それを氏上《うじのかみ》が管掌する。氏上に対しては六六四（天智天皇三）年の甲子《かっし》の宣に始まる法的な整備が進んだ。姓についても、貫徹はしなかったが六八四（天武天皇一三）年に八色《やくさ》の姓《かばね》が制定されてある程度序列化が志向された。その後は「賜氏姓《ししせい》・改賜《かいし》氏姓《しせい》」により氏名《うじな》や姓が頻繁に変更され、ウヂの政治的意義が弱まることとなる（中村友〇九）。

今後の課題と展望　ウヂが親族組織を中心とした集合体である以上、その解明も併せて行われる必要がある。ウヂと家などの親族組織との複合・継承の関係性の究明が課題であろう。（中村友一）

記紀神話《ききしんわ》

記紀神話とは　八世紀に成立した歴史書である古事記・日本書紀（以下それぞれ記・紀と略すことあり）の神代の部分が記紀神話である。記紀は壬申の乱に勝利して専制的な権力を獲得した天武天皇の歴史書編纂事業の結果として成立した歴史書であり、天皇を中心とした王権による支配の正統性が系譜と叙述によって物語られているが、その正統性を保障する権威の根源が神代に求められている。したがって記紀神話は天皇の出自と支配の正統性を物語る政治的な内容の神話である。

記紀神話の研究動向　記紀神話は戦前のファシズム体制のもとでは天皇神格化の根拠とされていたことから、記紀神話の政治的作為を追究した津田左右吉の著作が発禁処分とされたように学問的な研究は制約されていた。戦後の歴史学における記紀神話の研究は比較神話学、文化人類学、国文学等の隣接諸学の刺激を受けつつ戦前の津田の「記紀批判」を継承し、古代王権の発展、古代国家の形成のプロセスの中での記紀神話の成立が検討され、天武朝に確立した専制王権の権威を保障する神話としての記紀神話の性格が追究される。石母田正、上田正昭、直木孝次郎などが精力的に取り組み（石母田八九、上田九九、直木七一）、記紀神話の本質は古代王権と密着した天皇制神話であり、民間の信仰や伝承に根ざした一般的な神話としてみるべきではないことが明確となった。記紀神話は天皇直系の天つ神にかかわる高天原系神話群とそれ以外の出雲系神話群から成るが、岡田精司は前者が神祇令に規定された宮廷祭祀を反映した祭儀神話であり、その祭祀に奉仕する伴造氏族の奉仕由来が語られており、後者は王権に服属した地方豪族が服属儀礼で奏上した寿詞を集約して形成されたとし、まず六世紀中頃の欽明朝ごろに第一次の体系化がおこなわれ、七世紀初頭の推古朝に第二次の編集作業があり、最終的な編修は七世紀末の天武朝において完成したという記紀神話三段階成立説を提示した（岡田七五）。三宅和朗は記・紀本文のほか、紀に載せる多くの別伝（一書）の分析、検討を通して記紀以前の古層の神話の復原、改変の痕跡を明らかにして記紀神話の成立過程を考察した（三宅八四）。こうした歴史学の動向に対し国文学の神野志隆光は、記・紀の神話はそれぞれ古事記、日本書紀というテキストの一部としてのみ存在しているのであり、個々の部分もそれぞれのテキストを成り立たせている全体像の一部として読み解くべきとして、歴史学がおこなってきた個別神話の比較による記紀神話成立過程の検討や、個別神話を祭儀神話ととらえて分析する研究のあり方を批判する（神野志九九）。しかし同じ国文学の溝口睦子は、記紀の神話はアマテラス系とタカミムスヒ系の二系の神話群を記・紀それぞれの方法でアマテラスを最高神とする形で一系化して成立したものであることを明らかにし、成立過程の研究の有効性を説く（溝口〇〇）。また榎村寛之は、神野志の手法はあくまで国文学の方法として有効であり、歴史学からの神話研究はテキストの外側の問題すなわち神話と王権・社会との関係性が追究されるべきと主張する（榎村〇二）。

（菊地照夫）

ヤケ・イヘ・イエ

「ヤケ」「イヘ」「イエ」とカタカナで表記する理由　百人一首で知られる奈良時代の政治家・歌人である大伴家持であるが、今日、家持の「家」字は「ヤカ」と読むのが一般的であり、「イヘ（エ）」と読まれることは少ない。ところが、日本古代の諸史料に見える「家」字には、このように「ヤケ（ヤカ）」と読む場合と、「イヘ」と読む場合とがあり、前者が堀や垣に囲まれた土地・建物（住居）・倉等からなる施設それ自体やその施設の役割（「ミヤケ」「オホヤケ」等）を指すことが多いのに対して、後者は人間の集団（いわゆる家族）と深い関わりを持つことが指摘されている（吉田八三）。このような研究状況下にある現在、古代史料に見える「家」字の性格を明確化するために、研究論文等においてはあえて「家」字を用いずに「ヤケ（ヤカ）」または「イヘ」と区別して表記することが一般的になっている。加えて、平安時代の貴族に始まり中世以降に確立していく「家」、すなわち特定の氏族が特定の官司の職務を独占し、これを父子継承していくことで成立していく人間集団（経営体）を、前掲の古代の「イヘ」と区別して表記する必要も生じ、これを「イエ」と表記することが一般的になっている。具体的には『今昔物語集』巻第二六第一七の芋粥の話で知られる越前の「利仁将軍」のような「将軍」とは、「武」を請負って「職」とする（家業とする）「イエ」の家長であった（飯沼〇四）。そして公権力は、こうした特定の「イエ」の家業の継承を認める役割を果していたことが明らかになりつつある。中世後期になると「イエ」は、命を懸けた身体的奉仕（主従関係）を柱としていた男性対男性の愛の原理が強調されて、次第に父系的親族関係へと収斂されていった。同時に、本来「イエ」の共同経営者として機能していた女性の「イエ」に対する地位や支配権は、主従関係によって後退していったとみられている（飯沼〇四）。

ヤケ・イヘの実態的検討と考古学　現在、最も大きな課題となっているのが、古代史料に登場する「ヤケ（ヤカ）」や「イヘ」の実態像の解明である。古代の日本に「家号」の存在を抽出したように（関九四）、既存の史料を再検討することも重要であるが、一方で、考古学の諸成果を検討の対象にすることも不可欠であろう。奈良時代の近畿地方における掘立柱建物・倉・井戸から成る一般集落に「ヤケ（ヤカ）」を見出し、竪穴住居が中心であった東日本の一般集落ではこれが未成立とみる見解もあるが（吉田八三）、東日本の一般集落でも複数の竪穴住居が一つの単位（単位集団）を形成しており、これを発展段階の差ではなく地域差とみることも可能である。また、東日本の古代集落遺跡から出土する墨書土器の中に見られる、集落内の諸集団が自集団を象徴して記したと考えられる「標識文字」から「ヤケ（ヤカ）」「イヘ」にアプローチすることも可能であろう。

（宮瀧交二）

口頭伝達《こうとうでんたつ》

口頭伝達への注目　古代律令制国家の特色の一つとして、石母田正によって「官僚制」と「文書主義」が指摘されて以来（石母田七三）、音声言語に基づく「口頭伝達」は、書記言語を用いた高度な支配が実施されるようになる以前の、大王と個々の有力者が個別的人格関係によって結ばれていた時代の、古い統治技術として認識されるようになった。たとえば、官僚の任命が「任官儀」において口頭伝達によって行われることに着目した早川庄八は、そこに「伝統的かつプリミティブな方法を重んずる意識の強さ」を指摘し（早川八一）、さらに八世紀においても、口頭伝達が維持されていた事実から、音声言語の有する「霊的な、マジカルな機能」を見出している（早川八三）。後者については、評価の分かれるところであるが、口頭伝達という行為とその実修環境が、君臣関係の形成において果たした独自の機能を、政治権力の発展過程のなかに見出そうとした研究の方向性は継承されるべきであろう。

宣命と詔勅　書記言語に基づく文書と、音声言語による口頭伝達の関係で注目されてきたのが、宣命と詔勅である。「宣命体」の文章は、本居宣長以来、おもに国語学・国文学の方面から研究が積み重ねられてきたが、「宣命」という行為そのものに歴史学の分野から注目したのが櫛木謙周（八〇）であった。櫛木は、『続日本紀』等に見える宣命文冒頭の対格表現のうち、貴族・官人こそが実際の宣命の対象であり、公民は観念上の関係にすぎず、宣命には、官人に対する説明という「内輪的」機能が求められたと指摘している。しかし、朝堂院で行われる宣命の場に、官人ではない「京畿内百姓村長以上」までもが集められることもあった（『続日本紀』天平宝字元年〈七五七〉七月戊午条）。また養老公式令に、百姓にかかわる詔勅を施行する際には、里長・坊長が百姓に「宣示」すると規定されていることから、諸国においても「宣命」が行われていた可能性が認められ、対格表現に見える「天下公民」をまったく観念的とすることは適切でなく、「宣命」は天皇制イデオロギーを貴族・官人から人民に至るまで浸透させるための方法ととらえるべきであるとする見解もある（大平八四）。なお、百姓への「宣示」に、意味内容の理解を目的として話し言葉が使われたとする考えも提出されているが（鐘江九八）、天皇制イデオロギーの浸透のためには、宣命文そのものが読まれることに意味があるとする反論がある（大平〇一）。中国にも口頭による王言の制があることが指摘されており（東野八九）、音声言語による君主意思の口頭伝達の有するイデオロギー性が改めて注目される（古市九八）。

政務と音声言語　日本古代国家の文書行政には、文書作成過程のなかに音声言語が組み込まれ、その点において中国の文書行政と異なる様相を呈していたことが吉川真司によって指摘されている（吉川八八）。また、事務処理の場でも、文書作成過程において読み上げ、書き取るという方法が行われており、日常的政務の場での音声言語は、記録される内容を「公然化」させ、情報に権威を与えるという効果が存したことが推測されている（大平〇一・〇八）。

（大平　聡）

双系制《そうけいせい》

語義と出自概念　双系制とは、父系でも母系でもなく、両方を合わせた出自のたどり方、そうした出自規則で構成される社会のあり方をさす概念である。厳密な意味での「出自」とは、祖先から一定の規則でたどられた血統のことで、子（ある個人）は、父系出自ならば父の集団、母系出自ならば母の集団に生まれながらに帰属する。したがってそこでは、外延部（メンバーの範囲）が明確な集団が形成され、世代を超えて存続する。しかし「双系」については、出自概念として規定すること自体に困難があるともされ、用語・概念をめぐる種々の議論がなされている。(A)子は、父方・母方双方の複数の集団に潜在的メンバーシップを持ち、何らかの条件（居住・財産・地位等）にもとづいて、出生後に帰属集団を選択ないし変更する。つまり、「双系」＝選択出自である。この場合、子は一つの集団に帰属するので、祖先から発する（ancestor-oriented）明確な集団が形成される。(B)子は、父方・母方双方に広がる親族関係において、そのどちらかへの偏りを持たない。これは個人に発する（ego- oriented）な関係であって、世代が交代するごとに編成しなおされるので、永続的集団の形成には結び付かない。つまり、「双系」＝双方的親族関係である。(C)土地財産は父から子へ、墳墓祭祀は母から子へというように継承する二重出自、あるいは、それを父から男子へ、母から女子へという形で継承する併行出自。この場合、子は、社会生活の異なる局面で複数の集団に同時に帰属する。

論者によって、これらの概念規定および組み合わせは様々である。「双系」概念は、母系／父系の単系出自理論への批判として、一九五〇年代以降、欧米の文化（社会）人類学者によっておもに太平洋諸地域を考察の対象として展開した。

日本古代社会の「双系」的諸特徴　日本では、一九八〇年代以降、家父長制家族未成立を説く家族・親族研究の新たな潮流の中で、人類学の成果に学ぶ形で「双系」概念が受容された。日本古代の「双系」的特徴としては、父方・母方を区別しない親族名称、外婚制をともなう単系血縁集団の欠如、母方親族の社会的地位の高さ、父方・母方氏称の併用事例、「双系」的な系譜等々があげられる。高群逸枝の主張した「母系」遺存は、現在では「双系」的ないし非父系の諸特徴とみなされている。論者によって、親族名称と近親婚タブーからみた双系小家族論（明石七九）、ego-oriented な基層の社会関係の上に ancestor-oriented な支配層の父系系譜関係が重層するとみる双系社会論（吉田八三）、父方母方双方を数世代にわたり記載する系譜の広範な存在に注目する双系（両属）系譜論（義江八六）など、力点は異なる。「母系」的要素を重視する双系批判論（関口〇四）もある。

今後の課題　用語としては、非単系（両系）という意味で ambilinial＝「双系」、出自概念ではないという意味で bilateral＝「双方」が使われる。これは、日本古代のウヂの組織原理をどうみるかという論点とも関わり、用語の言い換えの問題にとどまらない。人類学の理論に学びつつも、日本古代社会の分析から新たな理論を提示していく姿勢が必要であろう。

（義江明子）

仕奉《ぶし》

「仕奉」観念の発見　「仕奉」は、『日本書紀』・『古事記』をはじめとして、風土記や金石文、系図等にも広く登場する語彙である。訓読すると「つかへまつる」となる。「仕奉」に、臣下の天皇への忠誠と奉仕を意味する言葉として積極的な意味を見出した最初の研究者は、吉村武彦である。吉村は、まず「仕奉」の文言が『日本書紀』の詔や『続日本紀』の宣命などにあらわれることに注目し、ついで宣命の対告者に関する検討を加えた上で、ヤマト王権や律令制国家の段階にあっては、倭国の王／天皇に対して官人ばかりではなく百姓・夷狄（蝦夷・隼人）・蕃国の王（百済・新羅）まで、化内・化外を問わず「つかへまつる」（＝捧げて持つ）意識が存在したことを指摘した。そしてそのような意識が生ずる前提として、在地首長の王権への服属を契機として、在地首長に対する共同体成員の意識が天皇に転化・拡大したと推測した（吉村八六）。

「仕奉」観念の批判的検討　この吉村の問題提起に対する批判は、「仕奉」の対象は倭国の王／天皇に収斂しているのではないとする内容である。

松下正和は古代の仕奉意識が、少なくとも令制下においては単純に社会的な政治意識として存在していたのではなく、上から注入・命令される規範意識としての側面を有していたことを指摘し、「仕奉」する対象も太上天皇・皇后・皇太子を含めた「王家」であり、天皇個人に限らないと批判した（松下九八）。

松木俊暁も各階層は、その直属の上位者への人格的従属による縦割りの関係性に基づいて、各自ばらばらに「仕奉」していること。そこには一律なる王権への「仕奉」などといった予定調和の意識が顕在化する契機は乏しいことなどを指摘した。また、各豪族が政権に結集し倭国の王に「仕奉」する動機は、各豪族の勢力基盤への関心にあり、自らの権威・権力を外部から補強し補完するためであったとする（松木〇六）。

一方、須原祥二は、吉村の「仕奉」論が身分集団論に偏していることを批判し、「仕奉」とは「名」に含まれる政治的事績やそれに基づく地位・職掌に特化した語であると位置づけている。ついで、「姓」は何らかの「仕奉」を体現するものと結論づけている（須原〇三）。

今後の課題　このように吉村の問題提起を受けて、「仕奉」という言葉から古代人のさまざまな意識を読み取ろうとする試みがなされてきた。用例の厳密な検討によって、かつて吉村が指摘したような倭国の王／天皇への一元化という意識が存在していたという指摘は、今日見直されるべき段階にあるのかもしれない。

しかし、吉村が最初に「仕奉」という言葉に着目した際に、「百姓が意志をもって行動する、独立の人格である以上、ただ収奪に甘んじているだけの存在ではありえない」と指摘したことの持つ意味は今日改めて注目する必要がある。

吉村は、古代社会を奴隷制社会とする見解には否定的ないわゆる第三の範疇論者であり、その「仕奉」論は古代社会論の重要な論点として論じられている。それを今日どのようにとらえなおすか。これが、後学に残された課題である。

（森田喜久男）

古代の山野河海《こだいのさんやかかい》

古代の山野河海に関わる史料用語について　「山野河海」という言葉は、実際には古代の文献には登場せず、「山川藪沢」・「薗池水陸」・「山海林野池田」・「山沢島浦林野陂池」・「山林」・「山野藪沢浜島」・「山川海島浜野林原」・「山野藪沢江河池沼」・「山野海河」といった言葉が見える。ただし、中世や近世への歴史的展開を射程に入れるならば、古代においても「山野河海」という言葉を使うことは妥当である。

「山野河海」をめぐる研究史　第一の潮流は、開発・開墾との関わりで論じたものである。この中で、農業共同体による規制や王臣家、寺社、豪民が山野河海を占有し開発を進める動きと律令国家の規制などが問題とされた。関連して、文献上に現れる山野河海における「民要地」の実態が問題とされた（丸山六七）。第二の潮流は、「山野河海」の非農業的対象としての側面に注目したものである。ここでは、伐木、塩業、天皇の供御のための狩猟漁労の舞台となる禁猟区、御厨などが検討の素材となった。また、律令制とは異質の構造を持つ社会的分業の展開の拠点であることなどが注目された（戸田六一）。第三の潮流は、「山野河海」の所有主体を論じたものである。かつては「山野河海」に相当する「荒蕪地」は、後世の入会地やマルク共同体のアルメンデのような個々の村落の共有地として明瞭に区画づけられた共有地の形態をなしていたのではなく、個々の農家の排他的独占を許さないという点でのみ共有地であったとされ、「荒蕪地」の用益はすべて農家に無制限に許され、同時に国家の土地でもあったと考えられていた（石母田四一）。「山野河海」の所有主体は不明確なものと見なされていたわけであるが、近年では、国家は用益権を認めたにすぎず、所有を許容したわけではないとし、国家公権の公共統治の対象と見なす考えが次第に一般化しつつある（小林七五）。第四の潮流は、古代王権の「山野河海」支配を扱った研究である。ここでは、律令制以前の古代王権の統治理念として「食国之政」と並んで「山海之政」が存在したことなどが注目された。その統治理念を具現化するものとして、山部や海部の存在が重視された（吉村八八）。その後、律令制国家の成立以降、天皇の神格化に伴い「山海之政」は「食国之政」の包摂され、これを可視的に表現したものが「禁処」であるとする見解も現れたが（森田〇九）、これについては批判も寄せられている（北村一〇）。

環境史の対象としての「山野河海」　第五の潮流として、近年は「山野河海」を含めた大地（Erde）を「天与の倉庫」、富の対象とする暗黙の前提（マルクス『資本主義的生産に先行する諸形態』）、それ自体を問い、環境史の中で人間と「山野河海」との関わりを論じた研究が進められている。古墳時代に台地に営まれていた関東地方の集落が九世紀以降丘陵地域に移動した背景を大地震に求めるなど、天災や気候の温暖化などに注目する議論（宮瀧〇二）や、樹木伐採伝承の分析を通して、古代王権や律令国家による伐採に抵抗した人々の心性に迫る研究も現れている（北條〇三）。

（森田喜久男）

群臣《ぐんしん》

群臣とは何か　群臣とは、広義には「多くの臣下」を指す。しかし、『日本書紀』には大臣・大連のほかに重臣を意味する用語がないことから、関晃によって一般の豪族よりも地位の高い議政官的な存在が想定されて以来、狭義には六世紀以降にツカサのうえにあって統合的に政治を運営し、地方勢力の動きや海外情勢に対応して主要政策を決定するマヘツキミ層を指すようになった（関五九）。

群臣研究の流れ　初期の研究は、群臣の存在を確認することに主眼が置かれたため、彼らの職掌が問題とされた。まず関は『日本書紀』舒明即位前紀から朝政参議権と奏宣権を析出し、次いで原島礼二は同記事から即位承認権を、崇峻四年一一月壬午条などから軍隊統帥権を、いわゆる崇仏論争の経過から重要政策の審議決定権を導き出した（原島六〇）。即位承認権については、即位儀に群臣がレガリアを奉献する記事が『日本書紀』に散見することから、次代の大王は群臣が決定したとの見解が吉村武彦によって提示された（吉村八九）が、群臣のレガリア奉献は古代氏族の「仕奉」観念（吉村八六）にもとづき、大王の代替わりに際してなされた最初の仕奉行為にすぎないとの批判が佐藤長門によってなされている（佐藤九四）。

その後は成立時期や制度化の理由、群臣の範囲などに関心が移り、加藤謙吉は群臣合議を大和の在地型土豪の国政参政要求を満たす制度として六世紀前半に成立したが、冠位一二階の施行によって議政官としての甲種と敬称としての乙種に拡散したととらえた（加藤八六）。また倉本一宏は、王権分裂や対朝鮮関係の破綻という非常時のなかで、欽明王権側に結集した有力豪族を大臣の下に糾合することによって成立した権力集中の一環とみなし、合計一七氏族を群臣に認定した（倉本九一）。それに対して佐藤は、合議はトモ－べ集団の管轄権を有力階層（群臣）に委ねたため、王権全体の意思統一をはかる必要が生じたことなどから成立したもので、より高度なレヴェルで専制王権を確立しようとしていた倭王権による権力掌握の一形態であったとし、六世紀には蘇我・大伴・物部・阿倍・中臣・平群・巨勢・紀などの恒常的な群臣とともに、大王の寵臣も合議に参画していたと述べている（佐藤九六）。

研究の現状と課題　そもそも関が群臣（大夫）に着目したのは、畿内ブロックによる全国支配というテーゼ（畿内政権論）を立証する一環として、大化前後に群臣による貴族制的政体が存在していたことを明らかにするためであった（関七六）。しかし、合議に恒常的に関与できた群臣の数は意外に少なく（範囲の限定性）、それは冠位制などの外的要因によって比較的容易に変動する性質のもので（階層の流動性）、そこには大王側近などの寵臣も参加していた可能性が高く（構成の柔軟性）、その地位は無条件に世襲できるものではなかった（地位の一過性）という特徴が佐藤によって示されたことで、群臣合議を貴族勢力の牙城とみなすことはできなくなっている（佐藤九六）。今後はその点をふまえ、令制以前の群臣と律令貴族との関係を再検討していくべきであろう。

（佐藤長門）

大兄制・皇太子制《おおえせい・こうたいしせい》

大兄と王位継承　『日本書紀』等によれば、六世紀から七世紀にかけて「大兄」の称を持つ皇子が多数確認される。井上光貞は、大兄の特徴として、原則として天皇の長子であり、多くが後に天皇または太子となっていること、七世紀中葉にはその実例が見えなくなることを論じ、固有法的な長子相続原理による王位継承上の制度的な呼称とする見解を提示した（井上六四）。以後の研究で明らかになった基礎的事実としては、まず直木孝次郎により大兄の初見は井上が指摘した五世紀前半の「大兄去来穂別尊」（後の履中天皇）ではなく、六世紀前半の「勾大兄皇子」からと修正した。「大兄去来穂別尊」の「大兄」は、『古事記』では「大江之伊耶本和気命」と表記され、淀川河口付近の地名である「大江」とするのが妥当と論じた（直木六八）。さらに、井出久美子・荒木敏夫・田中嗣人らにより「大兄」の称は王族以外にも用いられたことが指摘された（井出七〇、荒木七〇・八五、田中七五）。その時期は、王族による使用例がなくなる七世紀後半以後に限定されているという批判もあるが（直木八〇）、大平聡が指摘する『北史』の例によれば、五〜六世紀の新羅にも大兄が存在し、古くは王族のみに用例が限定されるという議論は成立しにくい（大平八六）。

次に、議論の焦点となっているのは大兄が王位継承との関係でどのような存在であったのかという点である。代表的見解としては大兄が皇位継承にかかわる「制度的通称」と考える説（門脇六九・七七など）および単なる同母兄弟中の長子を示す通称にすぎないとする説に大きく二分される。前者は、同時期に大兄が一人しか存在しなかったか、複数存在したかについて議論が分かれ、後者も一般氏族における族長権の継承に関係する称号であるかどうかについては議論が分かれている。

皇子宮と大兄　皇子宮と大兄との関係をはじめて指摘したのは荒木敏夫（八五）である。大兄について「母を同じくする王族内の単位集団の代表」と定義し、王族内の有力な王位継承資格者が使用すると、長子の意味だけにはとどまらない「ヒツギノミコ」（皇太子制成立以前の王位継承にかかわる有力な王族、後の皇太子とは異なり一度に複数が存在しうる）としての内容が付加されるという重要な指摘をした。この単位集団の物質的基礎が皇子宮であり、皇子宮の経営主体として大兄の存在に注目した。有力な王位継承予定者として皇子宮を経営し、同時期に複数の大兄が存在する段階と、唯一の皇位継承予定者として東宮に居住する皇太子とは段階を異にしていることが明らかとなった。藤原宮段階の軽（珂瑠）皇子にはじめて東宮機構が付加されたことから、これ以降を皇太子段階とすることは近年ほぼ通説化している。

批判と展望　ただし、大兄を称する王族のみに共通して認められる、明確な性格を見出し難いとの批判もあり（篠川九二）、穴穂部や大海人ら大兄以外の王族（皇弟）が人格・資質において皇子宮の経営主体になった例を重視すれば（仁藤九三）、大兄の称号と宮の継承原理の関係については、さらに検討すべき課題が残されている。

（仁藤敦史）

天皇制・太上天皇制《てんのうせい・だいじょうてんのうせい》

院政と太上天皇　日本の歴史上において、譲位後の天皇である上皇（太上天皇）が政治的に大きな役割を果したとされるのは、平安時代後期以後で、一般には院政期と称される。院政は天皇が譲位後、院庁という機構を設けて、政治権力を集中する制度であり、白河上皇から、鳥羽・後白河に至る三代の院政をその典型とする。ところが、上皇と天皇という王権の二重構造はなにもこの時期に特有な体制ではなく、すでに七世紀後半の律令制成立期には構想されており、その初例は六九七（文武元）年から七〇二（大宝二）年まで行われた持統上皇と文武天皇の体制であった。以後も奈良時代には元明・元正・聖武・孝謙など次々と太上天皇が誕生している。

論争の前提　岸俊男は、元正太上天皇の「崩御」にともなう固関に着目し、当時の「皇権」の所在を問題とし（岸六五）、橋本義彦は「薬子の変」の首謀者を平城上皇と位置づけ、この変ののちに太上天皇の権力に一定の制限が加えられたとした（橋本八四）。また『皇室制度史料』太上天皇一（宮内庁書陵部七八）では、太上天皇の身位は天皇に準じるとの指摘がなされている。こうした問題提起を前提として、現在の研究の前提となる春名宏昭（九〇・九一・九三）、筧敏生（八八・九一・九二a・九四）、仁藤敦史（九〇・九六・〇五）、斉藤融（九二）らの見解が相次いで発表された。なお、一九九二年までの研究史については筧により整理されている（筧九二b）。

同等性をめぐる議論　太上天皇と天皇との地位関係について、春名は両者の地位・法的機能の同等性を主張し、筧は同等性を前提にしつつも、古代天皇制において、太上天皇は「不可欠の要素」ではなく「矛盾」であるとした。これに対して、斉藤は太上天皇は官僚制秩序の「埒外にある存在」で、天皇家内部の族長権をめぐる問題として理解されるとし、仁藤は単に天皇大権を掌握する人格を天皇以外にもう一人作り出すことではなく、高度な政策決定能力と安定的皇位継承という二律背反的な課題を遂行するために、両者の並立は権威（前代の大王的性格を継承する政治的首長の地位）と権力（統治権の総覧者）の相互補完のかたちで機能分担する過渡期的な体制と規定した。

律令規定をめぐる議論　律令規定との関係では、春名は天皇大権を掌握する人格を日本令はもう一人創出したと評価した。斉藤・筧は令文への記載が天皇と同じ権力を太上天皇に保証していないとし、仁藤は天皇の意思は、太政官・官僚組織を媒介に唯一の内印に象徴される公文書として示され、太上天皇は前代の大王のように口勅を前提に、これらに働きかけるという違いが存在したとする。

平安初期の変化　「薬子の変」を画期とする平安初期における太上天皇の地位の変化については、春名は分裂した天皇大権が一元化した時期としてとらえ、仁藤は、この事件で両者の同質化＝「二所朝廷」化が発生したため、変以後は上皇が形式的上位におかれたが、重祚を否定し、日常政務に介入しない原則が保たれたとする。これに対して筧は、太上天皇を「矛盾」とみる立場から、すべてをこの変に集約させず、両者の緊張関係としてとらえる。

（仁藤敦史）

女帝《じょてい》

歴史上の女帝と用語　正式に即位した女性の天皇は、古代が六世紀末から八世紀後半まで推古・皇極（斉明）・持統・元明・元正・孝謙（称徳）の八代六名、近世が明正と後桜町の二名である。飯豊青尊と神功皇后は、伝承の上で実質的な執政者の地位にあったとされる。皇位継承候補にあがった〝可能性としての女帝〟として、平安末の八条院暲子がいる。「女帝」とは、現代では、裏で権力を振るう女性を揶揄をこめていうが、古代においては「男帝」「女帝」として並称される史料用語であり、女性の権力者だけを特別視する呼称ではない。

中継ぎ説と巫女説　古代の女帝の研究は、中継ぎ説・巫女説として展開されてきた。喜田貞吉（一五）は、女帝の役割は先帝と後帝をつなぐ「中天皇」（ナカツスメラミコト）たる点にあり、先帝皇后が即位して太子の成長を待ったとした。折口信夫（四六）は、「ナカ」を神と天皇とをつなぐ仲介者と読み替え、巫女性を本質とする皇后が天皇不在時に表面に現れたのが「中天皇」＝女帝だとした。井上光貞（六四）は、先帝と後帝をつなぐ皇后の役割を、男系継承が困難だった時の「中継ぎ」として体系化した。以後、巫女説と中継ぎ説は、折衷されつつ、古い時代の巫女的な女帝から中継ぎとしての女帝へ、という形で通説の地位を占めるにいたる。いずれも、女性の統治者を、男性とは異なる特殊な能力を持つ例外的存在、とみる説である。

新しい研究動向　しかし、古代王権研究の進展によって、七世紀以前の父系直系継承は自明視できず、皇太子制の成立も七世紀末まで下がることが明らかになった。また、女性史研究は古代の各階層における女性の政治的・経済的力の大きさを解明した。これによって、新たな女帝研究が一九九〇年代末以降つぎつぎに現れる。荒木敏夫（九九）は、中国・朝鮮も含めて古代に女性権力者が出現する背景を考察し、義江明子（〇二）は巫女説と中継ぎ説のもつ近代の言説としての問題性を指摘して、女帝の出現と終焉を古代のジェンダー構造の中で解明した。仁藤敦史（〇三）は、七世紀末以前の男帝と女帝がおよそ四〇歳以上で即位していることを示し、性差ではなく年齢と資質こそが即位の条件であったことを明らかにした。これら近年の研究動向に共通するのは、性差を自明の前提とせず、各時代の王権構造を明らかにし、その歴史的変化の中に男女の王を位置づけようとする志向である。

今後の課題　女帝研究は、皇后論とも密接に関わる。平安期の国母／女院論、近代皇后論の成果も参照しつつ、女性統治者の歴史的変遷と言説のありようを明らかにしていくことが望まれる。近世の女帝についても同様である。その際、女帝をめぐる学問研究がつねに近代の天皇制のありようと密接に関わって展開してきたことを忘れてはならない。「中継ぎ説」の出発点は、明治の大日本帝国憲法と皇室典範の制定にある（小林九二）。折口の「巫女説」も、敗戦後の天皇人間宣言をうけて、それまでの自らの天皇現神説を否定する議論へと変質し、以後の天皇不執政論に道を開くものとなったのである（義江〇五）。

（義江明子）

貴族《きぞく》

貴族とは何か　貴族とは、名例律六議条に「貴を議《はか》る。謂《い》ふこころは、三位以上」とあるように、第一義的には正一位から従三位までの位階を有している官人を指す。ただし、名例律五位以上妾条の疏所見に「五位以上は、是れ通貴となす」とあり、戸令七出条義解説に「貴と称するは、皆三位以上に拠る。その五位以上は即ち通貴となす」とあることから、四位・五位の位階を有する官人も、三位以上に準じる扱いを受けていた。貴族と似た表現に「公卿」があるが、これは中国の三公九卿にならったもので、日本の場合は太政大臣・左大臣・右大臣を指す公（三公）と三位以上を指す卿（参議の場合は四位であっても卿にふくめる）をあわせた呼称である。

貴族研究の流れ　古代貴族の研究は、日本の律令制国家をどのように規定するかという問題と密接に関連して展開してきた。すなわち戦後の日本古代史学界では、律令制国家を天皇中心の専制君主制国家とみる見解と、畿内豪族中心の貴族共和制国家とみる見解とに分かれてするどく対立していたが、後者の根拠のひとつとなってきたのが「氏族均衡論」であった。これは、七〇二（大宝二）年に設置された参議に欠員が生じても必ずしも補充されなかった理由を、大宝令新官制に収容しきれなかった旧氏族を政治参加させるための便法とする竹内理三の考え（竹内五一）と、奈良時代初期には旧豪族は同一氏からひとりを議政官に送り、その者が死んだ場合には他氏に優先して後継者を議政官に送りえたとする阿部武彦の研究（阿部五四）が結びついたもので、畿内出身の有力貴族が太政官機構を権力基盤として古代国家を実質的に支配したとする見解の強力な裏づけとなっていた。

　これに対して一九八〇年代になると、「氏族均衡論」への批判的検討がなされるようになり、最初に参議に就任した五氏族のうち、大伴氏を除く四氏は八世紀を通して議政官を輩出しておらず、かつ藤原氏以外の伝統的な古代貴族は律令制の形成を契機として衰退過程に入ったとする長山泰孝の理解（長山八五）や、八世紀の議政官氏族二一氏のうち、一〇氏族は一度のみの任官で、残る一一氏族のなかでも同一氏族で議政官が連任されたのは三三例中九例にすぎないとする倉本一宏の見解（倉本八七）が出され、貴族勢力優位論の根拠がくずれることとなった。ただし長山・倉本らの「氏族衰退論」に対しても、藤原氏を除く伝統的氏族の一部は九世紀中葉に至るまで、断続的に議政官に就任し続けていることが指摘されており、少々一方的すぎるという批判がある（佐藤九九）。

研究の現状と展望　議政官組織を古代貴族の牙城ととらえることが誤りであることは、八世紀に同一氏族から議政官に重複任官した例が、藤原氏を除くと五例にすぎず、しかもそれらはすべて天皇および天皇家との特別な関係を有していたことからも明らかである（佐藤九九）。今後は古代貴族のなかで、なぜ藤原氏だけが優位に立ち、九世紀中葉以降も生き残ることができたのかという点や、九世紀以降に古代貴族はどのように変質していったのかという点などの解明が求められている。

（佐藤長門）

総領制・国司制《そうりょうせい・こくしせい》

総領制とは何か　総領制は、律令制的国司制度の確立以前の七世紀後半、中央政府から派遣された総領（惣領・総令）による地方支配制度のこと。史料上は東国と吉備・周防・伊予・筑紫の総領が知られる。七〇一（大宝元）年、大宝令施行によって総領は大宰府師を除いて廃止され、国を地方支配の最大単位とし、国ごとに国司を置く国司制が確立した。

総領制の研究と問題　総領制については、坂本太郎の国司統轄官説（坂本三八）、津田左右吉の国の長官説（津田四七）の先駆的研究があり、前者が通説的であるが、その設置目的（地方統治か、対外防衛か）や性格（主たるは行政か、軍事か）ほかさまざまな見解がある。総領に関する史料が孝徳朝の東国総領（『常陸国風土記』。『日本書紀』の「東国国司」と同じか否か）と天武朝以後の瀬戸内海沿岸とに大きく分かれることから両者を同質と捉えるか否か、全国的な制度とするか否か、吉備と筑紫は総領とも大宰とも表記されることから総領と大宰を同一視するか、別とするか、など錯綜している。研究史は、中西正和（八五）、中西康裕（八九）、森田悌（九一）を参照。

惣領制から国司制へ　地方官制を考えるには、派遣使者（御言持。ミコトモチ）ではなく、地方に滞在して住民と交渉を持ち、その地域の行政を担当した存在の初出を考慮しなければならない。この点から、『常陸国風土記』が語る東国総領は孝徳朝に在地豪族と建評の交渉をしているので、後の国司制につながる地方官と認定される（鐘江九三、渡部九八）。孝徳朝以後、順次行われた国の設置は総領の国を分割したもので、国には国宰（クニノミコトモチ）が置かれたが、総領－国宰の統括構造があった（大町七九）。また、六八三～八五（天武一二～一四）年に全国的に行われた国境画定事業の前後では国の意味に相違がある。それまでは人間集団である評を管轄する国宰の国であったが、国境画定事業によって領域的行政区画としての令制国が成立した。ただし、吉備総領下の吉備三国のように、総領の「国」が残った地域もあり、律令的国司制は大宝令施行により総領が廃止されて確立する（大町七九、鐘江九三、荒井〇九）。国宰は国司に改められ、財政権ほか社寺・訴訟・交通・軍事ほか国内支配のほとんどを統括する職務が『養老令』職員令に載る（黛六〇）。

出土木簡から　一九九八年に徳島市の観音寺遺跡から「板野　国守大夫」他と記された七世紀後半の木簡が出土した。「板野国守」が人名でなければ、当時の地方官を国宰、その長官を宰頭とする通説と齟齬する（森〇三）。同年、明日香村の飛鳥池遺跡から「丁丑年」（六七七年）銘木簡が、二〇〇二年には石神遺跡から「乙丑年」（六六五年）銘木簡が出土し、そこに国境画定事業を遡る「三野国」の表記があることが議論を呼んでいる。美濃国の特例とする理解、国造のクニとする理解、五十戸制木簡にも「尾治国」・「遠水海国」・「高志国」ほかの表記があることから令制国の成立を遡らせる理解がある（亀谷〇四、市一〇）。今後は、国司（国宰）の執務機関である国府（国宰所）の問題も絡め（山中九四、大橋〇九）、考古学成果との比較検討が必須である。

（荒井秀規）

評制・郡制《ひょうせい・ぐんせい》

評制・郡制とは何か　評は七世紀後半期の、郡は大宝令施行後の、国の下に置かれた地方行政単位で、それぞれ(国)－評－五十戸（飛鳥浄御原令では里）、国－郡－里（五十戸で構成。のちに郷）という構造である。

郡・評論争　評は、金石文や系図、また『皇太神宮儀式帳』の「難波朝天下立評」という一文に見えていたが、『日本書紀』では「郡」に統一されていたため、当初から国－郡－里が想定されていた。一九五一年、井上光貞が『日本書紀』の大化改新詔の用語は後世の大宝律令によって修飾されているとして、大化改新で置かれたのは郡ではなく評であると学会報告し、これを発端に、評制と郡制に関してさまざまな議論がかわされた。この郡評論争については野村忠夫がまとめている（野村七八）。

一九六七年、藤原宮跡から出土した木簡の記載「己亥年（六九九〔文武三〕）十月上挟国阿波評松里」が、七〇一（大宝元）年施行の大宝令によって評制から郡制へ移行したことを明らかにした。かくして古代国家の地方行政は孝徳朝に評制で始まり、評には長官として評督、次官として助督が置かれた。その下部組織は、七世紀木簡の整理・分析から、孝徳朝の立評以降六八一（天武一〇）年以前は、「五十戸」と表記される人間集団、六八三（天武一二）年以降は、それを「里」と表記するようになったという理解におさまった（吉川〇四、市一〇）。

評制施行の問題　評について、鎌田元一はそれ以前の国造の支配領域（クニ）を踏襲、あるいは分割・統合したものであるとしたが（鎌田七七）、山尾幸久、大町健は下部組織としての五十戸は人間集団であるから、領域支配の国造のクニがそのまま評へ転じることはないとした（山尾七七、大町七九）。考古学では、山中敏史が、郡（評）家遺構の出現を七世紀末とし、孝徳朝の立評から時期が下り、それ以前の評家と断絶があるため、「前期評」から「後期評」への変質があったと述べた（山中〇一）。この見解を踏まえると、七世紀後半は、五十戸から里への転換期であり、諸国の国境が画定された六八三〜六八五（天武一二〜一四）年がその画期となる。荒井秀規はここで評制は人間集団から領域区画を伴うものへと転じたとする（荒井〇九）が、評の人間集団と領域区画の問題は、議論の最中である（市一〇）。

評・郡制の研究課題　大宝令の施行により、評は郡へと表記を変え、大領・少領・主政・主帳の四等官が置かれた。郡は評の領域を踏襲・分割したものであるが、法隆寺旧蔵の幡の残片に墨書された「阿久奈弥評」（後の大和国平群郡飽波郷）のように、八世紀以降の郡につながらない評もある。狩野久はこの例をあげ、郡制の前身的性格だけが強調されてきた評制について、郡制と異質な側面を検討すべきとした（狩野八四）。評制木簡や評名を記す文字瓦の出土例の増加により、郡制下に里（郷）に転じるまたは消滅する小規模な評の存在がほかにも知られるようになり、評の実態、評から郡への移行が改めて検討されている。なお、郡家機構、郡司制度、郡司氏族などについては森公章の一連の研究に詳しい（森〇〇・〇九）。

（荒井秀規）

里制・郷里制・郷制《りせい・ごうりせい・ごうせい》

律令地方行政の最末端組織　大化改新の詔に、「凡て五十戸を里とす。里毎に長一人を置く」とある里は律令国家の地方行政組織の最末端単位である。ただし、改新の詔には後世の潤色がみられることから、この五十戸一里制の成立時期についても六四六年とは限らず諸説があった。ところが奈良県飛鳥京跡出土の「白髪ア《部》五十戸」木簡の発見や、近年、奈良県石神遺跡、飛鳥池遺跡の発掘調査で「五十戸」木簡が増加したことにより、庚寅年籍（六九〇〔持統四〕年）以前は五十戸と表記され、それ以降、里と表記されることが明らかになっている（市一〇）。この五十戸一里制の里は、七一五（霊亀元）年に里の呼称が郷と改められ、さらにその郷の下に「里」を置くように改編される。これが郷里制である。ところが、この郷里制も約二五年間存続しただけで、七三九（天平一一）年の末から翌年の初め頃にかけて郷の下の「里」は廃止され、郷制となる（岸五一）。

里は自然村落か　郷里制施行の理由や郷の下の「里」と自然村落との関係については、諸説がある。特に後者については、諸史料にみえる「村」との関係も含めて諸説がある。郷里制の里が自然村落であるとする説として、清水三男（七五）と和歌森太郎（四九）の説がある。一方、村と郷の下の「里」の性質の差異を認め、「里」は法的擬制とする説として、内田銀蔵（二一）、石母田正（四一）、さらに岸俊男（五一）の説などがある。

次に、施行理由については、清水三男は村落体のもつ力が大きかったため、五十戸一里制の施行後郷の下の「里」として復活したとした（清水七五）。岸俊男は、五十戸一里制の里が著しい人口の自然増加と耕地面積の拡大の結果、規模が拡大・膨張かつ複雑なものとなり、従来のような簡単な機構では律令制下の地方行政の機能を十分に果たしえなかったため、里内にもう一つの行政単位を置くことが必要になったとした（岸五一）。

郷里制の施行時期について　郷里制は『出雲国風土記』総記の霊亀元年式から同年に施行されたとする説が通説であった。ところが、一九八九年に「大倭国志癸上郡大神里」と書かれた計帳軸が平城京跡から出土し和銅八年の年紀がみられ、通説では郷里制が施行される七一五年（九月に霊亀に改元）の史料であることが問題となった。この計帳軸や霊亀元年前後の荷札木簡をもとに鎌田元一は、里制から郷里制への変化は七一七（霊亀三＝養老元年）年六月以降、翌七一八年四月の間のこととした（鎌田九一）。

郷里制廃止の理由と今後の課題　郷里制廃止の理由については、岸は七三一（天平三）年以来の連年の凶作飢饉による社会の疲弊・動揺から、橘諸兄政権が後退的・消極的な政策をとらざるをえなかったためとしたが（岸五七）、福原栄太郎は七三七（天平九）年の疫病流行による人口の大幅な減少が郷里制を廃止に追い込んだとした（福原〇〇）。

最後に二条大路木簡の荷札木簡には各国の郷里が多くみえ、これらの郷里の比定とともに郷里制の復元的研究もなされており（日野九〇、舘野九五）、木簡という新史料と従来の厖大な村落論の研究成果とのつき合わせが今後の課題となろう。

（亀谷弘明）

公田・公地制《こうでん・こうちせい》

公田・公地制の概念と体系　公田・公地制は、貴族・豪族から一般百姓に必要な土地（民要地）を確保することを目的として墾田永年私財法以後に始まった土地政策である。すべての土地・人民が国有とされるという意味の学術用語として設定された「公地公民制」とは異なり、「公地」という史料用語から立論されている。まず当概念の提唱者である吉村武彦の最近の論考によってその体系を整理してみる（吉村八一・九六）。

公田・公地は、百姓の生業に必要な土地（民要地）であり、口分田（公田）・園地・圃を中心とした百姓農桑地および山川藪沢の公私共利の地からなり、私財田・寺地・荘園などの私地とは区別される。墾田永年私財法によって口分田を公田とする概念が形成されてから成立した。公田・公地は公水とも関連し、公水には公功を加えた「加公功公水」と公私共利である自然河川の二種類がある。公田は、公功（国家による徴発）により開発され、公水（加公功公水）の灌漑によって維持されており、田図・田籍への記載により国家的土地所有下におかれる。公私共利の公地（山川藪沢）や公水（自然河川）には、貴族・豪族から百姓の利用を保護するという形で国家が関与する。これらは共同体的土地所有を基礎とする国家的土地所有を反映しており、「公」観念という社会意識にも対応しているとされる。

学説の形成と批判・展開　公田・公地制は、①民要地をすべて公地とした公地制の提起（吉村七二）、②国家的土地所有論の一環としての位置づけ（吉村七五）、③公地制を公田・公地制と修正して古代社会のなかでの体系化（吉村八一・九六）という形成過程をたどる。

公地制（吉村七二）への批判として、公地は公私共利の地であり口分田（公田）を含まないとするもの（俣野八四、金沢九二）、公水は全て公私共利とするもの（伊藤八一）がある。これらに依れば、公地・公水は公功による開発と直接関連づけられない。吉村説においても地と田を使い分ける必要から、公地制は厳密には公田・公地制とすべきと修正されたが（吉村八一・九六）、広義では公地制も認めており、上記の批判を受容していない。

公田・公地制は厳密な用語である反面、公地制と比べて論理的には曖昧になった点もあり、史料用語である民要地制とすべきとの案も示されている（小口〇二）。しかし、民要地制という用語で公地制のもつ論理を表現できるのかは問題である。

近年では公地・公水を公私共利とする説に基づき、公地は墾田永年私財法以降の私田・私地に対するものとする考え方が多く（丸山七八、金沢九二）、吉村説も公地の対語として私地をとらえるよう修正されている（吉村九六）。さらには公地制の成立過程について、大宝令以後を第一次、私財法以後を第二次の公地制という土地把握の段階とする見解も示されている（岩宮〇二）。

公田・公地制は史料用語である「公地」を国家的土地所有論の一環として体系化したものだが、多くの批判は吉村説への部分的な修正であり、発展的な議論は少ない。新たな論点の提示が求められているのが現状であろう。（服部一隆）

太政官制《だいじょうかんせい》

太政官制の概要と成立過程

　太政官制とは、日本古代において、太政官のもとに統合され、一個の支配装置として機能した官僚制的な官職機構の総体を称する（早川七二）。

　太政官は律令制の最高官庁であり、狭義の太政官（議政官《ぎせいかん》組織）、その指揮下にある少納言局（外記《げき》局）および左弁官《さべんかん》局・右弁官《うべんかん》局からなる。

　議政官組織は、大宝律令の官員令《かんいんりょう》および養老律令の職員令《しきいんりょう》に規定された太政大臣・左大臣・右大臣・大納言と、令《りょう》外《げ》の知太政官事《ちだいじょうかんじ》・内大臣・中納言・参議等によって構成される合議体である。

　少納言局は、少納言と大外記・少外記からなり、侍奉官として天皇と太政官を取り結ぶ役割を持つ。また左右弁官局は、左右それぞれ大・中・少弁と大史・少史から構成され、議政官組織と八省などの中央官庁および大宰府や国府など地方官庁を取り結ぶ事務官庁として機能した。八省は、中務省《なかつかさしょう》・式部省《しきぶしょう》・治部省《じぶしょう》・民部省《みんぶしょう》が左弁官局に、兵部省《ひょうぶしょう》・刑部《ぎょうぶ》省《しょう》・大蔵省《おおくらしょう》・宮内省《くないしょう》が右弁官局に属した。

　太政官制の成立過程については諸説があるが、おおよそ以下のように考えられる（早川七二）。太政官を構成する官職については、六七一（天智天皇一〇）年正月に、太政大臣・左大臣・右大臣・御《ぎょ》史大夫《したいふ》（律令制下の大納言に相当）がみえるのが初見である。しかし、この時期の官制は旧来の倭王権の組織と本質的に異ならないとみるのが一般的である。続く天武天皇時代には、天皇の専制権力が強力であり、太政官には大臣を置かず、倭《やまと》王権《おうけん》の有力豪族が任命された大臣《おおおみ》や大連《おおむらじ》・大夫《まえつきみ》を納言《なごん》として天皇に直属させ、八省の前身である六官を統括する大《だい》弁官《べんかん》が別に存在していた。その後、六八九（持統天皇三）年に頒布された飛鳥浄《あすかきよ》御原令《みはらりょう》制において両者が統合され、大宝律令制太政官の原形が成立した。

太政官制と律令国家の権力構造

　また、議政官組織の合議制が、大臣や大連・大夫からなる、六～七世紀以来の大夫合議制（群臣会議）の系譜を引き継ぐことは確かとしても、それがその伝統を温存して議政官組織に編成されたのか、天皇の下に律令制的に新たに編成されたのかについては見解が分かれる。これは、律令国家の権力構造をどのように理解するかという、畿内政権論と専制国家論それぞれの立場による論争と深く関わり、今日においても決着をみない（大町九一、古瀬九一、早川七六・八六、仁藤〇〇など）。

　唐制との組織比較や太政官奏の分析から、天皇（皇帝）と貴族勢力との権力関係の日唐比較も盛んに議論されてきた。近年においては、合議制の機能は天皇（皇帝）の意思決定を補完するものであるとされてきた（吉川八八、川尻〇一・〇二、加藤一〇）。ただし、合議制の形式を権力構造の実態と直結させて理解してよいのかどうかは、今一度、考え直す必要がある。

（酒井芳司）

官人制《かんじんせい》

官人の定義　官人制は、律令制の成立にともなって、七世紀後半から次第に形成され、七〇一〜〇二（大宝元〜二）年に施行された大宝律令によって制度的に完成する。官人とは、厳密には、諸官庁の長官・次官・判官《はんがん》・主典《さかん》（書記官）以上（幹部職員で「四等官《しとうかん》」と呼ばれる）や品官《ほんかん》（四等官系列に属さない専門性の高い職員）などを意味し、広義では、諸官庁の雑任《ぞうにん》（非常勤職員など）以上すべてを含む。ただし、直丁《じきちょう》などの一般民衆から徴発された力役負担者は含まない。

官人制の成立と原理　律令制以前、倭国《わこく》においては、倭国王《わこくおう》（大王《おおきみ》）を中心に支配階級たる中央・地方の豪族層が結集していた。この権力体を倭王権《やまとおうけん》（倭政権、大和朝廷、大和王権、大和政権、ヤマト王権、ヤマト政権など様々に表記される）と呼ぶ。豪族層は、世襲的な職務と地位をもって倭国王に代々仕えた。氏《うじ》の名が職務を象徴し、姓《かばね》が地位を表すもので、これを氏姓《しせい》制度と呼ぶ。このように、倭王権の組織は氏族制原理に貫かれていた。

六〇三年に制定された冠位一二階は、氏族制原理とは根本的に異なって、個々の人物を等級づけて、冠位を授ける制度であった。これが豪族層を律令官人へと編成していく端緒となり、六四五年に始まる大化改新をはさみ、幾度かの改訂を経て、大宝律令における正一位《しょういちい》から少初《しょうそ》位下《いのげ》におよぶ三〇階の官位制として完成する。

官人制は、官位制という天皇を頂点とする人格的な結集を一つの原理とし、これをもとに豪族層は官僚機構（官司《かんし》）に組織された。すなわち、官位相当制により、官人はその与えられた官位に相当する官職に任じられたのである。石母田正は、この二重の形態において支配階級たる豪族層が結集していることが日本の古代官僚制の特質であることを指摘した（石母田七三）。

官人制の仕組み　野村忠夫は、律令官人制の仕組みを詳細に解明した（野村六七・六九）。基本的に律令制以前の中央豪族（大夫《まえつきみ》、群臣《ぐんしん》などと呼ばれる）は五位以上の官人集団として再編成され、中央の中小豪族や地方豪族は六位以下に止められた。また、五位以上官人の子孫は、蔭位《おんい》制によって官人として出仕する最初から高い位階を与えられるようになっており、一方、六位以下官人の子孫が昇進を重ねても、五位に到達することは極めて困難であった。このように五位以上の官人集団が同一階層の氏族から再生産される仕組みになっていた。このように官位制は個々人に与えられる側面を持ちながら、従来の氏族制原理からまったく自由であるわけではなかった。

官人は、毎年の出勤日数と所属官庁での勤務成績の評定を積み重ねた結果、官位が昇進し、それに相当する官職に任官する。その官人が内官《ないかん》（中央官人と中央派遣の地方官人）であるか、外官《げかん》（地方官人）であるか、長上官《ちょうじょうかん》（常勤職員）か、番上官《ばんじょうかん》（非常勤職員）かで勤務評定を積算する期間が、四年から一〇年の範囲で異なり、中央豪族が任命されることが多い内官の長上官（内長上《ないちょうじょう》）が四年で、もっとも最短で昇進の機会に恵まれた。

（酒井芳司）

律令軍制《りつりょうぐんせい》

律令軍制とは何か　律令軍制とは、律令に定められた軍事規定を基調とする、古代国家の軍事制度を指す。大宝律令施行後の八世紀に実施された軍事制度を指す場合が多い。軍事制度は、臨時的戦時動員体制である軍制と常備的平時体制である兵制とに区分して考察すべきだが、現状では双方を含む総称もしくは区別なく使われている。

研究の展開　律令軍制は、中央の衛《え》府《ふ》制度と地方の軍団兵士制とに大別される。前者は京師防衛を主眼とし、その制度的特徴・変遷や政治史との関係性については、笹山晴生によって多くが明らかにされた（笹山八五）。また近年、衛府関係木簡が平城宮跡より多数出土しており、実態的研究のさらなる深化が期待される。

後者の軍団兵士制は律令軍制の根幹であり、大宝律令の施行によって成立したと考えられる。直木孝次郎は、軍団の設置目的を対内的要因、すなわち地方豪族の勢力を削ぎ、中央集権国家が国家的軍事力を再編成することに求めた（直木六〇）。その後、野田嶺志・橋本裕らによって、軍事兵士の上番システムや軍団の統括官である軍毅の性格、そして軍事教練のあり方など、様々な側面から研究が深められた（野田一〇、橋本九〇）。国際的契機を重視する傾向が学会の主流になると、新羅や唐との関係性といった対外的要因を主軸に据える学説が提示された。下向井龍彦は、律令軍制の本質を外征軍とみなし、新羅へ朝貢＝従属を強要する対外戦争のための「帝国主義」軍隊であると位置づけた（下向井八七）。これに対し松本政春は、新羅・唐との戦争を前提として構想されたとしつつも、外征軍ではなく対外的脅威から国土を防衛するための常備軍であるとみた（松本〇二）。一方、吉永匡史は壬申の乱の影響を重視し、対内的・対外的要因いずれかに限定せず、両者を止揚した支配体制内部の一機能としてとらえるべきとした（吉永〇七）。

戦時編成については、北啓太が律令制下の将軍号を分類した上で、節刀を同様に授与される遣唐使と比較しつつ出征将軍の検討を行い、その権能（刑罰権・褒賞権・徴兵権）を明らかにした（北九三）。そして中尾浩康は「寇賊《こうぞく》」の内実と戦時編成の分析から、対外的要因を偏重する研究状況を批判し、軍事力のあり方を固定的にとらえることに警鐘を鳴らしている（中尾一一）。また、対蝦夷政策の関係で軍事的緊張が継続していた陸奥・出羽両国の軍事体制は、鈴木拓也によってその全体像が描き出された（鈴木九八）。

展望　律令軍制の基本構造は擅興《せんこう》律《りつ》・軍防令《ぐんぼうりょう》・宮衛令《くえいりょう》・関市令《げんしりょう》・捕亡《ぶもう》令《りょう》などに規定されるが、日本の特質を明らかにするための唐律令との比較研究は全く不充分であり、今後の大きな課題である。また各篇目の個別検討だけではなく、その相互関係についても体系的な理解を提示する必要がある。さらに、軍事制度は官僚制・財政・公民支配・交通検察など多様な分野と密接に関わることから、軍事にとどまらない多角的な視点が求められる。律令軍制の性質を一義的に定義することは、かえってその本質を見誤りかねないと言えよう。（吉永匡史）

律令財政《りつりょうざいせい》

語義と研究史　律令財政とは、律令制に基づき、中央政権ならびに地方行政府（国府）が、その運営や維持に必要な財力を取得し、これを支出、管理する経済的諸活動を指す。先行研究は、個々の税目について検証したものから国家財政の構造について論じたものまで、内容も多様でかつ膨大である。また、研究の視点に対する問題提起もなされているが（石上七六）、全体的には、国家統治の実現に直結する財力の取得に関する成果が多い、という傾向にある。そこで、以下、対象を収入の取得手段に絞り、人民からの徴税、官司における財貨の運用、銭貨の発行、という三点に分けて述べる。

人民からの徴税　主な税目は租（田租）・調・庸・雑徭である。租は、田令では舂《つ》いて米にし京へ納入することとされたが、実際には非常時の備えとして各国の正倉に蓄積され、代わりに、畿内を除く近国および縁海の諸国から、正税《しょうぜい》出挙《すいこ》の利稲を脱穀した一定量の米が年料舂米として京へ送られ、諸司官人の常食料に充てられた。調は、賦役令によれば、繊維製品や鉄・鍬、塩、海産物などで、正丁（二一～六〇歳の男子）にはさらに染料や油脂などの産物が調副物《ちょうのそわりつもの》として課された。庸は、一〇日間の歳役に代わる徴収物で、賦役令では布とされたが、実際には米や塩などでも納められた。なお、京・畿内では調副物と庸が免除された。諸国から中央に送られた調物は、諸司に分配されるか、あるいは官人に禄物として支給された。また、庸物は、衛士《えじ》・仕丁などの大粮、および雇役民の雇直・食料に充てられた。雑徭は、年六〇日以内の労役で、賦役令雑徭条義解・集解諸説によれば各国における調庸以外の諸事とされるが、地方行政の実態に応じて内容は流動的に変化した（吉田八三）。

財貨の運用　各官司では、出挙などによって財源の利殖が図られた。中央官司では、七四四（天平一六）年に公廨《くがい》銭が設けられ、銭貨の出挙による利息収入を公用（延喜雑式によれば四等官と史生の所得）に充てた。このほか、官司内の下級官人に対する月借銭《げっしゃくせん》の貸付や官司外の人々に対する銭貨の出挙も行われた（鬼頭七七）。国府では、正税穎稲《えいとう》のほかに、七四五（天平一七）年に設けられた公廨稲の出挙も行った。公廨稲の利息収入は、官物の欠負《かんぷ》未納の補填と国儲《こくちょ》に充てた後、四等官と史生に配分した（早川六〇）。

銭貨の発行と律令財政の展開　国家活動の増大に伴う経費の膨張に対し、中央政権は七〇八（和銅元）年に和同開珎を発行して増収を模索した。銭貨は、蓄銭叙位令や官人俸禄の一部銭貨支給、調銭制の導入などにより畿内とその周辺地域に普及したが、流通量の増加や私鋳銭の盛行が原因となって実勢価値が下落すると、公定価値の切り下げなどの措置が取られ、次第に銭貨発行収入の確保は困難になっていった（栄原九四）。このようななかでも宮都の造営や蝦夷《えみし》征討などが推進されたため、地方財政は疲弊し、調庸物の違期・未進や麁悪《そあく》化が顕著になった。その結果、従来の収入取得手段が十分に機能しなくなり、九世紀以降、種々の財政改革が行われるに至った。

（小倉真紀子）

条里制・条里プラン《じょうりせい・じょうり――》

条里制と条里プラン　「条里制」は、条里地割と条里呼称からなる日本古代の土地表記方法を示す用語である。条里地割は一辺約一〇九m四方（一町）を単位とする方格地割であり、条里呼称は条里地割の所在を示す呼称である。近年まで、条里地割は平野部の多くに姿をとどめ、条里呼称も小字地名などに確認できた。

　条里制を明確に定義したのは明治期の堀田璋左右である。堀田は条里制を班田収授と密接に関わって成立した制度とした（堀田一九〇一）。堀田の指摘は、その後の研究において継承されていった。古代村落研究（米倉三二・六〇、直木六五ほか）や地割内部の長地型（六歩×三〇歩）と半折型（一二歩×三〇歩）地割の成立前後をめぐる議論（米倉三二・六〇、竹内四九、弥永六七ほか）などの条里制の起源に関わる研究もなされた。

　しかし、条里制は条里呼称の成立時期の点から修正・批判されることになる。岸俊男は条里呼称の史料上の初出時期や条里呼称を記載した班田図の整備時期から、条里呼称が班田収授法施行よりも遅れて成立したことを示した（岸五九）。金田章裕は、条里呼称が墾田永年私財法（七四三年施行）と関わり国ごとに順次成立したことを指摘し、班田収授法施行と密接に関わる条里制の用語にかわり、条里呼称と条里地割の両者あるいはそれが一体となった現実的もしくは現実にあるべき実体として「条里プラン」の用語を創出した（金田八五）。条里呼称の整備については、班田図と条里呼称との関係が注目され、班田図上における条里呼称の整備を想定する説などが示されている（伊藤八三、吉田〇四ほか）。

条里地割施工時期をめぐる議論

一方で、条里地割は古代国家成立を考える上で重要な指標とされた。石母田正は条里地割の施工時期を三つに分け古代国家成立段階を説明した（石母田七一）。大化改新以前のミヤケによって成立した第一層、大化改新から持統期にいたる国家的開発で成立した第二層、浄御原令施行以降の班田収授実施にともなう第三層である。とくに、第二層を班田収授実施の前提である国家的土地所有の成立契機として位置づけた。

　しかし、一九八〇年を前後して、現存条里地割の施工が平安期以降とする発掘事例が示され、これまでの条里地割の位置づけについては検証が必要となっている。奈良盆地の統一的な条里地割の施工やその契機をめぐっては、七世紀代（井上〇四ほか）、八世紀中頃以降（金田九三ほか）、一〇～一一世紀以降（寺沢九一ほか）などの諸説が出されている。また二〇〇五年には、平城京に南接する京南辺条里下層から平城京十条条坊地割が発掘された。条坊地割施工との前後関係を含めて条里地割施工に関する議論はさらに展開している（山川・佐藤〇九ほか）。

近年の研究動向　今日では、大宝田令の研究進展にともなって班田収授法自体の検討が行われ（服部〇七ほか）、古代日本における条里制や条里プランの位置づけそのものを再検証する必要が生じている。八世紀の国家による一町の方格網にもとづく土地の調査および把握を想定する研究（三河一〇）なども示されている。

（三河雅弘）

初期荘園《しょきしょうえん》

初期荘園の概念と研究の展開　「初期荘園」は、八・九世紀の貴族や寺社などによる土地領有の一形態を示す用語である。古代社会における初期荘園の位置づけは藤間生大によってなされた。藤間は、東大寺など大寺院の墾田を核とした土地領有を検討対象として、荘園内における奴隷制的な労働力の存在などを示した。さらに荘園形態の地域的な違いについては、労働力や成立背景、規模などの違いよって生じていたことなどを指摘した（藤間四七）。藤間の指摘は、その後の研究に大きな影響は与えた。初期荘園研究は、藤間説の批判や修正などを通じて展開していくことになる。

　岸俊男に代表されるように、荘園内の労働力については実証的な側面から研究が進み、公田賃租に類する形態であったことが示された（岸六六ほか）。さらに労働力の問題にくわえて、荘園の支配機構についても検討がなされた。支配機構は律令行政機構に依拠し成立したものであり、荘園経営自体が国家と密接に関わっていたことが示された（藤井八六、小口九九ほか）。

　荘園の内部構造に関する研究とあわせて法制史料の検討も進展した。なかでも、墾田永年私財法施行（七四三年）については、国家による墾田を含む土地支配の画期であったとの見解が出された（吉田八三ほか）。墾田を核とした初期荘園は、律令体制内において明確に位置づけられた存在であったことが示された。

　このほかに、在地首長制論（石母田七一）の観点から初期荘園の成立基盤を解明する研究がなされた（藤井八六、小口九九ほか）。考古学からは荘園遺跡の発掘報告が示されている（宇野〇一ほか）。また、一〇世紀における荘園整理令の検討や中世荘園との関わりについての検討など、多岐にわたる初期荘園に関する研究成果も示されている（丸山〇一ほか）。

古代日本の荘園史料と新たな研究動向　寺院による土地領有の実態を描いた古代荘園図と称される約三〇点の図が現存している。古代荘園図については近世期よりすでに検討がなされてきたが、戦後になると、記載情報の分析や現地調査などが本格的に実施されるようになった（米倉五七ほか）。その後、図の表現内容についての研究が進展した（服部八六、金田九三ほか）。また、東京大学史料編纂所編集による良質な写真図版が刊行され、多くの研究成果が示された（金田・石上・鎌田・栄原九六ほか）。

　一方で、これまでの古代日本における荘園のあり方についても再検討されるようになった。石上英一は八世紀以前からの大土地領有を含んだ古代荘園の存在を指摘し、それらを検討することで古代日本の土地制度や社会構造の研究をしていくことを提言している（石上九六ほか）。また、出土文字資料の研究が進み、貴族などの田だけではなく畠や野を含んだ多様な土地領有のあり方が明らかになりつつある。

　今日では、寺院の縁起資材帳をはじめとする関連史料や古代荘園図についての再検討がなされ、研究がさらに展開している。荘園の景観や経営、国家による荘園の把握などについての新たな研究成果も示されている（鷺森〇一・〇二、北村〇九、三河一〇ほか）。

（三河雅弘）

交易《こうえき／きょうやく》

語の読みと内容　交易とは、財貨を売買することであり、「交関《こうかん》」とも称された。三巻本『色葉字類抄《いろはじるいしょう》』の「ケウヤク」という音の表記から、平安時代には「きょうやく」と読まれていたことがわかるが、現在の古代史研究では、例えば「交易雑物《ぞうもつ》」「地子交易」などの語に含まれる「交易」は通常「こうえき」と読んでいる。なお、交易は本来等価物を交換する商行為であるが、調庸制の衰退に伴い交易制が拡大すると、代価に充てる諸国の正税が不足する事態に陥ったため、一〇世紀以降、中央政府の承認の下で無直《むじき》交易が行われるようになった（村井六五）。交易と称するものの、これには、国司が正当な代価を支払わず百姓から収奪して進上物を調達する行為も含まれていた。

　交易は、外国人（諸蕃）を相手とするものと、国内の売主と買主の間で行うものとに大きく分けられ、さらに国内の交易は、商品の販売経路によって、京の東西市を中心とするもの、交通の要所などに成立した地方の市を中心とするもの、遠隔地間で行うものに分けられる。また、売買の主体によって、官司・官人と私人の間で行う官交易と、私人間で行う私交易とに分けられる。代価の支払いには、稲米・布・綿などの物品貨幣や銭貨が用いられたが、貨幣の流通には地域差があり、銭貨は主に京・畿内、布は東日本、稲米や綿は西日本に普及した（三上〇五）。養老関市令の条文と義解によれば、市における商品の時価は市司が定期的に記録し、それを基に估価《こか》（沽価）と呼ばれる公定価格が決められた（諸国の市では国司が估価を管掌した）。估価は、官交易の売買価格として用いられた。また、諸蕃との交易については、官司に先立つ私人の取引が禁止された。

研究の視点　官交易は、中央の諸官司で必要な物資を調達するために行われた。賦役令土毛条・貢献物条には、各地の産物や金銀・珠玉などの貴重品、錦・羅・綾などの高級織物を諸国が郡稲（七三四〔天平六〕年の官稲混合以後は正税）で購入し中央に進上するよう定められている。また、延喜民部式には、毎年正税で購入し中央に進上すべき物品の種類と数量が「交易雑物」として国別に規定されている。この賦役令による交易進上物と延喜民部式の交易雑物については、賦役令土毛条・貢献物条の進上物を交易雑物の前身とする説（早川六五）と、双方を系譜の異なる制度と見て天平期には交易雑物制が成立していたとする説（中西八三）とがあるが、この点に関しては、中央財政における交易進上物の位置付け、特に、同じく中央財政に資した調庸物との関係がどうであったのか、という問題と合わせて検討する必要がある。

　中央・地方いずれの官司でも、財政の運用には官人による商行為が大きく関与した（吉田八三）。このような官交易が商業発展の一助となったことは確かであるが、一方で、王臣家・国司級官人・富豪層といった有勢者の需要に応じて行われた私交易の存在も重要である。古代における交易の特徴や発展の過程については、今後、国家財政とは直接関係しない私的な商品の生産・流通・消費も視野に入れた上で追究していくことが求められる（櫛木〇二）。

（小倉真紀子）

都城制《とじょうせい》

用語の確認　都城とは、主にアジアの前近代における、国家・政治権力の所在地＝都のことである。それに対して、都城制は、それらの都城に関するさまざまな制度、実態などを表す用語として用いられてきている。都城の源流は中国にあり、周辺各国では、中国の都城を模倣したり、意識したりしながら、それぞれの都城を形成していった。日本古代では、このような意味での都城は藤原京に始まり、平安京に至ると考えるのが有力であるが、それらについては都城とは呼称せずに、宮都と呼称する研究も少なからず存在する。宮都とは史料用語ではなく、研究上の造語で、「宮室・都城」の略語で、宮室とは天皇の居所＝宮のことであり、都城とは京＝条坊地域のことである（岸九〇）。なお、両者の複合体を宮都とするのであるから、大王の宮のみの段階（藤原京よりも前のもの）を宮都に含めることには研究上慎重であるべきと考えられる。

研究動向　都城が政治権力の所在地であることから、都城制の研究は戦前から現在に至るまで多く行われてきている。膨大なそれらの日本古代の都城制研究を整理してみると、個々の都城がどこに存在していたのかという〈位置論〉から始まり、それらの都城の中枢部や全体の構造を復元する〈構造論〉へと発展していった。

現在では、位置論についてはほぼ決着し、構造論も発掘調査の進展によりかなり明らかになってきている。そこで、近年では位置論・構造論にとどまらず、「復元された宮や京がどのような意味をもって造営され、機能してきたのか」という〈機能論〉、「多くの人が集まっている都市としての都城の持つ意味は何か」という〈都市論〉へと発展しつつある（浅野〇七）。

構造論・機能論と関わる近年の研究動向の一つとして、藤原京域の復元をめぐる研究がある。以前は、藤原京は古道に囲まれた南北縦長の京域復元説が通説だったが、近年では京域は正方形で、その中心に宮を配置するという『周礼』の都城を基にしたという説が有力化しつつある（小澤〇三）。

その他、平城宮の中枢部に存在する中央区・東区の大極殿・朝堂の位置づけ・展開などについても議論が行われてきている。

また、都市論に関しても、以前はマルクスの前近代アジア都市に関する記述から、日本古代の都城を都市とすることには否定的見解が強かったが（鬼頭七七）、マルクスの記述を前提とすることの問題性、現実に存在する都城のあり方などから、都城を都市的な場とする見解も多くなりつつある。

研究課題　都城は政治権力の所在地・中枢であることから、その権力の性格を反映している可能性が高く、前記の動向＝機能論・都市論の研究においても形態や生活の復元にとどまらずに、古代国家論、古代社会論の一環として研究を進めていくことが求められている。

（浅野　充）

個別経営《こべつけいえい》

概念の変遷と研究史　個別経営は、農業経営の基礎的単位を表わす経済的範疇のひとつ。その内容は、「生産手段の分散を前提とする独立の小生産者が自分の計算で労働するところの経営制度」を意味するマルクスの小経営生産様式（フランス語版『資本論』）との関係で、論者により解釈が異なる。小経営生産様式を自由な小土地所有だけでなく奴隷制・農奴制の段階にも認める栗原百寿説（栗原五五）を受けた河音能平（七一）は、摂関期の田堵経営を律令制村落崩壊後に成立する小経営＝個別経営と位置づけた。

一方、考古学では、近藤義郎（五九）が、弥生時代の住居址小グループを農業経営の単位集団＝世帯共同体とみなす学説を提起した。単位集団論をめぐっては、マルクスの提起した「農業共同体」論（『ヴェラ・ザスーリッチ宛手紙草稿』）に見える共同体所有下の耕地の私的占有段階にある経営体との関係で盛んに議論が交わされ、古代戸籍研究（門脇六〇）からも奈良時代農民の郷戸規模の経営体を「農業共同体」下の世帯共同体とみる学説が出された。こうした研究動向を受けて、弥生～奈良時代の共同体所有下の単位集団＝世帯共同体を小経営＝個別経営と表現する、河音説とは異なる認識が普及する。さらに石母田正（七一）が首長制論を提起すると、個別経営は「首長制の生産関係」の下にある民戸＝世帯共同体としての意味を持つようになった。灌漑・種稲分与等、郡司レベル首長層が行う「再生産への関与」により支えられた班田農民層の私的な経営体が個別経営と位置づけられたのである。石母田説の影響は大きく、吉田晶（八〇）は、それを批判的に継承し、郡司層ではなく村落首長層の「再生産への関与」の下、自らの計算で農業経営を営む郷戸規模の家父長的世帯共同体を個別経営として定式化した。個別経営概念は、吉田以外の古代史研究者にも積極的に使用されているが（鬼頭七九、大町八六、小口九五）、首長が代表する共同体的所有から私的所有に基づく自立を達成していない世帯共同体的経営を意味するという点は、吉田説とほぼ一致している。吉村武彦（七六）は、錯綜する個別経営概念を理論的に整理し、耕地の共同体的所有・協業段階の分散的経営を個別経営、その私的所有・経営段階の分散的経営を小経営として段階的に区分する学説を提唱している。

批判と展望　関口裕子（〇四）・義江明子（〇七）ら女性史研究者は、一〇世紀以前には母・子＋夫の流動的小家族があるのみで、家父長的世帯共同体＝個別経営は存在しないとみる。しかし個別経営非存在説は、家父長制の不在、宅地私有の未成立の論証に力点が置かれており、首長の「再生産関与」に支えられる私的な耕地占有・経営の実在は認められている。近年、三谷芳幸（〇九）は、国家が班田制により創出した複数小家族の人工的経営体を個別経営とみる説を提起し、家父長的世帯共同体説を前提としない個別経営論の可能性を模索している。小家族を含む実態的な耕地占有・経営と戸の口分田占有との関係をとらえ、共同体的協業段階の私的占有・経営という個別経営範疇を、理論・実証両面でより豊かにしていくことが求められている。

（田中禎昭）

農業共同体《のうぎょうきょうどうたい》

理論　農業共同体とは、一八八一年にマルクス「ヴェ・イ・ザスーリチ宛手紙草稿」により提起された、原始共同体内部に私的生産過程の端緒が現れはじめる過渡的共同体を表す範疇である。それは世界史に普遍的に見られる原始的社会構成最末期の共同体の型であり、①共同体の基本的紐帯が血縁から地縁に移行し、②森林・荒蕪地は共同体所有、③家屋と屋敷地（菜園）は私的所有、④耕地は共同体所有下の私的占有、すなわち共同体により定期的に割替えられ個別経営が営まれる段階にある共同体である。また⑤共有の要素、私有の要素の二重性を有し、歴史的環境の相違により、共有の要素が打ち克つとアジア的な専制国家・社会へ、私有の要素が打ち克つと古代ギリシャ・ローマ・ゲルマン国家にみられる民会の発達した私的社会へ至るという、世界史の「二つの道」を分岐する土台とされる。農業共同体論は、マルクスが依拠したマウラーの定期的割替説が成立しないため理論的基礎を喪失したとして有効性を否定する論者も多いが、今なおパラダイムとして使用可能とみる主張も根強くあり、評価が定まっていない。

原始・古代史研究への適用と課題

考古学では、小単位集団＝世帯共同体を規制する上位の地縁的共同体を農業共同体とみる近藤義郎説（五九・六二）以後、弥生中・後期以後にそれを措定する研究が輩出した（岡本六四、和島・田中六六、金井塚七二、広瀬〇七）。一方、古代史では、口分田の錯圃形態を農業共同体による土地割替えの遺制と見る学説（石母田四一）や、郷戸＝家父長制的世帯共同体を単位とする農業共同体が弥生中期から九世紀まで存在したとみる学説（門脇・甘粕六七）が提起された。一九七一年、石母田正は王・首長による専制に特徴付けられる「共同体の東洋的特殊性」を論じられないとして農業共同体概念を放棄し、マルクスのアジア的共同体論を土台にした首長制論を提起し（石母田七一）、その後、農業共同体の代わりに首長制的あるいはアジア的共同体概念を使用する研究が増えた。石母田以後も農業共同体概念は吉田晶（八〇）等により使用され続けたが、それは首長が共同体を代表するアジア的共同体の一類型とみる限りでは石母田と認識を共有する。一方、都出比呂志（八九）は原始的共有・共同労働から個別経営が後次的に成立するというマルクスの見通しを批判し、最古の原始社会以来個別経営が先行し、共同体的経営は農業の集団的協業の必要性から後次的に成立したと説く。それに対し寺沢薫（〇八a・b）は、都出は単位集団による園宅地の私有を耕地の私有にまで拡大解釈しており、耕地の原始的共有・共同労働の存在は確認も否定もされていないと批判している。また小林昌二（〇〇）は、七世紀以後の「村」に首長制に還元しきれない共同体の集団的主体性を見いだし、それを農業共同体とみる学説を提起している。古代の首長とアジア的国家に代表される専制的権力と「共同体成員相互の集団的諸関係」をいかに評価し、それが「共有と私有の固有の二元性」をもつとされる農業共同体の矛盾と関わるのか否かという問題は、今日においても国家形成史研究の大きな課題の一つであろう（田中九五）。

（田中禎昭）

神祇祭祀《じんぎさいし》

神祇祭祀とは　神祇とは古代の支配層が唐の律令制度を導入して国家の祭祀を制度化するにあたり、王権・国家によって祭られる神々を規定した法制用語である。したがって神祇祭祀は律令制祭祀とも称することができ、律令国家の国家祭祀、王権祭祀の総称であり、その中心は神祇令に規定された恒例祭祀および臨時の祭祀である。律令制祭祀の施行細則である神祇式には神祇令の祭祀に加えてさらに多くの祭祀を規定している。

神祇祭祀の研究動向　古代国家の形成過程における宗教、祭祀の重要性を戦後歴史学の中でいち早く論じた岡田精司は、記紀などにみえる地方豪族の食物奉献と天皇がそれを食する記事から王権の新嘗祭の中でおこなわれた大王と国造の支配服属関係を確認する「ニイナメ＝ヲスクニ」儀礼を析出し、ヤマト王権が国家的統合を進める重要な政治的行為とみた（岡田精七〇）。これを踏まえて石母田正、大津透は律令国家の税制の中心である調の貢納体制が、神に対する捧げ物意識（ニヘ・ミツギの貢納）に基づいて首長への貢納を行う祭祀慣習を基盤としていると説き、収奪のためのイデオロギーとしての祭祀の役割を明らかにした（石母田七一、大津九九）。ただしこうした国家形成期の王権祭祀や古代社会において一般的に普及していた村落祭祀や民間信仰と神祇祭祀は明確に区別され（井上八四）、西宮秀紀は古来の習俗的な祭祀形態を「カミマツリ」と総称し、神祇祭祀とは王権・国家のために特化された「カミマツリ」の一形態であり、在来の「カミマツリ」から神祇祭祀への質的転換は唐の祀令の枠組を導入して成立した神祇令によって達成されたとする（西宮〇六）。律令神祇祭祀体制は天皇と一体不可分である伊勢神宮を頂点とし末端に地域の官社を配して、天皇を頂点とした律令国家の支配を呪術的に補完するものであり（岡田精九一）、祭祀対象となる官社には常設社殿が設置された（丸山〇一）。官社には天皇が全国の神祇に稲作の豊穣を祈請する祈年祭に幣帛が班賜（班幣）されるが、西宮は幣帛が天皇の下賜物であるとともに神への奉り物であることから、幣帛を介した天皇の祭祀によって各地の農業の再生産が保障されるという観念に基づくことにより幣帛がイデオロギー支配の媒介物となると説く（西宮〇四）。このような神祇祭祀体制は神祇令の施行当初から実効性をもって機能したのではなく、八、九世紀を通じて深化し変容していくことが近年の研究で指摘されている。官社のリストである延喜神名式（神名帳）には二八六一社（三一三二座）が列記されているが、このうち令制施行当初からの官社はさほど多くなく、官社の数が増えるのは九世紀以降であるという（小倉九四）。伊勢神宮の祭祀にも八世紀後半に大きな転換があり、桓武朝には国家の宗廟として位置づけが確立し、斎宮の組織も整備されたが（榎村〇九）、それとともに八世紀後半以降天皇の母方の出身氏族の氏神が公的に祭られるようになる（岡田荘九四）。こうした八世紀末以降の神祇祭祀体制を法制化したものが神祇式であり、その内容はより唐の祀令に近いものになっていると榎村寛之は指摘する（榎村〇九）。（菊地照夫）

鎮護国家《ちんごこっか》

概念と国家仏教による理解

仏法の力によって国家を鎮め守護し、災禍や国難を除き、万民を安んぜんとするもの。七世紀後半の律令国家形成期以降、王権主導のもと護国経典にもとづく法会体制がととのえられていった。このような動きは、従来、国家仏教の展開として位置づけられてきた。井上光貞によれば、律令的国家仏教とは、⑴国家の寺院・僧尼に対する統制、⑵国家の仏教に対する保護育成、⑶仏教の呪力による国家繁栄の期待を指標とするもので（井上七一）、護国経典にもとづく法会は、その実践形態とみなされる。

国家仏教概念批判の視点から

近年、国家仏教概念の曖昧さが指摘されており（吉田九五、上川〇七、中林〇七）、護国法会を含めた鎮護国家の新たな意義づけが求められている研究段階にあるといえる。

護国法会の場合、六六〇（斉明天皇六）年の仁王会を初見とし、以後、『仁王般若経』『大般若経』『金剛般若経』等の般若部経典や『金光明経』『最勝王経』等の読経・講説による法会が催された。天皇や皇后の病気や叛乱・疫病などの国内的危機の沈静化、朝鮮半島情勢などの対外的要因に対する国威発揚、また宮城の清浄化などの目的に対しては般若部経典が用いられた。『金光明経』『最勝王経』は、懺悔滅罪思想を前提として国土人民の安寧を祈願するために用いられ、東大寺－諸国国分寺造営による寺院体制の整備につながっていった（中林〇七）。以上のような七世紀後半から八世紀にかけての鎮護国家の特徴は、王権によって主導されている点にある。

延暦期以降、年分度者の規定や諸国講読師制など得度や任用をめぐる制度的な整備が行われるが、そうしたなかで自宗の位置づけを獲得すべき条件下にあった最澄の天台宗や空海の真言宗は、それぞれの立場で積極的に鎮護国家の役割を果たすことを標榜し、王権と密接な関係を築くことによって体制内での地位を獲得していった。九世紀中葉以降には僧侶任用は、興福寺維摩会、薬師寺最勝会、宮中御斎会など論義会としての法会の整備ともリンクして行われるようになるが、このような法会の背景にも総体として鎮護国家思想が存在した。

九世紀以降になると、各寺院あるいは僧尼集団に対し社会編成上の問題によって、社会的な自立が求められていくようになる。寺院財政を保証していた国家的背景が衰退し、寺院と貴族の私的な結合が進み、僧侶の間で私財の所有とその相続が行われるような動きがみられるようになっていく（黒田八〇）のもそれとの関連で考えることができる。弘仁年間に成立した『日本霊異記』に王土思想がみられるのも、社会的な自立をもとめられた寺院や僧侶身分集団が王権との関係をあらためて表現したものと捉えることができる（堅田〇七）。

以上のように、従来、律令国家の解体期とされていた九世紀以降に、鎮護国家思想自体はさかんに語られる傾向にあり、その先に王法仏法思想の展開を見通すことができる。この点も国家仏教概念を相対化する一つの視点となろう。

（堅田　理）

祥瑞と災異《しょうずいとさいい》

祥瑞・災異とは何か　自然の異常現象を主に指す。天命思想・天人相関説に基づき、天が善政を嘉して顕したとされたのが祥瑞で、白色亀などの色素異常、木連理、無生物では慶雲などがある。逆に災異は悪政への警告とされ、災害や動植物の突然変異、天変や墓などの鳴動、不可解な歌謡や服装の流行も含まれた。災害・異変を神的意志の示現とする観念は普遍的に見られるが、中国では漢代の神秘的儒教で重視され、讖緯思想として体系化された。祥瑞・災異は徳治の天子の正統性を証明する反面、政府批判や革命の口実ともなる。よって中国歴代王朝は緯書等を取り締まった。日本では律令制に連動して天命思想が受容され、七～九世紀には祥瑞出現による改元が政権の正統性を演出したが、一〇世紀以降は災異改元が増え祥瑞の認定も慎重になった。ただ中国には祥瑞・災異に左右されるべきではないとする儒教合理主義もあり、同じく日本に影響を与えた。

これまでの研究　単発的な研究は戦前よりあるが、東野治之（六九）・福原栄太郎（七四）・村山修一（八一）らの業績を土台に、一九八〇年代以降に研究が進展した。祥瑞制度は東野・福原・重松明久・大隅清陽らが検討し、出典研究は水口幹記（〇五）が詳しい。律令天皇制の正統性と関わる天命思想の受容・変容は関晃（七七）を皮切りに、本位田菊士・松本卓哉・山下克明・早川庄八らが祥瑞・災異を素材に論じている。律令制当初の為政者は災異を天の警告とするが、九世紀には神霊の怒りと見て鎮謝で対処した。この天命思想の矮小化ないし日本化をどう段階的に理解・評価するかが論点となる。なお両事象を大隅（九三）らは唐令・唐礼継受の、福原・柄浩司・細井浩志（〇七）らは作為の観点から六国史編纂過程解明の素材とし、怪異・天変は占いと陰陽思想の観点より神道・陰陽道史研究の素材でもある。災害史では『日本災異志』『日本地震史料』『［古代・中世］地震・噴火史料データベース』等、天文年代学では『日本天文史料』等と史料収集が進んでいる。

用語の意味　最も詳密に定義する小坂真二（八〇）は、「災異」（不可解現象全般）―怪異（災異・祥瑞以外）・災異（災害）・祥瑞、さらに怪異を災怪（雲気・地震など災害的事象）・物怪（動植物の変異ほか）に分類し、怪異は凶兆、災異は凶応だとするが、論者により用語法は必ずしも一定しない。個別事象の認定は、祥瑞は治部省が判断し、『延喜式』治部省祥瑞条などを基準に大・上・中・下瑞に分類されたが合致しない例もあり、一〇世紀以降は公卿定が明法勘文などを参考に判定した。一方怪異は当初は神祇官、後に陰陽寮も加わり、軒廊御卜などで天皇病や兵乱等の災厄の前兆と判断された。なお天体現象は主に天文道が占い、通常の災異とは区別されることも多い。

今後の展望　二〇〇〇年代に入り陰陽道史研究・災害考古学が盛んとなり、東アジア恠異学会も発足した。今後、多角的な研究の進展が見込めよう。なお災異の思想的位置づけ、その攘災方法は中国でも問題で、中国思想の受容と変容の視点での、日中さらに朝鮮半島諸国との比較研究が引き続き期待される。

（細井浩志）

御霊信仰《ごりょうしんこう》

御霊信仰とは何か　『日本三代実録』貞観五年（八六三）五月二〇日条の神泉苑御霊会記事を明確な初見とする御霊への信仰。御霊は主に①政争に敗れた貴族、特に冤罪者の怨霊、②外から来る疫神という二つの性格を備え、怨霊慰撫による疫病鎮静を目的とする民間信仰としておそらく八世紀前半に発生し、やがて支配層にも浸透した。その背景は律令国家成立で、都城への集住と中央－地方間の往来の活発化で広範囲かつ多数の疫病罹患者が生まれ、また政治事件の噂も広がりやすくなったことが要因に想定される。ただし民衆は御霊を特定個人の霊とする観念が弱く、菅原道真霊のように疫病以上の災害をもたらす場合もあり、中世以降は個人霊だが怨霊でない御霊もあった。また祇園信仰や北野信仰は御霊信仰の影響下に成立し、祭神は積極的な利益祈願の対象となり、前者は蘇民将来信仰を取り込み牛頭天王・頗梨采女らを主神とする京都都市民の信仰としての性格を強め、牛頭天王は素戔嗚尊とも習合した。一方、後者は雷神＝農業神信仰との関わりが強いとされる。また日本各地では御霊会が、疫神・虫送り等の行事として展開した。

これまでの研究　死霊が害をなすとの観念が古く遡る点は、多くの研究者に共有される。戦前の肥後和男（＊三九）は首長の登場と同時に個人の観念が生じ、その延長上に個人の怨霊が発生すると見た。肥後は都市の発達で社会の上下階層が結合して「国民」が誕生し、為政者に反省を迫る政治意志の表明として御霊成立を評価する。戦後の研究の多くは肥後の問題意識を前提とする。研究の論点は多岐かつ相互に絡むが、第一には霊魂観念の展開とも関わる前述の御霊の諸性格である。第二は信仰発生の社会的背景で、長洋一（五七）・高取正男（＊五九）・河音能平（〇三）らは支配者による御霊会公認の背景に富豪層の台頭や古代村落の解体を想定し、菊池京子（＊六〇）は田堵層ついで受領層を支持基盤と見る。なお八～九世紀の政治過程との関係を重視する研究は、一九九〇年代より増えた。第三の論点は怨霊と疫神の融合の思想的前提と時期で、近年は七三七（天平九）年の疫瘡を起こした長屋王怨霊を最初と見る論者が多いが異論もある。また佐伯有清（五八）は両者の融合に漢神信仰（起源は項羽等の中国の疫神信仰か）の影響を想定した。第四は都市信仰の観点で、高取以下、菊池・井上満郎（＊七六）らが研究を進め、祇園信仰研究へと接続する。第五は仏教との関係で、延暦寺の祇園社支配とも関わり、浅香年木（七九）は御霊信仰の展開に天台教団の役割を想定した。また龍神・変化観音信仰の要素が取り込まれた経緯も課題であろう。第六は怨霊信仰としてのその後の展開で、崇徳院怨霊に関する山田雄司（〇一）の研究等が注目される。なお分散する既発表論文を集めた柴田實編（八四）の刊行が研究を進展させたが、これに漏れた論文でも注目すべきものは少なくない。

今後の展望　災害に直面した集団の心性である御霊信仰は多様な要素をもち、長い歴史を有し、文学・民俗学等の研究も多い。時期・地域・階層性を意識しつつ諸分野の成果を綜合することで、各論点の一層の深化が期待できよう。

（細井浩志）

神仏習合《しんぶつしゅうごう》

概念と研究史　奈良時代以降、神祇が仏教との関係のなかで位置づけられていく。その過程を表現する言葉が神仏習合である。戦後の研究は、戦前の辻善之助の研究を批判的に検討するかたちですすめられた。辻は、奈良時代前期に神仏習合の萌しが起こり、平安時代に本地垂迹説が形成され、鎌倉時代になると教理書の類ができるようになったとし、神が仏の世界に包摂されるかたちで直線的に習合が進んだとした（辻四四）。

その後、民俗学を含めた多様な研究が行われるとともに、中央神－地方神あるいは国家と民衆といった視点を導入し、政治的関係も含めた社会的背景との関連で神祇と仏教の関係が分析された。田村圓澄は、為政者によって護法善神とされた中央国家神と、民衆によって形成され神身離脱を願うにいたる地方民間神を区別して分析する必要性を説き（田村五四）、その後の研究の前提となった。

社会との関係において神仏習合の過程を分析したものとして、河音能平と義江彰夫の研究がある。河音は、神身離脱を願う神々と神宮寺建立の背景に、富豪層の私的経済活動の展開と班田農民との間の緊張関係、古代村落の解体を見出した。また御霊信仰についても、摂関期農村の支配に対する民衆の抵抗の表現とみるが、そのような御霊も密教思想を媒介として、新たな中世的神格とされたとみる。さらに本地垂迹思想については、荘・郷の鎮守社の神が、当時民衆の苦悩の救済者として信仰されていた仏菩薩の権現とされ、中世荘園公領制を支えるイデオロギーである王法仏法思想の一環として位置づけられたとした（河音七六）。

義江は、古代の神祇信仰を共同体祭祀のあり方を通じてより具体的に捉えた。郡司・村長の私的領主化が彼らの私有と支配の罪意識を生み、それが神身離脱の願いや神宮寺を生むもととなったとした。御霊信仰は、そのような地方の動きに圧迫をもたらす王権に対して、密教の世界から掣肘を加えるかたちで生じたが、王朝国家体制の成立にともない体制化されたとする（義江九二・九六）。

このような社会の変化に対応させて神仏習合の展開を捉える見方に対し、近年、吉田一彦が内在成立展開説であるとして批判を加えている。吉田は、日本の神仏習合は、中国の神仏融合思想の受容、導入という観点から、アジアにおける文化交流の歴史のなかで捉えるべきであるとして、インドや中国の思想が仏家の主導で持ち込まれた結果が神仏習合の諸現象であるとした津田左右吉説（四八）の再評価を試みている（吉田九六・〇五・〇六）。

今後の課題　吉田の指摘は、国境をこえた僧侶たちの交通、さらに国内での交通と社会へのリンクのありようを時代的な特徴とともに捉えることの必要性を示すものである。また社会についても、すべてを生産における関係に還元することなく、政治的な関係や宗教的秩序を含めて地域社会の権力的秩序を捉え直すべきであろう。黒田俊雄が説いた顕密体制論は、九世紀以降の宗教の密教化を説くものであるが（黒田七五）、神仏習合は、生活者の視点から宗教の密教化の具体相を捉えていく上での格好の素材である。

（堅田　理）

大宰府《だざいふ》

大宰府の成立　律令制下、国防と外交、西海道と呼ばれた九州地方の九国三島を統治した最大の地方官庁。通常は中央政府の太政官《だいじょうかん》が直接に国司を支配したが、西海道のみは太政官の指揮の下で大宰府が国司を支配した。

成立期から平安時代初期までの大宰府を詳細かつ全体的に論じたのは、倉住靖彦である（倉住八五）。大宰府の起源は、五三六（宣化天皇元）年、筑紫君磐井《つくしのきみいわい》の乱後の倭《やまと》王権《おうけん》による外交の一元的掌握のためと韓半島における戦争遂行の兵站基地として設置された、いわゆる那津官《なのつのみ》家《やけ》とされる。六〇九（推古天皇一七）年に大宰府の前身、筑紫大宰《つくしのおおみこともち》が初見する。これは遣隋使派遣による隋使来着の可能性をふまえ、外交と軍事を掌る役職として派遣された。那津官家を大宰府の起源とすることや七世紀前半の筑紫大宰の存否については、これを批判する八木充との間に論争がある（八木八三、倉住八五）。

六六三（天智天皇二）年、白村江《はくすきのえ》の敗戦後、唐・新羅による侵攻に備えるため、倭王権は防人《さきもり》と烽《とぶひ》の設置、水城《みずき》・大野《おおの》城《じょう》・基肄《きい》城《じょう》などの防衛施設を築造する。筑紫大宰はこれらを有機的に機能させるために軍事機能を強化され（八木八三）、博多湾岸から現在の福岡県太宰府市付近に移転したと考えられる。唐・新羅の侵攻の恐れが和らいだ天武天皇の時代以降は、新たに外国使節を饗応するため、筑《つく》紫大郡《しのおおごおり》、筑紫小郡《つくしのおごおり》、筑紫館《つくしのむろつみ》（後の鴻《こう》臚《ろ》館《かん》）などの客館が博多湾岸に整備され、筑紫大宰の外交機能が確立する（酒寄七九）。さらに六八九（持統天皇三）年に頒布された飛鳥浄御原令《あすかきよみはらりょう》により、九州各地から税として調庸物《ちょうようぶつ》を徴収する権限も確立する（平野六九）。

律令制下の大宰府　大宝・養老律令制では、帥《そち》、大《だい》・少《しょう》弐《に》、大《だい》・少《しょう》監《げん》、大《だい》・少典《しょうてん》の四等官以下五〇人の長上官（常勤職員）が規定される。帥は従三位相当で、このような高官を長官とする地方官庁はほかに例をみない。西海道諸国の調庸物は、他地域の諸国が京に貢進されるのと異なって、大宰府の府庫に納められた。これを大宰府管轄下の蔵司《くらつかさ》が管理して大宰府の財源にあて、残りの一部が京に送られた。

平安・鎌倉時代の大宰府　九世紀以降、郡司銓擬権の喪失や管内国司の受《ず》領《りょう》化と自立化の動きに対抗し、現地任用の下級官僚（一一世紀以降「府官《ふかん》」と呼ばれる）を指揮して、これを強制的に押さえ込み、また一〇世紀以降は西海道諸国について、税物の監査制度である公文《くもん》勘会《かんかい》の実質的権限を掌握して支配を強化していく（佐々木八四）。一二世紀には平清盛が大弐となり、やがて平氏は府官層と結び付いて、大宰府を拠点とするに至る。平氏滅亡後、源頼朝は、鎮西奉行《ちんぜいぶぎょう》として天野遠景《あまのとおかげ》を派遣し、これを武藤《むとう》資《すけ》頼《より》が引き継いで、その子孫が世襲した。鎮西奉行は府官層を支配下に収め、大宰府を掌握した。一二二六（嘉禄二）年、武藤資頼が大宰少弐に任ぜられ、以後、武藤氏は少弐氏を称し、その下で大宰府は鎮西奉行と一体化した（石井五八）。

（酒井芳司）

遣唐使・遣新羅使・遣渤海使《けんとうし・けんしらぎし・けんぼっかいし》

遣唐使・遣新羅使・遣渤海使とは何か　この三つの倭国・日本からの外交使節は、七世紀前半から一〇世紀初めにかけて唐（六一八〜九〇七年）・新羅（三五六〜九三五年）・渤海（六九八〜九二六年）にそれぞれ派遣された。

遣唐使は、六三〇（舒明天皇二）年に派遣したのを最初とし、八九四（寛平六）年に停止されるまで、およそ二〇回の任命のうち一六回が実際に渡海している。遣唐使の目的は、東アジアにおける政治外交上の交渉はもちろんのこと、唐の制度・文物を導入することにあり、留学生・学問僧などによる先進文化の摂取や書籍その他の文物の将来にあった（森六六、鈴木八五など）。

遣新羅使は、朝鮮半島が新羅によって統一されていた時期、六七五（天武天皇四）年の派遣を最初とし、七七九（宝亀一〇）年まで、合計二二回派遣されている。遣新羅使は、天武・持統朝の頃、日唐関係が途絶していた時期に大陸の文化・制度を導入・摂取する意味で重要な意義を有したが、その後は形式的なものとして慣例化してしまった（関五六）。

遣渤海使は、七二六（神亀五）年を最初とし、八一一（弘仁二）年まで、合計一三回の派遣が確認できる。遣渤海使は、渤海使を送る遣使（送使）として一〇回を数え、あくまで受動的な派遣であった（石井〇一、酒寄〇一など）。

遣唐使偏重史観の克服　戦前・戦後の日本古代の対外関係史研究は、遣唐使を重視し、新羅や渤海といった国々との外交関係は、数の上では日唐の交渉回数をはるかに超えるにもかかわらず、それらは日唐関係を中継・補完するにすぎないとみなしてきた（李九七）。しかし、一九八〇年代以降、日唐間に収斂しない多様な交流の実態を追究する研究が「東アジア」の名のもとに積極的に進められた（鈴木八五など）。特に渤海史研究は石井正敏（〇一）・酒寄雅志（〇一）・李成市（九七）・濱田耕策（〇〇）などにより、渤海国家の実態およびその周辺地域との交流関係が具体的に明らかにされている。

二〇〇四年一〇月、中国西安で「発見」が報道された日本の遣唐留学生の「井真成」墓誌（中国・西北大学歴史博物館所蔵）は、日中の研究者の関心を呼び、遣唐使研究の再検討をもたらすこととなった（専修大学・西北大学共同プロジェクト編〇五など）。ここにおいても日唐間の関係にとどまらず、新羅や渤海が派遣する遣唐使や唐代の周辺諸国出身者の墓誌にも注目が集められるなど、日本古代の対外関係はもはや日本と中国との二国間に限られるものではないことが明白となっている。

近年、「東部ユーラシア」という視点から日本やそれを含む「東アジア」の交流を考える研究があらわれはじめている（廣瀬一〇、山内一一、皆川一一など）。「東部ユーラシア」「東アジア」というとらえ方についてはなお検証が必要であるが、いずれにしても日本古代の対外関係史研究は遣唐使のみを重視するのではなく、ヒト・モノ・情報の多元的な交流・交通を視野に入れる段階となっている。

（皆川雅樹）

渡海制《とかいせい》

日本古代における海外渡航禁止の法令・制度。

唐律の規定　中国では国家の外交権は君主だけが有する大権とされ、君主の許可なく出国することは禁じられた。勅許などを得ずに不法に海外に出国し異国（蕃国《ばんこく》）に渡る者は律により処罰された。該当する唐律《とうりつ》は衛禁律《えごんりつ》越度縁辺関塞条で『唐律疏議《そぎ》』には「諸越度縁辺関塞者、徒二年、其化外人私相交易、若取与者、一尺、徒二年半、三疋、加一等、十五疋、加役流私与禁兵器者絞、共為婚姻者、流二千里、未入未成者、各減三等、即因使私有交易者、準盗論」とある。

　日本の現存律である養老《ようろう》衛禁律は前半が欠落しているが、残存している後半にも脱落している条文（逸条《いつじょう》）があると指摘したのは瀧川政次郎（六七）である。瀧川は、唐衛禁律越度縁辺関塞条の規定に該当する禁制が日本にあったのかを詳細に検討したうえで、これに相応する条文が養老衛禁律に存在したと結論づけた。瀧川が想定した古代日本の外国貿易に関する罰則にもとづく海外渡航禁止制度は、のちに『小右記《しょうゆうき》』に見える「渡海制」という語で呼ばれるようになる。しかし『小右記』には「投若異国朝制」「越渡異域禁制」などの語もあるので「渡海禁制」と呼ぶ場合もある。

　山内晋次（八八）も現存する養老律に逸条の可能性があるとし、唐衛禁律越度縁辺関塞条に相当する脱落条文を「凡越渡異域者、徒□年」と復原した。この規定をもとに「渡海禁制」が出されたが、「鎖国的」な延喜年間（九〇一～九二三）に制定されたのではないものの、一〇一九（寛仁三）年以前に成立していたことは確実とみた。

　これに対して榎本淳一（九一）は賊盗《ぞくとう》律《りつ》謀反条によるものとする。「渡海制」は律令制定以来存在していたが、唐物《からもの》（中・近世に珍重された中国製品）の輸入増大が日本国内における商工業の発達や商品流通の発展に影響を与え、貿易のために海外に渡航しようとする勢力を生み出した。一一世紀初頭になると中国商船が頻繁に往来するようになり、遣唐使以外に直接通行のなかった時代と異なって密出国が可能となったため「渡海制」が問題とされた。

　稲川やよい（九一）は、『小右記』寛仁三年八月三日条の大宰府解文《だざいふげぶみ》のみが「渡海制」を示す唯一の史料とする。「渡海制」は個人の私的渡海を禁止するものであり、私人身分の者（商人など）が渡海する場合には大宰府の発給する牒《ちょう》の類を携帯していればこの禁制に触れないと推測した。遣唐使の停止後、政府の外交権は「渡海制」の行使のみに限られ一二世紀半ばすぎまで生き続けたとみる。

　『参天台五台山記《さんてんだいごだいさんき》』の著者であり、大量の新訳経典を日本にもたらすことに尽力した成尋《じょうじん》（一〇一一～八一）は、密出国者の代表ともいうべき人物である。

（中野高行）

隼人《はやと》

隼人とは何か　隼人とは古代における南九州住人に対する国家側の呼称である。隼人は東北辺境の蝦夷と並んで、強大な古代国家に対して反乱を起こした「荒ぶる」民であり、共通する諸性格をもちながらも、東北の蝦夷とは異なる側面をもつ。隼人は記紀神話では天皇と祖先を同じくし、天皇の元日朝賀をはじめとする国家の大儀や天皇の行幸で、特異な楯や装束をつけ、吠声などさまざまな奉仕を強制された。

隼人の研究史　戦前の隼人研究は異民族論の観点から行われ、主として風俗・容貌・言語などが問題とされた。一九五〇年代までの部民・軍事制度の研究、儀礼研究、あるいは一九六〇年代までの墓制研究などが隼人についてすぐれた実証的成果を出しながらも、民族論に規定されていることによる限界性を内包していた。

隼人や蝦夷に関する民族論的視点を払拭し、歴史学的考察を豊かにしたのは、一九六〇年代の高橋富雄の辺境人論、石母田正の化外人・夷狄論である。高橋は隼人・蝦夷は異民族ではなく、倭人のうちの「辺境のまつろわぬ民」（＝辺境人）であったとした（高橋六二）。石母田は古代国家は「諸蕃」たる朝鮮諸国と、「夷狄」たる隼人・蝦夷を国家的支配の埒外にある化外人とし、これらの化外人の上に君臨することによって天皇は専制君主たりえたとし、このような体制を古代帝国主義としてとらえた（石母田六二）。

一九七〇年代における井上辰雄の隼人論は、この辺境人論と夷狄論にもとづいており、辺境人たる隼人支配の特殊性の基盤を隼人が夷狄とされたことに求め、律令制支配への編成という脈絡で隼人政策をとらえた（井上七五）。井上の研究を批判的に継承した中村明蔵は、焼畑農耕と狩猟を主要な生業とする、一般公民と異なる属性をもつ集団が隼人とされ、国家の中華思想を充足させる役割をはたしたとした（中村七七）。

一九八〇年代に石上英一は辺境人論と古代帝国主義論にもとづき、隼人・蝦夷の服属過程を論じ、両者を征討・支配する古代帝国主義は古代専制国家の存立基盤であったとするとともに（石上八四）、隼人・蝦夷は倭人との共通性を意図的に隠蔽し異質性を強調することで政治的に創出した擬似民族集団であるとした（石上八七）。

二〇〇〇年代に入り、永山修一は隼人＝「擬似民族集団」説を支持するとともに、八世紀の隼人は身分的に夷狄から羈縻州支配に変質していると説く（永山〇九）。また、鈴木拓也は、九世紀以降、大隅・薩摩両国隼人の上京制・朝貢制停止以後、今来隼人という両国隼人のうち抑留された一部の隼人と、八世紀以前に既に近畿に移住していた阿多・大隅隼人らが儀礼において夷狄の役割をはたし、矮小化されたかたちながら中華思想を充足する存在であったとする（鈴木〇七）。

今後の課題　隼人は夷狄ではなく百姓身分とする見解もあり（伊藤一一）、古代帝国主義・夷狄論との関係のさらなる解明が必要である。また、隼人＝擬似民族説に対しても、近代の概念の安易な適用を回避すべきとする見解もあり、史料・概念規定の再検討がのぞまれている（大町〇九）。

（伊藤　循）

蝦夷《えみし（えびす）》・俘囚《ふしゅう》

人間集団としての性格　蝦夷は日本古代の列島東北部に居住していた人々に対する呼称であり、ほぼ確実な史料として『日本書紀』敏達紀（六世紀末）からその存在が確認される。蝦夷の性格については、戦前からアイヌ民族との関係が論じられており、その一方日本文化の辺境地域の集団であるとする辺民説も出されたが、現在では北方のアイヌ民族につながる要素と、南方の日本列島人の要素の両方の要素を併せ持つ人間集団であるとする理解が強い。古代蝦夷の研究史は工藤雅樹（九八）の整理に詳しい。

日本古代国家と蝦夷　一九六〇年代以降高橋富雄ら東北古代史の研究者を中心として日本古代国家と蝦夷社会との関係が通時代的に論じられた（高橋六三）。一方、石母田正は日本古代国家の支配集団として「良人＝王民共同体」という概念を提唱し（石母田六三）、そこから対外的に排除された集団として夷狄（蝦夷・隼人）と諸蕃（新羅）が設定されたと論じた（石母田六二a）。夷狄である蝦夷は諸蕃とともに天皇の支配が及ばない「化外」の民であり、石母田はそれを日本型の中華世界秩序（東夷の「小帝国」構造）の構成要素として位置づけた（石母田六二b）。これにより蝦夷をめぐる議論は日本古代国家の支配理念のレベルにまで引き上げられることになる。石母田説を継承・発展させるものとしては石上英一（八七）が民族論・対外関係論など多角的な観点から蝦夷など列島周縁地域の人間集団の性格を論じ、吉村武彦（八四）も社会構成史の立場から蝦夷の身分的な地位をめぐる議論を展開している。これに対し蝦夷を「化外」民とみることはできないとする今泉隆雄（九四）の指摘や、日本古代国家は蝦夷社会に対し貢納制的な関係の維持・拡大を意図していたとする熊田亮介（〇三）の見解などもみられ、石母田が想定した蝦夷との関係やその位置付けをめぐっても議論がなされている。

俘囚について　蝦夷に対する日本古代国家の支配を考える上で重要なのが俘囚の存在である。俘囚は征夷などにより服属した蝦夷を指す用語として八世紀前半の神亀年間から記録に現れるが、蝦夷との違いに関しては(1)国家への服属度、(2)服属年代、(3)服属時の集団単位など諸説があり定見をみない。石母田は俘囚を夷狄である蝦夷と王民の中間的な身分であるとしたが、この場合伊藤循（八六）が論じるような俘囚からの身分上昇＝王民（百姓）化の有無を考える必要がある。また俘囚に対しては八世紀を中心に移配政策（内国への移住政策）が行われており、それに関連する対俘囚政策も多く出されていることから、政策面での俘囚研究も盛んである。

蝦夷の実体　古代国家によって設定された身分集団という蝦夷に対する評価とともに、考古学的な成果も取り入れて蝦夷社会の実体解明に取り組む作業も盛んである。ここでは渡嶋蝦夷、津軽蝦夷など史料に確認される蝦夷の地域集団と、続縄文文化、擦文文化、オホーツク文化といった東北北部から北海道地域に展開した文化との関係が、文献史学、考古学双方の立場から論じられている。最近の研究成果として鈴木靖民（九六）、蓑島栄紀（〇一）、熊谷公男（〇四）らの業績をあげておきたい。

（武廣亮平）

粛慎《みしはせ／あしはせ》

文献にみえる粛慎　粛慎は古代中国の文献に見られる集団であり、極遠の地に住む伝説的な民族と考えられてきた。『魏志』東夷伝では挹婁を粛慎の後裔とする記事が見られる。日本の史料では『日本書紀』の欽明紀から持統紀にかけて計七例の粛慎に関する記事が確認されるが、なかでも斉明紀の阿倍比羅夫の北征記事（七世紀後半）では、渡嶋蝦夷と対立する大陸的な要素の強い集団として描かれている。なお粛慎の読みについては「みしはせ」と「あしはせ」が知られているが、後述のように「あしはせ」が本来の読みではないかと思われる。

日本古代国家の粛慎観　室賀信夫（八三）は地理学の立場から、粛慎を具体的な集団ではなく日本の国土の北辺と大陸との地理的媒介者として捉えた。この視点を継承した熊田亮介（〇三）は、七世紀の粛慎に対する認識は中国史料にもとづくものと、大陸の北方の地という日本古代国家の認識が混在していたが、阿倍比羅夫の北征などで接触した渡嶋の集団とも重なって実体化し、八世紀にはそれが「蝦狄」という蝦夷と粛慎を包含する用語に変化するとした。

人間集団としての性格　『日本書紀』に登場する粛慎の性格については①大陸のツングース系民族説、②蝦夷説、③オホーツク海沿岸の民族説などがある。①は大陸で粛慎の後裔とされた挹婁や勿吉、靺鞨がツングース系民族であることにもとづいた戦前からの説であるが、中国史料が民族集団の実体をどこまで反映しているのかという問題が残る。なお若月義小（八五）も斉明紀の粛慎を大陸の靺鞨民族であるとして、その活動の背景に高句麗の滅亡による北東アジアの民族移動をあげている。②は津田左右吉（五〇）が論じたもので、粛慎とは中国風の雅名であり、本州最北部の蝦夷に対して用いられた独自の名称とする。しかし斉明紀は蝦夷と粛慎を明確に別の集団として認識しており、両者を同じものとみることは難しい。また③については、サハリン～道北・オホーツク海沿岸に展開したオホーツク文化集団にあてる研究が多い。

考古学的にみた粛慎　石附喜三男（八六）はオホーツク文化に先行する鈴谷式土器文化を担った集団が粛慎であるとした。天野哲也（七八）も列島北部からオホーツク海沿岸地域に展開した諸民族の動向を捉えるなかで、粛慎をオホーツク文化集団とみている。粛慎の活動拠点と思われる幣賂弁嶋（『日本書紀』斉明六年三月条）の候補地である奥尻島で近年オホーツク文化の遺跡（青苗砂丘遺跡）が確認されたことから、両者の関係が再び注目されている。

粛慎から靺鞨へ　八世紀になると粛慎にかわって靺鞨が史料に散見するようになる。津田左右吉が粛慎と靺鞨の連続性を指摘し、児島恭子（〇三）が正倉院文書に靺鞨を「あしはせ」と読む事例があることを明らかにしたことで、粛慎と靺鞨がともに「あしはせ」であり、七世紀までと八世紀でその表記が使い分けられているという解釈が支配的になった。ただ靺鞨の集団的実体についても、オホーツク文化集団とみなす説（蓑島〇一など）と、大陸の渤海国家であるとする説（酒寄〇一など）に見解が分かれる。

（武廣亮平）

南島《なんとう》

南島とは何か　南島は種子島以南の琉球列島の島嶼に対して、律令国家が中華思想にもとづき用いた総称である。一九七〇年代に国分直一は、当該島嶼部について〈種子島・屋久島〉を北部圏、〈奄美諸島、沖縄諸島〉を中部圏、先島諸島（宮古諸島・八重山諸島）を南部圏に区分して、その特徴を論じた。現在も基本的にはこの区分により、南島論が展開されている。北部圏はほぼ「本土」と同様の時代区分とされるのに対して、中・南部圏の時代区分はこれとは異なる（本書「南島貝塚文化」の項参照）。

研究史　従来、中部圏・南部圏は採取・漁労・狩猟段階の原始社会というのが共通認識であった。しかし、一九八〇年代後半以降、文献史学では『続日本紀』にみえる一〇〇〜二〇〇人におよぶ南島各地からの来航記事を根拠の出発点として、南島社会は代表者を送るほどの「階層社会」であるとする研究が主流を占めるようになった（安里・山里〇六）。

文献史学の立場で南島とヤマト王権・律令国家の関係を本格的にとりあげたのは鈴木靖民（八七）であり、これ以降対外関係論の枠組みで南島研究が進められる。推古朝期・舒明朝期の掖玖《やく》人（夜久・屋久）の来航にはじまり、天武朝期にはこれに加え多禰《たね》・阿麻弥（種子島・奄美）が来航する。鈴木や山里純一（九九）は、ヤマト王権はこれらの来航を帰化としてあつかい、中華思想や小帝国主義の基盤としたとする。また、風俗歌舞奏上儀礼のないことを重視し、律令制下の南島を夷狄とする説がある（伊藤九四、熊田九六、大平九七）。八世紀初頭に南島のうち多禰・掖玖には「多禰島」という律令国郡制が施行される。これについて、隼人との連繋を断ち南九州における国家の支配を強化するためという説、南島の内国化のためという説、南島交易圏の国家的掌握のためという説があるが決着していない。

律令制下の南島は天皇が臨御する朝貢儀礼に夷狄としてたびたび参列したが、七二七（神亀四）年以後朝庭儀礼への参列はみられなくなる。しかし、南島との関係を示す天平期の木簡が大宰府から出土していること、延喜式に遣唐使のための訳語や南島各地の島名・行程を記した牌の設置規定があること、貴族の威信材として南島産とみられる赤木・檳榔・ヤコウガイが珍重されたこと、中国貿易との関係で硫黄島の硫黄が重視されていたことなど、南島の存在価値は中世まで一貫して減じておらず、中世最大の島津荘も南島交易と密接な関連があるとされている（山里九九、永山一二）。ただし、南島は九世紀以降には「食人の国」と認識されているように、異域に変化している（村井八五）。

今後の課題　南島各地から天皇への朝貢（南島人にとっては交易だとされる）のもつ意味や、七二七（神亀四）年以後、南島人の儀礼参列がみえなくなる理由を究明しなければならない。『隋書』琉求伝は階層社会の実態を確実に示すものの、この琉求については沖縄説・台湾説があり、史料批判の徹底がのぞまれる。鑑真来日史料である『唐大和上東征伝』の解釈および遣唐使南島路の存否をめぐる議論も決着をみていない。（伊藤　循）

対偶婚《たいぐうこん》

語義　対偶とは、相対する一組の意味。一夫一婦婚（単婚）の前段階の、一組の男女によるゆるやかな結びつきの婚姻形態をさす学術用語。原始社会から文明への移行期にあらわれる婚姻形態とされる。

婚姻史の理論における概念と研究史　モルガンの『古代社会』における家族の普遍的発展段階説をうけて、エンゲルスは『家族・私有財産・国家の起源』において、原始的氏族共同体（共有）が解体して個別家族と私有財産の成立そして国家の形成にいたる過程を、群婚・集団婚（原始）から対偶婚（未開）を経て単婚（文明）へという婚姻形態の変化と関連づけて理論化した。その後の研究によって群婚／集団婚の存在は否定され、現在では、エンゲルスの「家族」概念の矛盾／混乱も様々に解明されている（明石九〇、江守八五、関口九三）。したがって婚姻史としては、対偶婚→単婚という婚姻形態の変化を、（共同体のもとでの）共有／占有→（個別家族による）私有という所有形態の変化、理論的・具体的な家族形態のあり方と関連づけて解明することが課題となる。日本古代史においては、一九八〇年代以降、八世紀以前における家父長制家族の一般的成立を疑問視する女性史研究と双系家族論の進展にともなって、対偶婚の理論と実態に焦点があてられることとなった。

日本古代の婚姻形態をめぐって　日本古代の史料にみえる「妻問」が、婚姻史の理論にいう対偶婚段階の婚姻にあたる（義江〇七）。関口裕子（九三）は、対偶婚を「本人同士の合意により気のむいた間だけ同棲する、離合の容易な婚姻であるとともに、当面の結婚相手の性の独占が未成立で、性は当面の結婚相手以外の他の異性にも閉ざされていない」形態、と定義する。そして、高群逸枝（五三）の婚姻史研究の成果を修正継承して、日本古代の社会は、所有形態としては共有下の男女個人所有（占有）の段階にあり、家族形態としては個別家族が経済単位化する以前（寝食をともにする生活共同体の段階）の非家父長制家族であって、婚姻形態としては、結婚・離婚の容易さ（婚姻の流動性）と姦通の未成立（排他的同棲の欠如）からみて対偶婚段階にある、と結論づけた。一〇世紀以降、姦通観念が成立し、娘の父による儀式婚（高群のいう純婿取婚）が始まって、単婚＝一夫一婦婚に移行していく、と見るのである。

また、双系家族論の立場にたつ明石一紀（九〇）は、弥生以降の古代家族は、単婚的な「夫婦家族」とはいえず、夫たる父が恒常的／永続的メンバーとなりにくい「妻と未婚の子供、そして夫」の対偶婚的形態だったとする。

今後の課題　関口の対偶婚説をめぐっては、古代社会の婚姻について離合の容易性を強調することへの疑問がだされている（寺内八六）他方で、離合の容易性や通いという形態だけを根拠に、中世社会についても「対偶婚」的とする見方もあるなど、対偶婚をめぐる理論的な理解の不十分さと混乱が見られる。個別家族による私有成立以前の、男女それぞれによる占有を経済的基礎とする、（それ故に）離合が容易で、夫による妻の性の独占が成立していない婚姻形態、としてとらえ直す必要があろう。（義江明子）

王土王民思想《おうどおうみんしそう》

王土王民思想とは何か　『詩経』小雅・北山にみえる「溥天之下莫非王土、率土之浜莫非王臣」という文章に象徴されるように、中国においてはあまねく天下にある土地と臣民は王のものである、という帝王の徳の広がりを示す意識があった。中華思想にもとづく国家の支配理念である。それが日本においていかなる受容および展開を見せたかについては、まず石井進（七〇）の研究が重視される。石井は保元の乱（一一五六年）の収束直後に発布された「保元新政七ヵ条」の第一条にある「九州の地は、一人の有なり、王命の外、何ぞ私意を施さん」などをもって、「王土思想が院政時代に入ってははじめて表面化し、国制を基礎づける理念として成長してきたことを物語る事実なのではなかろうか」とし、後白河親政が公地公民の回復を宣言する象徴的文言と位置づけた。これは主に「王土」に関わるものだが、「王民」においても『太平記』巻四にみえる「普天ノ下無非王土、卒土人無非王民」（流布本）などを重視することで、石井は王土王民思想を中世特有のものと主張した。石井論文の注には、戸田芳実によって『本朝文粋』天慶三年（九四〇）正月十一日官符に類似表現がある旨指摘を受けたが、「しかし八・九世紀頃の史料にこれと同様な表現のあることを知らない」と記されている。ここからも、石井による中世固有の思想という主張をうかがい知ることができる。

　その後河音能平（七六）が、中世的荘園公領制の支配イデオロギーとしての王土思想に注目し、「王法・仏法」「神仏習合」「御霊信仰」などとともに、中世社会を理解するための重要な思想として論じた。そのなかで河音は、石井が「知らない」とした九世紀の史料、『日本三代実録』貞観五年（八六三）九月六日条を紹介し、律令制的公地公民イデオロギーの解体過程を通じて中世的百姓身分が生成し、これを賦課対象とする一国平均役を根拠づける思想として、中世的王土思想が成立したとする議論を展開した。

展開と展望　石井説に追随する研究は続いたものの、村井（九五）により、日本における王土王民思想は中世固有のものとは言いがたいことが確認され、さらに、土地支配のみならず、アジア的世界における自己認識に関わる重要な思想とも位置づけられた。村井は、対新羅関係や怨霊問題という切り口で、日本の九世紀的転換を象徴するものとしての王土思想の変容を論じた。「王化」の外部＝「化外」あってこそ成立する王土王民思想、という村井の視点は、現在も共有されているといえよう。

　村井以降の展開として、王土に重点が置かれがちな研究状況のなか、王民に関して河内祥輔（〇一）が、中国における「王臣」という表現をそのまま受容せず、王民と置き換えた日本的受容のあり方を指摘した。また三谷芳幸（〇三）は、天武・持統期に日本の王土思想の格段の伸張があったと論じ、その成立背景の基点に触れている。近年の展開として、王土王民思想そのものではないが、河内春人（〇四）により日本古代における「天下」なる語・思想が論じられている。現在においても、古代・中世を通じた支配／非支配の論理解明が追究され続けている状況といえよう。

（高松百香）

公卿議定制《くぎょうぎじょうせい》

公卿議定とは　太政官議政官の公卿による国政審議。奈良時代の実態は明らかではない。平安時代以降は「定《さだめ》」といわれ、国政上の重要事項について天皇からの諮問に答えるため全公卿が参集して行うものと、行事上卿《しょうけい》が儀礼運営に必要な事項を定める日時定などがあった（大津九六）。いずれも天皇（幼帝の場合摂政）が決裁した。以下では前者について述べる。

一〇世紀以後の太政官を中心とした政務（土田七四、西本〇四）は、外記政・陣中文や行事所、別当制など多様な形態で処理され、それらを経て天皇の決裁が求められた事案について、天皇から公卿への諮問がなされた場合、公卿議定が開かれた。

最も多く開かれたのが紫宸殿東の陣座での陣定《じんのさだめ》（仗議《じょうぎ》）である。天皇の命を受けた上卿から外記を通じて全公卿が召集され、参集した公卿に天皇からの諮問事項が示される（摂政・関白は出席しない）。蔵人頭または蔵人から関連文書が下されたり（蔵人頭や蔵人は天皇と太政官とを取り次ぐのみで、議定には参加しない）、上卿が弁官局や外記局に調べさせた先例などが提出されることもあった。文書回覧の後、下位の公卿から意見を述べ、大弁を兼ねる参議が意見を分類・整理して定文《さだめぶみ》を作成する。意見の妥当性が議論されることはあったが、意見が分かれた場合一つにまとめることは求められず、複数の意見がそのまま記された。議定の後、上卿の確認を経た定文が天皇に奏上され、天皇は公卿の意見も参考に決裁を下し、その内容は太政官符・官宣旨で関係方面に下された。陣定では、諸国申請雑事や受領功過定など地方支配に関するものから、宋商人の滞在可否など外交まで広範な事案が議され、一一世紀半ば以降は激増する国衙荘園間・荘園間の訴訟（下向井八〇）や強訴への対応なども扱った。限られた事案について摂関も出席して開かれた天皇御前での御前定や、清涼殿殿上の間での殿上定などもあったが、院政開始後は、院の命令で開かれる院御所での議定が重要性を増した。

公卿議定の国政上の意義は、(1)天皇と公卿が国政上の重要事項について認識を共有する、(2)公卿にとっては、天皇の決裁に資する参考意見の提示という公卿のみの国制上の権能を発揮するとともに、見識が問われ、政務に練達した公卿の意見に学び自らを錬磨する（欠席する公卿がいたのは陣定が軽視されていたからではなく、その重責に堪えられないため）、(3)天皇にとっては、事案についての公卿層の意向を知るとともに、自らの決裁の参考意見を徴する、というところにあった。最終決裁は国制上の天皇の権能であったから、天皇は公卿の意見を参考にしつつも、それに拘束されるものではなかった（今九四、玉井九五）。

課題　公卿議定制については、摂関政治・院政の権力構造や王権論、中世公家政権への展開を視野に活発に論じられてきた（坂本九〇、美川八六、安原九三、下郡〇〇）。それらをふまえ、それぞれの時期の国家構造・支配構造との関連で、公卿議定の機能と意義を明らかにしていくことが必要であろう。　（今　正秀）

摂関政治《せっかんせいじ》

天皇元服以前は摂政が天皇大権を代行し、元服後の天皇は関白が輔佐する政治形態。九世紀後半から江戸時代末まで行われたが、一般には平安時代の院政開始までのそれをいう。

平安時代の摂関政治については、一九六〇年代に国政の中心は太政官にあったことが明らかにされ、摂関家政所《まんどころ》が国政の中心であったとする政所政治論は払拭された。八〇年代から九〇年代には太政官政務についての研究が進展し、摂関の職能やその成立過程が当該期の政治構造との関連で論じられるようになった。九〇年代以降は、当該期政治史が王権論の視角から見直されている。天皇・摂関とともに王権を構成する太上天皇・国母（母后）についても議論が深められてきた（今〇八）。

摂政の職掌は天皇の師範訓導と万機総摂という令制太政大臣のそれに由来するとされてきたが、摂政の最も日常的かつ重要な職掌は天皇に代わって政務を決裁することである。政務決裁は国制上天皇固有の権能であるから、摂政のそれも天皇大権に由来し、摂政制成立の意義は大権代行を臣下に委ねたことにある（今九七）。幼帝即位は直系皇統を維持するためで（神谷〇二）、天皇の政治的役割が減少した結果ではない。だからこそ大権を代行する摂政が必要とされ、摂政制成立で幼帝即位は常態化していった。

最初の摂政藤原良房については摂政の始期や終期につき議論があるが、八六六年の任摂政詔は応天門の変への対応を命じたもので（坂本太六四）、良房は八五八年清和天皇即位時から摂政の職を務め、八六四年天皇元服を期に摂政を辞しようとした。が、摂政を辞した良房の処遇という新たな問題が生じ、明確な結論が出されないままとなった（今〇九）。

関白は八八四年に前摂政藤原基経への優遇措置として始められ、復辟《ふくへき》した摂政は関白として遇されることとなった。従って、摂政経験者以外が関白になることはなかったが、九六七年藤原実頼が摂政を経ないで関白となって以降、天皇元服後の関白または内覧設置が常態化する。関白の職能は当初から大権代行までは含まず、摂政のそれと明確に区別されていた（坂上九三）。関白の天皇補佐は文書内覧に加え天皇の最終諮問に答えることでなされており、それは関白のみへの「一人諮問」であった（坂本賞九〇）。

関白の職能を担う内覧は、元来は大臣経験がない者が任じられた（山本七二）。一条天皇以後元服年齢が低下すると、復辟した摂政が准摂政とされた（詫間九四）。

天皇と摂関が母后を介して血縁で結ばれ、摂関と母后が后妃選定に関与して皇位継承を規定する。摂関政治のもとで天皇・摂関は恒例・臨時の公事の円滑な遂行を第一義とし、受領は負名からの収奪による公事用途調達で、諸司官人はその職責を果たしてそれを支えた。摂関政治の基底には王朝国家の政務・収取制度があった。皇位継承の主導権を院が掌握し、中世的諸関係の成立に対応した支配の再編が求められると、摂関政治はその役割を院政に譲り渡していった（下向井〇一）。

（今　正秀）

国風文化《こくふうぶんか》

「国風文化」とは平安中期、一〇世紀後半から一一世紀前半に花開いた貴族文化を指す用語として教科書などに採用され、人口に膾炙している観があるが、この用語が用いられたのは戦後になってからである。もちろん、明治以来の一国史的理解や戦時中の国粋的な風潮から、当該期の文化を文化の「日本」化や「和風」化、「国風」化として理解しようとしていたことは間違いないが、それを「国風文化」と呼んだことはない。

「国風文化」の採用　この用語を最初に用いたのは川崎庸之（五一）である。摂関政治に対する「停滞と退廃」という評価を批判し、古代から中世への移行という観点から捉えるべきだと主張した。これをさらに展開したのが石母田正（五五）である。そこでは、貴族文化の前進面を評価しつつも、民族文化という視点から、その克服の上にこそ「民族の生活と感情に根ざした文化」＝真の国風文化が成立すると説いた。この背景に、「民族の独立」という当時の政治的・思想的状況が反映していたことはいうまでもない。すなわち、「国風文化」は戦前までの「和風」「国風」という内容を継承しつつも、戦後の風潮のなかで民族文化という視点から再評価され定立されたのである。

民族文化としての国風文化論　この民族文化という視点を受け継ぎながらも、その文化の担い手を儒教的教養をもちつつも政治権力の中枢からしめだされた官人貴族層に求めたのが河音能平（六二・七〇）である。官人貴族層によって創造された「国風文化」が人民大衆に受け止められることによって、「単に宗教にかぎらず文学・芸術・思想・生活技術（とくに文字文化）など、すべての分野において一〇世紀「国風文化」が日本民族（フォルク）文化形成の上に果たした決定的な歴史的役割があった」と評価する。ここに、川崎・石母田以来の「国風文化」論の達成をみることができると思う。

新たな視点　その後、「国風文化」論を真正面から取り上げる研究はほとんどなかったが、新たな研究を準備する蓄積はあった。その一つが川口久雄（八三）の平安時代の漢文学に関する研究で、平安中期における漢文学の変質とその担い手が詳細に解明され、国風文化時代の漢文学の達成が明らかになった。一方、大隅和雄（六八）の研究を受けながら、小原仁（八七）は文人貴族の変質と「類聚」という方法を用いた彼らの学問的達成と彼らの学問形成の背景に「本朝意識」があることを具体的に解明した。

木村茂光（九七）は河音の視点を受け継ぎつつも、国風文化を支えている日本的知識を検討し、それを和風化された漢文学の教養や本朝意識などであることを主張した。また対外関係史研究の進展をうけて、国風文化と唐物（中国・朝鮮からの渡来物）との密接な関係を解明した研究も現れてきており（河添〇七など）、「国風文化」概念も大きな転機を迎えているといえる。

（木村茂光）

二十二社体制《にじゅうにしゃたいせい》

日本の中世において、朝廷が行った神祇祭祀の基幹をなす秩序。朝廷が特に崇敬した二十二の神社に対して、祈雨・祈年穀をはじめ、国家の大事にさいして臨時に朝廷より勅使が遣わされ、宣命を奏する奉幣などが行われた。二十二社とは、伊勢・石清水・賀茂・松尾・平野・稲荷・春日・大原野・大神・石上・大和・広瀬・龍田・住吉・日吉・梅宮・吉田・広田・祇園・北野・丹生・貴布禰の各社である。

古代祭祀秩序の変貌　律令制下で官社とされた三千余座の諸社への班幣が困難となるなか、九世紀初頭より新たな祭祀秩序の形成にむけた動きがはじまる。神主・祝が神祇官に参着し幣帛を受け取る班幣に代り、朝廷より諸社へ使いを発遣する奉幣が展開するのである。奉幣使が遣わされたのは、伊勢神宮、五畿七道諸国名神、特定諸社であり、九世紀中葉より、その対象は伊勢に加えて、平安京周辺の有力社と大和の古社、京・大和の水源の神である丹生・貴布禰に限定されていった。そして、一〇世紀初頭には、伊勢・石清水・賀茂・松尾・平野・稲荷・春日・大原野・大神・石上・大和・広瀬・龍田・住吉・丹生・貴布禰の十六社奉幣の形が整っていき、一〇世紀中葉に承平・天慶の乱が勃発すると、平定の祈願・報賽が盛んに行われ、十六社の枠組が定着した。一〇世紀末には、吉田、広田、北野、梅宮、祇園が加えられ二十一社となった。ここで加増された吉田社は藤原兼実の妻時姫の祖父山陰が創始した社で、梅宮社は藤原氏が是定を勤めた橘氏の氏神であった。また、藤原氏を祟る神であった天神菅原道真も、篤く敬うことで藤原氏を護持する神へと変貌していく。このように、兼家は自らと関わりの深い神社を国家祭祀の対象に加えることで、二十一社制を完成させた。そして、一一世紀末に、日吉社を加えて、二十二社の秩序が確立した（岡田八七・九二、上島〇一）。

中世神祇秩序の形成　十六社（二十二社）の成立と並行して、中世の神祇秩序の形成が進むことになる。その特徴として、古代の祭祀を担当した神祇官に代り、天皇が祭祀主催者としての性格を明確にすることが重要である（岡田九二）。二十二社には天皇より勅使が発遣され、その上位社には、天皇の代替わり時などには行幸が行われた。また、朝廷で事が起こると、伊勢神宮には公卿勅使が遣わされ、二十二社奉幣においては、各神社の地位に応じ、遣わされる勅使の人数や位階が異なっていた。つまり、伊勢・石清水・賀茂・松尾・平野・稲荷・春日・大原野等という二十二社の順序は、天皇からみた諸社の格付けを示し、神々の世界は伊勢神宮を頂点に序列化されていたのである。かかる秩序が中世における神々の世界を根底で支えたものといえる（上島一〇）。

室町幕府の協力のもと、二十二社奉幣は室町中期まで続いたが、幕府の衰退とともに、奉幣は行われなくなり、二十二社体制を基幹とする中世神祇秩序は崩壊した。

（上島　享）

受領層《ずりょうそう》

平安時代の地方官（受領）が貪欲な徴税と暴政で地方に混乱をもたらし、さらに任地に赴かない遙任が政治の紊乱をもたらしたとするのは、戦前の通説であった。

これに対し林屋辰三郎は、受領が京で活動する様を活写し、その文化的・社会的重要性を論じた（林屋四六a）。また林屋は院政の成立にも必然性があったとし、その一つに「摂関家に交代して政権を求めつつあった受領層」が院政を基盤としたと述べた（林屋四六b）。こうして受領の政治的・文化的な重要性を明らかにした林屋は、中世社会の端緒が摂関政治であり、その完成形態が武家政治であるという理解にもとづき、摂関政治と武家政治をつなぐ役割を受領層に求めた。そして受領層が摂関政治の隆盛期に成立し、徴税権を活用した在京での富裕な生活（奢侈）と、在地有力者と結んだ地方での勢力形成（武士団の形成）という二つの型を生み出したと論じたのである（林屋四九・五一）。

これに対し橋本義彦は、受領は文人から武士まで多様であって政治的・社会的立場も一様ではないことなどを指摘し、受領層という社会階層を設定することを批判した（橋本六八）。一方、吉川真司は、受領や家司・女房として上級貴族に奉仕する中下級貴族層を指し示すものとして受領層という概念が有効であると論じる（吉川九八）。また寺内浩は一〇・一一世紀における受領の補任状況を詳細に検討し、受領が中下級貴族層として共通性を持つのは一一世紀に限られることを指摘し、中下級貴族層をあえて受領層と呼ぶ必要はないと論じる（寺内〇七・〇八）。

受領とは一国の行政責任を担う国司のことであるが、徴税制度を強化し、地方政治を左右した受領の姿は、一〇世紀後半から一一世紀にかけて典型的に見られる（佐藤〇二）。受領に即して理解すれば橋本の批判や寺内の指摘は間違っていない。しかし林屋は中世社会の成立期を特徴付ける社会階層を受領層として抉出したのであり、その問題意識を継承すべきであろう。吉川は受領層の有効性を論じながら、同じ階層を「家司・女房層」とも呼んでいる。

中下級貴族層の多様性を前提としたうえで、それを受領層と表象することは、摂関期では有効である。中下級貴族層が、地方で富を獲得し有力者と結びつき、中央では上級貴族に奉仕するという形態は、一〇世紀後半から一二世紀の社会に共通する。しかし院政期に荘園制が成立すると中下級貴族層の多くは荘園の預所となり、家格の形成とともに貴族社会の構造も変化していく。受領層が院政期をも説明できるかどうかは検討の余地がある。

林屋の議論のうち、受領層が政権を左右したとする部分は妥当性を欠く。しかし林屋が受領の積極的な役割に注目し、平安京での諸活動を明らかにしたことは、都鄙間交通や辺境軍事貴族など多様な論点の先駆となり（戸田芳実七〇・七五）、一九八〇年代以降に進展する摂関期の研究に大きな示唆を与えた。（佐藤泰弘）

官司請負制《かんしうけおいせい》

官司請負制とは　「官司請負制」とは朝廷諸官司の運営について、一九八三年に佐藤進一が析出した特質である。佐藤は律令国家解体の後に「王朝国家」が成立し、一三・一四世紀の王朝権力はその展開形態であると指摘した。坂本賞三の「王朝国家体制論」に依拠するが、坂本が主に地方支配や土地制度の変化から一〇～一二世紀の王朝権力の性格を論じたのに対し、中央の政治機構・官制体系の変化、ことに蔵人所《くろうどところ》と検非違使庁《けびいしちょう》権限の伸長に注目する。佐藤の論は大きく以下の四点に集約される。

(1)律令制の太政官《だじょうかん》を頂点とする官司の統属関係が解体し、個々の官司が、あるいはそれ自体で、あるいは他官司と結びついて完結的な業務を行うこと、(2)その各官司がそれぞれ特定の氏族に請負われること、(3)官司の業務活動と収益（官司領・商業課役賦課権等）とが直接・不可分に結び合わされ、「職《しき》」を形成すること、(4)官司を天皇の専権に属するとする建武新政によって否定されたこと、である。こうした体制の成立を「王朝国家」と位置づける。特定の官職の家業化の進行は、これ以前からも橋本義彦（七六）等の指摘があった。そのなかで佐藤論は、家業化を職と家の関係として概念化し、官職機構そのものを直接の考察対象とした初の国家論であると評価され、以後の研究に大きな影響を与えた。

その後の研究と課題　中世朝廷の特質として広く認知された「官司請負制」であるが、その特質の顕れる時期、適用される官司の性格等は論者により異なる。

佐藤（八三）が検討対象としたのは、主に太政官弁官局《べんかんきょく》小槻氏、外記局《げききょく》中原氏等の下級官人である。鎌倉中期になると、これらの氏族は諸寮司の長官職も相伝する傾向がある。また専門技能官人（諸道）では医道の丹波・和気氏、明《みょう》経道《ぎょうどう》の清原・中原氏、陰陽道《おんみょうどう》・暦道《れきどう》の賀茂氏、陰陽道・天文道《てんもんどう》の安倍氏等の独占が指摘される。このうち小槻・清原・中原氏等では弁官・外記局における文書行政能力と「諸道」の学問知識、兼官諸寮司の運営能力の関係が指摘されてきた（中原〇五ほか）。だが近年その三者を一連の流れで捉えることを疑問視する意見もある（井上〇九、遠藤一一）。また室町期以降の中上級貴族の官司利権の争奪、さらに「官司」に限らず公家の「家業」一般、それに伴う地位の確保に敷衍されることもある。

他方、「官司請負」に対比されるものとして、修理職や内蔵寮等では遷代性（「非官司請負」）が指摘される（桜井八七、今九〇）。「官司請負」を文書行政官司・実務パートに特有のものとする指摘もある（市沢九二、本郷九八）。このような官司による性格の違いを今後明らかにする必要がある。ただし官司請負・非官司請負は、いずれも時代状況を反映した相対的な現象である点は注意を要する。また「官司請負制」論の中世国家機構全体における位置づけの必要性も指摘されている（村井八四ほか）。

さらに「官司請負」の存在について、佐藤は建武新政を画期とし、あわせて「王朝国家」の終焉を指摘する。しかし室町期や近世までの継続を前提とする議論もあり、その連続性・非連続性も今後検討する必要があろう。

（遠藤珠紀）

富豪層《ふごうそう》

富豪層は、奈良時代・平安時代初期における変革主体をとらえるため、富の形態に即して戸田芳実が提唱した中間層の呼称である。富豪層の実体は一般に土豪や在地有力者と呼ばれる階層である。富豪層は、律令体制により土地所有（不動産所有）が制約されるなか、稲穀などの動産所有を基盤として、営田と出挙により富を拡大していった。営田つまり直営田の経営では稲穀を営料として労働力を編成し、出挙では稲穀を一般の農民に高利で貸し付けた。富豪層の経営は農民の階層分解を促進し、納税請負により富豪層と一般農民の間に保護・従属関係が生まれた。律令体制の解体とともに富豪層の経営が土地所有を基盤としたものへと移行し、さらに下人の支配が加わることによって、中世の領主制が成立する。

富豪層論は戸田の二つの論文「平安初期の国衙と富豪層」および「中世成立期の所有と経営について」で定式化された（戸田五九・六〇）。しかし両論文には若干の違いがある。第一論文は、籍帳による支配から逸脱した浪人のなかに含まれた富豪層、つまり富豪浪人を取り上げる。富豪浪人は、在地に留住した国司や王臣子孫に由来することもあり、富豪経営の担い手が農民層に限らない広範な階層で発生したことを論じている。一方、第二論文は、班田農民（国家的土地所有のもとで口分田を与えられた農民層）が、富豪経営の展開とともに階層分解していくことを論じる。そこでの富豪層は有力農民層または郡司層であり、富豪経営も在地の経済関係に限られている。富豪浪人を論じた第一論文と、富豪経営の構造を論じた第二論文は、富豪層として想定される実体が異なることに注意したい。

両論文の違いは、戸田が後に発表する初期荘園や留住貴族という論点へ展開したと考えられる。戸田は院宮王臣家と結びついた富豪層が九世紀における初期荘園の展開を在地の側で支えたこと、国司の一族が任地に留住して都鄙を往来しながら荘園を経営したことを論じている（戸田六八・七五）。荘園経営は営田と出挙による富豪経営に重なっており、留住国司の活動は富豪浪人そのものである。

戸田の研究を批判的に継承した古代荘園や院宮王臣家の研究においても富豪層は重視されており（市九九、吉川〇二）、富豪層は平安初期の中間層を示す概念として定着した。しかし富豪層は、戸田の定式化を離れ、在地有力者という以上の意味を持たなくなっている。

戸田は富豪層を富の形態から経済史的に定義した。しかし富豪層の実体は、郡司のような伝統的な豪族や、郡雑任を務めるような地域の有力者が中心だろう。富豪層は、富を蓄積するとともに、地域における一定の政治的・社会的地位を保持し、都鄙間・地域間の交通への回路を持った階層として理解するのがよいのではないだろうか。富の蓄積は、そのような政治性・社会性と表裏の関係にあるからである。富豪経営による階層分解という図式も、再検討すべきであろう。

なお富豪層論が前提とする古代国家は一九六〇年代までの古代専制国家論である。一九七〇年代以降における在地首長制論では、坂上康俊の負名体制（坂上八五）に見られるように、移行期の中間層論も異なってくる。

（佐藤泰弘）

中世移行期論争《ちゅうせいいこうきろんそう》

峰岸純夫の整理　日本の古代社会から中世社会への移行をめぐっては、奴隷制生産様式から封建制生産様式への移行という構成体論を機軸にしつつも、その移行の時期の問題をともないながら議論されてきた、戦後歴史学の重要な課題の一つである。そのため、戦後何度か出版された歴史講座などでもそのつど整理されてきているので（永原八五・〇三など）、詳細はそれらを参照していただくことにし、ここではその一つである峰岸純夫の論考に基づきながら（峰岸七五）、論争の基本的な流れと論点を紹介することにしたい。

まず、峰岸が整理した中世社会の構造をめぐる諸説を紹介しよう。

①封建制（農奴制）説
- (a)領主制説
  - (イ)奴隷→農奴進化説……石母田正
    松本新八郎
    永原慶二
  - (ロ)「小経営生産様式」の農奴制分解説……戸田芳実
    河音能平
    工藤敬一
    大山喬平
- (b)非領主制説……………黒田俊雄

②家父長制的奴隷制説（班田農民の奴隷制分解）
- (a)総体的奴隷制からの移行……………安良城盛昭
- (b)アジア的生産様式からの移行……………塩沢君夫

③国家的奴隷制（解体過程）……………原秀三郎
芝原拓自

④シンクレテイック（混沌とした）社会……………山口啓二

これらの諸説の中でも、中世社会への移行の時期について強い影響を与え議論されてきた、①-a-イ・①-a-ロ・①-b・②-a、の四つの説を紹介しよう。

石母田・松本・永原説　この説は戦後まもなく主流を占めた学説で、石母田の『古代末期政治史序説』（五六）や松本『中世社会の研究』（五六）・永原『中世封建制成立過程の研究』（六一）らに所収された論文によって提起された。もちろん三者一様ではないが、その特徴を整理すると、古代律令制＝総体的奴隷制の解体の中から私営田経営ないし名田経営を媒介として、奴隷→農奴への進化を基本コースとする考えで、律令制の解体の中から出てきた郡司・有力郷戸主層が領主化し、この領主（在地領主）層を封建制成立の担い手として重視し、古代権力（貴族・寺社などの荘園領主層）と対決させる。そして、日本における封建制の成立を治承寿永の内乱＝鎌倉幕府の成立を第一段階として最終的には南北朝・室町幕府に確立を求めている。なお、その後永原は、後述の戸田らの説を受けて、班田農民の奴隷を通過しない農奴化を「過渡的経営体」として理論化している（永原六〇）。

安良城説　上記の学説の名田経営論を批判的に検討して提起された学説である。石母田らが名田の錯圃性を強調するの対して、そこに非散在性と非零細性を認め、これを家父長的奴隷制に適合的な経営構造だと評価する。安良城は律令制社会を支配階級－奴婢と国家－公民という二つの階級関係の相互規定に基づく総体的奴隷制社会と理解し、その後の荘園制社会では名主が下人・所従を所有する家父長的奴隷主でありながら、他方では荘園領主の支配下にあって年貢負担者であるという二重の階級関係が一般的に存在することをもって、荘園制社会を家父長的奴隷制社会と規定した（安良城五四・八四・九五など）。そして、日本封建制社会は太閤検地を経過した幕藩制社会において成立すると評価した。この学説は中世移行期論争だけでなく「太閤検地論争」の発端になった戦後歴史学の記念碑的学説である。

戸田・河音・工藤・大山説　これは、石母田・松本・永原説を批判的に継承しつつ安良城説の克服を目指して、戸田『日本領主制成立史の研究』（六七）、河音『中世封建制成立史論』（七一）、工藤『荘園制社会の基本構造』（〇二）、大山『日本中世農村史の研究』（七八）に所収された論文によって提起された学説である。この学説の特徴は、先の二学説が奴隷から農奴への進化を基本としていることを批判し、栗原百寿の研究（六九）に依拠した小経営生産様式論をもとに、班田農民の階層分解によって農奴主階級と農奴・封建的隷属民が誕生し、それが封建的な階級関係を形成するという、道筋を提起した点にある。彼らはこの理解をもとに、中世社会の成立を院政期にまで遡らせた。また、在地領主制展開の基盤を宅地＝屋敷に求め（＝宅の論理）（戸田六三）、領主制的土地所有を実現する実際的な機能を「勧農」に求める（大山六一）など、領主制の構造的な理解を進化させたことも重要である。

黒田説と峰岸説　石母田らの説、戸田らの説がともに在地領主制を機軸に中世社会の成立を論じていたのに対して、黒田は、律令公民の分解によって生まれた百姓の生産力を中世社会成立の要因として評価しようとした（黒田六七・七四）。このことから「非領主制説」と呼ばれる。したがって、在地領主制にもとづく在地領主－下人・在家の生産関係は副次的な位置となり、それに代わって、律令制国家の収奪体系を分割し荘園制的土地所有を成立させて、なし崩し的に封建領主に転成していく貴族・寺社層＝荘園領主と百姓との関係が主要な階級関係と評価される。この階級関係は黒田が中世国家の体制的特質として提示した権門体制（黒田六三）と適合し、中世社会の成立は権門体制の成立する院政期と評価される。

これら諸説を整理した峰岸は、在地領主を中軸に貴族・寺社を含む全領主階級と中世的百姓との間に基本的な階級関係を求め、在地領主－下人・主従は副次的なウクラードと考え、その体制的成立は治承寿永の内乱、鎌倉幕府の成立だと評価している（峰岸七五）。

まとめ　以上のように、中世移行期論争は戦後の中世史研究の重要なテーマであったが、七〇年代後半以降、ほとんど議論されることがなくなった。もちろん、理論だけの議論が積極的な意味をもたないことは承知しているが、一方で、時代区分論が日本史の構造的な理解をする上で欠かすことのできない作業であることも明らかである。八〇年代以降の成果を踏まえ、新たな論争が起こることを期待したい。

（木村茂光）

南北朝封建革命説《なんぼくちょうほうけんかくめいせつ》

南北朝封建革命説の提起　一九四七年、松本新八郎は論文「南北朝内乱の諸前提」（四七）を発表した。この論文は、新しい歴史教科書『くにのあゆみ』における建武新政・南北朝内乱の記述が、戦前と同じく天皇中心の史観に基づいていることを批判するために執筆された。当初の意図は、『くにのあゆみ』における人物の毀誉褒貶を、足利尊氏の研究を通じて批判することにあったようだが、論文の大半は内乱を戦うことになる三つの勢力（公家、武家、名主・小農らの革命勢力）が内乱以前にどのような状況に置かれていたのかを、その複雑な関係を含めて分析するのに費やされた。続いて翌年これを補うように、尊氏の行動分析を含む内乱の展開過程を論じた「南北朝の内乱」（松本四八）が発表された。一般に南北朝封建革命説とは、これらの論文で提起された、南北朝内乱を経て家父長制的経営の家内奴隷制が解体され、広汎に農奴が展開する純粋な封建制が成立するという見解を指す。松本の見解によれば、封建制成立の動きは大きく分けて二つの地点から始まるという。一つは鎌倉幕府が基礎とした惣領制の変質、今一つは畿内荘園における独立自営農民の成長である。

惣領制の解体　松本は惣領制を、基本的には封建的な性格でありながらも家内奴隷制と氏族制的遺制といった古代的な性格を色濃く持つと規定した。この点で鎌倉幕府の成立は不完全な封建革命であったとする。そして、かかる性格を持つ惣領制は次のような過程を経て変質していったとする。まず、鎌倉期を通じて所領を分散的に拡大した御家人が所領を維持するために、庶子の自立を許さざるをえなくなる。庶子は新たな任地を支配するために、相伝してきた奴婢・雑人を解放し家臣とする。こうして、血縁的紐帯の有効性が失われ、惣領から離れた庶子がそれぞれの在地において独立した支配を展開するようになり、公家政権と幕府が基盤とする荘園制を掘り崩す。その結果惣領制は幕府に対する対立物となる。松本はかかる在地武士の団結組織が、地方分権的な封建制度の萌芽たる「党」であったとする。さらに彼らがモンゴル戦で疲弊すると、その負担は農民に転嫁され、高利貸への依存を高めることになり、幕府の徳政令は一層彼らの間の矛盾を深化させることになる。松本は、以上の経過を経て、幕府に抵抗する御家人、高利貸、農民など雑多な要素を含む「一揆」が結成されたと指摘した。

畿内荘園における「惣」と商業資本の形成　では一方の畿内荘園はどうか。論文発表当時、荘園制は古代的な土地制度とされていた。松本は基本的にはこの考え方に立ちながらも、平安末期の畿内荘園には広汎に封建的自営農民が存在しており、彼らは二つのルートで成長していったとする。第一は、名主－作人関係の形成である。畿内荘園は古代以来、耕地が分散しており、そこに形成される名主－作人関係も一人の作人が複数の名主と関係を持つなど、分散的にならざるをえない。このような地域では、用水の協同的配分や山林の入会関係の調整等、名主と作人が共同する村落的秩序の形成が不可欠であった。松本は、以上のような経過をたどることで、古代村落の遺制の上に「革命勢力」となる「惣」が形成されるとした。第二は、自営農民の成長である。彼らは農業の集約化を通じて生産力を向上させ、荘園の市場で余剰生産物を商品化し、専門的家内手工業の生産を高めていった。そして、その成果をつかみ取った名主たちは、農民の生産した商品を広い視野と投機的見通しを持って売りさばいた。松本は自営農民の成長の基礎が、彼らの存在を許し、荘園市場を保護する荘園領主＝公家政権であったとし、彼らは公家政権と密接な関係を持ち、彼らが自らの商業上の利益を守るために作り出した「腕力組織」（松本は商人とその「腕力組織」を史料上に現れる「甲乙人」とする。また、「商業資本家的な地主的勢力（新興武士）」と規定することもある）は公家政権の足場を強化することになり、それが後醍醐天皇に「野心」を植え付ける一つの条件をなしたと考えた。

三つの勢力論・松本説の特色　以上を前提とし、松本は内乱は三つの勢力によって引き起こされたとする。公家、武家、そして畿内に典型的に発展した名主層である。このうち、第三の勢力が「革命」の担い手とされる。前述のように、名主層は村落の共同体秩序を固めつつあったが、「思いがけない同調者」を得ることができた。その第一は、惣領制の解体と鎌倉後期の矛盾のなかから生まれてくる「一揆」、第二は畿内で成長した商業資本を代表する勢力である。このうち後者は、公家政権が保証する商業網に乗って、惣領制が展開する遠隔地に奢侈的な商品を届けるとともに、全国的な革命を組織していくという、指導者的な役割を果たしたことが強調される。以上の松本の所説には二つの大きな特色がある。一つは評価の二面性である。古代的な荘園制の上には広汎な自営農の存在、封建的な惣領制のなかには多くの家内奴隷の存在をそれぞれ想定し、その二面性のなかに歴史の原動力を見出している。今一つは、「革命」が〈中心－周縁〉の関係で進行することである。前述のように、松本説は「革命」の第三勢力は畿内から商業網に乗って遠隔地へと広がり、「革命」が組織されるという枠組みを持っている。

革命説の意義　その後、南北朝期に古代から中世への転換を見るいわば狭義の南北朝封建革命説は、安良城盛昭の太閤検地論（安良城五三）や、平安末期に農奴制成立の画期を求める戸田芳実（六七）らの新領主制論の発表により、存立の根拠を失った。しかし、その後も南北朝期を村落秩序や農業生産が大きく変化する画期と見る研究（小泉七五）や、この時期に民族史的転換を見る網野善彦の研究などが積み重ねられた（網野七〇）。これらを松本説の上に立つ成果と見ることもできるであろう。一方、松本説の政治過程論も、今日的な水準からすれば誤りや論理の強引さが目立ち、ほとんど顧みられることはない。しかし、さまざまな勢力の置かれた環境とその相互関係をトータルに把握しようとする姿勢は、終戦直後の歴史学研究の息吹を伝えるとともに、今もって鮮烈な政治史叙述である。経済史としてだけではなく、すぐれて政治のダイナミズムを追求した学説として、南北朝封建革命説は受けとめられるべきであろう。

（市沢　哲）

中世王権論争《ちゅうせいおうけんろんそう》

王権という言葉　「王権」という言葉がたとえば「天皇」と等値であるならば、ことさらにこの言葉を使う必要はない。しかし「天皇」を称する者が常に王権を掌握していたわけではなく、また逆に王権を掌握した者が必ず「天皇」を称したわけでもない。そこに「王権」という語が用いられる理由がある。天皇以外の誰が王権を掌握していたのかというと、上皇や将軍が想定され、天皇・上皇・将軍が並存している状況において王権はどこに帰属していたのかという問題が立てられる。「王権」という言葉は「天皇」「上皇」「将軍」などに比して抽象度のより高い概念である。日本社会に限定せず、様々な社会に共通する原初的な本質を論じる場合に、「王権」という言葉が適当だということになる。かつて山口昌男がトマス・ハーディの小説『キャスターブリッジの町長』を題材として論じた（山口六九）のも、そのような王権の象徴性を扱ったものである。

王権の所在をめぐって　佐藤進一は一九六三年に発表した「室町幕府論」に「王権の完成」と題する節を設けている（佐藤六三）が、ここで王権の主体として論じられているのは室町幕府の首長である。佐藤の所説の前提となっているのは、鎌倉幕府が成立した後は、幕府の首長が王権の主体であるという見解である。朝廷の首長はかつて王権の主体であったが、幕府の成立により、朝廷は幕府にとって代わられることになる。朝廷から幕府への交代は長期を要したけれども、足利義満の時期についにそれが完成する。そのような見解は佐藤の「室町幕府論」以前にすでに通説であり、「室町幕府論」はそれを前提に、幕府権力による朝廷権力の接収過程を具体的に論じたものであった。

今谷明は、佐藤の論に至る通説を踏まえて、義満による王権簒奪計画を論じており（今谷九〇）、本郷和人は武門の覇者を王権として論じている（本郷〇四）。

ところが佐藤「室町幕府論」とほぼ同時に発表された黒田俊雄の「中世の国家と天皇」は、それまでの通説をくつがえすものであった（黒田六三）。黒田は朝廷が幕府にとって代わられる存在であるとは考えない。朝廷と幕府の両方によって中世国家が構成されると考える。より詳しく言うと、公家・寺家・武家の類型に大別される諸権門がそれぞれの職能的役割を果たしながら相互に補完し合って全体として一つの国家を形成するという論であり、このような国家体制を黒田は「権門体制」と命名した。黒田は権門体制の頂点に君臨するのを天皇とし、天皇が王権の主体であるとするが、その根拠をつきつめると、天皇が「先帝」「新帝」「皇帝」「主上」などの名前で呼ばれているからということになる（黒田八七）。国家統治の主導権を掌握した者が王権の主体であるという考えではない。

黒田の論は、社会の土台をなす経済構造から国家体制・イデオロギー構造におよぶ壮大な体系をなすものであり、「荘園制社会における『非領主制』的展開」説、「権門体制」説、「顕密体制」説が三位一体の関係にある。黒田はそのそれぞれのレベルにおいて従来「古代的」とみなされてきたものを「中世的」と位置づけなおした。この点は佐藤にも影響を与え、佐藤は一九八三年の『日本の中世国家』で、王朝国家と鎌倉幕府を中世国家の二つの類型とする説を立てた（佐藤八三）。つまり鎌倉時代には国家は二つあり、王権も二つあったことになる。

　中世日本を対象として「王権」という語が学術用語として意味を持つとすれば、権力の実質を喪失しつつある天皇とは別に、権力の実質を確立しつつある武家をも対象としうるからであろうが、まさにそれゆえに、河内祥輔は「王権」の語を避け、明治維新に至る「日本国」の一貫した存続は朝廷の存在に依るものであり、幕府は朝廷再建運動の担い手の一つであると位置づける（河内〇七）。武家の王権を認めるか否かについては、議論が絶えない。

王権の統合をめぐって　室町幕府権力による朝廷権力の接収によって、朝廷・公家社会は幕府・武家社会に寄生する存在になっていく。それにより王権の所在はどうなったか？

　富田正弘は、朝廷政治の構造を、口宣・宣旨・院宣・綸旨などの文書の機能によって解明し、天皇・太政官は律令制以来の機能を保持しているけれども、天皇＝太政官制を治天の君が操縦し、さらに室町殿が文書の機能上、治天の君に代替することにより、王権が天皇から治天の君、さらに室町殿へと移行することを論じた（富田八九）。

　朝廷の政務を治天の君に取り次ぐ役割を果たすのが伝奏であり、富田の論は伝奏が政務を室町殿に取り次ぐようになることを論じたものであるが、伊藤喜良は嘉吉の乱後に伝奏が室町殿ではなく天皇に政務を取り次ぐようになることに注目して、王権が天皇に所在することを論じる（伊藤八〇）。この論の限りでは、後花園院政期（一四六四～七〇）には王権が天皇ではなく上皇に帰属することになってしまう。しかし伊藤は、鎌倉期についてであるが、天皇・上皇・将軍・得宗がそれぞれの欠点を補いながら複合王権を形成しており、複合王権の代表者は天皇であると言っている（伊藤九八）。複合王権の代表者としては、統治能力よりも聖性・呪術的権威を重視するということであろう。

王権の象徴性をめぐって　山口昌男が王権の象徴性として論じたのは、王権の主体が常人と異なる異常性を体現すること、王権が初発と終焉を繰り返す円環構造をなし、その円環構造の一部をなすものとして「王殺し」があることであるが、この論点は中世日本の王権について、どのように論じられているであろうか。

　網野善彦は後醍醐天皇を論じた書物を『異形の王権』と題している（網野八六）。後醍醐の異常性について、網野が新たな側面を明らかにしたことは間違いない。ただ後醍醐の異常性が他の天皇に比べて際立つものであるのか、それとも一見異常に見えるものが王権の本質に由来するものであるのかまでは論が進んでいないように思われる。

　王殺しについては、五味文彦が鎌倉幕府の首長について論じている（五味〇七）。確かに鎌倉幕府の九代の将軍は非業の死を遂げるか、さもなければその地位を追われているのであるが、それが鎌倉武士の中に「王殺し」という習俗が生きていたゆえであると言えるかどうか、なお考察する余地が残されているように思われる。

（近藤成一）

地頭論争《じとうろんそん》

中田・牧論争　鎌倉幕府が設置した地頭は、守護とともに幕府の地方支配を支える組織・官職と考えられてきた。すなわち、守護が国ごとの治安維持を担当するのに対し、地頭は荘園や国衙領ごとに置かれて、年貢徴収をはじめとする現地の管理にあたるものとみなされていたのである。

その一方で、守護には特定の得分がみられないのに対し、地頭には加徴米ないし兵粮米を取得する権利が認められていたことにも注意が向けられていた。この点について、比較法制史の観点から徹底した検証を加え、地頭研究に新生面を開いたのが中田薫（一九〇七）であった。中田は地頭職の官職的性格を否定し、それが純然たる得分権であり、将軍から御家人に与えられた恩賞にほかならないと主張したのである。中田の主張の背景には、土地恩給制と家人制の結合を基礎とするヨーロッパ型封建制の展開を日本中世にも求めようとする発想があった。それはあくまでも私的な保護被保護関係の発展であり、公的な職務とは切り離されたところに成立したものと考えられていた。

こうした中田の封建制理解に対して、同じ法制史研究の立場から異論を呈したのが牧健二であり、律令制という集権的国家体制を前提とした中世日本では、純粋な私的保護被保護関係の発展としてではなく、先行する国家公権と関わることにより封建的諸関係が展開するという委任封建制論を唱えた（牧三五）。そうした立場から牧は、源頼朝が朝廷から日本国総守護権を委任されたことを重視し、その職務遂行のために補任されたのが守護であり、地頭であったと考えた（牧二二）。

牧の新説が発表された一九二二年には、中田と牧の間で数度にわたる議論の応酬が繰り広げられた。両者の関心は日本国総守護権の委任形式にあったため、争点の中心は地頭よりも守護にあり、また議論そのものも必ずしもかみ合ったものにはならなかったが、一一八五（文治元）年末の頼朝の奏請と勅許（いわゆる文治勅許）の重要性が、関係史料の解釈とともにクローズアップされることになった。

国地頭論の展開　中田・牧論争によって注目された文治勅許について、戦後に画期的な説を打ち出したのが石母田正（六〇）である。中田・牧論争も含めて従来の研究では、文治勅許は荘園や国衙領ごとに置かれた荘郷地頭に関わると考えられてきたのに対し、石母田は「史料解剖」ともいわれる厳密な史料批判を通して再検討した結果、国を単位とする国地頭という全く新しい型の地頭を析出したのである。

石母田自身は文治勅許を惣追捕使に関わるものとみる可能性も示唆しており、また石母田が国地頭立論の根拠としていた兵粮米と地頭職との不可分の関係も早くから批判されていたが（安田六〇）、多くの研究者によって国地頭の存在は受け入れられ、その権限や設置範囲、存続期間などについて様々な議論が積み重ねられることになった（関八三）。

こうした議論のなかからは、文治勅許の字句の解釈にとどまらず、広く歴史的・社会的背景から国地頭の成立をとらえようとする見解も現われてきた。義江彰夫（七八）は院政期から在地に登場する「地頭人」の系譜を追跡し、大山喬平（七五b）は勧農権の問題から、それぞれ国地頭制成立の意味を明らかにしようとした。これらは戦後の中世史研究を牽引してきた在地領主制論の立場から国地頭制を位置づけようと試みるものであった。

また国地頭論の登場により、荘郷地頭の成立が文治勅許とは別に論じられなければならなくなった（上横手七〇）。そして荘郷地頭が任意の荘郷に設置されたわけではなく、平家没官領や謀叛人跡所領に限定されていたことが明らかになると、大山は荘郷地頭の成立に国家恩賞授与権が大きな役割を果たしていたことを主張した。すなわち平家没官領が一括して源頼朝に給与されたことを契機に、律令制以来朝廷が握っていた謀叛人跡所領を没収し、勲功者に恩賞として授与する権限が鎌倉幕府に委ねられた結果、幕府は謀叛人跡所領に御家人たちを地頭として補任していったことが明らかにされたのである（大山七五a）。

荘郷地頭研究の進展

一九八〇年代になると、国地頭に関する論及はほとんど見られなくなる一方で、荘郷地頭に関する研究が進み、その成立を国家恩賞授与権との関わりで理解する大山説を相対化する研究があらわれた（武末八〇）。川合康は当時の戦争の実態に注目し、治承・寿永内乱の過程で源頼朝が独自に進めてきた「敵方所領の没収と御家人への給与」という自律的な動きが荘郷地頭制を生み出したこと、さらに敵方所領没収に際しては御家人たちの主体的な関与があったことを明らかにした（川合八五・八六）。さらに、こうした動きはそもそも国家恩賞権とは抵触するものであったが、内乱という特殊な情勢の下で朝廷によって追認され、全国的な荘郷地頭制として展開していくことになったとした。牧健二の委任封建制論以来、地頭研究においては公権との関わりが重要な論点となってきたが、川合の研究は、ともすると公権授受論に傾きがちな議論に新たな視座を提供した点でも画期的である。

また一九九〇年代に入ると、それまで半ば通説化していた国地頭についても、その存在を否定する研究が発表されるようになった。先にみたように石母田自身によってその可能性が示唆され、早くに高田實（七六）によっても指摘されていたが、三田武繁（九一）は関連史料に再検討を加え、文治勅許は国地頭に関わるものではなく、総追捕使設置に関わるものであると主張した。さらにこれを受けて河内祥輔（九〇）は、国地頭論の提起以来切り離されていた文治勅許と荘郷地頭制の関係にあらためて言及し、文治勅許では謀叛人跡所領への地頭設置原則の確認が求められたとした。

三田・河内らの研究は川合の研究を必ずしも直接参照したものではないが、いずれも荘郷地頭設置について「朝廷による追認」ないし「朝廷による原則確認」を問題とする点で共通の関心の上に立っているといえよう。文治勅許については、なお国地頭設置に関わるものとする見解も提示されているが（保立九二、義江〇九）、今後は上述の視点から検討が進められることが期待される（高橋〇九）。

（高橋典幸）

下人論争《げにんろんそう》

概要　下人論争とは、中世の下人身分（下人あるいは所従）の階級的な性格規定をめぐる論争である。下人・所従の存在形態をめぐって展開された議論は、戦後歴史学における社会構成体論や日本封建制論のなかでもっとも本質的な位置をもつもので、中世の下人身分が階級的には奴隷であるのか、それとも農奴であるのか、が問題とされた。

　論争の大枠は、安良城盛昭（五三）などによる家父長的奴隷説と、戸田芳実（五九）などによる農奴説に代表され、下人・所従の家族形態や隷属の性格、家父長制的な農業経営の質をめぐって議論が展開された。つまるところ、この論争は日本の中世社会を奴隷制社会と見るか、農奴制にもとづく封建制社会と位置づけるかの時代区分論争でもあった。

奴隷としての下人　戦後歴史学においては、古代の奴隷制社会が克服され封建制社会が成立するのはいつか、が課題とされたわけで、周知のように石母田正の領主制論（四六・五〇・六四）や松本新八郎（四二）の「名田経営論」、そして永原慶二（五五・六〇）の「過渡的経営体論」は、名田経営のような家父長制的な大経営は農奴制に達しておらず、名田経営での直接生産者＝下人は奴隷的な存在、あるいはコロヌスであったと規定し、名主と下人の関係が地主小作的な封建的生産関係に移行していくと考えた。

　こうした枠組みを徹底した安良城（五三）は、中世の名田経営は家父長的奴隷制にもとづくもので、封建的生産関係への転換を南北朝期に見ることはできず、その画期は太閤検地であり、太閤検地こそが封建革命であったとした。

農奴としての下人　これに対して、高尾一彦（五六）は名田経営の前提であった一〇～一一世紀の田堵経営は、自作地主としての田堵百姓を中心に小作人を結集したもので、そこに封建的生産関係の萌芽を見いだそうとした。

　また、栗原百寿（五五）の小経営生産様式に関する理論的な整理をうけて、戸田（五九・六七）や河音能平（六四・六八）はアジア的生産様式における日本での本源的所有の解体は、家父長的な大経営と小経営とを形成したが、家父長的な大経営は、奴隷制としてではなく、農奴制的大経営として展開したと新たな理論的枠組みを提示した。それによって戸田（六〇）や河音（六〇）などは、田堵経営を小経営生産様式と領主経営との中間的経営としての農奴主経営と規定することで、中世の名田経営などの家父長制的大経営を農奴制的な経営とし、下人・所従の隷属形態の多様性を指摘しつつ、下人・所従を農奴的な存在とした。

　これに対して峰岸純夫（六六・七五）は、下人は百姓とともに中世社会の基本的な身分であり、まずは多様な存在形態を示す下人の実態分析が不可欠であるとした。分析の結果は、下人の身分的特質は「相伝の下人」であること、そして階級的には、①家族・屋敷・耕地を有する下人と、②単独で下人小屋に住まうような下人、の二形態が析出できるとし、①を農奴、②を奴隷と階級規定できるとしたのであった。峰岸は、日本の中世社会は基本的な身分であった百姓と下人とが流動する社会であり、また下人身分を包摂する社会であったとしたのである。また河音（六九）は、下人的隷属には人格的信頼関係（「因縁」）を前提とするものと、家産的な支配隷属関係が貫徹したもの（「相伝下人」）との二段階があったとした。

論争なき時代区分論争　こうした状況をうけて、石井進（七六）は、この論争を石母田正『中世的世界の形成』の基本的な視点である直接生産者の奴隷から農奴への成長という議論にたちもどって次のように批判した。一つは、戦前の一九三〇年代以来の日本古代史研究における奴隷規定をめぐる論争と対比したとき、戦後歴史学における奴隷・農奴の概念規定にもとづく論争は、論争なき時代区分論争と呼ばざるをえないこと、第二は、奴隷・農奴の概念規定において、「現実の生活形式ではなく」、主家と隷属者との関係が直接的な人格関係であるとか、あるいは土地によって媒介されているか、をメルクマールに区分することは事実上困難であるというものであった。そのうえで石井は、「現実の生活形式」自体を問題とし、生活形式の実態が直接的な人格関係を規定する側面を重視すべきであるとした。石井の批判は下人論争への本質的な問題提起であった。

石井の提起に前後して、磯貝富士男（七五・七七・九二・九四）による中世奴隷制論の立場からの本格的な「奴婢身分」としての下人研究が発表されるとともに、農奴制論の立場からは高橋昌明（七八）による下人の家族論に特徴をもった研究などがあいついで発表された。史料的にはほぼ磯貝の研究に網羅され、下人の性格規定をめぐる論点も磯貝によってほぼ明示されたのであるが、磯貝が中世の諸史料の分析から下人を奴隷（身分論としては「奴婢身分」）と規定したのに対して、高橋は下人＝奴隷説の論拠を吟味しつつ、下人を一義的に奴隷とみなす論拠はいずれも成り立ちがたいとして、下人を基本的に農奴と規定するのであった。また、身分論を深める立場からは木村茂光（八一・九九）や湯之上隆（八二）などの論考も発表された。しかし、こうした議論においても、石井の問題提起は克服されなかったように思われる。

奴隷包摂社会論　その後、石井のいう下人・所従の生活形式の実態を重視する研究として、保立道久（八六）、安野眞幸（八七）や瀬田勝哉（八四）、盛本昌宏（九〇）などの社会史的な研究成果が蓄積されていった。こうしたなかで、一九九四年度の歴史学研究会大会報告の全体会で「歴史における『奴隷包摂社会』」をテーマとして新たな奴隷論の展開が企図されたことは画期的であった。

ほぼ同時期に藤木久志（九五）は戦場における奴隷狩りと奴隷売買について論じたが、藤木の議論も中世下人論に新たな切り口を提起した。また、峰岸（七五）や石井（九〇）などによって中山法華経寺所蔵の「日蓮遺文紙背文書」のなかの下人関係史料の読み解きが本格化したことも重要であり、奴隷包摂社会論に学んだ鈴木哲雄（〇一）などの成果も発表された。

他方、磯貝は、気候変動論にもとづいて中世日本の気候は冷涼期であり、農業生産性の悪化のため自由民としての百姓身分が奴隷としての下人身分に転落する現象が広範にひろがっていたとして、改めて日本中世を奴隷制社会とする大著（〇七）を刊行している。

（鈴木哲雄）

百姓身分論争《ひゃくしょうみぶんろんそう》

中世百姓の身分的性格は、これまで主に、㈠奴隷か農奴かという階級的性格、㈡『御成敗式目』四二条の「去留民意文言」の解釈、の二点をめぐって議論が行われてきた。

百姓の階級的性格　中世百姓の階級的性格は、戦後の中世史研究が在地領主制の成立・確立の究明に焦点が当てられたため、領主制の成立過程における支配の対象としての性格が議論された。たとえば、石母田正は、平安時代の百姓を家父長制的奴隷のより解放された形態である「コロヌス」として捉え、それが農奴に進化するにともなって私営田領主も在地領主に純化していくと評価した（石母田四九）。それに対して松本新八郎は、平安時代の名田経営を家父長制的奴隷制経営と把握し、その名田経営のなかで奴隷である「下人・所従」が農奴に転化し、名田経営が領主制に展開する、とした（松本五六）。両氏の説を受け継ぎながらも、永原慶二は、班田農民が奴隷制を経過しないで農奴化する道筋を考え、中世前期の百姓を農奴化する以前の「過渡的経営体」と理解しようとした（永原六〇）。これに対して、太閤検地＝封建制・農奴制確立説に立つ安良城盛昭は、松本の名田経営を徹底的に批判し、それは家父長制的奴隷制と評価すべきだと説いた（安良城五四）。

一方、それまでの百姓論が奴隷から農奴への進化論に依拠していると批判し、分解論から百姓・領主制の成立を説いたのが、戸田芳実・工藤敬一・大山喬平・河音能平らである（戸田六七、工藤〇二、大山七八、河音七一）。班田農民の階層分解によって生まれた家父長制大家族は没落した班田農民を隷属させつつ領主制的な展開を遂げ、その一方で小経営生産様式を維持している百姓をその支配のなかに包摂することによって領主制が確立するとした。百姓は小経営生産様式にもとづく自立した経営体であると評価される。

さらに黒田俊雄は、班田農民の分解のなかから豪農・細民とは区別された中層の百姓が成立し、彼らが個別小経営の自立を達成して封建的な農奴になっていくのであって、この百姓こそ中世社会を展開する生産力を担っていると評価し、「非領主制」説を主張した（黒田俊六七）。峰岸純夫も黒田説を受けて中世百姓＝封建的隷農説を主張している（峰岸七五）。

しかし、近年は新しい研究の進展はみられず、依然これらの諸説は並列したままである。

「式目」四二条と移動の自由論争

「式目」四二条は、百姓の逃散に関する規定であるが、末尾に「但於去留者宜任民意也」（民意文言）とあることから、この「去留」が百姓の移動の自由を意味するか否かをめぐって議論されてきた。

戦前、鈴木良一が四二条は逃散の際に年貢所当の皆済か未進かに焦点があり、農民の移動については重点をおいていないと論じ（鈴木良三四）、永原慶二も百姓逃散の場合も年貢の滞納がない限り去留は自由であり、移動の自由は制限されていないと述べる程度で（永原五〇）、注目されなかった。

しかし戦後になって中世封建制論争が活発になるなかで、ヨーロッパの封建制に特有な領主による農民の土地緊縛が日本にもあるか否かをめぐって議論された。

藤木久志は下人とは峻別された百姓は年貢未済がないという条件つきで去留の自由をもっており、中世を通じて領主層は百姓の人身・土地緊縛を体制的に実現できなかったと論じた（藤木六九）。藤木らの仕事を前提に、網野善彦はこの文言から百姓の移動の自由は明らかであり、武装の自由と移動の自由を与えられた百姓は自由民と規定すべきだと主張した（網野八〇など）。それに対して永原は年貢皆済以前の移動は犯罪であるから自由民とはいえない、安良城もこれは百姓の居住権を保護したものであり一般的な移動の自由を規定したものではない、と批判し論争となった（永原八四、安良城八五など）。

「式目」四二条と逃散をめぐる論争　このような動向に対し、入間田宣夫は再度逃散との関係で「四二条」と民意文言を理解しようとした。入間田は、「四二条」は百姓の一般的な移動の自由の有無を含意しておらず、あくまでも「逃散」に適用されるべきものであること、年貢が皆済されておりかつ作法に則った逃散は合法的な行為として認められていること、そしてそれに対する領主の妨害を阻止することこそ、この条文の法意であることを明らかにした（入間田八〇）。これを受けて、黒田弘子は逃散と逃亡とを厳密に区分するとともに、逃散時において妻子は家にとどまり家を守る役割を果たしたこと、「去留」とは領主からの去留のことで債務を理由にした領主の非法を禁じたものであると論じた（黒田弘八七）。さらに柳原敏昭は両氏の研究を前提に、民意文言は百姓逃散という事態に即して立法されたもので、領主が逃散した百姓を強制的に連れ戻すことはできず、逃散・還住は百姓の意志によると規定していると評価した（柳原八八）。峰岸純夫は主に「逃毀」の意味を検討しながら、百姓が逃散した時一方的に「逃毀」と称して妻子を抑留し資財を奪取するなどして百姓の経営を破壊することを禁じたもので、民意文言は、年貢未進のない百姓に対し強制的な領内追放や拘束、あるいは還住を禁じたものであるとした（峰岸九二）。

一方、鈴木哲雄は入間田以後の研究が「四二条」＝逃散説に立っていることを批判し、「浪人招寄」という当時の開発の構造を前提に、百姓の移動の自由の存在を主張している（鈴木哲八八）。これに対して木村茂光は、「四二条」は逃散に関する条文であることを認めながらも、民意文言は、百姓のイエおよび妻に独自な法的地位があることを前提に、百姓のイエの自立性と不可侵性を認めた一般原則であるという理解を示した（木村〇九）。

百姓身分研究の進展を　以上の整理から明らかなように、百姓の階級的性格、および身分的な性格に関する研究は基本的には八〇年代の段階に止まっているというのが現状であろう。いま、階級的性格を直接検討する新たな条件が整ってきているとはいえないが、身分制的な研究は、近年の武士の職能論的研究の前進を踏まえれば新たな条件が整いつつあるといえる。これに八〇年代以降進展した社会史研究の成果を加味すれば、その可能性は一層大きくなる。研究の閉塞状況が喧伝されているいまこそ、武士とならんで中世史研究の基本的な課題である百姓の身分的な特徴に大胆に切り込む研究の発表が期待される。

（木村茂光）

荘園公領制《しょうえんこうりょうせい》

荘園公領制概念の提起　荘園とは単なる私的大土地所有ではなく、公的国家的性格をもつ。また少なくとも一二世紀以降の荘園と公領とは異質で対立するものではなく、本質的に同質であり、私的・国家的性格は荘園・公領双方に貫徹している。そうした認識のもと、従来の「荘園制」という概念では捉えきれない、荘園・公領を基礎とした中世の土地制度を概括する概念として、一九七三年、網野善彦によって提起されたのが「荘園公領制」概念である（網野七三）。

網野は「荘園公領制」を、ほぼ一一世紀から本格的な形成期に入り、太閤検地によって基本的に終止符を打たれた土地制度と規定し、その成立過程を延久荘園整理令から承久の乱までの長いスパンで捉えたが、その後工藤敬一は、一二世紀から一三世紀の土地制度を示す概念として明確化し、「荘園公領制」を基盤とする国家体制の成立過程を、一一世紀半ばの国衙領における郡郷・別名制成立に見られる在地領主制の体制的承認を前提に、一二世紀寄進地系荘園の盛行により諸権門の家産と権門としての院が成立すること、そして一国平均役賦課を通じて院が国家高権の位置を占めるに至ると論じ総括した（工藤七五）。

研究史的意義　この概念提起の前提には一九七〇年代初頭までの荘園制研究と国衙領研究の大きな成果がある。荘園制研究では、特に一九五〇～六〇年代の封建制の成立をめぐる永原慶二・黒田俊雄の論争のなかで、寄進地系荘園の形成過程や領有構造が具体的に明らかにされ、荘園の公的国家的性格が論じられていた。一方、在地領主制研究とともに進められた国衙領研究では、一九六〇年代には、大田文の分析を通じて、一一世紀半ばの中世的郡郷・別名制の成立が明らかにされ、さらに中世的郡郷・別名制を前提とした寄進地系荘園形成論を踏まえ、一国ごとの荘園・公領の存在形態の解明が進められていた。

これらの研究のうえに、石井進は一九七〇年「院政時代」という論文で、大田文の分析から鳥羽～後白河院政期が中世荘園（寄進地系荘園）形成のピークであることを明確にし、これを荘園整理に伴う荘園と公領の分離、荘園・公領双方に賦課される一国平均役の成立との関連で捉えるとともに、分権化の深まりに伴う統一された法と国家への要求から、荘園本所諸権力の上に立つ高権としての院政政権が出現することを論じた（石井七〇）。

石井の研究をうけ網野（七三）は「便宜的」な用語として荘園・公領を基盤とする国家の土地制度を示す概念として「荘園公領制」概念を提起したが、さらに工藤によって示された「荘園公領制」の成立過程は、公田体制論をも組み込み、一九七〇年代初頭までの中世成立史研究を総括する内容をもっており（工藤七五）、その到達点であったということができる。

ここに「荘園公領制」の成立が中世国家のひとつの指標として捉えられたことで、その後、院政期の国家・財政・政治体制をめぐる研究が進展していくこととなった。

その後の研究と批判　「荘園公領制」概念の提起をうけ、また各地で自治体史編纂が相次いだこともあり、荘園・公領を一国ごとに捉え、地域に即して荘園・公領の成立過程や存在形態、その構造が具体的に明らかにされていった。そのなかで九州の「荘園公領制」の成立・構造を明らかにした工藤敬一は、他領や公領、半不輸領を含む一郡的広がりをもつ王家領荘園（「郡名荘」）の形成や、「郡名荘」の一部が鎌倉幕府の介入によって「片寄せ」され地域の政治状況に適合した一円的な荘園と公領に分離され大田文に登録されていく過程を明らかにし、中世荘園の成立が、院・摂関・幕府等中央権力の主導のもと、受領・在地勢力を巻き込んだ国衙領の分割・再編によって成立したことを明らかにした（工藤九二）。工藤にとってはこれは「荘園公領制」の範疇で捉えられるもので、政治的・社会的諸条件により多様な形態をとるその形成過程の具体的把握であったが、そこに明らかにされた事実は、それまで論じられてきたような開発領主の寄進を起点とする寄進地系荘園形成の様相とも、荘園・公領の空間的分離を前提とする「荘園公領制」成立過程とも大きく異なっていた。一九九〇年代後半、川端新により永原慶二の寄進地系荘園形成論が批判され、王家領荘園立荘の実像が明らかにされると（川端〇〇）、在地領主制論、寄進地系荘園論を前提としてきた「荘園公領制」の概念そのものに疑問が提示されるようになった。

高橋一樹は、工藤が明らかにした九州以外でも、他領や公領・半不輸領を領域内に含み込んだ荘園が存在し、その後も存続していくことを明らかにし、公領や半不輸領を含む荘園のあり方こそが中世荘園の基本形であると捉え、これを「国務請負荘園」と呼ぶとともに、荘園と公領とは分離・併存もしていなければ同質でもないとして、「荘園公領制」概念を退け、それにかわる新たな「中世荘園制」概念を提唱した（高橋〇四）。中世荘園を「公領支配のヴァリエーション」とみる高橋の見解は必ずしも大方の同意をえておらず、新たな概念提起も受け入れられているとはいえないが、問題提起は重要であり、必ずしも領域が分離されていない荘園・公領の実態、「荘園公領制」の具体的内実の解明と、概念の有効性の検証が課題であることが明確となった。

また寄進地系荘園形成論とともに「荘園公領制」成立のひとつの重要な契機と目されてきた荘園整理令による荘園・公領の空間的分離の事実についても、鎌倉佐保によって、荘園整理政策が荘園と公領とを分割する政策ではなかったこと、公領・他領を包摂した中世荘園の複雑な荘域構成が荘園整理政策と立荘の矛盾から生じたものであったことが明らかにされた（鎌倉〇九）。鎌倉は、荘園内に残存した複雑な負担構造は荘園領主の領域支配のなかで解消され荘園・公領は分離される方向にあったと論じているが、荘園と公領の空間構成、領域支配、負担構造の解明はいまだ課題となっている。

「荘園公領制」の具体的内実、概念の有効性の検証は、一九七〇年代までの在地領主制を基礎とした中世成立史の再検討でもあり、工藤が示したような地域の社会的・政治的条件のもとでの荘園・公領形成の具体像、その有機的連関の解明と、概念自体の検証は今後もさらに進められていくことになろう。（鎌倉佐保）

在地領主制《ざいちりょうしゅせい》

在地領主制とは何か　日本中世における在地領主の農民支配体制を指す用語。「在地領主」とは、農村を中心とした生産の場に根拠を持ち、支配した中世の領主の呼称であり、この呼称が使われた当初は、荘園領主などの都市領主と区別するための表現であった。

戦後石母田正は、平安時代から鎌倉時代の在地領主を、①農業経営から分離せず家族労働力・隷属農民などによって直接経営を行う田堵・名主層、②農業経営から分離し、「開発領主」「根本領主」などと呼ばれた地頭級領主、③私営田領主の系譜を引き、地頭級領主や田堵・名主層を軍事的に従えた豪族的領主層、という三つの階層に区分した。そして、西欧の封建制をモデルとして、在地領主は古代貴族の基盤となった荘園制支配を克服し、古代から中世社会への変革主体となったこと、南北朝内乱を通じて守護がこうした在地領主を地域的に編成して地域的封建制の担い手となったことを論じた（石母田四六・五〇）。この見解は、戦後歴史学に大きな影響を与え、在地領主制→守護領国制→戦国大名による大名領国制、という領主制の発展段階をめぐる研究が展開した。

どのように研究が展開したか　〔一九五〇～六〇年代〕　工藤敬一・河音能平・戸田芳実・大山喬平らは、一一・一二世紀を封建制の成立の画期と捉え、荘園領主と在地領主が共に封建領主階級に属し、両者は矛盾をはらみつつも相互補完的に農民支配を実現していたとした（新領主制論）（工藤六〇a、大山六〇、河音六四、戸田六四）。これに対して黒田俊雄は、荘園制こそが中世社会の基本的な体制であり、在地領主の社会的役割を新領主制論より低く捉えた（黒田六七）。これらの見解は、日本中世社会のアジア的側面を強調したもので、とくに新領主制論は以降の研究に大きな影響を与えた。また、戸田・河音は、班田農民から分化した富豪層が排他的な本宅敷地を拡大しながら封建領主へと成長していくと論じ（河音六二、戸田六三）、大山・工藤は、在地領主の所領形成・農民支配が、国衙公権をもとに成り立っていたことを論じた（大山六〇、工藤六〇b）。さらに工藤は、鎌倉中後期に勧農機能を基礎とする領主制から流通機能を不可避とする領主制へ発展していくとみた（工藤六一）。

一方、永原慶二は、鎌倉期以来の地頭級領主や、荘官を務めた強豪名主の系譜を引く国人領主こそが守護領国制形成の基礎であったと捉えた（永原五二）。さらに、黒川直則は国人領主の社会的役割を重くみて守護領国制論を批判し、国人領主制研究を展開させていった（黒川六一など）。

〔一九七〇年代〕　大山は、荘園制下の単位所領において在地領主の支配は村落上層（「村落領主」）の掌握を通じて実現したと論じ、在地領主が直接的な従者を越えて農民に支配を及ぼす論理として「構成的支配」という概念で説明した（大山七〇）。また、入間田宣夫は新領主制論を継承しつつ、単位所領内部に職を保持した複数の領主がそれぞれ相互補完的に農民支配を実現していたとする複数領主制論を提示した（入間田七二）。これらは、在地領主が単一で所領支配を実現していたというイメージを崩した。なお、大山の村落領主論をもうけて中世後期の中間層（小領主・地主・土豪層）の研究が深化し、国人一揆などの地域的結合に関する研究も進んでいった。この時期には、武士と在地領主を同義の存在としてきた傾向を批判する形で武士の職能民としての性格を重視した職能論的武士論も展開していった。

〔一九八〇～九〇年代〕　在地領主の典型とされた地頭は、都市鎌倉に拠点をもつ「都市領主」としての本質を持っていたとする入間田の研究などにより、在地領主は単位所領での農民支配のみならず、都鄙間ネットワークに立脚して広域にわたって活動していたことが明確に示されるようになった（入間田八四）。また、元木泰雄や野口実によって武士論と在地領主研究の融合が試みられ、豪族的武士団が交通の要衝を掌握し、単位所領を越えて広域にわたって覇権を展開させた地域権力であったことが明確になった（元木九四、野口〇二）。また高橋修は、武士団が在地領主として交通・流通の拠点を掌握し、さまざまな事業を通じて広域にわたる地域社会の担い手となっていたことを明確に示した（高橋〇〇）。

現在に至る研究状況　井上聡・秋山哲雄・湯浅治久らは、京都・鎌倉・本領に拠点をもつ鎌倉幕府御家人の具体的な活動の実態を示した（井上〇三、秋山〇五、湯浅〇五）。そして現在も、都鄙間・地域間ネットワークに立脚し、町場や交通の要衝を掌握し、広域にわたる在地領主の活動のあり方に注目が集まり、多くの個別研究が出されている。また、武士（団）研究と在地領主研究の融合により、とくに近年京都・鎌倉・地域に拠点を有し、町場や流通拠点を掌握し、広域にわたる活動を展開させた東国武士（団）の活動形態が盛んに論じられている（入間田一〇、高橋一〇など）。

さらに、公家・武家政権との関係や荘園制の動向との関係など、各段階の国政・国制や社会状況との関係を検討し、各段階に固有な在地領主の活動のあり方を明らかにしようとする研究もなされている（湯浅〇二、菊池ほか〇六、守田一〇、伊藤一〇など）。

現在、在地領主研究は、単位所領における在地領主のあり方を分析して中世社会の発展過程を論じる在地領主制論から、都鄙間ネットワークのあり方や、国制・政治動向との関係など、それぞれの段階における在地領主の具体的な活動のあり方を明らかにしていこうとする方向へ進んでいる。近年の在地領主に関する研究状況は、決して盛んであるとはいえないが、在地領主が中世社会で重要な役割を担った社会層であるという認識自体は変わっていない。

かつての領主制論では、領主が発展していくあり方を理解することこそが中世社会を理解するモノサシとされた。その後、新領主制論では、中世社会の支配構造を明らかにするには、在地領主のみならず、公家・武家権力や荘園領主、およびそれぞれの関係を分析する必要性が克明になり、研究が展開してきた。

しかし、在地領主が中世社会のなかでどのように位置づく社会集団なのか、未だ充分に議論し尽くされたとは言い難い。様々な段階で領主が果たした役割をトータルに明らかにしていくことが求められている。

（守田逸人）

権門体制《けんもんたいせい》

日本中世の国家体制を表す概念として、黒田俊雄が一九六三年に「中世の国家と天皇」にて提唱した。古代の律令国家、近世の幕藩体制国家に対置しうる、中世の国家体制概念の構築を意図している。

権門体制論の内容　中世において荘園の最高領主は権門勢家と呼ばれる門閥家であり、このうちいくつかの権門勢家による国政支配の国家体制が「権門体制」である。権門勢家の類型としては、公家（天皇家・王臣家など貴族の家）、寺家（南都・北嶺その他の大寺社）、武家（武士の棟梁）の三類型があり、これら権門の門閥組織としては、①政所などの執務機関、②その発給文書に下文と奉書、③私兵、④門閥内部の法令と裁判権、⑤所領を「職」に組織した知行体系、という共通した特徴を備える。このような権門は独自に国家全体を掌握しきれず、公家は公事、寺家は宗教、武家は武力という国家的見地から職能的役割を果たし、相互補完的に国家を構成した。よって権門の権威は他の権門に対して相対的であり、権門は王位の簒奪ではなく、その恣意により国王を交代させることが最適の国政掌握方法となる。権門体制では院政期以後、鎌倉・室町期でも国王は天皇と考える。天皇は政治的にはまったく無力であったが、天皇の伝統的権威は封建国家にとって支配体制上必要であり、天皇は権門の知行体系の頂点、すなわち封建関係の最高の地位（国王）であった。

国家として独自の国政内容としては、ひとつは裁判・警察であり、もうひとつが「公事」とよばれる国家行政である。前者は、可能な限り個々の権門の所管に属すが、大犯三ヶ条は国家としての検断事項であり、守護はその意味で国家官職的性格を有する。後者には、国家全体の法令の制定・官人任免・儀礼とその経費のための租税徴収などがあり、特に法令よりも儀礼公事が重視され、その費用は地代と区別すべきものであった。

権門政治の展開について、第一段階（院政期）は院政が完全な意味での権門政治の最初の形態であり、第二段階（鎌倉期）は鎌倉幕府が権門政治の主導権を握り、第三段階（室町期）は室町幕府が国家権力の主要機能を掌握し、他の権門はその実を失う。権門体制は応仁の乱をもって荘園制とともに事実上消滅する。また摂関政治期はまだ律令体制からの過渡期であり、戦国期は幕藩体制への過渡期とする。権門体制は封建国家の初期段階であり、日本の封建国家は古代国家の一切の崩壊ののち別途に成立するという単純な形態をとらず、律令国家との戦いを刻印された封建国家として独自の特殊性をもった（黒田六三）。

権門体制論批判　権門体制論の提起に対して、いち早くまとまった論評を加えたのは永原慶二だった。永原によれば、権門体制論の意義は、従来のように国王権力のみを国家権力とせず、国家が分裂状態でも権力体系の総体を国家権力と見ることにより、人民支配の全体的国家像が見えやすくなった点である。また問題点は、第一に、従来異質の階級とされた公家・武家を同質と見るため、歴史発展の契機がとらえられなくなること。第二に、古代国家の支配階級＝公家貴族が在地での領主制の発展により、おのずから封建領主階級に転化してしまうこと。第三に封建王権・王政について、この長期間の政治的変動も権門間の分担を替えただけとなり、しかも室町期までは天皇を王権とするが、江戸時代は将軍を王権とし、形式的にも齟齬を来すことである（永原六四）。

また高橋昌明も主に経済史的視角から、全面的に批判を加えた。高橋によると、特に権門の特徴について、黒田は権門の本質は基本的に同じであり、職能にのみ相違点を求めたが、これは各権門の特徴・質的相違を抹殺するおそれがあること。さらに門閥内部の矛盾を看過し、自己完結的な封建的知行制という図式説明を与えたこと。よって権門の解体を矛盾の結果とせず、自然的内部紐帯の弛緩としか見ていないこと。このように権門の分析を法制史的分析にとどめる点は、歴史の総過程を全面的統一的に理解する上での不十分さをのこし、恣意的説明となり、たとえば職の理解につき、公家では家産的門閥的職だが、武家では守護職・地頭職は国家機能の遂行を前提とすること、などである（高橋六七）。

このように権門体制論は、日本中世の国家権力の具体像を武家政権＝幕府に見いだそうとした、従来の見解（石母田五〇）を脱し、武家のみならず公家・寺家を含み込んだ総体的国家権力を想定したところに第一義的特徴がある。よって権門体制は日本中世国家の静態的分析には一定の有効性がある一方、永原・高橋の批判にあるように、歴史動因の問題や国家の動態的把握には難点がある。

中世国家論の展開　権門体制論に対する学界の反響は大きく、この後中世国家論のさまざまな論争が巻き起こる。そもそも日本中世に国家があったのかという問題提起からはじまり（石井六四）、職制国家論（永原九一）や二つの国家論・複数国家論（→東国国家論。佐藤進八三）などの提唱という、中世国家の枠組みに関する研究が提起される。特に鎌倉幕府の性格に関しては、国家主権の所在からして一権門にはとどまらないなど（入間田七五）、疑義が提出されている。これらは単に国家の表層的枠組みに関する理解の相違のみならず、それまで歴史動因の主体とされた在地領主の家父長制的大規模経営である領主制論を黒田が排して、農民層の個別的小経営自立の道という非「領主制」論を打ち立てるなど（黒田六七）、日本中世の国家と社会全般にわたる根本的理解の相違に起因する。

権門体制、その後　権門体制は特に中世前期によく該当するため（上横手八七）、中世前期に集中して意見が出されている。たとえば、権門体制では摂関期は律令国家からの過渡期の位置づけだが、摂関期を初期権門体制ととらえるべきとする意見（吉川九八）、院政期の権門は職能を分立していない複合権門であるという意見（元木九六）、国王は天皇ではなく治天とすべきであるという意見（今谷九〇）、また権門体制は後白河院政から後嵯峨院政までの朝廷の政治体制であるという意見（五味〇三）などである。一方、各権門の歴史的特質をとらえようとその実態・内実を明らかにする研究（井原九五、稲葉九七、佐藤健〇〇ほか）も多く出されている。

（佐藤健治）

大名領国制《だいみょうりょうごくせい》

永原慶二の大名領国制論　大名領国制の定義は論者によって多様であり、一般に戦国大名と呼ばれる、戦国期の地域権力の支配体制をあらわす場合も多いが、これを中世後期（とくに戦国期）の包括的な社会体制として概念化したのが永原慶二である。ここでは、永原の所説（〇七〜〇八）を中心に整理してみたい。

　永原は中世を在地領主制の発展・展開過程ととらえ、在地領主制が荘園制的な職の秩序による制約から免れない中世前期を荘園制段階、独自の領域支配体制を展開する中世後期（南北朝内乱以後）を大名領国制段階として二段階に区分した。

　荘園制から大名領国制への移行を根底で規定するとされたのが、中世後期における小農経営の安定的展開である。それは同時に地侍的小領主層を形成させ、在地領主は、彼らを主従制的に掌握編成することで国人領を形成していく。国人領主の地位は荘園制的な職の秩序から離脱したものであり、独自の地域支配体制と評価される。大名領国制は、こうした国人領を基礎とした領域支配体制として、前代の荘園制とも、また兵農分離を経た近世幕藩制とも区別される、固有の歴史的段階として提示されたのである。

　大名領国制もまた二期に分かたれる。室町期の守護領国制段階と戦国大名領国制段階である。しかし、守護権力の荘園制への依存が指摘されるなど、守護領国制概念に疑義が呈され、また戦国大名研究の隆盛を受けるなかで、永原の議論ももっぱら戦国期に集中していった。

　永原の戦国大名領国制論が顕著に展開されたのは、一九七〇年代なかばのことである。村田修三（六四）の提言に代表されるごとく、一九六〇年代なかば以降、戦国大名研究はそれ固有の歴史的特質の追究が命題とされていた。なかでも勝俣鎮夫（七九）・藤木久志（七四）ら戦国法研究の深化は、戦国大名研究に国家論的視角を導くこととなり、戦国大名領国はそれぞれが独自の公権的支配を確立した地域国家と認識された。

　こうした成果を踏まえ、永原もまた戦国大名領国を一種の地域国家とみなし、その特質を、大名権力の自立性、領国内の主従制的権力編成の二点に求めている。しかし同時に、中央政権（将軍・天皇）の政治秩序的な意味や、中央市場の求心性など、列島規模の統合の契機をも重視し（戦国期の日本の国家は、各大名領国を下位国家とする複合国家とされる）、また、戦国大名領国に包摂されなかった中小の国人領や一揆的な地域権力の存在も踏まえ、大名領国制とは、究極的にはそれらの構造的総体をとらえうる体制原理的な概念でなければならないと主張した。永原の大名領国制論が、中世後期の包括的な社会体制概念たるゆえんである。

　しかし、分析の中心にすえられたのはやはり戦国大名の権力構造であった。広汎な農民闘争の抑止と、割拠的な領主層の編成とをその課題とし、両者を同時に実現するものとして、農民支配＝収取、知行制＝軍役賦課とを統一的に表現した貫高制が重視された。

　貫高制論においては、むしろ戦国大名権力の「在地不掌握」を説く見解も有力であった。しかし、一九七〇年代から急速に進展した検地論では、戦国大名は検地を通じて、在地剰余たる中間得分までも増分として把握したとする勝俣らの所説もあらわれた。永原もこれを積極的に議論に組み込み、貫高制を戦国大名の制定した「国法」とともに地域国家形成の核心として位置づけたのである。

大名領国制・戦国大名をめぐる議論　以上のような、中世の二段階区分や、戦国大名権力を在地領主制の最終段階と位置づける永原の所論は、中世を一貫して荘園制社会とみなす立場とは相反するものである。たとえば藤木は、戦国大名の土地制度を荘園制と本質的に異ならないものとして「在地不掌握」を強調した。逆に勝俣は、戦国大名領国に近代国家的性格の萌芽を見いだし、これを近世（近代）に引きつけて理解する。

また、在地領主制論に与する議論であっても、大名領国制を戦国大名の領国支配構造に限定して用いるべきとする池享（九五）の主張もある。

在地領主制の発展基盤を小農経営の安定的展開に求める見解は、中世を家父長的奴隷制社会とみなし、太閤検地の画期性を強調する安良城盛昭（八四）の所説とも決定的に異なるものであった。一九八〇年代前半、戦国大名検地の評価をめぐり、安良城・勝俣らを中心とした激しい論争がくり広げられる。しかし、議論は戦国大名権力の性格を近世への接近度から測る方向へと収斂し、独自の歴史的性格の解明という問題関心は後背に退いた感がある。論争自体も接点の見出されぬまま終息した。

検地論によってある意味肥大化した戦国大名概念に対し、それを批判、相対化する視角が現出したのも一九八〇年代のなかばであった。その論点は多岐にわたるが、ここでは、前代以来の権力・権威の規定性（室町幕府・守護）を重視する見方と、地域社会の自律性を評価する見方とを挙げておきたい。

前者は、今岡典和・川岡勉・矢田俊文（八五）などに代表され、領国形成および支配において、室町期以来の守護権限が果たした役割を高く評価するものである。独自の、自立的な公権としての戦国大名概念は否定され、守護権力は変質しながらも（「戦国期守護」）、室町幕府によって統合される幕府―守護体制の規定性が強調される。守護職の問題は、戦国大名の公権性の淵源を探る観点からその位置づけが課題とされてきたが、ここではより徹底した評価が下されたのである。

後者は、勝俣（九六）・藤木（九七）らの議論を嚆矢とする、一五世紀後半～一七世紀の社会を連続的にとらえる中近世移行期村落論の強い影響のもと展開されている。戦国大名権力論が、中間層（小領主）の主従制的編成による在地支配を論じるのに対し、社会集団としての村落の主体性・自律性が重視される。これに対する大名権力は、その公権的性格が強調され、私的性格が強い在地領主の支配に積極的な位置づけは与えられない。

以上のごとく、一五・一六世紀に列島各地に叢生した地域権力をいかに定義し、社会全体をいかに評価するかは、定説をみないのが現状である。中・近世の枠組や、在地領主制といった大名領国制論の理論的前提に疑義が呈されるなか、しかし、当該期における在地領主の位置づけは、やはり等閑視しえない課題であろう。その解明には、大名領国制論が提示した諸論点の再検証が依然必要なのではなかろうか。

（糟谷幸裕）

顕密体制《けんみつたいせい》

権門体制論から顕密体制論へ　顕密体制とは、黒田俊雄が論文「中世における顕密体制の展開」で、中世の国家と仏教の独特な関係を特徴づけるために提示した概念である（黒田七五a）。この顕密体制という視点から描かれた黒田の中世仏教論は、顕密体制論と呼ばれている。顕密体制論は、黒田が荘園制社会に対応する中世国家論として提起した権門体制論を前提にしている。権門体制論では、中世には公家、武家、寺家の三つの類型から成る諸権門が、競合対立しつつも相互に補完しあって、天皇を頂点とする国家が構成されていたと考える（黒田六三）。公家＝天皇家・摂関家等、武家＝幕府に対して、寺家とは、荘園制のもとで支配機構を整えた延暦寺・興福寺をはじめとする有力寺院＝権門寺院にほかならず、ここに〈中世の国家と仏教はどのような関係にあったのか〉という命題が浮かび上がる。この論点を、思想史の次元にまで拡大して構想されたのが顕密体制論である。

顕密体制という概念は、第一義として、王法仏法相依論に基づいて国家と仏教勢力が癒着していた中世の国家体制を示すが、「顕密」という呼称が示すように、仏教思想とも深い関わりがある。「顕密」とは、諸宗を顕教と密教の二つに分類する観念に基づき、その両者を合わせた仏教全体を意味する言葉である。そこで黒田は、「顕密」という枠組みのもとに諸宗（八宗）が併存する、イデオロギー的な秩序をも顕密体制と呼んだ。ただし、この第二義については、顕密主義という言葉でも置き換えられており、第一義と区別するためにも、後者の呼称を用いるのが適当であると考えられる（平九四）。いずれにせよ、朝廷と幕府の関係と同じく、国家と仏教勢力の対立構造を前提とする従来の見解に対して、両者の協調関係に目を向けた点が顕密体制論の最大の特徴といえる。

正統派と改革派・異端派　黒田は宗派単位に分断された宗派的史観による仏教史を厳しく批判しており、中世仏教の全体像を論じる上で、「顕密」という宗派の枠を超えた概念は有効に機能した。ただし黒田は、顕密主義という言葉を使いながらも、密教による全宗教の統合を強調しており、実際には「密」の側面に重点を置いている。つまり、密教を修学していれば、顕密主義に立脚していたと位置づけられるわけである。また、黒田は本覚思想や仏教の呪術的な側面をも密教という範疇で捉えており、顕密主義の意味するところが、本来の語義を逸脱していることにも注意したい。

顕密主義に基づく顕密体制の正統とされるのが顕密仏教で、宗派としては、基本的には既往の研究で用いられてきた鎌倉旧仏教と同じく、法相宗をはじめとする南都六宗に天台宗・真言宗を加えた八宗を指す。それまで旧仏教＝顕密仏教は、鎌倉新仏教の影に隠れていたが、中世仏教の正統と位置づけられることで主役の座に躍り出た。それと同時に、新仏教による克服の対象とされていた密教が、中世思想史における主流の地位を獲得した。この結果、新仏教中心で進められていた研究史は、大きな方向転換を迫られた。

黒田は当初、鎌倉時代の仏教革新運動を、正統たる顕密仏教に対する「異端＝

改革運動」と一括してとらえた。ところが『寺社勢力』では、後述する寺社勢力論を組み込んだ形で、中世における仏教勢力の全体像を提示するなかで、正統派の顕密仏教に対して、仏教革新運動を担った僧侶を、改革派と異端派の二つに分けるに至る（黒田八〇）。改革派とは、顕密主義の枠内で、戒律復興などによる南都仏教の改革を目指した貞慶・明恵等、それに「禅律」の興隆を果たしたという栄西・俊芿らを指す。他方、顕密主義を逸脱した異端派とされたのが、法然・親鸞・日蓮らである。その後、法然・親鸞の専修念仏については、平雅行によって論が深められ、宗教的平等性をめぐって、正統派や改革派との思想的な差異が強調されるに至った（平九二）。このように顕密体制における異端派・改革派とは、あくまで正統派の顕密主義を基準とする僧侶の思想的な分類にすぎず、権門寺院を中核とする顕密仏教に対応するような仏教勢力という意味合いが希薄である。そのため、顕密仏教の圧倒的な存在感の影に隠れて、改革派や異端派が僧侶集団を形成していく過程が等閑視される結果になったと考えられる（大塚〇九）。

権門寺院と寺社勢力論　顕密体制論を発表したのと同年に黒田は、権門体制論によって国家を構成する寺家という枠組みで類型化された権門寺院について、内部の身分組織や統合原理などを検討し、寺社勢力論として提示した（黒田七五b）。これによって正統派たる顕密仏教は、寺社勢力という社会集団としての位置づけを獲得し、国家史と社会史の一体化が可能となった。こうした黒田の論に後押しされ、特に東大寺・興福寺・延暦寺などの権門寺院については、荘園領主としての側面にとどまらず、寺内組織を中心とする寺院史研究が飛躍的に進展し、寺院の宗教的な特質をふまえて、寺院社会という言葉も用いられるようになった（久野九九）。

他方、権門体制論における寺家という枠組みは元来、諸権門の一類型にすぎなかったが、寺社勢力としての総体が追究されるなかで、制度的には僧官僧位、受戒、政治的には職の補任や法会への招請といった側面における国家的な統合が強調されることとなった（平九二）。顕密体制論に代わる新たな枠組みとしては、佐々木馨の武家的体制仏教論、松尾剛次の官僧・遁世僧体制モデルが提示されたが（佐々木八八、松尾八八）、いずれも国家による仏教勢力の統合を前提に構想されている。黒田は顕密体制を仏教史の基軸とする一方で、社会生活史としての寺院史の意義を指摘しているが、まとまった論述を展開するには至らなかった（黒田八八）。

支配イデオロギーをめぐって　最後に、顕密体制論が前提とする荘園制社会における国家の宗教的性格に起因して、顕密仏教が民衆支配のイデオロギーを提供したという理解が生まれたことを付け加えておきたい。この点を強調する平雅行や佐藤弘夫は、荘園制的な支配からの民衆の解放という側面に、専修念仏の思想的な意義を見出した（平九二、佐藤八七）。その当否はともかく、今後は、顕密体制論のような国家の支配構造に立脚した仏教史の枠組みをいったん相対化した上で、様々な僧侶集団の性格に即して、仏教の社会的受容の実態を明らかにしていく必要がある。

（大塚紀弘）

一国平均役《いっこくへいきんやく》

中世を通じて、荘園・公領を論ぜず賦課・徴収された課役の総称。「勅事」「勅事院事」「勅役院役」などと呼ばれた。

その賦課範囲は広く諸国に及ぶものと、一国内に限られるものとに分かれる。前者に該当するのは、内裏造営・大嘗会・伊勢神宮式年遷宮など重要な国家事業・行事を遂行するための経費である。なかでも二〇年に一度行われる伊勢神宮式年遷宮の費用（役夫工・役夫工米）は西海道諸国を除く全国で徴収されており、西海道諸国では三三年に一度の宇佐八幡宮の遷宮経費が課された。また、諸国一宮の造営用途などはその所在国内のみで徴収がなされた。

一国平均役の確立過程　一国平均役としての賦課の初見は、一一世紀初頭の造内裏役であった。九六〇年（天徳四）の内裏焼亡以降、内裏はたびたび火災に見舞われ、再建の費用は諸国に割り当てられた。受領は不動穀など任国にある官物で賄ったが、不足する場合には公領へ臨時加徴が行われた。現実には、徴収は荘園にまで拡大することもあったが、不輸権を有する荘園へ加徴するには、朝廷の許可を得ることが必要で、受領の申請を経て、「宣旨」で認可されることで、受領は正式に国内で一国平均役を課すことができた（小山田六三）。このように、一国平均役という徴税方式は、国宛された経費を捻出するために、受領が生み出した徴税方式といえる。

それゆえ、内裏造営など受領にとって負担の大きい経費から一国平均役としての賦課が始まり、やがて比較的軽微な費用にも拡大されていき、一二世紀前半には、役夫工米・大嘗会役など主要な一国平均役が荘園にも課されるようになる。そして、保元の乱に勝利した後白河天皇は受領の主導により成立した一国平均役という徴税方式を体制化すべく、一国平均役の賦課・徴収に積極的に関与するようになる。こうして一国平均役が租税として確立し、荘園・公領を論ぜず一国平均役を課すことが、王権による国土統治権の表明という意義を持つことになる（上島九〇）。

研究史　小山田義夫は造内裏役・役夫工米など個別の課役が一国平均役として賦課される歴史過程を解明した。それを踏まえて、詫間直樹は一〇四〇年代に朝廷の主導により一国平均役が成立するとした（詫間八九）。しかし、上島享は一〇四〇年代に一国平均役として賦課されていたのは造内裏役のみで、それも一部の国に限られており、中世を通じて維持される租税制度たる一国平均役の形成は別の視角からの検討が必要だとした。そして、上記のように、後白河親政期にその確立を求めた。

一国平均役のその後　鎌倉幕府は一国平均役の徴収には関与するものの、鎌倉時代を通じて、賦課・免除権は朝廷が握っており、一四世紀後半になると、その権限を室町幕府が吸収した。その頃から、幕府関係の経費も一国平均役として賦課されるようになったが、室町幕府の衰退とともに、一国平均役の徴収は困難となり、一国平均役という租税制度は解体した。

（上島　享）

院政・治天の君《いんせい・ちてんのきみ》

院政の成立とその背景　院政とは、天皇を退位した上皇（院）が、天皇の直系尊属の立場により政務を行う政治制度である。院は同時期に複数存在することも多いため、院政を行っている院を特に「治天の君」と呼ぶが、院政開始後にも天皇による親政はしばしば見られることから、一般に親政時には天皇を治天の君と見なしている。

戦後の院政研究は、一九五〇年代に行われた、院政を受領層によって構築された政権と見る林屋辰三郎（五一）と、在地領主制の進展と在地領主層の階級的未成熟という状況に対応した古代国家の専制政治と見る石母田正（五〇）との間に行われた、院政の性格をめぐる論争によって大きく進展した。この論争により、従来は天皇の意思や偶発的要因の産物と理解されてきた院政は、社会的背景との関係を視野に論じられることとなった。

論争は橋本義彦（五四）により林屋説の受領層理解が否定されたことで収束した。しかし、その後の荘園研究・武士研究の進展や、黒田俊雄（六二）の提唱した権門体制論などにより、貴族・荘園が中世社会における支配層の構成要素として位置付けられたことで、石母田説も通説的位置付けを失うに至った。

近年は美川圭（八六）により、院政の目的を、院が政治的実権を握ることで天皇を呪術性の支配する安全圏に置き、王権の安泰をはかること、とする評価が示されている。また、院政の成立過程については、後三条天皇・後白河天皇の退位が直接的には皇位継承の問題に起因していることが河内祥輔（九二）により再評価され、また、院が恒常的に政務決済を掌握するのが堀河天皇の死後であることが美川圭（八六）により明らかにされている。

院政を成り立たせるもの　院政という政治システムは、家長権による院の天皇に対する優越と、院の意思を国政に反映させる政治制度とにより成り立っている。

家長権の問題については、摂関期に外戚が主導した皇位継承・後宮編成が、院政期に入ると王家における家長権の成立により家長である院・天皇の意思で決定されるようになり、これが院政成立の契機であったことが明らかにされている（元木九六、伴瀬九六）。

政治制度の問題については、橋本義彦（七〇）によって後嵯峨院政期に成立する訴訟・政務の運営機関である院評定制が注目され、従来の公卿議定制が院政の成立によって変質・展開し、院評定制が成立するに至る過程が解明された（岡田八六、美川八六・九一）。それにともない、本来は一権門の文書にすぎないはずの院・院庁の発給文書が国政上に位置づけられる過程（富田七九・八〇、五味八四、近藤八七、鈴木九七）や、院が除目に介入し国家的な人事権へ関与することを可能とした方法（玉井八七）など、院の国政上に占めた立場とその変遷が、具体的に解明されている。

（佐伯智広）

女院《にょいん》

女院とは何か　天皇の近親の女性(三后《さんこう》、女御《にょうご》、准三宮《じゅさんぐう》、内親王など)で、院号(居所もしくは内裏諸門の名)を宣下されたものの総称。九九一年(正暦二)東三条院藤原詮子(一条天皇母)が初例。一八五〇年(嘉永三)新待賢門院藤原雅子(孝明天皇母)の宣下まで百余名が存在する。当初は天皇の母后(生母で、かつ后位にあるもの)に宣下されたが、天皇生母ではない后や、天皇と配偶関係がない皇女、または后位についていない天皇生母等にも宣下の対象が拡大した。「おりゐのみかどになぞらへて女院ときこえさす」(『栄華物語』)といわれたように、家政機関や職員が附置され、種々の経済的特権を与えられるなど、女院には男性の院に准じた待遇が与えられた。

研究史　女院に関する研究は、女院制という新たな制度創出の背景について論じた龍粛による制度史研究(龍六〇)、八代国治・中村直勝による荘園研究としての女院領研究(八代二五、中村三九)などの諸研究を初発とする。その後、一九七〇年代後半から一九八〇年代以降、社会史隆盛に伴う女性史的関心の高まり、貴族社会に関する実証的研究の蓄積、権門体制論の提唱などを契機として、中世貴族社会研究が飛躍的に進展してゆくなかで、女院研究も本格的に展開する。橋本義彦は、成立期から幕末までの全女院の事例を通覧し、女院の制度的な変遷(宣下対象の拡大と多様化)を追った(橋本七八)。女院の経済基盤・主従関係、文化的役割について論じる五味文彦(八二)の研究は、女院領とは天皇家内部からの散逸を防ぐために名目上政治と無縁の女性に伝領させたもので、家長である治天の管領のもと、自立した支配権を持たない女院は院の「分身」にすぎないと見なす通説的理解を転換させる画期となった。八条院の自立性をめぐっては、石井進(八八)と五味との間で論争がある。その後、五味の研究視角は野村育世に継承され(野村八七)、さらに伴瀬明美が諸職補任・裁判権・処分等の経営実態を精緻に実証したことにより、女院の経営における自立性が明らかとなった(伴瀬九三)。その後、女院領研究は八条院領や七条院領といった所領群単位、または個別荘園ごとに研究が深化している(布谷〇一)。近年では、複数の御願寺領《ごがんじりょう》で形成される女院領は、女院が担うべき近親者の追善仏事のための料所として機能していたと位置付けられる(野口〇六)。現在、女院領研究は「女院領」の枠を超えて、王家領研究、荘園制研究として研究が進められつつある。

　女院の政治史的分析に関しては、摂関政治における国母女院が天皇・摂関とならんで国政を担ったことが明らかにされ、特に摂関政治研究で進展する(服藤九八)。こうした摂関政治下における女院故実が、院の先例となって院政の開始に寄与したことが指摘され(高松〇五)、院政研究においても国母女院の政治性について検証されている(栗山〇二)。政治・経済・社会的な影響力の大きさから、女院研究は特に中世(前期)研究で盛んだが、南北朝期には広義門院の治政があったとされ、近世の女院制や女院と政務との関わりについても検証が進められている(久保九三)。

(栗山圭子)

王家領荘園《おうけりょうしょうえん》

王家という言葉　戦前から戦後にわたり長く「皇室」という用語が研究で用いられていた。しかし、一九六〇年の皇太子結婚を機に中世史でも戦後歴史学のなかでタブー視された天皇に関わる研究がなされ、それによって従来の「皇室」という用語についても、改めて見直しが迫られた。黒田俊雄は「皇室」とは近代天皇制概念に基づく呼称であり、前近代を語る上で適当な語ではない、と打ち出し、「中世の「王家」とは、旧『皇室典範』の「皇室」のように天皇を家長としてその監督のもとにある一箇の家を意味するのではなく、いくつもの自立的な権門（院・宮）を包含する一つの家系の総称」とした（黒田八二）。これ以後「皇室」にかわる呼称として、「王家」「天皇家」などが使われていたが、一九九三年、伴瀬明美が先の黒田の見解を前提に、女院領を通じて中世前期の「王家」の存在形態を考える、と述べて以降（伴瀬九三）、研究のなかでは、「王家」が定着した。なお、王家という用語に関しては、最近岡野友彦が「氏」と「家」に関して論じる立場から異を唱え、新たな概念として「院宮家」を提案し（岡野〇三）、また、王家のなかの天皇を出す「家」として、あるいは院の家長権が及ぶ範囲としての「王家」を重視する研究なども提唱され、研究史上「王家」はさらなる定義付けが求められている（遠藤ほか一一）。

研究史と課題　王家領荘園の研究は古く、近代歴史学における荘園研究の祖とも言える栗田寛が王家領荘園に注目し（栗田一八八八）、それを八代国治が引き継いだ（八代二五）。その後、中村直勝による研究が出る（中村三九）。彼らの研究はともに「伝領」に着目するものであり、中村が登場した昭和初期は、荘園制研究ブームであったが、その主流は「内部構造」研究で、かつそれは「伝領」研究を許容しないものであった。したがって、昭和初期以降、戦後まで、王家領研究は進展しなかった。ようやく六〇年代前後に研究が再開されると、そこではかつての「伝領」研究が継承された。戦前に編纂された『御料地史稿』（帝室林野局三七）に基づいた王家領の分類（諸司領、後院領、御願寺社領、女院領）が、戦後歴史学のなかで認識され、その後の研究の指標となり、この分類に沿って研究は進展した。戦後歴史学のなかで通説となっていた「寄進地系荘園」論を、近年真正面から否定する「立荘」論が提唱されたが、そのなかでも、王家領荘園は中世荘園の典型を示す事例として考察の中心にすえられ、いよいよ王家領荘園の重要性は注目されている（川端〇〇、高橋〇四）。ただし、王家領の分類が定着したことにより、御願寺領と女院領には多く重複荘園があるにもかかわらず、相互の関係は追究されないままという問題点もいまに残す（野口〇六）。また、王家領荘園として「院領荘園」という表現を見ることがあるが、そのほとんどは鳥羽・後白河・後鳥羽院政期のもので、その多くは、のちに娘の女院に引き継がれ「女院領」を形成する。「女院領」はまさしく王家領荘園の中心であったといえよう。今後は中世王家経済としての内実が、さらに追究されるべきである。

（野口華世）

将軍権力の二元性《しょうぐんけんりょくのにげんせい》

鎌倉・室町両幕府の首長の権力が主従制的側面と統治権的側面の二面性を有していたとする佐藤進一の所説。

所説の成立　佐藤は室町幕府の開創期、一三三六（建武三）年〜一三五一（観応二）年における政所・侍所・安堵方・引付方（内談方）・禅律方などの内容をあきらかにし、これらの機関が幕府のなかでどのように体系化されていたかを論じて、侍所・恩賞方・政所が将軍尊氏直属であるのに対して、安堵方・引付方（内談方）・禅律方・官途奉行・問注所等は尊氏の弟直義の所管であったことを見出した。そして尊氏と直義の権限分割について、尊氏の武士に対する軍事指揮権と行賞権は主従制的支配権であるのに対して、直義の掌握した民事裁判権・所領安堵権は「支配領域内の財産権を保障する権限であって、多分に統治権的性格をもつ」と特徴づけた（佐藤六〇）。佐藤はさらに室町幕府における将軍権力の形成を論じるのにこの論を援用し、将軍権力の二元性は鎌倉・室町両幕府の将軍権力一般にあてはまるもので、「将軍はもともと、私的・人格的な主従制的支配権と、公的・領域的な統治権的支配権とをもって」いたが、前者が将軍の身に備わる固有の権能であるので、尊氏・直義の両頭政治において、尊氏は統治権的支配権に関する権限を直義に委ねたが、主従制的支配権に関する権限は自身で掌握したと論じ、鎌倉幕府においては将軍権力の二元性は将軍勢力と北条勢力の対立となって現れたと論じた（佐藤六三）。また史料論の一環として鎌倉幕府の下知状を取り上げ、下文と下知状の機能区分について、「下文の扱う所職の給与と譲与の安堵は、将軍が御家人に対してもつところの身分的、主従制的支配権の発動」であり、下知状の扱う訴訟の裁許、守護不入等の特権付与、紛失安堵等は「将軍が領域的支配者としてもつところの統治権的権能の発動」であると論じた（佐藤七六）。

中世社会論への応用　佐藤は直義の権限の性格を「被支配者間の争いを第三者として判定するもの」と規定したが、石母田正が鎌倉幕府の公権力としての成立を論じるのに、地頭御家人相互の対立に対して第三の権力として君臨する側面に注目したのは、佐藤の所説を受けたものと思われる（石母田七二）。近藤成一は、公家政権が天皇と院権力の二元的構成をとるのも、武家政権の二元的支配権に相当するものであり、封建王権が二元性を特質とすることを論じた（近藤八七）。

大山喬平は、主従制的支配権と統治権的支配権が中世の封建権力・封建領主制を支える二つの異質な支配権であるとし、その原基構造は中世村落に内包されていたとする。すなわち名主の家内隷属民に対する私的支配が主従制的支配権の原基形態であるのに対して、統治権的支配権の原基形態は名主の散田作人に対する関係であり、私的な人格的隷属として律しきれないこの関係を、大山は「構成的支配」と称した（大山七〇）。永原慶二は、佐藤・大山が支配の二要素を区別し並列する方法を批判し、一方が他方を実現するための起動力的意味を有する関係にあることを主張した（永原七二）。古澤直人・新田一郎はこの観点を継承している（古澤九一、新田〇六）。

（近藤成一）

徳政・徳政令《とくせい・とくせいれい》

徳政思想と中世新制　徳政とは、古代中国の儒教思想に基づく政治理念（徳治主義）であり、天子が施す恵み深い善政・仁政一般を意味した。前漢の儒学者董仲舒は、天災や戦乱などが起こるのは天子に徳が欠けているためであり、天子は徳政を実施して民衆の支持を回復せねばならないという天人相関説を主張した。日本中世においては、この政治思想が、支配者・被支配者を問わず、社会変革のよりどころとなったのである。

日本では、八世紀の文武朝になると、天子の不徳→災異発生→攘災政策の実施という論理構成をもった「天子不徳」詔が発布された。攘災政策＝徳政は、恩赦・救援米供出・減免税などの社会政策であった。平安中期以後になると新制と呼ばれる天皇の特別立法が発布され、主に過差（服装などの贅沢）禁止と荘園整理が実施される。こうして中世になると、荘園制を維持するための修正的政策はおしなべて徳政の旗印のもとで新制により推進されたのである。この時期になると、寺社・御家人領興行（所領回復）と雑訴興行（裁判の公平・迅速化）が徳政令の中心になる。

武家政権による仏神領興行　鎌倉幕府の成立後は、将軍が独自に新制の発布主体になり（永仁の徳政令はその一つ）、安達泰盛の弘安徳政と呼ばれる政治改革路線のなかで公武の一体化が進んだ。集権的な国家権力の形成過程で、重層的分散的所領の一円化（惣の形成）が不可避となり、別相伝・別納地を惣領に返付させる所領一円化の法が徳政令の中核となった。とくにモンゴル襲来以後の神領興行思潮の高まりにより、寺社領の回復興行が民衆的正当性をもって強行された。叡尊・覚心・導御ら体制仏教改革派集団の活動により、日本神国観が地域社会に浸透したのである。こうして地域社会における自力救済は、理非を超えた宗教権威によって排除される。それは、物を基盤とした一円荘園制の支配強化につながった。一三世紀後期より、仏法・人法相依説という新たな支配イデオロギーにより、在地社会の側に徳政の主導権が移ったことになる（久野〇七）。

土一揆の徳政令　理非を超えた神領回復運動の広がりにともない、地域社会の各階層や職業集団（国一揆や惣など）を担い手とする徳政が顕在化する。土一揆による徳政要求（いわゆる徳政一揆）や在地徳政は、ほぼ借物・借財（主に不動産）の取り戻し（いわゆる借金棒引き）と同義になった。将軍代替わりや飢饉天災・革命年を契機とする徳政要求は、室町期の社会において広く容認されていた。この理由として、共同体的な制約が色濃く、純経済的な永代売買の観念が未定着だった中世社会において、王の代替わりなどを契機とする徳政願望高揚には、仏法・人法相違説を支配理念とするゆえ為政者も応ぜざるをえなかったためと心性史の視点から説明されている。

王権による政治改革としての徳政令と、土一揆による公平の実現としての徳政令は、その正当性が自力救済の過酷な暴力（競争）から「理非」裁判を通して新たな法が解放する点に求められると主張した笠松宏至説によって、初めて整合的に理解する道が開けた。

（海津一朗）

撫民と公平《ぶみんとくびょう》

荘園領主による荘園支配を成り立たせる論理であり、さらには下司・地頭などの在地領主の所領支配を支える論理としても受容された、中世社会における国家的・体制的イデオロギー。撫民は農民に対する収奪を規制してその自立性を確保した上で、年貢＝公平の確保を目的とするものであったとされる。

支配イデオロギーとしての撫民　撫民は徳政や仁政と同様、統治者が要求される理想的政策であるが、中世においては北条時頼政権・後嵯峨院政の政策基調として特に注目されてきた。この撫民の背景に公平＝年貢の確保の存在を指摘したのが羽下徳彦であり、さらにこれを中世社会全体の支配イデオロギーとして展開したのが入間田宣夫であった。

収奪を前提とした撫民　羽下（七五）は、適正な収奪を確保し公平に分配することが公平の論理であり、その上で不法な収奪を規制し再生産を維持することが撫民の論理であるとし、撫民とは所詮支配の論理であるとした。そして公家法も武家法も本所法も、治者の法・統治の法である限り、この撫民と公平の論理を共有していたとする。

鎌倉幕府と撫民　入間田（八一）は、荘園領主による年貢の確保が地頭の非法によって妨げられたことが幕府への訴訟を招き、その対応のなかから幕府の撫民政策が体系づけられたとする。そして、この撫民と公平の論理が個別の領主にも受容されるなかで、中世社会全体の支配イデオロギーとして成長してゆくとした。また土民去留の自由の条件として公平＝年貢の皆済が存在したことを指摘し、撫民と公平の相互関係を明確にしている。

史料上の「公平」　ただし、史料用語としての「公平」はかならずしも年貢そのものをさしていない場合もある。実際の用例としては「全体の利益にかなう適正・公正な在り方」としての意味である場合が多く、羽下（七五）の言葉を借りるならば「適正な収奪を確保し公正に配分することこそが公平の論理」であった。「公平」は「撫民」とも密接に関係するが、それ自体を一つの中世思想として検討する必要があると思われる。

撫民と徳政　一方、笠松宏至（八一）は後嵯峨院政・北条時頼政権に共通する政策として撫民の存在を指摘し、これを公武徳政に通ずるものと評価した。笠松は撫民を合理的精神に基づき、在地社会における慣習や観念に基づく過酷な刑罰を抑制するなど、「土民」の現状に即した具体的な対応を示した点で画期的であったとしている。

思想としての撫民　その後、現実の収取・支配と撫民との関係について、思想的側面から検討を進めたのは本郷恵子（〇二）である。本郷は撫民思想の背景に専修念仏信仰の広がりの存在を指摘するとともに、その公武両政権での受け止め方の違いの存在を指摘している。本郷によって、公家政権の撫民は、民衆と正対せず民衆を背後に神仏に向き合うものから「人の煩い」を直視するものへと転化したこと、幕府の撫民は幕府主催の公事を従属させるものであったが、その背景に、武士たちの専修念仏への信仰と自らの実生活との矛盾への内省があったことが指摘された。

（西田友広）

得宗専制《とくそうせんせい》

得宗専制とは、鎌倉幕府政治のうち、将軍独裁から執権政治を経て、北条得宗家（北条義時以降の北条氏嫡流の家）に権力が集中した体制を指す。この三段階を提唱したのが、佐藤進一である（佐藤四八・五五・八三）。鎌倉幕府の中枢が北条一門にほぼ占有され、権力が「執権という幕府の公職から離れて北条氏の家督個人の手中に入る」時期とされる。

成立時期をめぐって　この得宗専制と呼ばれる体制は、鎌倉幕府後期の政治史研究においてすでに前提となっているが、成立した時期、つまり前段階の執権政治から得宗専制へと移行した時期については、議論がなされてきた。それは研究概念としての得宗専制の成立の指標が各研究者によって異なる点にある。

佐藤は得宗専制の権力基盤として次の三点をあげている。①得宗の私邸で行われる非制度的な寄合、②幕府諸機関への御内人（得宗家被官）の登用、③幕府の地方機関（探題・守護）への北条一門の配置である。これらは北条時頼から北条貞時の代にかけて完成するもので、一二八五（弘安八）年におきた霜月騒動を画期としている。

石井進は得宗家の守護職・地頭職の集積および、幕府の重要官職の独占を得宗専制の要素としてあげているが（石井六二）、移行時期は佐藤と同じく時頼の時期を転機とし、霜月騒動によって成立したと説く。また、前段階の執権政治の完成形を、安達泰盛の弘安徳政とする網野善彦は、霜月騒動で泰盛が滅ぼされることによって得宗専制の時代がおとずれたとする（網野七四）。

他方、奥富敬之は寛元の乱から宝治合戦にいたる一連の反北条家の御家人排除をもって体制の確立としている（奥富八〇）。この寛元の乱については上横手雅敬も重要視しており、この乱をもって体制移行がなされたという（上横手七五）。しかし、上横手の得宗専制の概念については佐藤の示すものとは齟齬があるとの指摘もある（古澤九一）。

これらに対し、村井章介は引付衆の廃止や、宗尊親王の将軍廃位をもって成立の画期となし（村井八四）、五味文彦や細川重男は一二八四（弘安七）年に制定された「新御式目」を重要視している（五味八八、細川〇〇）。

その他の論点について　近年では、こうした成立時期以外の議論も盛んとなっている。鎌倉後期の幕府には役職を基準とする家格秩序があり、特権的支配階層があったことを指摘した細川は（細川〇〇・〇七）、佐藤の説く権力基盤の一つである寄合を、非制度的なものではなく、最高決定機関として制度化されていたとし、また特権的支配層が得宗権力を収奪していたと説く。

その他、幕府の地方機関（探題・守護）への北条一門の配置については、秋山哲雄が鎌倉後期の守護職の分析を行い、北条一門の守護分国経営において得宗の支配が及んでいないことを明らかにし、「得宗専制」自体に疑問を呈している（秋山〇〇・〇五）。

（野村朋弘）

当事者主義と職権主義《とうじしゃしゅぎとしょっけんしゅぎ》

本来は法律用語において、紛争当事者と裁判所との関係を論じる際の用語。当事者主義は、事実解明や証拠提出の主導権を当事者に委ねるもの、職権主義は裁判所による積極的な事実解明や証拠の追及を認めるものである。歴史学上の用語としては主に中世の法制史・訴訟制度史の分野で用いられはじめた。

ゲルマン法との比較　日本法制史における研究は、中田薫（二〇）がゲルマン法と共通する弾劾主義が日本中世の刑事訴訟法においても行われていたことを指摘したことにはじまる。また石井良助（三八）は、所務沙汰（土地財産権をめぐる訴訟）においては当事者主義が原則であったが、境相論では鎌倉時代から古老への尋問や実検が行われており、室町時代には証文についても提出命令が発せられるようになったとした。

鎌倉幕府の訴訟制度　佐藤進一（四三）は鎌倉幕府訴訟制度の変化を政治史と結びつけて論じ、幕府訴訟制度が権利保護を重視する当事者主義から職権による秩序維持や紛争の早期解決、訴訟の減少を重視する職権主義・鎮圧主義に変化するとし、これを合議を重視する執権政治から得宗専制政治への変化を表すものとして論じた。ただし、佐藤の言う職権主義は裁判所による事実解明や証拠追及というより、幕府権力による強制的な紛争の解決あるいは鎮圧を意味しており、本来の職権主義とは異なった用法になっている。

封建法と本所法　羽下徳彦（六〇a・b）は検断（刑事案件の処罰や取締り）を対象として論じ、幕府の検断が、当事者主義的な検断沙汰から職権主義的な検断へと移行してゆくと見通した。また本所法における検断を検討し、当事者主義の背景には人身支配に重点をおく荘園領主の支配形態があり、これに対し、職権主義は一定の領域を支配しようとする在地荘官の活動と密接に関わっているとして、職権主義は封建法の特質であるとした。そして、羽下は当事者主義と職権主義を本所法と封建法のそれぞれの特質と捉え、当事者主義から職権主義への移行を、封建法（封建領主の法）による本所法（寺院荘園領主の法）の克服として捉えた。

当事者主義の背景　笠松宏至（六二）は鎌倉幕府訴訟における当事者主義の背景として、幕府において法源の保存・整備が行われていなかったことを指摘し、中世法の特質へと論を展開したが、幕府訴訟の職権主義的傾向への転向という枠組みは共有している。

社会習慣としての当事者主義　一方、訴訟制度の問題を超えて、権利や名誉を権利者自身が実力で維持することが中世社会の特質であったことが指摘されている。稲葉継陽（〇〇）は、室町幕府の判決は実力行使に必要な近隣の合力を獲得する正当性として機能し、在地社会の当事者主義的平和形成システムと不可分な関係にあったと指摘しており、当事者主義・職権主義をめぐる議論も新たな視点から再検討が必要となっていると言えよう。

（西田友広）

中世のイエと「イエ支配」《ちゅうせいのいえといえしはい》

「イエ」の概念　「イエ」は家屋を指すこともあれば、そこに住する人間集団を指すこともあるが、家屋の法的性格がそこに住する人間集団の法的性格を規定していることが意識される場合に、「イエ」という概念が用いられる。

イエ支配の自立性　石井進は中世社会における「イエ支配の独立・不可侵性」を論じて、以下の三点を指摘した（石井七四・七六）。第一に、家の内部に入った者の生殺与奪が家の主人に委ねられ、公権力による保護が及ばない。家は治外法権の領域である。第二に、そのような家を舞台に成立する親子関係・主従関係は親・主人を絶対とし、建物としての家に対するその主人の関係に擬せられる。現実の親子関係・主従関係は建物としての家の内部に完結しないが、親子関係・主従関係の延びる空間が建物としての家の空間に擬せられる。そして第三に、家相互間の紛争解決の基本は自力救済により、公権力による解決は当事者間の和解を仲介するものにとどまる。

イエ支配のモデル　石井は、地頭の得分の基準を定めた「新補率法」を念頭において「イエ支配」を図式化し、三重の同心円構造として説明する。同心円の中核は家・館・屋敷であるが、これは軍事的要塞であり、農業経営の基地であり、手工業や交通のセンターでもある。二番目の円は周囲にひろがる佃・正作・門田等とよばれる直営田であり、下人・所従などの隷属民を使役した経営が行われる。三番目の円は周辺部の庄・郷・保・村などの地域単位であり、地頭の職権を行使した支配が行われる。このようなモデルで「イエ支配」を考える石井の所説は、戸田芳実が中世領主的土地所有の歴史的出発点を求めて、律令制下においても強固に私有を認められていた「宅」に行きついた（戸田六七）のや、オットー・ブルンナーが、家Hausが領主支配の中核であったことを論じ、家を所有するもののみがラント法的意味での領主、ラント構成員として認められたことを指摘した（Brunner 1965）のと親近性を有する。

地頭のイエと百姓のイエ　石井は、地頭級武士団のイエ支配が拡大して、周辺部の庄・郷・保・村をその内部に包摂していくことによって、公領域を支配する封建領主制が成立することを展望した。これに対して大山喬平は、公領域である庄・郷・保・村に百姓のイエが存在することに注目し、百姓のイエの自立性が地頭級武士団の領主権の拡大を阻んだと考えた（大山七七）。イエが抵抗の拠点として機能したことに関連して、百姓が逃散する際に、「篠を引く」と言って、屋敷・田畠の周囲に篠や柴を差した慣行について議論されている。黒田日出男・勝俣鎮夫が篠を引かれた家に籠った逃散百姓の妻子や資材は追捕を免れたと考えた（黒田八一、勝俣八二）のに対して、峰岸純夫は、農民が家屋を閉鎖して在地を立ち退く際に、家屋に対する権益の存在を主張するために篠を引いたと考えている（峰岸九三）が、いずれにせよ百姓のイエの独立・不可侵性を示すものであろう。百姓のイエの自立性は領主制支配をまばらな穴だらけのものとし、逆に百姓のイエの共和的結合によりムラが成立したのである。

（近藤成一）

建武新政《けんむしんせい》

復古的政権説　戦後の建武新政研究は、中世封建制の展開上にこの政権をどう位置づけるかという視角から始まった。永原慶二は新政が在地領主＝封建勢力を編成する手段を欠いていたことを強調し、新政は現実を無視した天皇専制を基調とする復古的政権であったと評価した（永原六二）。

封建王政説　その後黒田俊雄は権門体制論の立場から、新政は封主権を国王に集中した封建王政と評した。新政の権力編成原理を復古的とする永原に対し、黒田はそれを封建的な関係とした（黒田六三、シンポ七四）。この見解は、成長する農民に対抗して封建国家が権力集中を進めるとする堀米庸三説（堀米五三）に拠っている（シンポ七四）。これに対して永原は、国家権力を分有する在地領主が議論に組み込めないと反論した（シンポ七四、永原八八）。封建国家の展開という観点に立つ黒田説では、新政破綻後も権力集中は必然的に展開すると考える。黒田は新政から室町幕府までを、封建王政の成立時期と考えた。

宋朝的専制説　一方、佐藤進一は、当該期の国家権力は経済基盤の再編、新興武士の編成という課題に直面していたことを重視した。そして、後醍醐天皇は天皇を貴族が掣肘する議政官会議の解体、貴族官人の世襲官職制の廃棄など、宋朝の皇帝専制をモデルとしてこれらの課題に対応したと指摘した。さらに、かかる性格を持つ新政は古代律令制以来の公家官僚制史上、きわめて特異な政権であったと指摘した（佐藤五八・八三、座談六七）。また、後醍醐の課題は義満期に一応の達成を見るとした（座談六七）。時期区分や国家権力中枢に注目する点で黒田説と佐藤説は近い関係にある。

佐藤説以後　佐藤説は通説化するとともに、新しい研究を呼び起こした。網野善彦は、幕府権力伸張と朝廷政治腐敗という王権の危機に対し、後醍醐があらゆる権威を動員したのが新政＝「異形の王権」だったとし、その崩壊は古代以来の天皇制の没落を意味したと指摘した（網野八六）。また、公家政治史研究が活性化し、佐藤が強調する公家官僚制の改変は、鎌倉後期公家政権のもとで進められており、新政は鎌倉後期と連続する性格をもっていたことが指摘され（市沢九二）、さらに森茂暁によって制度史分析も深められた（森〇八）。しかし、公家研究の精緻化は、新政の性格を考える枠組みを不明瞭にする一面を有していた。一方で永原がこだわり、佐藤がふれなかった武士編成も問題となり、上横手雅敬は主従制について、後醍醐と武家の棟梁の間に大差がないとし、封建王政説を支持した（上横手九四）。さらに、佐藤が明言しなかった新政の影響をどう考えるかという問題がある。新政はしばしば「時代錯誤」「あだ花」といわれることがあるが、民衆の立場からの新政批判とされてきた二条河原落書が、保守派の新政批判であったことも明らかにされた（市沢〇八）。ではこの新しさをどう評価するべきか。冒頭の問いかけに対する答えが、改めて求められているといえるだろう。

（市沢　哲）

守護領国制《しゅごりょうごくせい》

「守護領国制」論　「守護領国制」論は南北朝・室町期「守護」の領国支配体制に関する学説である。戦後の日本中世史研究に大きな影響を与えた石母田正の「在地領主制」論（四六）に源流を持つ。

本格的には一九五〇年代頃より永原慶二（五二）らによって肉付けされた。要約すれば、「守護領国制」とは「守護」が全国的土地支配体制である荘園制を武力で侵略し、領国内の国人（中小規模の領主）と主従関係を結んで成立させた分権的封建制を指す。そして当該期中央権力たる室町幕府には「守護領国制」を展開した「守護」の連合政権的な側面があるとするものである。

「守護領国制」論への批判　ただし、「守護領国制」論の主唱者である永原自身も、「守護」の限界について次のように述べる。「守護」は、自身の領国制を展開させるにあたっては、農民の成長と在地の構造変化の上に立つ国人層の掌握が必要不可欠である。その意味で「守護領国制」の主導権は実は国人層が握っていた。この国人層の掌握のため、「守護」は上位権力である室町幕府に対し一定の求心性を持たざるをえなかったという。

また、一九六〇年代に入ると、こうした国人層に注目した学説、「国人領主制」論に基づく黒川直則の「守護領国制」論批判（六二）が大きな影響力を持った。黒川は結論で次のように述べる。「守護」の荘園侵略は荘園制を前提としたもので、荘園制と「守護領国制」は本質的に対立するものではない。そのため、「守護」も応仁・文明の乱後の荘園領主の没落と軌を一にした。しかし、その一方で、国人層は村落内部にまで立ち入って支配を展開。これを基盤に「守護」を淘汰し、戦国大名へ成長していった、というものである。こうして「守護領国制」論は、国人評価の相対的上昇や、室町幕府の権力基盤関係の研究の進展もあり、一九七〇年代までには低調となっていった。

「守護」をめぐる議論の新展開　しかし、「守護」権力が南北朝・室町期に存在したことは、厳然たる事実である。また、すべての戦国大名が国人出身というわけでもない。そのため、新たな「守護」を巡る議論の登場が待たれていた。

一九八〇年代に入ると、そうした期待を負って川岡勉が「室町幕府―守護体制」論（〇二）を提唱した。同論は理論の基礎に黒田俊雄の「権門体制」論（六三）を置く。川岡によると「守護」権力は、「天下成敗権」を有し武家権門の長たる将軍から「一国成敗権」を分与（守護職補任）されることで分国支配が可能な権力とする。この説の特徴は国家論的見地から「守護」の存在意義を問うことにある。かつて「守護領国制」論が室町幕府には「守護」の連合政権的側面があるとした点と対照的である。ただ、そのためか、本来「守護領国制」論が取り組んできた「守護」による国支配の実態はどのようなもので、地域権力化はいかに果たされ、戦国大名はどのようにして誕生するのか、という諸問題について幕府公権の「守護」への分与の観点のみで説明しようとする傾向がある。

いずれにせよ、南北朝・室町期「守護」による国支配の問題は、今後とも十分研究の余地がある重要な分野であろう。

（藤井　崇）

検地《けんち》

検地と安良城説　一般的には土地調査の意だが、戦国大名以後の大名・領主や武家政権が行ったものを指すことが多い。とりわけ、安良城盛昭による太閤検地封建革命説が出てからは（安良城五三・五四）、太閤検地以後の近世検地が検地の代表的存在と捉えられた。一段＝三〇〇歩制をとり、村ごとに、土地一筆あたりの所在・地目・面積・等級・生産高を定め、その土地における貢納責任者も定めて検地帳に登録する原則だったとされる。貢納責任者は一地一作人が原則とされたので、荘園制下での土地における重層的関係は一掃されたとみなされるのである。

戦国大名検地論の提起　有光友學・勝俣鎮夫らが提示した戦国大名検地論は、こうした見方に大きな修正を迫った。有光は今川氏、勝俣は今川・武田氏の検地を検討し、これらの検地では荘園制下での中間得分＝加地子が把握されていたとした（有光七四、勝俣七五・七六）。これにより、土地における重層的関係の否定は、すでに戦国大名検地が実現していたとみなされたのである。勝俣はさらに、検地増分安堵の有無により、中世的兵農分離も進められたとした。こうして、戦国大名検地は、従来考えられていた近世検地の内容を基本的に達成していたものと捉え直され、戦国大名権力はすぐれて近世大名権力に近いものとして位置づけられることとなったのである。これに対し、安良城盛昭は戦国大名検地が把握した増分は隠田にすぎないとして、有光・勝俣説を批判し、自説を再確認した。以降、いわゆる安良城・勝俣論争が展開したが（安良城八一、勝俣八三）、論点が検地増分を加地子と見るか隠田と見るかとの二者択一的なところに矮小化された観があり、明確な決着を見ないまま、戦国大名検地論も沈滞化することとなった。

全体像の見直しへ　その後、織豊検地、太閤検地を具体的に掘り下げる研究が現れ、検地像に転換を迫った。池上裕子は、織田検地によって把握された石高を、本年貢・加地子・公事を合わせた「年貢」高とし、太閤検地で上田一石五斗とされた斗代も同様の「年貢」高とした。これらの「年貢」は、戦国期畿内近国の「年貢」をふまえたものであり、ここから成立した石高より損免と免とが控除されたものが実際の年貢高となるとされたのである（池上八八）。池上はさらに先規を記す「指出」を検地と混同して「指出検地」あるいは「検地指出」としてはならないことも指摘している（池上九九）。また、太閤検地研究においては、実際には多様な類型があることが指摘され、そもそも太閤検地とは何であったのかが問われるところともなっている。池享は、太閤検地の意義は、公家・寺社領を石高制的知行体系に包摂し、中世国家の解体状況下で国家的保障体制を失った公家・寺社の領主的所有を再編・再建したことに求めるべきとした（池九九）。これは、太閤検地を収取体制の変更とは異なる次元の問題とすべきという提言といえる。ここに至り、戦国大名検地・織豊検地・太閤検地・近世検地は、あらためてその全体像を問われているといえるのである。

（久保健一郎）

国分《くにわけ》

国分とは何か　国分とは、戦国・織豊期において、国・郡や「領」と呼ばれる領域を単位に、大名領国を画定することをいう。国分の研究を本格的に行った最初のものは、藤木久志（八五）である。藤木は、戦国争乱の本質を「国郡境目相論」と規定しつつ、戦国大名間の戦争が領土紛争という性格を帯びていたことに注目し、合従連衡のあり方の一つである国分の重要性を指摘した。さらに藤木は、そうした戦国期に繰り返された国分の延長線上に、豊臣政権による全国の国分も行われたことを見通し、中世末から近世初頭にかけての研究に大きな影響を与えた。

戦国期国分と豊臣期国分　藤木の国分論は、戦国期国分と豊臣期国分の二つに分かれている。

戦国期国分とは、中央権力による強制力を伴わない戦国大名間による主体的な国分のことである。その特徴として、①領土画定は国郡単位で行われ、②当知行安堵や本領安堵など中世的法慣習に基づくものであり、③主従関係や裁判権も変更されたが、④国分の実効力は大名間の「自力次第」であった、⑤様々な制約があるものの現実に一定の効力を持ち、新たな地域秩序形成を促した、などとまとめることができる。特に④の「自力次第」こそが戦国期国分最大の特徴であるとして、その克服が豊臣政権の課題となったとする。

対して豊臣期国分の特徴は、①戦国期国分による秩序を前提としつつ、②裁定には命令に等しい拘束力をもたせ、従わないものに対しては「平和」侵害の罪をもって征伐の対象とし、③当事者の「自力次第」ではなく、豊臣政権による職権的な強制執行という形をとったこと、などが挙げられる。そしてそれは、藤木によって「発見」された「惣無事令」という全国法令に基づいて執行された領土裁定と位置づけられ、戦国期国分との質的な相違が強調されたのである。

国分論の現状と課題　こうした藤木の国分論に対し、批判的に継承する研究が登場している。

豊臣期国分については、藤田達生の研究が挙げられる（藤田〇一）。藤田は、豊臣期国分が実際には戦国期の秩序とは関係なく豊臣政権が恣意的に行ったものであるとし、戦国期国分の延長線上に豊臣期国分を位置づけることができないとした。

一方の戦国期国分についての検討は、近年になって則竹雄一などによって本格的に展開されるようになってきた（則竹〇五）。則竹は、東国における国分を検討し、国分の単位が伝統的な国郡とは限らず、戦国期に形成された新たな地域の枠組みに基づいて行われるものであったことなどを解明している。

戦国期国分も豊臣期国分も、その実態はなお未解明の部分が多い。地域社会を構成する様々な階層の動向を踏まえて、全体としていかなる秩序が国分により形成されるに至ったのか、さらなる分析が今後の課題である。

（竹井英文）

惣無事《そうぶじ》

惣無事令の「発見」　「惣無事」とは、文字通り平穏無事、和与・停戦を意味する「無事」が広域・全体にわたって実現することを指す。この言葉をキーワードに、中世から近世への転換を鮮やかに描いたのが、藤木久志による「惣無事令」論であった（藤木八五）。

藤木は、関東・奥羽両国に「惣無事」を命じる豊臣秀吉直書に注目し、それを広く全国に発令された私戦禁止令＝「惣無事令」という全国法令と定義した。その裁定原則として、停戦命令、当知行安堵、当事者の申し分を踏まえての裁定、境目画定、違反者征伐などを挙げ、この法令に基づいて全国統一が達成される過程を描いたのである。このように、「惣無事令」論は、基本的には政治史研究の次元での議論だが、「惣無事令」は喧嘩停止令・海賊停止令・刀狩令とともに全体として「豊臣平和令」を構成する根本法令としても位置づけられており、その議論全体が「惣無事令」論と呼ばれることもある。「惣無事令」論は、豊臣政権の全国統一を武力制圧過程として描く歴史像に根本的な再検討を促したと同時に、大名から村落に至るまでの私戦規制の動向＝「平和」化への動向という視点によって中世から近世への移行を捉えることを可能にした点において、現在に至るまで各方面に多大な影響を与えており、研究史上極めて重要な議論となっている。

「惣無事」研究の現状と課題　藤木の「惣無事令」論を受けて、様々な形で継承・批判する論考が発表されたが、特に真正面から批判を展開したのは藤田達生であった。藤田は、豊臣政権の全国統一過程が実際には武力制圧過程であったとして、「惣無事」は建前であって政策基調とはいえず、「惣無事令」の存在を疑問視した。豊臣政権の本質は「惣無事」という建前に隠された独善的・好戦的なものだったというのである（藤田〇一）。

しかし、そもそも「惣無事令」とされた史料が登場した歴史的背景やその歴史的位置が明確でない点がこれまでの研究の大きな問題であった。これに対し、竹井英文は、秀吉が東国に求めた「惣無事」とは、織田政権が東国に進出したことにより形成された秩序のことを指しており、従来「惣無事令」とされてきたものは、その維持・回復を目的として始まった対東国固有の政策であったことを指摘した（竹井〇九）。また、藤井讓治は、「惣無事」という言葉は存在するが、統一政策のすべての前提となるような「惣無事令」という法令は存在しないとした（藤井一〇）。

社会の「平和」化という中世から近世へかけての全体の動向を分析するうえで、「惣無事令」論の有効性自体は失われていない。しかし、全国法令としての「惣無事令」の存在は否定され、それに基づいて展開された戦国・織豊期の政治社会史研究は再検討せざるをえなくなっている。「惣無事」とは何を意味するものなのか、そこからどのような政治史像や豊臣政権像が見えてくるのか、当該期固有の政治情勢や地域的特質を踏まえて検討することが今後必要だろう。

（竹井英文）

職の体系《しきのたいけい》

職の体系とは　本家職、領家職、預所職、下司職、地頭職、公文職、名主職など、一定の得分権をともなった「職」の重層関係によって構成される荘園制下の重層的土地所有の体系をいうが、一九六〇～七〇年代の封建制社会成立をめぐる議論のなかでは、荘園・公領を貫く国家全体の権力編成の原理・秩序を表す概念として用いられ（永原六〇、黒田六七）、また一三世紀後半以降の名主職・作職等の農民的職をも含めた職の性格をめぐる議論のなかでは、中世社会に特徴的な所有の法的形式・体系という意味でも用いられた（網野六七、大山七三）。

封建制論争のなかで　荘園制を封建制社会への過渡期とみる永原慶二は、荘園制の骨格となる職の体系を、寄進地系荘園の形成を通じた国家公権の分割として説明し、封建領主権の重層関係とは質的に異なる、王朝国家の秩序体系として捉えた（永原六一）。永原は、職はまず郡司・郷司など在地性の強い国衙領支配の地位に発生し、在地領主層（郡司・郷司）の所領寄進によって荘園制上の職に転化し全体的秩序にまで拡大するとし、職の体系を基礎とする国家を「「職」制国家」と呼んだ（永原八二）。

一方、荘園制を封建国家の一段階とみる戸田芳実・河音能平は、職を領主の本宅敷地的土地所有を基調として展開される封建領主の土地所有形態そのものであるとし（戸田六三、河音七一）、黒田俊雄は、職の体系とは、権門貴族・寺社の家産支配上の地位という名目によって構成された封建的大土地所有の位階秩序であると主張した（黒田六七）。

永原・黒田の見解は、荘園制の評価では対立するものの、職の体系を国家全体の権力編成の原理・秩序とみる点では共通しており、その理解は荘園公領制概念とともに定着していった。

「虚偽の意識」の体系　だが職の体系に求心的・集権的性格をみる見解に対して、イエ支配の自立性から中世社会の分権的・多元的構造を説いた石井進は、領主支配を、①中核にある家・館・屋敷、②周囲に広がる直営田、③周辺部の地域単位（荘・郷・保・村）の三重の同心円構造で捉え、職の体系を、③外円部分における支配が未熟で、領域支配が未確立であった中世前期の段階における「虚偽の意識」の体系であると述べていた（石井七六）。

さらに近年では、職の重層関係の理解そのものに批判が出されており、川端新は、立荘時に成立するのは〈本家―預所・下司〉という基本構造であるとし（川端〇〇）、高橋一樹は、本家職が鎌倉後期の荘園領有体系の変質のなかで創出されたこと（高橋〇四）、佐藤泰弘は、本家・領家・預所の関係について、領家が先にあり、領家が本家を戴くことで預所になり、寄進後も領家として荘園の領有者としての地位が保持されること、そして領家職は補任される職ではなく、荘園の所有権の表示であることを明らかにした（佐藤〇九）。

これまで職の体系という概念で把握されてきた実態そのものが捉え直されるに至っている。「虚偽の意識」の体系と捉える石井の見解も踏まえ、職の体系という概念自体が問い直される段階にきている。

（鎌倉佐保）

公田（公田体制）　こうでん（くでん）

「公田」とは、所当官物・一国平均役あるいは幕府御家人役などの賦課基準として、政治的に把握された大田文に登録された田地のことで、寺社・公家・武家領あるいは国衙領のいずれのなかにも存在した。その「公田」を共通の基盤として、鎌倉・室町期における公家・武家両政権に結集するすべての支配階級が統一的人民支配を維持していた体制を「公田体制」という。

公田・公田体制の提起　このような理解を初めて提起したのは、入間田宣夫（六九）である。その後入間田は一連の研究を発表し、「公田こそは、中世前期における国家機構をささえる物質的基礎であった」と結論している（入間田七五など）。同時期、守護領国と国衙領支配の関係を研究していた田沼睦も、入間田の提起を受け止め、公田が室町幕府の全国的統治権的支配の客体として存在したこと、公田支配は幕府財政の重要な基盤であり、かつ守護の中央への求心性を媒介するものであったことなどを明らかにした（田沼六五・七〇など）。入間田・田沼らの研究によって、「公田・公田体制」という概念は中世史におけるキーワードとして位置づくことになった。

ところで、入間田が「公田・公田体制」を提起する前提には、戦後の中世史研究が開拓してきた国衙領と大田文研究の進展がある。

国衙領・大田文の研究　国衙領の研究は古く清水三男（四三）などまで遡るが、それが本格的に取り組まれるようになったのは一九五〇年代後半のことである。清水の視角を受け継いだ竹内理三（五五）などが出された後、戸田芳実の国衙領に関する研究が相次いで発表され（戸田五九a・b）、戦後の国衙領研究の口火が切られた。その後、大山喬平の国衙領と領主制に関する研究（大山六〇）や、坂本賞三の「王朝国家論」に至る一連の研究が発表されるなど（坂本七二）、平安・鎌倉期における国衙領の存在とその特徴が明確になった。

一方、一国別の土地台帳である「大田文」研究の先鞭を付けたのが石井進（五七）であった。この研究によって、大田文が一国平均役の賦課だけでなく、地頭補任や御家人役賦課においても不可欠の存在であり、国衙領が朝廷だけでなく幕府の全国支配をも支えていたことが明らかになったのである。この研究は網野善彦の「荘園・公領の国別研究」（九一）や工藤敬一（六九・九二）の九州を中心とした荘園・公領の研究によって大きく進展し、「公田・公田体制」概念の提起を準備したのであった。

荘園公領制との関係　しかし、網野が前述の成果をもとに、公田（公領）を含み込んだ「荘園公領制」概念を提起し、それが荘園と公領とが併存する中世の土地制度を説明するうえで便利な概念であったこともあって、「公田（公田体制）」を単独で議論することが少なくなった。そのようななかで、大石直正（九一）が水田面積の掌握が荘園と公領を貫く原理であることを確認したうえで、その原理を国家体制として概念化したものが「公田体制」であり、土地制度のレベルで捉えたものが荘園公領制である、と統一的な理解を試みているが、十分検討に値する提起であると考える。　（木村茂光）

在《ざい》地《ち》

「在地」は、戦後歴史学のなかでもとくに複雑な成立経過をたどった用語であるため、理解の便宜上、初期における論述上の用語と史料上の用語に分けて説明する。

論述上の用語　学術論文における「在地」の使用は戦前から見られるが、それが学界に広がるのは、石母田正『中世的世界の形成』（四六）が文中に案出した在地造語を多用したことをきっかけとする。石母田は格別の定義を与えていないが、その使用例から推すと、「地域の民衆に根ざした」「地方に生活基盤をもつ」という意味合いで使われている。なかでも石母田が創造した「在地領主」は、中世を切り開く変革主体を表す語彙として江湖に迎えられ、他の在地造語と相まって、便利概念として急速に日本史学界に広まり、一九七〇年代まで在地領主論は古代・中世の過渡期研究の基礎理論の地位を占めた。後に石母田が、『日本の古代国家』（七一）で「在地首長制」なる体制概念を提唱すると、さらに造語の範囲は広がり、外国史、考古学、社会学などの分野にも普及するにいたった。しかし、この間、実際の史料用例に基づいて「在地」を検証する試みはなかった。その様子は、「領主」に関する理論概念と史料用語の扱われ方とも類似している。現在も慣用的に論文中で使う研究者は多く、過去の論文や著作でこれをタイトルに採用した研究者も少なくない。

史料用語の理解　史料の用例から導かれる「在地」は、平安時代半ばの一〇世紀初めから、大体鎌倉時代末までの社会経済文書に現れるが、共通して所領の管理行政における土地制度上の語彙として用いられる。領主が所領の保有証明を管轄する官司に申請すると、まず郷長は現地の事情に通暁する刀祢に証明を依頼し、刀祢は当地の郡司に上申して証署を得て領主に返すが、時に国司による署判も加えられた。所領の売買や相伝、譲渡など、土地の名義が変わるごとに、官司の発する証明文書（公験）により権利の保護が行われた。

一〇世紀初頭、延喜荘園整理令の発布を契機に国衙の権限は大幅に強化され、地方官司による土地公証制ともいうべき体制が整えられると、「在地」の語句が現れるようになり、新たな土地政策のもとで公証すべき現場を指す公用語として使用頻度を増していった。

今のところ、初見は九一三（延喜一三）年の按察使家牒（東南院文書）の「須遣彼此公験、在地国郡依実弁糺」で、国郡の公証業務に関わって用いられた。また、九一五（同一五）年の東寺伝法供家牒（東寺文書）には、「郡判、依寺家被送牒并本公験、検図帳、件新開寺庄領地内在事明白也云々」とあるので、もとは坪付文書の当該箇所に「地に在り」と注する行政手続きから起こった可能性も考えられる。

土地に即して現地で認定を進める「在地刀祢」「在地郡司」「在地国司」、現場の公証行為を示す「在地公験」「在地弁定」「在地立券」、証明者や保証された地に居住する者に付する「随近在地」「在地古老」「在地人」、書き止め文言の「在地明白」「在地顕然」などの成語は鎌倉時代末期まで社会経済文書に広く確認することができる。

（梅村　喬）

名《みょう》（田堵・名主層、百姓名）

概念の成立　マルクス主義の影響のもとに戦後歴史学では、社会の発展段階を解明するために主要な労働形態（ウクラード）や生産様式が積極的に論じられた。当時、名は土地所有・農業経営の単位とみなされており、家父長的奴隷制に基づく名主の直接経営を論じた松本新八郎の名田経営論（松本四二）は、戦後早期の研究に絶大な影響を与えた。

石母田正は、名の起源に関する諸説を止揚した竹内理三の業績（竹内四〇）や松本の議論を継承して爾後の名研究の基準となる学説を提示した。石母田は規模の異なる松本の名田経営の主体を三つの類型に分類して、国衙領・荘園の主要な支配対象となった上層農民階級を田堵・名主層（地主層）、その所有する名を百姓名と呼び、百姓名は地主が家族や家内奴隷を駆使した農業経営の単位であると同時に、律令制解体過程に成立した収取組織にほかならないとした（石母田五〇a・b）。名の発生を収取体系の転換と関係づけた新しい視角は、名研究の発展に寄与しただけでなく、平安時代の収取制度史研究を活性化した。

研究史の展開と展望　百姓名の問題は中世史の基本的課題とされ、五〇年代には実態究明が進み、名を経営体とみる認識を相対化する研究も現れた。村井康彦はこの成果を承けて、平安初中期の名（請作権）とそれ以降の名田（私有権）との段階差を唱え、田堵の請作する名は収取単位で所有権や経営規模を示すものではないと論じた（村井五七）。また、戸田芳実も一一世紀の国衙領の名を請作と収取の単位と捉え、王朝国家の国衙領支配体制を負名体制と呼んだ（戸田五八）。こうして五〇年代末には、平安時代の名を所有や経営の単位と同一視しないことが常識となったが、さらに鎌倉時代の名（名田）についても、黒田俊雄や稲垣泰彦らの仕事により年貢収取のユニットとしての性格が明らかにされた（黒田六二、稲垣六二・六七）。稲垣は以上の研究動向を集大成して、小農民の小経営の成立を平安末期に遡らせるとともに、百姓名を複数の農民経営を組み合わせた収取単位、作手を土地所有権と明快に規定し、鎌倉後期の百姓名（旧名）解体も収取方式の変化にすぎないとした（稲垣七五）。

一方、名の擬制的な性格がわかるにつれて、改めて中世農民の実態が問われるとともに、石母田の概念にかわる用語も提示された。戸田芳実は、富豪層という新しい中間層概念を掲げ、彼らの活動が名制度成立の原動力となり、その経営が中世社会の主要な二つのウクラード（田堵経営と在地領主層の農奴制的な領主経営）に展開するとして、中世成立史を鮮やかに描いた（戸田五九・六〇）。また、大山喬平は中世農民の類型として村落領主、名主層、散田作人層の三階層を抽出し、中世社会における農民編成のあり方を明快に論じた（大山七〇）。

その後、歴史学界では社会構成史への関心が薄れたことから、これらを刷新するような学説はでていないが、制度を透過して中世民衆の実体に迫る努力は営々と続けられており、家族史の分野を筆頭に貴重な研究成果が積み重ねられている。

（西谷正浩）

勧農《かんのう》

古代から中世へ　古代、令制下において国守（国司）の職掌に「勧課農桑」があり、国司が国内において農業を勧め、課役を増徴することが勧農であった。中世への移行にあたって、国衙が中世荘園の成立を認定すること（国免荘）によって国衙勧農権は領家や預所に分有され、実務は現地の荘官層がになうこととなった。国衙領（公領）においても、郡・郷司や保司が中世的な村郷の開発《かいほつ》を請け負うことで国衙領内の勧農権を掌握した。

　このようにして現地の荘官や郡・郷・保司などの在地領主層は、春時に荘園・公領内に種子・農料などを支給するとともに、近隣の百姓への散田請作をすすめていった。また、灌漑施設の整備やその際の労働力の確保なども領主側の責務であった。在地領主は、こうした勧農行為を槓杆に在地に対する領域支配をすすめ、領主制支配を強化していった。

研究史―領主制支配　戦後、中世の勧農権を下地進止権として在地での領主制支配の問題に位置づけたのは、安田元久『地頭及び地頭領主制の研究』（六一）であり、戦後歴史学において勧農とは、中世における農業経営の性格や在地支配のあり方、つまり領主制支配や封建制成立の基本的な指標とされてきた。

　東国での事例では、小山靖憲（六六）や峰岸純夫（七三）らによって、在地領主による堀之内＝用排水路の支配にもとづく村・郷内の勧農機能の掌握構造が明らかにされた。こうした堀之内体制によって、門田畠から公田畠の支配、そして在家支配が実現され、中世的な村郷に対する領域的支配が成立したとされた。

　また、戸田芳実（六七）や石井進（六五）によって概念化された在地領主の宅や館を中心とした同心円的な領域支配のモデルの構成原理も勧農にあったとみてよかろう。

勧農と中世百姓　その後、大山喬平（七八）は、「中世における勧農とは、毎年春に、まず灌漑施設を整備し、斗代をきめて田地の耕作責任者を決定（＝散田）し、耕作者に対して種子農料を下行するという領主側の行為を意味するものであった」と整理し、山本隆志（九四）は、中世における百姓支配の基本に位置した勧農の実態は、百姓への散田にあり、散田と開発はほぼ同義であったと整理している。また、古代・中世の耕地には連作不能の不安定耕地も多く、「荒廃田」などと呼ばれた不耕地を「満作」化させることは、「開発」とも呼ばれた。中世の開発については、戸田や黒田日出男（八四）、木村茂光（九二）等によってその多様な意味や実態が明らかにされたが、こうした開発も勧農の一環であった。以上のような研究成果をうけて鈴木哲雄（〇一）は、中世の勧農とは「開発」あるいは「散田」と同義語であり、斗代をきめて田地の耕作責任者を決定する行為＝領主による散田は、百姓側からは田地の請作（請負耕作）に応ずることで、勧農＝開発にもとづいた、田地を介しての中世の領主と百姓と関係は請負契約（請作）を原則とするものであったとした。このように「勧農」の語は戦後歴史学における領主制論や百姓論での基本的用語であった。

（鈴木哲雄）

散田請作《さんでんうけさく》

定義と研究史　散田請作とは、散田＝請作の意味であり、散田とは、中世の所領経営において領主が春時に、百姓に田地を割り当てることをいい、請作とは百姓が領主散田をうけてその田地の耕作を請け負うことをいう。中世では、散田は「開発《かいほつ》」や勧農とほぼ同義であり、広くは春の勧農行為の一環であった。また、散田される田地そのものも散田と呼ばれた。

散田請作を一〇～一二世紀の荘園における本来的な耕営体制としたのは、村井康彦（六二）であった。村井は、田堵は公領の公民として自己保有地を有しつつ、近辺・他国の公領や荘園（荘田）の請作者であったとし、一二世紀に名田＝名主体制が確立するまでの荘園は、名＝負名（田堵）の請作によって経営されたとした。その後、請作の用語は一〇～一二世紀に田堵が荘田・公田の領主との間で田地の耕作を請け負い、段別三～五斗の官物や地子を支払う契約することを意味するものとして概念化された。田堵による請作には、一年を原則とする有期的請作と永年請作とがあり、一二世紀には、有期的請作においても耕作権が強化され、田堵（負名）の名主化が進んだと考えられた（戸田五八、稲垣六二・六七・七五）。しかし、近世・近代の地主制の例から、請作＝小作権あるいは耕作権の永続によって所有権が成立することはありえないとの永原慶二（五三）や阿部猛（五七）などの説も存在するわけで、散田請作を中世における農業経営の基本構造と捉えるか、あるいは散田請作は、農民的土地所有権が一般に確立したなかで、それを補完するものとして存在したにすぎないと考えるかの対立がある。

なお稲垣泰彦（六二・六七・七五）は、中世の農業経営では小経営が広汎に成立しているとし、請作による「作手」そのものを土地所有とした。また、戸田芳実（七六）は請作地に対する農民的占有権の実態を論じていた。他方、鈴木哲雄（八七）は、開発請負人＝田堵の典型例とされた越後国石井荘の古志得延の場合を再検討し、田堵得延は開発請負人ではなく、あくまでも請作者であったとし、田堵の基本的な性格は荘田や公田の領主が用意した種子・農料の給付をうけて、請作する存在であった点にあるとした。

請作と百姓　中世の徴税単位としての名田とその名主、そして実際の耕作農民（百姓）との関係も難しいのであるが、直接耕作者たる百姓と田地との関係は、基本的には散田請作によって規定されたもので、長期的なものとなったとしても、それはあくまで年切りの請作権＝耕作権の繰り返しにすぎなかった。そのため、中世百姓による田地の売券は耕作権（作手）の売買を示したものと考えることもできるのである。なお、大山喬平（六二・六五）は、中世に広範に存在した請作者（百姓）を「散田作人」と概念化し、名主層による安定的な農民的大経営を補完するものとしたが、鈴木（九〇）は名主による大経営も雇仕労働や請作によるもので、直接生産者たる百姓に視点をおけば、中世百姓とは散田請作関係における請作者であり、そこに中世百姓の「去留の自由」の根源があるとした。

（鈴木哲雄）

年貢と加地子《ねんぐとかじし》

中世貢租負担の多様性　中世の国衙領や荘園などから徴収される貢租・負担物は、きわめて多様であり、史料上では年貢・所当・官物・得分・雑事・夫役・加地子・地子・開発所当・関料・津料・山手・川手・井料・帆別銭・升米・有徳銭・商売役・呪眼札銭・札銀銭・目銭・勘料・検注料・執筆銭・地口銭・小口銭・酒屋役・段銭・棟別銭・員米・口米・竈米・交分・算失料・斗出・斗欠など数多くの名称で登場し、その全体像や実態も不明なものが多い。

貢租負担の類型化　多様な貢租負担を類型的体系的に整理し、歴史学の分析概念によって理論的に整理しようとする研究が一九二〇〜四〇年代に登場した。今井林太郎（三九）・中村吉治（三八）・竹内理三（四二）らは、貢租の多様性を年貢・公事・夫役の三つの分析概念に分類した。年貢は土地に対する賦課、公事・夫役は人的賦課で、封建的土地所有による生産物地代と労働地代であると規定する学説を提起した。

年貢公事夫役論　戦後の永原慶二（六一）・黒田俊雄（六七）らは年貢・雑公事・夫役も本質的には封建地代であると規定した。

八〇年代に入ると、網野善彦（八〇）は年貢・公事ともに多様な形態をもっており「租税の一種」と規定し、村井康彦（六五）・勝山清次（九五）らは律令制度的租税体系の変質過程から中世的年貢制が成立するもので租税であると説く。

一方高柳光寿（七〇）は、租庸調制導入以前から年貢と公事が存在しており、両者は基本的に淵源が異なる負担体系であるとし、井原今朝男（九五）は領主が賦課する荘園公事と国家が賦課する国役・公事を区別し、後者を社会の統合的機能のための公共的負担だと主張する。

二〇〇〇年代にも徳永裕之（〇七）や野村和正（〇八）は、室町・戦国期の夫役や公事の重要性を指摘する。榎原雅治（一〇）は年貢と公事の二本立ての枠組みを残しながら年貢と公事の一体化が進む側面を指摘し、議論がつづいている。

加地子論など　加地子・作徳・地子などについては、中世後期に登場する事例から、永原慶二（七三）・峰岸純夫（六六）・上島有（七〇）らは、高利貸資本の農村への浸透にともなって、加地子は地主・小作関係の成立による小作料であるとする説を提起した。永原は平安期にみえる加地子も同一の性格としたが、西谷地晴美（〇〇）は、中世前期の加地子は永作手所有者の私領主への負担であり、小作料とは異質なものとし、見解が分かれる。藤木久志（七四）も戦国期地主層の小作料とみる。

京・鎌倉や市町での地子については、脇田晴子（八一）・瀬田勝哉（六七）らは、売得によって成立した地主的土地所有による地子収取権と評価する。網野善彦（九六）は、地子は地主制ではなく、都市的な場の「地」に対する租税負担であるとして評価が分かれる。

口米・莚付米・員米などについては永松圭子（一〇）が付加税とみる。中世貢租負担の解明はほとんど未開拓な研究分野といえる。

（井原今朝男）

畠作《はたさく》

中世史研究において畠作が研究対象として位置づけられるようになったのは、一九七〇年代に入ってからである。もちろん、農業史研究の第一人者古島敏雄の古典的な研究（五六・七五）では畠作も扱われているが、やはり水田＝稲作が中心で、畠作は副次的な位置しか与えられていない。また、高重進（七五）の一連の研究や泉谷康夫（六二）の研究なども出されていたが、制度史的な分析に止まっており、生産力論的な視点は弱かった。

耕地としての畠地　しかし、七〇年代に入り、網野善彦が「荘園公領制」を提起し、そのなかに畠地を明確に位置づけるとともに、畠地子や麦豆畠・桑畠などを取り上げたことが畠作研究の大きな契機となった（網野七三）。そして、このような流れをうけて、畠地を農業生産力上に位置づける可能性を拓いたのが、高橋昌明（七七）である。ここで耕地そのものがもつ生産力的な価値が評価されたのであった。すなわち水田は水田の、畠地は畠地の生産力的価値をもつ視点が開けたのである。

この視点を前提に中世成立期の畠作を本格的に論じたのが木村茂光（七七）である。ここでは、耕地としての畠地に着目し、その安定性を検証するとともに、畠地二毛作の存在と展開、一一世紀初頭における収奪の開始とそれをめぐる階級対立の解明に取り組んだ。

その後、高橋貴の中世東国の畠作に関する研究や飢饉と畠作・二毛作との関係を論じた磯貝富士男の一連の研究も発表されたし（磯貝〇二）、木村もその後の研究をまとめて一書（木村九二）としたが、圧倒的な史料不足もあって、その後の研究が十分進展したとはいえない。

山村史・生業論の視点　しかし、日本考古学協会が二〇〇〇年度の鹿児島大会で「はたけの考古学」（〇〇）を取り上げ、民俗学の分野でも増田昭子（〇一）が雑穀研究を本格的に展開するなど、新しい動向も現れている。また、米家泰作（〇二）らによって、主に歴史地理学の視点から山村史の研究が進められ、稲作以外の畠作を含めた多様な生業が研究対象として取り上げられるようになった。

このような状況をうけて、国立歴史民俗博物館がシンポジウム「生業から見る日本史」（〇八）を開催したことも注目される。広い意味での「畠作」に関心が高まってきているといえよう。このような動向を通じて、それまでの水田＝稲作中心の日本農業観と日本文化論に対する見直しが大きく迫られることになったのは間違いない。

この時期の中世農業生産力の特徴と問題点については、黒田日出男（七八）が的確に整理しているし、木村編『日本農業史』（一〇）はその後の畠作史研究の成果を組み込んで、古代・中世の農業の多様な具体相を概観しており便利である。

（木村茂光）

寄進地系荘園《きしんちけいしょうえん》

寄進地系荘園とは何か　荘園は、八世紀から一六世紀まで存在し、形成過程も存在形態も多様である。一般的には、八～九世紀の荘園を「初期荘園」と呼び、一一世紀後半～一二世紀、在地領主が中央の貴族や寺社に私領を寄進したことを契機として形成される荘園を「寄進地系荘園」と呼んでいる。

用語の変遷　荘園の区分に「寄進地系」という用語をはじめて用いたのは西岡虎之助（三三）である。だがそれは、小野武夫（四三）・今井林太郎（三九）がいう「自墾地系」に対する「既墾地系」の荘園を指すもので、「初期荘園」の区分をいうものであった。その後「初期荘園」とは成立事情も支配構造も異なる在地領主の私領寄進を起点に形成される荘園に対して「寄進地系荘園」の語が使われるようになると、安田元久（五七）は、西岡以来の用語の混乱を解消し、後者の荘園形成の歴史的意義を明確にするため、「寄進型荘園」と呼ぶことを提起した。だが「寄進型荘園」の用語は、一九六一年の永原慶二による「寄進地系荘園」形成論の提起により、現在ではほとんど用いられていない。

永原慶二の「寄進地系荘園」論　「寄進地系荘園」の形成過程と寄進の性格については、中田薫（一九〇六）が「職権留保付領主権寄進」と説明して以来、実質的な支配権が寄進者側に留保される寄進契約として捉えられてきた。それに対して永原慶二は、在地領主による開発私領の形成を起点に置きながらも、在地領主の私領に対する権限は中間的得分を取得する限定的なものであったこと、一方荘園領主権はそれまで国衙に納入されていた官物・雑事の取得権を引き継いだものであったことを明らかにし、在地領主の弱さ＝限界と国衙権力の相対的強さ、中央権門の役割という三つの関係に注目して「寄進地系荘園」形成を説明した。すなわち「寄進地系荘園」は、在地領主による郡・郷の実質的私領化を前提とし、郡や郷が中央権門に寄進され、荘園領主に国衙支配権が委譲されることによって郡や郷が荘園に切り替えられ、在地領主の立場は郡司・郷司から下司へと切り替わることによって成立し、さらに本家寄進によって本家－領家－下司という重層的な領有体系ができあがると説明されたのである。

立荘論の提起　しかし実際には寄進主体は必ずしも郡司・郷司ではなく、中下級貴族層も多く含まれていたこと、さらに川端新（〇〇）によって、白河院政開始以降、たとえ私領がごくわずかな田地でも、院・女院周辺の人脈を基礎としながら、郡や郷の規模をもった広大な荘園が創り上げられていくことが明らかにされ、「寄進地系荘園」形成においては、本家への寄進と、周辺公領をも取り込んで荘園化を実現する立荘の政治過程が重要であったことが明らかになった。これにより、開発領主の私領形成・寄進を原動力とする理解は大きく修正されることになった。だが、荘園領主側の主体的動向や院権力の主導性とともに、多様な階層による私領形成や寄進の動きが、新たな荘園を生み出していったことも事実であり、それに絡み成長していった在地領主の実像解明も改めて進められつつある。

（鎌倉佐保）

村落形態《そんらくけいたい》

領主制理論と村落形態　第二次大戦前の中世村落・荘園の研究は現地に臨んで議論を組み立てる段階ではなかったが、戦後歴史学の特質の一つは現地踏査の重視であって、すでに五〇年代には、いくつかの先駆的な試みが行われていた（海老澤〇〇）。この流れと、戦後、中世史の主要問題であった日本封建制＝領主制への関心が結合したのは、自然なことである。領主制あるいは荘園制的な農民支配の特質の問題を、文献史料と現地踏査に基づき、中世村落の集落と耕地の景観的形態に視座を据えて考察しようとした一連の研究が、それである。

その嚆矢となり、規範ともなったのが、永原慶二の研究であった。永原は六一年に薩摩国入来院を調査し、「孤立農家ないし、小村的集落形態」（あるいは「小村＝散居型村落」）というべき集落と耕地の形態を、全国的に一般性をもつ中世村落の原型・端緒的形姿と考えて、農民相互の取り結ぶ地縁的村落共同体の未成熟と、村落共同体を媒介としない領主の個別的・直接的な農民支配といった理解を導き出した（永原六二a）。

ついで、島田次郎による摂津国垂水西牧榎坂郷・垂水荘を舞台とする畿内平野部の研究（島田六三）や、東国の領主支配の特質解明を目指した小山靖憲の上野国新田荘および常陸国真壁郡の調査研究（小山六六・六八）などが現れた。これらはそれぞれ永原説に批判的な認識を示しつつも、永原と問題関心を共有している。また、島田は一二世紀～一四世紀の散村から集村への集落形態の変化と住民の保有耕地の一円化現象を、物的な村落結合の形成と並行するものとみなした。

歴史地理学の集落研究は、必ずしも歴史学と課題意識を共有してはいないが、畿内平野部では、平安末～室町期にかけて散村・小村・疎塊村といった形態から集村へという集村化現象の広汎な存在が実証されて、中世村落史に影響を与えた（金田七一）。

七〇年代以降の展開　七〇年代以降に領主制理論とは一線を画した立場で、村落形態研究を進めたのが、木村礎とそのグループである。村落の歴史的研究は、共同体が占取する一定の空間（集落＋耕地＋水路・林野など）を基軸に据えるべきである。この村落住民の労働の所産である具体的な生活基盤こそ、村落の歴史を物語るもっとも真正な史料であって、時代を通じた景観復元によって日本の歴史の基層を変化と連続の両面から一貫して論じうるとするのが、木村らの基本的姿勢である（木村七八・八八）。

八〇年代に入ると、一定の地域全体に、文献史学のほか民俗学・考古学・歴史地理学などの観点を加えた総合的・学際的な調査を実施して、地域の現況を記録し、遡って中世村落を復元しようとする企画が、地域の博物館、あるいは大学を拠点とする研究者・学生集団の手で行われるようになった（海老澤〇〇、水野〇〇）。この動向は、七〇年代以降に領主制理論のような大理論が後退した学界状況に規定されているが、大規模開発や圃場整備事業の展開など、地域社会の変貌がその最終的な局面に入った状況を踏まえたものでもある。

（田村憲美）

職能論的武士論《しょくのうろんてきぶしろん》

職能論的武士論とは、武士とは武芸を職能とする職能人である、という理解に基づく武士研究を指す。

職能論的武士論の前提　戦後の武士に関する研究は、武士＝在地領主階級とみて、彼らを、古代国家や古代貴族的土地所有形態である荘園制を克服して封建国家を切り拓いていく主体ととらえる在地領主制論が支配的であった。この理解は、一九六〇年前後に、荘園制と在地領主制は対立するものではなく、ともに封建的土地所有に基づく農民支配の体制であるとして、在地領主と荘園領主を同じ支配者階級として位置づける新領主制論によって、批判的に継承された。この時期には、「武士は武芸をもって支配階級に仕える職能集団」と規定する佐藤進一の理解も提起されていたものの（佐藤六五）、なお領主制論に基づく武士研究が大勢を占めていた。

職能論的武士論の出現　一九七〇年前後、新領主制論の成果の上に、武士と権力との関係を重視して、彼らを国家の武力として位置づけようとする研究が進められた。戸田芳実は、武士の原型を俘囚や流動性の強い「党」的な騎猟兵に求め、平安時代の武士を、国家や国衙の軍事警察機構と不可分の関係を持つ「職業的戦士身分」と規定した（戸田六八・七〇）。戸田の理解は、武士の発生を騎猟兵に見た点、その流動性を強調した点、公権と不可分のものと位置づけた点、武士を階級としてではなく戦士身分として捉えた点等において、在地領主制論とは大きく異なるものであった。同時期、上横手雅敬は『続日本紀』や『続本朝往生伝』に見える「武士」が学業・諸芸の一つとして扱われていることから、「武士は一種の学業乃至は職業（職能）」であり「特殊な職能者」であるとした（上横手六九）。こうした成果を受けて石井進は、武士とは何かという問いに対する解答には、在地領主制論と「職能人論」の二つがあり、前者は武士の社会的実体を、後者はその職能を問題としてきた、と整理した（石井七四）。この後者が、武士を「武」という芸（技術）によって他と区別された社会的存在（髙橋七六）と理解する職能論的武士論（職能論）であり、以後本格的に定着していく。

展開と現状　職能論的武士論の出現は、多様な視点から武士を捉えることを可能にした。その戦士たる側面への注目から、武芸・武具・戦闘方法に関する分析が進み、また在地領主という側面が切り離されたことによって、彼らの交通・流通・都市との関わりについても究明が進められた。なかでも、職能論的武士論論者がとりわけ検討の対象としたのは、京における武士の活動である（髙橋八四、元木八四）。髙橋昌明は武士発生の舞台を地方農村に求める領主制論を批判して、武士や武具・武芸の淵源を京の朝廷社会に求め、大きな議論を呼んだ（髙橋九四・九九）。

なお職能論的武士論は在地領主制論と対比されて語られることが多いが、両者は対立する概念ではない。近年では、職能論的武士論の成果を踏まえた上で、再び在地領主としての武士の活動を重視する研究も進められており、新たな潮流となっている。

（伊藤瑠美）

惣領制《そうりょうせい》

惣領制の二面性　惣領制は、惣領を中心とした中世武士の形成する同族結合の体制を表す概念として使用されるのが、一般的である。かつて法制史・社会経済史の両面から実態が追究され、多様な議論を生み出したが、①相続制度上では分割相続から単独相続への中間に位置づけられる、②平安末~鎌倉期が展開期であり、鎌倉末~南北朝期にかけて変動が起こり、室町期には終末を迎える、③高権力（国衙・荘園領主・幕府）に対する公事勤仕が重要な因子である、という点に関しては見解を一致させた。

惣領制の実態をめぐる多様な議論は、やがて惣領と庶子との具体的関係＝惣領権の内容に論点が集約された。豊田武は惣領権の内容として、①祭祀権、②名字の名乗り・剥奪権、③所領統制権、④公事配分権、⑤軍事統率権を挙げて、いずれも惣領が庶子に対して強力な統制力を有していたと論じた（豊田五七・六三）。しかし、この豊田の所説に対しては、個々の指標の取り方や史料解釈等について、新田英治と上横手雅敬から批判が出された（新田六〇、上横手六二）。そして、これを受けた羽下徳彦は、豊田説を批判的に検討した結果、惣領権が強力に貫徹するのは、惣領が家長であるような小範囲の血縁集団の場合であり、それを超えて惣領権が発動されるのは、幕府が経済的・軍事的奉仕のために創り出した体制であることを明らかにした（羽下六六）。

この羽下の研究により、これまで惣領制という概念で説明されてきた武士の同族結合の体制には、実際の血縁集団の結合原理として把握できる側面と、幕府権力によって設定された制度的な結合原理として把握できる側面という、二つの異なる結合原理の側面が共存していたことが明らかにされたのである。

幕府制度としての惣領制　羽下の研究以後、惣領制の実際の血縁集団としての側面は、惣領制研究から切り離されて「家」研究の観点から追究された。そのため、現在惣領制概念は、幕府によって設定された制度的側面に限定して使用される傾向にあり、近年では惣領制の制度的側面に関する研究が進展した。七海雅人は、惣領制を一三世紀第二四半期までに幕府に採用された御家人役の負担（用途調達）の体制と捉え、同世紀半ばには「某跡」として負担単位の確定化・固定化がなされたと論じた（七海〇一）。高橋典幸は、御家人役を惣領から配分された庶子が個々に幕府に納め、各自が請取を受け取っていた事実を析出し、「某跡」賦課方式の内実を明らかにした（高橋〇一）。田中大喜は、鎌倉期の惣領の史料用語としての意味を確定するとともに、鎌倉後期の幕府の惣領保護政策とそれに対応する惣領との応答関係のなかから、「惣領職」概念が成立したことを論じた（田中〇九）。

今後の課題　惣領制を制度的側面に限定して考えるにしても、それは実際の血縁集団をもとに設定される場合が多いことから、両者の関係がいかに推移したのかを追究する作業が必要である。また、制度としての惣領制は、建武政権・室町幕府のもとでも採用されており、鎌倉幕府の惣領制との異同等、その実態解明が待たれる。

（田中大喜）

家父長制《かふちょうせい》

家父長制概念の役割　家父長制とは、父が家長として妻や子、親族などに対し、また非血縁の家族構成員に対し、強力な支配権を行使する家族形態やイデオロギーをいう。この家父長制概念は、古代ギリシア・ローマ社会における家父長権の強大さに注目し、それをモデルとして、家族を研究対象とする各学問分野で古代以降の諸民族における家族秩序ないし社会構成体を分析する役割を果たしてきた。

日本史研究における家父長制　歴史学（日本史）の分野では、当初、家父長制を日本の社会構成体を論じる際の分析概念として用い、奴隷制経営に対応すべき非封建的要件と捉えた。そこでは、中世を通じた家父長的奴隷制の支配的段階を主張した研究（安良城五三）が脚光を浴びたが、家父長制を封建制成立の積極的モメントと評価する研究（戸田六七など）も現れ、日本の封建制社会の内実をめぐる議論は活況を呈した。しかし、家父長制概念を厳密に定義することなく曖昧に論じたため、議論のすれ違いも見られた。そこで、鈴木国弘の提言を皮切りに、概念規定が試みられた。鈴木は、家父長制の完成型を、一個の男子が主人権・父権・夫権の三権を一手に握り、その財産相続が父系一元的に整備された段階とし、鎌倉末～南北朝期に実現したと論じた（鈴木八〇）。また、それ以前の段階の家父長制とは、家長の妻方の父（舅）が家父長となり、母系制原理をもってその結合の基調とする特殊・歴史的な存在と説いたが、これに対しては異論も多い（服藤八三、黒田八三）。明石一紀は、家父長権を父権・家長＝戸主権・主人権の三権とし、このうち近世武士層を除いて、父権は父母双方の親権と捉えるべきで、院政期以降強化された親権に家長権が加わって日本的家父長制が成立したと説いた（明石八四）。飯沼賢司は、鈴木・明石両説を踏まえて、家父長権を父権・夫権・家長権・主人権の四権とし、中世前期には親権が最も強力に機能したが他権は未分離な状態であり、室町～戦国期に夫権の確立によって父権が親権から分離し、また単独相続・隠居制の確立によって家長権が親権から分離することで、家父長制が明確になると論じた（飯沼八七）。このように家父長制の概念規定をめぐる議論は深化したが、必ずしも統一的理解に到達したわけではない。

女性史研究と家父長制　しかし、鈴木の母系制原理を重視する独自の家父長制論と、明石の見解にもうかがえる古代家族史からの双系社会論の提起によって、家父長制の内実の検討には、家内部における女性の地位・役割・権利の検討が不可欠との認識が確立した意義は大きい。これを受けて、一九八〇～九〇年代には女性史研究が盛行し、時代・各階層（身分）における女性の実態が多岐にわたって解明された（女性史総合研究会八二・九〇など）。日本の家父長制の特質は、これら女性史研究の豊富な成果を踏まえて、各時代・各階層ごとの女性のライフサイクルに即した地位・役割・権利と、家父長権を構成する諸権利の相互関係とを統一的に把握することで、解明に近づくと思われる。

（田中大喜）

逃散《ちょうさん》

中世および近世の村落共同体が取り組んだ政治闘争の一形態。近現代のストライキにあたる。逃散は歴史学の概念であり、「逃げる」というニュアンスを持つ史料上にみられる逃去、逐電、逃脱、逃失、などとは峻別される。古代律令体制下において「浮浪」とともに本籍地離脱の違法行為を示した「逃亡」の語義は、中世においては、年貢・公事の弁済を義務づけられた「逃亡跡」の語や、逃亡による年貢・公事未進の罪を生活雑具などと引き換えに免除する「逃毀《ちょうき》」などの法律用語として限定的に生きつづけた（黒田八七・〇二b）。

逃散の作法の発見　逃散は、長い間、これら古代以来の逃亡とないまぜにとらえられてきた。中世史料上にみられる数々の逃散行為もまた、逃げる、の意味合いから脱却できなかった。この局面を大きく打破したのは、入間田宣夫による一味神水の発見である（入間田八〇）。逃散にあたって村人のよりどころである神社などに集結し、神水を回し飲んで決起するというのである。また逃散の作法として「篠を引く」ことも発見された。百姓らは家・屋敷を神聖な「篠」で囲んで、領主らの侵入を拒否した（勝俣八二）。いずれの作法も、生活拠点を捨てる逃亡者のとる行為ではない。

女性の視点　だがこのような発見の後も、逃散＝逃亡説は、鎌倉幕府の基本法典である御成敗式目四二条の独特の解釈を拠所にさらに強調、繰り返された。「百姓逃散の時」で始まり、「去留は民意に任すべし」で結ばれる四二条は、百姓の「去留」＝移動や「逃散」＝逃亡を幕府さえも認めたもので、百姓は自由民なのだと。しかし、こうした解釈には女性の視点の欠落という欠陥がある。四二条では、百姓逃散のさいの地頭ら領主による妻子・資財の抑留が糾弾されているのだから、このとき妻子らは百姓の家にとどまっているとみなければつじつまがあわない。これによって、四二条の「逃散」が生活居住地を捨てる逃亡でなく、ストライキとしての逃散であることは確定的となる。決め手は女の視点なのだ（なお「去留」の語も空間移動次元ではなく、「去就」とみて身分問題で理解すべき）。

女たちのとりくみ　逃散は要求実現のために男は山野（ときには家）に、女たちは篠で聖域をつくった家々に、それぞれ隠れ籠もるスタイルをとり、時には数ヶ月にも及ぶ長期戦となった事例が多い。妻子が残ることについては、百姓逃散の正当性を示すための作法だなどの解釈がなされたりもするが、中世社会は、未進の質に妻子を差し押さえることを認めていたから、争点が領主側の不法課税でないとなると未進の罪と判断され、いくら妻子を残したところで百姓らの正当性は認められない。このような質取対象とされる危険をかえりみず籠もるのは、家族や牛馬などの資財を守るというかたちで逃散に参加しているからである。だからいつも家に籠もる戦術をとったわけではない。ある荘園の逃散では、都からの徴税使に対しては女たちも家を出て隠れてしまった。徴税使らは、餓死寸前で都へ帰るしかなかった。女性たちのさまざまな主体的な行動にも着目すべきである（黒田八七・〇二a）。　（黒田弘子）

悪党《あくとう》

鎌倉後期から南北朝内乱期にかけて、公武政権や荘園領主と敵対し、追捕の対象とされた集団。通時代的な悪人・盗賊とは異なり、当該時期特有の歴史的意義を持つ存在として研究の対象とされてきた。

悪党の発見 歴史的存在としての悪党を「発見」したのは中村直勝（三九）である。その後、石母田正（四六）や松本新八郎（五六）をはじめとして多くの研究が積み重ねられてゆくが、悪党の評価は大きく二つに分かれることとなった。一つは悪党を荘園制を変革・克服してゆく主体と捉える評価であり、もう一つは社会矛盾のなかに発生した頽廃的存在と捉える評価である。

悪党の諸相 悪党は中世社会における重要な社会集団と捉えられ、小泉宜右（六二・八一）・佐藤和彦（七九）をはじめ多くの研究者がその存在形態や活動の実態を明らかにしていった。流通経済との関わりや、荘園制的枠組みを超えた結合形態の存在が指摘され、悪党活動を支える論理や正当性のあり方についても明らかにされた。しかし、悪党の活動の多様性が明らかになるにつれて、かえって、その実像が不鮮明となる状況も生まれた。

訴訟用語としての悪党 このような悪党研究に画期をもたらしたのが、悪党という言葉が公武法廷における訴訟用語であり、公武権力による武力鎮圧を引き出すための用語であることを明らかにした、山陰加春夫（七七）の研究や、朝廷・幕府の連携による悪党召し捕りのシステムを解明した近藤成一（九三）の研究である。また海津一朗（九四）は公武徳政への抵抗勢力に対する統制標語が悪党であったとした。これらの研究によって、様々な実態を持つ悪党を、統一的に把握する立脚点が築かれたといえる。悪党は特定の社会集団を示す言葉ではなく、誰もが悪党と指弾される可能性があったことが明らかとなったのである。

荘園制と悪党 このような研究動向のなかで、悪党を荘園制社会の変質をもたらした存在としてではなく、荘園制社会の変質の結果として発生したものと捉える研究も現れてきた。市沢哲（九二）は分裂・抗争する荘園領主権力が、在地勢力と結びつき、動員した結果として悪党事件が発生するとし、高橋典幸（〇三）は在地勢力間にも対立・競合状態が存在していたことを指摘している。

高橋はさらに、荘園現地における「荘家警固」のあり方から、荘域を超えた在地領主連合の存在を指摘し、その悪党の結合形態との共通性から、南北朝期の荘園制が「悪党をその内に抱え込むことによって成り立っていたとも考えられる」と指摘している。熊谷隆之（〇七）も権門による荘園支配には「悪党的結合」を持ち「悪党予備軍」でもある現地勢力の掌握が重要であったことを指摘している。

悪党は、荘園制の枠組みを超えて離合集散を行う現地勢力が、敵対者によって公武法廷に告発される際の呼称であり、悪党の背後には、悪党と共通する性格を持つ在地勢力が広範に存在していたと考えられる。悪党研究はこのような悪党的存在・悪党予備軍を含めた視点から行われるべき段階に至っていると言えよう。

（西田友広）

国人領主《こくじんりょうしゅ》

国人領主制論の成果　国人領主は、南北朝・室町期の在地領主を表す概念として使用されている。最初この概念は、守護領国制論を批判した国人領主制論のなかで使用された。そこでは、①領域的所領の形成、②一円所領（非重層的所領）の形成、③本領・給地・請地から構成される所領の形成、④流通の要衝の掌握、⑤土豪を媒介・編成した村落支配、⑥嫡子単独相続制による惣領権の強化、を国人領主の特徴として提示した（黒川六三、村田六九）。

「国人」概念の変遷　それでは、国人領主の「国人」とはいったい何を意味するのか。これを最初に定義づけたのは、永原慶二である（永原五一）。永原は中世後期の領主階級を、①守護、②地頭・荘官級の在地領主、③名主層の封建的分解から成長した地侍層、の三つに分類し、②・③を国人と規定した。ここには、荘園領主や守護という外来勢力に対抗して、土着領主として独自の支配を樹立しようとする②・③の行動を重視する意図が込められていた。その後、「国人」概念をより厳密に定義したのが黒川直則である（黒川六三）。黒川は、永原が国人と規定した二階層のうち、直接経営から分離せず村落共同体に規制された③を土豪とし、②のみを国人と規定したのである。しかし、やがて黒川が土豪に分類した者も当時の用法として国人と呼ばれたことがわかると、概念と実態との齟齬が問題となった。ここから、「国人」用語の厳密化を行う研究が現れた。石田晴男は、国人の史料用語としての意味の確定を行い、国人が室町幕府の御家人層を指す用語だったと指摘した（石田八八）。さらに伊藤俊一は、地域社会における「荘家」の代表者として、室町幕府－守護権力に対する公役（軍役・公事）の納入責任者となった荘園の代官・沙汰人も国人と呼ばれたことを発見した（伊藤九三）。これにより、現在「国人」概念は、国家公役を媒介とした室町幕府－守護権力との接触によって成立する概念と捉えられている。

国人領主研究の現状と課題　右の「国人」概念の到達点を踏まえると、国人領主として検討すべき存在は、村落の規制を受けた中間層（代官・沙汰人層）より上位に位置する、室町幕府－守護体制下で活動した武家領主ということになる。近年では、室町期の荘園制研究の盛行のなかで、彼らの多くが在京したまま遠隔地の所領から年貢を収取できた事実が注目され、そのメカニズムが究明された（伊藤〇三）。しかし、ここで忘れてならないのは、彼らは「在京領主」である一方、本領と呼ばれる所領を持ち、そこにも拠点を置いて支配を遂行した「在地領主」でもあったという事実である。国人領主研究はいま、在地領主研究として改めて追究されなければならないといえる。その際、一九九〇年代に深化した戦争論・地域社会論に、国人領主制論の成果がいかに接合するかを追究する視角（田中〇六、菊池〇六）は、一つの有効な切り口になるだろう。地域的偏差も考慮しながら、南北朝・室町期の国家や社会のなかに国人領主を位置づけ直す作業を通じて、実態の解明が待たれる。

（田中大喜）

荘家の一揆《しょうけのいっき》

荘家の一揆は、中世荘園に属する農民が領主に対して起こす農民闘争を指し、その形態や基礎となる農民結合のあり方、一五世紀半ばからの土一揆や惣国一揆との関係について、議論が重ねられてきた。

鈴木良一の一揆論　鈴木良一は、建武政権〜南北朝時代に代官名主層と農民層とが「百姓」として共同し、代官の非法などを領主に訴える「訴訟逃散《ちょうさん》」が行われ、専制権力が確立する室町時代には、百姓が領主権力に対して反抗の意志をもって行動する「嗷訴《ごうそ》逃散」に発展するとし、これを荘家の一揆とも称した。室町幕府の専制が破綻すると、荘園の枠組みを超えた土一揆に発展するが、純粋封建制支配を志向する代官名主層と反封建闘争を志向する農民層との乖離が表面化し、山城国一揆では、代官名主層が農民に対する支配階級に転化しているとした（鈴木四九）。

一揆の類型論と発展段階論　この捉え方は土一揆敗北論・名主裏切論として批判されたが、稲垣泰彦はこれらの一揆は目的と闘争主体を異にするとして、発展段階ではなく類型として捉えることを提起した。稲垣は荘家の一揆は、百姓が荘園領主・在地領主に対して年貢減免や不正代官の排除を要求する封建社会の全時代を通じて現われる農民闘争と捉え、高利貸資本に土地を奪われた農民の闘争とする徳政一揆や、在地領主層の反守護闘争とする国一揆へ直線的に発展するものではないとした（稲垣六二）。

これに対し黒川直則は、荘家の一揆で行われた年貢夫役の軽減闘争が荘園領主・国人領主の地代収取を困難にして、在地に剰余（加地子）が蓄積される状況を生み出し、荘園の枠を越えた土豪《どごう》の成長を促して、荘家の一揆から土一揆・国一揆へ展開すると主張した（黒川六四）。

農民闘争の実態研究　稲垣の提起は荘家の一揆の実態を検討する研究を刺激し、播磨国矢野荘についての佐藤和彦（六六）、紀伊国鞆淵《ともぶち》荘についての黒田弘子（七一）の研究などが生まれた。中世前期の農民闘争研究も刺激し、鎌倉後期の「百姓等申状」の成立に注目した佐藤和彦（七一）、中世成立期の「住人百姓等解」の形成に注目した入間田宣夫（七二）などの研究が生み出された。

一九八〇年代には、荘家の一揆の基盤となった村落結合や、民衆の生活・意識を捉える研究が現れた。入間田宣夫は百姓が一味神水《いちみしんすい》による一揆を結んで領主に理非の決断を求めた上で逃散することは、中世農民の権利として認められていたことを明らかにした（入間田八〇）。

地域社会のなかでの荘家の一揆　一九九〇年代には、荘家の一揆と南北朝内乱や守護権力、地域社会との関係を意識した研究が現れた。辰田芳雄は南北朝内乱のなかで守護権力が課した守護役の負担をめぐる闘争が行われたことを明らかにし（辰田九〇）、伊藤俊一は守護権力と癒着して荘園支配を執行する代官の既得権が荘家の一揆によって糾弾されたこと（伊藤九二）、荘家の一揆が地域で同時多発的に発生して荘園制的秩序を掘り崩していったことを明らかにしている（伊藤〇二）。

（伊藤俊一）

土一揆・徳政一揆《つちいっき・とくせいいっき》

民衆運動としての限界　一五世紀の農民や地侍などによる集団的な武装蜂起を土一揆という（当時の読みは「つちいっき」）。このうち、とくに徳政（債務破棄や物権奪還）を要求し、酒屋・土倉などの金融業者を襲撃したものを徳政一揆と呼ぶ。土一揆・徳政一揆をめぐる戦後の研究は、そこに民衆運動的な性格を認めるか否かをめぐって長い議論が展開した。

戦後まもなく鈴木良一は、日本中世における農民闘争の形態として、訴訟逃散→強訴逃散→土一揆（徳政一揆）→国一揆という発展の図式を提示した（鈴木四九）。これに対し稲垣泰彦は、鈴木の図式を批判し、とくに徳政一揆については守護被官などの主導性が顕著であり、農民闘争とは認めがたいことを指摘した（稲垣六三）。たしかに史料上からうかがえる徳政一揆の参加者のなかで守護被官の活動は時期が下るほど顕著になる傾向があり、その後も徳政一揆が守護被官を介して大名の政治的扇動に利用されていた側面などが明らかにされている（永原七〇など）。また徳政一揆関係史料は中村吉治の精力的な収集により、一九六〇年代にはほぼその全容が明らかにされており、民衆運動としての純粋性に疑問符が付けられたことに加えて、新史料の発見が望めなくなったことで、七〇年代に研究は停滞した。

徳政一揆の習俗　その一方で、徳政一揆を民衆運動として積極的に位置づけようとする研究も着実に進められていた。すでに早く黒川直則や脇田晴子は、当時の農民をとりまく債務関係を明らかにし、そこに京郊村落が徳政一揆に組織されていった要因を見出している（黒川六七、脇田八一）。

また八〇年代以降の「社会史」研究は、一揆の様式・習俗に注目することで、そこに民衆的な基盤（集団心性）を見出し、大きな成果をあげた。勝俣鎮夫や笠松宏至による一揆の習俗や徳政の論理（「地起し」「商返し」）の解明は、その代表的な成果である（勝俣八二、笠松八三）。また酒井紀美は、「路次を塞ぐ」という徳政一揆の行動様式に注目し、そこに村落間相論で見られた村落の行動様式との共通性を見ている（酒井九四）。

飢饉状況と徳政一揆　しかし、今世紀に入ってからの徳政一揆研究では、再び民衆運動としての限界性に注意が向けられる傾向にある。藤木久志、神田千里、清水克行は、一揆にともなう掠奪や、一揆への参加強制の問題、あるいは蜂起の際の政治的契機など、これまで顧みられなかった一揆のなかのネガティヴな側面にあえて注目している（藤木〇〇、神田〇四）。ただし、これらの研究では、共通して当時の社会が慢性的飢饉状況であったことが重視されており、土一揆・徳政一揆を人々が過酷な環境のなかで生き残るための手段であったと評価している点で、それ以前の研究とは大きく異なる視角をもっている。

今後の土一揆・徳政一揆研究では、従来のように高踏的な立場から「限界性」や「純粋性」を断ずるのではなく、蜂起にいたる社会環境・自然環境を踏まえ、当時の人々の心性に寄り添った議論がさらに必要とされてくると思われる。

（清水克行）

一向一揆《いっこういっき》

概念の変遷と研究史　一向一揆は、一四六〇年代から一五八〇年代までの間、主に北陸・畿内近国において発生した本願寺門徒を中心とする一揆、および一揆による武装蜂起をいう。戦前は「真宗史」という宗派史・教団史の枠組みで研究が行われたが、戦後歴史学においては階級闘争史の観点から研究が進められた。このため、服部之総（四八）による「一向一揆は宗教のベールをかぶった農民戦争」との評価を契機に、本願寺門徒の社会的・経済的階層という問題に焦点が当てられ、武士説、農民説、非農業民説（渡り、太子）などが提唱された。

しかし鈴木良一（六三）の「本願寺と一向一揆とは別物である」という問題提起によって、研究史は大きく転回した。実証研究の進展に伴い、一向一揆が本願寺門徒のみによって結成されたものではなく、門徒と非門徒の連合という性格を持つものであることが明らかになった。また本願寺の門徒組織に関しても、本願寺が惣村の指導者に門徒の「講」を統括させることで惣村を丸ごと掌握したという笠原一男以来の惣村基盤説が否定され、村落結合と門徒惣中とを区別する見方が定着した。以後、主に加賀一向一揆を素材として、一向一揆の内部構造、門徒と非門徒との関係についての議論が深まっていく（藤木八五、峰岸八六）。

鈴木の「別物論」を極限まで推し進め、独自の議論を展開したのが神田千里である。一向一揆の精神的紐帯たる「一向宗」は、本願寺教団の正統的な教義である「真宗」から逸脱した、現世利益を追求する呪術的・土俗的な信仰である、と神田（九一）は論じた。これに対して、教団史の立場から「別物論」を批判し、本願寺と一向一揆の一体性を強調したのが金龍静であった。金龍（〇四）は「報謝行」という教義用語に注目し、一向一揆の行動原理の根源には本願寺への奉仕の意識、信心があることを主張した。

一方、戦国期畿内政治史が隆盛するなかで、一向一揆の政治勢力としての役割も重要な論点となった。金龍説においては、一向一揆は本願寺教団の非常時の姿であり、時に世俗的秩序や権力と協調することはあっても、本質的には仏法の自立化を志向したとされる。だが石田晴男は、雑賀衆が本願寺の意向ではなく在地での利害に基づいて非門徒と結んだ事例を指摘し、紀州一向一揆における本願寺の規定性の限界を説いた（石田七七）。神田もまた、石山合戦を宗教戦争ではなく政治抗争として描いた（神田九五）。石田や神田の研究は一向一揆の宗教集団としての特殊性を半ば捨象したという問題を有するが、一向一揆を畿内の諸勢力との政治的関係のなかに位置づける方法論を提示した点で大きな意義があった。

課題と展望　安藤弥が指摘するように、政治史的関心の強い神田と宗教史的視点を徹底する金龍との見解の対立は未だ解消されていない（安藤〇七）。一揆・地域権力としての普遍性と、土一揆や国人一揆とは異なる宗教的な特殊性という、一向一揆の二面性を統一的に把握する必要があろう。その意味で川端泰幸の近業は注目される（川端〇三）。川端は地域社会における本願寺門徒の具体像を追究しており、今後の一つの指針となるだろう。

（呉座勇一）

惣国一揆《そうこくいっき》

概念の変遷と研究史　惣国一揆概念を創出したのは永原慶二であるが、その意図は、「山城国一揆」を在地領主層の反守護闘争として「土一揆」（農民闘争）と峻別した稲垣泰彦（六五）の説を批判するところにあった。

永原は、「安芸国一揆」など南北朝〜室町期に出現する「国一揆」は支配階級たる「国人領主」の横断的結集体であるが、「山城国一揆」など戦国期畿内の「国一揆」は非支配階級たる土豪・農民を主体とする反権力闘争であると説いた。そして前者を「国人一揆」、後者を「惣国一揆」と称すべきとして、両者の区別を提唱したのである（永原七六）。

さらに永原は、「惣国一揆」は土豪＝小領主（中間層）と農民との〝統一戦線〟として形成されたものである、と規定した。二つの異なる階層の連合体としての一揆という永原の着想は、その後の一揆研究に多大な影響を与えた。

永原の提唱後、「惣国一揆」の定義をめぐって激しい論争が起こった。その主要な論点は惣国一揆の担い手をどの階層に見るかという問題にあり、永原慶二・宮島敬一・村田修三と峰岸純夫・石田晴男との間に見解の相違があった。

村田（七三）の「小領主連合」論や宮島（七五）の「地域的一揆体制」論は、惣国一揆の主体を中間層とする点で、農民闘争の一種とみなす永原説に近い。これに対し峰岸（八二）・石田（八二）は、在地領主層の主導性を指摘しており、惣村・農民を支配する領主連合として惣国一揆を捉えている。この意見対立は畿内の中小規模の「国人」を領主と捉えるか土豪と捉えるかという問題とも関わる。

惣村を基礎とする一揆か、それとも領主の一揆か。こうした二項対立的な議論の枠組みに挑戦したのが、池上裕子（八一）・湯浅治久（九三）らの研究である。池上・湯浅は惣国一揆を、領主の一揆と百姓の一揆が共同した重層的な一揆と評価した。村の論理・百姓の意思が惣国一揆に反映されているという主張は永原説の延長上に位置づくものであるが、農民支配のための領主組織（地域支配権力）という側面にも注目しており、従来の二つの見解を止揚したものになっている。

その後、地域権力論や地域社会論の進展に伴い、惣国一揆は地域社会の公共性を担保する〝下からの権力〟として理解されるに至った（長谷川〇二）。こうした見方が浮上した背景として、権力と民衆の対抗関係を自明視する「戦後歴史学」的な権力観の見直しが進んだことを確認しておきたい。

課題と展望　惣国一揆論の根底には、「戦後歴史学」が農民闘争や中世の「自治」に対して抱いていた思い入れがあったため、問題意識や理論が先行して史料の検討が不十分であった点は否めない。

これに関連して、「惣国一揆」の概念規定は未だ細部が詰め切れていない。惣国一揆は一般には戦国期権力の一様態と見られているが、最近、紀伊における惣国一揆の成立を一五世紀初頭まで遡らせる研究（海津〇七）が登場した。永原が提起した段階では「山城国一揆」と「伊賀惣国一揆」だけだった「惣国一揆」の範疇は拡張の一途を辿っている。今後は史料に即して「惣国一揆」を再定義していく必要がある。

（呉座勇一）

起請文《きしょうもん》

起請文とは、起請文・罰文・告文・神判・神血・誓紙と多様な呼び方をされている、中世に多く見られる誓約文書である。起請文研究は、多くのテーマによって論じられているが、すべてが密接に関わりを持ち、厳密に分類することは不可能である。あくまで大まかなものとして分類すると、①古文書学、②訴訟、③一揆、④神観念、⑤料紙（牛玉宝印）などになろう。まず、①古文書学的研究の様式論では相田二郎や佐藤進一などによって基礎的な研究がなされた（相田四九、佐藤進七三）。特に佐藤は、起請文の発生を「祭文」と「起請」という二つの文書から解き明かした。神に祈願成就の奉賽を約する祭文は、その行為の保証に神罰を求め、神に判定を委ねる文書であり、起請は仏神・祖師の宗教的権威を制式・制誡の保証とする文書である。この二つの文書形式によって、神仏を宛所とする起請文の文書形式が定型化されることを明らかにした。

そして、千々和到によって「確言（誓約内容）」と「神文・罰文」からなる天判型起請文と、「神文（神仏の勧請）」と「確言」と「罰文（呪詛文言）」からなる勧請型起請文に分類されることが明らかとなった（千々和〇五）。

次に②訴訟の際、参籠起請・落書起請・湯起請・鉄火起請に用いられる起請文の分析（今谷〇三、可児八〇、瀬田八二、酒井九二）が行われ、特に湯起請に関しては古代の盟神探湯との関連性も指摘されているが、統一的な見解はない。

こうした文書論・制度史以外のものとして始められたのが③一揆研究である。七〇～八〇年代にかけての民衆史研究の高まりによって、起請文は分析対象となり、民衆の意識を探る重要なツールとしての意味を持つようになる（入間田八〇、勝俣八二、千々和八一、峰岸八二）。

誓約の場の神おろしの作法としての「音」や「香」が明らかにされ、こうした研究を踏まえて、④の中世の人々が考えていた神仏の世界観が明らかにされている（千々和〇六）。

特に白紙に神仏を勧請し誓約を行う「大師勧請起請文」では、佐藤弘夫は神文に見いだされる世界を「中世神仏のコスモロジー」と呼び、仏教的世界観に則った序列であることを指摘し、「あの世の仏」＝罰を与えない仏・「この世の神仏」＝罰を下す神という構造があると主張した（佐藤弘九五）。それに対して千々和が大師勧請起請文は比叡山のものであり、中世の普遍的なものと捉えるのは妥当ではないと指摘している（千々和〇六）。起請文の神文研究によって、中世の神観念が明らかにされた一例といえよう。

こうした中世的な神仏への信仰を誓約の担保とする起請文は、天正年間に多く行われる「起請返し」によって破られるようになり、「起請文の死」がおとずれたと考えられているが（斎木七六、千々和八一）、近年では、近世の将軍代替わりに於ける誓詞の研究など、近世の起請文研究が萌芽している（大河内〇五）。

こうした起請文研究にあわせて、⑤起請文の料紙として用いられた牛玉宝印の分析（中村六二、千々和〇七）が行われ、起請文としてだけではなく護符としての機能も明らかにされている。

（野村朋弘）

貫高制《かんだかせい》

戦国大名権力論と貫高制論　貫高制論は、長く戦国大名権力論の枢要の地位を占めてきた。年貢の銭納制に着目した研究は戦前からの蓄積があったが、研究史上、大きな画期をなしたのは、戦国大名を過渡的権力とする研究動向を批判し、その歴史的特質の解明を提唱した村田修三（六四）の所論であろう。

村田は、貫高制を知行制の統一と軍役・段銭の賦課基準の設定を担うものとし、その基礎を段銭賦課権に求めた。領主階級の結集と農民弾圧の必要から、早急に膨大な支配体制の構築が求められ、そのために在地掌握をあとまわしにして強行実現された政策と位置づけた。

戦国大名の「在地不掌握」を論じた村田説は、藤木久志（六七）によって継承される。藤木は、貫高＝年貢高説の立場から村田を批判した宮川満（六七）を農民闘争の位置づけを欠く議論とし、年貢高か段銭かという二者択一化を戒めた。その上で、年貢高の把握も守護公権に由来する段銭賦課権を根拠とせざるをえなかったとし、大名の在地掌握を困難とした農民の抵抗運動の規定性を強調した。

村田・藤木の在地不掌握説に対し、戦国大名の「在地掌握」の深化を説く議論は、戦国大名検地論の進展とあいまって登場した。勝俣鎮夫（七六）は、貫高の内容には在地剰余たる加地子等を含み、荘園制下の年貢とは性格の異なるものとした。永原慶二（七六）は検地論の成果を踏まえ、貫高制を、農民支配と知行制とを同時に実現する、領国支配の基軸として積極的に評価した。

知行制と在地支配体制とを相即的に捉える見解に対し、池享（七九）は、貫高制成立の契機を農民の階級闘争に求める見解を批判し、貫高の内容は収取方式も含めて多様であり、領主間の力関係によって決定されるとした。知行制の側面に貫高制の本質をみる議論といえる。

収取の実態の多様性は、領国内の量制の不統一と関わる問題であるが、近年平山優（〇七・〇八）は、貫高制の展開が不十分とされた東海地域においても、基準となる枡・俵が定められ、統一的な換算基準が設定されていたとする。他地域での検証が待たれる視角である。

貫高制論の諸課題　貫高の設定基準については（反別の数値が固定的な北条領国などを除き）依然不明な部分が多い。池上裕子（八三）が提起した、貫高制と公事との関係性もさらに追究される必要があろう。則竹雄一（〇五）は東国における在家役と貫高制との関係を論じたが、前代の賦課体系が貫高制の展開に与えた影響も、深められるべき論点である。

その際、考慮を要するのは、大名間・地域間の相違の問題である。「在地不掌握」を論じた村田・藤木の所説は毛利領国などを主要な事例としており、検地論が顕著に展開された地域（とくに北条・武田領国）と対象を異にしている。後者を「典型的」な戦国大名とし、前者を「遅れた」権力とする見方もあるが、それぞれの地域的特質として評価されるべきであろう。もっとも、多様性の強調は研究の個別分散化につながるおそれもあり、戦国期の地域権力研究の全体的な課題であるが、それだけに各地域権力を対照する際の基軸として、貫高制は位置づけられるべきであろう。　（糟谷幸裕）

銭・貨幣流通論《ぜに・かへいりゅうつうろん》

渡来銭の受容　中世に貨幣として受容された銭貨（渡来銭）は、一二世紀の日宋貿易興隆を受けて権力の関与しない形で自律的に普及が始まった（小葉田三〇）。ただし受容の経緯については、銭貨出挙の普及や（井原〇一）、原料銅としての需要による流入を重視する見解もある（飯沼〇八）。また、当初の権力が見せた銭貨使用忌避の姿勢は収取の場面に限定したものとする指摘もある（伊藤〇八、渡邊〇九）。日本の国家による渡来銭受容過程については、さらに議論を深めていくべきテーマである。こうして形成された自律的な秩序は、一五世紀後半まで続いた（中島九八）。

一元的貨幣の確立　一二三〇年前後と一二七〇年代に中国から銭貨が大量に流入して列島各地に行き渡り、遠隔地荘園からの代銭納が確立した（大田九五）。加えて一四世紀半ばには土地売券の価格表記も銭建てのみとなり、銭貨に価値尺度機能が一元化した（松延八九）。

渡来銭を貨幣として受容した以上、その後も供給源である中国の社会動向が影響した。一四世紀後半に成立した明朝は銭貨流出に抑圧的であり、日本への流入が減少して銭貨不足が生じた（櫻木〇九）。そこで日本において銭貨の私鋳が広がった可能性がある（嶋谷〇三など）。関連して発掘などによって出土した銭貨の分析が進んでいるが、考古学とのさらなる協働が必須である（鈴木九九）。

銭貨流通秩序の階層化　一五世紀後半になると供給源である中国で銭貨鋳造がほとんど停止したことに加え（足立九二など）、列島規模の戦乱と地域経済の興隆などが影響し、徐々に銭貨流通秩序の階層化が起こった。

階層化とは、隔地間流通を担う基準通貨（精銭）と地域内流通を担う地域通貨とが分化する現象である（黒田〇三など）。毛利氏領国における地域通貨「南京銭」や（本多〇六）、関東における永楽通宝の基準銭化（中島九二、川戸〇八など）などが知られている。列島内で流通秩序が分立していったことを意味し、それゆえ地域通貨が秩序の異なる他地域に流出すると、しばしば悪銭として排除の対象となった。

一方で悪銭排除を謳う撰銭《えりぜに》によるトラブルが頻発し、幕府や大名らは撰銭令を発布してその統制に乗り出した（高木一〇）。一六世紀後半には悪銭を流通秩序に取り込む政策に転換し、精銭とのレート（打歩《うちぶ》）を設定することによって対処しようとした（桜井〇二など）。一方で一五六〇年代後半に米が貨幣の地位を「復活」させ、同時に金・銀も徐々に貨幣として使用されるようになっていった（浦長瀬〇一など）。一五八〇年代には京都で銀が主に用いられるようになり、金は関東を中心として流通するようになった（川戸一〇など）。この棲み分けは近世社会に受け継がれていった。

このように、権力による秩序統制への介入と、金・銀・銭・米が多元的に貨幣となる過程が一六世紀の特徴であり、一七世紀における近世貨幣成立への道筋を準備した。もっとも未だ論者によって見解の異なる論点は多い。議論のさらなる深化が期待される。（川戸貴史）

土豪・小領主《どごう・しょうりょうしゅ》

土豪・小領主論の背景　日本中世史・近世史研究において、土豪・小領主が注目された契機は、安良城盛昭（五三）による「太閤検地＝封建革命説」の提起であろう。安良城は、太閤検地を中世奴隷制から近世封建制へと転換させた政策と評価し、中近世の断絶を強調した。

　これを受けた戦国史研究は、近世とは異なる戦国時代の独自性、特に戦国大名の歴史的性格を追究することで、近世史研究に対抗しようと試みる（村田六四、永原七五）。その時に注目されたのが、戦国の動乱を主導し、下剋上を遂げていった在地の土豪層であった。彼らは、戦国大名権力の末端に連なり、権力と村落との中間に位置して大名の村落支配に機能したことから、研究史上「中間層」と称され、その後彼らの性格規定をめぐる「中間層」論として展開していく。

「中間層」論の展開　彼ら土豪層は、権力との関係では年貢を上納する被支配身分でありながら、村落との関係では在地剰余である「加地子」を収取する支配階級であるという、身分と階級が異なる存在と理解された上で、彼らの運動方向に関して、大きく二つの議論が提起されている。一つは、上級権力と被官関係を結び、領主として上昇転化していくと捉えた「小領主」論（黒川六四、朝尾六四、大山六五、村田七三、宮島七五）、もう一つは土豪同士が横に連合し土着化していくと捉えた「地主」論（峰岸六六、藤木七〇）である。

　両説は、土豪層の運動方向や性格規定について、見解が大きく異なっているが、一方で領主制論の視角から、加地子収取を実現し、在地百姓を支配するための暴力装置として土豪層の動向を捉え、土豪層と百姓との間に矛盾を見た点では一致している。そのため両説とも、この矛盾を解消するための政策として、「中間層」を否定した太閤検地・兵農分離を見通すこととなり、結果として中近世断絶論を克服しえなかった。この点は、当時の中世史の研究動向を規定していた領主制論の方法論的限界であったといえよう。

近年の研究動向と課題　その後、社会史や村論を得て、中世史の研究視角は大きく転換していく。個別百姓支配という観点は、領主と村落との契約関係として捉えなおされ、慢性的飢饉状況のなかで、領主や権力ですら「村の再生産」と無関係に存在しえなかったことが明らかにされた（藤木九七）。なかでも「中間層」論は、村を主導し村の安全や経営保障に寄与した側面を評価する「侍」論（久留島九〇、湯浅九三、稲葉九三、長谷川〇九）として進められ、単に「土豪層の経済外強制による百姓支配」という理解にとどまらない、土豪層の新たな側面が浮き彫りにされてきたといえよう。

　したがって今後は、村のなかで社会的身分の異なる土豪層が、戦国期社会のなかでどのようにして生み出されてくるのか、また彼らの活動を支えた基盤は何だったのか、ということを明らかにしていくことが課題となる。その際には、以前のような領主制論からの追究ではなく、近年の研究史が到達した「村と領主との関係」論という視角から土豪層の存在を考えていくことが、上記課題および当該期社会システムの解明にとって、一番の近道となるだろう。

（長谷川裕子）

村の武力・村の戦争《むらのぶりょく・むらのせんそう》

室町期における惣村の「自治」の発展と、戦国大名・幕藩領主によるその否定を説いた伝統的な惣村研究に対して、百姓の武器保有事実に着目してその歴史的意義を追究することで、惣村から近世村落への移行の意味を捉えなおしたのが、藤木久志による一連の村および刀狩り研究である（以下、藤木八五・八七・九七・〇五を参照）。

武装する中世百姓と村の戦争　中世後期の百姓は刀・脇指・弓・鑓、そして戦国期には鉄炮などの武具を保有して、地縁的身分的団体たる性格を強める村落に結集した。村落は百姓身分団体として権利闘争の主体となり（村落の法人格化）、百姓たちはそのもとで組織的に実力を行使するようになった。村落内外における百姓の主体的な実力行使は、以下のような局面でなされた（稲葉〇九）。

第一は、村掟に抵触する行為を犯した者の身柄を拘束し、掟に則った処罰を加える「自検断」実現の際の強制力行使である。

第二は、村落どうしの紛争である。中世村落はみずからの山野河海の領域が他村から侵害されたとき、実力でこれを回復するのが一般的であった。こうして生じる実力行使を伴う村落どうしの紛争を研究上では「村落間相論」と呼ぶ。そこでは前述した武器が村の「若衆」によって組織的に行使された。史料上に「合戦相論」と表現されるごとく、こうした相論は多くの場合に近隣の「合力」を得て大規模化かつ長期化した。その解決ないし沈静化は、近隣村落等の調停によって実現される例が多かった。

第三は、百姓が領主に対して徳政を要求して実力を行使する「土一揆」である。戦国期のいわゆる「一向一揆」を土一揆からの展開上に位置づけうるか否かは諸説が分かれるものの、中世においては実力行使を伴う徳政・仁政要求一揆が武士領主に対しても展開され、ときに大規模化したという事実は動かしがたい。

第四は、大名領主どうしの領土紛争に際してなされる掠奪行為から財産と人を守るための、村落ないし村落連合としての実力行使（地域防衛）であり、軍勢が侵入する通路を塞いだり、避難用の城郭を構えるなどの、特徴的なパターンが各地の事例に共通して見られる。

刀狩りの実態　このように百姓による武器を用いた組織的実力行使は、戦国時代までの百姓の自力救済権および社会的自律性を保証する物理的根拠であるとともに、中世後期における争乱継続の条件ともなった。そして幕藩制構造論・国家論は、幕藩領主が百姓から武器を奪うことでその社会的自律性を否定し、村落などの身分集団が公儀の執行機関化されたという理解のもとに、公儀の専制性と幕藩制支配の安定継続とを論じたのであり（高木九〇など）、そのとき所与の前提とされたのが、豊臣秀吉の「刀狩令」であった。

しかし一九八五年、刀狩令の施行実態分析の成果を発表した藤木は、それが百姓からの武器の全面剥奪という実体を伴わず、百姓の帯刀権を規制する身分法令としての性格は強くても、百姓の武器保有自体を規制するものではなかったとした。

（稲葉継陽）

被差別身分論《ひさべつみぶんろん》

被差別身分論と散所　被差別身分論の本格的な研究は戦前の柳田国男や喜田貞吉の研究を嚆矢とする。柳田は被差別民である遍歴する芸能民の実態や歴史を探った。また、一九一五（大正四）年に森鴎外が書いた『山椒大夫』に即座に反応して、「山荘大夫考」を著し、散所に注意を向けた。喜田は被差別民に関する史料を紹介し、その実態の研究を行った。その後、一九三九年に森末義彰は「散所考」を発表し、散所研究の基礎をなした（森末三九）。

戦後、一九五四年に林屋辰三郎は散所に関する論文を発表し、散所と河原者が中世の被差別民の中心であり、散所は年貢免除の代償として奉仕を行う隷属的な人々を指し、賤視されたとし、その後の被差別民研究に大きな影響を与えた（林屋五七）。これに対して、脇田晴子は批判を加え、散所は本所に対する言葉で、散在の所という意味であり、必ずしも賤視されてはいなかったが、土地所有権を確立できなかった人々がその居住地と共に賤視されたとした（脇田六九）。その後、林屋と脇田の間で論争が行われた。一方、丹生谷哲一は散所召次などのような下級官人層が散所と呼ばれたことに注意を向けた（丹生谷七一）。これを受けて、七六年に網野善彦は給免田の賦与を根拠にして散所民を職人身分と規定し、中世後期には賤視されるようになったとした。こうした考えはその後発展し、南北朝期における天皇や神仏の地位の低下により、散所民や芸能民、職人の一部への賤視が強まったというシェーマを生んだ（網野八四）。

被差別身分論の多様化　このように元々は被差別民研究の中心は散所であったが、次第に非人・河原者・穢多にも目が向けられるに至った。横井清は一九六二年に中世における卑賤観念を問題にし、乞食非人・穢多・河原者に対する賤視の内実を追究した（横井七五）。この視点は身分論として発展し、黒田俊雄は非人を身分外の身分と規定し、カースト制的な側面があるとした（黒田俊七二）。一方、大山喬平は都市や天皇を穢れから清浄に保つキヨメの構造に着目し、非人は穢れをはらうことを職掌とする身分的には凡下の一種とした。これは被差別民の発生を国家的なキヨメの体系から位置づける点で画期的なものであった（大山七六）。その後、丹生谷は検非違使が国家によるキヨメの遂行を担っていたことを論じた（丹生谷八六）。

こうした動向のなかで、三浦圭一は生活史・技術史などの側面から被差別民研究を行った（三浦九〇）。また、八〇年代には社会史的なアプローチが導入され、黒田日出男は、絵画史料から被差別民の外見の特徴を分析し、非人などの身分規定を行い、同時に中世人の感覚と被差別の関係に着目した（黒田日八六）。網野善彦も絵画史料を用いて、非人・乞食・犬神人の衣装や持ち物・色を明らかにし（網野八六）、悲田院や検非違使に関して新たな側面から論じた（網野九四）。また、細川涼一による律宗と非人の関係を論じた研究もあり（細川九四）、被差別民や散所論は多様な側面から研究が行われるに至った。

（盛本昌広）

中世都市・自治《ちゅうせいとし・じち》

自治都市論　一九五〇年代〜六〇年代の中世都市研究は、日本の中世にも西欧のような自由都市（自治都市）があったかどうかということに関心が注がれていた。例えば、豊田武・林屋辰三郎は、一五世紀以降の京都・堺・博多などを限定的な自治都市とした（豊田五二、林屋五三）。即ち、豊田は、都市自治を一部の特権的商人による封建領主権力からの部分的委任とみなし、後に脇田晴子も豊田と共通の立場をとっている（脇田七〇）。林屋は、京都の町衆の特徴を解明するなかで、町衆内部の対立や矛盾、加えて信長入京により、町衆の自主的発展は阻止されたとし、都市自治の限界を認めている。それに対して高尾一彦は、京都・堺・博多を自治都市の代表と積極的に評価している（高尾六二）。

一九七〇年代になって、ようやく日本独自の都市の特色を解明しようとする動きが現れる。佐々木銀弥は、市場法・都市法の検討を通じて、大都市だけを研究対象とするのではなく、市町・城下町を含めた都市研究を提唱した（佐々木七二）。また、網野善彦は無縁・公界・楽という一種の聖域にこそ中世都市の本質が現れるとする研究を発表した（網野七八）。

都市的な場の発見　特に網野の研究は、一九八〇年代以降各地で実施された発掘調査による新たな都市遺跡の発見によりさらに深められていくことになる。なかにはほとんど文献史料に現れない城館や湊・宿に関する遺跡なども登場した。このことにより、考古学・歴史地理学・建築史などとの学際的研究が求められるようになり、その結果、中世都市の景観の特徴が明らかになった。さらに、九〇年代になると、太平洋海運や、道に対する関心も高まって、都市や都市的な場（宿・湊）を結ぶ交通路やそこに介在する人々の研究も進展した（綿貫九八、藤原・村井九九）。

新たな都市論への試み　二〇〇〇年代に入ると、都市民と芸能、境内都市論、地域経済圏の問題など、様々な視角からの都市研究がなされはじめた。そのなかで自治都市論も新たな展開を見せはじめている。仁木宏は、一六世紀以前の京都には、すでに信仰を紐帯とするなどして、地縁的共同体（町）が成長していたとし、戦国末期には町のほうから、都市生活の安定を得るため権力側に様々な働きかけを行うようになったとする。後の統一政権は、暴力的に町を屈服させたわけではなく、町の自律性を利用しつつ、都市支配の円滑化をはかったことを明らかにしている（仁木九七・一〇）。

中世都市とは　しかしいまだ何をもって中世都市とするか、その定義が難しい。古代の都城、近世の城下町に比べ、中世都市の場合、中核となる館や寺社、その周辺に都市的要素（交通路・家臣屋敷・工房・倉庫・市など）が分散するという、多元的構造を有している。なおかつ多様な都市（都市的な場）が存在した。一九九三年に中世都市研究会が発足し、現在に至るまで、様々なテーマを掲げ、中世都市の特徴を探ってはいるものの、明確な定義はなされてはいない。ただ近年、高橋慎一朗は、都市たる指標を様々な資料から見いだし、都市から中世社会を考えることを提唱している（高橋〇九・一〇）。

（落合義明）

律宗・律僧《りっしゅう・りつそう》

　南都六宗の一つである律宗は、鎌倉時代に入り泉涌寺俊芿、西大寺叡尊、唐招提寺覚盛、極楽寺忍性らによって復興された。叡尊・忍性らの戒律復興運動は、早く辻善之助によって鎌倉新仏教に対する旧仏教の復興として位置づけられ、ことに社会の底辺に置かれた非人・癩病（ハンセン病）患者救済や殺生禁断、交通土木事業などの社会事業が注目された（辻四七）。その後、一九七〇年代に黒田俊雄の顕密体制論が出されたことによって、律宗は顕密仏教の改革派として位置づけられ（黒田七五）、また、網野善彦によって律僧が北条氏得宗家と結んで関・渡・泊・津などの海上交通の要衝に進出し（網野七四）、泉涌寺の律僧が東寺大勧進職に補任されて東寺修造事業を行ったことが具体的に明らかにされた（網野七八）。以後の律宗・律僧研究は、黒田・網野の研究を契機として、寺院史・寺院構造研究が盛んになったことの一環として進展したといえよう。西大寺をはじめとする律宗寺院の寺院組織の解明（大石〇四）、東大寺大勧進職に寺内戒壇院の律僧が補任されたこと（永村八九）に代表される勧進活動（細川八七、松尾九五）、葬送活動（細川八七）、非人・癩病（ハンセン病）患者救済（細川九四、松尾九六）、尼寺の復興に見られる女人救済（細川八七、松尾九五、大石〇四）、諸国国分寺の復興（追塩九六）などの律宗の社会活動の多様な側面が発掘された。この過程で、律僧が勧進活動に携わったのは、戒律を守る無欲・廉直の遁世僧として、「ものを本来の用途に使用する」特質を持ったからであることも指摘された（永村八九、細川八七）。

　中世律宗をめぐっては、顕密仏教の改革派とする見解（細川八七、大石〇四、平九二）に対して、鎌倉新仏教として位置づける見解（松尾九五・九六）が対立しているが、律宗を古代仏教の単なる復興ではなく、「中世的」な宗教としてとらえる点では同一の基調にあるといっていいであろう。また、律宗の宗教的「平和」運動の一環として行われた非人救済・女人救済については、非人・女性を体制内に組織・編成する運動としての役割を果たしたとする見解（細川八七、大石〇四、平九二）に対して、文字通り「救済」として評価しようとする見解（松尾九六）がある。最近の研究史整理では、これらの諸説のうち前者を近代主義の立場のものとして、歴史的相対主義の立場から批判する向きもあるが（大塚〇九）、研究史的に見れば、辻の慈善救済史、および笠原一男の女人救済思想の研究（笠原七五）が通説としての位置を占めたことに対する、顕密体制論を踏まえた異論として前者が提示されたのに対して、後者は辻や笠原の学説への揺り戻しとしてとらえることができるであろう。七〇年代以降の律宗研究は、先行研究としての辻の通説に対して、宗教を国家史・民衆史のなかに位置づけようとする視角からの反応として立ち現れたことを忘れてはなるまい。これらの研究の進展のなかで、叡尊の『感身学正記』（細川九九）、『関東往還記』（細川一一）、『西大寺諸国末寺帳』（松尾九五）、『授菩薩戒弟子交名』（松尾〇三）などの史料の注釈や再校訂などの基礎的な史料校訂の作業も進展している。

（細川涼一）

神国思想《しんこくしそう》

日本の国土・人民・国家に対する神の擁護の働きを認め、その上で神孫為君《しんそんいくん》・国土の神聖などを主張する教説を通常「神国思想」と称する。こうした分析・定義は、一九五〇年代末に田村円澄・黒田俊雄が試み、学界で共有された。

神国思想の成立基盤　黒田（五九）以降の中世神国思想研究は、まず担い手の周辺を中心に進められた。既に、①平安時代末期を扱い、律令国家の動揺に直面した貴族・神官の統一的な秩序模索と把握（大隅七七）、②鎌倉時代初期について、内乱に伴う現世秩序の混乱に「王土」観念により対峙した公家権門が主たる担い手であったこと、武家権門も自己の存在の歴史的制約上それに同調していたこと、彼らの主張は公家と表裏一体の正統八宗が法然教団を批判・弾圧する時に最も尖鋭に表現されたこと、等を指摘（佐々木八七）、③鎌倉後期（蒙古合戦前後）に、「神」という権威を標榜することで勢力伸長を図った公武勢力（本所・得宗）や在地領主の、寺社領興行を口実に一円支配達成や公的権威獲得を志向する動向を背景として分析（南九〇、海津九二）、等の成果が得られている。

神国思想の理論　神国思想の理論面の要素は、本地《ほんじ》垂迹《すいじゃく》説と三国《さんごく》意識である。これらはともに神国を宣揚しつつも、本来は「神」を仏に劣るもの（垂迹）、「国」を文明の及ばない地域（辺土《へんど》）と捉える側面を持っていた。早くから本地垂迹説を公家権門の支配イデオロギーとみなした黒田（五九）は、したがって神国思想を体制側の論理と捉えた。それに対して高橋美由紀は、反体制側の論理も辺土観に基づくことから、神国思想は二つのベクトルの共通基盤であると反論している（高橋八五）。さらに南北朝・室町期に入り、以前の「神国」に付帯していた劣等観が消滅し、神は仏の本地であり日本こそが三国の根本であると説かれる点について、黒田が本地垂迹説の一変型と把握するのに対し、神道の自立的側面を無視した論との批判も現れている（末木九三）。既成の枠組みを見直し、中世神国思想の非仏教的性格は一面にとどまり、仏教が定着し浸透するなかで神と同列の働きを示す仏が存在するなど、「仏」「神」の枠組み自体が揺らいでいたことも説かれている（佐藤九五）。

近世以降の神国思想　神国思想は決して中世以前に限定されるものではない。西洋のキリスト教に接し、従来の三国世界観が崩されるなかで、豊臣秀吉や徳川家康などの禁教令に「日本＝神国」の強調が見られる。そこには中世までと異なり、他界の観念が薄く現世秩序に基盤をおく性格が前面に出ている（佐藤〇六）。神国が手放しで礼賛されるのは、むしろその後の時代であった。

近世後期に自然科学的知識（地球球体説など）が広まるにつれて、「辺土」の意識は完全に克服され、神国の主張には日本の特殊性を無前提に称える性格が強くなり、皇国史観を支える思想となっていった。しかし近世に至っても、日本を特権的な位置に置く「選民《せんみん》型」だけでなく、特定の民族に肩入れしない「文明型」神国思想が根強く存在したことも事実である（藤田九三）。

（曽根原　理）

鎌倉仏教《かまくらぶっきょう》

辻善之助の鎌倉仏教史　鎌倉仏教とは、広義には文字通り鎌倉時代の仏教を意味するが、一般にはこの時代に新たに登場した宗派やその祖師、すなわち鎌倉新仏教を指して用いられてきた。戦後の仏教史研究の大きな指針となったのが、辻善之助の『日本仏教史』で、第二、三巻が鎌倉時代にあてられている（辻四七・四九）。辻は、末法思想の流布や貴族的な旧仏教の腐敗に由来して、鎌倉時代に「旧仏教の復興」「新仏教の興起」の両方向で革新が起こったとし、両者の共通点を「平民的」な性格に求めた。禅宗の伝来や戒律の復興に関して、宋文化の影響としての側面を指摘している点も注目される。

思想史における鎌倉仏教　戦後、鎌倉新仏教の祖師のなかで、思想的な達成が最も高く評価されるようになったのが法然である。家永三郎は「新時代の要求に即した」法然の浄土宗を母体として、真宗、日蓮宗、禅宗といった新仏教が展開したと主張した（家永四七）。これを受けて井上光貞は、「民間的浄土教」を確立した法然の思想的な前提として、平安後期に至る浄土教の展開を跡づけた（井上五六）。他方で大隅和雄は、鎌倉時代における仏教の思想的な動向の全体像を提示するとともに、教団組織が形成される過程にも注目した（大隅七五）。また高木豊も、古代から中世への変革期に生まれた新旧仏教の思想的な特質を総体的に把握しようとした（高木八二）。

顕密体制論の衝撃　鎌倉仏教をめぐる研究史に重大な転換を迫ったのが、黒田俊雄の提起した顕密体制論である（黒田七五）。そこでは旧仏教＝顕密仏教が、中世国家と仏教の結合を意味する顕密体制の正統派と位置づけられた。顕密体制論の前提には、荘園制社会に対応する国家論としての権門体制論があり、中世化を遂げた権門寺院を基盤とする顕密仏教こそが中世仏教の主流とされた。こうして辻の仏教史は換骨奪胎され、鎌倉時代の仏教革新運動は、顕密主義という密教を紐帯とする諸宗（八宗）のイデオロギー的な秩序を基準に、その枠内にとどまった貞慶、明恵らの改革派、専修などによって顕密主義を逸脱した法然、親鸞、日蓮らの異端派に分類された（黒田八〇）。

また、井上の研究以来、新仏教の母体とされてきた浄土教などの聖、上人は、顕密体制の周縁に位置づけられるとともに、法然、親鸞の専修念仏との思想的な差異が強調されるに至った（平九二）。

黒田の権門体制論では、鎌倉幕府が成立する以前の平安後期に、権門体制に基づく中世国家が成立したと考える（黒田六三）。この立場から、権門体制と時を同じくして形成された顕密体制の正統派たる顕密仏教を中世仏教の中核に位置づけるのが顕密体制論である。こうした解釈を受けて、鎌倉新仏教を中世仏教の主役とする研究史は動揺し、鎌倉仏教＝新仏教という枠組みの意義が失われる結果となった。そのなかで松尾剛次は、鎌倉時代に独自の授戒制を構築した遁世僧団に共通する新しさに注目し、新仏教という概念の再定義を試みた（松尾八八）。

今後は、思想史の成果をふまえつつ、〈なぜ鎌倉時代に新仏教が登場したのか〉という課題に、社会的な受容の実態から迫っていく必要がある。　（大塚紀弘）

諸国一宮制《しょこくいちのみやせい》

研究史の概要と論点　中世の日本では、六八ヵ国のすべてに、その国の鎮守神とされる神社が設けられ、「国中第一の霊神」として一宮《いちのみや》と呼ばれた。神社一般と区別される、こうした特異な神社のあり方に対する興味や関心は中世以来のもので（各種の「一宮記」など）、幕末期以後は、同じく各国に設けられた惣社《そうじゃ》と合わせ、その所在確認や語義の検討が進められた。しかし、その全体をトータルに捉える試みは一九六〇年代末に至ってようやく登場した。河音能平や伊藤邦彦らは、国衙権力機構が在庁官人（在地領主）層共同の支配機関だとする石母田正（四六）の問題提起を踏まえ、一宮はそのためのイデオロギー装置、すなわち一一世紀末から一二世紀初頭に各国ごとの多様性をもって成立した、領主制支配のための在庁官人層の意志的結集の場（政治的守護神）であるとした（河音七〇、伊藤七七a・b・八二）。そしてそのことから、国府の近くにあって、国衙との関係で一宮の地位を獲得し、「一宮」の呼称をもって呼ばれたものがその最も典型的なあり方だとし、これに対し二・三宮以下は国衙権力から排除された非在庁系領主層を包摂するために、改めて郡規模の有力神社に序列を付し公認したもの、そして惣社は一・二宮以下の祭神を合わせ祀ることによって受領がその全体を統括しようとしたものと位置づけた。こうした理解に対する批判的検討と、それに代わる歴史像の提示は、一九八〇年代以後に本格化し、現在に至っている（以上の研究史の詳細は、井上〇九参照）。そこでの主要な論点として、①一宮の階級的性格、②一宮と二・三宮以下との関係、③惣社と一宮との関係、④「国」の位置づけおよび中央と地方との関係、⑤宗教制度としての歴史的位置とその歴史的変遷、の五点を指摘することができる。

研究の到達点と展望　現在の研究の到達点を、この五つの論点に即して整理すると、次のようにまとめられよう。①は、在庁官人や在地領主層のみならず、荘園領主も含めた封建領主層全体の利益を擁護することに、その基本的特徴があったということである。②は、「一宮」の呼称を持たない、ないし定着しない、あるいは「一宮」の呼称はあっても二宮以下の存在しない国が圧倒的多数を占める（中世後期を除く）ことから、一宮を二宮以下との相対性ではなく絶対性において、すなわち「国鎮守＝一宮」そのものに視点を据えて捉える必要があることを意味する。③は、惣社を一宮と区別し、国衙祭祀を司る国衙権力機構の一環、および一宮以下のみならず国内諸社の祭神を合わせ祀る神社と捉えるべきことを意味している。④は、国衙や守護など国レベルの地域支配権力を、相対的な自立性を持った国家権力の中間支配機関として捉え直すことであり、二十二社・一宮制（王城鎮守・国鎮守制）としてその具体化が図られている。⑤は、顕密体制の有機的な一環としてこの問題を捉え、その成立・変質・解体と関わらせながら一宮制の歴史的変遷を解明する必要があることを意味する。これらの問題を、全国的な多様性と普遍性との統一的把握という観点からどう整合的に捉えるのかが、今後の重要な課題となっている。

（井上寛司）

無縁・公界・楽《むえん・くがい・らく》

無縁・公界・楽の概念　無縁・公界・楽は網野善彦が一九七八年に刊行した『無縁・公界・楽』で提示された一種の歴史的概念である。同書はその内容の斬新性や従来の歴史学に対する逆転した発想などにより、歴史学のみならず、他の分野や一般の人々にも衝撃をもって迎えられ、現在も直接・間接的に影響を与えている。その一方で、安良城盛昭（八五・八六）など多くの批判を浴び、それに答えた長大な補注と関係する論文を加えた『増補　無縁・公界・楽』が一九八七年に刊行された。同書は無縁・公界・楽をキーワードとして、日本のみならず、世界史的・人類史的な視野に立って、自由と平和の内実を見出している。

　無縁・公界・楽はそれぞれ実際に史料に使用されている言葉だが、その語義や用法の追究を通して、その概念を提示している。無縁に関しては、まず「無縁所」という言葉に着目し、「無縁所」と呼ばれる寺と一般の寺との性格の違いを析出することにより、「無縁所」がアジール的機能・徳政免除・借銭の保護などの特権を付与され、金融・芸能・職人・葬送・墓所と関係が深いとした。公界に関しては、公界寺・公界人などの用例を通して、平和領域さらには敵味方とは無関係な立場にあって自由に活動する芸能民といった性格を見出し、さらに、自治都市や一揆・惣の組織が公界と呼ばれていたことにも論及している。楽に関しては、佐々木銀弥・勝俣鎮夫による楽市・楽座の新しい研究に基づき、無縁や公界と同様の原理を現すものとした。無縁・公界・楽はそれぞれ意味や用法が少しずつ異なるが、それらを重なり合わせて、自由や平和の象徴としている。

　同書はさらに話を展開させ、アジールの歴史性、女性の無縁性、聖や勧進上人と金融の関係などを述べる。最後に無縁の原理が世界の諸民族に作用してきたとし、原始時代を無縁・有縁の未分化な原無縁とし、その後有縁の原理との対比で無縁の原理が表面化・自覚化していくが、次第に有縁に取り込まれて無縁の原理が衰えていく。しかし、無縁の原理は伏流水のごとく潜在し、同書の冒頭に述べたような子供の遊びとして残されたとする。

概念の形成と意義　無縁・公界・楽の概念は網野の過去の著書『中世荘園の様相』『中世東寺と東寺領荘園』『蒙古襲来』などを著すなかで、徐々に形成されたもので、網野の天皇制・職人・芸能・非農業民・遍歴・女性・山野河海論などと密接な関係があり、以後も様々なかたちで発展を遂げていった。特に無縁と金融の関係は、無縁の原理を媒介にして、資本主義が確立したという新たな発想を生んだ。同書は所有の進展や自然の克服といった論理から歴史の進歩を見出す従来の歴史学に対する異義申し立てとも言える。また、無縁の原理の展開史は従来の時代区分やマルクスが提示した歴史法則とは異なるかたちで、長期的な変化の在り方を提示したものであり、網野独自の歴史把握を形成した点でも意義がある。一方、批判点は多岐に及ぶが、史料解釈に対する疑義、無縁と有縁の関係性の不明確さ、無縁の原理の拡散のしすぎなどが挙げられ、無縁・公界・楽の概念やその有効性は今後も追究されるべき課題となっている。

（盛本昌広）

陰陽道《おんみょうどう》

陰陽道の定義をめぐる議論　陰陽道は、一九八〇年代までは「中国古代の陰陽五行説に基づき体系化された思想・諸技術」とされてきた（村山八一など）。しかし、中国では「陰陽道」が存在しないことなどを根拠に、現在では陰陽説・五行説を起源として九世紀後半から一〇世紀に日本で独自に成立した思想・諸技術と定義されている（山下九六など）。また、平安期に入ると「陰陽道」という語は、思想・諸技術を指す意味と、これを掌った職能集団を指す両義的性格を持つようになる。

古代の陰陽道　陰陽説・五行説は六世紀に中国より渡来したことを起源とする。律令制下では中務省に属する陰陽寮として組織化され、陰陽・暦・天文の三道を管掌する博士が置かれ国家に奉仕したが、この時期は主に占筮や相地といった役割を担っていた。これを掌る陰陽寮官人は様々な氏族から出ていたが、一〇世紀後半から賀茂氏が暦道を、安倍氏が天文道を独占しはじめ、一一世紀中頃から後半にかけて両氏による家職化が果たされる。以降、陰陽道は「賀安両家」あるいは「博士家」と称される両氏によって掌握され、国家の陰陽道公事を請け負うこととなる。加えて、平安期に入ると、密教や星辰信仰の影響を受け、陰陽道独自の呪術儀礼が形成され、呪術者としての側面が強まり、その対象も国家だけでなく貴族の日常生活にまで広がる。

中世以降の陰陽道　一一世紀から一二世紀にかけて、上皇・女院の登場、摂関家の分裂、公卿の家の増加、鎌倉幕府の成立といった国家や社会状況の変容によって、陰陽道の需要はさらに高まり、一三世紀をピークに官人陰陽師は急激に増加する（赤澤一一）。鎌倉幕府には源実朝期から官人陰陽師が定住しはじめ、独自の陰陽師集団（関東陰陽道・鎌倉陰陽師）を形成する。従来の学説ではこれを鎌倉期陰陽道の特質としてきたが（村山八一など）、武家に特化させず、朝廷・幕府、あるいは公家・武家を問わず広く展開し、かつ在地へ陰陽道思想が根付いてゆく萌芽期と評価すべきである（赤澤一一）。一二世紀段階ですでに複数の流に分かれていた賀茂・安倍氏は、さらに多くの家が立つが、南北朝内乱により、公家の財政が縮小した影響を受けて財政基盤を消失し、急速に減少する。そのなかで安倍有世は室町殿足利義満に近づき、義満も国家機能吸収政策の一環として陰陽道を取り込み、有世は陰陽師で初めて三位に昇り、土御門家が成立する（柳原八八）。一方の賀茂氏も嫡流家が三位に列し、勘解由小路家が成立する。応仁・文明の乱後は他の公卿と同様に衰退し、地方に下向する者も見られるようになる。勘解由小路家は一六世紀後半に断絶し、庶流幸徳井家が嫡流を継承するが、次第に土御門家の下風に立つようになる。

その後、豊臣秀次の事件に連座して土御門家は没落し、所領である若狭国名田荘に逼塞するが、徳川幕府により再興され、その後、陰陽道の宗家として全国の陰陽師を統括する権利が与えられた。近世は官人陰陽師は形骸化し、都市や村落を基盤に活動する民間陰陽師が主体となる（林〇五など）。一八七〇年（明治三）の天社神道廃止の太政官布告により公的に廃止された。

（赤澤春彦）

政治文化《せいじぶんか》（中世）

戦後歴史学における「政治文化」

そもそも「政治文化」とは、「ある政治体制を規制する文化」を表すpolitical cultureの和訳であり、アメリカの政治社会学・社会心理学における一九六〇年代初頭以降の研究によって広く知られるようになった概念である（Almond & Verba 63）。その定義は当初、「一国民における政治への一連の主観的志向であり、認知、感情、価値観といった要素からなる」というもので、その後、批判と調整が行われてきたが、「政治と文化／思想」の言い換えとして、一種の流行語のように使われているとの指摘もある（近藤〇三）。日本においては主に政治学・法律学・社会学の分野から普及し、歴史学においても一九八〇年半ば以降、フランス革命を中心とした翻訳書や、「政治文化」を表題に掲げた論文・著作の刊行が続いた。とはいえ、民衆の政治志向が史料的に捉えにくい日本の古代〜中世史においては、右のような「政治文化」概念本来の定義に沿った研究は展開されていない現状である。

日本中世史における「政治文化」

しかし、「政治文化」をより広義に捉えた研究動向は確かに存在する。それは、「儀式は政務であり、政務は儀式である」という土田直鎮（七四）の言葉に象徴される、平安期を中心とした儀式・儀礼や先例・故実の研究に顕著である。有職故実や儀式書の研究史は、すでに多くの辞書等でまとめられており省くが、戦後歴史学の成果のひとつに、貴族日記の翻刻・出版が増え、その詳細なる儀式・儀礼の記述、先例至上主義とも言える故実への執着が広く明らかとなったことが挙げられる。

また、社会史の手法が導入されたことと相まって、文化と政治を互いに作用しあうものとして捉える研究が現れた。著名なものでは、藤原頼長の日記『台記』などから宮廷社会に張り巡らされた男色ネットワークの存在が確認され（東野七九、五味八四）、九条兼実の日記『玉葉』からは、夢を見ては報告し、そこから政治的動向まで占う「夢がたり共同体」が発見された（菅原八四）。

また、中世的政治形態として、頭弁や弁官が摂関家などの家長（現職とは限らない）に先例・故実を尋ね歩き合意形成に至るという「職事弁官政治」が指摘されている（井原九二）。先例・故実の集積が宮廷社会における存在意義を左右するため、院や貴族は盛んに他の家が所有する日記の閲覧・書写をもくろみ（松薗八五）、不慮の火事あるいは意図的に日記を焼失した時は、その家の政治的生命の断絶とすら認識された（松薗八七、細谷九九）。摂関家に関しては、儀式の際の装束「赤色袍」が、天皇らの非着用時には摂関家のみが着用すべき装束であるという故実の確立過程に中世摂関家の成立が見出され（末松〇〇）、天皇即位儀礼である「即位灌頂」の知識を独占することで、中世を通じて摂関家（特に二条家）が存在意義を保ち続けたという（上川八九、小川九七）。かかる観点の研究は十分に蓄積されてきており、中世史における「政治文化」的研究動向が、戦後歴史学のなかで生み出されたことが確認しえよう。

（高松百香）

東アジア海域交流《ひがし——かいいきこうりゅう》

海域史・交流史という呼称　中世の東アジア海域の交流は、京都などの都で行われるもののほか、琉球・済州島・対馬・壱岐・博多・十三湊・蝦夷が島・サハリンなどのように、都から遠く離れ、さまざまな人々が交錯する境界領域で行われている部分が大きい。交流の主たる担い手は、国家間の外交や貿易という枠組みに包摂しきれない、海商や倭寇、僧侶たちであった。

本項で扱う対象は、対外関係史・対外交渉史または外交史・貿易史と呼ばれてきたが、これらの言葉が、現代の国民国家を前提にして、国家や領域を堅固なものとして捉える危険性を内包しているため、一九八〇年代後半以降、「海域」「交流」という用語が、しだいに使われるようになった。

戦後の研究の沈滞　戦前の対外関係史研究が、日本のアジア侵略に寄与したとの反省から、戦後は極端にこの分野の研究者の数が減少した。そのなかで、田中健夫は、倭寇や貿易商人の実像、瑞渓周鳳の『善隣国宝記』などの基本史料の検討、絵画資料を通じての国際認識など、多方面にわたる研究を続けていた（田中五九・七五など）。

地域論の提起　一九八〇年代初頭、国家を価値基準の絶対的な基準とせずに、国家権力や国境を固定的かつ不動なものとしない、国家の相対化をめざした地域論が活発に提起され、このことが交流史の研究にとって大きな転機となった。

村井章介（八五）は、国家の領域観念をくずす地域空間が国境をこえて生成したとし、本州の日本海側をつたって北海道にいたる海上交通や山靼交易を視野に入れた「環日本海地域」、琉球人や倭人海商の活躍する琉球－薩摩－博多－対馬－朝鮮などの海域である「環シナ海地域」という二つの地域モデルを設定した。北方史や琉球史は、それまでも一定の研究蓄積はあったものの、このモデルにより両者を対照させて論じることが可能になり、視野の拡大にともない研究が進展した。

研究の多様化と学際的研究　一九九〇年代に入ると、当該分野の研究者が増加し、境界領域において活動する倭人の研究や、外交史と外交文書、外交に携わる禅僧の研究、鉄砲伝来の実像など、多様な研究が提示されるようになった。

二一世紀に入ると、考古学など他の学問分野との協業が進展した。港湾や消費地の遺跡、日本の鷹島（長崎県）沖に沈没したモンゴル軍の船や韓国新安沖などの沈没船の調査が進み、陶磁器や銭貨などの分析が進んだ。また日本や各地にもたらされた仏典、絵画、金属工芸品、石造物などについても、仏教史、美術史などの分野との協業が進んでいる。こうした研究動向と呼応しながら、近年では、中世前期の交流が、僧侶の伝記や中国史料などの博捜を通じて、急速に明らかにされている。その一方で、史料論や、外交・貿易の構造に関する基礎的な研究が不足しており、研究課題は多い。

（関　周一）

倭寇《わこう》

「倭寇」の語は、中国・朝鮮側の史料にしか登場しない。このことが、倭寇の実体を捉えにくくしている（田中八二）。また、日中韓各国の国家像・国民像の相違が、倭寇イメージの溝を生んでいる（関〇五）。今後、国際学術交流のなかで、この点の克服が切望されよう。

前期倭寇　前期倭寇は、一三五〇年を皮切りに、朝鮮半島南岸や中国の山東半島などを襲った「集団」である。近年、その主体をめぐって、諸説紛糾している。かつては日本人説が有力だったが（藤田明一五、三浦一六、中村六五）、一九八七年には高麗人説（田中八七、高橋八七）が提起され、日本人主体説がこれに応酬した（浜中九六、李九九）。しかし、数え方によっては数百件にも及ぶ前期倭寇を、すべて同じ構成員で捉えられるはずもない。境界性や流動性の強い倭寇を、一括りにすること自体、問題であろう。加えて、倭寇こそ典型的な境界人《マージナルマン》であり、近代的な民族や国民の概念を当てはめることにも無理がある（村井九三・一〇）。

とはいえ、前期倭寇の構成員の多くが、対馬・壱岐・松浦半島（ないし博多）の人々により占められていたことは、その後の歴史からも明らかである。高麗王朝を倒して一三九二年に李成桂が建国した朝鮮王朝は、倭寇を懐柔するため、同地域の人々に通交貿易権を与えていったが（田中五九）、それにより、倭寇の活動は徐々に沈静化していったからだ。

一方、中国の沿岸地域方面の前期倭寇には、元明交替という特殊事情が大きく影響していた。新興の明朝の太祖朱元璋が、張士誠や方国珍らライバルの残党狩りを行う際、倭寇というレッテルを利用したからである。そしてこの海賊禁圧政策の延長線上に、明代中国では海禁政策が敷かれていくことになる（檀上九七）。

後期倭寇　主に中国の江南・華南地域を襲った一六世紀の後期倭寇は、前期倭寇に比べるとその民族的属性は比較的明らかである。同時代の中国側史料により、その構成の七～八割が華人、残りは日本人やポルトガル人、ムスリムなどが混じるものとほぼ判明する（石原六四、田中八二）。ただし、各倭寇集団ごとに民族や出自の混入比率は異なったし、倭寇活動の展開によっては、現地下層民の参入などがあって、雪だるま式に膨れあがることもしばしばだった（山崎〇七）。

一六世紀中葉に大内氏が二回派遣した遣明船を最後に、正式な勘合貿易の時代は幕をとじる。それと相前後して隆盛をみせるのが、後期倭寇勢力や密出国した華人海商などによる、日中間の密貿易であった（中島〇五、橋本〇五、鹿毛〇六）。そうしたなか、一五四三年には、倭寇の頭領王直の船が種子島に到達し、同乗していたポルトガル人の手で鉄炮が伝えられた（中島〇五・〇九）。その王直も、明朝の圧迫を逃がれ、後に中国の寧波周辺から平戸や五島列島に活動の拠点を移している（石原六四、田中八二、米谷〇三）。

このように一六世紀半ばにピークをむかえた後期倭寇や日中密貿易の波は、一五六七年頃の中国明朝の海禁政策の緩和（佐久間九二）や、一五八七年以後にたびたび豊臣政権が発布した海賊停止令（藤木八五、藤田達〇〇、米谷〇二・〇三）によって、一六世紀末にようやく終息していった（橋本・米谷〇八）。（橋本　雄）

東国国家論《とうごくこっかろん》

日本の中世国家が公家・武家・寺家の諸権門の相互補完により成立していたとする権門体制論に対して、武家単独による国家が東国を基盤として成立していたとする論。幕府をもって中世国家とみなす論を源流とする。

鎌倉幕府の成立について　佐藤進一は鎌倉幕府が国家統治権と接触して公法的存在となった画期として、一一八三（寿永二）年一〇月の宣旨に注目し、この宣旨が東海・東山両道諸国における頼朝の実力支配を朝廷が認めたものと解した。佐藤は、鎌倉時代を通じて幕府の裁判権に地域的偏差があり、幕府の裁判権の最も強く及んだのが「東国」であることから、「東国」に対する幕府の支配が朝廷により承認される時期を追及し、「東国」の範囲については、一一八六（文治二）年に三河・信濃以東と越後となり、この範囲がほぼ踏襲されていくとした（佐藤四三）。幕府の支配権は朝廷の支配権の一部が割譲されたものであるという考えであるから、朝廷が存続する限りは幕府は国家として不完全ということになり、鎌倉幕府が東国政権であるというのは、その不完全さを示すものであることになる。佐藤の東国政権論は、封建政権として鎌倉幕府が成立した後も古代国家たる朝廷が存続し、封建政権が古代国家を克服する課題が長く残されたとする石母田正の所説（石母田四六）に呼応するものとして受け止められた。佐藤の構想を引き継いだ石井進は、鎌倉幕府の東国に対する権限を国衙在庁指揮権と規定し、律令国家からこの権限を奪取する過程を、地域的偏差と時期的諸段階を踏まえて明らかにした（石井七〇）。

一つの国家か二つの国家か　鎌倉幕府＝東国政権論は、幕府と朝廷が権限を奪い奪われる関係であるとし、朝廷の存続を幕府の国家としての未完成と認識する一方で、幕府成立後の朝廷の性格を積極的に規定せず、古代国家の残滓程度に認識するものであった。このあいまいさをついて、中世における朝廷の存在を積極的に認め、国家論のなかに組み入れたのが、黒田俊雄の権門体制論であった（黒田六三）。佐藤は、黒田が朝廷も幕府も含み込んだ一つの国家を想定したことについては受け入れなかったが、中世における朝廷の存在を古代の残滓などとせずに率直に中世的なものとする見方は受け入れた。一九八三年の『日本の中世国家』において、佐藤は、律令国家が変質解体して成立した王朝国家を中世国家の祖型とし、鎌倉幕府は支配者集団が王朝国家と基本的には同質でありながら異質な部分を持つ中世国家の第二の型であるとした。佐藤の所説は、二つの中世国家の並立を主張するものであり、「鎌倉・室町時代に『日本国』全体をまとめた一個の国家があった」というのが「常識的な感覚」であるとする黒田との立場の相違を明らかにしたものであった。黒田の「常識」に対する疑問はすでに早く石井が述べていた（石井七〇）が、網野善彦などにより、一九八〇年代に、日本列島上に暮らしてきた人々が単一民族であり一貫して単一国家を営んだきたとするドグマを打破しようとする努力が進められる（網野八二）と、佐藤の所説はその機運にマッチするものとして迎えられた。

（近藤成一）

地域社会論《ちいきしゃかいろん》（中世）

中世における地域社会論の提起

中世地域社会論は、戦後歴史学のなかで固有の位置を占めていた地方史、地域史、人民闘争史の成果の批判的継承から提起された研究視角である。

それは同時に七〇年代末から顕現する現代社会の諸矛盾へのアンチ・テーゼとしての「地域主義」の影響下、国家の相対化の視座から提起された歴史認識・分析の方法で、一言でいえば自立的な地域社会の動態を解明する視角・方法である。

これらは主に歴史学研究会・日本史研究会大会のテーマ設定や報告において、七〇年代末から八〇年代、そして九〇年代に断続的に提起されたが、その論点は、歴研日本中世史部会運営委員会ワーキンググループの整理（稲葉ほか九五）が要を得ている。

論点と問題点　ただ、この論考を引いて地域社会論を「自力の村のおりなす地域社会を解明したもの」と説明するものが目につくがそれは正しくない。村の自立性が地域社会で際だっていることは事実だが、地域社会の構成員は村のみではない。多様な中間団体、そして支配を体現する在地領主らがいる。地域社会論は宗教団体や領主一揆、惣国一揆の性格を検討し地域の多様な自立性を炙り出してもいるのである。

しかし、在地領主の一揆は国家とは大きな距離があり、また社会集団の中核に位置する中間層の評価から支配関係を捨象する傾向がある。また時代が中世後期に限定されていることも問題である。とくに地域社会に内在する「支配の論理」は厳然として存在し、それが地域の自立を保証・または促進することすらありうるのである。また国家の支配を媒介し、または下支えする地域社会の「構造」も検討されるべきである。

時代的問題としては、近年、ネットワーク論により鎌倉時代に地域社会の萌芽を探る試みもあるが（高橋編一二）、その核にある寺社や武士の実態の解明が不十分である。この点は、高橋編著に所収の拙論（湯浅一二）を参照されたいが、今後のさらなる検討が必要であろう。

社会的権力論・中間団体論との関連　これらの問題は近世地域社会論における社会的権力論の提起する問題と通底するものであり（渡辺一〇）、中世においても、個々の中間団体の有力者たち――たとえば村や町の有徳人や土豪・地侍といった存在――について、支配と自治の両面を動態的に把握する必要がある。「自力」ばかりではなく「非力」も地域社会には存在する。それらが総体としていかなる運動方向を有していたのかについての検証も必要である。近年は中間団体の「帰属の一元化」と「統合の運動」というキーワードにより戦国大名「国家」の形成と近世化を見通した議論もあり（久留島一〇）、これらの論点を踏まえつつ、されに内容を豊かにしてゆくことが望まれていると言えよう。

（湯浅治久）

太閤検地論争《たいこうけんちろんそう》

一九五〇年代に太閤検地の歴史的意義をめぐって行われた論争。日本における封建制成立の時期、時代区分と関わって論じられ、その後の中世・近世史研究に大きな影響を及ぼした。

論争以前の学説　第二次世界大戦前の日本史学界では、鎌倉・室町時代を中心とする中世と、江戸時代を中心とする近世とを共に封建制の時代、封建社会とみて、中世から近世への移行を封建制の再編成とみなす、実証史家中村吉治の見解が有力であった。戦後には、マルクス主義歴史学の立場から、南北朝動乱を画期に小農民経済（農奴制）が一般的に成立したとする松本新八郎、織豊政権を初期絶対主義とみなし、それが鎖国によって「流産」したとする服部之総、織豊政権・幕藩体制の成立を純粋封建制の確立としつつも封建反動ともみなす藤田五郎らの異論が相次いで出されたが、再編成説を克服するには至っていなかった。こうした見解に対し、理論的・実証的に徹底した批判を加え、明快な学説を提起したのが安良城盛昭である。

安良城盛昭の問題提起　安良城は一九五三～五四年に「太閤検地の歴史的前提」「太閤検地の歴史的意義」という論文（安良城五三・五四）を発表し、荘園制の基礎である「名《みょう》」は名主《みょうしゅ》の家父長的奴隷制による経営体であり、中世は全体として家父長的奴隷制社会であるとし、太閤検地は、名主の下にあった名子《なご》・下人ら小農民を自立せしめる革命的土地政策であり農奴制（封建制）成立の画期であると主張した。いわゆる「太閤検地＝封建革命」説である。これによれば戦国期に至る中世は、それまで常識とされてきた封建制の時代ではなく、奴隷制の時代ということになる。この問題提起は理論・実証両面での明快さゆえに、当時の学界に安良城旋風ともよばれる大きな衝撃を与えた。第二次大戦後、封建遺制の克服が課題とされ、村落・庶民史料の発掘、「村の封建制」の歴史的検討が積極的になされはじめていた時期であり、とくに近世農村史の分野で活発な議論が展開された。

論争の展開　一九五四年五月の社会経済史学会大会は「我国に於ける封建領主制の確立」を共通論題として、安良城以外に宮川満と後藤陽一が報告した（社会経済史学会五七）。宮川は、戦後、全国各地の地方文書《じかたもんじょ》を博捜し、検地帳等の分析を行っていたが、そこに無屋敷・三反以下の零細な名請人が広汎に出現することを示し、安良城と同じく太閤検地の革新的な意義を評価しながらも、一方で、名寄帳登録人は検地帳登録人よりかなり少ない事実を示しつつ、村請制は名寄帳登録人＝有力農民の地位を温存する妥協的な側面をもち、太閤検地の革新性は相対的なものだとした（相対的革新説）。

後藤は、出雲国の一六〇二年検地帳で屋敷地名請人のうち出家・神主等を除く夫役負担者を「役人」「役家」と称しており、これが本百姓であると指摘し、太閤検地の意義は、村を権力が把握し、村共同体の生産構造の担い手である本百姓を村請の主体として確立した点にあるとした。また本百姓は分家とともに小協業体（小共同体）をなしていることや、戦国大名下の土地制度から太閤検地への連続面を重視する見解を述べた。

大会後の議論でも、後藤の見解を継承するものが目立った。たとえば遠藤進之助は、役家やその小族団的協業体を中世の名・名主との連続で捉え（役屋体制）、太閤検地の革新的な意義を否定した（遠藤五五）。所三男は、近世初期の本百姓（役家）は夫役を中心とする百姓役を負担しうる農民であり、検地の目的はその数を把握することにもあったとした（所五六）。鷲見等曜は、和泉国の一村落の分析から、近世中期の本百姓は下人の自立ではなく血縁家族の分割相続によって発生したもので、惣領制的小共同体を形成しており、検地帳の零細名請人はその各分枝（血縁分家）を表現していること等を具体的に指摘し、安良城・宮川を批判した（鷲見五八）。今井林太郎・八木哲浩も、摂津国の一村落の検討から同様の見解を示していた。

論争のゆくえ　安良城はこの間、寄せられた批判に答えつつ（安良城五七）、一九五〇年代末には自説を再構成した（安良城五九）。すなわち、太閤検地当時の「百姓」を四つの類型に分けたうえで、検地帳等から各地の農民層の存在形態を探る定量分析法の限界を指摘し、統一的封建権力が（四つのうち）どの農民階層を百姓身分の中核たらしめんとしたか、という政策基調を明らかにすべきだと主張し、そのうえで（四類型の）「百姓」相互間の搾取・隷属関係を否定する「作あい」否定政策の意義を強調した。また続く近世初期の農民支配政策を明快に論じ、その後の近世史研究に重要な枠組みを提供した。また宮川も批判に答えながら、中世から近世に至る複雑な土地制度の変化を体系的に跡づけた（宮川五九）。

こうして一九五〇年代末には論争は事実上、終息した。前述したように当初は安良城や宮川への批判・異論が強かったが、両者は精力的で、とくに安良城の所説は明快だったために、近世史研究者の多くはそれを支持・継承し、六〇年代には権力構造や村落構造を追究する方法を深めていった。一方で多くの中世史研究者は、農奴＝単婚小家族として名主の家父長的奴隷制を重視し、荘園領主や在地領主の支配を軽視する安良城の見解に否定的な反応を示したが（黒田七四）、その強い衝撃は、六〇年代に新しい水準の封建制論を生み出し、その後、戦国大名論を深化させる大きな契機となった。

論争の評価　こうして、この論争を契機として日本史の時代区分に関する議論が深まり、中世史研究と近世史研究とが独自に著しい発展を遂げたことは疑いなく、今日に至る研究の枠組みを形づくったという点でも、戦後歴史学を代表する論争の一つだったと言える。

今日では、当時の発想を規定していた一国史的な発展段階論は通用しなくなり、封建制概念の使用も避けられるなど、史学史的に全く異なる学界状況にある。また、その後の研究の飛躍的進展によって、当時の見解やその前提的な知見は一新されているが、一方で総括は十分でなく、未決着・未解明の論点も多い。ただ、この論争が提起した、村落・庶民史料にもとづいて直接生産者の存在形態を厳密に見極め、そこから社会構成を捉える理論と実証は、村落・土地制度史から関心が遠のく現在、我々に多くのことを問いかけているともいえよう。

（牧原成征）

国郡制論争《こくぐんせいろんそう》

国郡制について　国郡制とは、古代律令制下の政治支配体制である。国郡制は六四五年の大化の改新により発足したが、制度として確立するのは天武天皇から文武天皇の時期である。画期は七〇一年の大宝律令に求められ、政治支配域は、国・郡・里の三つに編成された。

論争の経緯　論争は、『歴史評論』誌上の「特集・日本封建制と天皇」（七六）における永原慶二と山口啓二の対談のなかで行われた。対談テーマは同誌特集タイトルのとおり、中世以来の日本の国家体制と天皇の関係を問うものであった。そのなかで浮上した争点のひとつが、国郡制の問題である。論争は、国郡制のみならず、大名領国制の権力の正統性（レジテマシー）をめぐるもので、封建制の評価も大きな争点となっており、より正確には、封建‐国郡制論争というべき性格のものである。

争点　戦国大名の登場により、古代以来の天皇の「王権」は急速に衰退する。だが、その後、天皇は大名権力間の調停機能を担って復権する。戦国大名は「公儀」権力の樹立をめざした。その際の天皇と国郡制の役割が議論となった。大名の「公儀」権力性が大名・領主権力のみで成立しえないという点で両者は共通している。問題は大名領国制の分権性・自立性の評価にあった。

永原は、将軍・足利義満が登場した一四世紀後半からの将軍権力の拡大をひとつの画期とする。本所間争論の裁判権、京都市中の検断権、任官叙任権などを将軍が掌握し、天皇の「王権」が大きく揺らいだ。そして、次の画期を戦国期とする。小農経営・農民闘争の進展、地域市場の発展がみられ、それらを統治する新たな領主権力（大名）が登場し、天皇の「王権」が最小となった時代とする。大名領国の分権性・国家性を高く評価し、この分権性の強さこそが、逆説的に領主間を調整する中央的権威（天皇）を要請するという。永原は、大名権力の封建的領域支配が貫徹していくなかで、「公儀」性が獲得されていくという政治過程を重視している。

一方、山口は大名領国制に先行する国家支配の枠組みとして国郡制を重視する。戦国大名の「公儀」性は、国郡制に組み込まれることで成立するという。山口が重視するのは被支配者の意識と分業のあり方である。国人から百姓までの意識や、手工業者・商人の分業編成は国郡制の枠組みに縛られていた。特に重視するのが、「公儀」（天皇）の「御百姓」という意識である。彼らを支配する領主権力も国郡制に規定されるとした。

永原は山口の議論に一定の理解を示しつつも、それは「意識」の問題か、「事実」の問題かと確認しているように、山口が中世以降の国郡制の実体性を強調する傾向を批判している。山口は「御百姓」意識をもつ農民が戦国大名にしたがうのは、国郡制の守護公権をひきつぐという「事実」に基づくと回答している。

永原と山口とでは、国郡制の評価の向きが逆になっている。永原は、政治過程に即して、封建領主制の論理をぎりぎりまで押し詰める。それでもなお、国家権力構造に説明しきれない部分が残る。そこに天皇や国郡制の規定制・影響力を見いだそうとする。一方、山口の場合、国郡制を前提として、その実体的な基盤のうえに、いかに領主制が成立するのかを説明しようとする。

論争の影響　論争はその後、幕藩制国家論、「公儀」－「御百姓」論、朝幕関係論、身分制論などの近世史研究に影響を与えた。山口は改めて古代国家が国郡制を律令制の地域統治の枠組みとして採用して以来、地域編成の原理として継承され、後の国家体制を規定しつづけたとし、国郡制の実体性を強く主張している（山口九三）。また、今谷明は三〇ヵ国五六ヵ郡におよぶ分郡守護・半国守護の存在を明らかにし、国郡制の実体性を明らかにしている（今谷八二）。ただし、山口が依拠するのは、高木昭作の国奉行研究（七六）をはじめ、主に近世初期の研究である。中期以降、国郡制がどのように継承されるのか、なお論証すべき余地が残されている。

同様に実体化してみるのは網野善彦である。国郡制は「日本」という国家の枠組みと「不可分」であり、東北地方の「蝦夷」、九州地方の「隼人」などを「侵略」「征服」して成立し、さらに近代以降、現在まで潜在的にいきつづけるという（網野〇〇）。また、民政・仁政思想の観点から、近世領主層の国郡制意識を考察した研究もある（小川〇八）。

批判と展望　以上のように、日本の国家体制を考えるとき、国郡制はきわめて重要な概念である（池上〇〇、稲葉〇三・〇四）。だが、封建制との対概念としてとらえられてきたのは郡県制である。封建制と郡県制の比較研究は、浅井清以来、今日まで蓄積があるが（浅井三九、張〇六）、国郡制に関してはほとんど言及されない。たとえば、『国史大事典』には、封建制と郡県制の項目はあるが国郡制の項目はない。

近世領主の国郡制観は、古代日本が実際に採用したことから、一種のナショナリズムをともないながら、中世の武家政権の誕生以降も、封建制と複雑に絡み合って持続する。それが維新期の廃藩置県にどのように影響するのか。封建制・郡県制のみならず、国郡制をくわえて検討すべきである。

また、この論争は、天皇制を問うことから出発している。国郡制を永続的な枠組みとしてとらえる場合、日本の国家体制は天皇制をともなうことが不可避となる。つまり、国郡制の実体性の評価は、近世封建制下の天皇の「王権」性の評価と密接に関連している。この点をどう考えるか。

さらに、山口は、中近世の国家体制を武家政権＝封建制とし、西欧のレーン封建制との類似を探る研究動向に対し、黒田俊雄の「権門体制論」（六三）や網野善彦の「非農業民論」（七二）などを組み込みながら、「アジア的」な観点から再検討すべきことを主張していた。これは、二一世紀以降、ひとつの潮流となりつつある東アジア世界への視座に通じるものである（深谷〇六、宮嶋一〇）。国郡制は古代日本に実際に採用され、中国の郡県制と共通性をもちながら、他方で中世以降、封建制と結びついて展開する。つまり、それは東アジアの普遍性と日本の個別・特殊性の両義性を帯びている。今後、東アジア世界における日本の国家体制の問い直しにおいて、重要な概念となるだろう。

（小川和也）

近世封建制論争《きんせいほうけんせいろんそう》

「封建」という言葉　「封建」とは中国の戦国時代に成立した『春秋左氏伝』に記された言葉で、周王朝が功臣らに「封」（領土）を分与し、諸侯として「建」てた地方分権的政治体制をいう。その後、官僚制による中央集権的政治体制である「郡県制」へ変化し、古代中国の周の封建制は理想的な政治体制と考えられるようになった。

　江戸時代の学者や知識人は、同時代の将軍－大名（藩）の関係を、周の天子（王）－一族・諸侯の関係になぞって封建制と表現した。しかし、江戸時代後期、国内的危機や対外的緊張が高まるなかで、封建制を批判し郡県制への移行を唱える説が現れ、それが明治維新による中央集権国家の成立へと展開していった（石井八六）。やがて明治時代には、「封建」の語は否定されるべき旧体制を指す意味のものへと転化していったのである。

世界史の基本法則のもとで　戦後歴史学は、古代奴隷制→中世封建制→近代資本制という発展段階（世界史の基本法則）を適用する方向で進められた。そこで、当時の日本社会において、克服すべき封建遺制の源流、すなわち江戸時代の成立過程に関心が集まった。

　戦前に中村吉治が主張した中世封建制が戦国時代を経て解体されたあと近世封建制として再編成されたとする「封建制再編成説」（中村三九）に対し、戦後、服部之総は戦国末に初期絶対主義的な状況が出現したものの、反動的な政策によってもとの純粋封建制に回帰したとする「初期絶対主義説」（服部四七）を発表し、藤田五郎は織豊～江戸時代初期を一定の商品経済の発展を前提に「独立自営農民」が一般的に成立し、金納地代を伴う生産物地代を負担する近世本百姓を基盤とする封建制が純粋なかたちで成立したとする「純粋封建制説」を主張した（藤田五〇・五二）。これらの研究は、織田・豊臣政権を連続的にとらえ、鎌倉～室町を前期封建制、江戸時代を後期封建制（純粋封建制）と位置づけている点で共通している。

　なお、中村の「封建制再編成説」は脇田修・水林彪へ引き継がれている（脇田七五・七七、水林八七）。

日本近世史の自立　安良城盛昭は、豊臣秀吉が一五八二～九二年にかけて全国で実施した太閤検地が、これまでの家父長制的奴隷制を否定し、奴隷を農奴として自立させ、その農奴を基礎とした新たな封建的土地所有を作りあげた革命的な政策であったと「太閤検地封建革命説」を主張した（安良城五三・五四・五九）。これにより、江戸時代は後期封建制ではなく、純粋封建制の成立から解体までを見通す独自の社会構成体として把握されることとなり、中世封建制と近代資本制と異なる「日本近世史の自立」と呼ばれる画期を創り出した（朝尾八八）。

　一九六〇年代になると、兵農分離制・石高制・幕藩制・鎖国制など幕藩制固有の構造的特質の解明を目指す「幕藩制構造論」が提唱され、その結果、江戸時代は日本固有の封建制（純粋封建制・集権的封建制）と規定された（北島六四、佐々木六四、朝尾六七、山口七三）。

　一九七〇年代には、国家論への関心の高まりから江戸時代の国家の特質を解明する「幕藩制国家論」が提起され、幕藩関係・朝幕関係・身分制・階級闘争・対外関係・都市・民衆意識など、さまざまな課題が「国家」（公儀）の視点・枠組みから位置づけられた。

江戸時代の国家と社会　その国家支配の視点から、高木昭作は江戸時代初期の国奉行と国役についての実証的研究を発表した（高木七六ａ・ｂ）。高木は、江戸幕府が古代律令制以来の伝統的国家の枠組みである国郡制的地域編成に基づく夫役体系を掌握することによって分業・身分編成を行い、個別領主とは異なる公共機能を果たし公儀としての地位を確立したこと、武士は軍役、百姓は陣夫役、職人は国役を勤めることによって全国民が士農工商の諸身分に編成されたことを主張した。すなわち、武士・百姓・町人などがそれぞれの身分に応じて負担する国家的義務としての「役」によって構成されていたというのである。

また、水林彪は江戸時代において諸権力は自立性を失い、国家（大名）権力に従属するライトゥルギー（代執行）機関となったと主張した（水林七七〜八二）。武士の自律的権力は剥奪・解体され、権力は高度に幕府ないし藩へと集中せしめられたものの、武士が腰に二本の刀を差す戦闘者であったことには変わりはなく、武士はイエを形成し、国制はイエの連鎖的秩序として存在し、その社会の基底には村共同体が頑強に存在していることから幕藩体制を封建制と規定した（水林八七）。

以上のように、ここまでの研究では様々な主張がなされているが、江戸時代を封建制という枠組みでとらえている点で共通しているといえる。

新たな江戸時代像を求めて　一九八〇年代以降、ポスト・モダン、ポスト国民国家の議論が高まり、江戸時代像もまた、国民国家形成過程との関連でとらえられるようになった。

山本博文は、日本近世国家が世界史的発展段階における封建制の最高段階＝絶対主義の本質をもつ国家であると理解すべきではないかという問題提起を行った（山本九〇）。この山本と水林との間で藩国家論、近世官僚制の評価、日本社会の特質をめぐって論争が繰り広げられ、その内容は松本良太によって整理されている（松本八九）。

また、尾藤正英は近世社会を中世の「職の体系」に比較して「役の体系」の社会として理解しようとする視角を提起し（尾藤八一）、大石学は「近世権力を構成する諸家が、国家官僚・行政官僚として国家的な『役』を果たし、これを担保するために領地・知行地や俸禄を与えられていたこと」から江戸時代を役論で整合させ、近世と近代を連続的にとらえる歴史像を描こうとしている（大石〇三）。

こうした動きは、マルクス主義歴史学の影響下にあった江戸時代像と異なる歴史像を提示するものといえよう。

（佐藤宏之）

朱子学《しゅしがく》をめぐる論争《ろんそう》

日本近世における朱子学の位置づけに関わる議論であり、主として幕藩体制との適合・不適合をめぐって、戦後の思想史研究を賑わした論争のひとつである。

朱子学「適合」説の流れ　その発端は、丸山真男の『日本政治思想史研究』(五二)にある。本書は近世における思惟様式の変革を辿ることで、儒学思想の変転をダイナミックに論述した。封建社会に適合した思惟様式である朱子学から徂徠学への転回を、「朱子学的自然法」の解体過程として捉え、そこに近代的思惟の兆候を析出する。丸山の理解によれば、戦乱の終結によって誕生した江戸幕府に必要とされたのは、体制の秩序形成と維持であった。その要求に応えたのが、まさしく朱子学でありその「封建教学」であった所以であるとする。近世思想の動向を、封建的観念形態から近代資本主義の世界観へと展望する奈良本辰也も、「道徳的自然法」の概念の解体にその指標をおいた(奈良本四八)。近代的思惟の成立との関係で近世思想を考える立場から、論理的な出発点に近世初頭における朱子学に一定度の達成を認め、思想の社会内への受容と幕藩体制の教学としての地位を確立していたとされる。

また、近世封建社会を前時代との断絶あるいは再編として、新しい思想動向に注目する視点からも、朱子学は初発から支配的な思想とされた(石田六三、相良六五)。新しい封建社会(幕藩体制)の成立と維持のため、政治的支配者の存在の根拠を理念的に支えたものと主要な位置を占めるのである。

以上は、いずれも近世初頭の段階で、朱子学が幕藩体制下において、思想として受容され一定度の達成を遂げていたことが前提となっており、この意味で朱子学が幕藩体制の支配原理に「適合的」な思想であったことになる。

朱子学「不適合」説の流れ　しかし、近世思想あるいは近代思想の分析の前提となっていた近世初頭の朱子学の位置づけに疑問が呈される。いわゆる朱子学を日本社会への「不適合」とする流れである。尾藤正英は、本来的に外来思想であり、特殊中国的な朱子学の日本への影響を限定的とするのをうけて、幕藩体制との間の適合性を疑った(尾藤六一)。丸山が中国朱子学と日本朱子学とを同一のものとして扱い、内容や機能への考慮がないことを批判したのである。そして近世の儒者の思想の内在的分析と儒学の社会的実態から、「封建教学」としての朱子学の位置づけを否定し、受容そのものの限界性も指摘する。さらに田原嗣郎は、朱子学批判のうえに成立した古学派の儒者の思想分析から、そもそも朱子学的世界観は日本において正当に受容されなかったとした(田原六七)。

また中国・朝鮮思想史からは、中国・朝鮮社会と朱子学の特質と相応性を示し、逆に幕藩制社会への適応の困難さの弁証とした(阿部六五、守本六七)。特に守本は、朱子学的思惟の中国社会における歴史性をあげ、丸山の朱子学思惟構造の理解が「中国社会の停滞性理解」に基づいた静的なもので、「非歴史的な思想体系」とする。近代の視点から歴史を投影する、丸山の近代主義への批判である。同じく「思想の近代化」という分析の仕方に批判的な立場をとる衣笠安喜は、中国宋代社会と日本近世社会との時代・風土の相違に、そのまま適合・通用することの不自然さを指摘し、前近代性で一括されていた、封建制社会（幕藩体制下）の思惟様式を段階的に設定した（衣笠七六）。

そして朱子学の「不適合」の指摘は、渡辺浩によって決定的になる（渡辺八五）。近世社会は、外来思想である朱子学を知識として受容することはあっても、真摯に思想として受け止めることは困難であったとし以下のような意義づけを否定した。①広範な受容を達成していたという事実、②幕藩権力と結びついた「体制教学」や「正当イデオロギー」であったこと、③幕藩体制の成立を規定する思想内容や構造であった、という点である。その上で渡辺は、儒学史の展開解明のために、朱子学と近世社会との「受容と反撥の諸相」を具体的に検証している。こうして日本近世において朱子学をそのまま適合させることは困難であるということが共通理解となった。

その後の展開　研究の潮流は「不適合」説をうけて、儒学諸派の具体相の分析へと向かった。荻生茂博は、幕藩制社会と儒学との「乖離の論」を、「特殊日本的傾向」をとりながらも、幕藩体制の思想として受容されていく意味を積極的に再認することで乗り越えようとした（荻生八六）。田尻祐一郎は、朱子学受容を「儒学の日本化」として捉え、その過程の思想的葛藤に近世社会の形成をみる（田尻九三）。「不適合」説が強調したのは、朱子学を享受する側の社会的特質の違いであったが、朱子学がもつ「東アジア世界の普遍的な価値規範」の一面へ注目されたといえる。さらに思想内容だけでなく朱子学の具体的な担い手、その需要の理由といった、より詳細な社会的機能の追究がなされていく（柴田九一）。黒住真は近世社会における儒教の非特権性を踏まえ、諸思想と連関した「複合性における儒教」を正当に描いていくべきとした（黒住〇三）。

朱子学の「適合・不適合」説の展開を一つの結節点とした日本近世の儒学思想史研究は、領域的には東アジアを、歴史的には幕藩制社会の諸段階に即したかたちで、その射程の拡大を目指していった。

そして近年、こうした視角が歴史研究のほうから再び注目されている。とりわけ日本史を含む東アジアの歴史をとらえるにあたって、広域的な視野の必要性や、ヨーロッパ中心の歴史観からの脱却を目指すという点の強調による。すなわち、東アジアの伝統社会あるいは、「東アジア法文明圏」における歴史的段階を考える共通項として、朱子学的理念が国や地域においてどのように社会的に浸透したかが、論点となりつつある（宮嶋〇六、深谷一一）。それは単純な朱子学受容の比較史ではなく、それぞれの社会構造、統治システム等との連携と齟齬といった歴史の全体性のなかでとらえようとするものである。東アジアの近世・近代史を貫く新しい視角と、かつての思想史研究における「適合・不適合」論争の成果を、慎重かつ発展的に結びつけていくことができるか、というのが今後のひとつの課題であろう。

（綱川歩美）

洋学論争《ようがくろんそう》

洋学とは何か　洋学とは、「蛮学」「蘭学」という名称も含め、江戸時代における西洋学術および西洋事情の研究一般を指す。その内容は幅広く、前提となる語学はもちろん、医学・天文学といった自然科学や、暦法・砲術などの諸技術、さらに世界地理や歴史といった人文科学系の知識など、多岐にわたる。

　そのため、初期の洋学史研究は、洋学を個別的な知識・学術の集積と見なし、書誌学的研究や伝記的研究、学術史的な研究を中心に進められてきた。そのなかで、洋学を総合的な歴史概念として捉え、歴史的研究の道を拓いたのが、近世封建社会における歴史的意義を問う洋学論争であった。

論争の経緯と内容　昭和一〇年代以来活発になされた洋学論争には、洋学の歴史的性格について、二つの相対立する見解が存在する。

　一つは、封建制批判者・克服者としての側面を重視する見解であり、羽仁五郎・高橋磌一・遠山茂樹に代表される。もう一つは、伊東多三郎・沼田次郎に代表される、封建制補強者としての側面を重視する見解である。

　そもそも洋学については、藤田茂吉『文明東漸史』（一八八四）以来、西洋科学を近代文明の担い手とし、その対極点に封建制を据えて克服されるべきものとする見解が主流であった。藤田は立憲改進党系の論客であり、封建社会下における洋学者たちの苦闘を、当時の自由民権運動と重ねあわせ、封建権力の犠牲となった悲劇的英雄として顕彰した。

　洋学論争は、伊東が従来のこの見解に疑問を呈したことに始まる。伊東は、洋学のもつ反封建的な性質を認めるが、歴史的に見るならば、具体的・実践的に封建社会の批判者・克服者として一貫していたことにはなりえぬとして、封建社会の補強者・自己批判者としての立場のあることを指摘した（伊東三七）。

　これに対し、封建制批判者説の先駆たる羽仁の論（羽仁三七）を継承した高橋は、洋学のもつ封建的・思想的制約を認めながらも、本質的に封建社会と対立するものとして、近代思想の源流としての意義を求めた（高橋四〇）。封建制批判者説は、『文明東漸史』以来の民間史学の流れを汲むものである。戦時下の思想弾圧と国民意識の統合という、当時の政治社会状況に対する論者の批判が色濃く出ており、洋学者の封建批判的言辞と弾圧事件への評価を中心に立論されている。戦後は遠山が近代史の立場から論を進め、洋学はシーボルト事件・蛮社の獄の時期に「最も近代的転化の可能性に近づきつつあった」として、「蕃社の獄以後、そのような萌芽が完全につまみとられ、かつ政治危機が尊王攘夷に集中されるにつれて、権力と拮抗する実践から全く切り離されて、専ら富国強兵策の技術として権力に奉仕することによってのみ存在が許された」と集約した（遠山五一）。

　一方、封建制補強者説は、戦後沼田によって牽引される（沼田五一・六〇）。沼田の立論は、基本的史料の収集と検討に基づく実証史学の立場からなされている点に大きな意義があった。洋学の学問的性格については、伝統的な儒教的観念に接合された「採長補短」の実用科学と規定しており、このことが後の佐藤昌介による批判的展開へとつながった。

展開　洋学論争における両見解への批判を通じ、第三の立場の設定を試みたのが佐藤昌介である（佐藤六四）。佐藤は、洋学のもつ両側面を有機的統一的に捉えようとする批判者説の見解を高く評価し、この問題意識のもとに、補強者説の実証的見地に立って考察を試みた。特に佐藤が重視した論点は、洋学の学問的性格をどう規定するか、という問題であった。佐藤は主に丸山眞男『日本政治思想史研究』説の援用によって、封建的イデオロギーたる儒学との関係に着目し、在来科学にはない「実理の学」（科学的認識）と「実用の学」（技術的実践）の連続性を指摘した。なお幕末洋学については、基本的特質をその軍事科学化にあると見なしている。

一方、田崎哲郎は、洋学論争における対立が、封建制補強的傾向がいつ決定的となるとみるか、つまり庶民的洋学の存在をどの時点までと考えるかについての捉え方の差にすぎないことを指摘した。すなわち、批判者説は一八三九年の蛮社の獄を、補強者説は一八一一年の蕃書和解御用の創設を画期とするが、それ以降の洋学については、民生的なものから軍事的・体制補強的なものへと重点が移り、担い手も医者から武士へと捉える点で一致している。田崎はこのように論争を整理した上で、幕末の洋学に対する両説の見解に疑問を呈した。すなわち、三河をフィールドとする一九七〇年前後からの一連の研究によって、幕末における在村蘭方医の広汎な存在を主張し、「在村の蘭学」という新たな枠組みを提起したのである（田崎八五）。

現状と展望　田崎の「在村の蘭学」は、幕府や特定の諸藩、そして著名蘭学者たちの先端的思想や科学技術史料を中心に進められてきた洋学史研究の枠組みを問い直すものであり、洋学論争は大枠の再検討を迫られることになった。

「在村の蘭学」については、その後種痘史や門人帳研究を手がかりに、都市域を含めた様々な地域の事例が次々と明らかにされ、その実態の解明が進んでいる（青木・岩淵〇四）。幕末期、庶民的洋学がより広く地域に浸透し、武士による軍事科学化の増大とあいまって拡大したことは、現在の研究状況においてほぼ共有されていると言えよう。

以後の洋学史研究を概観すると、実証的な個別的研究が中心となり、視角の多様化とともに、その内容も専門化・細分化する傾向にある。これらの動向は、洋学史をますます豊かに、実証的に描き出すことを可能にしたが、その一方で、歴史学における洋学史の新たな論点・方法論は未だ創出されていない。この現状に対し、佐藤の示した「歴史的意義の究明」、沼田の示した「政治史的観点」という二つの指針を継承した小川亜弥子が、幕末史を洋学史の視角から描き出そうと試みていることは注目される（小川九八）。

基礎的な個別研究は洋学史には不可欠であるが、それらの羅列が洋学史ではない。総合的な歴史概念として、その意義を究明する洋学論争の問題意識は、今後も深められていくべきであろう。

（矢森小映子）

幕藩体制《ばくはんたいせい》

幕藩体制という概念　日本近世の政治・社会体制を表す幕藩体制という概念は、戦後近世史研究における幕藩体制論を通じて定着し、日本史教科書等にも大きく取り扱われて一般にも普及し、現在に至るまで広く用いられてきている。日本近世史像のあり方にも深く関わる幕藩体制という概念は、どのように形づくられ論じられてきたのだろうか。

幕藩体制概念の形成　近世の政治体制を指して幕藩体制と呼称する用法は、戦前期の研究に遡る。幕藩体制概念の起源は、講座派の人々が用いた「徳川幕藩封建制」とか「徳川幕藩機構」の語であろう。これは、土地所有の形態（純粋封建的）や生産・経営方法（零細耕作農奴経済）と不可分の概念で、純粋封建制的な経済関係の上に立った幕府・諸藩の政治機構を意味していた（相川三四ほか）。また一方、幕藩体制という用語そのものも、江戸時代の武家政権の政治支配機構を指して、日本史の通史的叙述等で戦前期から用いられていた（北島三九ほか）。以上、幕藩体制という概念は、最も封建社会の実質を備えているとされた近世における幕府諸藩の専制的な支配体制として、戦前期から使用されはじめたと言えよう。

幕藩体制論の起点　戦後の幕藩体制をめぐる議論の発端の一つとなったのが、幕藩体制＝支配階級による土地領有と庶民統治の機構としての幕府・藩の組織、とする伊東多三郎の定義である（伊東四七）。政治支配の体制という側面に重点を置いた理解には批判も多く出されたが、戦前からの先駆的な個別藩制史研究や、大名による中央集権的支配を重視して藩制確立を捉える伊東の視点は、その後の藩制史研究にも影響を与えている。

ところで、戦後近世史研究は、農村の封建遺制克服・日本の民主化という現実的な課題に立った農村史研究が出発点となり、世界史の基本法則に関する理論的成果とも相まって、農村の個別分析が数多く行われた。こうした研究関心のなかから生み出され、その後の幕藩体制論に大きな影響を与えたのが、農業史・農村構造の研究を推進した古島敏雄の提言である（古島五三）。古島は、社会関係の基礎＝生産構造との関連を重視して政治機構を捉える立場から、石高を基準に統一的に賦課された生産物年貢を本百姓が負担することの上に成立した幕府諸藩・純粋封建社会の政治体制を幕藩体制としたのである。古島の定義はその後の幕藩体制論で重視され、政治・社会の体制を包括する概念として幕藩体制の語が定置される契機となったのである。

幕藩体制論の展開　一九六〇年代にかけて行われた幕藩体制論の出発点をなしたのが、太閤検地の意義に関する安良城盛昭の所論である（安良城五九）。すなわち、安良城は、統一権力の政策基調の検出により、石高制として実現された封建的土地所有の構造を明らかにし、奴隷制から農奴制への変化を決定づけた革命的土地政策（小農民自立政策）として太閤検地を理解して、近世封建社会を独自の社会構成体として把握したのである。広範な分野の研究者に衝撃を与えた安良城の議論は、近世封建制・幕藩体制の構造的特質解明の視座構築や「日本近世史の自立」の契機となるとともに（朝尾八八）、幕藩体制論を戦後歴史学の画期を構成する議論にしたと言えよう。

安良城の問題提起が統一権力の性格や段階を論点の一つとしたことは、世界史の基本法則の検出にとどまりがちになった農村史の停滞への反省とも相まって、権力機構自体への関心を高める契機ともなった。こうして五〇年代以降、多くの個別藩制成立史研究が生み出され、検地政策、地方知行と家臣団編成、小農・本百姓の把握等を論点に、藩体制確立の指標・統一的支配の貫徹をめぐる議論が展開した（共通論題五八）。この期の藩制史研究は、個別藩の分析で完結する傾向を孕みながらも、幕藩権力に焦点を当てた実証的分析を深化させつつ（藤野七五）、個別藩制史のなかに幕藩体制の本質を見出そうとする方向へと進み、幕藩体制論に大きな位置を占めていったのである（山口六三ほか）。

以上のような幕藩体制論を継承・発展させたのが、幕藩制構造論、とりわけ権力編成原理としての軍役と生産力構造における小農自立、その相互規定を論じた佐々木潤之介の軍役論であった（佐々木六四）。軍役論に対しては朝尾直弘により、国内矛盾一元論的視角への批判、変革主体・共同体の問題等々に関する提言がなされ、これらを通じて、兵農分離制・石高制・鎖国制が、幕藩体制の基本要素・支配の体系として位置づけられることになった。幕藩制国家への関心が高まった七〇年代に入ってからも、幕藩体制をテーマにした通史やシンポジウムの記録が刊行され（山口・佐々木七一、佐々木七四）、幕藩体制の基本要素や諸段階に関する議論が行われている。支配体制・経済的基礎構造の一体的把握を目指す幕藩体制論の視角は、七〇年代の幕藩制国家論にも継承されていったのである。

近世国家史研究の展開

八〇年代以降、幕藩制国家論は国家史固有の領域に焦点を当てて多角的に展開してきた。公儀論が進展し、統一政権・将軍権力の形成や性格、公儀権力機構・近世官僚制の形成と特質、天皇・朝廷や宗教勢力の役割と位置づけ等が明らかにされ、領主と領民との合意という観点の浸透と相まって権威・儀礼に関する研究も進んだ。また、国郡制論や役論のような伝統的な国家の枠組みへの注目や、日本型華夷意識のあり方など対外関係研究の進展は、近世の国家をめぐる多くの論点を提起している。近世国家史研究は、朝廷・寺社勢力と幕藩権力が錯綜する近世の権力配置や位階編成・身分、権威・儀礼や政治文化等の論点について、東アジア世界での位置づけに関心を高めつつ、議論を深めてきたと言えよう。

こうして八〇年代以降の近世史研究は、兵農分離制・石高制・鎖国制にとどまらず、社会の経済的基礎構造から相対的に独立した多様な要素を明らかにし、専制的・集権的な幕藩体制のイメージを一新しつつある。今後は、こうした成果を踏まえ、国家と社会の相互規定・関係性のあり方を、幕藩体制という用語そのものの検討も含めて、新たな視角から考察していくことが求められる。「藩」内外の諸集団・権力が織りなす関係の総体的把握を志向する「藩」研究などは、こうした模索の一つと言えよう。

（小関悠一郎）

兵農分離《へいのうぶんり》

兵農分離制とは、兵（武士）と農（百姓）との身分的、階級的分離を明確にし、兵が農を支配する社会制度のことである。豊臣政権期において、一五八八（天正一六）年に刀狩令、海賊停止令、さらに朝鮮出兵に連動して推進された一五九一（天正一九）年の身分統制令、翌年の人掃令などの諸政策が発せられることで、兵農分離が推進されたとする。

かかる議論は、歴史的には、封建的主従関係に基づく武士的世界と土着を基礎にした農民的世界を止揚した存在として、兵農未分離の中世武士団の性格から戦国時代を経て近世武士団（兵農分離し兵に専従する）へと移行する過程として、さらには農村民衆における自力救済権が失われ公儀が成立する過程として評価できる。このように、兵農分離の問題は中世と近世は封建社会として括られながら、時代区分される重要な要素の一つとして指摘される（北島六三）。研究史の動向について、戦後から現在にかけて紹介しよう。

太閤検地論の視点から　戦後、安良城盛昭をはじめ多くの成果を見た太閤検地論を通じて、士農工商の身分制確立の議論から、より構造的な議論へと展開した。すなわち、太閤検地は村を単位に一筆ごとに耕地を丈量することで、一地一作人と一領主を原則とし、領主は農民に対し土地所持権を認める代わりに、年貢負担を負わせることを明らかにした。かかる成果は、太閤検地以後見られる小農自立、本百姓体制の成立へとつながるが、その背景は兵農分離によって給人が所領から引き離されることを前提としていた。つまり、太閤検地は中世末期の封建的土地所有＝保有関係から、身分制によって直接的＝強力的に領主－百姓間の新たな関係（兵農分離）に編成する契機になったのである（安良城五九）。

幕藩制構造論、幕藩制国家論の展開　幕藩制構造論、幕藩制国家論の展開のなか、兵農分離の問題は国家支配の原理であるという視点から、領主的土地所有と小農経営の問題を構造的にとらえる視点が示された。かかる指摘は兵農分離が自然発生的に登場したのではなく、権力が強力に推進した結果として成しえたことを明らかにしたと言えるだろう。すなわち、佐々木潤之介は中世後期に領主的土地所有と小農経営とが分離する過程があり、それを階級支配が固有の強力と合意に基づき、公的権力として、政治的組織＝国家によって政治的支配を行うに至ったことを指摘した。かかる兵と農の分離の過程については、小農自立論と軍役論の解明のなかで明らかにしたのである（佐々木六四・八四）。また、朝尾直弘は兵農分離の過程は兵が農を支配するために自らを支配階級として農から引き離し、自らの階級的編成を行い、支配のための暴力機構を構成した。そして、兵と農の身分的階級対立が統一権力を創出したと展望している。さらに、兵農分離制度について、武士化、商人化、職人化、農民化などという身分関係の変化としてとらえている（朝尾八八・九四・九六）。

近世国家論の視点から　近世国家論的視点から惣無事と公儀の成立に注目しつつ、兵農分離を再検討した議論である。高木昭作は公儀権力の全国制覇の過程において、戦国大名や国人土豪の騒乱を

「私戦」として停止を命じ、百姓は検地によって確定された身分に伴う役の負担を負う者として、そして農・工・商の身分は武器を紛争解決の手段とすることは禁じられ、身分を決定させていくことを指摘した（高木九〇）。

さらに、高木昭作は一季居奉公人（侍）の存在を明らかにするなかで、近世社会において武家奉公人は不可欠な存在であることを明らかにし、かかる存在は農村から供給されることを示している。この指摘は、森下徹が農村からの掛人徴発を明らかにし、具体的に紹介している（森下九五）。かかる議論は、近世社会を示すとされる兵農分離について、豊臣政権期に完結したわけではない点と、近世を通じて兵と農の間において不分明な存在があることを示している。また、藤木久志は村の自力を自検断の問題として追究し、剥奪の対象とされたのは追捕権と成敗権のうち成敗権のみであることを明らかにしている（藤木八五）。また、中近世移行期に兵農分離を推進する諸政策が豊臣秀吉政権の惣無事令以後の朝鮮侵略にかけて次々と推進されているところに注目した成果も見られる（稲葉〇九）。

兵農分離の過程について、特定村落を素材としたり、実態を明らかにする成果や、兵と農の分離が微妙な中間層を対象としながら、より実態に即して解明する成果も見ることができる。水本邦彦は中世惣村の伝統を引く年寄集団の自治理念と近世領主支配理念との対抗が初期村方騒動となって表れ、結果として庄屋は村の代表として捉え返されたことを明らかにしている（水本八七）。

他方、吉田ゆり子は、中近世移行期に登場する中間層について、国人と土豪・地侍との間を区別して把握し、彼らが武士化を志向する者や、在地支配を担う者など多様な形で兵農分離の過程を経ていく姿を実証的に明らかにした。さらに「無足人」に注目し、近世を通じて存在し続ける在村郷士を明らかにしている（吉田〇〇）。また、牧原成征は、戦国期から近世前期に至る在地社会の変容について、兵農分離の問題として捉え、実証的に明らかにした（牧原〇四）。

このように、兵農分離の議論は、近世史研究、とりわけ中近世移行期論の重要なテーマとして、多くの成果をあげてきた。そして、かかる視点とは別に、近世社会の問題として兵農分離を考えていくなかで、村落上層農民の名字帯刀許可の問題、百姓の鉄砲所持の議論など（武井一〇）、「武士」としての象徴的、権威性を示す存在の評価からも兵農分離の再検討がせまられている。その意味では、兵農分離の概念自体の検討はなされるべきであるが、他方、近世社会を考える上で兵農分離をファクターとすることで、公儀論、村落自治論、百姓的世界、近世社会の領主と民衆の諸関係（定型化した訴願や役）など、近世社会像を展望した多くの成果を得てきているのである。

（落合　功）

軍役論《ぐんやくろん》

軍役論の提唱　軍役論は、佐々木潤之介によって口火が切られた（佐々木六〇）。佐々木は、安良城盛昭の太閤検地論を批判的に受け継ぎながら、権力編成原理としての軍役体系の観点から、幕藩制の構造的特質の解明に迫ろうとした。幕藩制成立の第一段階は関ヶ原の戦いから慶安期に至る時期であるとし、その間の軍役と封建的土地所有のあり方や生産力の発展との関係および変容を次のように解釈したのである。すなわち、元和・寛永の軍役令では、石高の低い者ほど過重な軍役が課されたため、給人は陣夫役の形で農民に役負担を転嫁したが、寛永末年に起きた飢饉を契機に、幕府は農政の転換をはかる。生産力基盤としての小農経営維持につとめ、代官の統制力を強め、新田開発による生産力増強にかわって集約農業経営の確立をめざした結果、それが幕府の軍役体系を過重・不均等から軽減・均等化へと変更させ、慶安軍役令はその反映であるというのである。

軍役論をめぐる論争　佐々木の軍役論は、それまで下部構造の分析を中心にしていた学界において、上部構造たる軍役体系に着目し、両者の相互連関性を構造的に解明するための新たな視角を提供したと言える。それだけに、この論に対する批判がさまざまな観点から出された。

　朝尾直弘は、佐々木は軍役を階級的搾取関係としてではなく領主階級内部の問題としてとらえていると批判した。朝尾は、第一段階を太閤検地から寛文・延宝期までとする安良城説にしたがっており、幕藩権力成立の理解においても佐々木と見解を異にしていた（朝尾六二）。山口啓二も佐々木の軍役論には、幕藩領主層の軍事力が階級支配のための暴力装置として存在するという論理が含まれておらず、階級間闘争の側面も重視すべきであると論評した（山口六二）。

　また藤野保は、佐々木は譜代大名諏訪高島藩の分析を根拠としているが、高島藩は譜代給人による地方知行制のもと、幕末まで転封することなく一円支配を行った異例の譜代大名であり、この事例を論拠に全幕藩制的論理として軍役論を展開するのは無理があること、過重・不均等な軍役が均等化されていくとする主張も、幕府の軍役規定の分析だけによっていることから、佐々木の軍役論は実証および分析方法・理論構成の両面で問題があると指摘した（藤野六三）。

　佐々木は主に朝尾批判に対する反批判を展開し、軍役体系は上部構造ではあるが生産力の発展に一定の規定を与える要因であるとして、軍役研究の意義を強調した。また、階級闘争の側面を看過しているという批判に対しては、第一段階においては過重な軍役体系のため、階級間闘争よりも領主権力間の抗争が色濃いと説明した。したがって兵農分離と軍役実現の地代形態の関係の理解も、両者で異なることになる。さらに、第一段階の起点を太閤検地におくべきであるとする朝尾に対し、佐々木は朝鮮侵略の際、豊臣氏が諸大名に課した軍役は知行高と一致しておらず、統一的軍役体系が成立していないとして、豊臣政権を徳川政権と異質な過渡的政権であると位置づけた（佐々木六二）。

軍役論以降の研究動向　以上のような論争を経て、豊臣政権の軍役体系の解明と徳川政権との比較、軍役の具体的内容と兵農分離との関係、幕府軍役令と軍事力編成の実態分析などが、その後の研究課題として認識されるようになった。

豊臣政権の軍役体系については、朝鮮侵略時の軍役を分析した三鬼清一郎が、石高と軍役が一致していないようにみえるのは、諸大名の居住地域に応じて無役高が設定されたり、過去の軍役動員を考慮したりした結果であることを立証し、豊臣政権の軍役体系は全領主階級を包含しており、ほぼ軍役人数が石高に照応している点では徳川政権と基本的に一致しているとした（三鬼六六）。

軍役の具体的内容については、軍役規定のなかに（陣）夫役を含むか含まないかをめぐり、論者の見解が分かれる。小林清治は、幕藩体制初期における農民諸役は陣夫役ではなく恒常的な諸役であるとし（小林六三）、新見吉治は、陣夫役は普請役の人夫数を指すのではないかと考えた（新見六四）。山口啓二が兵力としての軍役とは別に、給人が地方から徴集できる夫役があったとして、軍事力としての軍役と夫役とを分けたのに対し、金沢静枝は軍役のなかに夫役を含めて考え、軍役人数を算出する公式を提示した（金沢六四）。

幕府の軍役令については根岸茂夫が、慶安期に作成された軍役の改定草案が軍学者の家に伝来していたため誤解を生んだが、実際には慶安の軍役令は発令されなかったことを証明した（根岸八〇）。そのほか、寛永軍役令については高木昭作（九〇）が、慶応軍役令については保谷徹が検討している。

軍事力編成の分析に関しては高木昭作が、戦国期の後北条氏と一八世紀初頭の前橋酒井氏の軍団編成とを比較し、戦国期の軍隊が武装自弁であったのに対し、太閤検地・兵農分離によって広大な蔵入地が生み出された近世においては、軍隊に兵糧米を支給することができるようになり、武士が自律性を喪失する一つの原因となったと主張した（高木八四）。

佐々木が軍役論で提唱した視角・視点は、一九七〇年代以降の幕藩制国家論へ受け継がれていったが、その後、権力の公共性や儀礼・武威など多様な側面が注目され、政治史の枠組みを越えた広い射程での権力論が提唱されるようになる。そのなかで根岸茂夫は、武士の存在形態や役割を軍制と家を中心に解明しようと試み（根岸〇〇）、小池進は、幕藩制国家支配を軍事的に支えた幕府直轄軍団たる幕府番方の形成と展開を、三代将軍家光に至るまでの権力構造や政治方針との関係から具体的に検討した。また幕末における軍制改革については、保谷徹が考察している（保谷九三）。

近年では軍事史・戦争史という視点が日本史研究にも導入され、戦争遂行における人と物の動員という観点から、軍隊と社会の関係や軍事制度が改めて注目を集めている。実際に軍役が発動される場面を具体的に分析するとともに、家臣団が官僚的側面を帯びつつも、軍役規定のもとで軍事力として存在していたことが、武士個人の心性や武家政権にいかなる影響をもたらしたのかを考察することが、今後の課題であろう。

（谷口眞子）

身分《みぶん》（近世）

国家史研究と身分　戦後歴史学の初発の段階で、近世身分制研究は社会に残された封建遺制の克服という問題意識を強くもって開始されたが、身分についての理論的・実証的研究の深化は一九七〇年代を待つこととなる。画期の一つは一九七〇年歴史科学協議会大会特集号に掲載された佐々木潤之介（七〇）・朝尾直弘（七〇）の論考である。両者は見解の対立を孕みながらも、統一政権＝近世国家の形成過程を、意識・イデオロギーの問題も組み込みつつ、兵農分離の身分関係を基軸として論じる構成をとった。これ以降、近世身分論は幕藩制国家史研究の一環として進展していくことになる。その当初の成果は、国家公権としての公儀の形成をたどりつつ、公儀による社会編制としての身分制の特質を描き出した深谷克己（七五）に総括されている。

部落史研究の新潮流　今一つの画期は一九七二年の『部落問題研究』誌の特集で、黒田俊雄は中世身分制の構造的特質を論じ、①村落生活、②荘園・公領の支配、③権門の家産支配秩序、④国家秩序からなる身分系列、および共同体、社会的分業、階級関係、国家という身分成立の契機を取り上げ、身分を身分系列と諸契機によって多面的かつ統一的に捉えることを提唱、近世身分制研究にも新たな視角を開いた（黒田七二）。また脇田修は身分的所有論を提起し、この概念を軸に据えることにより、被差別民を含む近世の諸身分を構造的に捉えうるとした（脇田七二）。

国役と身分編成　一九七六年の歴史学研究会近世史部会報告で高木昭作（七六）は農・工・商の近世社会における被支配身分と国役負担に対応関係があることを指摘、封建的な土地所有関係とは異なる国家公権的な支配編成原理としての国役賦課による社会的分業編成のあり方に光を当てた。これを受けて横田冬彦（八二）は、統一政権が職人組織に依拠しつつ、彼らを給人支配から解放し、公儀の職人として特定し、その本人を動員するために百姓役の体系から分離したという過程として国役による「職人身分」析出の歴史的位置を見定めた。また吉田伸之（八〇）は、京都における天正末年の諸役・地子免許の過程を通して、統一政権が町人足役を結晶核として町人身分を析出させていくことを実証、近世の町人身分もまた役賦課の体系により、公儀による被支配人民の総括・編成の体系としての身分制に位置づいていたことを明らかにした。

地縁的職業的身分共同体　朝尾（八一）は、高木報告以後の身分制研究が主として国家的編成に重点を置いていたことに対し、前近代社会では一国規模での横断的かつ普遍的な身分というものは本来存在せず、身分は、その本質において局地的であり、かつ特殊的なもので、身分の歴史的性格を決定するのは、局地的、特殊的に形成された身分（実態）であると述べた。そして「町人身分を決定する町」「百姓身分を決定する村」などを地縁的職業的身分共同体と呼んだのである。よりトータルな身分把握のために重要な提起であったといえよう。

天皇・朝廷と近世身分　ところで、近世の天皇・朝廷については戦前には研究へのタブー視があり、戦後には天皇権威の名目化が常識化し、研究の俎上にのぼってこなかったが、公儀の形成過程への注目はそうした状況を克服しつつあった。そうしたなか朝尾（七五）が織田・豊臣・徳川各政権の権力構造における天皇の位置をあらためて整理し、続いて宮地正人（七五）が、家康が征夷大将軍に任じられることによって公儀権力を手に入れたことの意味を問うとともに、宗教者や職人らの受領・位階をはじめとして身分制と身分内階層の確立と固定化に関与する天皇・朝廷の機能を指摘したことで、近世身分論の射程に天皇・朝廷がおさめられた。これらをふまえ高埜利彦（八九）は、天皇・公家・門跡などを含む朝廷を組みこんだ近世の国家権力が、修験道組織、神道・陰陽道組織や相撲渡世集団など、宗教者・芸能者をどのように身分編成していくかを実証的に明らかにしている。

平人社会と賤民への視座　また自らの被差別民史研究を組み込みつつ身分論の理論的構築を進めた峯岸賢太郎は、身分制を身分関係（広義の人身的従属関係）、身分序列（頂点に位する支配者に対する諸従属者の地位の遠近）、身分体系（国家において総括された政治的秩序）の論理序列によって把握しつつ近世の諸身分関係を総体としてとらえようとし（峯岸八〇）、のちには、二つの身分体系、すなわち王（天皇と結合する公儀）－臣（武家・宮家・公家・寺社）－民（百姓・町人を中核とする被治者）の体系と、良－賤の枠組み・形式を継承するところの〈天皇・宮家・公家〉－平人－〈賤キ者〉の体系の存在を指摘、カースト的差別をうける「穢多」等を身分体系に位置づけた（峯岸八五）。

　近世人をその身分に登録している「戸籍制度」という視点に立ち、国家的な戦争動員体制として構築された「近世初期身分制」から、一七世紀中葉から後半を画期に、農政転換による夫役動員体制の変容をうけ、宗旨人別帳制度のもとでの「近世的身分制度」が成立すると論じた横田（九二）は、村の帳に登録された「百姓」と町の帳に登録された「町人」からなる分厚い「平人社会」の成立を重視しつつ〈武士－平人－賤民〉という身分制度を示した。

新たな身分制社会像へ　塚田孝（八五ａ）はえた・非人身分に係る研究を通して社会集団論を展開、近世社会が社会集団の重層（基礎的な社会集団による二次的三次的な集団形成＝組合村など）と複合（異種の社会集団間の交流・関係）によってその全体社会を構成していたという指摘は、近世身分制社会の実態を精緻に分析する方法を提起するものであった。その上で塚田（八五ｂ）においては、高木の国役編成論と朝尾の地縁的職業的身分共同体論を統一的に理解し、身分制研究の新たな段階を画した。こののち、塚田はさらに、吉田伸之による都市社会史研究の成果などを積極的に取り入れつつ、「身分的周縁論」を提唱し、一九九〇年代以降の近世身分制研究を主導していくことになる（塚田九七）。

　なお、水林彪（八七）は、家産・家名・家業の三位一体としてのイエの確立を重視し、西洋・中国・日本の比較国制史という観点から近世の身分を見通しているが、身分制社会像を、通史的な流れのなかで再検討してみる際に立ち返るべき業績といえよう。

（西木浩一）

豪農・半プロ論《ごうのう・はんぷろろん》（幕末社会論）

豪農・半プロ論とは何か　豪農・半プロ論は、佐々木潤之介によって、一九六九年に提唱された日本近世の幕末社会の捉え方である。その著書名が『幕末社会論』であったがゆえ、ほぼ同義で考えられている。別項の世直し状況論よりも、少し理論的意味合いを強くした用語といえよう。

佐々木は、幕藩体制を解体させていく社会変動を、農村に商品経済が浸透していくことにより、豪農が成長し、村落共同体の後退と、そこに依拠する小農の半プロレタリアート（半プロ）への没落過程としてとらえた。豪農とは、地主にして高利貸商人であり、かつ政治的には村役人および同族団の最有力者と規定される。半プロレタリアートとは、小農が土地を中心とする生産手段から遊離し、ごく零細な小生産者としてか、運輸労働や労働力販売により生活している者とされた。この両者は非和解的関係であり、両者の間の矛盾を幕末社会における副次的矛盾とし、主要矛盾である封建領主と被支配者層との間におけるものとは別個であるとした。そして、幕末社会においては、前者の副次的矛盾がおもに顕在化した点に特徴があるとし、その原因を、豪農がその被支配者層を指導して封建領主と対抗するという歴史的役割を果たせなかった点に求めた（佐々木六九・七九）。

佐々木は何を受け継いだのか

佐々木の念頭にあったのは、マルクス主義の社会構成体論における封建制の解体過程において、日本の近世末期の社会変動をどのように位置付け、考えるのかという大問題である。これは、日本資本主義論争における講座派と労農派以来の問題である。佐々木は講座派の立場から、封建制の最終段階における絶対主義の確立過程として幕末社会の変動を考えた。その際に、ブルジョア的発展を体現するものとして措定されたのは豪農である。

佐々木の豪農は、藤田五郎（四八）の豪農論を批判的に摂取している。藤田が見事に豪農の発展過程を捉え、それに近代化を推し進める牽引者としての役割を見いだしたのに対し、佐々木はそれを富農のわが国における特殊的な存在形態とした。そして、政治的にはその歴史的役割を果たせなかったものとして位置付けたのである。藤田においては、豪農の対極にある日雇等との関係は注視を指摘するにとどまった。佐々木はこれを理論的に位置付け、かつそれに豪農が果たしえなかった歴史的役割を負わせたのである。このように、階級配置の問題を常に念頭に置きながら、幕末社会をとらえ理論化していったところに、佐々木の真骨頂を見ることができよう。

歴史的背景　このような佐々木の豪農・半プロ論と、時代との緊張関係も見逃せない。六〇年安保闘争や六八年の学生運動など、佐々木が豪農・半プロ論を構築していった時代は、学生やサラリーマン、農民や主婦など広汎な一般大衆の参加による政治運動が盛り上がりを見せており、研究者自身も自らこのような運動に活動家として身を投じながら、それと並行して研究を行っていた。このような社会状況を鑑みると、社会変革の主体を半プロ＝一般大衆の側に置き、その運動や変革主体を鼓舞することが、自らの近世史研究者としての社会的責任と考えて、佐々木はこの理論を構築したと考えられる。

　そしてこれには政財界の旗振りで、明治百年祭の準備が進められ、明るい近現代史像が振りまかれつつあった状況に対抗する意味合いもあったのである。

批判とそこから生まれた研究潮流

以上のような内容をもった佐々木の豪農・半プロ論は、地主制論・幕藩制国家論・階級闘争論・都市と農村の関係といった諸論点を含む総合的な議論であった（志村〇一）。それゆえに多くの批判を受け、それを拠点にさまざまな研究潮流が生まれた。

　久留島浩は、佐々木の半プロ概念の不明瞭さを指摘した。佐々木の論じる半プロの実態を見ると、労働力販売に力点を置くよりもむしろ、没落しつつある小生産者として捉えるのが適切ではないか、というのである。この点は今なお、解決されていない重要な論点である。また、豪農の存在形態について、明治期になってその規模を突然論ずることに疑問を呈し、自身は豪農の政治的機能の一つとして組合村研究を進めた（久留島〇二）。国訴や民衆運動の研究を進めていった藪田貫（九二）や、近世社会における民衆の政治参加の問題を取り上げた平川新（九六）の研究と相まって、「公共性派」ともいうべき研究潮流を作り上げた。

　同じく豪農の政治的機能について、渡辺尚志は、豪農と半プロとの関係は非和解的な関係ばかりではなく、実際には小百姓や村に寄り添って行動する者も多かったとする豪農類型論を提唱した（渡辺九八）。そして、村落共同体の問題が佐々木の豪農・半プロ論には組み込まれていないとの批判から、神谷智（〇〇）は近世百姓の高請地所持のあり方と質地慣行の変化について論じ、大塚英二（九六）は高利貸とひとくくりにされていた村の金融関係において村融通制という考え方を提起した。白川部達夫（九四）は質地請戻し慣行のあり方を追究した。これらは、「共同体派」といえる研究潮流を生み出した。

　さて、都市の問題から半プロの論点を追究していったのが吉田伸之（九一）である。江戸を中心に、都市において労働力を販売して生活をする日用層こそが、日本近世におけるプロレタリア的要素であると実証し、その身分や役との関係を精力的に明らかにしていった。そして、町共同体を蚕食していく大店と民衆世界（日用層）との対抗関係を、農村における豪農と半プロと同じとして考え、ともに商品経済の進捗のもとに生じた事象と捉えた。このことにより、大店と豪農を社会的権力としていいうるとの理論を提唱した（久留島・吉田九六）。なお、吉田は農村における豪農の展開については、佐々木の理論に立脚しているといってよいだろう。

　今後は、佐々木のような総合性をもった議論を、自身がどのような価値基準に則って歴史を把握するのかということを自覚し、研究を行っていく必要があるだろう。

（福澤徹三）

民間社会論《みんかんしやかいろん》

民間社会という段階　日本の近世期をどのような段階の時代として捉えるかという点について、古くから後期封建制（later medieval）として理解する見方があったが、一九九〇年代以降は、むしろ近代との親近性のほうが注目され、初期近代（early modern）として理解する見方が一般的となっている。その背景には、社会構成体史論の発展段階論にそくしてそれぞれの時代の断絶面に注目するよりも、社会史の視点を導入して時代をまたぐ連続面に注目しようとする歴史学全体の変化があった。しかし、連続面の過度の強調は時代の変化に注目しないということにつながりかねず、歴史学そのものの存立を脅かす自殺行為となる。発展段階論を批判的に継承しつつ、社会史的連続性も加味した新たな段階論が求められる所以である。

　このような新たな段階論を意識して近世社会を捉えようとしたのが、民間社会という概念である。これは封建社会から脱出しつつあるが、だからといって市民社会にはまだ到達していない段階として日本の近世社会を仮説的に理解しようとする用語で、一九八八年に小学館の通史シリーズの一冊として深谷克己により執筆された、『大系日本の歴史九　士農工商の世』のなかで初めて提起された。

百姓成立　その民間社会論の基盤となる議論が百姓成立論である。偃武時代の到来により公法性を高めた百姓は自立化を強め、その個別経営単位である家が多数生まれた（小農自立）。史料上「百姓成立《なりたち》」という文言で表れる百姓の家の経営維持は、百姓自身の願望であることはもちろんであるが、支配の基盤でもあることからそれを保証することが領主が領主たりうる条件ともなった。こうして、百姓と領主との間には百姓経営の維持という共通の目標が存在し、百姓は年貢・諸役を納めるのと引き替えに領主に仁政を求める一方、領主は仁政を施すのと引き替えに百姓に年貢・諸役の納入を求めるという双務関係（恩頼関係と言い換えてもよい）が成り立つこととなった。百姓一揆は、領主の責務である仁政を実行していないと見なした領主を批判する百姓の行動様式であり、仁政の回復を求めて起こすものであった（深谷七三）。

主体的被治者論　このように、個別経営体としての家の自立を達成した百姓は領主に仁政を求めるのと引き替えに支配を受け入れ、家職として生業に従事し年貢・諸役納入を自らの責務としたが、百姓の生業は農業とは限らなかった。百姓は多かれ少なかれ諸稼ぎとして工業・商業の一端を担う存在であり、彼らのなかには工業・商業に軸足を移して、それらを家業や職分とする者も少なくなかった。そうした動向を背景に、それぞれの生業に社会を支える意味を見いだす議論が登場した。それが士農工商論である。

　現代では士農工商といえば一般に近世の厳しい身分制度が連想されがちであるが、近世期にこの用語が使用される場合、抽出できる意識はむしろ横並び意識というべきものである。もともと士農工商とは儒教文明圏社会における人民を指す語であって、語義としてその間に上下尊卑の観念はなく、近世日本においてもこの語は自らの存在を自己主張する際に用いられた。もちろん、士と農工商の間には上下尊卑の差異が現実に存在したのであるが、そうであるからこそ、治者の側に属する領主やそれに連なる士が仁政を担うという責務を果たしていないと見なした場合には、農工商の側に属する被治者は治者に対して厳しい批判を投げかけた。それぞれの生業には一定の役割があり、それを果たすことを責務として被治者は治者による支配を受け入れたといえる。深谷は、治者の支配を主体性をもって受け入れた被治者の側の「「士農工商」論は、いわば下からの主体的被治者論」とでもいうべきものであると指摘している（深谷九三）。

　ただし、このような百姓の主体性は、賤民身分とされた者への差別感情と表裏の関係にあったことにも注意が必要である。公民としての百姓は、賤民身分との差異を自覚するがゆえに支配を主体的に受け入れたのである（深谷八二）。

民間社会の肥大化　仁政を責務とする近世期の治者にとって被治者の意向を酌み取ろうとするシステムの構築が不可欠となり、民政の充実が志向された。幕政改革・藩政改革における人材登用や法・訴訟・裁判制度の整備などがそれに当たるが、それは民政技術の向上が求められた結果であり、被治者が自律的な活動を活発化させたことに対応したものである。それは、それだけ民間社会の肥大化が進行したということを意味し、その結果、民政に熟練した地方《じかた》巧者の登場が促された（深谷〇〇）。

　その先には暴力を振りかざす支配に替わる行政システムの萌芽を見ることができるが、肥大化した民間社会ではさまざまな矛盾も顕在化していった。過剰開発による弊害、役人の不正、商人による私財の蓄積、地主・小作関係の進展による階層分解などの社会問題の惹起がそれである。また、近世後期、飢饉・災害の際の、施行《せぎょう》や融資といった領主の御救《おすくい》機能の弱化や後退が明らかになると、村の相互救済機能の強化がはかられることになるが、過度の格差社会の到来により民間の相互救済機能もやがて機能しなくなり、幕末には豪農への激しい打ちこわしを第一義とする世直し一揆が登場した。

　このように、民間社会の肥大化は支配のあり方を大きく変化させるとともに、被治者どうしの問題もまた引き起こす結果となった（深谷〇九）。

時間軸としての民間社会、空間軸としての民本徳治　以上のように、深谷が提起した民間社会論は、近世期の日本を時間軸に置いたときにどのような段階にあったものとして理解するべきか、という一つのモデルを提示したものといえる。それは、マルクス主義に基づく発展段階論的な社会構成体史論を批判的に継承しようという試みである。それに加えて、深谷は近世期の日本を空間軸に置いたときにどのような位置にあったものとして理解するべきか、との問いにも応えようとしており、それは民本徳治論として提起されている（深谷〇六・一二）。この議論は、近世期の日本を儒教核法文明圏としての東アジア的共通分母のうえにあるとする見方であり、社会史的空間認識を取り込もうとするものということができる。したがって、時間軸の民間社会論と空間軸の民本徳治論とはセットで理解するべきものであり、近世日本を総体として理解する一つのモデルケースといえよう（大橋一〇）。

（大橋幸泰）

「藩」概念《はんがいねん》

「藩」とは何か　「藩」とは大名が支配する領域と統治機構、あるいは、領民を含む「国家」を指す。現在、「藩主」「藩士」「藩邸」「藩学」「藩政改革」「藩体制」……など、「藩」は歴史用語・分析概念として定着している。諸藩に関する膨大な研究蓄積もあり、「藩」は歴史学の分析対象として根をおろしている。だが、一方、史料用語としての「藩」に対する批判が存在する。

「藩」をめぐって　最初に「藩」という言葉に対して疑義を唱えたのは山口啓二である（山口六三）。それは、「藩」という「公称」は明治維新政府によって採用されたもので、近世には用いられず、むしろ廃藩置県以降に流通する近代の概念とする説である。以降、近世期における「藩」について否定的な見解が出され（渡辺浩九七、青山〇四など）、通説化しつつある。だが、実際には新井白石の『藩《はん》翰《かん》譜《ぷ》』に代表されるように、近世においても「藩」という用語がもちいられ、後期から幕末にかけて普及する。近世期は「家中」「御家」というべきだという主張もあるが、近世後期の史料で、「〜家中」とすべきところを「〜藩中」とする例もみられる（小川一二）。

「藩」へのまなざしの変化　戦後の「藩」研究は六〇年代〜八〇年代にかけての第一期と、二〇〇〇年以降の第二期に大別できる。第一期は「幕藩制国家論」と歩調をともにし、その特徴は藩権力構造の解明にあった。第二期の先駆けとなったのは岡山藩研究会の共同研究である（〇〇）。以降、尾張藩・佐賀藩・松代藩・熊本藩などを対象とした新しい共同研究や個人研究が盛んに行われ、大きな研究潮流となっている（岸野〇一、高野〇二、渡辺尚〇八、吉村ほか〇九）。第一期は、「階級闘争」「人民闘争」の視点から、「藩」の「封建的」側面、すなわち、支配権力として領民と対立する側面が強調された。領民をふくまない「藩」体制は事実上、大名家・「御家」にひとしい。これに対し、第二期は、領民を「藩」の構成要素として見ている点で共通している。その結果、政治史のみならず、文化史・社会史など多様な観点から「藩」のなかで生起される諸事象が取り上げられ、「藩」研究の地平は飛躍的に拡大した。

「藩」概念について　第二期の研究潮流から、「藩屏《はんぺい》国家」「藩世界」「藩社会」「藩地域」「藩領社会」「藩国と藩輔」などの分析視角・概念が提起されている。幕藩制国家の集権性と分権性を巧みに表現しているのは深谷克己の「藩屏国家」である（深谷九五）。これは史料用語としては漢語の「藩」がもつ籬《まがき》・屏という意味で、「藩屏国家」とは「国家」＝将軍家・幕府を囲繞《いにょう》する籬《まがき》・屏という意味である。だが、深谷は「藩」の「国家」性に注目し、「藩」は領民・領地・主権性を有するが、それらはただちに自立・割拠性を意味するものではなく、幕府という「上位国家」を支える「下位国家」であり、「国家」の重層性をしめす概念としている。第二期の研究潮流は学会誌で特集が組まれるなど（『歴史評論』〇六）、なおも継続しており、現在、改めて「藩」とは何かが問い直されているといえるだろう。

（小川和也）

役の体系《やくのたいけい》

「役の体系」をめぐる議論　高木昭作は一九七六年度の歴史学研究会大会報告において、幕藩制国家の編成原理として「役」をとりあげ、国家による「役」賦課が身分編成の基軸であると論じた（高木七六）。兵営国家のもとで武士は軍役、百姓は陣夫役、職人は国役をつとめ、諸身分はそれぞれの「役」を分担したと理解したのである。このように国家に対する役負担が身分を決定し、逆に特定の役を賦課されていることがその身分に所属している証であると考えるのが、「役の体系」といわれる説である。一方、朝尾直弘は百姓・町人の身分は地縁的・職業的身分共同体を形成することによって成立したと主張し、中世以来の惣村と同様、近世村落においても誰が百姓であるかを決めていたのは村であると論じた（朝尾八一）。これに対し峯岸賢太郎は、高木説は役と身分の間に対応関係があると指摘したにすぎず、朝尾説は「誰が非人であるかを非人集団が決定した」と言い換えれてみれば、誤りは歴然であると批判した。峯岸は、身分は所有と分業に基礎をおいた概念であり、身分は他身分との関係において存立すると主張した（峯岸八六）。

百姓身分について水本邦彦は、検地帳に登録された年貢負担者から人夫役負担者を検出し、それが百姓身分として把握されたと述べ（水本八五）、町人については吉田伸之が、町屋敷所持者＝町人足役負担者＝町共同体構成員（町人）という図式を提示した（吉田八〇）。職人については横田冬彦が、役を負担する職人の側から社会集団としての職人をとらえようとした（横田八五）。

このような議論は、村や町といった土地・空間の所有・所持と身分との関係や、身分の特定と所属している社会集団との関係、国家による役賦課と身分編成との関係をどのように考えるかといった、重要な問題を提起している。町屋敷所持者で職人役を負担する者は、職人身分であって町人身分ではないのかという疑問は、職業・所有・役と身分の関係性をいかに理解するのか、という問いでもある。

多様な身分へのまなざし　一九九〇年代になると、横田冬彦が武士・平人・非人という新たな視角を提示する一方（横田九四）、吉田伸之や塚田孝が、士農工商といった中核的身分の周辺に多様な身分の者が存在したことに目を向けて、身分的周縁論を展開した（塚田ほか編九四）。これを受けて『シリーズ近世の身分的周縁』全六巻（〇〇）では、法制度における身分の位置づけ、政治的な場での身分認識をおさえ、身分集団の内外における存在形態のあり方から身分を考えるスタンスをとっており、近世初期に多様な職業や芸能に従事していた人々が、国家や社会からのさまざまな編成の可能性のなかで、どのように一つの身分としてイメージされていくのかを考察している。さらに近年では、『〈江戸〉の人と身分』全六巻（一〇～一一）で、女性史や東アジアとの比較も射程に入れた新たな身分論が提唱されている。

多様な身分の実態が解明され、さらに近世の身分観念など人々の心性にも身分論は展開しており、身分をとらえる視角はますます広がっていると言えよう。（谷口眞子）

公儀《こうぎ》

研究史　幕藩制国家論が論議されるなか、「公儀」は幕藩権力のもつ公的側面をとらえる用語として注目され、使用された（以下、「」を略す）。朝尾直弘（七五）は戦国段階の公儀と近世の公儀の質的違いを指摘し、深谷克己（七五）は身分制の観点から中世から近世への公儀の変遷を述べ、天皇・朝廷を公儀の「金冠」と位置づけるとともに、公儀権力の解体を天保期に求め、高木昭作（八一）は軍役論の立場から「惣無事令」により全国民が公儀の軍隊に編成され、公儀権力による「私戦」の禁止によって近世における政治的支配体制の根幹が創出されたとした。領主的土地所有を維持するための諸大名の連合関係を本質とする公儀を家康がいかに掌握していったかという高木の指摘をふまえ、山本博文（八四）は秀吉死後に家康によって進められた公儀占拠の過程を「取次」の問題から具体的に示した。これらの議論をふまえ、朝尾直弘（八五）は幕藩領主による人民支配が領域単位の地域別編成を旨とし、領主と領民との領域における平和「契約」によって「公儀」が重層的に成立したところに幕藩領主制の特質があったとした。

　その後、慶長期における豊臣秀頼の位置に着目して、当該期の政治体制を「二重「公儀」」とする笠谷和比古の見解（九二）も出されたが、藤井讓治（九四）は天下人たりえない秀頼や徳川家康が法的主体としての公儀を対置する必然性があったとする見解を示すとともに、これまでの研究が歴史用語としての公儀に近世と中世とでは差異があることを指摘しつつも、戦国期から近世前期にかけての多様な意味合いやその歴史的変遷とを明確にしないまま、完成された近世の公儀観念、政治権力を掌握した法的主体としての公儀を前提として公儀論が公権力論として展開してきたと研究史を総括した。すなわち公儀＝公権力とする予断を排し、公儀の語義には①「私」に対する「公」の意、②「公」の意向・決定、③法的主体の意の三つに大きくわけられると整理し、幕府公儀・藩公儀・幕藩公儀という概念を用いて公儀の歴史的変遷を柔軟に認識する方法を示して公儀国家の成立過程を論じた。

今後の展望　池享（〇四）はこうした近世史側の公儀理解は、中近世移行期を戦国大名→織豊政権→幕藩制国家という単線的発展の線上でとらえ、戦国大名を遅れた中世的権力とする立場に基づくものと批判し、中近世移行期における変化と継承の次元と質を問う必要性を主張した。しかし、中世史との対話を十分に深めないまま、公儀論は王権論へと議論の質を変えつつある。公儀権力の解体過程についても、公儀権力が公儀権力たりえなくなっていく原因を幕藩制国家における明白な国家意志の分裂に求めた宮地正人の研究（八一）や公儀権力が軍事力を根幹とする統治システムと天皇権威に基づく個別領主の全国支配を正当化する「王覇論」的秩序に即した統治システムを併存させており、その分裂が幕末の天皇の政治的上昇を生み出すとした吉田昌彦の研究（九七）などがあるが、ここでも王権論とのからみで公儀権力を議論することが展望されている。（福田千鶴）

兵営国家論《へいえいこっかろん》

兵営国家とは何か　米国の政治学者ハロルド・ラスウェル（四一）が提唱した「the garrison state」の訳語（牢獄・軍人国家とも）。軍国主義と官僚制が結合した、言論・自由・民主化に対して抑圧的な全体主義国家のことで、この国家体制にあてはまらない者は、「服従か、さもなければ死」が強制されるという。

日本における兵営国家論の展開

ラスウェルの概念を援用して、日本の近世国家を「兵営国家」と定義したのは政治学者の丸山真男（五九）である。丸山は近世国家を将軍が大小三〇〇の「藩」という小兵営国家を統率し、「爪の先まで武装した超軍事体制」をとる世界史上屈指の兵営国家とした。その後、近世国家史研究の立場から同様の見解を示したのが高木昭作（八四）である。高木は中世・戦国末期の軍隊と近世の軍隊を比較し、戦国期の軍隊が武装集団の一部の寄せ集めであるのに対して、近世の軍隊は武装・非武装にかかわりなく、すべての集団を軍隊に組み込み将軍の統制下におくもので、国土それ自体を巨大な兵営国家とし、近世国家の特色を膨大な非戦闘員を軍隊の構成要素としている点にみいだしている。また、近世思想史研究の立場から、ヘルマン・オームス、前田勉らが兵営国家論を唱えている。オームス（九〇）は近世国家の「社会秩序のモデル」を「軍事的統制」とする。前田（九六）は、近世国家思想を朱子学とする通説を批判し、近世は兵営国家であり、その思想は、荻生徂徠に代表される兵学にあったとし、朱子学に近代的な「自由」と「平等」の可能性をみいだす。

問題点と展望　兵営国家論は馬上天下をとった将軍による国家体制の創出過程や、武士が国家権力を握る近世国家の初期段階の一側面を照らし出すものである。だが、武士も官僚化し、国家・社会も変化してゆく。もともと兵営国家は二〇世紀の「全体主義国家」の批判概念としてイデオロギー性を帯びている。この概念を近世まで遡及させ、近世日本全体をおおう概念として当てはめることが、はたしてどこまで妥当性をもつのか。丸山の議論は、「鎖国」による「対外的隔離」と閉鎖性、戦国時代の軍事体制凍結論、および、アジア停滞論が前提となっている。これは近代化論の裏返しで、「封建制」が克服されるべき批判対象とされたように、近世国家体制を「近代的自我」を抑圧する体系とする視座が前提となっている。しかし、冷戦崩壊以降の近世史研究、とくに社会・文化史分野において明らかにされてきたのは、近世社会の停滞ではなく成熟する姿である。兵営国家という軍事体制凍結論では、社会の変容や時代の変化、民衆の意識・動向などを捉えきれない。また、兵営国家論は、東アジアにおける近世日本の「武威」の側面、すなわち、異質性・特殊性を際立たせる。しかし、近年、東アジア世界の共通性に着目した議論が大きな反響を呼んでいる（深谷〇六）。これは「仁政」を基盤にした儒教的な政治文化を東アジアの「共通分母」としてとらえる。兵営国家論は、今後、東アジア世界の文脈における近世日本の異質性と共通性、特殊性と普遍性をめぐる議論のなかで改めて問い直されるべき概念であろう。

（小川和也）

百姓《ひゃくしょう》

「百姓」とは何か　戦国期、百姓は特定の領主に従属するのではないという「御百姓」意識が形成され、百姓の公法的地位が確立された（藤木六九）。織豊政権期、統一政権は自らを「公儀」とすることによって、公法的存在となった百姓を支配する正統性を獲得する一方、百姓の生活を保障する責務を負った（朝尾七〇）。

江戸時代に入り、幕藩領主によって百姓は村落居住民として把握され、検地帳に登録されることにより土地と屋敷の所持が認められた本百姓と、それ以外の水呑百姓や従属農民である下人・名子とに大きく分けられた。誰を本百姓とするかはまず村が決定し、幕藩領主がそれを公認した。本百姓は年貢と夫役（諸役）を負担する一方、在地の行政・文化活動に対しての発言権を有し、彼らが村役人に就任した。水呑百姓は、年貢・夫役（諸役）を負担しないかわりに、村落内での諸権利は認められなかった。村内において、水呑百姓や従属農民の本百姓への身分上昇は過酷ではあるが可能であった。

用語成立の背景　①百姓という社会的存在に関して：戦国期と織豊政権期に関しては右記参照。深谷克己は、江戸時代における「御百姓」意識を分析し、百姓は年貢負担するかわりに幕藩領主に仁政と「お救い」の実行をもとめていたと論じた（深谷七三）。

②百姓身分に関して：高木昭作は、幕藩制国家を兵営国家と規定し、これに包摂される諸身分はそれぞれ固有の役負担によって編成されているとして、夫役を果たす者が百姓身分であるとした（高木七六）。尾藤正英は、夫役の問題に着目しつつも、百姓身分を規定する要素を、年貢負担・夫役など総合的なものであるとした（尾藤八一）。また峯岸賢太郎は、これらの役論を批判し、百姓身分は検地帳に登録されることによって決定されるとした（峯岸八六）。以上は、百姓身分とは幕藩領主によって他律的に決定されるという理解であったが、公儀論を展開した朝尾直弘は、近世村落が百姓身分を自律的に決定していたと論じた（朝尾八一）。

③「百姓」の土地所持に関して：白川部達夫は、江戸時代後期、無年季的質地請け戻し慣行―質流れした土地でも元金を返済すれば請け戻せる―が一般化していった、と論じている（白川部八六）。

現代の展望　朝尾の論理を前提として、深谷は百姓の身分上昇にかける願望の意味を問題にし（深谷〇六）、早田旅人は深谷の論理を幕末社会のなかで追究している（早田一〇）。百姓の家の問題に関して、鈴木ゆり子（九四）と大藤修（九六）とが、またジェンダー的視点から藪田貫（九三）が、また柳谷慶子は百姓家族における介護の問題に切り込んでいる（柳谷九六）。地域社会論をリードしている渡辺尚志は、日本近世の百姓とは何かを問い、包括的な百姓像を提起している（渡辺〇八）。

（須田　努）

文字社会《もじしゃかい》

用語の定義　網野善彦は、文字を識らず、用いない人びとの世界を「無文字社会」、識字層の形成する世界を「文字社会」と定義した（網野八八）。そして、日本の文字社会の特質として、漢字・平仮名・片仮名の組み合わせによる文字表現の多様性、都市下層民や女性も含む識字率の高さ、幕藩体制の支配下にあった諸地域の文書を読解可能にした斉一性・均質性をあげた。また、文字社会が全国的に成立した時期を南北朝内乱前後と捉え、その形成に宗教が大きな力を持った西欧と異なり、日本では文字社会の主導権を俗権力がほぼ一貫して保持し続けたと指摘した。こうした網野の議論に対して辻本雅史は、「文字社会」を民衆の社会生活のシステムのうちに文字使用が不可避に組み込まれた社会と定義し、一七世紀以後の近世日本社会を「文字社会」として捉えている（辻本〇二・〇六・一〇）。

用語成立の背景　網野は、一九八二年に「日本の文字社会の特質について」という研究会報告を行った後、『日本民俗文化大系』『列島の文化史』の編集などを通じて、歴史学・考古学・民俗学にわたる学際的交流を深めていく。一九八〇年代後半には、『列島の文化史』の編集委員の一人である塚本学らが日本近世史において、村方文書が作成・保存された背景を追究し、教育史では民衆の識字率に関する研究が進展するなど、近世の民衆と文字との関わりについて関心が高まっていった。また、一九八六年には当時の首相中曽根康弘による、日本人は均質な「単一民族」であるために知的水準が高いとする発言が伝えられた。学界の状況に加え、こうした見解を受け入れる余地を持った社会状況への危機感が、網野に日本の文字社会の形成過程を解明する動機を与えたのである。

展開と現状　網野が文字社会の成立時期を南北朝内乱前後と捉えたことは、兵農分離が可能となった前提や、近世の村方文書が存在しえた背景を説明するものであった。網野や塚本らによる研究を踏まえ、青木美智男は近世村落における文字教育の時期的推移を検討し、平仮名程度なら読めるという近世前期の「民衆的文字社会」を措定した上で、近世後期には平仮名と振り仮名の文化が一般化し、中世とは異なる「農民的な文字社会」が成立していたと指摘した（青木八九）。また、塚本はその後、民衆における経験知の世界が、文字文化と相互に影響を及ぼしつつ変容する過程を検討し、文字や学問と権力・フォークロアとの関係を議論の俎上に載せた（塚本九一）。こうした成果は一九九〇年代から現在にかけて、文書の伝来や解釈の仕方に着目した由緒研究、書籍史料の分析方法を深化させた書物・出版研究において発展的に継承されている。情報化が著しく進展した現在では、リテラシーという語も「読み書き」能力だけでなく特定の「基礎知識」を意味する語として用いられ、映像・図像・技能といった要素も含む概念として捉えられるようになっている（松塚・八鍬一〇）。「文字社会」の定義自体の問い直しや、知識・情報を伝達する媒体に着目した研究が、教育学・文学・民俗学との交流のなかで議論される研究段階に至っているのである。

（小田真裕）

村請制《むらうけせい》

村請制とは　統一政権の兵農分離政策により、領主は村から離れ、空間的に離れた城下町から百姓を支配するようになった。そのため、村の一定程度の自治に依拠することなくしては百姓支配が困難となり、村を単位に、年貢や諸役の徴収を請け負わせる制度が全国的に施行されていった。これを村請制という。

村請制に対する評価の変遷　戦後の近世史研究で、村請制が注目される契機となったのは、七〇年前後からの幕藩制国家論の進展である。その代表的論者である佐々木潤之介や深谷克己は、村請制を、兵農分離によって村を離れた領主が、農民を土地に縛り付け、年貢や諸役を徴収することを可能にした仕組み（経済外的強制を補完する装置）であるとして、幕藩制国家による人民支配機構と位置付けた（佐々木六九、深谷七二）。

これに対し、村請制を、農民側の視点から、より積極的に評価したのが水本邦彦である。水本は、村共同体が領主の諸政策に対抗的に機能し、農民はこうした共同体を介して領主権力と関係していたとして、共同体に着目し、農民にとっての村の意味を追究した。そして、村請制についても、領主が設定した庄屋が個人で年貢収納を請負う形から、農民らの運動（村方騒動）により、集団として請負う形となり、実質的に形成されたとした。村請制は、農民らが運動を通じて勝ち取ったものと評価されたのである（水本八七）。

村請の成立をめぐって　八〇年代になると、中世史の側から、中近世の連続性を重視する移行期村落論が提起され、以降急速に進展した。そのなかで、戦国時代の村にも、村請の範疇が用いられるようになった。勝俣鎮夫は、日本歴史を二分法的に理解し、一五世紀頃から成立してくる新しい村を近世の村と連続的にとらえ、その成立の画期として、百姓側の達成である村請の実現を高く評価した（勝俣八五）。また、藤木久志は、勝俣説を踏まえつつ、村請や庄屋を近世権力が創り出したとする水本説を批判した。しかし、一方で、中近世の村請の違いにも配慮がみられ、それは村の相談方式＝集団としての請負が成立しているか否かにあるとする（藤木八八）。

かくして、移行期村落論の進展により、村請の成立過程が、改めて重要な検討課題として浮上した。この問題は、中近世史双方より、地域性を踏まえながら追究される必要があるが、例えば、信州伊那郡虎岩村をめぐっては、近世初頭以降も領主が個別の百姓（「年貢請負人」）から直接年貢を徴収しており、村請の成立は元禄年間（一六八八～一七〇三）とする説（嶋谷八五）、近世初頭には村請が成立していたとする説（稲葉九六）、一七世紀後半までは右の新旧両方の年貢徴収方式が領主の交代などにともなって交互に変わり、せめぎあうとする説（牧原一〇）が並び立っており、見解の一致はなされていない。現段階では、分析事例の蓄積が何よりも求められているといえる。

（小酒井大悟）

知行制論《ちぎょうせいろん》

近世の知行制論は、江戸時代の武家の存在形態の問題として、将軍権力のもと、統一的な石高制にもとづいたなかでの個別武家の近世的土地所有（地方《じかた》知行制）を中心に議論が行われてきた。

集権的封建制と地方知行形骸化論　近世の知行制は、幕藩制国家における集権的封建制という特質のもとでの通説、すなわち、①地方知行の知行形態が蔵米知行化、そして土地給付がない俸禄化すること、②地方知行制下で行使される知行権が年貢徴収権のみに限定されること、総じて地方知行の形骸化という評価に対する批判として展開した。その際、旗本を対象とした知行論は、主に②に対して強固な知行権の実態を追究し（関東近世史研究会八六、川村八八など）、大名家臣を対象とした知行論は、主に①に対して地方知行制が存続する意義を追究した（今野七九、モリス八八、伊藤九〇など）。旗本と大名家家臣の知行論の展開の相違は、個別領主の階級支配の実現＝国家機構のなかでの分権（安良城五九、佐々木七五）の性質を考えるうえで重要であるが、いずれも集権に対する分権のあり方や性格を問題としており、結果、集権的に編成されることで個別領主の知行権が成り立つという構造論（山口七三）以上の意義づけを与えることが難しかった。

石高知行制と物成渡知行形態論　近世の知行制は、石高制という統一的基準があるが、鈴木寿は、物成渡知行という点において近世の知行制を統一的にとらえた（鈴木七一）。知行主の収納できる年貢量が、三ツ五分、四ツ等とあらかじめ設定された物成渡知行形態のもとでは、地方知行も蔵米知行も同質であるとした。さらに、生産高ではなく物成高の石高を宛行うことにより、知行地の分散や相給《あいきゅう》といったことが可能となったと指摘した。たしかに近世の知行制では、分散相給知行形態が多く、形骸化の要因の一つでもあった。これに対し、白川部達夫は、相給知行形態においてさえ、知行付百姓と知行地が整合的に与えられており、石高知行制の本質的意義はその保障にあったことを指摘した（白川部八六）。

近世知行制論の展望　近年では、前述の旗本と大名家臣の知行制研究に存在する溝の埋め合わせや、近世社会において知行制を多角的・総合的に議論する試みがなされ、近世知行制論は新たな段階を迎えつつある（モリスほか編九九）。また、領主－百姓関係が「合意」と呼べる関係であったという評価（朝尾八五）を契機に、個別武家の知行権を集権・分権という対立構造ではなく、心意統治論や「藩国・藩輔」のように、近世社会で知行制が果たした役割が実態的に検証、評価されている（高野九七・〇二）。

今後、地方知行、蔵米知行、俸禄制を実質的に成り立たせていた要因、例えば、地方取りと蔵米取りで共通して展開した勝手賄い（末岡八九）や中間層の存在など、近世国家・社会において多様な知行制が展開できた仕組みについてもさらに追究する必要があるのではないか。

（野本禎司）

御家《おいえ》意識《いしき》

「御家」とはなにか　江戸時代、「御家」といえば通常は大名家を指した。この「御家」概念については、これまで「通時的で階層序列的な軍事支配者集団」（朝尾八五）や「近世的武士の共同利害を保障するための国家が、主君という一個の家父長的な人格によってその共同性が代表されるところの第二次的で擬制的なイエ共同体」（水林八二）、「近世大名の『家』はその人的要素として大名の家族のみならず、非血縁的な家臣団を『家中』として内包し」、「主君の血統的連続性」がある「政治的支配機構」（秋本六二）などの規定がある。

　しかしながら、大名の「御家」が武士にとっての運命共同体となるのは江戸時代中期以降であり、江戸時代前期の大名家はそれ自身が大名ともいえるような主君から一定度の自立性を有する大身の家臣を複数抱えていた。そのため家臣の帰属意識は主君個人との間にのみ強く存在し、主君の「御家」の存続は家中にとって所与の前提ではなく、家中騒動が生じた結果、大名「御家」に絶対的な統一体としての存続の論理が与えられ、確立していくと位置づけられた（福田九九）。こうした「御家」が統治・支配・組織の原理となった契機を、高野信治は公儀権力との接触に求め、家督者を抽象化し奉公の対象とした「御家」観念が上から創出され、それを正当化するために、幕府は『寛永諸家系図伝』・『寛政重修諸家譜』等を作成して家督の連続性を強調し、大名は「家訓」を創作する一方で、家臣の在地性の払拭による自立性の否定によって広く定着していったと整理した（高野八八）。

御家存続の危機と「家」戦略　江戸時代中期以降、それぞれの家臣が「御家」の一構成員として位置づけられることにより、家臣の帰属意識は、主君個人ではなく、組織としての「御家」へと向かい、家臣にとって大名の「御家」は潰すことのできない、守るべき「御家」へと変化していった。この守るべき「御家」には、改易、無嗣逝去、養子相続、押し込め、家中騒動……といった御家存続の危機が絶えずつきまとう。そこで大名家の由緒（正統性）や他家との比較・連携などによって戦略的に「御家」意識を醸成し、それを家訓、藩祖顕彰、系譜・事蹟・藩史の編纂などによって家臣全体に共有させた（胡〇一、川島〇一、岸本〇一・〇六）。すなわち、御家存続の危機は自己の存立基盤を整える契機でもあった（佐藤〇八・一〇）。

広がる御家意識　しかし、江戸時代の「御家」意識は大名家内部にとどまるものばかりではない。一八世紀以降、大名家の騒動を扱った「御家もの」＝「御家騒動」は、人形浄瑠璃・歌舞伎・講談・実録などの文芸世界においてひとつのジャンルを確立するとともに、それは娯楽のみならず、「御家」の存続のための教訓として、さまざまな階層の人びとに受け入れられた（佐藤〇五・〇六、福田〇五・〇七）。民衆もまた、武家社会の家中騒動を「御家もの」として享受することで、「御家」意識を醸成したのである。今後、これら「御家もの」のなかに潜む「御家」意識を探り出すことが課題となるだろう。

（佐藤宏之）

天道思想　てんどう（てんとう）しそう

政権を委任する天道　日本の近世において、将軍は天道から人民の統治を委任されたという天道による大政委任論が説かれた。岡山藩主池田光政は、一六五〇年代半ばの家臣への教諭で、「上様ハ日本国中の人民を天より預り被成候、国主ハ一国の人民を上様より預り奉る、家老と士とハ其君を助けて、其民を安クせん事をはかる者也」（「申出覚」）と述べている。これは、天道から将軍への委任論と幕藩制秩序（将軍—国主・大名）とを合体させたものであり、幕藩制秩序を組み込んだ天道委任論（幕藩制的天道委任論）と呼ぶことができる（若尾九七）。

天道思想の展開　天道思想の本格的分析は、戦国時代の「軍記ものなど」や徳川家康の発言（『東照宮御遺訓』）に着目した津田左右吉（一六）にはじまる。丸山真男が『日本政治思想史研究』（五二）で、「戦国時代にとくに普遍的な通俗道徳として流行した「天道」といふ観念」と述べたのは、おそらく津田に依拠したものであろう。戦中・戦後の時期にも、天道思想に関心をよせる少なからぬ研究者がいた（桑田四〇、田中四三、後藤五〇・五一、尾藤五三）が、これをいわば集大成して中世から近世後期までを視野に入れて天道思想の展開を位置づけたのは石毛忠（六七・六八ほか）であった。石毛によれば、戦国武将の天道思想は、一方では神秘性、もう一方で倫理性という相反する二つの側面をもっていた。戦国武将は天道に自己の運をかけ合戦に臨む。敗北すると「天運尽きる」とし、逆に勝利すると、「天道の冥加・加護」とする。権力闘争を勝ち抜いた将軍徳川家康は天道に認められたのだという観念が成立し、天道に依拠し、自己の政権が倫理的行為に対する天の応報であるとして、その正当化をはかったという。石毛は、また、戦国時代にキリシタンのデウスが「天道」と呼ばれたことにも注目している。

日本の近世の通史的叙述のなかで、天道思想の変質・展開の過程を描いてみせたのは、水林彪（八七）である。水林は、近世期以来の天道による大政委任論は、水戸学が展開した尊王論によって、「そのまま天皇による大政委任論にすり代ってゆく」と述べる。また藤田覚は、天皇による大政委任論を表明した松平定信の画期性を指摘した（藤田九三）。

天道思想研究の現状と展開　天道からの大政委任論は、研究史上、幕藩体制を正当化する論理だという位置づけを得てきた。その際、必ず引き合いに出されたのが、近世初期の政道書として知られる『東照宮御遺訓』と『本佐録』である。両書には確かに、天道からの大政委任論が説かれているが、実はともに一七世紀半ばに作成された偽書である（若尾〇一・〇二）。偽書でありながら、家康の言葉や政治思想を伝えるものと見なされ、領主層に尊崇されていったことになる。いったいどのようにしてそのようなことが可能になったのか、考察していく必要があろう。また、近年、大野出は、お御籤の文言に「天道《てんとう》を信仰せよ」というような文言があることから、天道（お天道様）は近世人の信仰とも深く関わるという見解を提示している（大野〇九）。天道思想の歴史的位置と意義を明らかにすべく、研究をさらに深めねばならない。

（若尾政希）

権力者の神格化《けんりょくしゃのしんかくか》

日本の歴史上、人が神と見なされた例は古くから存在する。しかし、現人神《あらひとがみ》と見なされた天皇を除けば、時の権力者が神と見なされた例は藤原鎌足、菅原道真など少数にとどまり、怨みを抱いて死去した場合（御霊《ごりょう》）や、死後長い時間を要することが大半であった。政治的権力者が死後ただちに神と見なされる事例は近世初期を画期とする。

問題意識の転換　偉人顕彰が時代の風潮であった戦前と異なり、社会科学的考え方が流行した戦後は、宗教の役割が否定的にとらえられ、権力者の神格化は偶発的事件として扱われがちだった。それに対し、一九七〇年代に近世国家のイデオロギー支配の観点から注目されるようになった（深谷七八）。支配階層の共同利益を守るため、宗教利用が求められたという議論である。その観点から豊臣秀吉や徳川家康の神格化が論じられた。日本側資料の乏しい織田信長の神格化についても、キリスト教宣教師の資料をもとに議論され、近世的な権力形成とからめて論じられた（朝尾七二）。

王権論の視点　歴史研究と平行して、文化人類学方面からの問題提起がおこった。従来の「天皇＝権威」「将軍＝権力」という図式に疑問を投げかけ、徳川将軍は始祖を神格化させることで宗教的な権威を獲得し、王家となることを狙ったとする説が唱えられた（網野ほか八八）。

そうした発想を実証レベルに引き上げたのが、思想分析の成果である。中世から近世への画期を形成した要素として、歴史研究者も一向一揆に注目していたが、思想史研究者の間でも戦国期の蓮如や吉田神道の分析を通じ、「人神化」の基盤が論じられていた（大桑八九）。特に家康神格化の意義づけを公的に記す『東照社縁起』を分析することで、家康神格化における司祭の役割を果たした天海の意図を、聖俗にわたる権威確立とする説が現れた（曽根原八八）。さらに東照宮祭祀・祭礼の確立や展開を扱うことで、政治史や文化史の側面から、近世の権力のあり方が問い直されつつある（倉地九六、野村〇六）。

近世社会の性格規定　近世の支配層だけでなく、一般民衆における権力者神格化の意義についても議論が現れた。各地の東照宮の悉皆調査をまとめた成果から、民衆の心性が権力者神格化を志向した側面が指摘された。それを手がかりに、各地域の受容相が検討された結果、領主や寺社だけでなく、民間に受容された東照宮の姿が明らかにされ、社会のなかで「由緒」が果たした役割などと関連して論じられている（中野〇八）。

天下人に限らず、藩主や武士身分のなかに神格化現象が広く存在したことについても調査がまとめられ、中世後期から近代に及ぶ社会現象のなかで検討する道が開かれている（山田〇八、高野〇八）。近世国家の中核的部分における宗教性が指摘され、その基盤が近世社会に存在したことが明らかになるにつれ、近世仏教堕落論などは再検証が必要となっている。また、近代への影響も従来以上に意識されつつある。

（曽根原　理）

仁政イデオロギー　じんせいい―

仁政イデオロギーとは何か　日本の近世において、領主たるものは百姓が生存できるよう仁政を施すべきであり、百姓はそれに応えて領主に年貢を皆済すべきだという、領主－百姓間の関係意識が形成された。このような領主による仁政は、現代からみれば、階級関係を隠蔽するイデオロギーであることから、仁政イデオロギーと呼ばれた。

用語成立の背景　仁政イデオロギーという用語の提示は、一九七三年に、深谷克己、宮澤誠一らにより行われた（深谷七三、宮澤七三）。

深谷らの回顧によれば、早稲田大学大学院近世史ゼミ（北島正元ゼミ）で行われた加賀藩の改作仕法に関する共同研究のなかで、改作仕法理念グループのゼミ生（杉仁・深谷克己・宮澤誠一・奈倉哲三・吉武佳一郎）の共通認識として形成されたものだという（深谷〇九）。

寛永末年（一六四〇年代初頭）の全国的飢饉による武士と民、双方の疲弊を、体制の矛盾の現出（寛永危機）と認識した幕藩領主が、それまでの政治を反省し初期藩政改革を行ったとみなす。その典型が、加賀藩の前田利常が主導した改作仕法であり、岡山藩の池田光政による藩政改革であった。具体的には、仁政（「御救」）を施すことによって夫婦かけむかえの小農の家を保護・育成する政策（小農維持政策）がとられたとして、そうした小農経営を基盤に、その上部に幕藩体制を構築しようとしたのだという、今日では通説となっている見解が提出された。

開かれた地平～展開と現状　この用語が提示されたのは、六〇年代末から七〇年代初めの、人民闘争史観が大きな影響力を持った時期である。よって、この用語も当初は、その虚偽性、イデオロギー性を白日のもとにさらし（いわば暴露し）、それを弾劾することに重点を置いて理解されていた。

しかし、八〇年代に入ると、その主導的な論者の一人であった深谷克己自身が、領主と百姓の関係意識について新しい理解を提起しはじめた。すなわち、領主と百姓、双方の利害のぶつかりあいのなかで、両者に「合意」（社会的約定）と呼んでもよい関係意識が形成されたという理解を示すようになった。ちょうど同じ時期に、領主・百姓の間の契約・合意に着目する朝尾直弘の見解が出され、「強力で横暴な武士たちの政権」対「無力な百姓」という絶対対立の構図は見直され、近世史の見方が大きく塗り替えられることとなった（朝尾八五）。

九〇年代半ばになると、若尾政希が関係意識に着目した思想史研究の重要性を提起し、また加賀藩・岡山藩の藩政改革と、一七世紀の初頭に両藩に流行した「太平記読み」（『太平記評判秘伝理尽鈔』）の講釈との連関を指摘した（若尾九九）。

そして近年、領主層に流行した「牧民の書」と仁政イデオロギーとの連関に着目した小川和也の研究が出され（小川〇八）、仁政イデオロギーと呼ばれる関係意識がいかにして近世社会に形成、定着したのかが注目されるようになった。その一方で、仁政イデオロギーが幕末・維新期を経て近代社会のなかでどのような意味を持っていったのか、そのゆくえについても研究が進められつつある（牧原九八）。

（若尾政希）

支配イデオロギー、支配思想《しはい——、しはいしそう》

朱子学の位置　支配思想・支配イデオロギー研究は、幕藩制確立期の支配原理をめぐっての議論である。六〇年代～七〇年代幕藩制国家論との関連で活況を呈した。

思想史研究に端を発した論争によって、「体制教学としての朱子学」の自明性が失われ、幕藩制支配原理の再検討が要請された。尾藤正英は朱子学と現実の社会倫理との隔絶性を指摘し、その矛盾や葛藤を克服すべく成立した徂徠学こそ体制的思惟であったとし、封建制に適合的な思想ゆえに朱子学を支配原理とする前提を覆した（尾藤六三）。しかし思惟様式という抽出した純粋な思考の型を中心とする分析からは、変革を担いうる社会層の思想を十分に反映したものではないと批判された（本郷八一）。

その点三宅正彦は、思想的原理を「社会的意識形態」から描きだそうと、封建制秩序意識としての主従制に着目した（三宅七二）。また幕藩制支配を正当化するイデオロギーは、支配・被支配の間に一定の合意を必要とするという立場から、両階級それぞれの意識や社会的基盤を分析の対象とすべきことが指摘された（宮澤七三、難波七四）。これらは幕藩制国家論の研究動向を受け止めたものであり、支配思想研究が民衆思想を含めての考察を必然とすることとなった。

支配思想の形態　一方、朱子学に代わる具体的な支配思想・イデオロギーの追究も進められた。神道との関係では、封建的な支配イデオロギーは神儒習合思想によって強化されていたとする奈倉（七四）や、朱子学を再解釈することによって神道を「イデオロギー的完結」として政治的正当性を確保したオームス（九〇）がある。

民衆の意識・信心を最も強く規定していた仏教の介入や影響をみるものとして、民衆の信心から獲得された耕作への能動性を支配秩序の維持へと向かわせたとするもの（倉地七六）や、近世仏教界の復興運動と権力側のイデオロギーの関係に着目するもの（大桑八九）がある。大桑の議論は近世仏教が心神観念を基本的思惟とし、諸教一致論という思想形態をもつという特徴において、支配の正当性を証明するために「複合的に」思想を利用する権力側と共作関係にあったとみる。その意味で幕藩制のイデオロギーは諸教一致、三教一致の形態をとっていたとする。

さらに別の方向で複合的に捉えるものとして、石田一良は天道思想や神君思想と朱子学の「イデオロギー連合」によって封建秩序維持の機能的棲み分けをしたとする（石田七五）。また石田が支配思想に含めた朱子学を、前田勉は朱子学「不適合」の系譜にのって、その対抗軸として兵学を支配思想に捉える（前田九六）。幕藩制国家の特質を「兵営国家」と規定するところを出発点としているが、支配を実現する民衆の位置づけはどのように俯瞰されるのか検証の必要がないだろうか。

（綱川歩美）

明君《めいくん》

明君とは何か　明君とは一般に、賢徳を持つ君主とされる。明君を定義する要素は一つではないが、根本的には天の意思と人望・民意に叶い迎えられた（そのように認識された）君主とすることができる。日本近世で言えば、民間から政治への回路を設定するなどして、長く明君とされてきた徳川吉宗は、「天意人望」により将軍となったと描かれた（若尾〇三）。天－将軍－大名という「預治論」や百姓経営維持を標榜する「御救」等、近世日本に特徴的な仁政理念を鍛え、一七世紀の時代的転換を担った大名にも明君認識が付随する（小川〇八、深谷〇九、若尾九九）。以上明君とは、天意と呼応すると考えられた民（被治者）の輿望を反映し、治者の世界も含めて時代が期待する働きを担った君主と言えよう。

明君は基本的に他者認識である。これは、明君像が各時代・地域によって異なる願望を込めて改変され、明君録等のかたちで描き出されたことからも了解される。日本近世では、将軍・大名に関する明君録が一八世紀以降数多く著され、幕藩の政策や政治主体、さらには民間人に至るまで影響を及ぼした（磯田〇九、小関一〇）。こうして明君（像）は、治者・被治者の期待を反映しつつ、他地域・後世の為政者と政治のあり方をも規制しうるのである。

また、明君という概念は、時代や地域による差異を生み出しながらも、東アジア世界で煮詰められた支配者像・政治思想という側面を持つ。既に『孟子』で明君が論じられているところにその共通性が示される一方、将軍・大名明君の併存には日本近世の特質（国家の重層性）を読み取ることができよう（深谷〇九）。

戦後歴史学の認識枠組みと明君

そもそも戦後歴史学は、政治支配の問題をそれに否定的な立場から扱ってきており、明君も同様の観点から捉えられてきた。明治維新主体勢力形成の解明や人民闘争史の研究では、明君（名君）は経済的後進性や上から強制的改革、支配階級分裂の象徴とみなされたのである。こうした捉え方の大きな背景として、戦後日本社会の民主化、戦前以来の支配者中心の歴史叙述の克服といった課題が強く意識されていたことは見落とせない（遠山五一、林七一）。

これに対し、近世史像を深める方法として明君が注目されるのは九〇年代に入ってからである。民衆を政治史の中央に浮上させ、近世政治の質ひいては東アジアの政治文化を問いかえそうという問題意識から、深谷克己によって初めて本格的に論じられたのである（深谷〇九）。明君が東アジアという広がりを強く意識して取り上げられたことは、戦後歴史学の日本史認識とも深く関わる。深谷によれば、資本主義発達と独立－帝国化という指標の下、アジアで日本のみが西洋に近似するという理解、つまり、西洋の近代化過程を基準とした脱アジア的歴史構成が、戦後歴史学における日本史認識の基本的な枠組みであった（深谷一一）。一国完結的で日本異質論的な視座の転換が一層求められつつあるなか、明君をめぐる研究は、戦後歴史学の認識枠組みを今後いかに見直していくかという大きな課題にも連なっているのである。

（小関悠一郎）

キリシタン

殉教と異国趣味のイメージ　キリシタンとは、ポルトガル語でキリスト教を意味するChristãoに由来する、近世東アジアに広がったカトリックのことである。日本列島には一五四九年イエズス会士フランシスコ・ザビエルが伝えて以来、一七世紀初めにかけて九州を中心に広まったが、戦国時代を終息させた統一権力の基本方針と相容れなかったため、豊臣秀吉により制限を加えられたうえ、江戸幕府により禁止された。一六三七～三八年に西九州で起こった島原天草一揆を経て、信徒を徹底的に排除する施策が模索された結果、一六六〇年代に全国的に成立した宗門改制度のもと、少なくとも表面的には日本列島には一人もキリシタンがいない状態となった。

キリシタン禁制にともなう弾圧の強烈さと宣教師がもたらした欧州風俗により、キリシタン史研究は戦前から美化された殉教史と異国趣味的なイメージがついて回った。もちろん、その場合においても、キリスト教研究や対外関係史研究の一環として一定の成果があったが、一九八〇年代くらいまで、キリシタンといえば殉教や異国趣味がイメージされるのが一般的であった。

変化するキリシタンへの眼差し　これに対して一九七〇年代には、宣教師の経済活動と軍事活動に注目する研究が登場した。世界布教を展開したカトリック修道会はポルトガル・イスパニア国王の布教保護権のもとに各地に派遣されたから、その布教活動は東アジアにおける南蛮貿易と密接に関係していた。イベリア両国の軍事力もそのよりどころとなっており、宣教師が布教活動とともに経済活動や軍事活動に関係していたのは不思議なことではない（高瀬七七）。

さらに一九八〇年代以降の研究では、幕藩制国家論の成果を念頭に置きつつ、特に政治史との接続が意識されるようになった。織豊政権・朝廷・幕府の諸政策との関係を解明する研究がそれである（村井八七・〇〇、山本九五、清水〇一など）。これらの研究により殉教史観が相対化され、キリシタン史研究に対する眼差しも異国趣味的イメージから脱却されつつある。

日本文化としてのキリシタン　これらの成果を背景に、現在、キリシタンを日本文化の一環として捉えようとする研究がある。ヨーロッパ起源のキリスト教が中近世移行期日本の民衆に受け入れられたのは、浄土真宗との近似性にその要因があるとする研究（川村〇三）や、厳しい禁教下で変質したキリシタンを、近世期の民間信仰や既存宗派の異端などとともに異端的宗教活動として概念化しようとする研究（大橋〇一・一一）などがその一端である。これまでキリシタンはヨーロッパ起源のキリスト教という枠組みのなかで扱われがちであったが、対象の時代・地域の歴史的文脈のなかで、他の宗教活動を視野に入れながら横断的に検討される段階にきている。

（大橋幸泰）

鎖国・海禁《さこく・かいきん》

かつての「鎖国」概念　「鎖国」とは「国を鎖《とざ》す」ことであり、国が他国との通商・交通などを禁止または強く制限することを意味し、江戸時代の対外関係を指す言葉として理解されてきた。そもそも「鎖国」という用語の初出は、一八〇一年に志筑忠雄がケンペル『日本誌』の一部を「鎖国論」として訳出したときとされる（小堀七四）から、寛永年間にいわゆる「鎖国令」が出されたときには「鎖国」概念はなかった。しかし、江戸時代後期に欧米列強の「外圧」が及ぶにつれて「鎖国」概念が形成されてくる。レザノフ来日（一八〇四年）の際、幕府は通商要求を拒絶するなかで、中国・朝鮮・琉球・オランダ以外の国と関係をもたないのが「歴世の法」であるとした（鎖国祖法観）（藤田〇五）。こうした概念は、幕末に欧米列強に対する「開・鎖」が問題となるに及んで広く普及した。

さらに明治時代になり、近代国家形成を目指して欧米諸国に追いつけ、追い越せとする意識が広まるにつれて、「鎖国」概念は国民の間に定着し、「鎖国」の得失を問う鎖国得失論が識者の間で議論された。またその背景には、「倒幕」により成立した明治政府が自らを開明的とし、幕府が退嬰的だったために世界情勢に遅れたとする言説の一般化もあった。

鎖国の見直しと海禁論　近代になって一般化した「鎖国」概念を、歴史学者として集大成したのが岩生成一（六三）であり、しばらく通説としての地位を占めていた。こうした「国際的孤立」としての「鎖国」認識の視野が、対西洋に偏っていた傾向は否めない。しかし一九七〇年代になると、朝尾直弘（七〇）が東アジア国際関係のなかで近世国家の成立・編成を論じる必要性を唱え、田中健夫（七六）が「鎖国」は中国などの海禁政策と同様だとの問題提起を行い、対外関係の具体的な研究が進展するなかで、八〇年代には荒野泰典（八八）やロナルド・トビ（九〇）が江戸時代を「鎖国」として捉えるべきではないとする見解を打ち出した。とくに荒野は、長崎・対馬・薩摩・松前の四つの「口」による東アジア諸国・諸民族との関係を重視しつつ、近世日本の対外関係を「海禁」「華夷秩序」で把握すべきだと主張した。

「海禁」とは、明・清時代における自国民の下海通蕃（海外渡航と貿易）を禁止・制限する政策のことであるが、公認された国からの朝貢貿易と相まって、自己を中心とする「華夷秩序」を支える。朝鮮王朝も類似の政策をとっており、日本の江戸時代の対外政策もこうした東アジア諸国と同様のもので、「国を鎖す」というものではなかったと荒野は説いた。

こうした「鎖国」概念の見直しは、一九八〇年代にすでに経済大国となった日本が必ずしも欧米を目標とせず、経済発展しつつあった東アジア諸国への関心が高まったことなどが背景にある。江戸時代の民衆のほとんどが対外接触から疎外されていたことをもって、なお用語としての「鎖国」の妥当性を主張する研究者もあり、一時は「鎖国」か「海禁」かの論争もみられたが、現在では少なくとも江戸時代を「国際的孤立」とみる見解はほぼなくなったと言える。近年では学校教科書でも、四つの「口」での交流がそれぞれ説明されている。（木村直也）

「四つの口」論《よっつのくちろん》

「四つの口」論の登場　かつての「鎖国」概念では、江戸時代の日本について、中国・オランダ船が来航した長崎が海外に開かれた唯一の窓口とされていたが、一九八〇年代頃からは、朝鮮王朝と通交した対馬藩、琉球王国を半ば支配して貿易を行った薩摩藩、アイヌとの交易を管掌した松前藩を含めて、「四つの口」があったという認識が広まってきた。長崎が幕府の直轄都市で、対外関係全般を統括する機能をもっていたのは事実であるが、対西洋に関心が集中していた従来の「鎖国」認識のもとでは、東アジア諸国との交流や、近代に日本の領域に編入された琉球・アイヌとの交流は、軽視ないし無視されていたのであった。

「四つの口」論を明確に提起したのは荒野泰典である。荒野は、幕藩体制における「役」の体系をもとに、三藩が異民族・異国に対する「押えの役」を徳川将軍に対して負い、その見返りに交易利潤独占を許され、また長崎も町として貿易実務を担って利益分配に与ることから、「四つの口」に貫通する幕府による対外関係編成の原理を指摘する（幕藩制的外交体制）。また荒野は「四つの口」論をふまえて従来の「鎖国」概念を否定し、東アジア諸国にみられる「海禁」と「華夷秩序」で江戸時代の対外関係を把握すべきだと主張した（荒野八八）。八〇年代には、日本が経済大国となってもはや欧米を目標とせず、東アジア諸国の経済発展がみられ、少数民族の権利が重視されるようになったという情勢を背景に「四つの口」が注目されるようになった。

「四つの口」論の課題　各「口」の研究が進展するのに伴い、課題も明らかになってきている。「四つの口」といっても、各「口」には当然ながら個性があり、そのありようは異なっている。将軍権力が「近世の対外関係全般を統括していた」（荒野八八）とされるが、実際に幕府はどこまで三藩が管掌する「口」の実情を把握していたのか。研究が進展すると、幕府が関与しない部分が大きいことも明らかになった。このような実態と、将軍権力による外交権掌握とをどのように整合的に捉えるかが、まさしく近世国家の外交の特質解明につながる。

また各「口」のありようは、江戸時代を通して固定的でない。いわゆる「鎖国」を行ったとされてきた一七世紀前半では、「四つの口」とその相手国・民族が固定されてはいなかった。しかし結果的に新たな交流相手がないまま、一八世紀には幕府の貿易抑制・国産化政策によって貿易量の減退をみた長崎・対馬、琉球経由で中国産品の輸入拡大をはかる薩摩、場所請負制の展開をみた蝦夷地というように、各「口」の意義が変質した。一八世紀末からは、ロシア船来航への対応とともに「四つの口」が固定的に意識されるようになり、一八四四年のオランダ国王の開国勧告親書に対する回答では、通信の国は朝鮮・琉球、通商の国は中国・オランダに限定された（藤田〇五）。欧米列強への対応が深刻化した幕末、開港場となった長崎、朝鮮進出論を提起した対馬藩、帰属問題で揺れた琉球、二度の幕領化を経験する蝦夷地など、それぞれの近代への道筋は分かれた。「四つの口」論をふまえた近代への移行の問題も、大きな課題である。

（木村直也）

華夷秩序・華夷意識《かいちつじょ・かいいしき》

華夷秩序・華夷思想とは何か　華夷思想とは、礼・法を知る文化地域を「中華」とし、「中華」を中心とする天下の周辺を「四夷」とみなして卑しむ思想のことである。天下を支配する天子が徳化をひろめることによって周辺地域に礼・法を基礎とする華夷秩序が形成されると考えられていた。その際、「華夷」を区別する基準は種族や地域にあるのではなく、礼・法を体得し、華夷秩序に編入されているかが基準となった。

「日本型華夷意識」の用語成立と変容　華夷思想を前提として、近世日本の国際秩序観を論じるために朝尾直弘によって提起された用語が「日本型華夷意識」である（朝尾七〇）。朝尾は近世初期の武家政権の国際秩序観を「日本型華夷意識」と名づけ、「武威」を中核とする尊大な国際秩序観であると定義した。すなわち「日本型華夷意識」は中国の華夷思想とは異なり、礼・法の文化ではなく「武威」が「華」の中核となるとした。「日本型華夷意識」は思想と呼びうるほど体系化されておらず、武家領主が天下を統一する過程で起きた国内の政治的対立を国際関係の把握に結びつけたものであり、あくまで虚構の国際秩序観の上に成立するものであった。

朝尾による「日本型華夷意識」の提起を受けて、荒野泰典は「日本型華夷秩序」という概念を提起した（荒野八七・八八）。荒野は「海禁」と「華夷秩序」を前近代の東アジアに共通する国家意識の類型と捉え、近世日本においては虚構の「武威」を基礎とした国際関係の演出によって「日本型華夷秩序」が形成されていたとした。「日本型華夷意識」については「華」の中核に「武威」だけでなく天皇の存在もあったと解釈した。また、華夷意識の国家意識の側面と文化意識の側面に注目し、日本において華夷意識はまず国家意識が形成され、その枠組みのなかで文化意識が成長したと指摘した。

解釈の多様化に対する批判　朝尾による「日本型華夷意識」の提起以来、荒野の「日本型華夷秩序」をはじめとする関連の類似用語が産出され、様々に解釈されてきた。西嶋定生は近世日本社会において神国思想に体現される「日本的中華思想」が存在したとしている（西嶋〇〇）。「華」に神国思想や天皇の存在を含めるか否かについては論者によって解釈が異なるが、朝尾自身は「武威」と神国意識との関係について「武威を中核とした『神国』意識」と述べている（朝尾九一）。

こうした解釈の多様化に対して池内敏は、朝尾が本来提起した「日本型華夷意識」という概念はあくまで近世初期の武家領主のアイデンティティに関する用語であり、それを適用する対象や時期を無条件に拡大して解釈すべきでないと批判した（池内〇六）。また荒野の「日本型華夷秩序」という概念に対しても、現実としてそのような秩序が存在しない以上、用語として不適切であると疑問を呈している。

（鈴木　文）

北方史《ほっぽうし》・蝦夷《えぞ》・アイヌ

高倉新一郎　戦後歴史学における近世の「北方史・蝦夷・アイヌ」に関する議論は、高倉新一郎の仕事と向き合うことから始められ、それが現在にも継続しているといってよい。大著『アイヌ政策史』（四二）の著者として知られる高倉は、北海道史を研究分野として確立した河野常吉に学び、『新撰北海道史』（北海道庁三六〜三七）の編纂に従事し、戦後も『新北海道史』（北海道六九〜八一）の編集長として当該地域史像構築に大きな役割を果した。その一方で、『アイヌ政策史』の理論的裏づけが植民学のそれであり（新版〔七二〕も同様）、また、『新北海道史』の前近代の叙述が開拓前史としての位置づけを脱しておらず、戦後歴史学の潮流と切り結んだものとはならなかった点で、批判の余地を残すものとなった。

松前町史　これに対し、田端宏・榎森進・海保嶺夫といった世代を中心に、戦後歴史学の視点から北海道地方の近世史を描こうとする動きが起こる（北海道の近世・近代史を語る会七三）。その多くが参加したのが、榎森の編集した『松前町史』（松前町史編集室七四〜八八）や機関誌『松前藩と松前』一〜三〇（七二〜八八）であった。『松前町史』の近世の叙述は、菊池勇夫らの研究と呼応しつつ幕藩体制論や幕藩制国家論を強く意識したものとなっており、「四つの口」論の実証的根拠の一翼を担うなど、現在に続く「北方史」認識の枠組みを決定づけた。

その延長線上に「北からの日本史」を掲げ、北東アジア地域をも視野に収めつつ学際的になされた北海道・東北史研究会の一連の問題提起（北海道・東北史研究会八八など）がうまれ、さらには菊池（九四）・海保（九六）・榎森（〇七）らによる通史的叙述がなったことも、特筆に値する。

アイヌ史　高倉の『アイヌ政策史』は、北海道旧土人保護法の理念を大枠では肯定し、保護法施行に至るアイヌの困窮の背景を、近代国家の政策に加え前近代以来の歴史に求めた。戦後歴史学は前者を厳しく批判しつつも、後者についてはその枠組みを継承した。

これに対し佐々木利和は、個別実証研究の蓄積のうえに、近世アイヌ社会の文化的力量をどう捉えるか、という問題を提起した（佐々木九〇）。被抑圧者としてのアイヌ社会像の見直しを含むこうした視座は、岩崎奈緒子（九八）による当該研究史批判と榎森（〇〇）らによる反批判にみるような、戦後歴史学による近世アイヌ社会像を相対化する、いわば歴史修正主義的側面を内包しているようにもみえる。ただし、この分野に限らず、戦後歴史学のパラダイムを相対化しつつ新たな近世史像を実証的に構築する試みは九〇年代以降重ねられてきており、当該分野からは田島佳也らによるアイヌの「自分稼《じぶんかせぎ》」に注目した研究や、それを敷衍した地域社会分析概念である「場所」共同体論が提起されている（谷本〇六）。

今後は、今を生きるアイヌの人々との対話を重ねつつの、主体的なアイヌ史的近世社会像の構築が課題とされている（北海道大学アイヌ・先住民研究センター一〇）。

（谷本晃久）

琉球史《りゅうきゅうし》

琉球史の時期区分と特徴　琉球王国史の時代区分では、琉球の国家形成期（一二世紀頃）から島津氏による琉球侵攻（一六〇九年）までの約五〇〇年間を「古琉球」、侵攻から明治政府による琉球処分（一八七九年）までの二七〇年間を「近世琉球」と呼ぶ（高良八七）。それぞれ日本の中世・近世に相当する時代であるが、琉球が日本とは異なる歴史的特質を持つ地域であるという観点から、独自の時代区分が用いられることが多い。近世琉球の最大の特徴は、中国・日本への二重の臣従である。島津氏の侵攻を契機に琉球は幕藩制国家の支配に組み込まれたものの、王国の形態および一四世紀後半に開始された中国（明清）との冊封・朝貢に基づく君臣関係は維持された。

近世琉球史研究の展開　近世琉球史研究は、二〇世紀初頭に草創された沖縄学（沖縄研究）のなかで開始された。そこでは近世琉球は、中国貿易の利益を島津氏が得るための「薩摩の傀儡王国」と捉えられた（伊波一一、東恩納五一、研究史として高良八〇、豊見山〇三）。戦後もこの見解は一定の影響力を保ったが、六〇年代には近代史の分野で、琉球処分の前提としての琉球国の性格を明らかにする必要性から、近世琉球は「独自の国」か「日本の領域」かが議論された（井上六二、下村六三）。さらに七二年に沖縄が日本に復帰すると、近世琉球史に対する日本近世史研究の一環としての関心が高まり、近世琉球と幕藩制社会との親疎が問われるようになった（菊山七四、田港七六）。これをうけ安良城盛昭（八〇）は近世琉球を「薩摩藩の『領分』でありながら『異国』」と総括し、さらに高良倉吉（八七）がこの見解を整理し、近世琉球を「幕藩制の中の異国」と位置づけた。

八〇年代以降は、近世史の個別実証的な研究が諸史料（とりわけ県市町村史料集）の整備とともに飛躍的に進められ、同時に旧来の見解の見直しが図られた（琉球新報社八九・九〇）。この流れのなかで琉日関係（幕藩制支配）と琉中関係（冊封・朝貢関係）を統合的に理解し、中日の支配の客体としての琉球ではなく、二国との関係を取り結ぶ主体としての琉球をより重視して、その国家的性質を読み解く方法論が提起され実践されるようになった（豊見山〇三・〇四）。

一方、日本史研究では七〇年代から幕藩制国家を東アジア世界の史脈のなかで捉えようとする研究視角が提唱されるようになり、中国史研究では六〇年代後半から七〇年代にかけて、中国を中心とする伝統的な国際秩序によって束ねられる広域世界を総体的に捉えようとする動きが強まった。こうした潮流のなかで、日本ないしは中国を中心とした秩序体系における琉球の位置への考察も進められている（紙屋九〇、上原〇一、濱下〇〇、研究史として渡辺・杉山〇八）。

近年の特筆すべき事象として、国宝・尚家文書（那覇市歴史博物館蔵）の公開とインターネットによる史料環境の整備（渡辺一〇）が挙げられる。これらの新たな史料やツールを用いつつ、既存の研究を深化させ、また相対的に研究が手薄な分野（経済史・民衆史・女性史・技術史・災害史・奄美諸島との関係史など）の開拓に取り組んでいくことが今後の課題であるといえよう。

（渡辺美季）

「家」の成立《いえのせいりつ》

「家」とは何か　本項では小農民の「家」の成立に限定して研究成果をまとめることとする。「家」というものをいかに定義するかに関しては、歴史学研究のみならず農村社会学・民俗学など近接諸分野の見解もあり一口に説明できるものではない。ここでは、現段階における最大公約数的な見解を示そう。

坂田聡は「家」とは「家名」や「家産」、「家業」などを父から嫡男へと父系の線で先祖代々継承することによって維持される永続的な経営体とする（坂田〇二）。大藤修は固有の「家名」「家産」「家業」をもち、先祖代々への崇拝の念とその祭祀を精神的支えとして、世代を超えて永続していくことを志向する組織体とする（大藤九六）。両者の見解は「家名」・「家産」・「家業」を永続的に維持する組織体と考える点でほぼ共通するものであろう。

「家」の成立をめぐる研究　歴史学界では、一九八〇年代まで「家」自体の解明という視点が弱く、小経営や小農に関する研究が進められていた。安良城盛昭の太閤検地論争を受け、近世史研究では小農自立論へと研究が展開していった。一方、中世史研究では、中世段階においても名主層以外の小百姓層が広範に存在することを明らかにすべく研究が進められた。

九〇年代以降、それまでの研究に「家」の視点が弱いことを批判する研究が現れてきた。勝俣鎮夫は、一五世紀頃から一般百姓の永続的な「家」が確立し、その維持のために不可分な関係にある惣村も成立したとしている（勝俣九六）。

また、坂田は「家名」の成立に注目し、中世後期を通じて永続的な百姓の「家」が形成され、戦国期（一六世紀）にはそれが体制的に確立したとしている（坂田九七）。

坂田の研究に関しては、「家」の一般的成立時期を考える際には、家産・先祖祭祀といった他の指標も合わせて考慮する必要があるとの批判もある（渡辺〇七）。

こうした、一五世紀～一六世紀にかけて「家」成立をみる見解に対して、「家産」・先祖祭祀のあり方の分析から、小農民の「家」の成立時期を一七世紀中・後期から一八世紀とする大藤の見解がある（大藤九六）。

このように、同族団のあり方を分析した坂田・大藤の見解においても地域により、また、「家名」・「家産」・「家業」といった指標により「家」の一般的成立時期の画期を求めることは容易ではない。

また、近年では稲葉継陽が、村共同体が家に先行して成立し、村共同体に守られるかたちで百姓の家が近世前期にかけて一般的に成立したとする見解を示した（稲葉〇九）。

「家」の成立を考えるとき、それを村の成立と同時期に推定せず、中近世移行期の連続的側面と断絶的側面を地域差・階層差に留意しつつ、総合的に捉えることが必要である。

（鈴木直樹）

土豪《どごう》

土豪とは　近世史研究における土豪とは、統一政権の兵農分離政策を経た後も村に留まった、戦国時代の土豪・地侍の系譜を引く、近世前期（一七世紀）の有力百姓を括る範疇の一つである。同様の範疇として、他にも「小領主」「名田地主」などがある。彼らの多くは、広大な土地、山野・用水の用益などに関わる諸特権を有し、村役人や大庄屋にも起用されていた。

土豪に対する評価　こうした土豪についての代表的な研究として、朝尾直弘の小領主論と佐々木潤之介の名田地主論が挙げられる（朝尾六七、佐々木六四）。朝尾のいう小領主とは、近世の村単位程度の広さで水利・林野を占用し、商品流通を独占的に掌握することによって土地所有を補強しており、非血縁下人を大量に集積するとともに、これら下人を放出する家族を従え、その外側に自己の同族団と他の従属的同族団の経営を隷属させる、当該期社会の実質的支配者だが、徐々に小農を中心とした共同体秩序に包摂されていく。

他方、佐々木のいう名田地主とは、家父長制的地主の最後の形態で、その経営は、譜代下人が自立した隷属的農民による小作地と、譜代下人を使役しての手作地とから構成されていた。しかし、小農自立動向が進展するにつれ、集約的農業を営む小農に依拠し、彼らから現物小作料を収取するようになり、質地地主化した。

このように、小領主や名田地主は、小農との間に矛盾をきたし、これに克服ないし性格変化を強いられていく存在ととらえられた。

転換する土豪像　しかし、近年、中近世移行期村落史研究の進展により、戦国時代の土豪が、村や地域の支配者としてではなく、村や地域のために奉仕・尽力する存在としてとらえ直され、近世以降も、彼らが克服・解体されるばかりでなく、村役人になるなど、生き延びていく事実が重視されるようになってきている（稲葉九八、黒田〇三、長谷川〇九）。

また、近世史研究でも、一七世紀における土豪の性格変化を、地主経営の問題に限定せずに、他の経営部門や、村・地域における行政的活動をも踏まえながら、総合的に追究しようとする試みが現れてきている（吉田〇〇、小酒井一〇a・b）。このように、土豪が小農と対立し、克服されていく面ばかりではなく、土豪が小農の存立を下支えし、性格を変化させながらも家として存続していく面が注目され、土豪像の見直しが進められつつある。

ただし、分析事例の蓄積は多くなく、また、「村方地主」範疇の再評価など（牧原〇四）、当該期の有力百姓を括る範疇自体をめぐっても、見解の一致は未だなされていない。現段階では、比較的史料に恵まれている畿内以外の地域も含めて分析を積み重ねていくとともに、いかなる範疇を用いるのが適当かを、なお追究していくことが求められているといえる。

（小酒井大悟）

小農自立《しょうのうじりつ》

小農とは　小農とは、小規模な耕地を持ち、家族労働力による農業経営を行う農民のことである。よって、隷属的農民の労働力に依存する地主手作経営や、自身では再生産ができない貧農などは含まれない。また、ここでの家族労働力とは、核家族ないしは直系家族の成人労働力のことであり傍系家族は含まない。

太閤検地論争と小農自立　戦前、マルクス主義の影響のもと、社会分析を基礎構造から行う方法論が登場し、鈴木良一の土一揆研究、松本新八郎の郷村制成立史研究といった、中世から近世への転換を小農の成長を基軸にとらえる研究がなされた。

戦後、一九五〇年代になると、それらの研究や服部之総の初期絶対主義論、藤田五郎の純粋封建制説などをふまえ、問題をさらに経済史的に純化させた、太閤検地論争が起こった。そこでは、奴隷制と封建制（農奴制、隷農制）を分ける指標が、直接的生産者としての小農の自立度に求められ、ここにおいて「小農自立」が、議論の主要素として位置付けられたのである。

論争は、安良城盛昭の理論に対する諸異説の提示という形でなされた。安良城の理論とは、中世荘園制における名主体制を下人労働力に依存する家父長的奴隷制としたうえで、それが農奴制へと転換する画期として、太閤検地による「作あい」（中間搾取）否定を高く評価し、太閤検地を契機とした農奴制成立（封建革命）をいうものである。その動向の背景には、小農による名主百姓からの自立闘争と、それをふまえた統一政権による小農自立政策があったとされる（安良城五九など）。

論争は未決着に終わったが、その後の地域事例分析の進展もあり、一九六〇年代には、一七世紀前半は家父長的大経営がいまだ広範に存在し、後半に至って小農自立が広く達成されるという認識が通説的となっていった（佐々木六四、朝尾六七など）。

小農自立論の再評価　そのようにして定着した小農自立論であるが、一九八〇～九〇年代に、広く一五～一七世紀を視野に入れた中世・近世移行期村落論が進展し、自立性を持った移行期村落やそこにおける中間層の連続面が掘り下げられてゆくと、その動向をもふまえた渡辺尚志により、二〇〇〇年代に入って小農自立論の再評価がなされた。渡辺は、一七世紀における生産力発展に伴う小農自立の意義を再度強調するとともに、次の諸点も示した。小農自立は在地で自生的に発展した（統一政権の政策はそれを追認、促進した）こと。中世奴隷制から近世農奴制という流れではなく、両者は併存していたこと。下人の独立のみではなく、血縁分家も小農自立の重要なコースであったこと。小農自立はあくまでも傾向的なもので地主的農民は性格転化を遂げながら存在し続けたこと。自立＝孤立ではなく、小農の「家」経営を支える同族団と村落共同体の存在を重視すること（渡辺〇四）。すなわち、かつては生産力の発展や領主政策との関係に関心が集まっていたのに対して、近年は、地主的農民や同族団、村落共同体との関係など、在地における社会関係が注目されている状況なのだといえる。

（中村只吾）

百姓成立論《ひゃくしょうなりたちろん》

小農自立から百姓成立へ　戦後歴史学における近世史研究が重要な基盤とした論点のひとつは小農自立であった。その契機は太閤検地であるとされ、それを継承した江戸幕府の農政を背景に、家父長制的大家族が解体して夫婦とその子どもを基本とする小農の家が多数誕生したと理解された。現在の研究では太閤検地の画期性については相対化されたが、一七世紀に経営規模の小さな百姓の家が多数生まれたことを小農自立と呼び、その生産活動が幕藩体制を支えていたという認識については否定されていない。

しかし、小農自立はマルクス主義の発展段階論の影響を受けた経済史を基軸とする概念であり、それ以上の議論を広げることは困難であった。小農自立という概念が階級的対立を当然のこととする認識を前提としていたことや、被治者の生業は農業とは限らないことも議論の進展を阻む原因であった。

実際、近世に生きた百姓は常に領主に対して敵対的感情を持って生活していたとは思われない。不満を持ちながらも既存の秩序に依存しながら日常を送っていたのが実態である。そこで、そうした生身の百姓の主体性をより意識した議論を展開するため、経済問題に特化した小農自立に替わって深谷克己が史料用語から抽出して概念化したのが百姓成立《なりたち》である。

もちろん、百姓成立とは百姓の家の経営が成り立つ（維持される）という意味であるから、この語でも経済問題は重要な柱である。しかし、この語はそれに留まることなく、近世史研究において広く議論を展開できる可能性をもつ概念である。深谷はこれを自身の「幕藩体制認識のエキス」と表現している（深谷九三）。

御百姓意識と仁政イデオロギー　深谷が提起した百姓成立という概念は、近世百姓の主体的自己認識である御百姓意識と、近世領主の責務である仁政という近世人の常識と不可分の関係にある。

偃武時代の到来により、特定の勢力のもとに百姓が支配される状態が克服され、全体として百姓の地位が公法性を帯びてくるようになった。その延長上に将軍でさえ私物化できない御百姓という自己認識が意識化された（深谷八〇）。

また、百姓の経営を維持することは百姓自身が望むことであるのは当然であるが、治者である領主もまた支配の維持のために必要なことであった。したがって、百姓成立は領主と百姓の双方が共通に目指す目標であり、その実現のために両者の間にはある種の契約関係が結ばれる状態となった。つまり、領主は仁政を行うことを当然とする替わりに百姓に年貢・諸役の納入を求める一方で、百姓は年貢・諸役を納める替わりに領主に仁政を求めるという双務（恩頼）関係が両者の間に成立した。このように、個別に経営体としての家の自立を達成した百姓は仁政を求めるのと引き替えに支配を受け入れ、家職として生業に従事し年貢・諸役納入を自らの責務とした（深谷七三）。

以上の議論は、深谷が最初に提起した一九七〇年代では領主と百姓とは非和解的敵対関係にあるとされ、イデオロギー的なものとして理解されたが、一九九〇年代以降では両者の契約的関係のほうに比重を移して理解されている（深谷〇九）。

（大橋幸泰）

百姓一揆

「百姓一揆《ひゃくしょういっき》」とは何か　百姓一揆とは、年貢減免・諸負担軽減などをもとめる民衆運動のうち、公儀＝幕府によって違法とされた「徒党・強訴・逃散」を総称した用語である。江戸時代、仁政イデオロギーと武威という二つの支配理念のもと、百姓たちは自己の要求（年貢減免・諸負担軽減など）を貫徹させ、領主のお救いを引きだすために、自律的に暴力を封印し、盗みと放火を禁止するルール＝作法を作り上げ、訴願を旨とする百姓一揆を組織とした。ところがこの百姓一揆の作法は天保期以降崩壊しはじめる。一九世紀における作法から逸脱した闘争は、騒動と呼称すべきであろう。

用語成立の背景　①一九五〇～六〇年代：堀江英一は百姓一揆を「代表越訴型→惣百姓一揆型→世直し一揆型と発展した」と論じた（堀江五四）。百姓一揆を階級闘争と認識する林基は、レーニンの革命情勢論を応用して、宝暦から天明期（一八世紀後半）に百姓一揆は質的な転化を示したとした（林六三）。六〇年代後半、安保闘争の内省から人民闘争史という概念が作られた。これは、歴史の諸段階における被支配階級を人民として糾合し、支配階級に抵抗する現象形態であると規定された（犬丸六七）。

②一九七〇～九〇年代：幕藩制国家論の影響のもと、百姓一揆が発生する政治・経済的背景の分析が深まった。山田忠雄は人民闘争史の観点から百姓一揆と幕政とをリンクさせ（山田六五）、深谷克己は、百姓一揆が「御百姓」意識により、百姓成立《なりたち》をもとめて領主に仁政を要求することを強調した（深谷七三・七六）。

このころ中世と近世の「一揆」を「前近代日本の固有の階級闘争」と理解する『一揆』（全五巻）が刊行された（青木ほか八一）。人民闘争史研究によって、百姓一揆の構造的理解は深まったが、百姓一揆に結集した百姓＝主体への関心は低下していった。一方、深谷は百姓一揆の頭取たちの列伝を著し、一九世紀の百姓一揆の頭取の特徴として、幕藩領主に対して、したたかに対峙する「強情者」という存在を浮かび上がらせた（深谷七八）。

八〇年代後半から、一揆に結集した百姓たちの心性に迫る研究が始まり、「百姓一揆」に結集した百姓たちの得物やいでたちが問題にされた（藪田八三、斎藤八三）。保坂智は、百姓一揆の闘争形態にこだわり、強訴のあり方に着目する段階論を展開した（保坂〇六）。

現代の展望　百姓一揆の闘争形態や、主体である百姓たちの心性を理解しようとする研究が深まってきている。須田努は、一九世紀に入り、騒動の際に武器の携行・使用と、家屋への放火が行われはじめることを突き止め、百姓一揆の作法は崩壊したと論じた（須田〇二）。若尾政希は百姓一揆物語を分析し、そこには仁政イデオロギーが貫徹されていると論じた（若尾九九）。

現代、百姓一揆研究は低迷しているが、いかに主体を描き出すか、朝鮮・中国との比較研究、一九世紀の問題をいかにとらえるか、という方向性を示している。

（須田　努）

地域社会論《ちいきしゃかいろん》（近世）

出発点としての佐々木批判　日本近世史での地域社会論は、七〇年代末からスタートしたといえよう。それまで大きな影響力を誇った佐々木潤之介の「世直し状況論」は、どちらかといえば全国レベルの議論であった。そして、それへの批判が、さまざまな研究潮流を生み出していく過程で、それが地域社会論の盛行につながった側面が重要である。

公共性派、社会的権力論派、村落共同体派　まず、議論をリードしたのは、久留島浩、藪田貫、平川新らである。久留島（〇二）は、組合村や物代庄屋といった事例を地域における「自治」「公共性」と位置付けた。藪田（九二）は、民衆運動や国訴を論じるなかで地域社会についての概念図を示し、平川（九六）は近世社会における民衆の政治参加を取り上げた。これらの研究は、武士以外の民衆が、ただ支配されていただけの存在ではなく、地域維持・構築に積極的に携わっていたことを発掘した点に研究上の画期性がある。

これに対して吉田伸之（九六）は、社会的権力論を提起した。吉田は主に佐々木の所論を援用しながら、一七世紀からの地域社会の変容過程を、社会的権力、小農共同体、「日用」的要素の三者による構成と、その展開として理論化した。村においては、第一次名田地主－質地地主－豪農の展開と、小農共同体の動揺、組合村の結成、「日用」的要素の増大という把握になる。これは、都市社会における大店、表店商人中、民衆世界と相似的な相貌を呈する、とした。

吉田に対しては、同じく佐々木の議論に村落共同体の問題が抜け落ちているとして、その重視を主張する渡辺尚志（〇七）、大塚英二（〇八）らの研究が対置される。共同体に依拠して生活する小前層や小百姓を重視する立場からの批判ともいえよう。渡辺は、村との政治的関係から作り出した豪農類型論を提唱し、最近では近世社会を見る尺度や価値観として用いるところまで持論を発展させている。

その後の展開　これらの研究の到達点は、歴史学研究会により行われた地域社会論をテーマとする大会の成果であろう（九九～〇一）。特に岩田浩太郎や志村洋の報告が重要である。また、渡辺尚志らによる共同研究（九九）の成果も大切である。岩田は、大規模豪農による社会編成という、佐々木の豪農論では追究されなかった点から、その地域支配構造を明らかにした。

最近では「近世地域史フォーラム」による成果や、身分論と地域社会論との接合の試み、藩研究の盛行がある。特に藩研究は、地域社会論に上位権力の問題を組み入れるという年来の課題への一つのアプローチとして注目される。また、大塚や岩田の「地域の特質と全国」といった観点も、「世直し状況論」を乗り越えた先の総合化のためには重要である。佐々木の議論を出発点として改めて振り返り、家経営や地域経済構造の問題から、地域で生起する事象を探る研究が今後必要であろう。

（福澤徹三）

社会的権力《しゃかいてきけんりょく》

社会的権力とは何か　幕藩領主階級とは別個の権力主体として、日本近世の都市や農村に存在したさまざまな中小の諸権力のこと。具体的には中世末〜一七世紀末の小領主的存在や大庄屋、豪農、大店などの有力商人層のことを指す用語である。

用語成立の背景　日本近世史における社会的権力論の提起は、主に藪田貫・久留島浩などによって進められた地域運営論（地域社会論）に対する批判として展開された。地域運営論は、一九八〇年代に活発となった議論で、近世村落の自律性・自主性に注目する研究動向の影響のもと、組合村や惣代庄屋、村役人などの中間支配機構の役割を重視し、民衆による支配権力の相対化の側面を強調する見方である（久留島九一、藪田九二、平川九六）。

吉田伸之はこうした地域史研究に対し、地域構造の分析やヘゲモニーの視点が欠如しているとして、村社会をこえた広領域に及ぶ社会を経済的・社会的・文化的に統合・編成し一定の社会秩序のもとへ定位させるヘゲモニー主体に注目する社会的権力論を提起した（久留島・吉田九六）。同論は五〇年代に発表された佐々木潤之介の村方地主論を下敷きにしつつ、社会的権力・小農共同体・「日用」的存在の三者によって構造化された単位社会を地域と捉え、社会的権力を取り巻く諸集団・諸階層の関係性をⅠ期（一七世紀末まで）・Ⅱ期（一八世紀）・Ⅲ期（一九世紀以降）という三つの段階に区分けし、その変容を総合的に把握する点に特徴がみられる。この提言は一九九五年に東京大学でひらかれたシンポジウムをベースにまとめられた編著『近世の社会的権力』に詳述されたが、同編者の久留島浩も「中間的社会機構」を「社会的権力」として読む見方を提示している。

また、同論は、都市の有力商人層・豪商層を社会的権力の範疇に組み込むことで、都市－農村関係を覆う社会構造の中核を担うヘゲモニー主体の性格を具体的に明らかにすることをめざしたものである。

現在の研究状況と今後の展望　吉田によって提起された社会的権力論について、幕藩領主（国家権力）の権力性について問わないことに対する批判（藪田九九）や、組合村における中核的な課題や諸階層の要求などを総合的に把握する必要性（渡辺九九）などが指摘された。また地域運営論の立場からは地域公共圏の存在や地域の再建に活躍する地域リーダーに注目する視点（平川・谷山〇六）が、社会的権力論の影響を強く受けた地域構造論からは近世村落を構成する諸要素の組み合わせを一つの村に即して分析する「個体性」的把握（町田〇四）から、それぞれ研究が展開された。また権力論の問題を地域社会論へと取り込む具体的な方法論として藩地域論などの成果も発表されている（渡辺・小関〇八）。

今後は、地域運営論と地域構造論の両者の論点をふまえた上で、地域や権力の多様性をいかに議論に組み込むかが大きな課題となる。

（夏目琢史）

中間支配機構論《ちゅうかんしはいきこうろん》

中間支配機構とは何か　中間支配機構は、幕藩領主の地方担当役所（または担当役人）と個別の村との間に介在し、領主支配の一端を担う存在の総称として用いられてきた。幕領の惣代庄屋、郡中惣代、郷宿、用達、掛屋、大庄屋などがあげられる。

中間支配機構への着目　幕府権力の経済的基盤である幕領研究を進めるなかで、鈴木寿は代官と村名主の間で幕領支配に大きな役割を果たした「郡中代」を中間機構として分析することを提起した（鈴木六八・七一）。これは各地の代官所史料に比して、まとまって残存する郡中代史料を活用し、領主の支配構造を総体的にとらえようとする研究であった。また、湯本豊佐太は、人員などの面で脆弱な支配機構である代官所を補完するには、郡中代のような中間支配機構が不可欠であると考え、その成立や職務を追究した（湯本七一）。

研究の展開　中間支配機構の研究は、一九七〇年代末から始まる久留島浩の幕領組合村—惣代庄屋研究によって大きく注目される。久留島は、幕領組合村の運営が惣代庄屋らによって「自治的」「自主的」に運営されているととらえた。惣代庄屋が地域の意思を代弁するという自律的な側面を積極的に評価したことで、中間支配機構の研究は、領主支配の問題に加え、地域を運営する主体の問題へと展開した（久留島〇二）。

九〇年代に入ると、志村洋は、幕領に比して個別藩領の中間支配機構の分析が遅れていると指摘し、藩領大庄屋の研究を精力的に展開した。志村は、村役人の行政能力を高く評価するなどの八〇年代以降の研究を批判し、惣代庄屋研究で示された論点を藩領において再検討した。そして大庄屋・庄屋間の階層的な差異や大庄屋の経営など、中間支配機構の内部構造や公私両面を分析する重要性を主張した（志村九九a・b）。これにより藩領大庄屋と幕領惣代庄屋との差異にも言及されるようになった（久留島九六）。

このような議論を経て、中間支配機構の検討は、地域運営や領主支配のあり方、地域社会の存立構造を明らかにする有効な方法と認識されるに至った。近年では、中間支配機構の有する権力や権威、身分の問題にも関心が集まり、中間支配機構の社会への影響、あるいは社会からの規定についても分析が進んでいる。

研究の展開にともない、惣代庄屋や大庄屋のみならず、多様な中間支配機構にも注目が集まっている。藩領では、水戸藩の広域支配を担った大山守・山横目制度の形成・展開が分析された（籠橋九九）。畿内・近国では、その支配構造を明らかにするため、領主支配の実務を担う用聞・用達や、民衆の訴願活動の拠点となる郷宿についての研究が進められ（岩城〇六）、同じく畿内・近国の清水領知における取締役の分析（山崎〇七）も進んだ。幕領では、信州において幕末期に新設された取締役（山崎〇五）、また備中国倉敷代官役所管下における掛屋・郷宿・用達など（山本一〇）について研究が深化している。

（野尻泰弘）

被差別民《ひさべつみん》（近世）

実証的研究の進展　戦後、近世の被差別民に関する実証的研究が本格化するのは一九五〇年代の後半以降で、とりわけ共同体からの疎外を重視する渡辺広の先駆的業績（六三）は今なお重要な意義を有している。しかしその後の研究の潮流は、近世賤民が幕藩権力による分断支配のため恣意的に設定されたという原田伴彦らの見解（部落問題研究所六五）に主導され、教科書や啓発書には長く近世政治起源説が定着していくこととなった。

それでも各地での史料の発掘、公開の動きと相俟って一九七〇年代以降研究は活性化した。その一つの画期となったのが、脇田修（七二）の問題提起である。脇田は特定の社会構造・支配構造の中での賤民制・身分制を解明するとの課題意識から、身分的所有論を提起し、豊臣政権による封建的身分的所有の再編成のなかで、近世身分制成立の一環として「部落」の成立をとらえた。これを受けて以後の当該研究は「部落」の成立時期を焦点として展開していくが、何を指標として「部落」の成立とするのかに混乱があり、一九七〇年代後半以降進展した中世賤民制研究の成果との整合的理解を求める方向へと発展的に解消していく。

職場・旦那場　他方、脇田が「かわた」＝「穢多」の身分的所有の核とした斃牛馬処理とその権域たる場（「草場」「職場」）についての研究が今ひとつの潮流を形成した。前圭一（七六）が斃牛馬処理の諸原則、およびかわた村の経済構造との関連等を究明したのをうけ、斃牛馬処理制の展開過程と内在的矛盾の激化を跡づけた藤本清二郎（七七）の所説、かわた村の経済構造に占める斃牛馬処理関連の比重の高さを実証したのびしょうじ（八二）の研究等が相次いだ。

ところで、穢多身分の人々が有する権域としての場が、斃牛馬取得の場のほかに旦那廻り（勧進）の場という性格を有することは、前圭一（七六）や三浦圭一（七二・七六）の指摘によって明らかになっていたが、峯岸賢太郎（八六ａ・ｂ）は関東をフィールドとした研究からもそのことを確認し、「旦那場」の特質をふまえた上で、所有論の視角から被差別民を「所有と所有の体系の外部に位置し、そのために勧進によって生きざるをえない人々」と規定し、そのためにかれらがうけることとなったカースト的差別の態様を別火・別器・別居所・別婚などの習俗的差別として摘出した。

賤民組織と支配構造　一九七〇年代末からは賤民支配・賤民組織に関わる研究も進展した。前圭一（七八）は穢多頭支配と一般的行政的支配の二重支配を受ける関東型と、穢多頭支配が欠如した畿内型の二類型を提示、また畑中敏之（八〇）は、別個の生活共同体である「本村」百姓（とくに村役人）への政治的従属を本質とする「本村付体制論」を示した。朝尾直弘（八〇）は畿内においても頭村支配は存在することに注意を喚起し、二系列の支配の論理の質の違いに言及している。さらに関東の弾左衛門支配とその配下の賤民組織に検討を加えた塚田孝（八七）は、二重支配を「本村支配＝高（土地）支配」と「頭支配＝身分支配」とに分け、その構造的把握の重要性を指摘した。

（西木浩一）

身分的周縁論《みぶんてきしゅうえんろん》

用語の定義　塚田孝・脇田修・吉田伸之の呼びかけによって一九九〇年に「身分的周縁」研究会が発足して以来、日本近世史研究では身分的周縁の視角から様々な研究が行われてきた。当初から「各人の多様な「身分的周縁」論の模索」が目指されていたこともあり（塚田ほか編九四）、方法論の展開の仕方は多様であるが、「対象としての周縁」といえる周縁身分への注目とともに「方法としての周縁」の模索を目指している点、分析対象について、その対象を取り巻く社会的諸関係の総体のなかで把握する方法が心がけられている点などに特徴がある。

用語成立の背景　「身分的周縁」研究会は、一九七〇年代からの賤民身分を中心とした身分制研究、一九七〇年代後半からの朝幕関係研究、一九八〇年代の都市社会史研究という三つの潮流の統合を目指して発足した。また、呼びかけ人の一人である塚田孝は、一九八〇年代半ばに提起した近世社会を社会集団の「重層と複合」として捉える視角を発展させ、狭義の身分制社会（政治社会レベル）と身分制の枠組みに収斂しきらない社会を、「周縁社会レベル」と表現するようになっていた。一九八〇年代に高木昭作と朝尾直弘による身分論の統一を試みた塚田が、両者の説を踏まえて提唱した「柔らかい身分理解」が、身分的周縁論が「士農工商えた非人」の身分制という固定的理解を克服する理論的前提となっている。

展開と現状　「身分的周縁」研究会は、二〇一一年時点で第三次研究会まで組織され、いずれも共同研究の成果を出版している。第一次研究会では、周縁的諸存在を統一的に把握する方法を模索するなかで、周縁的諸存在が形成する社会集団・社会集団内外の社会関係、社会関係が展開する場や社会関係を有する場のあり方に注目する必要性が自覚されていった。この第一次研究会の成果が一九九四年に刊行された後、一九九五年に発足した第二次研究会では、〈集団〉〈関係〉〈場〉に注目するという視角を堅持しつつ、分析対象を幅広く取り上げること、「人」に即した具体的分析を行うことが目指された。その結果、周縁身分だけでなく様々な対象が身分的周縁論の射程に入った。そして二〇〇三年に発足した第三次研究会では、モノの動きや場・地域に即した社会集団の関係の把握が企図されるようになった。

また、参加者個々が身分的周縁論を積極的に展開している例もみられる。吉田伸之は、身分的周縁を近世の異端の問題として把握し、周縁性＝異端性を職分＝所有の存在形態と関連付けて考察している（吉田〇三）。また、塚田孝は、法史料に即して法の形式・内容の両面から社会の実態に迫り、当該社会の法的枠組みと社会的実態を統一的に捉えるという「法と社会」の視角を重視し、身分社会の比較史分析を試みている（塚田編一〇）。こうした動向は、日本近世史の諸分野を越えて全体史を叙述・総合する方法的枠組みを提起していると評価される一方で、論者による理解のズレや個々の論考に対する批判も提示されている。日本近世史研究者以外からの発言も寄せられるなど、身分的周縁論をめぐっては、現在も議論が重ねられている。

（小田真裕）

中間層《ちゅうかんそう》

用語の定義　中間層には、マルクスの階級論では中産階級が、アメリカ社会学では社会成層の中間に位置する層が該当する。日本近世史では、佐々木潤之介が「世直し状況」論のなかで、中間層を「ブルジョア的ナショナリズムそのもの、あるいはそれに基づく運動の主体」と定義し、そうした変革主体としての中間層が本来果たすべき役割を、幕末維新期の豪農が果たさなかったと指摘した（佐々木七九）。その後、近世日本における中間層として、身分的要素から牢人（浪人）や郷士、経済的要素から豪農商や質地地主、職能的要素から村役人や中間支配機構に位置づく諸存在といった様々な対象が取り上げられてきた。

用語成立の背景　日本近世史において中間層をめぐる議論を喚起した「世直し状況」論は、佐々木自身が一九六〇年代前半に展開した幕藩制構造論の課題であった、変革主体の位置づけと明治維新の規定性を考慮した議論である。また、佐々木が「世直し状況」論において、過去の民衆の歴史的責任を問い、豪農・村役人層ではなく半プロ層を変革主体として位置づけた背景には、一九六八年の明治百年祭が準備される過程において「明るい」近・現代像が発信されていた当時の時代状況も関係している。

展開と現状　佐々木の議論において、豪農が村役人一般と等置されている点を批判した久留島浩は、幕領における組合村－惣代庄屋制研究のなかで、官僚制と共同体を媒介する「政治的中間層」の力量に着目した（久留島八二）。また、畿内非領国地域における国訴・郡中議定研究でも、村役人層を委任関係のなかで理解する見解や、彼らの政策主体・地域運営主体としての成長を評価する見解が提示された（藪田九二、谷山九四）。一九八〇年代以降、豪農層の融通機能や中間支配機構に関する研究が進展する。彼らの身分に関する検討も進み、朝尾直弘は、兵農分離下における武士と一般民衆の間の身分的な境界領域において徐々に形成され、成長していった中間的な身分階層を「身分的中間層」と表現し、日本における「市民階級」の起源に位置づけた（朝尾九三）。平川新が一八世紀半ば以降の「静かな変革」状況に着目し、村役人層を変革主体として位置づけたように、一九八・九〇年代には、中間層の公共性や行政能力の獲得を評価する見解が提示されるようになった（平川九九）。しかし、こうした研究動向に対して一九九〇年代後半、地域の社会構造分析や経済的側面の考慮が不十分であるとの批判が寄せられる。ヘゲモニー主体の性格を追究した「社会的権力」論や、渡辺尚志による豪農類型論が提起され、志村洋らによって大庄屋研究が進展するなど、地域社会構造を踏まえ、領主・地域との関係のなかで中間層を把握する方法が模索されたのである（小野ほか〇一）。

二〇〇〇年代に入り、平川が着目してきたような地域社会の成り立ちに腐心する「地域リーダー」の検出が進んでいる。また、中間層のなかの矛盾関係や、中世・近代の中間層と近世の中間層との連続・断絶についての検討も行われている。藩研究・移行期研究や、身分論の進展のなかで中間層の位置づけが議論されているのである。

（小田真裕）

通俗道徳《つうぞくどうとく》

通俗道徳とは何か　近代化していく日本社会において、勤勉・倹約・謙譲・孝行などの民衆の日常的な生活規範を通して新しく形成された意識形態を指す。商品経済の展開を背景に、元禄・享保期（一七世紀末から一八世紀初頭）にかけて三都とその周辺の商人層に自覚化され、一八世紀末の石田梅岩の石門心学、一九世紀初頭の二宮尊徳の報徳社、大原幽学、中村直三らの老農等により唱導され、窮乏した農村で村落指導者層を主導層として近世後期にほぼ全国的な規模で展開し、明治二〇年代以降には底辺部の民衆までまき込んだ。通俗道徳は、心の無限の可能性を自覚化することで自己規律・自己鍛錬による思想形成をうながし、そこで醸成された人間的活力は近代化を支える根源的エネルギーとなった。他方で通俗道徳は唯心論的・精神主義的性格のゆえに対象的客観的世界を認識する能力に乏しかったため、抑圧と支配を支え、天皇制イデオロギーの前提となった。しかし通俗道徳を徹底して実践すれば通俗道徳の虚偽性を見抜き、社会批判の支点となりえ、変革的な思想形成の可能性もある、などといった論点が提示されている。

用語成立の背景　通俗道徳という用語は、一九六五年に安丸良夫「日本の近代化と民衆思想」に用いられて立論され、後に、この論文で安丸が展開した主張は「通俗道徳論」と呼ばれるようになった。安丸が立論した背景には、六〇年代に登場した近代化論への批判と、マルクス主義や近代主義諸理論を乗り越えるという問題意識があった。そもそも通俗道徳は、戦後の啓蒙主義的な学問思潮のなかでは封建的・前近代的なものと見なされ、その克服は自明の前提とされてきた。これに対して、安丸は通俗道徳的自己規律を通じて噴出した社会的人間的エネルギーが日本近代化の原動力となったと意義づけ、日本の近世中後期の民衆的諸思想に共通する特色として「通俗道徳」をおさえた。なお、安丸によれば、通俗道徳論の基盤には浄土真宗篤信地帯である富山県での故郷体験があるといい、富山県の県民性（勤勉さ）と通俗道徳の関連にも言及している（安丸〇三）。

展開と現状　安丸の著作『日本の近代化と民衆思想』が七四年に刊行されると、相次いで書評が出るなど反響は大きく、通俗道徳論に対する評価は様々であったが、その後の民衆史研究の深化を促した。八〇年代後半からは、通俗道徳では割り切れない民衆の世界像に注目した研究（ひろた八七）や、安丸の主張を意識した生活文化史の研究（高橋九〇、大藤〇一）が行われた。九〇年代後半以降になると、通俗道徳がどのように形成されたのか、前提となる意識形態からいかなる影響を受けたのか、その過程を解明しようとする研究や、近世後期における宗教意識の変化と通俗道徳論との関連を問う研究も現われている（若尾九九、横田〇〇、大橋〇一）。また、当初は近世後期から近代にかけての転換を念頭において立論していた安丸自身も、現代までを見通した通俗道徳論の主張を展開するようになった（安丸九九・〇四・〇七）。通俗道徳論は歴史学のみならず、民俗学・宗教学・社会学等にも影響を与え続けている。

（西　聡子）

由緒論《ゆいしょろん》

由緒とは何か　由緒は、一九八〇年代後半から、日本近世史研究において注目されてきたキーワードである。この場合の由緒とは、近世のイエや村などの諸集団が、特定の政治権力との関係を起点として、自らを正当化し、身分的な特権を獲得するときの由来もしくは事由を意味する（山本一〇）。

由緒論の展開　もともと由緒を語る由緒書や偽文書は、荒唐無稽で信憑性の低い史料とみなされ、長い間研究対象から除外されてきた。それが一九八〇年代後半から一九九〇年代前半にかけて、主に村落史を中心に研究価値が認められるようになる。そこでは、助郷役や伝馬役などの役負担を回避するために、献上行為などを通じて東照大権現の由緒を語り、年貢諸役免除特権を獲得する村や百姓の姿が確認された（大友九九、井上〇三）。これは、二重役は賦課されないという近世の役負担原則に基づいて、年貢諸役の賦課を拒否する合法的民衆運動である。こうした由緒は、一八世紀末期から一九世紀前半、寛政～化政期にかけて広く展開する。こうした時代状況を称して、「由緒の時代」と呼ぶ（久留島九五）。そして幕末期には、天皇権威にかかわって、国民国家成立の文化基盤として由緒は主張されていく（落合九六、吉岡一一）。

由緒論の現在　しかし由緒という用語は、すでに戦国期から近世初頭にはすでに存在している。ただし中世の由緒は、自他の差別化に目的があり、必ずしも権力に源泉を持たない（金子一一）。それに対し、近世の由緒は、将軍あるいは天皇を頂点とする上位の権力を起点とし、早く一七世紀後半、寛文～延宝期には確認できる（白川部・山本一〇）。すなわち近世の由緒は、歴史認識や記憶装置として、ひろく近世の政治社会を通時的かつ学際的に把握するために、重要なキーワードと評価することができる（岩橋一〇、佐藤〇七）。

由緒論の課題　これまで由緒論は、日本近世史研究、なかでも村落史を中心に研究が進められてきた。しかし中世においても、由緒にかかわる言説は確認できる。くわえて近世でも、一九世紀前半の寛政～文化・文政期のみならず、一七世紀後半の寛文・延宝期にもピークがある。今後は、中世（とくに戦国期）から近世を通じて由緒が語られることの全体像を明らかにしていくことが必要である。

その際、注意しておきたいのは、由緒は村落に居住する百姓身分だけが主張するのではなく、武士や職人、被差別民など、さまざまな身分集団が由緒を語るということである。こうした集団ごとの由緒の差異や共通性に関心を向けたい。

また由緒は近代以降にも語られている。この点は、権力と権威、とりもなおさず天皇制をめぐる意識の問題として考えていくべき事柄である。

（山本英二）

在郷町《ざいごうまち》・在方町《ざいかたまち》

日本近世における被支配社会は大きく町方と在方（地方《じかた》）に分かたれる。町方は町奉行支配で基本的身分は町人であり、在方は代官もしくは郡奉行支配であり基本的身分は百姓である。在方は統治の建前のうえでは「農村」であったが、実態としての都市が存在した。

問題提起　戦後の近世史のなかでは、この同一の実態が、領主的市場に対抗する農民的市場の結節点という経済史的意味では「在郷町」と呼ばれ、領主支配の農村部における拠点という意味では「在町」と呼ばれる傾向があった。これらを一括して「在方町」と呼び、城郭と武家地を持たないことに着目して、日本近世における基本的都市類型としての城下町と対比的に把握できると提唱されたことがあった（渡辺九九）。

　この議論の基礎には在方町には都市的な地縁結合が検出されるという論点があり、この点に関しては、その後、近江の宿場町の研究により事例が豊富化された（井出〇五）。在方町における商人仲間については地縁結合も含めて概略的検討が行われたことがあり（深井九〇）、その後は旅籠屋仲間に関して分析が深められた（屋久九九）。

　一方、都市史研究では取引の場の検討を通じての社会関係分析が行われており、その文脈のなかで在方市が研究され、近世都市における原型的な社会関係が明らかとなった（杉森〇六、吉田〇〇）。

多様な展開　歴史人口学の分野でも在方町を対象とした精緻な研究が登場した。奥州郡山の研究では、三都や城下町とは対照的に、流入人口が人口維持に消費されてしまうのではなく、都市内自然増もあいまって人口増をもたらすという特質を検出することに成功した（高橋〇五）。

　歴史意識の問題として、近年在方町を素材として地縁集団の記憶の問題が検討された（渡辺一〇）。在方町の歴史意識は、城下町の歴史意識が支配者のそれと密接に関係することと対照的に、都市住民全体が共有する独自の記憶であることを明らかにし、歴史叙述や儀式や住民運動など、それを維持する様々な道具だてが必要不可欠であったことが示された。

　以上のように、在方町を対象とした研究は近世史の各分野で進んできており、例えば、国立歴史民俗博物館における桐生に関する共同研究のように、在方町に関する総合的研究も現れた（〇二）。また、村落史研究も町場の存在を無視した地域社会論は過去のものになった。一例をあげれば、江戸・東海道藤沢宿・寺領社会をまたぐ関係構造を明らかにした優れた研究も行われている（志村〇三）。

　なお、在方町という概念については、仙台藩の所や要害は、実態としての小城下町にもかかわらずその住民は百姓身分として把握されていることから「在方城下町」というべきであるという疑問も投げかけられていることを付け加えておきたい（千葉〇一）。

（渡辺浩一）

民衆宗教《みんしゅうしゅうきょう》

民衆宗教とは何か　尾張国の元武家奉公人の女性「きの」による如来教（一八〇二年開教）、備前国の神職黒住宗忠の黒住《くろずみ》教（一八一四年開教）、大和国の地主の妻中山みきの天理教（一八三八年開教）、備中国の農民赤沢文治の金光《こんこう》教（一八五九年開教）、武蔵国の農民伊藤六郎兵衛の丸山教（一八七〇年開教）など、一九世紀初頭から明治初年に成立した創唱宗教をいう。一八世紀前半に始まる富士講身禄《みろく》派と一九世紀に身禄派から派出した不二道《ふじどう》（宮崎〇四）や、一八九二年に丹波国の大工の妻出口なおが開いた大本教を含めることも多い。

宗教学では幕末以降に新たに登場した宗教をすべて「新宗教」とするが、歴史学では、近世近代移行期特有の状況下に、「民衆の精神的解放」（小澤〇四）と深く関わり、「来たるべき次の時代に関する新しい観念を生み出し、または成立した明治国家のあり方に対して批判を展開していった」（神田九〇）点を重視する意味から「民衆宗教」と呼ぶことが多い。

研究の軌跡　戦後、民衆宗教史研究の分野を切り開いた村上重良は、近世の社会経済の展開と宗教の段階的発達のなかに幕末の民衆宗教を位置づけ、寺社や山岳信仰の講社、流行神《はやりがみ》や義民信仰、修験の活動など民衆の現世利益的・呪術的信仰が民衆宗教成立の基盤だとした（村上六三・八二、村上・安丸七一）。

安丸良夫は、近代社会成立期に通俗道徳は宗教的形態を介し、社会批判の論理に転化したとし、民衆宗教の世直し観念や唯心論的世界観を説明した。近年も「民衆宗教は、民衆の生活意識をふまえ、教祖となった人物の宗教的回心をへて、そこからこの世界の全体性をとらえ返そうとするもの」と述べる（安丸七四・〇七）。また、小澤浩は、「生き神」思想を民衆宗教の特徴とし、「人間＝神の子」観が、通俗道徳による主体形成を支えたと論じた（小澤八八）。

当初、呪術性は主体形成の過程で克服されるべきものと捉えた安丸だが、民俗信仰など民衆を取りまく宗教世界を「民俗的なもの」と呼んで重視し、かかる領域と近世の支配秩序や近代国家との対抗関係を強調するようになる（安丸九九、安丸・磯前一〇）。これに対して島薗進は、近世の宗教構造は一九世紀に神道化が強まり、幕末期の山岳信仰や民衆宗教は「ナショナルな共同性と結びついたコスモロジーの高揚という性格」を持ち、国家神道形成を支えた「下からの草の根宗教運動も含まれていた」と主張する（島薗〇一）。また、桂島宣弘は、初期の金光教は民俗信仰の共同体で、民衆宗教の特徴とされた一神教的性格が実は近代国家の抑圧の過程で形成されることを解明し、民衆宗教の「近代性」を追求する傾向を批判した（桂島〇五）。

今後の展望　―近世宗教史研究との対話の必要　民衆宗教史研究は国家神道との関係性を顧慮し、近代神道史研究の進展は視野に入れたが、近世宗教史の成果の吸収は不十分だった。近世史の側も、実証研究が近年さかんだが、民衆宗教への関心は薄い。ただ、安丸の議論を意識し、仏教を介した近世民衆の「知」やキリシタン民衆を分析した研究も現れている（澤〇八、大橋〇一）。

（靫矢嘉史）

本所論《ほんじょろん》

本所とは何か　江戸時代、諸国の神職に神道裁許状を発給した吉田家・白川家や、陰陽師を支配した土御門家は、配下宗教者との関係において本所と呼ばれた。これら本所に関する研究は一九九〇年代以降進展し、従来の寺社を中心とする近世宗教史研究の射程を多様な民間宗教者をふくむものへと拡大した。

研究史　吉田家による神職支配（土岐六三、萩原六五）や、民間陰陽師に対する土御門家の許状発給（村山八一、木場八二）など、個々の本所に関する研究は古くからあったが、いずれも教派内の「宗家」とする見方にとどまり、一般化・概念化には至らなかった。

本所という存在を近世史上の論点とした端緒は、一九八〇年代の高埜利彦による一連の研究である。高埜は、門跡寺院を介した修験道支配などとともに、本所・本寺による許状発行を幕藩権力による宗教者編制の類型の一つとして位置付けた。そして公家家職を背景とする本所支配の伸長を近世中期以降の朝廷権威の上昇と関連付け、幕藩制国家論の一環として論じた（高埜八五・八九）。

さらに一九九〇年代の身分的周縁論のなかで、多様な宗教者・芸能者・職人集団に関する研究――説教者集団と近松寺（塚田九二）、願人坊主と鞍馬寺（吉田九四）、薦僧と明暗寺（保坂〇〇）など――が急増した。いずれの本所・本寺も、配下宗教者の職分保障を行うとともに幕府の人別把握を補完した。こうして本所を個別例外的な存在ではなく幕藩体制下の社会編成に位置づける共通理解が形成された（林〇五・一〇）。

このような研究動向をうけて、二〇〇二年日本史研究会大会近世史部会では近世社会における本所の役割がテーマとなった。井上報告では本所吉田家による在地神職支配の展開と抵抗を概観した（井上〇三）。関連報告では、陰陽道本所の組織形態の変化を通じ、身分支配から職分支配へという本所支配の質的変化も指摘された（梅田〇三）。

一方、本所支配の枠組みに収斂しない宗教者集団の動向をとらえる研究も進展した。西田かほるは、在地の宗教者集団が、本所の介入によって複数の職分に分化する過程を論じた（西田〇二）。また、林淳は神事舞太夫が他集団との争論を通して家職を確定する過程を分析した（林〇五）。本所による編成を実態視するのではなく、本所の擬制的側面を指摘するものである。ほかに、白川家学頭の活動など、学問・学知の拠点としての本所も注目されている（引野〇七）。

本所論の論点　本所をめぐる研究は、多様な集団の存在を可視化し、豊かな宗教社会像を提示してきた。一方、その概念や範疇をめぐる議論は十分とはいえない。たとえば高埜は当初、官位によって編制される神職組織を本所・本寺とは異なる編成類型とみなしていた（高埜八二）。現在は史料上の本所・本寺という表記を踏襲する傾向が強いが、改めてその成立要件を議論する余地もあろう。また、本所という語の源泉である中世の荘園および座組織との関連について、中世史における知行官司制（遠藤一〇）といった概念提起は示唆的であり、今後の研究の深化が期待される。

（梅田千尋）

初期藩政改革《しょきはんせいかいかく》

初期藩政改革とは　いわゆる「藩」の成立は豊臣氏の天下統一以降とされる。だが、なおも戦乱は続き、とくに朝鮮侵略戦争の軍役が諸大名に重くのしかかった。果てなき過重な軍役に応じるため暴力的・恣意的な年貢徴発がおこなわれ、「藩」の基盤を支えるべき民衆は、逃散や一揆など強い抵抗を示した。つまり、成立期の「藩」はきわめて不安定な状態にあった。この状態を打開し、安定した「藩」体制の創設をめざしてとられた手段が、初期藩政改革と呼ばれるものである。すなわち、成立した「藩」体制をより強固に永続的なものとして確立することが目指された。初期藩政改革を通じて、戦乱をくぐり抜けてきた戦闘集団である武士団は行政機構を整え、官僚集団の相貌をおび、検地の実施、地方《じかた》支配機構の改編、地方知行制から蔵米《くらまい》制への移行、新田開発などの家中統制・再編と同時に、民政に対する諸政策が実施された。改革の始期は諸藩によってことなるが、全国的に襲った一七世紀前半の寛永飢饉は、領民統治・民政分野における改革の遂行に拍車をかけた。安定した社会的基盤をもとめ、家父長制的な百姓経営に変えて、「百姓成立《なりたち》」すなわち小農自立が推進された。初期藩政改革の集大成といえる研究が、藤野保編『藩体制の形成』（九三・九四）である。

初期藩政改革と天道委任論　「藩」体制の確立において注目すべきは、天道委任論と支配（領主）－被支配（領民）間の関係意識の変化である（宮沢七三）。初期藩政改革の典型とされてきたのは、岡山藩と加賀藩である。岡山藩主・池田光政は「国主ハ一国の人民を上様（将軍）より預り奉る」という論理を背景に家中統制・藩政改革を断行した。これは、大名の本務を上級権力から預けられた領民の統治とする「預治」論である。この受権の源泉を「天道」におくため、天道委任論という。すなわち、天道が天下の民を将軍に預け、将軍は天下の民を分割して大名に預け、大名は領民を「藩」の民政官に預け…というように、領民統治権が天道→将軍→大名→郡奉行→代官…と下降してゆく。この民衆統治の柱におかれたのが、「民は国之本」という儒教的な民本主義に基づく「仁政」思想であった。

初期藩政改革と「明君」　加賀藩においては「仁政」に基づく改作法により、年貢を皆済する「強き百姓」と、教諭による「心すなほ」な百姓を創出し、小農自立政策を推し進める。一方、領民は「御救」をもとめ「仁政」という擬似的な「合意」により「藩」という国家に組み込まれる。「仁政」思想は藩内においては「御救」を施す慈悲深い領主像をシンボルとして浸透する。典型的な初期藩政改革を遂行した藩主（池田光政・前田綱紀ら）が、「仁政」を施す領主として「明君」化され、近世の政治思想・理念の象徴となる。また、将軍・幕府に対しては、天道委任論により、預けられた領民に「仁政」を施すことで「公儀」権力の一環としての正統性を獲得することになる。もとより、「仁政」思想は年貢収奪を隠蔽する「イデオロギー」性をもち、建て前と現実との乖離《かいり》・矛盾は、「仁政」を要求する百姓一揆などの新たな問題を生む。

（小川和也）

三大改革《さんだいかいかく》

三大改革とは何か　三大改革とは、八代将軍徳川吉宗が主導した享保の改革、老中松平定信が主導した寛政の改革、老中水野忠邦が主導した天保の改革をさす。「三大改革」および「享保の改革」「寛政の改革」「天保の改革」はいずれも近代の造語であり、史料用語ではない。しかし、天保の改革に際して「享保・寛政之御政事」を模範とすることが宣言されており、数ある幕政改革のうち享保・寛政・天保の改革を三大改革とする視点は天保の改革の当事者に由来する。

研究史　戦前・戦中の幕政改革研究で大きな影響力を有したのは、弛緩の時代（元禄期・田沼時代・化政期）と緊張の時代（享保・寛政・天保の改革）が交互に繰り返して最終的に幕府崩壊を迎えるとする「一弛一張《いっしいっちょう》」史観であった。戦後いち早く三大改革を取り上げた津田秀夫は、放漫な政策に起因する財政危機への対応という一弛一張史観に基づく三大改革の位置付けを批判し、三大改革は商品経済の発展に伴う年貢収入の減少という幕藩制社会の構造的危機に直面した幕府権力の対応であると主張した（津田五六、歴史学研究会編五六）。

この津田の評価に対して山口啓二は、享保の改革の前段階で年貢収入が減少したことは実証できるのかと疑問を呈し、享保の改革は幕藩制社会が展開するなかで生じた矛盾への対応と理解すべきではないかとの見解を示した（歴史学研究会編五六）。また、政治史の観点から享保の改革を検討した辻達也は、天和から天明までを将軍権力の強大化・専制化が進行した時期と捉え、享保の改革は社会の変化に対する幕府の順応的な対応であるとして寛政・天保の改革との違いを指摘した（辻六三）。

一方、社会経済史の立場から享保の改革の農村政策を分析した大石慎三郎は、享保の改革を「体制的危機」への対応と評価して津田の説を支持した（大石慎六一）。

こうして享保の改革の評価は二分したが、三大改革という枠組み自体が問い直されることはないまま、各改革の研究が積み重ねられていった（竹内七六、藤田八七、大石学九六など）。

現状　宝暦～天明期を幕藩制国家・社会解体の画期とみる宝暦・天明期論が学説として定着し、享保期を解体の起点とする説が影響力を失うのに伴い、三大改革という理解そのものが再検討されている。

一九五六年の段階ですでに構造的危機への対応という享保の改革の位置付けに批判的だった山口啓二は、一九九三年の『鎖国と開国』において、享保の改革を三大改革の一つとして取り上げることに必ずしも賛成ではないと述べた（山口九三）。また、宝暦・天明期論との整合性および対外的危機の存在を重視する藤田覚は、享保の改革は寛政・天保の改革とは異なり幕藩制の危機への対応策と捉えることはできないとして、三大改革ではなく寛政・天保の二大改革論を提唱した（藤田〇二）。

（杉　岳志）

宝暦・天明期論《ほうれき・てんめいきろん》

宝暦・天明期論とは何か　宝暦～天明年間（一七五一～八九）は、商品生産がすすみ、全国の特産物生産地帯が飛躍的に発展した時期である。農村ではそれらの編成に成功した豪農が現れる一方、百姓一揆等の民衆運動が高揚した。財政窮乏の度を深めていた幕府・諸藩では、新たな商業・経済政策が実施され、藩政改革が全国的に展開した。思想や文化に新たな動きがみられることも、これらの動向と密接な関連を持つ。以上のような国家・社会の諸側面に現れてきた大きな変化・変動を、明治維新変革あるいは近世国家・社会解体過程の起点として位置づけた議論を宝暦・天明期論という。

研究史的背景　宝暦・天明期に初めて注目したのは、階級闘争・人民闘争史的視点からこの期の画期性を浮かび上がらせた林基である（林六二）。林は、階級闘争研究の一揆戦術論的傾向や農民闘争のみに焦点を当てる方法への批判に立って、日傭や農村奉公人等の平民的反対派、町人や在郷商人等の市民的反対派の闘争、権力内部の対立を取り上げ、立法やイデオロギーまで含めて考察した。土台の変化に関する理解（マニュファクチュアを生み出す段階への到達、小農民の再生産保障の後退）の上に階級闘争の質的変化（前期プロ的要素の増大・結集、広域闘争の展開等）を見出し、それを維新期の革命情勢の原型に措定した林論文は、その鋭い論理と包括的な構想によって宝暦・天明期論の起点となったのである。

この問題提起を重く受けとめた佐々木潤之介らは、歴史学研究会大会において「維新変革の起点――宝暦・天明期の諸問題」をテーマに、農村構造や商品生産・流通、市場構造、幕府諸政策や藩政改革等の総合的な検討を行った（近世史部会六五）。幕末期地域間分業関係の原型や豪農範疇の形成を論じた佐々木報告が世直し状況論に展開して研究史の画期をなすなど、ここでの成果は、幕藩政治改革研究や人民闘争史など多方面に大きな影響を与えた。宝暦・天明期論が広く注目され影響力を持ちえた背景として、議論の包括性・総合性、研究史的課題の的確な認識（幕藩制構造論、前期・中後期研究の断絶等の克服）に加え、同時代的な鋭い問題意識（近代化論批判等）の存在は見落とせない点である。

展開と現状　七〇年代以降は、幕藩制的市場構造との関連、幕藩政治の諸段階等を問う視点のもと、田沼や寛政改革の経済・流通政策（中井七一、竹内七六）、藩政改革や「国益」思想（吉永・横山七六）等、宝暦・天明期の諸動向が次々と明らかにされた。これらは、人民闘争や幕藩政の動向と相互の関係を思想・文化まで含めて総合的に理解しようとする視点を持っていたと言えよう（難波七五、青木八五、山田・松本八八）。

こうして宝暦・天明期を江戸時代を二分する画期とする理解が定着していったが、九〇年代以降でも一八世紀後半を画期と指摘する研究は多い。なかでも、仁政的秩序・政治常識の観点から明君録や百姓一揆物語、藩政改革等に着目して、社会各層の動向を総合的に捉えようとする研究（小関〇四、若尾九九）は、宝暦・天明期をめぐる研究の今後の一つの方向性を示唆していよう。

（小関悠一郎）

国訴《こくそ》（くにそ）

国訴の発見と在郷商人説　国訴は、一九五四年津田秀夫により発見された。地域と訴願内容に関して広狭あるが、現状では「畿内近国で、一八世紀後半～一九世紀にかけて、綿・菜種の販売価格上昇と肥料の値下げを主目的とした、広域的訴願闘争（運動）」という定義が妥当であろう。一九六〇年代まで国訴研究は活況を呈し、運動の担い手については、訴願内容から帰結した在郷商人説が提起された。

藪田、平川、谷山による転機　これに対し、津田は当初から村役人説にこだわったが、史料的にそうであると主張するのみで、その中身には踏み込まなかった。その後、佐々木潤之介により「世直し状況」論が主流となる六〇年代後半は、合法的である国訴は「非合法」である百姓一揆研究の後景に引いていった（「冬の時代」）。

八〇年代になると、この状況は藪田貫、平川新、谷山正道によって打破された。藪田は拡散しがちだった国訴概念を厳密に定義し直したうえで、その組織構造と運動構造の両面を解明し、「頼み証文」による委任関係を見いだし、近代の「代議制の前期的形態」であったとした。その背後には、日常の地域的な村落結合である郡中議定があり、それは地域的共同性を志向するものとしたうえで、村内奉公人や日用を押さえ込んでいく負の側面もあったとした（藪田九二）。

同時期に平川は、列島規模の地域間対立のなかに国訴を置き、調停者としての幕府の存在に重点を置いて議論を進めた（平川九六）。谷山は、藪田や平川よりも当時の社会経済情勢や農村構造（諸階層の動向）との密接な関連のもとに分析を行った（谷山九四）。

その後の展開　国訴を地域社会論として見ていく研究潮流から、社会的権力論との論争が起こったものの、低調となった感が否めない。しかし、藪田は国訴の共同性を国益論＝富の増殖論として位置付け、持論を発展させている（藪田〇五）。

また、〇九年の日本史研究会の近世地域社会論特集で、山﨑善弘（〇九）と谷山（〇九）の論考が出たことが注目される。山崎は、国訴が「百姓成立《なりたち》」の実現に果たすのに重要な役割を担った奉行所を議論に組み込もうとし、谷山も奉行所と代官所の役割を議論に組み込んだ上で、社会構造の変容を強く意識している。山崎は、国訴の正当性を支配国内全領地の村々の参加と多数派の形成に見るのに対して、谷山は幕領惣代庄屋の主導性を強調しており、興味深い。

今後は谷山の言うように、「地域社会に生起する矛盾のあり方に即して、地域社会に関わる多様な問題を内包する国訴について分析を行う」という点と、社会構造にとどまらず、経済構造や豪農の経営分析まで組み込んで議論を展開していく必要があろう。それが、岩田浩太郎の主張する民衆運動史研究が、近世社会全体の分析につながるという展望を切り開いていくだろう。

（福澤徹三）

農村荒廃論《のうそんこうはいろん》

先進と後進　戦後村落史研究は地主制に関する議論が活発になされ、先進地域とされる畿内においては寄生地主制やブルジョア的発展などの究明のため多くの研究が発表された。これに対し関東・東北などの地域は、一部の機業地帯を除き、低生産力の後進地帯であり、積極的な農民階層の分化も起こらなかったとされた（古島六二）。

　そのような状況下、関東農村における荒廃状況の原因に言及したのが永原慶二と長倉保である（永原・長倉五五）。すなわち、近世初期の領主による小農自立策により、その条件が未成熟な地域においては弱小生産者の小作化による経営維持が困難なため、没落するものも発生し、戸数の減少と潰地の増大がもたらされ、村落は荒廃したと指摘したのである。

農村荒廃論の展開　その後、関東農村の荒廃に関する問題は地主制研究・豪農論とともに進展し、その過程で停滞型とされる関東農村のイメージは修正された。長倉保は右の研究を整理し、関東農村において、畑方優位の農村ほど貨幣経済導入が進み、年貢収奪の過重化等にともない、関東農村独自の階層分解をもたらした。そして、荒廃＝小農経営の崩壊と規定した上で、農村荒廃は特産地形成と表裏の関係で展開し、そのなかから豪農が成立すると指摘したのである（長倉七〇）。

　七〇年代には、商品流通や豪農経営の分析がすすみ、農村荒廃をもたらした地域構造をあきらかにする研究も深化し、地域間比較や総合化なども行われた（長谷川八一、乾八四、長野八七、阿部八八）。さらに、幕府による諸種の農村復興策（須永七九、秋本八一）や報徳仕法（大藤〇一）、村による潰百姓の再興（桜井八五）など、復興に注目した研究が発表された。

「後進」からの解放　一九八〇年代後半には高橋敏が荒廃を捉え返し、生活文化創造を準備するものと評価した（高橋九〇）。すなわち、畑作優先の後進性を養蚕生糸業で逆転していく村落と、それを推し進めた小農の自力更生の思想をあきらかにした。さらにそのような村落で展開した文字文化の生成を究明したのである。

　田中圭一は田畑放棄や他国稼ぎの背景に存在した、特産地形成と労働力需要の増加に注目した（田中九九）。この現象を百姓が転職の自由を得たと捉え、農村荒廃を過重な貢租の結果とみなすのではなく、経済発展の指標と評価した。また、地主小作関係も隷属関係ではなく、生産力向上を背景とした契約関係と捉えた。

　平野哲也は百姓の経営を考える際、生業の多様性と選択の可能性に注目し、荒廃現象を百姓の生活環境に即した積極的な市場対応・戦略とする。さらに村役人と小前百姓等の上下関係を格差に応じた役割分担であり、有機的に結合することで村というシステムを強靭なものにしたと評価している（平野〇四）。

　右の通り、近年は個々の地域の特性に注目し、百姓・村落がいかにして生活を成り立たせたのか、文化を創造したのか、という面に関心が移っている。

（坂本達彦）

世直し・世直し状況論《よなおし・よなおしじょうきょうろん》

「世直し」「世直し状況」とは何か　「世直し」「世直し騒動」とは、慶応期から明治初年にかけて穀物安売り、借金破棄・質地質物返還、村役人糾弾など幅広い要求を実現するために、村役人・豪農商などを打ちこわした民衆運動である。幕藩領主や豪農商への暴力の行使、放火などの逸脱的実践行為をふくむことも多い。一九世紀に入ると、幕藩領主の統治機能の低下から治安は悪化し、また地域社会内部での矛盾も大きくなり、村方騒動が多発していた。世直し状況とは、世直し騒動が発生しない地域においても、経済格差の拡大などの諸矛盾を原因に、地域社会内部で現状を批判する村方騒動が展開している社会情勢をさす。

用語成立の背景　世直し騒動の研究は、庄司吉之助と田村栄太郎によって進められた（庄司五六、田村六〇）。六〇年代後半、「近代化」論に対抗するために幕末維新期の研究が深まるなかで、青木美智男・佐々木潤之介によって世直し状況論が提起された（青木六六、佐々木六九）。佐々木は「世直し状況」論をさらに論理化して、経済・村落構造の分析を重視し、豪農・半プロ論を提唱した（「豪農・半プロ論」参照）。一方、津田秀夫は、一八六五（慶応元）年より一八七一（明治四）年までの社会情勢を「世直し状況」と規定した（津田六八）。

このころ安丸良夫は「世直し的変革観念」を提起し、民衆が困苦せる生活の渦中でうみだす解放への幻想に着目した（安丸六六）。

七〇年代、「世直し状況」論は、人民闘争史とリンクされた。日本全国を対象に「世直し状況」論を演繹した実証研究が生まれた（佐々木七二・七三）。落合延孝は「世直し状況」論を批判的に継承し、「世直し騒動」と明治期に発生した激化諸事件との関係性に触れた（落合七七）。一方、中島明は「世直し状況」論からは距離をおき、地域社会のなかにおける「世直し騒動」の意味を問い続けた（中島七三）。

八〇年代、「世直し騒動」の研究は構造分析の傾向を深め、騒動に参加した百姓＝主体への関心を希薄化させていった。このころ大舘右喜により、武州世直し騒動の実証研究が深められていた（大舘八一）。

現代の展望　世直し騒動の研究は、北関東・東北地方において盛んであったが、宮崎克則によって北九州の状況が明らかにされた（宮崎九六）。また須田努によって、主体への問題関心から、騒動に結集した人びとの心性へのアプローチが進められ、世直し勢を殺害していった村の暴力の問題も明らかにされている（須田〇二）。一方、「世直し状況」論から派生した地域社会論が渡辺尚志によって進められている（渡辺〇六）。さらに、世直し騒動を、一九世紀の東アジアのなかに位置づけようとの問題意識も生まれている。

（須田　努）

近世の天皇《きんせいのてんのう》

近世天皇の役割　近世の天皇・朝廷の機能については、深谷克己による幕藩制国家の「金冠」であるという評価が最も端的である（深谷七五）。さらに、高埜利彦による①徳川将軍家と江戸幕府の権威化のための天皇による将軍宣下や東照宮宣下および勅使参向、②諸身分の編成・統制、③国家安全などの宗教的機能という評価が現在の主流である（高埜八九）。

近世天皇研究のはじまり　戦後、天皇に関する禁忌が払拭され、近世天皇の政治的位置は無意味な存在と評価されることとなった。六三年の『岩波講座日本歴史』において、近世天皇の諸動向が論じられることとなった（小野六三）。しかし、戦前来の近世天皇研究と同様、近世初頭に偏り、「なんの実力もない天皇と公家衆」と評価しつつも、民衆の「天皇信仰」が広く行きわたっているという矛盾した評価がなされた。このような評価を根本から覆す研究が一九七四～七六年に集中した（深谷七五、朝尾七五、宮地七五・七六）。これらの研究が生まれた要因は国内の復古的な動向（紀元節復活等）と国内外の帝国主義的な動向（ベトナム戦争等）に関連があり、幕藩制国家を成立させる社会的基盤や身分制の確立等、公儀権力の構成要素のひとつとして天皇・朝廷の役割が明らかとなっていった。

研究の到達点　八〇年代後半、天皇裕仁の病と死から派生した諸矛盾のなか、近世の朝幕関係研究が飛躍的に展開することとなる。高埜利彦は「天皇・朝廷対将軍・幕府」の二項対立の図式を克服した上で、近世全般の朝幕関係を図式化し、元禄・享保期と寛政期という二つの画期を明らかにした（高埜八九）。高埜論文と前後して、後水尾天皇・霊元天皇といった個性的な天皇の個別研究が進み、さらに、院（上皇・仙洞）による主体的な朝廷運営がなされていたことも明らかになった（山口九八）。また、近世後期については光格天皇の登場によって政治的・イデオロギー的に天皇・朝廷が浮上する素地が形成され、朝幕関係の政治上の変化が明らかにされた（藤田九九）。近世天皇研究と幕末史との架橋がなされたと言えよう。

近世天皇研究の展望　近世天皇の意義について王権論の視角から捉える見方が近年起こっている。「王権」という語の妥当性に課題が残っているものの、他の時代・他の地域との比較検討のため、堀新による公武結合王権論は興味深い視角である（堀一一）。また、そもそも天皇・朝廷の権威を自明として捉える見方では、「天皇信仰」というファンタジーと同じであるので、天皇権威を超歴史的に捉える視角そのものを克服する必要がある。なお、世襲親王家をはじめ、親王・内親王の研究はいまだに乏しい。

（西村慎太郎）

近世の公家《きんせいのくげ》

近世公家の性格　公家とは朝廷の運営を行う構成員の集団のことであり、近世においては業務・知識・血統の排他的な継承によって維持されていた。摂関家以下の堂上公家を中心として、地下官人の一部も含め、身分的には公家と位置付けられる。堂上公家の場合、多くは将軍より朱印地が与えられ、禁裏小番（禁裏での勤番）と朝廷儀式への参仕、また、一部の公家は家職（文芸的家職および官司請負）の継承が求められた。

近世公家研究のはじまり　近世の公家については文化史や国文学で尊王論発達史的観点において描かれることは戦前以来あったものの、近世史研究上で位置付けられるのは近世天皇研究同様七〇年代以降である。幕藩制国家における天皇・朝廷の意義を明らかにするため、朝幕関係研究が徐々に発表されるなか、対幕府交渉の中心に位置する武家伝奏の解明が進められた（大屋敷八二・八三、平井八三）。さらに、朝廷運営を武家伝奏とともに担った議奏についても明らかにされ（田中八七）、朝廷運営と幕府との関係が明瞭になっていった（高埜八九ａ）。九〇年代に至ると、近世中期を中心として天皇・摂関家・武家伝奏・天皇側近公家などによる朝廷運営の様相が明らかとなっていった（久保九八）。

政治史の枠組みを超えて　一九八九年の天皇裕仁の死によって、近世の朝幕関係研究は加速する。とりわけ、宗教者身分の本所である門跡寺院（僧侶集団）、吉田家と白川家（神職集団）、土御門家（陰陽道）などの解明が進み、身分制研究の枠組みによって、近世史研究全般と公家研究を切り結ぶことができるようになった（高埜八九ｂ）。そして近世公家の様々な側面、組織や制度・禁裏小番・家職・地下官人・家礼などが明らかとなり、公家が公儀権力のなかにあって果たすべき役割が描かれていった。そして、九〇年代後半以降、近世の堂上公家とは何か、公家集団とは朝廷内部でどのような活動をしたのかが解明されていった（橋本〇二、山口九八・〇五）。

課題と展望　これまで霊元天皇との関係から近衛基熙については詳細な検討がなされているが（久保九八）、その他の摂政関白についての研究は乏しく、近世朝幕関係および朝廷運営のなかでどのような役割を果たしたかの具体相が課題として残されている。また、朝廷運営に関白・武家伝奏・議奏とともに関与した蔵人頭については資料が多く遺されているにもかかわらず、まったく研究がなされていない。朝廷運営を担う公家と朝廷儀式に参仕する公家・地下官人との結節点である蔵人頭の解明は必要であろう。なお、近世公家研究は天皇を中心とした朝廷社会、朝幕関係、文化や芸能、地域社会との関係性など多様な論点を含み、公家集団それのみで捉えるのではなく、近世史研究のなかでの位置付けを模索することが今なお必要不可欠な視角である。

（西村慎太郎）

近世の寺社《きんせいのじしゃ》

「近世仏教堕落論」との格闘　戦後の歴史学では、戦前の皇国史観的な歴史研究と神道史研究の一体化への批判・反省から、まず歴史研究と宗教史研究の分化が求められた（小沢七六）。そのため近世寺社研究は、戦前の実証史学の蓄積を生かした仏教の分野、すなわち辻善之助の『日本仏教史』近世編から始まった。辻は膨大な史料の分析を通し、幕府権力の統制によって近世仏教は「形式化」して「麻痺状態」に陥ったと主張した（辻五二〜五五）。辻のこの「近世仏教堕落論」と向き合う形で以後の研究は進展していった。宗門改や本末制度、寺院整理、日蓮宗不受不施派禁制など江戸幕府の宗教政策研究が深まり、圭室文雄は、檀家制度成立の結果、民衆の信仰は葬祭から現世利益の祈禱へ移るとした（藤井六三、圭室七一）。大桑斉は幕藩制国家における仏教の存在意義を論じた（大桑七九）。

宗教者組織論の深化　戦後の近世神社研究の停滞を指摘した高埜利彦は、近世国家のなかで朝廷勢力が持つ宗教者・芸能者に対する身分編成機能に着目し、公家・門跡・本山による神社神職、陰陽師、修験者の組織化を解明した（高埜八九）。近世門跡制も国家権力のなかに実証的に位置づけられた（杣田〇三）。高埜の組織編成論のもとで在地宗教者の事例研究が蓄積し（西田九四、澤九九）、戦前以来の神道史や民俗学などの成果も再吸収されて神職や陰陽師の組織を対象にした新たな近世宗教者像が提示されている（井上〇七、梅田〇九）。

地域における寺社　「近世仏教堕落論」克服をめざして、早くから地域の宗教生活の実態解明の必要性が指摘され（竹田七五）、浄土真宗門徒の習俗を追究した研究（奈倉九〇）なども行われていたが、一九九〇年代以降、地域の宗教的諸要素に関する実証分析が飛躍的に進んだ。これらの研究は、高埜の組織編成論をはじめ、社会集団論や地域社会論といった近世史研究の議論をふまえ、都市や村における僧侶・神職・修験の動向や寺社・民衆・幕藩領主の関係の諸相を明らかにした（田中九七、谷本〇二、吉田〇三、朴澤〇四）。新城常三らによって多角的に取り組まれてきた寺社参詣研究（新城八二）も地域論との関わりを強めた（青柳〇二、原〇七）。真宗門徒の信仰を近世社会・宗教の特殊性として把握する通説も、真宗優勢地帯での真宗以外の宗教的要素の具体的検討によって再考が求められている（引野〇七）。

通史への定置を希求して　澤博勝は、近世社会の各層・各局面で寺社などの宗教的要素を中心に形成される「宗教的社会関係」を分析するという方法論によって、近世宗教史研究を全体史へと高めようとし、さらに民衆の「知」や教化の検討から思想史研究への架橋もめざした（澤〇八）。盛行するだけでは宗教史研究は近世史全般に対して影響力を持ちえないとの指摘もあるが（木下〇八）、個別分散化しがちであるがゆえに逆に寺社研究は近世史研究の潮流を常に強く意識し、通史のなかに位置づける模索を続けている。

（籾矢嘉史）

近世海運《きんせいかいうん》

東廻り航路・西廻り航路　戦後の近世海運史研究は、東廻り航路・西廻り航路の研究から始まった。これは当該領域の数少ない研究者であった古田良一が戦前から取り組んできたテーマ（古田三二）であったが、戦後の幕藩体制史研究のなかで、両航路の成立が近世における藩米、城米輸送体制の成立課程と結びつくことなどから次第に注目されるようになった。古田は研究を集成しつつ、さらに両航路を開発した河村瑞賢の人物史的研究（古田六四）などを通して、両航路を幕藩制流通構造の基軸として位置づけていった。

商品流通史、船の技術史　一九六〇年代になると、幕藩制構造論の研究潮流のなかで、中井信彦によって幕藩制市場の概念が提起され、また幕藩制の転換点としての宝暦天明期の流通史上の意義が注目されたことなどにより、これに刺激され地域における流通史、海運史の研究が大きく進展した。代表的な成果として、東北諸藩の廻米と海運の研究（渡辺六六）、瀬戸内海の諸産業と海運の研究（福尾六六）、日本海沿岸とくに北陸における北前船と寄港地の研究などがある。これらは古田の研究を基礎に、各地での史料調査の成果を組み込みつつ地域海運勢力の存在形態を明らかにしていった点が評価される。

またこの時期、船および海事全般について広範な技術史的研究を目指す海事史研究会の発足により、各地に残る船絵馬や船模型の網羅的な調査がなされ、船の技術史的な解明が進められた。これにより和船の地域的なタイプやそれらの形態の編年研究も深化した（石井六八）。また船箪笥について、船の技術史的観点のみならず、経済史的・文化史的観点をふくめた総合的研究がなされたことも重要な成果であろう（小泉八二）。

近世海運史研究の自立　一九七〇年代から八〇年代になると海運史研究は自立しつつ多様化を遂げたといえる。その成果としては上方と江戸の基幹航路を担った菱垣廻船・樽廻船の研究（柚木七九）のほか、地域の海運勢力の研究として、佐渡の海運（田中七五）、筑前五か浦の廻船（高田七六）、加賀藩の海運（高瀬七九）、伊勢湾の海運（村瀬八〇）、銭屋五兵衛の人物史研究（若林八二）、北前船の研究（牧野八九）などがある。

全国的海運史の再構築　そうした状況のなかで一九九〇年代になると、個別研究を深めつつも全体像を見通そうとする研究がみられるようになった。斎藤善之の研究は、それまでほとんど知られていなかった東海太平洋方面の尾州廻船、東北太平洋方面の奥筋廻船の存在を初めて紹介するとともに、これらが日本海方面の北前船などとも連携することによって、全体として近世後期に民間的な全国市場圏を形成するに至り、幕藩制的流通機構を動揺させこれを解体に導いたとする。それら海運勢力が共通してとった買積み方式についても、運賃積みに先行する古い形態とする通説を批判して、近代的な市場原理への指向性をもつものと評価した（斎藤九四・九六）。ほかに中西聡の北前船の研究（中西九八）、上村雅洋の紀州廻船の研究（上村九二）なども、全国的な海運史の再構築を目指すものとして評価されよう。

（斎藤善之）

近世都市《きんせいとし》

近世都市とは何か　近世都市とは、一般に城下町・港町・宿場町・門前町・在郷町などに分類されることが多い。そのなかでも、城下町が近世都市にとっては主要な位置を占めるとされる（吉田〇一）。城下町以外の港町、宿場町などは機能や立地条件から名付けられ、現象面にすぎないとし、近世都市を城下町と在方町の二類型に分けて考えることも提唱されている（渡辺九九）。

七〇年代までの研究　近世都市に関する研究は、戦前には小野均（二八）による城下町の先駆的研究や、江戸・大坂を対象とした幸田成友、京都を対象とした秋山国三などの研究があった。戦後になると、豊田武、原田伴彦などによって、近世都市の研究が進められた。豊田らは、ヨーロッパで形成された都市の自治・自由の概念が、日本の歴史へいかにして現われたかを探った。全国にひろがる都市の事例を網羅的に集積したのが特徴である（豊田五二ほか）。

六〇年代に入ると、ヨーロッパとの対比ではなく、日本近世都市固有の特質を探り、幕藩体制のなかに位置付けようとする動向がはじまった。中井信彦・中部よし子などは、都市と流通の関係から、課題に迫った。松本四郎は、幕末の世直しに関する研究を受け、都市の住民構造の分析を行い、都市と村落の連携を検討し、現在の市民社会形成の原点に探った。この時期には、西山松之助を中心とする江戸町人の研究なども行われ、個別都市の研究が進展した。

町共同体の「発見」　八〇年代以降、近世の都市史研究においては、朝尾直弘（八一）や吉田伸之（八〇）の研究を契機に個別の町の共同体論が飛躍的に深まっていった。この都市における町の重要性の指摘を受けて、塚田孝（八五）が「重層と複合」という視角を提起した。「重層」とは、町が集まり組合町を形成などといった同種の関係性を示し、「複合」とは、町という団体と非人集団などといった異質の関係性を示し、これらの両者の関係から、都市のみならず村落を含む地域社会を考えるべきとした。以降も、西坂靖は大坂の火消組合の分析から町連合の機能を論じ、塚本明は京都の町組と仲間組織の展開から都市構造の転換などを述べ、今井修平は町と株仲間の関係を検討し、町を基軸とした都市研究が行われた。この時期には、政治史的観点からの優れた都市研究の成果も現われた（藤田八七）。さらに、塚田などの提起を受け、吉田（九五・〇一）は、「分節構造」論を展開した。その後、都市史研究は、それぞれの分節にそって研究が進展し、町人地からはじまり武家地・寺社地へと展開していき、都市構造への理解が進んだ。都市構造を踏まえた民衆運動の成果も貴重である（岩田〇四）。同時に建築史などの隣接学問との共同研究も盛んになった。近年では、都市と権力の関係を考えるために首都論なども提起されている（大石〇二）。

（望月良親）

近世の漁業・漁村《きんせいのぎょぎょう・ぎょそん》

近世の漁業・漁村とは　近世になると、水産物需要の増加、漁業技術・生産力の発展に伴い、全国各地に多くの新興漁村が生まれていった。中世以来、漁業を行ってきた村も含め、漁業・漁村は特に近世に至って本格的に展開していったのだといえる。ただし、一口に漁村といっても、漁業の種類・規模や、他の生業との兼業状態などによって内実は多様であり、そもそも漁村という呼称がどこまで妥当なのかという問題もある。また、近世の漁業は地先・沖合海面および内水面で行われた。

枠組みや課題の提示　戦前から一九五〇年代には、技術史（山口五七）・経済史（羽原五二〜五五）・漁業権制度史（原四八）などの各分野において研究が蓄積された。一九六〇年代になると、全国的体系の提示および「漁村史」研究の提起がなされた。前者は、二野瓶徳夫による総百姓共有漁場説の提唱である。二野瓶は、総百姓共有漁場を、直接生産者層の独立にもとづいた近世社会における一般的な漁場占有利用形態とし、その成立の有無を指標として、漁場利用関係の全国的体系を描いた（二野瓶六二）。後者は、荒居英次が、従来の研究は「部門史」にとどまっていたとし、新たに「漁村史」という枠組みを提起したことをいう。そこでは、常に漁村構造と関連させ、個々の漁村の地域的特質を明確にしながら、漁獲物の流通構造の問題も含めて、近世封建社会の全機構の一環として、有機的・構造的・発展的に漁業史を追究すべきことが主張された（荒居六三）。

枠組みや課題の見直し　一九七〇年代は、個別分析が蓄積された反面で全国的・全体的視野を持った研究の不振な時期であったが、一九八〇年代後半から一九九〇年代前半にかけて、漁政史（堀江八五）や地域論（宮田八九など）などの視点から、領主を含んだ幕藩制社会という全体構造のなかでの漁業・漁村の位置を検討する動向が現れた。

さらに、一九九〇年代後半から近年に至っては、漁場請負制、村落構造といった観点から、かつて二野瓶・荒居が示した枠組みや課題の見直しの動きが盛んになった。二野瓶は漁場請負制を、総百姓共有漁場の成立が遅れた後進地域の事例とした。それに対して、請負主体が変化しても在地の漁業構造は安定的かつ不変であったことが指摘され、漁場請負制は多くの近世漁村に適用しうる漁場利用関係の特質として見直されつつある（高橋九五、後藤〇一など）。村落構造への注目は、荒居が提起した「漁村史」研究の発展的継承を意味し、村落内部構造の特質の把握に重点を置くものである（後藤〇一など）。また、従来成果の乏しかった漁政史について、個別藩領を対象とした研究が進んだ（高橋九五など）。

その他、近年では、環境問題という時事的な関心事に対応した、水産資源の管理・保全という視点からの研究も盛んになった。近世から近代にかけての時期（特に一九世紀）を対象に、水産資源の管理・保全をめぐる在地慣行の析出や世界史的動向との連動性の指摘などがなされている（高橋〇七など）。　（中村只吾）

近世の山村《きんせいのさんそん》

山村とは何か　私たちは何を基準に「山村」を「農村」と区別しているのか、また「山村」についてどのようなイメージを抱くであろうか。「農村」「漁村」が農業や漁業という生業をもとに村を表しているのに対して、「山村」は立地環境に基づいた表し方である。そもそも山村の場合、林業・焼畑・鉱山・木地業など生業が多岐にわたるため、生業で村を表すことは困難である。山村を対象にした研究は、歴史学（文献史学）より民俗学・地理学・社会学・農政経済学などの分野で盛んになされてきたが、それぞれの分野や研究者個人がイメージする山村像は必ずしも同じではない。山村概念の定義は、人口動態や林野率などから設定する立場と、生業体系や山村独自の文化を重視する立場に大別されるが、山村を林業村落とする見解や「奥まった農村」ととらえる見方も根強い（柳田三七）。

村落の類型化は近世社会確立期において明確化しはじめたが、水田稲作が中心である「里方」に対して、稲作以外の商品作物生産や林産物に重点が置かれた「山方」という位置付けがなされた。すなわち、近世社会が石高制による支配体系を基礎としていたため、歴史学では水田稲作生産地＝先進地域であり、非米生産地である山村＝低生産地・後進地域と位置づけられてきた。そのため山村は、平野部に比べて耕地面積が狭いうえに生産力が低く、暗く貧しい寒村がイメージされる。こうした評価に対して網野善彦は、山村の多様性・文化を過小評価した重大な偏見だと厳しく批判している。

山村研究の現状　山村に関する研究は、民俗学的視点からの研究と、現代の社会問題の関心からの研究の二つが中心である。一方歴史学では、農業史・村落史研究の対象は主に水田稲作地域であり山村そのものを対象にした研究は乏しい。そのなかで山村史研究の代表とされるのが古島敏雄『山村の構造』（四九）である。これは歴史学・社会学・農政経済学等の諸学問分野の研究者によって、山梨県忍草村という一つの山村を対象になされたものであるが、稲作農業が基準であるため山村は「耕地が乏しく生産力が低い」との評価がなされている。

近年は、山村一般については、山村固有の特性を評価する民俗学・地理学・民族学の立場と、山村を後進的な村落あるいは資源供給地と位置づける歴史学の立場の懸隔を縮め、議論を噛み合わせる軸として文化・政治・経済を提示する研究が出された（米家〇二）。また「豊かな」山村の実像を描き出すとともに、従来の稲作中心村落に対立する山村概念を提示する研究もある（白水〇五）。地域や分野を限定した研究では、江戸地廻りの山村を対象に検地による切替畑の広範な把握と所持の確立、一八世紀以降の炭・材木生産の展開と山村の社会経済構造を考察した研究（加藤〇七）や、山村での銀流通や焼畑検地の実態を検証したもの（大賀〇五）や林業技術の近代化過程を論じたもの（脇野〇六）、畑作やその他多様な生業が組み合わさって村落の営みがあったことを明らかにした研究もある（溝口〇二）。今後は歴史学分野で山村研究が一層深化され、他分野とのさらなる議論の活発化が期待される。（大賀郁夫）

近世の女性史《きんせいのじょせいし》

第二次世界大戦前後にかけての近世の女性史は、姑嫁との関係を軸に農村女性の悲惨な状況を描き出す体のものが多かったが、井上清は、そうした状況を克服するという観点から『日本女性史』（四八）を編み、多くの女性の共感を得た。

新しい動き　時代はとんで、一九七五年の国際婦人年を契機に女性史は新たな展開を示す。近世史研究の基礎史料とされてきた農書や地方文書《じかたもんじょ》などを見直し、表記されない史料の行間に女性の姿を探る作業が始まる（菅野八二、長島八二）。そして、女性の実態を確定するためには、時期による違い、身分・階級・階層・地域などを考慮した検討の必要が唱えられ、近世女性史の研究は精密さを増していく（近世女性史研究会八六・九〇）。

しかし、史料のほとんどが、男性によって記されたものであり、それを通して女性像を描くには限界もあるということで、女性の手による記録類の発掘が進められ、女性たちの思索や行動形態などがより明らかになった（柴九七）。同時に、これまでほとんど語られなかった一揆や騒動に女性がどのように関わっていたのかをすくい上げるような研究も進められた（保坂八九）。

新たな展開　一九九〇年代以降、いわゆる「ジェンダー概念」が導入され（桜井ほか〇一、長野〇三）、近世の女性史も他の時代を意識しながら、世界、特にアジアとの関連を視野に入れた研究も始められた。

また、テーマ別（政治・労働・文化思想・介護など）の柱を立て、古代から近現代までを通観した上で近世に焦点を当てるような仕事もあらわれた。なかでも注目されるのは、教育・文化に関する分野で、膨大な女子用の教訓書の編纂が行われる過程で、女性の文化受容のあり方（中野九七）やその結果などについての検討（菅野〇八）が進められた。また、現代社会における家族の問題と不即不離の生殖・身体や介護に関しては、多彩な日記類や民俗関係の史料を組み込んだ仕事も積み重ねられている（倉地九八、柳谷〇七）。

このように着実に積み上げられてきた近世の女性史の成果は、自治体史にも少なくない影響を与え、いまや、近世の女性史を抜きにしては各地域における江戸時代の歴史を語ることはできない。

女性史の書き換え　これまでの時代・時期区分をそれとして受け止めてきた近世の女性史は、近時に至り、女性史からみてこれまでの「近世」という時期区分がはたして妥当なのかという問い直しを始めた（総合女性史研究会一一）。

近世の女性史は、長い間、「男尊女卑」を前提に、女性の悲惨さが強調され、日本の歴史のなかで他の時代より一段低く位置づけられてきた近世の女性を、史料の見直し・発掘・編纂などの作業によって書き換えた。「封建制下」という一定の枠内ではあるが、女性の躍動する姿を浮き上がらせることによって、それまでの社会的通念や評価と近世女性の実像との間にズレがあることを明らかにしたことにより、「近世」という時代・社会の見直し、捉え直しに一石を投じたことは、この間の近世の女性史の成果の一つである。

（菅野則子）

日本資本主義論争《にほんしほんしゅぎろんそう》

論争の概要　日本資本主義論争は、一九三二年五月～三三年七月に出版された『日本資本主義発達史講座』全七巻の日本近代史に関する考え方（講座派）への批判を展開した猪俣津南雄をはじめ向坂逸郎ら当初の雑誌『労農』に依拠したグループとの論争をいう。その論点は、一九三〇年代の日本資本主義社会を変革するプログラム構築を目指して、天皇制国家論に関わる明治維新変革の性格を絶対主義成立と捉え民主主義変革の必要性を重視する前者の主張に対して、維新変革をブルジョア革命と捉え社会主義革命が当面する変革課題と捉えた後者の主張の対立である。それらの議論を論証する上で、地租改正以降の農地制度を封建制の再編成と評価するか、ブルジョア的・非封建的私有制度の実現と評価するかが基軸であった。つまり明治維新以降の近代史を貫く非民主主義的政治制度が経済的基盤と関わっているのか否かが問われた。

要するに講座派は、天皇制について日本近代地主制を封建的と評価することでその階級的基盤の一つとする一方、資本主義的階級利害にも立つ絶対主義的君主制と評価したのである。江戸時代に形成された地主制は封建制の構成を取るわけではなく、同時に雇農労働を含みつつも資本・賃労働に基づく資本主義的土地所有でもない独自の形態である（大石七六、山崎六〇）。

『講座』を指導したのは、「日本資本主義成立の歴史を顧み、その矛盾に満ちた発展の諸特質を究めることは、（略）日本資本主義が当面せる諸問題の根本的解決の道を見出すべき鍵である」と高らかにうたった「趣意書」（一九三二年六月）を執筆した野呂栄太郎である。彼は一九二六年一一月以来執筆公表してきた著作をまとめた名著『日本資本主義発達史』（三〇）で、基本的に講座派の主張の原点を示し、これを引き継ぎ『講座』において山田盛太郎が経済論を中核に論じたものが『日本資本主義分析』（三四）にまとめられた。労農派では猪俣は『没落資本主義の「第三期」』（三〇）、また『現代日本ブルヂョアジーの政治的地位』（二七）で労農派の原型を展開し、櫛田民蔵「わが国小作料の特質について」（三一）、向坂逸郎『日本資本主義の諸問題』（三七）で論点を示した。つまり労農派的認識では、地主制は封建制から近代への「過渡的」存在であるか、経済的論理に基づく競争による高額小作料の成立であり、封建的に見える天皇制支配も、基本は資本主義的支配の一環であり、封建的支配秩序も資本主義発展とともに消滅すると認識した（猪俣、櫛田）。それ故、変革課題に民主主義実現を設定する必要性はないと見た。

現段階論争　なお講座派と労農派の論争に先立つ野呂と猪俣の論争は、経済評論家高橋亀吉のプチ帝国主義論（二七a・b）に対する共同した批判にある。高橋が日本帝国主義とは幼弱性を持ついわばプチ帝国主義でしかないということをレーニン帝国主義論の経済的諸標識に基づいて展開したのに対して、野呂、猪俣は共に、帝国主義とは世界的政治体制の位置づけによるという視点を打ち出し（野呂三二、猪俣三二）、同時に両者は、野呂が日本資本主義の一般性の具体化された特殊性に、猪俣が資本主義一般にそれぞれ目を向け、天皇制支配の評価を含むその認識上のズレが、その後の資本主義論争の前提にあったろう（安田九八）。

地代論、マニュファクチュア論争　資本主義論争はその後、封建地代か過渡的地代かをめぐる地代論論争（平野三五）、農民への土地緊縛（経済外的強制）のあり方、江戸時代の農村評価、百姓一揆などにも及んだ。さらに講座派の服部之総（三三）が提起した「厳密な意味でのマニュファクチュア」段階の存在は近代を前に明治維新の前提となったと論じ、これに対して労農派に近かった土屋喬雄（三七・四九）が逆に封建的農村支配形態が、近代以降にも引き継がれることを主張した「マニュファクチュア論争」など（大石六八）、歴史的諸事実の実証的評価が中心になって、逆に革命戦略ないし政治的諸課題を経済的事実に引き寄せた説明に終始した傾向は否めない。しかし一九三六年の講座派検挙（コム・アカデミー事件）、三七〜三八年の労農派検挙（第一・二次人民戦線事件）による弾圧によって、論争は中断・終結を余儀なくされた。

構造把握と民主主義の展望　この論争の最大の成果は、おそらく日本近代の独自的構造的説明への視角を提起したことである。野呂を出発点に山田のいう「全機構把握」にも表現される後発国家・日本が、先進帝国主義に伍して、第一次世界大戦以降、政治的にも一定の役割を果たすに至った欧米への依存とアジアへの侵略性の相関、民主制の未熟などの構造問題とその危機の評価は、その後の研究における方向性を明示してきた面も多い。つまり社会科学が当時まで輸入学問、その祖述の域を超えなかった地点から、日本の具体的現実を考察し、特殊性と一般性の相関を検討し、社会諸科学への全体的な考察を迫ることになった。

また民主主義のあり方、世界資本主義のなかでの日本の果たす位置と役割などは今日にも引き継がれた未解決の課題であろう。この点で、講座派、労農派の資本主義論争で問われた、日本近代化における民主主義的システム欠如の根因を何に求めるべきかという問題は、構造的問題と見るか、過渡的問題として捉えるかということに帰着した。実は、民主制の問題は人類史的に永続的であり、「権利の問題」、〝制度化よりも、運動とそれを支える組織〟の問題（丸山六五）と見ることが、その後の歴史からして適切であろう。

論争と二〇世紀社会主義　双方ともに前提としたロシア社会主義革命を二〇世紀前半の時代的状況と捉えることが必要である。市場経済社会は特殊資本主義ばかりか「社会主義後の社会」までに頑強にその法則性を貫徹するであろう。ここに二〇世紀社会主義の意味が問われていると認識し、当面の資本主義社会の矛盾と対抗を構造的に捉える上で論争の持つ意義を再定義すべきであろう。

（山本義彦）

ファシズム論争　——ろんそう

ファシズムとは何か　ファシズムとは本来、一九二二年、イタリアで権力を掌握したムッソリーニおよび彼が率いるファシスト党により提唱・展開された反共産主義・反民主主義・反自由主義的な思想・運動・体制を意味する。しかし一九三三年にヒトラー率いるナチス党が政権に就くなど、ファシズムに類似した政治勢力がヨーロッパ諸国で力をもつようになると、ファシズムはこうした諸潮流の総称となった。一九三〇年代には、日本もまたファシズム化しつつあると考えられており、敗戦後になると、戦時期の日本をファシズムとする見方は一般的なものとなった。だが日本ファシズムをめぐっては、その理論的説明の是非をめぐる論争が展開されることとなった。

戦後初期のファシズム論争　研究史上、「ファシズム論争」と呼ばれる論争は二つある。その一つは、敗戦直後から一九五〇年代にかけて展開された一連の論争であり、その中心となったのは、戦時期国家権力の規定をめぐる神山茂夫と志賀義雄（ともに日本共産党中央委員）の「志賀・神山論争」であった。

神山は、戦前の国家権力の本質を「絶対主義的天皇制」と規定した「三二年テーゼ」、およびファシズムを「金融資本のもっとも反動的な、もっとも排外主義的な、もっとも帝国主義的な分子の公然たるテロリズム独裁」と規定した一九三五年のコミンテルン第七回大会の報告（「ディミトロフ・テーゼ」）に立脚し、「天皇制」と「ファシズム」は理論的に結びつかないと論じた。そして「日本ファシズム」と呼ばれているものは、「近代的帝国主義」と補完関係にあった「軍事的・封建的帝国主義」の発現＝絶対主義的反動であるとし（「二重の帝国主義」論）、日本ファシズムの成立を否定した。

これに対し志賀は、神山の主張を形式論理と批判し、明治期に成立した「絶対主義的天皇制」は、資本主義の発展のなかで「絶対主義的な機構と伝統」を維持しながら「独占資本の帝国主義国家」となり、一九三〇年代には「金融寡頭支配の国家権力」として「軍事ファシズム」化したと論じた。絶対主義的天皇制がファシズムとしての役割を果たしたとする考え方は、「天皇制ファシズム」論と呼ばれた。

こうした志賀・神山論争は戦時期研究に大きな影響を与え、学説の二大潮流が形成されることとなった（歴史科学協議会七七）。

天皇制ファシズム論の主流化　志賀・神山論争とは別の次元で、日本ファシズム研究に大きな影響を与えたのは、政治学者・丸山真男（五七）のファシズム論であった。丸山は敗戦後の一連の研究において、「上からのファシズム」として成立した日本ファシズムのイデオロギー的特徴やその社会的基盤などについて優れた分析を行い、その後の日本ファシズム研究の基盤を打ち立てた。丸山の研究は、マルクス主義とは異なる「近代主義」的立場に立つものであったが、その枠組みは「明治以来の絶対主義的＝寡頭的体制がそのままファシズム体制へと移行しえた」という把握にみられるように「天皇制ファシズム」論と親和的・相互補完的であり、そのため「二重の帝国主義」論の側から批判が加えられた。

一九五〇年代には丸山門下の石田雄、今井清一、藤田省三や、藤原彰らによる、丸山のファシズム論を踏まえた本格的な「天皇制ファシズム」研究が登場するようになった。こうした研究は一九五三―五四年刊行の歴史学研究会編『太平洋戦争史』（全五巻）や、一九五五年刊行の岩波新書『昭和史』（旧版）に反映され、「天皇制ファシズム」論は戦時期日本研究の主流を形成することとなった。

一九七〇年代のファシズム論争

一九七〇年代になると日本ファシズム研究は変容をはじめ、「天皇制ファシズム」論は一九八〇年代には解体するに至る。それを促したのが、伊藤隆の問題提起を引き金として生じた第二の「ファシズム論争」であった。

伊藤（七六）は、「ファシズム」という用語は「学術上の用語としてはあまりにも無内容」であり、昭和史研究を進展させるためには、戦時期の日本を自明のように「ファシズム」とみなす「第二次大戦の勝敗及びそれにまつわるイデオロギーから解放されることが必要」と主張した。伊藤は「革新」派という概念を提出し、一五年戦争期を「革新」派を中心とする変革とその挫折の時代として描いた。

伊藤の日本ファシズム論批判は学界に衝撃を与え、多くの批判を呼び起こしたが、同時に「天皇制ファシズム」論からの離脱を促進した。江口圭一（七八）は支配層間の基本的一致を強調する「天皇制ファシズム」論では、一九三〇年代の激しい政治対立を説明しえないとし、「二面的帝国主義」論を提起した。木坂順一郎（七九）は、天皇制は「資本主義国家類型」に属するとして「天皇制ファシズム」論を放棄する一方、ファシズムの「擬似革命」的性格や「近代化」「平準化」を促進する側面を重視する新たな「天皇制ファシズム」概念を提出した。また山口定（七九）は、ファシズムを既成支配層が反動化した「権威主義的反動」と「擬似革命」の政治的同盟と把握し、新たな比較ファシズム論の枠組みを提示した。

このように、戦後初期の「ファシズム論争」のなかで生まれた「天皇制ファシズム」論は、一九七〇年代の「ファシズム論争」を通じて最終的に解体し、以後の日本ファシズム研究は新たな段階を迎えることとなった。

その後の日本ファシズム研究　日本ファシズムをめぐる議論は一九九〇年代になると低調となり、戦時期研究の焦点は「総力戦体制」に移行した。その背景には「社会主義」体制の崩壊という現代史の転換があった。しかし日本ファシズムという観点は、「戦時体制」「総力戦体制」という一般的な枠組みに収まらない一五年戦争期のさまざまな動向を、自覚的に対象化する上でなお有効である。現在では、かつて丸山がナチスとの比較において強調した日本ファシズム運動の矮小性というイメージは、地域ファシズム運動の研究を通じて大きく修正され（須崎九八、平井〇〇）、また文化や「福祉国家」との関係などファシズムをめぐる論点が広がるなかで、「上から」の統制と動員にとどまらない知識人・民衆の多様な実態が明らかになるなど（赤澤・北河九三、高岡一一）、新たな日本ファシズム研究の動向が生まれつつある。

（高岡裕之）

天皇制《てんのうせい》

近代国家形成期における天皇権威の上昇　一九七〇年代まで近代天皇制の成立に関する研究は、発展段階史観と密接な関係にあり、明治維新は絶対主義段階なのか、または市民革命段階なのかが根本的な問題関心として存在した。戊辰戦争の性格についての本格的な論争である原口清・石井孝論争では、戊辰戦争の基本的性格が、封建勢力対絶対主義勢力であったのか（原口六三）、それとも二つの絶対主義勢力の対立であったのか（石井七二）という点が争われた。

一九七〇年代以降個別の実証的研究が進展し、各藩の幕末維新期の動向が具体的に明らかになり、さらに近代天皇制国家への道を意識するあまり軽視されてきた奥羽越列藩同盟・幕府革新官僚などの再検討が進んだ。近代天皇制の成立に関する研究は、しだいに発展段階史観から切り離され、実証研究の深まりを前提として新しい段階に入る。

一九九〇年代、冷戦構造の崩壊とともに、発展段階史観にかかわる枠組みについて議論があり、なかでも国民国家論は、近代天皇制の成立の問題に影響を与えた。近世後期になると、天皇権威は士族層だけでなく各層に広がり、またペリー来航以来の外圧に強い危機感を持つ孝明天皇の意向が、幕府権力の動揺のなかで無視できなくなっていった（安丸九二、藤田九四）。ペリー来航以来短期間に国民国家の方向性を打ち出せたのは、誰も否定できない天皇の存在が大きかった。

このような国民国家論の展開とは別に、一八六〇年代の政治構造を単純に明治国家への道と捉えないことによって、結果として日本の近代化になぜ天皇が必要であったのかを考察する研究が相次いだ。大久保利謙（八六）は、「幕末国家」期を江戸時代と明治期より独立させるために「公武合体体制」という概念を提唱した。家近良樹（九五）は、「一会桑政権」が誕生し朝廷において主導権を掌握すると、薩摩藩などは会津藩を最大の打倒の対象とし、事態の進展によって幕府本体への攻撃を想定したと論じた。一八六〇年代における京都での主導権争いが戊辰戦争につながったと考えると、戊辰戦争の性格付けも近代化勢力同士の争いとみることができ、近代国家成立期の研究も新たな体系性を模索する段階にきている。

明治憲法体制と天皇大権　戦前、憲法学者の美濃部達吉は、天皇大権を明治憲法上の大権と憲法外の大権に分けた上で、輔弼・輔翼責任の帰属によって憲法上の大権を国務大権、統帥大権などに整理した。これは、統帥権の独立を主張する軍部の存在を前提とした分類であった（美濃部四六）。一方憲法解釈によって民本主義を広めようとしていた吉野作造は、統帥大権を国務大権と別に分類する必要はなく、国務大権のなかに含めるよう主張した。また、吉野らは明治文化研究会を組織し、立憲主義的諸制度の制定過程について多くの史料を収集し、実証的研究を重ねた。

戦後になり、この戦前の明治憲法論や実証的研究が部分的に継承されながらも、マルクス主義歴史学の影響が強くなり、明治憲法体制の専制的で非民主的性格が強調された。一方自由民権運動の研究が進んだこともあり、明治憲法の制定過程を絶対主義勢力の明治政府対ブルジョア民主主義革命勢力の自由民権派の対立として捉えられる傾向にあった。

しかし、一九七〇年代以降明治憲法体制の実証的研究が深まり、従来否定的もしくは消極的に捉えられていた人物・組織の再検討が進んだ。たとえば明治初期の官僚制の基礎をつくった人物として大久保利通が再評価され、大正政変の元凶と目されていた桂太郎と立憲同志会が憲政の展開のなかに積極的に位置づけ直された（桜井九七）。伊藤博文の国家構想や植民地構想も、明治憲法体制の構築に影響があったとして改めて注目されている（伊藤之〇九）。

増田知子（九九）は、実態としての天皇制の特質を考えるとき、意志を持った天皇が実在し、支配層はその意志を制御することに相当の努力を払い続けていたことを指摘する。その後明治天皇・大正天皇・昭和天皇の個性を踏まえ、当時の政治構造のなかに位置づけ直す研究が進んだ（安田九八、原〇〇）。明治憲法体制の研究は、軽視されてきたものを再評価しつつ、天皇の個性を踏まえ、憲法構想や憲政の展開にまで視野を広げ体系性を模索していくことになると思われる。

昭和戦前期における天皇制の再編

一九三〇年代から四〇年代前半の政治構造を、コミンテルンの三二年テーゼに基づいて天皇制ファシズムと最初に規定したのは、日本共産党の志賀義雄らであった。戦後、政治学者の丸山真男（五五・五六）は、近世・明治・昭和戦前期の思想を考察した上で、社会のあらゆるところに残る封建遺制に日本ファシズムの本質を求めた。ただ当時、大正デモクラシーを軽視する傾向にあり、丸山も大正デモクラシー期の研究は薄く、大正期とファシズムの関係を考察する姿勢は弱かった。これらの影響を受けて遠山茂樹ら『昭和史』（五五）では、日本のファッショ化への道を示した上で、独伊と比較して天皇制という枠組みが特異であるとした。

一九七〇年代になり、大正デモクラシー研究が本格化し、地域的広がりや国際的連繋もある運動であったことがわかり、その結果大正期と昭和戦前期の関係が重要なテーマとしてあがってきた。伊藤隆（六九）は、大正後期から昭和初期にかけて各層のなかから革新派が形成されていることを検証し、この革新派が昭和戦前期の政治・社会運動に影響を与えていたことを指摘した。また伊藤隆は、「ファシズム」という概念には、善悪の基準が入っており、歴史概念としてふさわしくないと主張、「ファシズム論争」が巻き起こる。それ以後「ファシズム」という概念が否定されたわけではないが、安易には使いにくい状況となった。

一九九〇年代になると、冷戦構造の崩壊・昭和天皇の死去などが重なって歴史的タブーがなくなり、昭和戦前期の実証研究が大きく進捗し、昭和天皇を当時の政治構造に位置づける研究も進んだ（吉田九二、山田〇二）。また、敗戦の画期性よりも戦中・戦後の連続性に注目する研究も登場する。ただ敗戦の画期性を軽視しすぎると、昭和戦前期や戦後期の特質があいまいになる問題がある。昭和戦前期の研究は、大正期・戦後期へと視野を広げて発展したが、天皇制ファシズム論にかかわる体系性を構築できたわけではなく、今後の課題として残されている。

（後藤致人）

国民国家論《こくみんこっかろん》

国民国家論とは？　近代国家は、国民をつくる国民国家としての特徴をもつとする議論は、政治学のなかですでに存在していた（福田七六）。これに対して、歴史学のなかで国民国家について考えるべき多くの問題群があることを指摘したのは、一九九〇年代における西川長夫の一連の著作を通じてであった。一九九〇年代の歴史学において、近代国家を国民国家ととらえ、国民や国民化をめぐる研究が相次いであらわれた。国民国家論は、狭義には歴史学のなかで行われたこれらの議論をさすとともに、広義には同時代において文学や社会学、哲学をふくめて行われた歴史認識論争とかかわって議論された。

国民国家論のひろがり　西川（九二）は、国民文化に含まれたイデオロギーを解き明かし、国民国家や国境を歴史的に問う必要性を提起した。この重要な提起をもとにして、西川は一九九〇年代に国民国家論を精力的に展開する。西川（九五）は、近代日本を国民国家の形成過程として位置づけ、集団や象徴、身体などを通して国民が形成されたとする見取り図を示した。近代日本は特殊な過程ではなく、国民国家が国民を形成する近代の普遍的過程に位置づけることができるというのが西川の主張である。西川（九五）は近代史研究に大きな影響をあたえ、以後、衛生や教育、軍隊などのテーマを通じて国民化の過程を考察する論文が相次いだ。西川（九八）のサブタイトルは、「あるいは〈国民〉という怪物について」である。西川の問題関心は、当初の国民文化から国民国家へ、さらには国民へと集約され、戦後の日本人は文化や歴史、家族など、あらゆる領域で国家に回収された国民になったと強調された。国民国家論は女性史や戦時期の研究などにも影響を与え、国民国家論をふまえた、牧原憲夫（九八）、今西一（〇〇）、成田龍一（〇三）らの著作が刊行された。歴史学会では、戦後歴史学の総括の一環として国民国家論の検討が行われ（歴史学研究会編〇〇）、ジェンダーや民衆、天皇制などの観点から国民国家論を総合的に検討した『〈私〉にとっての国民国家論』（牧原編〇三）も出版された。国民国家論の隆盛に対して大門正克（九七・九九）は、国家を主語にして人びとをつねに受身形で描く国民国家論に違和感を表明し、新自由主義が強まる九〇年代の時代状況とそのもとでの歴史意識を考察して、そのなかに国民国家論の隆盛を位置づけようとした。

歴史認識論争・社会史研究・言語論的転回とのかかわり　国民国家論は、歴史認識論争や社会史研究、言語論的転回などとかかわって登場した。一九九〇年代には、戦争責任・戦後責任や「従軍慰安婦」問題、歴史修正主義などをめぐって論争が行われた。これらは総じて歴史認識論争と呼ばれ、国民国家論もそれらの論争とかかわって議論された。九〇年代に歴史認識をめぐる論争が行われたのは、冷戦構造崩壊とグローバル化のもとで、歴史を振り返る機運が各所で高まったからである。国民国家論隆盛の背景にも同様の事情があった。国民国家論の前提に社会史研究があったことも確認すべきである。一九七〇年代に登場した社会史研究は、歴史学の見方を戦後歴史学から現代歴史学へ転換させる大きな画期になる。社会史研究をリードした二宮宏之（八六・九四）を例にとれば、二宮の社会史は、近代批判の視座を明瞭にし、さらに「階級」「民族」「国民」概念が多様な差異を見えにくくさせてきたと批判して新たに社会的結合論を提起したものであった。戦後歴史学の前提にあった西欧近代モデルと、階級を軸にした発展段階モデルの双方が批判されたのである。国民国家論は、社会史による近代批判の視座を継承し、批判の焦点をさらに国民国家に合わせたものだった。だが、国家に焦点を合わせた国民国家論では、社会史研究が重視した社会的結合関係への関心が弱くなった。国民国家論には社会史研究の継承（近代批判）と断絶（社会の共同性の忌避）の両面が含まれていたのである。このような国民国家論の登場についていては、一九八〇年代から日本にも取り入れられ、九〇年代の歴史認識論争にも影響を与えた言語論的転回とのかかわりをふまえると理解しやすい。言語論的転回を通じて主体への懐疑が強まり、主体の分析不可能性が言われた。国家を主語にして人びとをつねに受身形で描く国民国家論は、言語論的転回の主体認識と共鳴する議論であった。

国民国家論と歴史学　国民国家や国民は、近代を理解するうえで欠かせない論点のはずである。だが国民国家論では、あらゆる事柄を国民国家に還元して説明する国民国家還元論とでもいうような思考方法が強くあらわれたところに大きな問題点があった。そのなかでも牧原（九八）は、近代民衆と国民国家のせめぎあいに焦点を合わせ、そこに歴史研究の本領を見出そうとしていた。歴史は時間のなかにあるものであり、歴史過程こそが歴史学の相手にほかならない。歴史過程に対する粘り強い分析への関心が弱まると、テーゼを言い続けることになり、歴史学本来の役割を発揮できなくなる。せめぎ合いのうちに歴史過程を考察するためには、国家だけでなく社会も対象にすえ、国家と社会の相互関係が検討されなくてはならないことは当然のことであろう。二〇〇〇年代に入ると、国家と社会の再定置の必要性を提言した高岡裕之（〇八）や、社会過程を念頭において新体制期の政治思想史研究を進めた源川真希（〇九）など、国民国家論後の歴史研究があらわれている。

（大門正克）

女性史研究とジェンダー史研究《じょせいしけんきゅうと――しけんきゅう》

今日の女性史研究　二一世紀にはいって女性の歴史をジェンダーの視点から分析する方法は定着している。女性史研究では家父長制家族の成立過程、女性あるいは男性が、女性また男性であると規定される過程、社会的ないし私的役割が男女別に配置される過程、権力関係を媒介にした両性の関係が構築される過程、そのイデオロギーの生成過程など、すなわちジェンダー分析による研究が、古代、中世史研究を中心にどの時代においても深められている。こうした研究の一端は総合女性史研究会編『時代を生きた女たち――新・日本女性通史』にみることができる。さらに、日本史の通史叙述では家・家族や女性を取り上げることが一般化し（成田〇七）、さらに戦後史の分析視点として性別分業をその柱の一つとする叙述が試みられている（荒川〇九）。本項では女性史研究にジェンダー視野が導入される過程とその過程で生じたジェンダー分析の相違を記す。

新たなフェミニズムと女性史　一九六〇年代後半から思想領域で生じた近代を批判し、相対化する世界的な動向のひとつとして、女性抑圧の新しい分析視角、女性抑圧の構造を歴史一貫的な家父長制、性役割、歴史的に形成された男女の差異＝ジェンダーに求める提起がされた。分析視角によって多様なフェミニズムが登場し、これらの思想は、男性と平等な社会参加を要求してきた一八世紀以降の女性運動とその思想、フェミニズムに対して第二波フェミニズムといわれる。性別分業を中心に女性環境全体を分析する新しい学問領域、女性学が誕生した（早川八七）。一九八〇年代には各研究領域において、女性の存在を脱落している既成の研究を批判する作業が進むとともに（江原九四・〇九）、女性史では「近代家族論」（公私の領域分離、私的領域の女性への配分、親子の情緒的関係を特徴とする家族は近代に成立したとして、従来の家論を否定、落合八六、上野九〇・九四、西川九〇）、「身体論」研究（荻野八八）などが提起された。

水田珠枝はフェミニズム論に先立って女性抑圧の原因（生命の再生産を物質生産の下位に位置づける）、女性抑圧の場としての家族を指摘するとともにルソーなど啓蒙思想家の市民社会論を批判した（水田七三）。「戦後歴史学」における女性史研究では、一九七〇年代初頭に女性史の対象、性格、抑圧の根拠を問う、解放史か生活史かと要約された「女性史論争」が展開した（古庄八七）。この論争は「昭和史」論争、民衆史、社会史に共通する要素があったが、歴史学はそれを自覚せず、一方近代女性史研究も既存の歴史学を相対化することはできなかった。

一九七〇年代後半から本格的に展開した古代、中世、近世の女性史研究は、女性史研究の意義を女性解放や現代の性差別発生の究明におくとともに、歴史学が看過した女性の役割の正当な評価はいかなる課題を歴史学になげかけるかと問うた。家父長制家族の成立時期、階層による相違、被支配層の主体的契機、性売買の成立時期、男女両性による社会運営と女性後退の時期など、新しい視点をうちだして、時期区分の変更を提起した（関口七七、脇田七八）。

歴史学とフェミニズム、女性学と女性史、ジェンダー史　一九九〇年代にはいって歴史学研究会や歴史科学協議会、比較家族史学会があいついで、それぞれフェミニズムと歴史学（一九九一年度大会特設部会テーマ）、フェミニズムと女性史（歴史科学協議会編『女性史研究入門』一九九一）、女性学と女性史（一九九四、九五年大会テーマ「女性史と女性学の現状と課題」）をとりあげ、歴史学からフェミニズム、あるいは家族史研究から女性学の近代家族論に接近しようとした。一九九四年には、岩波講座『日本通史別巻一歴史意識の現在』はフェミニスト社会学者である上野千鶴子による「歴史学とフェミニズム――「女性史」を超えて」を掲載した。この論稿は従来の女性史は解放史が中心であり、フェミニズムに無関心と解釈し、社会史、関係史、近代家族論による家族史、ジェンダー分析による女性史研究を主張した。この女性史論に対して、女性史は解放史の側面をもつこと、近代家族論は前近代との連続性がないことなどの批判や（曽根九六）、前近代を含む女性史研究の方法の模索過程をとりあげ、上野と異なる女性史とフェミニズム、ジェンダー分析の関係を提示した総括（早川九七）がされている。歴史過程における性差の意味づけ、両性の権力関係の形成、両性関係が形成される政治過程の重視、歴史学がもつ階層性を主張するJ・W・スコット『ジェンダーと歴史学』（一九九二、荻野訳）以後、一九九四年にはジェンダー視点による日本史の書き換えを掲げた『ジェンダーの日本史』が（脇田晴子・S・ハンレー編、東京大学出版会）、翌年にはアナール派の日本版をめざし、男女関係史をうたった『男と女の時空』全六巻（藤原書店）が刊行され、ジェンダー分析による女性史研究が本格化した。二〇〇四年には美術・音楽などの分野を含む学際的なジェンダー史学会が発足した。

ジェンダー分析における差異　二〇〇二年刊の歴史学研究会編『現代歴史学の成果と課題――一九八〇－二〇〇〇』第一巻には、世界史像の構成、時期区分、表象の歴史学のテーマとともに家族・ジェンダー・女性が立てられている。この総括の方法に関して、日本近代の家族法の性格（近代家族論に対して西欧に共通する側面と江戸期の家制度を継承した側面の二側面があるとする）や女性主体の把握のしかた、戦争研究における被害と加害の関係などについて批判がだされている（早川〇四）。この批判の背後にはジェンダー分析の方法、言説分析を主とするか、実証研究を主とするかという方法の相違がある。また、二一世紀にはいって、歴史学の分野においても『男性史』（全三巻、日本経済評論社、二〇〇六）をはじめ、さまざまな男性論が執筆されている。『男性史』はその執筆者の多くが男性研究者であることもあり、注目されたが、男性規範をとりあげるのではなく存在する男性の歴史的生活を対象にした方法論（編者阿部恒久・大日方純夫の言）に対して、ジェンダー分析は両性が切断される境界をとりあげるべきとする批判がだされている（加藤〇八）。さらに家族社会学による近・現代家族史、女性史研究が蓄積されている。ジェンダー分析の方法は多様であり、進化する。

（早川紀代）

明治維新《めいじいしん》

定義　一九世紀中葉に日本列島地域で起こった、政治・社会・経済・文化等の諸領域にわたる構造変革を総称したもの。直接には、産業資本主義に支えられた西洋列強諸国の東進（ウェスタン・インパクト）への対応を端緒とする。これを機に東アジアの海禁体制から西洋主導の主権国家体制への移行が進み、政治的にはそれまでの幕藩体制が崩壊、天皇を頂点とした統一的な中央政権のもと、急進的な近代化が進められた。

範囲　明治維新の始期と終期については、これまでにもさまざまに言及されてきた。始期についての見解は天保改革期と開国期に大別されたが、これは変革の要因を内在性に求めるか、それとも外在性に求めるかといった問題でもあった。終期についてはさらに意見が分かれる。廃藩置県、西南戦争、琉球処分、明治一四年政変、帝国憲法制定など、研究者の問題意識ごとにさまざまな画期が制定されてきたからである。なかでも大きくは、集権的な統一国家の成立をもって一応の区切りとみるか、自由民権運動の展開から憲法・議会の整備までを範疇に含めるのかが、議論の一つの分かれ目になってきたといえる。

一九八〇年代以降は、求められる実証精度の高まりにより個別研究が扱う直接の射程は時期・対象ともに絞られがちになり、幕末政局の一過程のみを扱った著作なども珍しくなくなった。近世史・近代史という時期区分も、一面では「王政復古」や戊辰戦争の前後で研究の視角や作業を寸断することとなった。

その一方で、一九八〇年に明治維新史学会（当初は廃藩置県研究会）が設立されたように、個別研究に根ざしながらも幅広い議論が可能な共通の場を作る試みも進み、学術交流の活発化をもたらしている。また、明治維新をより長いスパンでとらえる視座も登場した。一八世紀末のロシア紛争を直接の起点とする約一世紀にわたる構造変革という観点から、共同研究や講座が組まれ始めている。

研究史　科学的歴史学としての明治維新史研究は、一九二〇年代にマルクス主義歴史学のもとで開始された。現行の政治体制（天皇制）の打倒という広義の革命戦略のもと、野呂栄太郎・服部之総・羽仁五郎らによって、その成り立ちを系統立てて把握する作業が進められた。戦後になると、これらを土台に、明治維新をブルジョワ革命とみなす労農派と、封建制末期の絶対主義的変革とみなす講座派が大きな流れを形成し、経済理論の解釈を前提に研究が重ねられた。

こうしたなか、政治史の叙述に一貫性をもたせて、明治維新を明確に天皇制絶対主義の成立と位置づけたのが遠山茂樹（五一）である。以後、経済史を除けば講座派の理論が研究の主流となった。また、外圧下の危機的状況のもとで民衆が担った「独立のエネルギー」を強調する井上清（五一）の議論も支持され、遠山維新論とならび有力な潮流をなした。

一九六〇年代にはこうした枠組みの継承と具体化が進む。遠山の議論を継いだ田中彰は、長州の下級武士層を地域の豪農商層に支えられて「倒幕」を果たした「維新の変革主体」と位置づけた。井上の議論を継いだ芝原拓自は、「半植民地化の危機」状況のもとで既得権保持に走る幕府封建権力が「買弁」化するなか、それに対抗して「民族の独立」達成に努めた民衆層という構図を描いた。

このように「維新の変革主体」に関心が集中する一方で、当時の西洋列強の活動や論理を詳しく抽出し、それとの関連で維新を評価する試みも本格化した。その最大の成果が石井孝（六六）の研究である。基本的には「半植民地化の危機」論を継承しつつも、精緻な実証の積み重ねから過度の強調を誡めた石井の議論は、田中や芝原の批判を招き論争が展開された。また、石井寛治ら経済史家が欧米資本の商業活動の実態を挫折面も含めた総合的見地から明らかにしたことは、結果としてステレオタイプな「外圧」イメージの相対化に道を開いた。

一九八〇年代に入ると、地域や文化、情報といった新視点が登場しはじめるが、こうしたなか中央政治史に大きな影響を与えたのが、宮地正人の「過渡期国家」論と原口清の「国是」論である。宮地（八一）は過渡期の秩序に光をあて、一会桑などの中間権力の分析を活性化させた。原口（八七）は列島地域の再編を「国是」創出という観点から読み解き、天皇制国家に至る道筋を段階的に説明した。またこれは、議会制の淵源を幕末の政治過程に求める視座でもあった。これらは家近良樹や高橋秀直らによって深められ、「旧体制」たる徳川政権の実態解明や天皇・公家に関する研究も、戦後の消極的評価、タブー視されてきた状況を乗り越えて、徐々に増えていく。

一九九〇年代初頭のソ連消滅に伴い、講座派理論の大前提が瓦解すると、研究は絶対量を増やしながらも個別領域化の流れを加速させる。近世史研究の成果を組み込む試み（井上勝〇二）と共に、現在は国家形成や祖先顕彰、公議、社会史などの観点から、新たな維新論の構築が模索されている段階といえる。

批判と展望　教条主義や理論偏重の反省は、事例実証の蓄積に寄与した反面で、ややもすれば分析対象の「力量」や「成熟」の確認に終始したり、限定的な状況を切り取る作業自体を目的化することとなった。あるいは、個々の事象を近代の始点や近世の終点といったいずれか一方の時代とのつながりでのみとらえる傾向を強めた。その結果、変革を包括的にとらえ、近代移行期のダイナミズムをダイナミズムとして理論化する積極的な問題意識が相対的に弱まったことは否めない。井上勲の「王政復古」論や三谷博（〇一）の複雑系を援用した斬新な試みなどは、むしろ例外に属する。

今後は、近代国家の刊行事業が孕んだ史料の来歴に付随するバイアス（青山〇六）にも留意しつつ、精緻な実証をもとに、個別の成果から旧来のグランドセオリーに代わる包括的な議論を再構築する作業が求められる。その際の一つの視角は、維新政権の具体的なメカニズムを絶対主義や「社会の力量」などといった言説によらずに検証することである。

お仕着せの理論に流されたり、後世の作為を含む編纂史料群の多寡のみに左右されることなく、変革を冷徹かつ構造的にとらえるためには、未発の可能性からの逆照射といった試みも有効であろう。このほか、時代を貫く人物史や広義の政治思想史（眞壁〇七）の拡充も、構造変革の位相を描き出す上で重要といえる。

（奈良勝司）

大正デモクラシー《たいしょう―》

大正デモクラシーとは何か　大正時代を中心とする時期における、政治・社会・思想・文化などの面での自由主義的・民主主義的傾向のことを指す。日露講和条約をめぐって一九〇五（明治三八）年に発生した民衆騒擾である日比谷焼打事件を始点とし、一九二四（大正一三）年の加藤高明護憲三派内閣による普通選挙法制定などの行われた時期までがこれにあたる。あるいは以後の「憲政常道」の時代、特に大正末年頃の合法無産政党成立の時期までを示す場合もある。

　日比谷焼打事件は、都市の下層民衆を含む国民による藩閥政府に対する異議申し立ての直接行動であった。その意味で政治の民主化を求める運動という側面を持っていた。ただしそこには、戦勝国が賠償金を取るのは当然であるという帝国主義的、排外主義的性格も見出されるのである。従って「内に立憲」、「外に帝国」という性格が、大正デモクラシーを考える際に重要である。

これまでどのように研究が行われてきたか　大正デモクラシー研究は、一九七〇年代前半に発表された松尾尊兊（七四）、三谷太一郎（七四）、金原左門（七三）、鹿野政直（七三）らの業績により一つのピークを迎えた。

　松尾は、日露戦後講和反対運動に始まり、民本主義の思想とその成立基盤、地方的市民政社の動向、普通選挙を求める運動、それに第一次大戦後における労働者・農民の運動や被差別部落民の自主的組織化などの過程を描き、同時に対外問題、特に植民地である朝鮮問題にこの時期の思想家がいかに対応したかということについても検討を加えた。

　三谷は大正デモクラシーを、時代全体を貫く普遍的傾向、あるいは時代精神を示すものとして、国家的価値に対する非国家的価値の自立化の傾向という定義を与えた。他方、政治的現象を指す用語として、特に政党内閣制の確立などを指すものとして描き出した。

　これらの研究をスタンダードとして、大正デモクラシーという用語は広く学術用語として用いられてきた。

大正デモクラシー研究の歴史的背景　大正デモクラシーという用語は、おそらく「昭和ファシズム」という時代認識と対で使用されてきた。大正デモクラシーは、松尾が強調するように、単なる西洋かぶれの所産として、昭和期に入ると軍部の台頭などによってつぶされる存在というものではなく、いったん後景にしりぞいたものの敗戦後に再び息をふき返し、日本国憲法の基本精神に直結していると理解されてきた。戦後民主主義の日本社会への定着は、これを前提にはじめて可能であったという認識が広く存在していたのである。以後、大正デモクラシーという用語は、高等学校教科書をはじめ教育の現場で積極的に取り上げられて、国民の歴史意識に定着していった。

用語の意味変化　先に述べた一九七〇年代半ばは、大正デモクラシー研究のピークであるといってよいが、同時にそうした問題意識や研究視角に対する批判も登場している。有馬学・伊藤隆（七五）は、大正デモクラシーを戦後民主主義の前提あるいは「原形質」ととらえる説に批判的な評価を行った。またこの用語を使用することで、戦後の特定の状況のもと、「デモクラシー」の視点でのみ大正という時代が思い起こされ、「デモクラシー―反デモクラシー」の機軸に引っかからない大正期の政治の諸側面が、切り落とされるのではないかと批判する。その意味で大正デモクラシーという用語は、「ファシズム」とともにミスリードの危険性を持つという。また国民の政治参加という意味での「民主化」は、その時代の基本的スローガンとの関係では姿を変えながらも、社会の高度化・産業化の進行とともに進んだとして、ここでも大正期に限定した「民主化」像を批判していた。こうした視点は、一九九〇年代に入って本格的に論じられた、山之内靖、雨宮昭一らによる総力戦体制論（山之内九五）などの「平準化」、「下降的均質化」の議論とも関わっていくことになる。

現在の研究状況と展望　以後、大正デモクラシーは、「ファシズム」とも連動しながら議論され、現在でも基本的な定義を変えることなく一般に使用されている。大正デモクラシー研究は、政党政治史、社会運動史、思想史などの領域で多くの成果を生んできた。他方、昭和期の「民主化」（政治参加という意味での）の進行という論点については、先にも示唆したように総力戦体制論で議論されている。また、普選体制と大正デモクラシーを予定調和的にとらえずに、政治参加の拡大が代議制を弱体化させた、いいかえれば普選体制の確立は、体制としての大正デモクラシーを掘り崩していく過程であったという点を強調した研究もある。

他方、一九九〇年代には明治維新から一九三七（昭和一二）年七月の日中全面戦争開始直前までの近現代史を、「たゆまなく続いてきた民主化の努力の積み重ね」として描く坂野潤治の研究も登場した（坂野〇四）。これも「民主化」の過程を、大正という時代に限定しない見解である。この主張は、戦後民主主義は日本国憲法の制定過程にみられるように占領軍によるアメリカデモクラシーの移植によってもたらされたという、論壇などでしばしばみられる意見に対する批判を含んでいる。その意味で、大正デモクラシー論の持っていた問題意識を共有するものといえよう。

今後も大正デモクラシー研究は、日本国憲法体制やそのもとでのデモクラシーの実態と価値づけと緊張関係を持ちつつ進められるものと思われる。また「自由」、「平等」という価値を両立させることが極めて困難であったことは、大正デモクラシーから以後の一九三〇年代における政治と社会をみれば明らかである。こうした視点からの研究もますます必要性を増していくであろう。（源川真希）

「帝国」日本と植民地《ていこくにほんとしょくみんち》

「帝国」日本の植民地　他民族ないしは他国民の居住している国土を軍事的、政治的に支配して自国の領土とした土地を植民地という。近代日本の植民地は、内国植民地としての北海道、樺太、沖縄、「外地」としては台湾・朝鮮、それに南洋群島・「満州」・戦時下の中国・東南アジアなどの占領地があった。事実上、北海道を除いたすべての植民地が一九四五年の敗戦と同時に放棄されたが、日本および旧植民地における「脱植民地化」の過程が、各々の地域における現代史に色濃く影響を与えている（浅田九三）。

戦後歴史学と日本植民地研究　戦後における日本植民地研究とアジア諸地域の近現代史研究は、①日本帝国主義史研究と日本資本主義研究の一環としての植民地研究、②アジア諸地域の植民地期研究という二つの潮流がそれぞれ独立しながらも相互に影響を及ぼしながら、「過去の清算」といった研究者個々の問題意識などとも関わって、「表裏の関係」をもって研究成果を蓄積してきた。その研究蓄積は主に経済史分野の成果が多く残され、政治史・文化史・社会史分野の研究は相対的に少ない状況にあった。一九八〇年代末、当時のＮＩＥＳの発展を前提として、戦前における日本の「開発」が解放後における旧植民地諸国の経済発展の基礎となったか否かをめぐって「植民地近代化」論争がなされた。一九九二〜九三年の岩波講座『近代日本と植民地』（全八巻）は、こうした経済史分野が先行する研究状況を示しつつも、「内国植民地」・「女性」・「人流」・「移民社会」・「文化」・「脱植民地化」といった一九九〇年代以降に飛躍的に進展する政治・文化史分野等の基盤となった研究をも含んだ、新旧の研究潮流が混在した一九九〇年代初における日本植民地研究の状況を示したものとなった（浅田ほか九二－九三、柳沢ほか〇一）。

冷戦後時代の研究動向の多様化――「帝国史」研究・「植民地近代」論・「植民地主義」　冷戦の崩壊は、従来の日本帝国主義史研究の一環としての植民地研究といった枠組みを批判し、新たな「国民国家」論批判とも相俟って、新たに「帝国史」研究の枠組みを提唱する研究を登場させた（駒込九六）。一九九〇年代以前には、日本帝国主義と称されることが多かった近代日本による植民地支配政策の主体を「帝国」日本と呼ぶことが顕著となったのは、冷戦崩壊後であった。「帝国」といえば、世界史に古代帝国を含む超時代的な呼称であり、帝国主義国家のみを指すものでなく、「帝国」日本への呼称は特に明確な定義づけがないまま広がっていった印象があったが、「帝国史」研究の登場により、その意味合いは明確になった。「帝国史」研究は、「帝国」日本の植民地への暴力的な「文明」の普及と本国と各植民地の関係を一つの「帝国」の構造としてとらえようとした点にその特徴がある（駒込〇〇）。戦時期の植民地研究が飛躍的に進展したのもこうした動向の影響を少なからず受けている。これに関連した「意識」や「経験」をめぐる研究は、支配者層の被支配者やその風俗・生活・社会などへのまなざしやそれに対する差別意識を明らかにした（倉沢ほか〇五〜〇六）。こうした研究動向は二一世紀に入ると、ジェンダーや民族・人種、階級といった観点からのポストコロニアル・植民地主義を問う研究潮流（水野〇四、岩崎ほか〇五）や「帝国」日本の「学知」そのものを問う研究（山本ほか〇六〜〇七）などへと幅広く進展する。

　また、「植民地近代化」論批判として「植民地近代」論が提唱された（宮嶋ほか〇五）。「植民地近代」論は、「植民地近代化」論が植民地の「開発」や解放後の「発展」などといった「近代性」のみに評価軸に置くのに対して、植民地社会に対する暴力的な「文明」の普及方法や支配層の文化などへの過剰な規律化を「植民地性」と位置づけ、その双方をとらえる視角の重要性を説いた（宮嶋ほか〇五）。しかし、「植民地近代性」論には、近代的主体形成から疎外された民衆への関心が希薄である、あるいはすべての人が「近代」を肯定的にみていたわけではなく、支配への同意形成の部分に関心が寄りすぎているなどの批判（趙〇八）があることは重要であろう。

　また、植民地研究において従来から解明が求められてきた課題の一つである植民地官僚をめぐる研究が最近大きな進展を見せた（岡本〇八、松田ほか〇九）。日本の植民地支配の構造をより深く解明していくためには、植民地官僚－中間層－民衆と貫かれる支配の実像を地域社会とのかかわりで具体的に明らかにすることが求められる。

　こうした研究動向の多様化は、戦後歴史学の成果に影響を受けつつ、それを批判的に検討した現代歴史学の発展のもとで、多分に隣接諸科学における様々な概念に刺激を受け、かつ相互に影響を及ぼしながら促されたグローバルな視角をもつものとして理解される。

問われる「戦後」／問われる日本史研究――課題と展望　さらに近年では、宗主国による植民地支配責任の追及原理としての「植民地責任」論が提唱されている（永原〇九）。戦後の日本社会においては「戦争責任」論に比べ、「植民地支配責任」についての議論は希薄であった。従来、日本植民地研究やアジア諸地域の近代史、植民地期の研究のなかで、問われてきた日本の植民地支配責任は、二〇〇一年の国連ダーバン会議以降、帝国主義そのものが歴史的に有してきた「植民地責任」を問う研究動向にも位置づけられ、世界史的な視野から日本の植民地支配責任を問う研究となった。こうした日本の植民地認識が未だに「過去の清算」を果たすに至っていない現状に対して、歴史学がいかに向き合うかといった問題関心の現われである。そして、かつては日本史研究の周辺でしかなかった植民地問題が、現在においては、それを語らなければ、日本史そのものが語れない状況にある。さらにアジアの歴史研究者の「対話」が進む現在、今日に至る植民地をめぐる研究の進展が、日本の「戦後」そのものやそこで培われてきた日本史研究のあり方そのものを問う時代となった。

　このように、植民地主義批判や民衆史の視点からの「植民地近代性」論批判、そして新自由主義批判の文脈からの「帝国主義」視点からの研究の隆盛は、「帝国」史研究をはじめとした一九九〇年代以来の多様な研究動向に対する再考、ないしは、その「架橋」の必要性を改めて促していると捉えられる。（山口公一）

「冷戦」体制《れいせんたいせい》

「冷戦」体制とは　一般的には、第二次世界大戦後、米ソ両大国を中心に形成された異なる体制間の対立よってもたらされた国際的緊張・対立関係を指す。核兵器を頂点とする軍事力とイデオロギー対立を背景とし、戦争瀬戸際的な緊張をはらみつつ時には局地戦争をともなった。一九九一年のソ連解体によって冷戦の終焉は決定的となった。

これまでどのように研究が行われてきたか　一九五二年に刊行された井上清ほか『現代日本の歴史』（青木書店）では、戦争を通じてアメリカ独占資本が国家との結びつきを強化しつつ（国家独占資本主義）、世界経済における位置を高めたこと、それにともなって資本主義各国に対する政治的・軍事的な支配力も強化され、それへの抵抗を排除するものとして封じ込めや冷戦が開始されたことが指摘されている。また、平和擁護のたたかいは民族解放闘争と結合しているとされ、NATOは戦争の条約、中ソ友好同盟相互援助条約は平和の条約として対置された。

六〇年代には『岩波講座現代六　冷戦――政治的考察』（六三）に見られるように、政治・経済・外交ばかりでなく、冷戦観・冷戦の矛盾・平和共存の要因などを明らかにし、冷戦を多面的かつ総合的にとらえようとする研究が学際的に進んだ。

七〇年代になると、現状分析的な見方から脱却し、冷戦を歴史学の対象として自覚化した上で方法論的な課題が提起される。なかでも歴史学研究会現代史部会は、戦後帝国主義の再編という視角から戦後世界史の研究を深化させた。世界的な革命と反革命との力関係を反映する軍事力の動向や役割に着目して、世界的諸矛盾の焦点としての局地戦争の意味を追求した佐々木隆爾（七四）や、アメリカのグローバリズムと世界各地の革命運動の自生的昂揚を相互連関的に把握することの重要性を指摘した油井大三郎（七四）などの研究が代表的なものである。

戦後帝国主義論は、米ソ対立の権力政治的側面を相対化し、各地の革命運動や民族解放運動を世界史の流れのなかに位置づけた点で成果をあげた。しかし、この議論においては、五〇年代から六〇年代にかけての資本主義諸国の経済発展や、ソ連および社会主義体制を戦後世界史のなかでどのように位置づけるかという問題への関心は希薄であった。その後、世界システム論などの影響もあって、帝国主義論的な課題設定は後退した。

冷戦体制研究の歴史的背景　占領下での言論抑圧は厳しく、たとえば鈴木正四は、「桑港条約の歴史的批判」（五二）を「奴隷の言葉」で書かなくてはならなかったと述懐している（鈴木七〇）。サンフランシスコ体制が定着すると、冷戦は受け入れるしかない現実であるという現状追随的論調が広がり、これに対して、冷戦がもたらす世界的・国内的矛盾、それを克服する契機や可能性を探りだそうとする課題意識のもとで研究が進められた。平和五原則や平和共存・平和擁護の運動の位置づけが問題となり、世界的な民族解放闘争の進展とともに、民族や民族解放闘争についての性格づけが中心的な論点となった。

六〇年前後の緊張緩和や世界の多極化

の動きにともなって、冷戦の克服は可能であるという見通しがえられるようになると、戦後世界史の原点としての冷戦を構造的・多面的に解明しようとする動向があらわれた。他方で七〇年代後半以降、アメリカがヴェトナム戦争に本格的に介入し、日本も安保条約を通じてアメリカ側に位置づけられたことは、日本での冷戦体制の研究に大きな影響を与えた。民族解放運動や非同盟運動の高揚とそれに真っ向から対決するアメリカの世界戦略をどのようにとらえるかに、研究関心は集約され、戦後帝国主義論として方法的な提起が行われた。

八〇年代には、冷戦体制の一方の当事者であるソ連および東欧社会主義体制が動揺するなかで、それらを戦後史のなかにどのように位置づけるかをめぐって研究が活性化した。

用語の意味変化　冷戦体制には、大まかにいえば次の三つの意味がある。第一に、米ソ両超大国の核軍事力の均衡とイデオロギー対立に基づく国際政治の二極構造とみる見解である。そのなかには、二極安定構造として国際政治の安定を強調する見方（Gaddis 八七）が含まれる。この見解は、米ソ以外の多様な主体の行動や、冷戦下での地域紛争や局地戦争を軽視しがちである。第二に、冷戦体制を世界の共同管理体制、あるいは米ソによる覇権システムとしてとらえる見解がある。こうした見方は冷戦の終結とともに本格的に提起され、米ソ対立を、自国を中心とする勢力圏形成のための仕組み、レトリックであると解釈する（Kaldor 九〇）。第三に、超大国の第三世界への介入と角逐、それに対する第三世界諸勢力の追随や反抗の相互作用としてとらえる見解がある。コルコ（Jyce & Gabriel Kolko 七二）や帝国主義再編論として展開された七〇年代の歴史学研究会現代史部会の諸研究もそのなかに含まれる。ソ連の介入や東欧諸国の役割も含めて冷戦の全体史を叙述したO・A・ウェスタッド『グローバル冷戦史』（Westad 〇七）は、アメリカの覇権を中心に研究が進められてきた日本の冷戦体制研究に重要な示唆を与えた。

現在の研究状況と展望　国際政治学においては、冷戦終結後に冷戦体制を再検討する研究が活発となった。しかし歴史学においては、総体的な把握や方法論的問題提起は少なく、冷戦（体制）という概念を相対化しようとする傾向もある。たとえば、『岩波講座世界歴史二六』（九九）は五〇年代から八〇年代の世界史を「経済成長と国際緊張」の時代として総括しており、世界史の時期区分としては冷戦という用語を使用していない。国際緊張という一般的な用語で冷戦体制が代替されうるのかどうか議論の余地がある。帝国主義再編論については、八〇年代以降急速に減衰していったが、渡辺治（〇三）は新たに現代帝国主義論を提起し、アメリカを中心とする戦後世界体制をとらえようとしている。ただし、この枠組みでは社会主義体制を組み込んだ論理展開に困難を抱えているため、世界体制をとらえる枠組みとしては制約がある。冷戦が終焉したことによって、社会主義の歴史的評価とともに、冷戦体制という認識そのものがどのように形成されたのか、グローバル化との関連で冷戦をどのように位置づけるのかが問われている。

（小林啓治）

自由民権《じゆうみんけん》

戦後歴史学における自由民権　自由民権について、最大公約数的には、日本近代初頭において、近代的自由主義思想を前提として、民衆の自由を獲得し、主に選挙代表や言論などを通じて民衆側の意向が政治を左右するシステムを確立することをめざした運動と思想であると定義できる。大正期までは、主に議会開設などの立憲制度樹立をめざしたものとして民権は見られていた。しかし、一九三〇年代における講座派歴史学の創成にともない、平野義太郎（三二）や服部之総（三三）などにより、明治絶対主義国家に対するブルジョワ民主主義革命をめざすものとして民権は把握されるようになった。

　このような構図は、初発の戦後歴史学も継承し、堀江英一・遠山茂樹（五九）、後藤靖（六六・七二）、内藤正中（六四）、大石嘉一郎（六一）などが研究を担った。運動内部の階層性や内在する国権主義なども検討されたが、各階層は指導－同盟関係で連結され、運動の進展につれて、より低い階層が上の階層の指導を乗り越えていき、国権主義などはその過程において克服されるべき課題であると理解されていたといえる。

　この状況に対して、一九六〇年に色川大吉は、武相困民党事件を対象として、自由党－民権と困民党－民衆運動との間における、断絶＝雁行、分離＝敵対関係があったことを指摘した（色川六〇）。しかし、色川が示した認識枠組みは十分一般化されなかった。

自由民権像の転換　一九八〇年代は、民権研究の大きな転機であった。一九八〇年代には、中曽根政権の登場など当時の民主主義に対する危機感を背景として、自由民権百年を顕彰する自由民権百年全国運動が展開された。この運動は、全体としては、例えば運動の中心人物である江村英一の研究（八四）で示されているように、政府に対抗するブルジョワ革命運動をめざすものという認識枠組みで行われていた。しかし、一方で、坂野潤治（八一）から、近代化をめざすという点における民権と明治政府との同質性の指摘がなされた。

　さらに、一九八〇年代から一九九〇年代にかけて、鶴巻孝雄（九二）・稲田雅洋（九〇・九八）・安丸良夫（八四）・牧原憲夫（九五・九八）など、色川大吉の前述の指摘を継承し、近代的な民権と、反近代的な正当性原理に基づく困民党事件などの民衆運動を分離して検討すべきとする主張がなされた。特に、国民国家論が本格的に提唱され、民衆運動を民権から分離するだけでなく、民衆を国民国家に統合するものとして民権をみる視点が牧原（九五）から提起された。ただ、牧原は民権と民衆運動との関係を「背中合わせの連帯」とも表現しており、共に連帯する側面を無視していない（牧原九八）。また、安丸も、すでに民権運動を民権＝国権型の政治思想が民衆の願望や伝統と触れ合って政治文化を形成した運動として捉えており（安丸八九）、民衆との接点を重視している。民権と民衆との接点を重視するという観点は、後進の金井隆典（九二）・高島千代（九二）なども共有しており、今後の研究の方向性を示唆しているといえよう。

（中嶋久人）

明治憲法体制《めいじけんぽうたいせい》

これまでの研究　「明治憲法体制」とは、近代日本の政治体制の特質を、とくに明治憲法＝大日本帝国憲法の性格に関連づけて解明しようとした概念である。既存の研究において、明治憲法への着目の仕方には、大きくいって二つの系譜があったと思われる。

　第一の系譜は、明治憲法が規定する人権や民主主義の狭隘さと、それが生み出す国家と社会の専制的性格に着目し、明治憲法体制の本質を「野蛮な近代」に見いだす議論である。これは明治憲法における秩序形成・強制の側面に着目したものと言える。主として講座派マルクス主義（原口七六）や、いわゆる近代主義政治学（丸山六四）によって唱えられたもので、一九七〇年代頃までの戦後歴史学を代表する見解ということができよう。

　これに対して第二の系譜は、明治憲法の条文が政治過程においてさまざまな主体の行動にどのような影響を与えたかに着目し、各主体間の妥協の成立に明治憲法体制の確立＝近代の成熟を見いだす議論である。これは明治憲法の立憲主義的側面に着目したものと言える。この視角を用いて初めて本格的分析を行ったのは坂野潤治（七一）であり、今日まで数多くの成果が生み出されている。

問題点と今後の展望　上記のような展開を遂げてきた明治憲法体制概念に対し、一九八〇年代に入る頃から、再検討の気運が高まっているように思われる。その理由としては、一つには政治過程分析が細分化し、体制概念との関係がつかみづらくなっていることがあげられる。

　加えてより重要な点として、明治憲法体制研究が主要な関心を体制確立期である明治期に向けてきたために、大正期・昭和前半期という体制再編期の分析に対応しきれていないという問題がある。大正期・昭和前半期の分析は、大衆民主制や総力戦体制といった、他の近代国家との共通性に力点を置いた概念によって分析されているのが現状である。

　先に示したように、明治憲法体制概念とは、国家秩序や政治過程が、明治憲法という特殊な公法体系によって規定されているさまを描き出そうとするものであった。したがって今後、明治憲法体制概念を深化させていくには、上記の二つの系譜を総合させつつ、大衆民主主義や総力戦への対応という各国が共通して取り組んだ課題に、明治憲法をもつ日本がどう取り組んだのかという視角が必要になってこよう。すなわち、特殊日本的な現代国家化の解明である。その際にはおそらく、行政権優位の統治機構・市民的自由の狭隘さ・国民統合における実利主義などの明治期に作られた諸装置が、その後どう変容・展開を遂げていくかが焦点となると思われるが、その具体的な解明は今後の課題である。

（山本公徳）

陸海軍と近代日本《りくかいぐんときんだいにほん》

戦後歴史学のなかの陸海軍研究　戦後歴史学において、戦前の陸海軍の研究は一つの「難題」であった。敗戦後「軍隊について研究することは戦争の賛美や軍隊復活につながる」という忌避感が一般に強いなか、井上清（七五～七七）、藤原彰（六一など）、大江志乃夫（七六など）などの研究者が、戦争への批判的立場から戦前の軍隊の抑圧的・非人道的体質を批判的に検証する研究を進めた。戦後初期から七〇年代にかけて、戦後歴史学において陸海軍研究を担ったのはこれらの人々であり、一九八〇年代以降も彼らやその後継世代の研究者によって、軍部・軍隊組織や国民動員組織の研究が進められた。また、これらの研究とは別に、大濱徹也（七八など）や黒羽清隆による、民衆史的な観点を交えた独自の軍隊論・戦争論も見られた。しかし、軍事史研究者の絶対数は歴史学全体からすれば必ずしも多いとは言えず、陸海軍研究はその重要性にもかかわらず傍流であった。

これらの戦後歴史学の潮流と併存するかたちで、防衛庁への再就職組など旧軍人らによる戦史研究も活発であった。主に戦闘史・戦争指導史・軍事思想史などが取り上げられ、その集大成が『戦史叢書』全一〇二巻（防衛庁防衛研修所戦史室六六～八〇）である。しかし同書については、戦争そのものへの反省や戦前の陸海軍の体質に対する批判が十分でないこと、史実評価に陸海軍のセクショナリズムが見られることなど、歴史学的には多くの問題が指摘されている。

これらの二潮流に加えて、一九七〇年代以降は政治学・政治史の分野において、北岡（七八）のように陸海軍（主に省部の指導者層）を政治過程のなかに位置づける政軍関係史研究が大きく発展した。政軍関係については前記二潮流の研究でも主要な研究テーマであったが、七〇～八〇年代以降はもっぱら政治史的な観点から研究されることが多くなり、現在までに小林（一〇）など多くのすぐれた研究が刊行されている。

陸海軍研究の新潮流　このような三潮流の併存状態は、九〇年代以降大きく変貌した。陸海軍研究に携わる人数が大幅に増加し、研究視角も多様化したが、大まかな傾向としては、①政軍関係史の精緻化、②戦争犯罪・戦争責任研究の展開、③社会史・地域史への広がり、の三点が挙げられる。①については前述のとおりであり、②は本書「戦争責任」の項目と重複するので、以下では近年の特徴的な傾向である③について述べる。

近年の陸海軍研究の特徴的傾向は、民衆・社会や地域社会と軍隊との関係が重要な研究課題となっていることであろう。これまでの研究でも、第一の潮流の諸研究において、社会や地域との接点は意識されていたが、九〇年代以降、戦争を直接経験していない世代による実証的な研究志向と、地域史・都市史分野における「地域のなかの軍隊」への関心の高まりにより、前述の軍隊・戦争への忌避感を超えた新たな研究潮流として「軍隊と社会・地域」論が立ち上げられてきている。具体的な研究は枚挙にいとまがないが、ここでは代表的な研究の例として、社会史的軍隊論として一ノ瀬（〇四）を、「地域のなかの軍隊」論として荒川（〇一）を挙げておく。

（中野　良）

国家論《こっかろん》

近代国家の性格論議　日本史研究では、経済史と政治史をつなぐ方法として国家論を用いたが、これは天皇制やファシズム研究において共通の議論の土台を提供した。日本の近代国家（天皇制国家）の性格把握は日本資本主義論争以来の難問であった。講座派マルクス主義は、明治維新を絶対主義的天皇制の確立と理解する。また、丸山政治学は、経済構造については講座派に近い認識をとりながら、権力と道徳の未分離、指導者の精神構造の前近代性を指摘し、西欧近代国家との落差を強調した。そうしたなかで、政治機構分立とあいまって「無責任体制」が生まれたとされる（丸山四六）。また藤田省三が、天皇制国家機構と情義的社会の癒着を指摘し、総力戦が両者の矛盾を深めるさまをダイナミックに描いた（藤田五六）。だが一九六〇年代から政治学の主流が、政治過程分析とアメリカ政治学に移行し、日本の近代国家分析はもっぱら経済史と歴史学が担っていく。

国家類型と国家形態　経済史と歴史学の分野では、社会構成体分析から近代国家を把握する成果が出された（星埜六九）。さらに中村政則が国家の階級的本質を示す国家類型と、支配の政治形態である国家形態を区別し近代国家を理解しようとした。下部構造の上部構造への規定性の固定的理解を回避するための試みである。確立期天皇制国家は、資本制国家＝帝国主義国家類型のもとでの絶対主義的国家形態であり、一九三〇年代の国家形態は天皇制ファシズムであるとした（中村七五、中村・鈴木七六）。だが絶対主義の性格を残したまま、ブルジョア民主制を超えたファシズムに移行するというのは整合性を欠くのではないか。木坂順一郎は、資本主義国家類型のもと、国家形態レベルでは憲法発布〜満州事変までの「立憲君主制」段階から、そのなしくずし的崩壊が進み、大政翼賛会結成で「天皇制ファシズム」に移行したとする（木坂七九）。この「天皇制ファシズム」は、絶対主義的性格をもつものではないとされる。

政治過程論と国家論　経済・政治の総合的把握が可能な国家論だが、政治過程の説明能力は十分ではない。特に国際協調体制、政党政治と普通選挙をいかに評価するかが問題である。江口圭一（七八）や渡辺治（八二）は、国家論をふまえつつこの時期の政治過程の説明を試みる。支配層の階級的一体性を前提にすると昭和初期の支配層内部の抗争が説明しにくい。これを江口は、支配層のなかの英米協調派とアジアモンロー主義派の争いとして理解した。また安田浩（八七）は、国家論と政治過程論をつなげ近現代史を概括しようと試みた。だが政治過程論が学界の主流となり、国家論は方向感覚を喪失せざるをえなかった。

国家論の現在と今後　国民国家論をリードする西川長夫の議論（西川九五）は、アルチュセールをもとに、国家の暴力的支配よりもイデオロギー装置による支配のあり方に注目し、かつ丸山の日本近代国家イメージを反転させる試みであった。今後、支配様式の分析にとどまらず、国家を多面的に議論することで、個別細分化した政治史研究、それと別個に展開している経済史研究を総合する必要もあるだろう。

（源川真希）

治安維持法と警察《ちあんいじほうとけいさつ》

治安維持法（以下、治維法）は戦前日本の代表的な治安法であり、同法を武器として社会運動の弾圧にあたったのが、政治・思想警察の特別高等警察（以下、特高）である。

研究本格化の画期　治維法・特高ともに、系統的・本格的な研究が加えられるようになったのは、一九七〇年代後半以降である。それ以前は、弾圧された側からの告発・証言や、概説的な言及が中心であり、研究関心も成立過程にとどまった。普通選挙法＝アメに対して、治維法はムチであったとする通説的な理解のほか、日ソ基本条約第五条との関係を強調する見解、前身である過激社会運動取締法案の分析、治維法反対運動の追究などがあったにすぎない。一方、特高についても、個々の弾圧事件の解明はあったが、特高そのものの構造や実態に関する究明はほとんどなされていなかった。しかし、七〇年代前半、内務省警保局編集の特高関係史料の復刻が進み、また、多くの特高関係史料を含む「米軍没収資料」や「旧日本陸海軍関係文書」がマイクロフィルムで利用可能となり、本格的に研究を展開する条件が準備された。

七〇年代の研究の展開方向を象徴したのは、一九七六年の『季刊現代史』七号と七七年の『歴史評論』三二二号の治維法特集である。前者は、論文とあわせて文献目録・特高関係人名録などを掲載して、以後の研究のハンドブックとなった。一方、民社党春日委員長の国会質問問題を契機とする後者の特集は、治維法が決して過去の問題ではないことを明らかにした。

こうしたなかで、法学の側から本格的な研究を推進したのは奥平康弘である。奥平は、単独の治維法だけでなく、旧治安体制をも一体的に包摂した治維法体制としてとらえるべきことを提起し、同法の制定から廃止に至る過程を追跡して、歴史的な性格変化を浮彫りにした（奥平七七）。また、最終段階に登場した予防拘禁制度の成立に検討を加えて、ヨーロッパ諸国に例をみないその特異性・異常性を明らかにした（奥平七九）。一方、構造・実態を含めた特高の全体像の解明は、荻野富士夫によって達成された（荻野八四）。荻野は以後、特高関係資料を渉猟・収集して膨大な資料集を編集・発行し（荻野九一〜九四）、さらに、治維法についても、成立と「改正」の経緯を資料で克明に追跡した（荻野九六）。

研究の課題と方向　かつて渡辺治は、治維法が帝国主義諸国の抑圧諸法規と比較して、特別の猛威をふるった理由の研究は、始まったばかりだと述べた（渡辺七六a）。その後、治維法・特高の歴史と構造は、かなり明らかにされてきたが、それらを踏まえた国際比較は、なお、重要な課題である。また、水野直樹が指摘するように、治維法に関する研究の中心は、狭義の日本に限定されており、植民地での施行に関する研究は、ほとんどなされてこなかった（水野〇〇）。荻野は朝鮮・「満州国」を含め、「帝国」サイズで問題をとらえるべきことを提起し（荻野九六）、水野も朝鮮との関係で治維法の制定・適用を解明しようとしている（水野〇〇・〇四）。東アジアにおける治安体制の総合的な考察もまた、重要な課題である。

（大日方純夫）

戦後改革《せんごかいかく》

戦後改革とは何か　第二次世界大戦後、連合国軍が対日占領下、日本の非軍事化と民主化を推進するために行った、政治、経済、社会、文化におよぶ一連の改革の総称である。従来、戦後改革は日本の近代化・民主化を推進し、現代日本の「原点」であると位置づけられてきたが、近年、こうした視点に対して見直しの必要性が主張されている（三宅〇五）。

どのように研究されてきたか　戦後改革の研究は、一九五〇年代から同時代人を中心にして取り組まれたが、一九七〇年代になると包括的な研究成果が出された（東京大学社会科学研究所七四～七五）。また、袖井林二郎、竹前栄治らを中心とする占領史研究会のメンバーによる実証研究は、アメリカ側資料を捜索し、様々な問題に対する政策の決定と実施過程、GHQと日本政府の関係などを明らかにした（袖井・竹前九二）。そこでは、戦後改革を戦後日本の「原点」であると評価している。近年、地域（天川・増田〇一）や、占領下の人びとの動向（ダワー〇一）に着目することで、戦後改革の受け止め方を明らかにする研究も進んだ。

戦後改革の評価と現在の研究状況　戦後改革の評価には、時期区分、「連続と断絶」の問題が含まれる。一九七〇年代には「戦前」と「戦後」の関係性が問われた。「講座派」に連なる論者は、戦後改革によって戦前の日本資本主義に残る封建的性格が取り除かれたため、戦前と戦後には構造的な「断絶」があると主張した（大石七四）。他方で、「労農派」に連なる論者は、戦後改革は戦前の国家独占資本主義体制を押しすすめる役割を果たしたと規定し、「連続」説を主張した（大内七四）。一九九〇年代になると、総力戦による社会変動が戦後社会の原型であることを強調する「総力戦体制論」の台頭により、「戦時」と「戦後」の関係性が問われた（山之内九五など）。雨宮昭一は、戦後改革は総力戦体制による社会変革を引き継いだものであり、戦後社会の「原点」として、戦時期の重要性を指摘した（雨宮九七・〇八）。戦時と戦後の連続性を強調する論に対しては様々な批判があった（原九五、赤澤九七、森・大門九六など）。原朗は、一九三七～五〇年を経済の統制期として一続きに捉え、この時期に戦前日本経済と戦後日本経済の断絶がみられたことを確認したうえで、ただし戦時期の変化は限定的で、戦後改革（「戦後変革」）による変化を強調した。また森武麿は、雨宮の議論に対して、戦後改革の前提が戦時期の変化にあったことを認めつつも、戦時期の「平準化」は社会全体では一様でなく格差を広げている点、戦後改革の評価や一九五〇年代の大衆運動の歴史的評価が低いことを批判した（森〇五）。

一九九〇年代以降、「総力戦体制論」をめぐり浮上した戦前、戦時、戦後の「連続と断絶」の議論は、「連続」のなかにある段階性が問われたといえ、戦後改革を戦後の「原点」とのみ捉えることはできないことを明確にした。今後、人びとはいかに生きたかといった側面に焦点をあてることで、総力戦・戦後改革といった歴史の一大変動のもつ意義を明らかにできるのではないかと思われる。

（鬼嶋　淳）

象徴天皇制《しょうちょうてんのうせい》

象徴天皇制とは　日本国憲法施行後の、天皇に関する政治的・社会的制度。近代天皇制と比べ、その権能は大幅に縮小され、制度上は政治的実権を有さない存在として位置づけられている。

戦後歴史学における研究　近代天皇制研究に比すれば、象徴天皇制研究は、戦後歴史学において低調だったと言わざるをえない。その理由は、象徴天皇制が未だ歴史的対象ではなかったことが大きかったと思われる。それゆえ、敗戦後に象徴天皇制研究をリードしてきたのは、憲法学や政治学であった。とはいえ、元号法法制化や紀元節復活運動などの、いわゆる「反動」的動向が見られた時、現状に対する批判として、歴史学からの象徴天皇制研究は進展した。一方で、津田左右吉や石井良助のように、天皇の歴史的不執政性を明らかにすることによって、象徴天皇を日本史上に適合的な存在である、と主張する動向も歴史学は有していた。

研究動向の変化　こうした研究動向に変化が訪れる。一九八九年の昭和天皇の死去がきっかけである。これを機に一次史料が数多く公開されるとともに、死去前後の自粛モードは天皇制の構造や権威の問題を表面化させ、歴史学における象徴天皇制研究が一挙に進展した。

そのなかでは第一に、象徴天皇制形成過程に関する研究がある。中村政則（八九）はアメリカ側の史料を丹念に検討し、「象徴」という言葉に至る過程を明らかにした。松尾尊兊（九〇）は天皇とマッカーサーの会見に関する内外の史料を検討し、天皇が生き残りをかけて動いた様相を描き出した。吉田裕（九二）は「昭和天皇独白録」を中心とする終戦工作の過程を検討することで、「国体護持」が目指されながら象徴天皇制へと変化したことを解明した。これらの研究によって、象徴天皇制が日本側・アメリカ側による協調関係によって形成されたことが明確となった。

第二に、象徴天皇制と政治・支配体制との関係に関する研究がある。渡辺治（九〇）は象徴天皇制を「保守政治の従属変数」と定義し、国民統合のためにこそのイデオロギー・権威が利用されたと主張した。後藤致人（〇三）は天皇への内奏の様相を具体化することで、天皇と政治家との「君臣情義」の関係が成立していたと見ている。豊下楢彦（九六）のように、天皇の政治関与の具体像を描き出す研究も多い。

第三に、象徴天皇像を通史的に検討する研究がある。安田常雄（九一）は象徴天皇像を受容する民衆の姿を描いた。ケネス・ルオフ（〇三）は文化やメディアなどの事象に特に注目し、象徴天皇像の定着過程を解明した。

新しい研究と今後の展望　こうした研究動向を踏まえ、近年には新しい象徴天皇制研究が登場している。「象徴」概念が敗戦後の一定期間を経るなかで定着したことに注目し、冨永望（一〇）は政治的動向、河西秀哉（一〇）は社会的動向から、その定着過程の解明を試みた。今後は、政治・文化思想の両者の観点を踏まえつつ、象徴天皇制形成から定着までのより精緻な研究とともに、定着後の検討も必要とされている。（河西秀哉）

十五年戦争《じゅうごねんせんそう》

十五年戦争とは何か　一九三一年九月一八日の柳条湖事件から四五年八月一五日の連合国に対する敗戦までの足掛け一五年にわたる日本による一連の対外戦争を指す。この戦争は、三一年九月一八日以降の満州事変、三七年七月七日の盧溝橋事件を発端とする日中戦争、四一年一二月八日の真珠湾・マレー半島攻撃を発端とする太平洋戦争（アジア・太平洋戦争）という三つの段階＝戦争から構成される。

用語使用のはじまりとひろがり　十五年戦争という呼称は一九五六年に思想家の鶴見俊輔によって初めて使われた（鶴見五六）。鶴見は、敗戦後にこれまでの戦争をひと続きのものとしてとらえることが事実にあっており、戦争の全体構造をとらえる上で必要と考えるようになり、ジクムント・ノイマンが二つの世界大戦の合間の期間をさすために三〇年戦争という言葉を使っていることに示唆をうけ、この用語を生み出した（鶴見八二）。

この用語を使って本格的に通史的叙述を行ったのが、江口圭一（八六）である。江口は、三つの戦争がその戦争の延長線上に次の戦争が発生したという連関性があること、また満州事変の結果できた満州国が日米交渉の争点の一つで太平洋戦争との直接的な関連性があること、日本の中国に対する侵略が一五年間継続していたという連続性があることを、具体的な歴史的事実を通して説明した。その後、この用語を視座に据えた研究がひろがった（藤原・今井八八～八九）。

用語をめぐる議論　十五年戦争という捉え方については議論がある。一九三三年五月の塘沽停戦協定によって満州事変は一応終わったと捉え、一五年の連続性を否定する見解（臼井八三）をはじめとして、満州事変と日中戦争の断絶性を強調する議論がある。これに対して、江口は中国の華北五省を国民政府の支配から切り離そうとした華北分離工作が、満州事変後の満州支配の矛盾を解決するために行われ、その工作を介して日中戦争が起きたことを指摘して、満州事変からの連続性を強調している。

近年は、満州事変と日中戦争の間に相対的に安定した時期が存在したことを論じる研究が多い（酒井九二、井上九四）。もっとも、十五年戦争という考え方でも、それぞれの戦争の段階が不可避的に連なったと考えるわけではなく、さまざまな可能性のなかから一つの政策が選択されて、その結果として一五年に及んだとしており、曲折にみちた過程であったことを前提としている。

第三段階の太平洋戦争という呼称は日米間の戦争という印象を強め、中国や東南アジアが戦場であったことを意識化しづらいとの問題意識から、それへの対応として「アジア・太平洋戦争」という呼称が提起され、広く使用されるようになった（副島八五、木坂八五）。最近では、この呼称を、十五年戦争全体に適用する試みが岩波講座『アジア・太平洋戦争』（全八巻、〇五～〇六）でなされた。そのことを通して、「帝国」の地域的広がりや戦争の記憶・語りなど、十五年戦争研究が前提とした空間と時間の枠組みを発展的に継承する新たな研究が行われた。

（安達宏昭）

総力戦体制《そうりょくせんたいせい》

総力戦体制とは　第一次世界大戦は参戦諸国の予想を超えた長期戦となり、単なる武力戦にとどまらず、政治・経済・科学・文化など国家の総力をあげての戦争、すなわち総力戦（Total War）となった。この総力戦を遂行するための国家体制が総力戦体制であり、日本においては、日中戦争が長期化するなかで総力戦体制が形成された。しかし総力戦体制に対する歴史的評価は、戦時期研究の変化とともに段階的変化を遂げてきた。

総力戦体制とファシズム　敗戦後から一九六〇年代にかけて戦時期研究の主流を占めた「天皇制ファシズム」論では、戦時期の国家は、前近代的な社会的・精神的基盤に支えられた「絶対主義的天皇制」であるとされていた。他方、総力戦体制とは、人間と物資の総動員を課題とする極めて合理的・近代的な論理に貫かれた体制であるとされ、そして「天皇制ファシズム」論ではこうした総力戦体制の確立が「絶対主義的天皇制」の基盤を掘り崩すものであったことが強調されていた（藤田五七、藤原六三）。「天皇制ファシズム」論における総力戦は、侵略戦争を遂行する「天皇制ファシズム」が直面せざるをえない歴史的矛盾として位置づけられていたといえる。

一九七〇年代になると、軍部の総力戦体制構想に注目する研究が登場し、第一次世界大戦期以降の総力戦体制構想とその展開が明らかにされた（纐纈八一など）。こうした研究は、日本ファシズムを明治以来の「絶対主義的天皇制」ではなく、総力戦の時代に対応した近代的な体制として捉え直すものであった。従来「天皇制ファシズム」と矛盾的関係に置かれていた総力戦体制は、日本ファシズムの中核的要素（「ファシズム型総力戦体制」）とされ、同時に総力戦体制の特徴とされていた社会の合理化・近代化という側面も、日本ファシズムの特徴として位置づけられることとなった（木坂七九）。

総力戦体制と現代化　一九九〇年代になると、総力戦体制はもっぱら戦後社会・現代社会との関連で論じられるようになった。山之内靖ら（九五）は近代社会を現代社会へと転換させた総力戦体制の役割を強調し、野口悠紀雄（九五）は、戦後日本の経済・社会システムは戦時期に成立した「一九四〇年体制」であると論じた。また雨宮昭一（九七）は総力戦体制による社会の変革を重視する立場から戦前・戦時・戦後の政治史を描き、小林英夫（〇四）は戦後の政治・経済システムに連なる総力戦体制の原型は満州国支配にあると論じた。こうして総力戦体制は、戦後社会・現代社会と連続したものとみなされるようになった。

以上のように、戦後の近現代史研究で大きく変化したのは、総力戦体制それ自体についての理解ではなく、総力戦体制をめぐる歴史的文脈であった。しかし一九九〇年代の総力戦体制論には、総力戦体制を戦後社会・現代社会と直結させる傾向があり、戦後改革や高度経済成長による国家と社会の変容の問題が十分踏まえられていないという問題がある（森〇五）。総力戦体制の歴史的位置は、今後の戦後史研究の成果を踏まえ、あらためて吟味される必要があろう。

（高岡裕之）

南京事件《なんきんじけん》

南京事件とは何か　南京事件とは、日中戦争が始まってまもなくの一九三七年一二月の中国の首都南京占領から翌年二月にかけて南京市とその郊外でおこなった日本軍による捕虜や民間人に対する大量虐殺、強かん、略奪、放火など一連の残虐行為のことである。日本では南京大虐殺、英語ではナンキン・アトロシティあるいはレイプ・オブ・ナンキンと呼ばれる。捕虜の集団殺害のような日本軍による組織的な残虐行為と個々の将兵による残虐行為の両者が並行して繰り広げられ、日本の研究では一〇数万人から二〇万人が虐殺されたと推定されている。日本軍は上海・杭州から南京に攻め入る途中でも同様の残虐行為をおこなっており、南京事件と不可分であるが、厳密な意味では含まれない。

事件の内容を整理すると、第一に捕虜の集団殺害がある。投降してきた中国兵を数百、数千人規模で処刑したケースや、軍服を脱いで民間人に隠れた者を「便衣兵」狩りと称して選び出して殺害したケースなど日本軍の組織的な行為である。第二に民間人への残虐行為であり、虐殺、略奪、放火など多様である。これらは組織的な行為と個々の将兵による軍紀の乱れが混在している。第三に数知れない強かんである。この強かん事件が軍慰安所設置の一つの大きな理由となった。このように虐殺だけではなく残虐行為の総体がこの事件である。

研究と論争　事件は当時国際的には報じられたが日本国内では伏せられていた。戦後、初めて国民の前にこうした残虐行為があったことが明らかにされ、特に東京裁判で大きく取り上げられた。しかしくわしい実態がわかるのは日中国交回復に合わせて発表された本多勝一のルポ『中国の旅』（一九七二）だった。その後、洞富雄のいくつかの研究が出る（洞八二）が、本格的な研究は、一九八二年の教科書問題と一九八三年に家永三郎がおこした教科書検定訴訟がきっかけだった。戦闘詳報などの日本軍史料、高級将校から兵士にいたるまでの日記や回想などが多数発掘され、史料に基づく実証的な南京事件研究が続々と出されるようになった（吉田八六、藤原九七、笠原九七）。他方で、虐殺を否定したり犠牲者数をできるだけ少なく見積もろうとする主張も強まった。しかし元陸軍将校らで作る偕行社が、虐殺を裏付ける多くの史料を収集し史料集を刊行したことにより、虐殺否定論は完全に崩れた（南京事件調査研究会九九）。日本側だけでなく中国やアメリカ、ドイツなどの史料も紹介され（笠原九五）、虐殺の犠牲者数についてはまだいくらかの議論があるが、残虐行為の実態については詳細に明らかにされている（笠原〇七）。

中国においても従来は虐殺犠牲者三〇万人とする公式歴史観に縛られる傾向があったが、近年は実証的な研究も進み、日中研究者の建設的な議論ができるようになってきている。また世界各国でもこの問題への関心が集まり、単に日本が犯した犯罪としてだけでなく、人類が犯した犯罪として、ほかのケースとの比較分析を含めて研究も国際的になりつつある。

（林　博史）

産業革命《さんぎょうかくめい》

産業革命とは何か　産業革命とはイギリスの歴史学者アーノルド・トインビー等が一八世紀後半から一九世紀初頭にかけてのイギリスにおける経済、社会面における変化（蒸気機関の発明、力織機の導入等）を指して用いた用語、Industrial Revolutionを日本語に翻訳したものである。日本における時期区分としては一八八六年に大量の株式会社形態による製造業企業が設立された企業勃興期に始まり、日清・日露戦争期にかけての製造業の近代化過程を指すことが一般的であるが、確立時点と、その指標については後述するように論争が存在する。意味内容としては「一国民経済の資本主義的社会構成への編成替えを決定づけた歴史的画期」と位置づけられ、資本主義の確立とほぼ同義の概念として理解されている。なお、かつて産業革命を、蒸気力を中心とする第一次産業革命、電力を中心とする第二次産業革命とに分けて位置づける見解（二段階産業革命論）も存在したが、今日あまり用いられていない（野呂三〇）。

二部門定置説　一八世紀イギリスにおける歴史的事象を、約一〇〇年後の日本の歴史事象に当てはめることについて、今日では大別して三つの立場が取られている。まず第一は「二部門定置説」と呼ばれる。これは生産手段生産部門と消費資料生産部門における機械制大工業の「見通しの確立」をもって産業革命の達成（一八九七～一九〇七年）と位置づける立場であり、生産手段生産部門（重工業）における官営八幡製鉄所の設立、西洋水準の造船技術の成立、工作機械の国産化（旋盤の国産化：一九〇五年）等を指標としている（山田三四）。

綿工業中心説　これに対して第二の立場は、産業革命の前例であるイギリスにおける産業資本の成立が、主として綿工業における機械制生産の確立と資本賃労働関係の成立であったことから、日本においても同様の基準をもって産業革命の達成（一九〇〇年ごろ）と位置づける立場であり「綿工業中心説」と呼ばれる（揖西ほか五七）。同説に対しては、当時多くを輸入機械に依存していた綿紡績産業の機械制大工業を確立の指標とすることに対して批判された結果（大石編七五）、安定的機械輸入を可能にする条件（国際金本位制への参加と、外貨獲得産業としての製糸業の成長）が新たに確立の条件に組み入れられ、今日に至っている。

産業化論　第三の立場は産業革命という概念の使用を回避する立場である。これは数量経済史的立場から、明治期の近代化の成果を江戸時代からの長期的な成長の一部と位置づける視座に立つものである（西川・阿部編九〇）。こうした立場からは、この時期を産業革命と呼ばず、産業化（Industrialization）、あるいは近代経済成長（Modern Economic Growth）の始点と呼ぶことが多い。こうした立場に対しては、第一、第二の立場から、経済成長の数値的側面を重視し、質的変革を軽視している、あるいはイギリス産業革命が世界経済に与えた世界史的インパクトを軽視しているとの批判も存在する（石井九七）。

（永江雅和）

寄生地主制《きせいじぬしせい》

寄生地主制とは何か　明治期に形成され、戦後農地改革によって解体された、日本農村部における社会構造を指す。田畑を賃貸する地主小作関係そのものは江戸時代以前にも質地小作という形で存在したが、一般的に寄生地主制と呼ぶ場合には、明治の地租改正による土地所有権付与と、江戸時代以来の農地賃借関係の継承と、松方デフレによる自作農の地主・小作への分解の進行を経て確立され、社会構造として定着したものを指して議論されている。

封建遺制論　寄生地主制については、その歴史的性格の位置づけをめぐって戦前期から論争が重ねられてきた。具体的には地主小作関係が封建的、あるいは半封建的な存在であるとする立場（講座派）と、近代的な農地賃貸関係の一種であると主張する見解（労農派）の対立である。主な争点は、地租改正後の小作料が、江戸時代以来の現物小作料であり、かつその水準が収穫量の約四〇～五〇％と、江戸時代の年貢の水準に近い水準にあった点であり、これを封建的地代制度の継続あるいは残滓と捉えたのが前者の立場である（山田三四）。また法制度的観点から、戦前期日本の土地法制における、賃借権（小作権）の、所有権に対する相対的劣位（債権的性格）や小作契約の文書化の遅れ等に注目して、地主小作関係の前近代性を指摘する議論も存在する。

近代的土地所有論　これに対して後者の立場からは、地租改正によって、日本の土地制度からは領主の上級所有権や土地売買規制などの経済外的強制が除去された結果、近代的土地所有が確立したのであり、地主的土地所有は近代的土地所有に基づく賃借関係にすぎないとの主張がなされている。また小作料が高率である理由は、日本の土地賃貸市場が狭隘であり貸し手市場であったこと、日本の工業化が西洋式技術の急速な移植によって行われた結果、賃労働市場が農村労働力を充分に吸収しえなかった点などから説明可能であるとされた（大内五二）。小作権の債権的性格については、国際的に見てもそれが近代国家において特殊な例とは見られないとする見解もある。

日本資本主義と寄生地主制　また寄生地主制が日本資本主義の発達に果した機能に注目する視点からは、製糸・紡績女工の多くが小作農家の子女から地主層の紹介によって供給された事例が多いことから、女工の低賃金と高率小作料が相互規定にあったとする指摘がある（低賃金と高率小作料の相互規定）。さらに産業革命期において、小作料（地代）として地主に集積された農業部門の富が、株式投資行動を介して製造業部門に移転され、第二次産業における資本蓄積の原資となったという指摘（地代の資本転化）も重要である（中村七九）。

寄生地主制の類型　地主・小作関係には国内でも様々に異なる慣行が存在し、その農村社会における機能も多様であることから、「東北型」、「近畿型」、「養蚕型」などの地域類型区分を用いて分析がなされる。しかしこれらの類型は地理的区分として使用される場合と、農村部における商品経済の浸透の度合いや形態の差を意味する非地理的理念型として用いられる場合とが存在するので注意が必要である。

（永江雅和）

高度経済成長《こうどけいざいせいちょう》

高度経済成長　『経済白書』で「もはや戦後ではない」といわれた一九五五年頃から一九七三年のオイルショック頃まで続いた日本の長期持続的経済成長を指す。日本経済はこの二〇年近くの間に、国民総生産でアメリカに次ぐ資本主義世界第二位の位置を占めるようになった。日米安保体制のもとでの軍事費の抑制、重化学工業部門での技術革新とそれを促した各種の産業保護・育成政策、勤勉で良質な労働力の存在、こうした要因が経済成長を可能にした。

　その結果、第一次産業従事者が二割を切り、農村が過疎化する一方、第二次・第三次産業が拡大し、都市化が急速に進んだ。また、電化製品や乗用車の普及、食生活の変化のなかで生活水準が上昇し、大量生産・大量消費社会が出現した。一方、都市の過密化と工業地帯の造成によって大気汚染・騒音・水質汚濁といった公害問題が深刻化し、高度成長の矛盾と限界が意識されるなか、各地で公害反対運動が展開した。

高度経済成長期のとらえ方の変化

高度経済成長のただなかにおいて進む開発・公害の実態を詳らかにし注目されたものとして庄司光・宮本憲一（六四）、宇井純（七一）らの著作をあげることができよう。そこでは経済や企業の加害性が強調され、それに対抗するための市民運動の必要性が指摘された。

　一方、日本経済がオイルショック以降の不況を乗り切り経済大国化がいっそう進むと、高度経済成長の原動力を日本社会の伝統的特質に求め、その強さを積極的に評価する見解が現れた。日本的労使関係論・日本的経営論など（ヴォーゲル七九ほか）がそれである。対して、こうした議論を批判するかたちで、企業による強力な労働者支配の構造が高度経済成長期を通じて形成されたとする企業社会論もこの時期に登場した（渡辺九〇）。

研究の現状と展望　一九九〇年代以降、高度経済成長期に関する歴史研究が、対象と方法の多様化をともないながら進んでいる。高度成長の担い手としての青少年層に光をあて、集団就職による労働力移動の動態を明らかにした研究（加瀬九八）や、産業政策・財政金融・企業システムといった多様な観点から高度成長期の経済を照射した論集（石井・原・武田編一〇）が出された。

　一方、新自由主義・グローバリズムに立脚した政策により社会の格差拡大、雇用・失業問題が深刻化するなか、格差や貧困の形成といった観点から戦後史を捉えなおす研究が見られる（橋本〇九ほか）。さらには家族・民族・労働・地域・軍事といった視点から社会の分断と対抗を描いた通史（荒川〇九）も出された。また、地域開発・社会・ジェンダー・教育をも射程におさめたシリーズ（大門ほか編一〇～一二）では、高度成長期を捉える視角として、東アジアの冷戦との関わり、市場と競争、生活世界などが提示されており、今後いっそう研究の精緻化と多様化が期待されよう。

（森脇孝広）

農民運動と農民の社会史《のうみんうんどうとのうみんのしゃかいし》

これまでどのように研究が行われてきたか　日本の農業就業人口は、一九六〇年まで一三〇〇万人台であり、戦前水準を維持していた。日本社会のなかで農業部門がもつ比重は大きく、日本近現代史研究で、農業・農村問題は無視できないテーマであった（西田九七）。ただし、戦前の農民運動研究は革命戦略との関わりで展開されたこともあり、戦前農民運動が「史的分析」の対象と位置づけられていくのは、農地改革が終了し農民運動の衰退が明らかになった一九五〇年代になってからであった。五〇年代に栗原百寿は「科学的農民運動史」を提唱し、農民運動史研究会は、戦前農民運動の調査・研究を進めた（農民運動史研究会六一、歴史科学協議会九一）。

一九六〇年代、高度経済成長により農村構造が変貌したことで、研究の問題意識が変質し、研究対象の客体化が進んだ。六〇年代後半以降、「農民運動＝小作争議」分析が進められた（西田九七、林〇〇）。西田美昭は、争議の経過、性格、担い手＝階層の詳細な実証分析により、戦前の農民運動は「貧農」ではなく、「農民的小商品生産」の発展を基礎に発生したことを検証した。他方、林宥一は、大正期から昭和恐慌下の小作争議を分析し、恐慌期における小作争議の論理は、「経営的前進の論理から生活防衛の論理」に移っていたことを実証した。その他、七〇年代以降、争議研究に収斂できない諸運動に関する研究（西田七八、安田七九、島袋九六、渡辺八五、横関九九など）、一九二〇年代〜三〇年代の農村社会研究が蓄積された（森九九、大門九四など）。しかし、とりわけ八〇年代になると、運動史研究の停滞、さらには現実社会での農村の変貌が、研究者の農民運動史、農村史研究に対する関心を希薄化させた。

研究の現状と展望　一九九〇年代以降、研究状況に変化がみられた。第一の特徴は、農民経営のあり方への着目である。西田美昭は、「労働者と農民の生活形態の違い」に注目して、近代日本農民運動の高揚と衰退を農民経営のあり方の変化に関わらせて論じた（西田九七）。その後、戦後農民運動史・農村史研究では、農地改革だけでなく供出、食糧、税金、開拓といった農民経営に関わる諸問題が注目されている（西田九四、大川九六、永江九八など）。第二の特徴は、農民の生活改善・保健・衛生・医療への着目である（北河〇二、大門〇三、鬼嶋〇七、高岡一一）。大門正克は、農村女性の労働・出産・生活改善研究を積極的に進めて（大門〇六）、三〇年代－六〇年代の日本社会を「生存システム」の転換という視角から描いた（大門〇八）。これらの研究は、農民の生や死を含んだ生活と労働のあり方を視野に入れて、農民の多様な要求・意識・運動などを検証している。

今後、農民の生活、社会的諸関係との結びつきに着目して、農村社会の変貌が日本社会、日本農村にいかなる影響を与えたかを、歴史的に検証することが必要であるように思われる。

（鬼嶋　淳）

昭和史論争《しょうわしろんそう》

戦後一〇年の時点で　一九五五年一一月、遠山茂樹・今井清一・藤原彰の共著で『昭和史』（岩波新書）が刊行された。同書は昭和史通史の先駆となり、史料にもとづく叙述や手軽な判型がうけて、すぐにベストセラーとなった。自己の戦争体験の意味づけを求めて、同時代の歴史の大きな流れをつかみたいと渇望する多くの読者に迎えられたからである。

論争の広がり　ところが翌春、評論家の亀井勝一郎が同書の叙述を「悪文」「人間不在の歴史」と痛罵し、これを遠山が原則論的に反駁して論争に発展した（亀井五六、遠山五六）。論争は教養主義全盛期の当時の論壇で作家や哲学者・政治学者らまで参加して長期間持続し、現代史研究や歴史叙述の方法論はもとより、歴史と文学の関係や知識人論、さらには歴史哲学的課題まで論点が拡大した（大門〇六の年表で確認できる）。そのため、戦後論壇史で必須の著名な歴史論争となり、分野を問わず多くの歴史研究者に強い示唆を与えてきた。五九年、遠山たちは初版後の研究成果を採り入れて大幅に改訂した新版を著し、これは今なお版を重ねている。論争は、新版の評価をめぐる五九年の議論によってほぼ終息した。

未完の論点　提起された数多くの論点のうち、今日特に顧みるべきは次の二つである。第一は、『昭和史』の骨格である政治史叙述の方法に関連する。論争では、欧州政治史の篠原一が近代政治学の政治過程論・政治社会論をふまえた現代政治史の構築を提起したが、その後の政治史研究でも積極的には活かされなかった（篠原五六）。課題は、本書における中間層や知識人の描き方の難点とともに、実証の精度が高まっても残り続けている（源川一二）。第二は、「国民」の内実の問題である。『昭和史』は「支配階級」に対抗する「国民の歴史」を描こうと努めたが、実際には共産党＝前衛との関係でしか「国民」の能動性を表現できなかった。そこに欠落していたのは、アジアに対する民衆の戦争責任であり、それを主体的に引き受ける立場からの「民衆の歴史」である。この点は日本史以外の若い歴史家や歴史教育者が鋭く提起したが、この問題が本格的に取り組まれるのは八〇年代における一連の戦争責任研究の渦中であり、なお未解決といえよう（鈴木五七、松沢五九、荒井六〇）。

史学史的位置　この論争で注意すべきは、その後、堀米庸三らが定式化した歴史理論に偏した総括（堀米六五）では見えてこない、歴史学を含めた五〇年代の思想状況の配置である。国民的歴史学運動の挫折から混迷していた当時の歴史学界は、論壇における華々しさとは裏腹に、この論争を生産的に受けとめられなかった。若手の日本史家にとって問題はまず、論争における優劣よりも、マルクス主義歴史学への攻撃に対して、運動を指導したはずの歴史家たちが護教論的にふるまう態度の不毛さだった。よく誤解されるが、六〇年代以降の民衆史や社会史は、「人間不在」との非難に応えたのではなく、むしろ論壇の虚妄性を打ち破るために生みだされた。論争やその後の評価で論じられなかった点も含めた地平から見渡すとき、昭和史論争が照らし出す戦後歴史学像は従来とは相当異なる可能性がある（大門〇六）。（戸邉秀明）

日本の近代・近代化《にほんのきんだい・きんだいか》

二つの捉え方　「日本の近代・近代化」という場合、時代区分として古代、中世、近世に連なる時代を指して「近代」という用い方をする場合と、「近代」や「近代化」自体を歴史の対象として捉え、それが日本においてどのように現れたのかという点を指す場合とがある。

時代区分としての近代　日本における近代は、明治維新から第二次世界大戦における敗戦までとみるのが一般的である。その内容に関しては資本主義の段階規定をめぐって、戦前から激しい論争となり（「日本資本主義論争」）、そこでの議論は、戦後の歴史学にも大きな影響を与えた。戦後においても、マルクスが提起した社会構成体論に基づく近代の捉え方が歴史学界では有力であったが、これを批判し、政治、経済、社会、教育等に独自の基準を設けて日本の近代化を説明しようとした、J・W・ホール、E・O・ライシャワーらアメリカ人研究者による「近代化」論が登場した（金原六八）。これに対し、国際的契機を導入することを通じて実証的に「近代化」論を批判する社会構成体論の観点からの研究が現れた（芝原八一）。こうして、内発的発展と国際的契機とを結合させて日本近代を理解する研究が、その後定着、深化された（そのような視角からの代表的研究として、石井八四）。

対象としての近代　他方、日本の近代や近代化自体を歴史的に問う研究は、社会構成体論による枠組みの「近代」やホールらが設定する「近代化」を相対化し、日本の近代・近代化に対し伝統的な民衆意識や前近代からの諸集団の行動を対置させる点に特徴がある。このような手法を用いて、近代の意味を鋭く問い直す研究が現れた（神島六一、安丸七四、鶴巻九二など）。

歴史分析の対象としての日本の近代という視角を、さらに徹底させたのが、国民国家論である。日本においても、近代国民国家における共通の特徴である国家装置（議会、政府、軍隊、警察など）と国民化が進み、天皇制を軸とする「日本型国民国家」は、「文明国」として国家間システムに加わった（西川九五）。近代国民国家形成との関係で、都市空間の均一化・均質化（その下での重層的な関係性）の成立と変容をみることで、日本近代における近代としての普遍性の側面が見出されるようになった（成田〇三）。このような近代の問い直しの変化を、鹿野政直は、「三変した日本の『近代』」（すなわち、敗戦後の「希望としての近代」、一九六〇年代から隆盛する「豊かさとしての近代」、一九九〇年代以後の「制度としての近代」）と表現した（鹿野九八）。

以上のように、日本の近代を対象とする試みは、日本における近代国民国家を問い直す研究へとシフトしてきたが、これに対し、近代国民国家に包摂される個人は他方で種々の関係性を有する個人でもあるため「矛盾」を持っており、それ故「複数性」の視点の重要性を説く意見も提起されている（大門〇八）。地域社会史に関しては、近世史研究の側から近代史へと架橋する実証研究も増加しており（渡辺一〇）、日本の近代における社会と国家との関係が改めて問われる研究状況にあるといえよう。

（沼尻晃伸）

国家神道《こっかしんとう》

国家神道とは何か　神社を通して天皇制国家の統合をはかる国民教化体制。明治初年、神仏分離等を経て神社は「国家の宗祀」とされ、伊勢神宮を別格とする「社格」制度に組織された。立憲制と「教育勅語」が準備される明治前半、私領域の信教自由の「宗教」として教派神道を分離、神社神道を公的道徳的存在とした「神社非宗教論」が形成された。明治後期に内務省神社局設置（一九〇〇、一九四〇神祇院）、神社経費の公的補助にかかわる措置（一九〇六）等制度的に公的性格の明確化がはかられ、神社合祀を経て国民教化への神社動員政策が推進された（なお、神社の国家管理には靖国神社等別系統がある）。以上の法制度枠組みはGHQ「神道指令」（一九四五）で廃止。

研究史と戦後歴史学　「国家神道」論は、靖国神社国営化をめぐる緊迫した政治状況のなか、一九六〇年前後－七〇年代に戦後民主主義擁護の立場からの学問的応答として形成、戦後社会に定着した。ここで決定的な役割を果たしたのが講座派マルクス主義歴史学の影響を強くうけた宗教学者村上重良である。村上は封建遺制論の立場から、戦前日本は神社非宗教論で偽装された天皇崇拝と神社神道を結合した時代錯誤の国家的宗教としての「国家神道」が諸宗教に君臨、国民を様々な回路で精神的に支配した、権威と権力の結合した宗教国家であったと包括的に論じ、近代民主主義の未成熟こそが自身も体験した戦時期の神道強制を招いたとした（村上七〇）。

ただ、その後は神社神道の国家的組織化・動員に即し、より限定的に論じ実証性を高めるのが主流化した。村上の議論に反発し神社制度史を「国家神道」概念・研究の出発点とした神道史学（葦津八七、阪本九四）とともに村上説批判が明治期神社史中心にすすめられた。例えば明治初年の神道国教化政策から戦時期の神道強制へは直線では結びつかず、村上説は昭和戦時期状況の無媒介な投影とされた（安丸九二）。また、西洋的価値の翻訳語として明治期に普及した経緯をもつ「宗教」という言葉自体の歴史性への研究の無自覚さという根本問題も指摘された（新田九七、山口九九、磯前〇三）。

背景には講座派歴史学の日本近代観における「時代錯誤」的抑圧から、近代国民国家一般の「創られた伝統」による文化統合へのイメージ移行が存在するが、これは「国家神道」研究の理論的危機に直結した。日本近代における宗教が果たした強い公的役割の解明、これが「国家神道」研究の当初の意義の核心部分であった。ただしそれは、近代は世俗化が進行するはずだが、日本の場合は近代として未成熟なので世俗化が不十分だった、という認識を大前提として可能だった。近代日本イメージの変化は、必然的に「国家神道」研究の独自の意義を根底から希薄化させることになる。「国家神道」概念不要論、近現代史研究との乖離、戦時期評価の不明確化が発生する根底にはこれがある。最近相次ぐ「国家神道」再検討論は、さまざまな方向性をとるものの、近代化と世俗化の関係を自明視せず自覚的に捉えようとする共通の傾向がある点は、この意味できわめて重要である（子安〇四、阪本編〇六、井上〇六、畔上〇九、島薗一〇）。

（畔上直樹）

皇国史観《こうこくしかん》

皇国史観とは何か　最も広い意味では、前近代の尊皇論から戦後の教科書検定の歴史観までも含めて、天皇や国家を重視する歴史観一般を指し、逆に最も狭い意味では、一九四二（昭和一七）年以降、文部省周辺で使われる「皇国史観」という語の実際の用例に即した概念を言う。ただし、厳密には、一九三〇年代から敗戦までの時期に盛行した歴史観であり、皇祖神アマテラスによってだされたいわゆる天壌無窮の神勅を歴史の起点とし、万世一系の天皇が日本を統治するという「国体」に至上の価値をおいて歴史を描く考え方を意味する。

研究の展開　皇国史観が、国民を抑圧し、侵略戦争に動員する上で大きな役割を果たしたことに対する批判意識と、その跋扈を阻止できなかった反省の念を背景に、戦後の歴史学は皇国史観を克服することから出発した。その後も、歴史教育の右傾化に対する懸念といった研究者の現代的問題意識に動機付けられながら、東京帝国大学教授を務めた平泉澄の歴史観や文部省『国体の本義』（一九三七）・『国史概説』（一九四三）に典型を見出すかたちで、研究は進展した（平田六七、永原八三）。ただし、戦争と歴史学（者）との関係に対して、鋭い批判を呈してきた戦後歴史学においては、皇国史観は過去の汚点・諸悪の根源として非難・断罪されるのが常で、客観的な学問対象として把握されるまでには至らなかった。そのため、明治期以来の国家主義的歴史観一般とは異なる皇国史観固有の性質を実証的に解明しようとする動きは生じなかったし、また平泉の歴史観と『国体の本義』『国史概説』のそれとの違いを具体的に分析しようとする意識も稀薄なまま、それらが同一視される状況が続いた。このような戦後歴史学における一枚岩的な皇国史観把握に対しては、わずかに平泉の門弟が異議を唱え、「皇国美化史観」と「皇国護持史観」とを区別することで、平泉の歴史観を後者に属するものとしてすくいあげようとする動きが見られたにとどまった（田中八四）。

研究の現状と展望　二〇〇〇年以降、マルクス主義史学の退潮や若い世代の研究者の登場などを受けて、研究の現状は極めて活発である。皇国史観と実証史学（「国史学」）・マルクス主義史学との関係も検討され（成田〇二、池田〇六）、史学史上における皇国史観の位置が明確化されるとともに、文部省の「皇国史観」や『国史概説』に関する実証的分析も進み（長谷川〇八）、その社会的影響力の強さと限界も示されつつある。また、平泉の歴史観と『国体の本義』のそれとの違いが指摘され（櫻井〇一）、総力戦下において、神勅の権威よりも、国民の主体性の発揮に重きをおいて日本の歴史を描く新しい歴史観が登場し、その新しい歴史観が、神勅を重視する伝統的な国家主義的歴史観と激しく衝突するという戦時期における皇国史観固有の状況も剔抉されている（昆野〇八）。これらの成果を踏まえ、今後の研究は、さらに皇国史観の全体像と歴史的意味を解明するとともに、近代日本の歴史観がなぜ皇国史観に帰着してしまったのかが再考されねばならない。

（昆野伸幸）

慰霊《いれい》

慰霊とは　戦争、災害、事故、流行病による死といった、社会的な意味を強く帯びた死者に対する一定の霊魂観に基づく儀礼行為。

研究史と戦後歴史学　慰霊は近代の戦死者に強く関連づけられてきた言葉である。戦後、宗教性と国家性の結合を強く含意する靖国神社や忠魂碑等の戦死者慰霊問題は、戦後民主主義のもとでの政教分離・信教の自由についてするどい政治的争点を形成した。慰霊研究はこの状況への学問的対応として、〈靖国擁護〉側－〈反靖国〉側の構図で一九七〇年前後〜八〇年代、両陣営で研究の基本文献が制度、政治、国家レベルの議論を軸に形成された。このなかで〈反靖国〉側で講座派マルクス主義史学の影響を強く受けた宗教学者村上重良の仕事は特に大きな影響をもった。村上は天皇制絶対主義の観点で、民主主義の未熟性故の産物「国家神道」の中核問題に靖国慰霊を位置づけた（村上七四）。

一九八〇年代以降、戦死者慰霊の重層的な社会的実態の問題を軸とした実証的深化作業が本格化した。〈靖国擁護〉側で先行していた忠魂碑等（大原八四）に注目が集まり、金石文への資料的拡大を伴う議論が蓄積された（籠谷九四）。一九九〇年代には慰霊文化の系譜的理解（黒田八二）を念頭に、近世の由緒・歴史意識・飢饉災害史等の研究進展もふまえ、一九世紀日本社会に形成された慰霊顕彰の動向とその記念碑がたつ空間が近代天皇制の社会秩序形成にはたす政治文化的役割も議論された（羽賀九四・九八）。それは近代天皇制の国家的な戦死者慰霊と民衆的慰霊双方の関係構造の歴史的起源と問題領域の広がりを問うものであり、倫理的な共同性を構築していく慰霊の全体メカニズムを、様々な社会的意味をもつ大量の死者にむきあう社会が一九世紀を通じて形成した政治文化として統合的に位置づける試みであった。

研究の展開には、講座派マルクス主義史学の日本近代像の後退と、抑圧の主体内在的な「国民化」という近代の普遍性を強調する国民国家批判論の登場が背景にある。国民国家批判論は学際的かつ比較史的な「記憶」論の展開につながり、慰霊の機能・空間性が歴史学内外で広く注目されていった。また、一九九〇年代後半以降の阪神淡路大震災、九・一一同時多発テロ、小泉首相靖国公式参拝、国立追悼施設の議論、戦後六〇年をめぐる諸動向等の現実ともきりむすび領域横断的な共同研究が活発化した。二〇〇〇年代に入ると研究成果が次々と著書にまとめられるなか（今井〇五、本康〇二）、様々な戦争関連死者の慰霊・顕彰とその複雑な関連の実相や、慰霊・顕彰の空間と施設の意味等に注目が集まった。この多種多様な慰霊研究の整理総括への模索もはじまった（國學院大學研究開発推進センター〇五・一〇）。今後は、「追悼」「顕彰」「供養」といった関係概念の理論整理（矢野〇六、西村〇六）、近代化と世俗化の等値を大前提とする近代観では解明しきれない「靖国の思想」の意味、そして、災害史等を視野に入れた様々な死者にむきあう社会が形成する文化性のなかに慰霊を位置づける作業のさらなる深化等が重要になろう。

（畔上直樹）

史蹟《しせき》

史蹟（史跡）とは何か　歴史上の事柄とされることについて関わりがあるとされ、社会的な意味をもつと認識、主張される土地。従って、古戦場や古城跡、古墳、陵墓、貝塚、都城跡、特定人物の旧宅や縁の場所等に加え、物質的遺構が見出せないものや、伝承地までも含ませようとする場合がある。

研究動向と戦後歴史学　史跡が研究対象、特に日本の近代化や近現代史の特質を考える重要なてがかりとして本格的に注目されるのはそれほど古い話ではない（日本史研究会九一、歴史科学協議会九八）。その背景には講座派マルクス主義史学の封建遺制論的近代像の後退、近代国家としての普遍性と文化統合、「創られた伝統」論を重視した国民国家批判論の登場、こうした動向とも連動する近世史での政治文化研究の進展があった。

近世史研究では村や家の由緒探究と歴史考証、各地の案内記や図会の作成、領主層の地誌編さん事業等々、史跡や名所が意識される状況が特に近世後期に顕著になることについて議論が深められたが、羽賀祥二は、これを近代天皇制形成の核心をなす歴史意識である「復古の潮流」の文化的蓄積が内在的に準備され、適合的な新しい質の権力形成として明治維新が必然化したとする一九世紀を通じた政治文化構造形成過程として総括的に議論した。羽賀は、史蹟名勝天然紀念物保存法制定（一九一九年）に至る史跡が社会的に注目され保存や制度化がはかられる過程を近代天皇制支配がもつカラクリの深淵に関わる問題と位置づけたのである（羽賀九八）。

他方、高木博志は羽賀の研究をふまえつつも、近代日本の史蹟等の文化財保護体制が二〇世紀に入り確立したことの意味を重視する。高木はその制度化過程が、地方改良運動といった帝国主義的な社会介入と国民組織化のなかで本格化していくことの段階論的な重要性を強調した（高木九七）。

近年は基礎史料の復刻が進展するなか（『史蹟名勝天然紀念物』等）、議論が歴史学内外で活発に展開されている。戦後歴史学との関連では、一九七〇年代後半からの陵墓公開運動の進展、さらには陵墓の世界遺産登録問題を背景に、史跡保護と別系統とされた陵墓管理をめぐる議論の活発化がある（外池九七、高木・山田一〇）。そこでは近代天皇制国家の政治文化的特質を単に国民国家の類型で処理することへの疑問も表明されている（高木〇六）。他方、九〇年代に先駆的に議論されていた（日本史研究会九一）、地域レベルでの史跡保護や顕彰の実態と政策的動向の関係性をめぐる動態について、例えば郷土史家の役割に注目しつつ具体的な議論が重ねられている（日本史研究会〇六）。この方向性はより広くは「記憶」論にも接続しつつある（若尾・羽賀〇五）。また、植民地や戦時期についても、議論の共通基盤が近年形成されつつあることも記しておきたい（森本一〇）。

（畔上直樹）

市民《しみん》

市民とは何か　市民は、西洋古代の都市国家ないし中世都市の運営主体、近代資本主義社会の担い手を指す概念である。人権宣言はすべての人間の自由と平等をうたい、これを体現した主体が市民であった。市民は経済的支配階級たるブルジョアジーであるが、彼らの主張する自由・平等から除外されたプロレタリアートが存在し、市民概念は大きな矛盾を内包した。

戦後日本の社会科学は、敗戦後経済の民主的再編を担う近代的・民主的人間類型（大塚久雄）の創出を一つの課題としたが、一九六〇年代には市民が私的・公的自治活動をなす自発的人間型として定義され、その積極的な創出が企図された。松下圭一は、人口のプロレタリア化およびテクノロジー化進展と大衆社会化のなかで、民主主義の空洞化が進むという状況に対抗する市民の自発性を求めた（松下六六）。市民は、都市にも存在する「ムラ」社会を克服する地域民主主義運動と自治体改革の担い手となるべく期待され、実際にそうした主体が革新自治体の成立と展開を支えた。

市民の研究状況　戦後歴史学、特に日本近現代史研究で市民はどう扱われたか。松尾尊兊は、第一次憲政擁護運動の担い手として当初活躍した上層ブルジョアジーにかわって民本主義を受け止めた都市中間層に注目する。彼らが立ち上げた自主的政治組織が、地方的市民政社であった（松尾七四）。ここでは大正デモクラシーの担い手としての市民が想定されている。また江口圭一も、都市小ブルジョアジーの政治的役割に注目した（江口七六）。以上は革命の主体としてのプロレタリアート・農民とは区別される中間層の政治的位置をどう考えるか、という論点を提起した。これらは反ファシズム統一戦線の評価、現実の政治運動の戦略とも大いに関連していた。

ところで、市民という語は近代日本において意外なほど多用されている。市制・町村制は、「住民」中二五歳以上帝国臣民男子で納税要件等を満たす者を「公民」としたが、第一次世界大戦前後に、これと区別される非制度的な主体である「市民」の創出が地方行政によって企図されたことも注目に値しよう（住友〇五）。

市民研究の課題　一九六〇～七〇年代には市民運動、住民運動が広範に展開されたが、現在それらの歴史的意味を考察する研究が進んでいる（道場〇六、荒川〇九）。市民運動がかつての高揚を示さなくなったのち、市民はいかに変容したと理解すべきなのか。革新自治体を担った主体が市民であるとすれば、世紀転換期においてネオ・リベラルな都市政策を支持するのも、もしかしたら市民なのかも知れない。一方、戦後日本の市民概念を再検討し、これが国家や公共への責任を見失った存在だと強調し、日本の精神を体現した市民なるものを対置する議論もある（佐伯九七）。市民という存在をいかに理解し定義し直すかは現実との緊張関係のなかにあり、いまだに重い課題である。

（源川真希）

ネオ・リベラリズム

ネオ・リベラリズムの席巻　ネオ・リベラリズム（新自由主義）は、経済活動の自由に最大の価値を置く政策の体系とそれを支える思想である。「小さな政府」と、労働・医療・教育・社会生活の各分野に市場原理を導入する政策を伴う。一九七三年のチリのクーデター後に行われた公営企業・社会保障の民営化、外国資本の直接投資促進などに始まる（ハーヴェイ〇七、小沢〇六）。戦後の冷戦体制のなか西側諸国では福祉国家が展開したが、七〇年代に財政肥大化、経済の停滞が深刻化した。そのなかで特に英・米で市場原理の拡大、政府機関縮小と民営化、福祉削減、労働組合への攻撃が実行された。日本の場合、八〇年代に中曽根内閣のもと国鉄等の民営化と規制緩和が進められるが（大嶽九四）、本格的な政策の展開は、九〇年代後半ないし小泉内閣下の二〇〇〇年代初頭に始まる。

思想としてのネオ・リベラリズム　一方、思想としてのルーツは、二〇年代のウィーンに求められる（中山一〇）。ネオ・リベラリズムは、共産主義やファシズムのみならず、一九世紀以前の自由放任にかわるニュー・リベラリズム（国家の経済への介入を是認し社会的公正の確保を目指す）や、ニュー・ディールにみられる米型リベラリズムに対抗するところに「ネオ」たるゆえんがある。戦後、ハイエクらを中心にモン・ペルラン協会が創設（権上〇六）、またシカゴ大学を中心とした経済学の体系が形作られ、またシンクタンクである「ランド」に集まった研究者が合理的選択論などを生みだした（アベラ〇八）。これらの思想・理論が七〇年代以降の政策化に結びついた。

歴史学とネオ・リベラリズム　ネオ・リベラリズムは、経済・社会秩序だけではなく文化・思想・学問の面にも影響をもたらした。従ってその現状・理論・歴史を分析するだけではなく、ネオ・リベラリズムのなかでの諸学問の位置を考察する必要がある。これは学問・大学が競争的環境に置かれ、諸科学の間に産業への貢献度を尺度とした序列化が持ち込まれていることにあらわれる。また学問の方法自体が、その影響を受けていることにも注意したい。例えば経済学の分野では、マルクス経済学の相対的な地位だけでなく、ケインズ主義の相対的な地位低下と新古典派の地位上昇がみられ、政治学などを含め合理的選択論が大きな影響力を持つ。歴史学の場合、理論研究を中心とする社会諸科学が蒙った変容ほどではないが、それでも分析の視点への影響が明確に存在する。すでに一部の高校日本史教科書では、近代的市場経済のための財産権と「契約の自由」の意義が説かれ、日本資本主義を支えた製糸工女について、賃金上昇のなか工場を移動していく能動的な主体として叙述されている。もちろん過酷な労働条件を無視してはいないが、競争のなかで「近代的な個人」が創出されることを重視する。さらにネオ・リベラリズムの風潮は、前近代史の叙述にも色濃く反映している（小野一〇）。今後、経済史の描き方のみならず、主体の行為の評価が大きく変化するかもしれない。二〇一〇年前後から、歴史学会の年次大会のテーマとして盛んに取り上げられており、今後の議論の深化が望まれる。

（源川真希）

人民闘争史・民衆運動史《じんみんとうそうし・みんしゅううんどうし》

人民闘争史の構想と成果　労働者・農民という無産階級の闘争に歴史発展の原動力をみる階級闘争史に対して、人民闘争史は、無産階級と中間層との共同闘争の可能性と現実性を強調する視角といえる。

歴史科学協議会・歴史学研究会・日本史研究会では、一九六七年から、人民闘争史の視角にもとづく歴史の全体像の構想に取り組んでいる。その背景には、統一戦線論の影響とともに、翌一九六八年の明治百年祭への対抗があった（歴史科学協議会八七）。政府主導の明治百年祭とその思想的背景にある近代化論に対して、イデオロギー批判にとどまらず、具体的な歴史像を対置することが意図されていた。研究動向でいえば、一九六〇年代に進展した研究の個別分散化への反省や歴史を推進する主体の再検討といった文脈があった（中村八四）。日本近現代史の代表的な成果には、江口圭一や宮地正人の研究がある（江口七六、宮地七二）。

人民闘争史後の運動史研究　一九七〇年代には、大正デモクラシー研究、続いて第一次世界大戦後〜一九二〇年代の労働運動・農民運動を対象とした研究を中心に、運動史の研究領域で多くの成果があげられた（安田八二）。運動史研究の隆盛は、人民闘争史の提唱に触発された面も大きかったが、そこには、人民闘争史への批判や反省も含まれていた。

その一つに、運動の構造を支配との関連で把握する視点が弱かったことがある（大門〇一）。こうした反省は、一九七〇年代後半から一九八〇年代前半にかけての「統合論的アプローチ」の研究潮流へとつながっていく。そこでは、運動の展開が新たな統合をもたらすという、運動と統合の相互規定関係が重視され、一九二〇年代研究で大きな成果をあげた。

いわゆる民衆運動史では、一九八五年に稲田雅洋や鶴巻孝雄・牧原憲夫らによって困民党研究会が発足している（困民党研究会九四）。負債農民騒擾をはじめとする近代成立期の民衆運動について、その独自性や自律性を重視し、その解明を通じて「近代」そのものの相対化が目指された。こうした諸研究では、一九六〇年代以降の民衆思想史・民衆史の文脈に強い関心が寄せられ、イギリスやフランスの運動史研究の動向にも目配りがなされた。

一九九〇年代後半以降、運動史研究の低迷が指摘されてきた（大門〇一）。だが、二〇〇〇年代後半には、一九五〇年代の社会・文化運動をはじめとして、運動史への関心の高まりがみられた。こうした動向、特に一九七〇年代生まれの研究者には、革命や変革といった将来展望の有無にかかわらず、運動に立ちあがる主体、立ちあがらざるをえない人間にたいする共感に根ざした関心が認められるという（三輪〇九）。マイノリティ論やジェンダー論、カルチュラル・スタディーズ、ポストコロニアル批評など、それぞれと関心を共有する運動史研究も現れており、運動史の研究領域において、新たな発想や方法、叙述の模索が続いていることを示している。

（大川　啓）

労働運動と労働《ろうどううんどうとろうどう》・労働者《ろうどうしゃ》

主体と客観条件　日清戦争後に最初の労働組合が登場して以来、日本労働運動史は主に運動当事者の手によって繰返し書かれてきた。民衆諸階層の多様な運動の中軸に位置するものとして、労働運動史には高い関心が払われてきたのである。第二次世界大戦後になると、方法的に洗練され原史料も駆使した、本格的な研究書があいついで刊行された。そこで焦点となったのは、一面では人々の主体的な営みである労働運動が、他面では客観的な経済構造に規定される、この両側面をいかに統一的に把握するかという問題であった。ただこの段階では、客観的規定性に力点をおく経済学分野の研究が優勢で、主体的側面をあつかう歴史学分野の研究は、経済構造との関連を充分に組み込めていないのが実情だった。

主体と客観の統一把握にむけて、研究が大きく前進したのは一九六〇～七〇年代である。歴科協による人民闘争史の提唱は、変革主体の成長プロセスの明確化を求めたが、同時に研究者の主観的願望によって、運動の過大評価におちいることを強くいましめた。そのなかで労働者をめぐる社会経済的諸条件、たとえば生産工程・労働力編成・労務管理などとの関連において、主体形成の特質や運動発展の可能性を問う、精緻な実証研究があいついで発表された。また労働運動を制約する今ひとつの要因、労働政策の究明もすすんだ。こうして日本労働運動史は、日本資本主義との構造的関連において、また国家の統合政策との相互関連において捉えなおされ、大きく書きかえられた。ただこの時期の研究は、あつかう範囲が構造と運動、統合と抵抗の関係にかかわる問題群に限定される傾向があり、ために当該時代を生きた労働者の実像にせまるという点では限界があった。

近年の研究動向　こうした研究上の難点も無関係ではないだろう。一九八〇年代になって現実の社会運動が後退し、政治革新に対する人々の期待が急速にしぼむ状況のもと、労働運動史に対する一般の関心が目にみえて低下し、この分野の研究は低迷期をむかえた。かわって登場したのは社会史的視点を導入した労働史研究である。家族・家計、規律・集団、衛生・娯楽など、労働および労働者にまつわる多様なテーマ設定がおこなわれ、従来の運動中心の研究が充分にはあつかえなかった、労働者の日々の暮らしぶりが垣間見えるようになった。しかし労働史研究はテーマ・方法とも拡散気味で、いかなる歴史像を提示することになるのか、現時点では読み取りにくい。

ようやく二〇〇〇年前後、つまり世紀転換のあたりから、運動史に対する関心の高まりが、若い世代の研究者のあいだにきざしてきた。新自由主義の暴威のもと、人びとの労働と生活が危機にひんするなかで、現代日本では遭遇しがたい歴史上のたたかう民衆に対する驚き、その生きざまに対する関心が広がるのは自然なことであろう。こうした近年の研究の特徴は、運動の社会的影響力よりは主体の内実・個性を問うところにある。一九六〇～七〇年代の構造的研究と、近年の主体にそくした研究との綜合によって、新しい日本労働運動史が書かれることを期待したい。

（三輪泰史）

部落問題《ぶらくもんだい》

論争の起源と枠組み　一八七一年、明治新政府は「穢多・非人の称」を廃止し、職業を「平民同様」とする旨の太政官布告、いわゆる「解放令」を発し、近世の賤民身分は制度的に廃止された。しかし一揆など解放令に反対する動きがあり、社会的な差別がその後も見られた。その差別の原因について論争がくりひろげられてきた。幕末から明治期の国民国家の形成や帝国主義化のなかで、「穢多」身分は異民族を起源として成立したという見方が登場した。第一次世界大戦後、民族自決や民主主義的な風潮が広がるなか、部落の自主的な解放運動として誕生した水平運動は、維新によって「四民平等」が実現したはずなのに、いわれない差別を受けてきたことを鋭く告発した。それ以降一九八〇年代に至るまで、部落差別は近代社会で本来解消されるはずなのに、封建的な身分制の遺制として残存しているという理解の大枠が形成され、そのなかで議論が展開されてきた。一九二〇年代後半から、マルクス主義やアナーキズムの強い影響の下に、部落差別を階級対立の一環としてとらえる見方が強まり、労働運動や農民運動との連帯が進む一方、部落問題独自の位置づけが曖昧になり、戦時下で左翼運動が厳しい弾圧を受けると、部落解放運動は国家主義的な運動に同調していく。

戦後の論争　敗戦後の民主化の中で部落解放全国委員会が結成、一九五五年には部落解放同盟に発展した。敗戦後から高度成長期は、部落の貧困な生活状態が際立った時期であり、その克服が大きな課題となった。その切実な要求が、一九六九年に同和対策事業特別措置法（同対法）に結実した。その間、部落解放運動は党派間闘争の影響もあって分裂したが、資本主義経済がもたらす貧困問題として部落問題をとらえる見方が支配的であった（馬原七一）。また、殊更に周辺社会の差別を強調し、それを糾弾する立場をとりながら、同対法の運用に影響力を行使しようとする傾向も顕著に見られた。

しかし高度経済成長が終焉し、部落の経済状態の一定の改善が見られ、同対法以後の状況を展望する必要が生じるなか、部落差別を資本主義とは次元の異なる地域的な社会的差別とする見解が登場した（鈴木八五）。また、部落差別を「封建遺制」と見るのではなく、近代天皇制国家の構造との関連で理解すべきとの重大な指摘がなされた（畑中九五）。これら二つの提起は、従来の論点を大きく転換した。前者は、近世身分制史研究における「周縁的身分」論の提起（塚田・吉田・脇田九四）に大きく影響され、分節化された社会構造の詳細な実態分析を進めていく方向に進んだ（佐賀〇七）。また一方で、資本主義の論理に部落差別を位置づけ直す新たに問題提起も行われた（上杉九〇）。

一九九〇年代、ポストモダンの思想潮流に大きく影響され、「国民国家論」が盛んとなった。それとの関わりで、国民国家に対峙するマイノリティという視点から部落問題を再把握する傾向が生まれた（ひろた九〇、黒川九九）。近年、その流れに沿いながら、ディアスポラに象徴されるアイデンティティの揺らぎが問題となり、アイデンティティをめぐる政治の文脈に、部落問題を位置づけ直す試みも見られている。

（布川　弘）

歴史科学運動《れきしかがくうんどう》

「科学運動」の意味　本用語は「歴史学における科学運動」を指すが、今日ではまず科学運動の説明が要るだろう。それは、敗戦の翌年に発足した民主主義科学者協会（民科）が強く打ちだした認識であり、研究＝創造活動とその職能に根ざした社会的実践とを統一的に包括する概念として、研究者の対社会的存在の全体性を表す（歴科協九九）。ただし、これが歴史学界で実際に受けとめられる過程では、活動の重心は大きく変化した。

「国民的科学」の時代　まず一九五〇年代前半に興った国民的歴史学運動は、民科が提起した「国民的科学（国民のための科学）」運動を歴史学の分野で担う取り組みだったが、科学運動の包括性から遊離して共産党が指導する目前の革命運動に従属し、農村への文化工作に偏重した。他方、この運動のなかで知識人と民衆の関係、研究者の「学風改造」等が提起されたことは、後の歴史教育実践の深化や民衆史研究に連なる成果でもあった（大串〇一）。しかし、功罪を自主的に総括する間もなく、五五年に同運動は共産党の六全協総括によって誤りとされたため、運動に挺身した青年歴史家たちの深い失望と離反を招いた。その結果、五〇年代後半には歴史学界の対社会的活動は全般的に沈滞した（民科六七）。

高度成長期の科学運動　沈滞を乗り越える科学運動の再構築は、六〇年代半ば以降にあらためて強く自覚された。それは、六七年四月に発足した歴史科学協議会が「科学運動への参加と推進」を強く謳った点によく象徴される。歴史学界全体の具体的な取り組みとしては、①家永教科書訴訟の支援を柱とする教育反動への抵抗、②文化財保存運動への参加と支援、③紀元節復活・明治百年祭への反対運動の組織化、④学術体制・研究環境の改革を求める諸運動等、広範な領域で歴史学と社会との新たな結びつきが生まれた。しかもこれらの活動は、①市民の自立的な運動との連携、②「国民の歴史意識」の検証、③教育実践や教育課程に即した歴史教育者との協働、④労働者・学生としての権利主体意識の覚醒という、いずれも五〇年代の運動の限界を克服する要素を生みだし、歴史研究者が自己の専門性を活かして社会的責任を果たしうる回路を造り出した（佐藤・梅田七一）。これが、高度成長期の社会の激変に応えた科学運動の新たな態勢と意義づけであり、七〇年代はその全盛期であった。

今後の展望のために　以上のように、五〇年代の国民的歴史学運動と六〇年代後半以降の科学運動とは質的に異なる。当事者の主観では両者は連続しているが、実際には前者では歴史学固有の科学運動を創造しようとする主体性が弱かった（梅田六三）。また後者の隆盛も、この点を克服した結果とは必ずしもいえない。両者の継承関係の具体的検証や歴史的位置づけは、今後、史学史を思想運動史として描く際の試金石となろう。それは知識人論や組織論を練り直すためにも欠かせない。九〇年代以降、各歴史学会誌では科学運動関連の記事が急減し、関心は衰弱の一途をたどった。だが、歴史研究者に求められている社会的責任の前線は、今日むしろ拡がっており、新たな視点による科学運動の批判的継承が課題となっている。

（戸邉秀明）

大衆社会《たいしゅうしゃかい》

大衆社会とは何か　二〇世紀の社会では、それまで市民社会から排除されていた人びとが政治・経済・文化に参入し、それらを大きく変質させた。社会の平準化・民主化が進み、大衆が社会の成員として構造化されるようになった現代社会は、近代市民社会（名望家社会）と対比して大衆社会と呼ばれる。資本主義の展開にともない伝統的紐帯から切り離された都市大衆の人口が増大し、とりわけ組織された工場労働者や官僚制的組織に属する新中間層が比重を高めた。大量生産・大量販売のシステムやマス・メディアの発達は、生活水準や文化を平準化させるが、大衆は商品やサービス、情報や文化の受動的な消費者となり、意識の画一化が生まれる。普通選挙制や社会政策が導入され、制度的民主化が拡大するが、大衆の政治的無関心や国家の受益者意識も目立つようになる。こうした現代社会の特質とその問題状況を照射するのが大衆社会概念である。日本の大衆社会への移行は一九二〇年代に始まり一九七〇年代までには完成したとされる。

現代社会論としての大衆社会論

大衆社会論は全体主義国家の同時代的分析として始まった。経済的社会的危機のなかカリスマの煽動に同調・従属していく人びとに対し、市民社会の自律的・主体的で合理的な「市民」と対比して、没主体的・情動的で原子化した「大衆」（mass）という「負」の表象で捉えた。その後アメリカなど「豊かな社会」でも、消費への欲望を高め、マス・メディアからの情報に同調するなかで、ライフスタイルや価値観の画一化、孤独化、政治的無関心などを示す大衆の存在が論じられた。日本では一九五〇年代に松下圭一（五六）が独占資本主義段階に普遍的な社会形態として大衆社会を位置づけ、大衆を体制内に馴化する現代国家の歴史的特質とそのもとでの政治的展望を論じ、それをめぐり「大衆社会論争」が展開された（後藤八六）。松下の議論には大衆社会の「負性」だけでなく、社会の平準化・民主化の積極面への視点があった。

大衆社会化論～日本近現代史研究での展開　現代社会論としての大衆社会論はその後下火となるが、日本近現代史の分野では一九九〇年代に近代から現代への移行について、名望家社会から大衆社会へという枠組みが提起された。それは「日本型大衆社会」（後藤九三）の形成過程を探るという問題関心から、戦間期に進行した大衆の政治社会への参入や社会の平準化の歴史的意義と限界を問うた（安田九三）。この「大衆社会化論」は、渡辺治（八二）の「普選体制論」をはじめとする一九二〇年代研究をふまえたもので、国家と社会の連関、特に大衆の政治的統合様式の段階的変化を軸に考察する方法であった（大門〇二）。こうした枠組みに刺激され、戦間期における大衆社会状況下の政治と社会の構造変容や、大衆民主制が抱え込む矛盾とその克服をめざした国家構想に関する研究などが積み重ねられた（大門九四、林〇〇、重松〇二、源川〇一、住友〇五）。一方、映画、音楽、大衆雑誌、ツーリズム、消費文化、スポーツなど、大衆文化の視角からの政治社会史研究も、大衆社会の歴史研究にとって重要な論点を提示している（高岡〇八、ゴードン〇六）。

（大岡　聡）

マルクス主義　――しゅぎ

戦前日本のマルクス主義　マルクスとエンゲルスに起源をもつ、搾取と抑圧からの解放をめざす理論と実践プログラムの全体を指す。日本のマルクス主義は、明治末年に導入・紹介され、ロシア革命を契機に同時代の青年層を中心に支持を拡大した。それは社会運動の活性化を促す一方、そのロシア的解釈が正統性を獲得するとともに、山川イズムか福本イズムか、「三二年テーゼ」か「二七年テーゼ」かなどの政治革命論争の焦点ともなり、現実的運動の動向とは切り離された、文献解釈に偏った「理論闘争」も展開された（松沢七三、松田七四）。そのなかで戦前日本マルクス主義の評価を高め、戦後の社会科学・歴史学に大きな影響を与えたのは、一九三〇年代前半の日本資本主義論争であった。この論争はマルクス主義の方法によって、日本資本主義社会を分析した初めての試みであり、戦後歴史学の基本視点をつくった（遠山六八）。今日からみれば、講座派が特殊性の絶対化に傾斜すれば、労農派は特殊性の一般性への解消を対置するといった方法的難点を伴うものであったが、特に講座派によって主張された日本社会の「半封建」的性格という規定は、学問的論争を超えて、文学批評や日常生活の実感を含めた広い領域にまで浸透していく力をもっていた（安田九五）。論争は戦争体制のなかで弾圧されていくが、たとえば羽仁五郎、武谷三男、中井正一らの広義の「人民戦線」論や、尾崎秀実のアジア論などのなかに、いかにマルクス主義が独自な形で受け継がれていったかの究明はなお今後の課題であろう。

戦後のマルクス主義　敗戦によってマルクス主義は解禁され、圧倒的な影響力をもって社会科学や歴史学などを牽引することになるが、戦後歴史学はこうした時代潮流のなかで、講座派マルクス主義と、丸山真男の政治学、大塚久雄の経済史、川島武宜の法社会学など「近代主義」とよばれた流れを両輪としてスタートした。「近代主義」の潮流も講座派の影響のうえに、理念としての「西欧近代」の実現をめざした。それはＧＨＱの戦後改革が講座派の分析の正しさを裏付けたという一面もあった。しかし戦後のマルクス主義も同時代の政治潮流の動向に揺れ動かされ、政治の分裂が学問・思想の分裂に連動する構造は変わらなかった。共産党五〇年問題や国民の歴史学運動、さらには昭和史論争や構造改革論争などもこうした構造と無縁ではない。特に一九五〇年代後半以後、六全協や昭和史論争などを契機に、戦後歴史学は実証主義への傾斜を強めていった。そこでは戦前講座派マルクス主義の視点を継承しつつ、とくに明治維新論、地主制論などの領域で精密な実証が積み重ねられた。しかし経済史偏重、歴史理論の立ち遅れ、高度成長という同時代の現実に対する対応の弱さなどの難点を合わせもつものであった。そして一九七〇年代以後、民衆史、社会史、女性史、地域史などの新たな台頭のなかで、戦後歴史学的なマルクス主義はそのパラダイムの動揺に直面することになり、ポストモダニズムの「大きな物語」の終焉論、さらに八九年東欧革命、九一年ソ連解体が、日本でもマルクス主義の影響力の減退を決定づけた。

（安田常雄）

従軍慰安婦《じゅうぐんいあんふ》

従軍慰安婦とは何か　十五年戦争期に、戦地・占領地で日本軍の監督・統制下に置かれ、軍人・軍属の性の相手をさせられた女性のことである。当時は「軍慰安所従業婦」などと、戦後は「従軍慰安婦」とよばれた。最近は日本軍「慰安婦」とも記される。そのシステムは国際的に日本軍性奴隷制 Sexual Slavery とよばれるようになっている。

歴史的実態についての研究　「従軍慰安婦」問題が浮上した一九九〇年以降、証言や関係資料が蓄積され、研究が急速に進んだ。この制度について、日本政府は当初、民間業者が勝手に作ったものと主張していたが、軍が主体となって創設・運用したことは完全に解明された（吉見九五、吉見・林九五）。また、女性たちの徴募・使役の違法性・強制性についても、様々な角度から解明されていった（同上、VAWW-NET Japan 〇〇～〇二）。朝鮮・台湾・中国・東南アジアなど各地域での徴募の実態や戦地・占領地での慰安所の実態についても解明が進んだ（同上、尹〇三、朱〇五、石田・内田〇四）。公娼制との異同については、全く別のものとする説、公娼制が発展したものとみる説、両者の共通面と違いを区分する説がある（吉見〇九）。

最近「植民地責任」論が注目されるようになったが（永原〇九）、主に植民地や占領地の女性が「従軍慰安婦」にされた問題の研究を深めると、新たな歴史像が構成される可能性がある（宋・金一〇）。

「従軍慰安婦」問題をめぐる政治的争点　研究の進展にもかかわらず、自由意思で売春した女性とみなす「従軍慰安婦」観は、日本国内に根強く存続している。日本政府は、政府・軍の道義的責任は認めるが、法的責任と賠償責任を否定し、アジア女性基金での見舞金と民間募金で問題は解決したとしている。これに対して、日本政府による法的責任の承認と被害者への賠償を求める声は、ヨーロッパ議会の決議をはじめ、国内外に存続しており、以上の三つの立場が対立している。

歴史学研究にとっての意味　戦争と性の問題の研究は新しい分野だが、近代日本の対外戦争の実態、植民地・占領地支配の特質、戦争犯罪・戦争責任問題、帝国と女性差別など多くの問題を解明することにつながる。また、現代においても旧ユーゴ・ルワンダなどの例が示すように、戦争が起こると、女性に対する性暴力が頻発するが、この問題の解明は、女性に対する戦時の性暴力の根絶という現代の課題の解決に寄与することになるであろう。

（吉見義明）

都市史（近代）《としし》

農村から都市への視点移動　日本近代史研究では、近代天皇制国家の社会的基盤をなすとされた農村の社会経済史的研究が大きな成果をあげる一方で、近代都市の歴史的考察は大きく立ち後れていた。しかし、高度成長を経て日本社会に都市的生活様式が普遍化するとともに、現代都市化の矛盾が顕在化して都市政策や都市自治への人びとの関心が高まった。さらにその後のグローバル化のなかで大都市構造の再編や地方都市の衰退が進み、都市住民の政治意識や歴史意識も大きく変化した。このような都市社会や住民意識の変動を背景にして、七〇年代後半になって研究者の関心が都市に集まるようになり、八〇年代には地域史からの近代都市史の「自立」が宣言されるに至った。

近代都市史研究の展開　現実の都市問題や都市政治への批判意識から生まれた都市史研究がまず目を向けたのは、第一次都市化時代である第一次世界大戦前後の大都市における都市問題と都市行政・政治であり、都市下層社会研究、都市政治史研究、都市の地域支配構造研究で多くの成果が生まれた。特に当該期の都市固有の支配様式の変容について、都市名望家の支配（予選体制）から都市専門官僚による支配へという枠組みが提起され、多くの研究者の関心を集めた（原田九七、小路田九一、芝村九八）。また近代都市史研究の開拓者たちは、都市をめぐるさまざまな学知との交流のなかで都市史の課題と方法を鍛え、都市の視点から日本近代史像の書き換えを目指すこと、さらには歴史学の方法的転回をはかることに意欲的であった。成田龍一の「方法としての都市史」という主張はそれを代表している（成田九三）。

近代都市史研究の定着と「閉塞」　こうして九〇年代までに近代都市史研究は、多くの研究者の参加を得て近代史研究の一分野として定着したが、一方で「研究対象と分析視角の個別分散化」が進行して、都市史研究が「閉塞」に陥っているという自己診断がなされるようになった（能川〇一）。二一世紀に入ってからも、大阪に比べて遅れていた東京や京都を対象とした研究に厚みが増し（櫻井〇三、源川〇七、伊藤〇六）、軍都論（本康〇二）や植民地都市論（橋谷〇四）など新たな対象と視角が模索され、社会経済史（大石・金澤〇三）の手法の有効性や近世都市社会史との架橋の必要性（佐賀〇七）が主張されるなど、分析の精緻化と、分析対象や方法の多様化が進んだが、たとえば「空間」論といった共通のアリーナ（中野〇四）の上に、研究者間の討論の活性化が求められている。

（大岡　聡）

厚生《こうせい》

用語の背景　「厚生」は、「徳を正し用を利し、生を厚くす惟れ和せん」という『書経』の一節を起源とする用語であり、一般的には、福利や福祉などの類義語として理解されている。だが、一九三八年の厚生省の設置がこの用語の使用の端緒だったことからも明らかなように、歴史的に見ると「厚生」はむしろ戦時体制に深く規定されている側面が大きい。戦時下において、厚生省は「人的資源」の確保のため、人口増殖や健康保持、児童保護、労働者保護などの諸事業を構想し、実行に移した。また、ナチスドイツのＫｄＦ（歓喜力行団）にならって、全国各地で「健全」な娯楽と心身の鍛錬を追及する厚生運動が展開された。このように「厚生」は、福利の向上のみならず、総力戦の遂行のために国民の身体や文化を矯正し、誘導していく意図を含んだ理念であった。歴史学も多くの場合戦時体制との関連でこれを問題化してきたといえる。

研究状況　こうした厚生事業／運動は、しかし、日本社会の前近代性を基礎にすえる天皇制ファシズム論などの議論では必ずしも重視されず、戦後歴史学の文脈ではほとんど対象化されなかった。むしろ、社会福祉学（吉田七一）や、レジャー・娯楽論研究（石川七三）など、他の学問体系をルーツとする歴史研究のなかで研究が蓄積されてきたといえる。これに対し、歴史学の分野で「厚生」が注目されるようになるのは、社会史が本格的に導入され、ファシズム論が新たな段階をむかえる八〇年代以降のことであった。赤澤史朗（八九）や高岡裕之（九七）などの諸研究は、スポーツや音楽などのレクリエーション、および医療や健康保険などの制度と実態を明らかにし、そうした政策が日本のファシズム体制のなかで一定の位置を占めたことを示した。

九〇年代以降になると、こうした研究に加えて、戦時体制下における医療・福祉の発展を戦後の「日本型福祉国家」の起源として位置づける議論（鐘九八）が登場する。これに対し、藤野豊（〇三）は、戦時下において進められた厚生事業／運動があくまでも「人的資源」の培養・動員という国策に沿うものであったこと、また、それらが病者・障害者の差別・排除を伴っていたことを主張し、あくまでもファシズム体制の特質として捉えるべきだとした。また、高岡裕之（一一）は、戦時下の厚生政策について、単に戦後の「福祉国家」の前史としてではなく、それとは質の異なる「社会国家」の一環として位置づけ、複数の構想のせめぎあいを描き出している。戦時・戦後の連続性を前提としつつも、現代史のなかに「厚生」をどう位置づけていくかが問われているといえよう。

なお、近年は地域史研究の発展もめざましく、国民健康保険組合の活動（鬼嶋〇五）など、地域における「厚生」の実態解明も進んでいる。

（佐々木　啓）

企業社会《きぎょうしゃかい》

用語成立の背景　企業社会とは、現代日本のある時期の政治体制を、国家と社会の特殊な結びつき方に着目してとらえようとする概念である。この概念が体制概念として形成されたのは、日本企業のパフォーマンスが絶好調だった一九八〇年代のバブル経済の時代である。概念形成に携わった論者たちの問題関心は、なぜ日本の労働者は「過労死」すら生み出すような長時間労働を続けているのか、なぜ労働者の固有の要求を政治化する回路が、社会民主主義勢力の弱さに象徴されるように脆弱であるのか、等の点にあった（渡辺九〇・九一）。

「企業社会」とは何か　これらの課題を解明するにあたって参照軸とされたのは、福祉国家体制である。当時の先進資本主義諸国は、現代国家段階にあり、その多くは福祉国家体制を採用していた。福祉国家体制を究極において支えるものは、組織化された労働者と資本家による階級妥協と、階級対立の政治的顕在化によって相対的自立性を高めた「調停者」としての国家の存在である。

この福祉国家体制と比較して、企業社会概念の形成者が着目した日本の特質は、第一に、労働者統合が個別経営レベルにおいて、能力主義的競争秩序を基盤に基本的に完結しており、労働者政党を通じた福祉政策などの国家的装置を不可欠の環とはしていなかった点である。

第二は、企業間競争に勝ち抜くという経営の論理を労働者が受容したために、階級妥協の成立の余地がなく、国家も「調停者」として立ち現れなかった点である。その結果、国家が国益についての独自の判断をもとに作り上げていくはずの教育政策や福祉政策などが、資本の論理に従属した。経営の論理が社会の諸領域を直接に掌握したのである。

第三に、福祉国家体制では一般的にみられる労働者代表政党による政権掌握が行われず、保守政権が長期にわたって存続した。日本の労働者は、労働者政党が力を入れる所得再分配政策よりも、競争に勝ち企業の業績を向上させることに生活向上の展望を見いだし、経済政策を得意とする保守政党に期待したのであった。

展開と展望　これまで述べてきたように、企業社会概念はもともと日本企業における競争規制の弱さや労働強度の強さを問題視するものであったが、その後、女性労働者の低処遇や、性別役割分業を強固に組み込んだ日本型家族を解明するための分析視角としても有力視されるようになっている（木本九五）。

またグローバル化と新自由主義改革が進む今日では、企業社会体制下での福祉の貧困が、改革がもたらす困難を他国にはみられないほど深刻化させている問題が指摘されており、今日的な社会問題を検証するための視角として、企業社会概念に改めて光が当てられるべきと思われる。

（山本公徳）

公共性《こうきょうせい》

多様なアプローチ　公共性という用語は、近年、古代史から現代史に至るまで頻繁に用いられるようになった。国家が民衆を抑圧するといった公共性のネガティブな側面に注目する研究がある一方で、地方自治にみられる公共性の歴史的性格を探るといったポジティブな側面――その歴史的意義と限界を捉えようとする研究も存在する。単に国家や自治体に体現される公共性にとどまらず、公共性を成り立たせるための言説や文化、それらを発信するメディアなどに注目する研究もみられる。しかし、現状における公共性という用語への関心の拡がりに対比したとき、着実な実証を伴う歴史的研究は必ずしも十分とは言えない段階であろう。本項では、主に近現代史を対象とし、なかでも一定程度の研究蓄積がみられる国家と地方自治にかかわる公共性に絞って検討する。

国家的公共性　日露戦後において、天皇制国家が行政町村に公共心をもった「公民」の養成を求めたことにみられるように（宮地七三）、近代日本においては、国家の側が期待する公共性の存在が指摘されてきた。そこでの公共観念は、西洋と異なって、マイナスの私を公に媒介する「滅私奉公」的性格を有した点に特徴があるとされる（神島六一）。近代天皇制国家に埋め込まれた国家的公共性の論理を、前近代からの国家と社会の関係が変化する過程に求める試みがある（小路田九五）一方、幕末維新期に「国民国家的公共圏」を想定し、そこに国家権力とその反対派の政治的対抗関係を捉えようとする見方も存在する（安丸〇七）。

国家的公共性は現代化の過程においても重要な意味を持った。第一次世界大戦後に法整備が進んだ都市計画が、国家＝官が体現する国家的公共性として立ち現われた点（反対に、各都市が固有の「公共性」を樹立することが法的に許されない点）（原田〇一）にも、そのことが示される。国家的公共性の強さゆえ、社会の側からみたとき、一九六〇～七〇年代にみられる住民運動は公共性を批判する性格を持たざるをえなかったのである（安田〇二）。

地方自治と公共関係　近代天皇制国家にみられる国家的公共性とは異なって、地方自治に着目した場合、外国制度の継受とそれを受け止める側の国内的条件との関連に着目すれば、そこに地域的公共関係の制度化を見出すことができる（山田九一）。ハーバーマスの議論に即して幕末社会をみれば、文芸的公共性や市民的公共性の明確な成立は見られないとする指摘（安丸九三）がある一方で、村落が近世以来持っている公共的性格や、近代行政村や都市が有する公共的関係に着目し、個別事例に即してそれらの生成過程と変化を明らかにする共同研究も現れた（大石・西田九一、大石・金澤〇三）。これらの研究を踏まえ、明治前期における「議論する公衆」としての士族層の存在（筒井〇四）や、都市の公的業務を担う地域末端の諸団体（水道区会や町総代制度、土地区画整理組合など）の役割（沼尻〇四）、などの諸論点が明らかになってきた。比較史の観点から近世の共同体理解を深めつつ、近代以降の公共性への展望を提示しようとする取り組みも試みられている（小野塚・沼尻〇七）。

（沼尻晃伸）

被災史料保全と歴史学《ひさいしりょうほぜんとれきしがく》

一九九〇年代以降、日本列島は、地震多発期に入り、大規模な水害も続発するようになった。九五年の阪神・淡路大震災で、日本で初めて大規模自然災害において、地域の歴史資料（史料）を保全する、組織的な動きが起こった。関西の歴史学会を中心に、博物館・文書館関係者、郷土史研究者が結成した歴史資料保全情報ネットワーク（略称「史料ネット」）は、被災地の市民や自治体と協力して、段ボール箱一五〇〇箱以上の史料を保全し、大震災関連資料の収集保存を支援した（二〇〇二年に歴史資料ネットワークと改称）。

その後、鳥取県西部地震（二〇〇〇）、芸予地震（〇一）、宮城県北部連続地震（〇三）、新潟県中越地震・福井県水害（〇四）、宮崎県水害（〇五）、能登半島地震（〇七）でも同様な組織が立ち上がり、予防を掲げるネットワークも山形・福島・千葉・岡山で生まれた。史料ネットは、暫定的にセンター的な役割を担っている。東日本大震災（一一）では、岩手・宮城・山形・福島・茨城等の現地のネットワーク及び文化庁・文化財関係団体からなる文化財等救援委員会が、被災史料保全に当たっている。

被災史料保全活動の特徴　被災史料保全活動の特徴は、指定文化財だけでなく、地域社会において日常的に生み出されるビラ・日記・町内会の記録・写真などの史料を、次世代に地域の記憶を引き継ぐ地域歴史遺産として保全、活用していくという考え方の下で、進められたことにある。この活動が社会的に可能となった背景には、次世代に自己の経験を社会的なものと考え、積極的に伝えていくという記憶をつないでいこうとする文化が育ちつつあることを意味する。阪神・淡路大震災では、大震災の記憶を未来に伝える活動が市民レベルで広範に展開し、震災資料保全の重要性は自治体を含めて通念となった。

二〇〇四年七月、内閣府は「地震災害から文化遺産と地域をまもる対策のあり方」を公表した。指定文化財のみでなく、地域の歴史の核となるものを文化遺産として、災害から守るという指針が政府からも出された。

日常的な史料保全と活用　現在、中山間部での過疎化と、都市での流動化が広がるなかで、コミュニティの維持は困難となっている。日常的に地域史料の保全を進め、それを地域づくりに活かし、大規模災害時における保全活動を展開することが重要となっている。各地域のネットワークでも、住民とともに地域の歴史文化を育て、災害の記憶を伝えていく活動を意識的に行うようになった。

自治体等の歴史文化関係者や予算の削減等、地域の歴史文化支援は厳しい状況にあるが、神戸大学文学部地域連携センター（〇一設置）、新潟大学人文学部附置地域文化連携センター（〇五設置）の活動、宮城歴史資料保全ネットワークのNPO法人化など、震災を機に持続的に歴史資料の保全活用を進める動きもはじまっている。

（奥村　弘）

在日朝鮮人《ざいにちちょうせんじん》

在日朝鮮人とは　一九世紀後半以降、日本による朝鮮植民地支配とその後の南北分断の下で、朝鮮半島を離れて移り住むことを余儀なくされた朝鮮人は数多い。そのうち、日本で暮らすことになった朝鮮人およびその子孫の総称。その出身地の九割以上は朝鮮半島南部である。

戦前来、「国境をまたぐ生活圏」（梶村八五）を形成してきた在日朝鮮人は、戦後も日本で民族的諸権利が尊重されず、不安定な在留資格の下におかれ、また、朝鮮の南北対立が激化するなかで、民族意識を「多様化」させた。南北朝鮮への往来の困難さ、世代の変化は、日本での定住意識も促進させた。こうした状況を反映し、在日韓国人、在日韓国・朝鮮人、あるいは「在日」、在日コリアンといった呼称も多用されてきた。日本国籍を取り、朝鮮系日本人として民族意識を表する人もいる。その背後で日本への同化も進み、朝鮮民族としての意識を重視しなくなった人も多い。一方、グローバル化のなかで新規来日者は少なくなく、韓国人として日本に居住する人も増えている。

在日朝鮮人史研究のはじまり　戦前来、朝鮮人管理の観点からおこなわれてきた在日朝鮮人に関する調査研究は、戦後も治安機関等で継続されるが、他方、こうした動向を批判しながら、在日朝鮮人史研究は始められた。

八・一五直後から、在日朝鮮人は、関東大震災の被害や過酷な労働体験、社会運動史等を記し、語ってきたが、より広く在日朝鮮人史が着目されたのは、六〇年代以降、日本史や朝鮮史研究を問いなおす動きのなかにおいてである。朴慶植の研究（六五など）は、日本社会にも衝撃を与え、各地で在日朝鮮人の体験の掘り起こしがおこなわれるようになった。

在日朝鮮人史研究は、体系的には公開されていない官憲史料を収集・検証することによって、また、在日朝鮮人側史料（含・口述記録）をも収集・活用しつつ、本格化していった。同時代史的要素が大きく、日本社会や朝鮮半島情勢と密接に関わりながら取り組まれ、社会学、教育学等の隣接科学との交流も大きい。在日朝鮮人史は、朝鮮史あるいは日本史のなかで論じられてきたが、近年では、より独自の領域性を意識して「在日朝鮮人史」としても語られてきている。

在日朝鮮人史研究の展開　在日朝鮮人史研究は、まず日本帝国主義研究や朝鮮民族解放運動史研究と結びつけて研究された。そして、在日朝鮮人が日本社会で経験してきた差別や暴力、また、それに抗する在日朝鮮人の動きの実態追究などが進んできた。が、制約はありながらも史料収集が進み研究がより実証的に進展するなかで、在日朝鮮人の生活、民族文化等にも、問題関心がひろがっていった。近年では、社会史的アプローチからの研究も顕著である。

在日朝鮮人史研究は、在日外国人研究と関連づけられたり、中国朝鮮族や在米韓国人等、在外朝鮮人全般のなかで論じる研究も進んでいる。東アジア地域に、在日朝鮮人の歴史的経験を位置づける視角も提起されている。が、政策史や労働史、社会運動史といった分野でも、いまだ明らかになっていない部分は数多く、在日朝鮮人史研究を通した歴史像再構成の課題はなお大きい。

（小林知子）

歴史修正主義《れきししゅうせいしゅぎ》

研究潮流としての「修正主義」 「修正主義」は、主流とされるような歴史研究や歴史解釈に対して、史・資料の「新たな」解釈に基づいて「修正」を加えようとする動向をさし、戦間期には、第一次世界大戦の戦争責任をドイツに負わせようとする状況に対し、「歴史の見直し」がはかられ、一九七〇年代には、ベトナム戦争への「公式見解」に対し、リベラルな立場から見直そうとする研究動向が、「修正主義」と位置づけられた。

歴史修正主義の展開 本項では、第二次世界大戦後に、押しつけられた「戦勝国」史観からの脱却を、政治的な意図を込めて主張する「修正主義」を歴史修正主義とする。ドイツでは、ガス室によるユダヤ人の大量虐殺はなかったとして、ナチズムの犯罪を免罪し、ドイツ国民の誇りを維持しようとする動きがある（ナケ九五）。イタリアでは、ファシズムを「厚情ある」体制として、反ファシズム闘争の意義を否定する動きもある（ルッツァット〇六）。

日本では、高度経済成長を背景に、一九六〇年代には、日本の近代国家形成の歩みは、西洋のアジア侵略への反撃の歴史であり、その帰結としての「大東亜戦争」は侵略戦争ではなく、解放戦争であったとする「大東亜戦争肯定論」が登場する。一九七〇年代には、南京攻略戦における「百人斬り競争」は新聞によって創作されたもので、南京事件全体の真相が「まぼろし」であるとする「南京大虐殺まぼろし論」が登場し、以降、南京大虐殺をめぐって、否定論が繰り返し唱えられてくる。一九九〇年代には、中学校歴史教科書の記述をめぐって、「歴史の見直し」が政治運動として進められ、日本における歴史修正主義が新たな段階に入った。まず、「東京裁判史観」と「マルクス主義史観＝コミンテルン史観」によって、教科書における近現代史は、労働運動・社会運動が厳しく弾圧された暗黒の歴史として、あるいは、軍隊を大陸に送り込み、悪逆非道の侵略戦争を進めた歴史として、日本国家に対する一貫した悪意で描かれているとする。自国を貶めるような、「自虐的」「反日的」な記述—典型的には、南京大虐殺や「従軍慰安婦」など—を削除し、自国の誇りを回復する歴史教科書をつくることが企図され、そのために、「新しい歴史教科書をつくる会」が結成され、二〇〇〇年代には、そうした教科書の採択運動が活発に進められた（山田〇一）。

グローバリズムは、家族や地域や国家の枠組みをゆるがし、個人を繋ぎ止め、共同空間を維持してきた規範や規律をも変容させる。足もとが掘り崩されるような不安感をすくいあげ、共同性を支えるものとして、再び「国家」が迫り出してくる。日本を担う「われわれ」意識を強固なものとするために、歴史が召還されて「歴史の見直し」がはかられる。

その意味では、「歴史を認識する」という行為の基本的性格を考えながら歴史のなにを、なぜ、どのように「修正」しようとするのか、対象（事実か、解釈か、歴史観か）と目的と方法とを峻別して検証することが求められている。それは、同時に、戦後歴史学の方法と内容を鍛えることでもある。

（今野日出晴）

沖縄《おきなわ》

研究の前提　沖縄近現代史をめぐる戦後の研究動向は、沖縄戦後に分割占領され、米軍政下および復帰後を通して現在に至る基地集中のなかで、政治変動と不可分の関係にあった。是非は別として、運動論が研究内容の方向性を決定付けた場合も少なくない。その対象は膨大なため、なかでも琉球処分、沖縄戦、戦後史に絞って研究動向の要点を示す。

復帰前後まで　講和・安保条約発効によって沖縄占領が継続され、復帰運動が取り組まれるなかで、歴史学には復帰の正当性を示すことが求められ、琉球処分の評価が重要な争点となる。民族統一を前提としながら、「侵略的統合」と断じられたり、「近代化」「進歩」として積極的に評価されるなか、金城正篤（六七）は分島問題を挙げて明治政府による民族分断の企図を批判した。「七二年返還」合意以降に登場する反復帰論は民族統一自体を否定し、異民族の併合過程として琉球処分を論じた（新川七三）。また、復帰前後には沖縄県史編纂などが契機となり住民の視点を踏まえた沖縄戦の本格的研究が始まり、さらに各市町村の自治体史編纂が重ねられるなかで総括的成果もあらわれる（大田八二、嶋八三）。

冷戦崩壊まで　復帰後、本格的な戦後史研究が始まるが（宮里七五など）、新崎盛暉（七六）は復帰を自明としつつ運動史を軸に戦後史を総括的に論じ、現在も続く通説を形成する。琉球処分については安良城盛昭（八〇）が「上からの・他律的な・民族統一」と規定して従来の研究および併合論を否定し、改めて民族統一＝復帰の正当性を示した。八〇年代は教科書問題、家永訴訟、日の丸・君が代問題など国家とのせめぎ合いの一方で、沖縄独自の歴史・文化が見直されていく時期だが、沖縄戦については東京で新たな注目がなされ（藤原八七）、戦後史については鹿野政直（八七）が占領初期の独立論的な傾向のなかであらわれた自治の動きなどを考察している。

近年の動向　冷戦崩壊は歴史学を含めた学問の脱イデオロギー化を決定的にしたが、沖縄をめぐっても冨山一郎（九〇）を画期として独立論の客観的分析をふくめた民族統一を自明視しない研究が定着していく。また、一九九五年の沖縄米兵少女暴行事件以降の「島ぐるみ」運動の高揚とその後の閉塞感は、自立論・独立論を一般化させ、歴史・文化の見直しを歴史研究にさらに促す。琉球処分については民族統一を否定し日清戦争までを広義の併合過程と捉える理解が出され（森〇〇）、加えて戦後史についても復帰が相対化され反復帰論への注目もなされる（小熊九八）。沖縄戦については沖縄民衆を軸に自治体史その他の成果を総括した林博史（〇一）が出される。ただ、沖縄問題への関心の高まりのなか、沖縄県公文書館設立や史料集刊行、データベース整備などにより研究環境が向上し、脱イデオロギー化により既存の枠組みも消滅して研究が多様化して総量は増えたが、状況の切迫感に対して論点はむしろ拡散している。屋嘉比ほか（〇八〜〇九）は九〇年代以降の学問的関心の多様化が示されているのと同時に、重要となる問題意識、方法論の模索を意識した論集となっている。

（櫻澤　誠）

東京裁判《とうきょうさいばん》

東京裁判とは何か　正式名称は極東国際軍事裁判所。第二次大戦後、連合国一一ヵ国によって日本の「重大戦争犯罪人」二八人が被告となった裁判（大川周明は精神障害により免訴、松岡洋右と永野修身は公判中に病没のため、判決が下されたのは二五名）。主に政府や軍の指導者が対象となったが、彼らは一般にA級戦犯と呼ばれる。一九四六年五月三日から約二年間にわたる審理の末、四八年一一月一二日、二五人全員に有罪が下された（東条英機ら七人の絞首刑は一二月二三日に執行）。審理対象となった犯罪は、①「平和に対する罪」（A級戦争犯罪）、②「通例の戦争犯罪」（B級戦争犯罪）、③「人道に対する罪」（C級戦争犯罪）の三つであり、これらを犯した個人の刑事責任が問われた。なお、「事後法」であった①を理由に国家指導者層が裁かれたことへの批判は根強いが、実際は、捕虜虐待や住民殺害など②をも重視し、絞首刑となった七人は全員①だけでなく、②に該当する訴因で有罪とされた（松井石根には①の訴因は適用されず②に該当する訴因五五のみが適用された）。他方、③はドイツによるユダヤ人虐殺を念頭に置いたため、対日戦犯裁判では採用されなかった。

東京裁判をめぐる論争と研究状況　東京裁判の評価をめぐっては、開廷直後から「大東亜戦争」肯定論者による裁判「否定論」と「肯定論」の両者が対立したが、A級戦犯の靖国合祀と相まって、裁判は常に歴史認識上の争点とされてきた。前者は、被告弁護団に多くみられた主張だが、高度経済成長と近代化論の勃興に伴いより盛んになる。他方、「肯定論」者としては、判決の翻訳にも関わった国際法学者・横田喜三郎などがあげられるが、双方の議論より影響力を持ったのは、天皇制国家の無責任体系を被告を通して論じた丸山真男（四九）だった。八〇年前後からは「東京裁判研究会」の発足（七九年）や教科書問題の影響と「東京裁判国際シンポジウム」の開催（八三年）、資料の公開などを契機に実証的な東京裁判研究が始まる。大沼保昭は「平和に対する罪」の形成過程を示し（大沼七五）、粟屋憲太郎は裁判の準備段階をも対象にした研究を世に送り出した（粟屋八四～八五・八九・〇六）。その後は、上記シンポなどで提起された「アジアの視点」の「欠落」や天皇の不訴追など、いわば東京裁判の「真の問題点」を克服すべく、研究が進展する。例えば内海愛子による朝鮮人BC級戦犯研究（内海・村井八〇、内海八二）は、これまで「欠落」していたアジア、特に植民地支配の問題を提起するものとなり、その後林博史によって任われるBC級戦犯裁判研究（林九八）の先駆となった。現在は、フィリピンなど「小国」の東京裁判への影響力を明らかにした研究（永井一〇）が、従来の「占領政策の一環」との裁判理解に一石を投じている。さらには、修正主義的論議に利用されてきた「パル判決書」を再検討するもの（中島〇七、中里一一）、国際政治の文脈（日暮〇二）や国際法の発展史に東京裁判を位置付ける研究（戸谷〇八）、法廷通訳に焦点をあてたもの（武田〇八）などの存在を通じ、研究の多様化が指摘できる。

（本庄十喜）

ポスト・モダン

ポスト・モダンとは何か　まず構造主義とは、狭義には一九六〇年前後からフランスを中心に生れた現代思想の潮流であり、レヴィ＝ストロース、アルチュセール、ラカン、フーコーらに代表される。また広義にはその源流とされるロシア・フォルマリズムやソシュール言語学なども含め、一九二〇年代に及ぶ。そこでは主体＝主観性の底にある無意識の構造を分析の主題として、言語学、文化人類学、精神分析などで成果をあげた。ポスト構造主義とは、そこに内在する歴史性の欠如や形式論、また二項対立的な構造概念を乗り越える試みの総称であり、デリダ、ドゥルーズ、ガタリなどの著作が知られている。そこでは西欧哲学の伝統をニーチェなどを手がかりに超えるべく、欲望・生成・分散・多様性などを主題に横断する力の諸相を究明しようとしている。日本ではこの二つの系列の思想がほぼ同時に、厳密な区別があいまいなまま同時に流入したことが特徴であった。

日本におけるポスト・モダンと今後の課題　日本では一九六〇年代後半からレヴィ＝ストロース、アルチュセール、フーコーらの翻訳・紹介が行われてきたが、一九八三年に浅田彰の『構造と力』（勁草書房）がブームになって以後、一般に知られるようになった。特に「大きな物語」の終焉（リオタール八六）や「主体＝人間」の終焉（フーコー七四）という視点によって広く西欧人文科学の前提となっていた歴史や主体的人間という概念に疑問符をなげかけられ、これはマルクス主義の思考様式と分析方法にも深刻な影響をあたえた。具体的には、戦後歴史学にとってポスト・モダンとは西川長夫（九二など）による「国民国家」論の流入として始まり、特に一九九〇年代以降、幕末維新期から明治期にわたる近代国民国家形成期の研究に大きな影響をあたえた。これはアルチュセール的構造主義に基礎づけられたイデオロギー論であり、国民国家を孤立・完結したシステムではなく、一系列のモジュールとみなす視点を提供した。これは一面で「国民」視点設定の斬新さや国民国家の国際比較に道を開くとともに、国民国家への「統合」に焦点が絞られ、ややもすると画一的、還元主義的に分析される傾向も伴っていた。その意味で国民国家への「統合」とそれに対する「抵抗」とのせめぎあう相互浸透関係を、いかに具体的な歴史の現場で主題化するかなど多くの課題が残されている（牧原〇三、安田〇〇）。

現在の段階で、ポスト・モダン思想は、具体的な歴史叙述に結実した成果はきわめて少ない。しかし生成・分散・多様性などのポスト構造主義的視点は、特にセクシュアリティ、ジェンダー・エスニシティなどの周縁領域研究の分野で大きな力を発揮し、ポスト・コロニアル研究でも横断する力という視点が新しい研究領域を作ってきた。ただその場合でも、中心に位置づけられる資本主義・市民社会・公共性の構造などの「普遍主義」との内在的関係がほとんど組み込まれていないなどの難点もある（ハーバーマスとデリダ問題）。しかしポスト・モダン思想の流入が、戦後歴史学が無意識に前提としていた認識構造の歴史的存在拘束性を明確にしたことはまちがいない。

（安田常雄）

地域支配《ちいきしはい》

用語の成立とその背景　この用語は、一九六〇年代以降の部落問題への実践的関心と関わって提起された。鈴木良は、当該期の高度成長のなかでの部落差別の残存という状況をふまえ、部落問題を経済的諸関係だけに還元しえないとして、古い社会的慣習を残存させる支配関係の分析の必要を指摘した。鈴木はその上で、明治「地方自治」制に焦点を合わせ、市町村制によって寄生地主制の形成・確立に照応する、古い「共同体」をこえた広域的な支配が形成される一方、未解放部落を含む地域では旧来の本村－枝郷という支配・隷属関係が寄生地主の町村支配に形態変化し、部落差別が法制的には廃止されながら慣習として存続させられる「地域支配の構造」を明らかにした（鈴木七九）。

近代の部落問題の究明のなかから編み出されたこの議論は、その後鈴木自身によって、明治以降の権力が強力に資本主義化を進める際に地域の有力者層（ブルジョワ・地主）への依拠をはかり、彼らを手なずけるために行った部分的な妥協が、封建的な社会的慣習を残存させる、という、社会的関係に注目した地域支配論（天皇制的地域支配論）として改めて示された（鈴木八三）。この地域支配論は、世界の政治・経済との連関のなかでの日本の近代化・資本主義化が、封建的要素と結合することで急速に進められたという矛盾に着目する戦前以来の研究（野呂三〇など）の問題構成を継承する一方、日本の近代化をさまたげる要因を、質的な変化、発展を拒否する「部落共同体」に求めた丸山真男等の見解（丸山六二）に対し、「部落共同体」内部の矛盾やその段階的変化の検討の必要性を提起する意味も有した（鈴木八七）。その後、鈴木の議論をふまえ、世界の政治・経済との関連に留意し戦後保守体制を分析した佐々木隆爾は、戦前から戦後へと引き継がれ、戦後保守の基盤となった「地域支配の基礎となる生産関係・制度・政策浸透組織・人間関係・秩序、それを運用する経験などを包括的に示す言葉」として地域支配構造という概念を提起した（佐々木八七）。

展開と現状　鈴木・佐々木により提起された地域支配論、地域支配構造論は、近年新たな展開をみせている。吉田伸之は、鈴木・佐々木の議論において「地域が、国家支配のもとで、社会レベルに密着した名望家層のヘゲモニーによって形成された構造物である点が明示された」ことに注目し、地域を社会レベルにおけるヘゲモニー主体により形成される社会＝空間構造として捉える、吉田自身の地域把握の方法と関わらせ「地域支配構造」を位置づけた（吉田〇三）。また鈴木は、吉田の研究等をふまえ、自らの議論を独自の地域支配構造論へと展開させ、地域構造分析を深化させた（鈴木〇五）。吉田の議論と関連づけられた地域支配構造論は、近年の近代都市史研究でも注目がなされている（佐賀〇七、広川〇九）。なお地域支配論・地域支配構造論については、パイオニアである鈴木の議論が、地域構造分析の精緻化へと進む一方、一貫して社会構造分析をふまえた政治史を志向するものであることは、改めて意識される必要があると考えられる（鈴木〇五）。

（中村　元）

近代家族《きんだいかぞく》

「近代家族」とは何か　ヨーロッパを中心に発展した社会史研究の蓄積と、近代社会に内在する抑圧性に対峙したフェミニズムからの問いは、産業化社会のもとで、それに適合的な家族が国家の介入を伴って作り出されたこと、その形態には、家族成員間の心性のありかたも含めて共通の特徴があることを明らかにした。この家族形態を概念化したのが、「近代家族」という用語である。ヨーロッパ社会史が析出した近代家族像を理念型として紹介した嚆矢である落合（八五）は、①家族領域と公共領域の分離、②家族成員相互の強い情緒的結合、③「男は外、女は内」という性別分業、④子ども中心主義、⑤家族の集団性の強化をその特徴としてあげた。以後近代家族を分析概念として精緻化する作業が進められ、落合（八九）は上記に社交の衰退、非親族の排除、核家族という要素を加え、西川（〇〇）は「近代家族とは近代国家の基礎単位である」という視角を提唱した。

「近代家族」概念の導入　「近代家族」という概念の提示は、日本近現代史研究に新たな視角を与えた。従来、近代日本の家族制度は、封建遺制と位置づけられ日本的特殊性が強調されてきた。しかし近代家族論を参照することで、明治以降流布した家族言説や家庭教育論が、実は産業社会への適応に照準を合わせていたこと（小山九一、牟田九六）、戦前戦後を通して、労働・社会政策が家族を単位とした性別役割分業を促進するものだったこと（竹内〇一ほか）が示され、国家の近代化や国民国家形成の文脈のなかで家族を論じる途が開かれた。また、近代家族論は、家族を私的領域に囲い込み、社会構造分析の外においてきた従来の歴史学の方法に再検討を迫った。例えば、高度経済成長が近代家族の実体化と企業戦略、およびそれを支える政策の強固な結びつきのうちに展開したことが検証され、企業社会を構成する家族・市場・国家の不可分の関係が洗い出された（大澤九三、横山〇二）。近代家族の要件である世帯内男性単独稼得賃金の形成（千本九〇）や出生数の統制管理（荻野〇八）についての解明も進められた。もっとも、当初日本史研究の大勢は近代家族論に敏感に反応したとは言い難く、議論をリードしたのは主に社会学だった。しかし、国民国家論の隆盛、総力戦体制を支えた国民動員への着目、戦後企業社会研究の本格的始動を受けて、しだいに、家族のもつ政治性を組み込んだ歴史叙述が試みられている。

　なお、「近代家族」は日本の近代の家族の実態から析出された用語ではない。実態としての近代の家族を歴史的に位置づけるためには、村落共同体と不可分の関係で存在してきた「家」（イエ）観念と「近代家族」との関係や、流布された「近代家族」規範を受容する側の意識と行動などについての研究蓄積が必要となろう。近代家族を日本の実態に敷衍する作業としては、「家族の戦後体制」（落合九四）、「日本型近代家族」（木本九五）、「二重家族制度」（西川〇〇）等の指標が提示されている。

（倉敷伸子）

世界システム論《せかい――ろん》

背景と主張点　アメリカの社会学者ウォーラーステイン(Immanuel Wallerstein)が唱えた世界史の見方。近代世界が経済的には単一の分業体制に組み込まれており、諸国の経済はこの世界システムの構成要素としてしか機能しえないとみる。この議論の出現の背景となったのは、ラテンアメリカを中心とした「従属理論」、マルクスの「アジア的生産様式」論争、「封建制から資本主義への移行」論争、フランスのアナール学派が勝利した「全体史」をめぐる論争といった、一九七〇年までに行われた四つの論争である。

　すべての国家や地域が、封建制から資本主義へと移行すると想定する国別の単線的発展段階論=分析の枠組みとしての「発展主義」的見解とは異なり、近代世界が大規模な分業システムとして成立している以上、そこにはすべての国家が一つとなったコースしかなく、そのなかで押し合いへし合いし競合するしかなかった、とみる。

　システムの内部は、中核的産品を支配的に生産している「中核」諸国と周辺的産品の生産が支配的な「周辺」諸国からなる。中核も周辺も固定的ではなく、たえず変化するが、中核諸国のなかでも、とくに経済力を強めて、システム全体のヘゲモニーを握る国が出現する。歴史上は、一七世紀のオランダ、一九世紀のイギリス、二〇世紀のアメリカ合衆国の三つがそれに当たる。中核-周辺関係は、不等価交換による経済的余剰の搾取、政治的支配を伴う植民地主義があり、この関係は、近代資本主義世界の根幹をなす構造であるため、つねに再生産され、解消されることはない。一九世紀末の帝国主義を「資本主義の最高段階」とみるレーニンの帝国主義論も「発展主義」の典型例であり、植民地主義は一九世紀末に限られた現象ではなく、五世紀間で繰り返されたサイクルとみる。

メリットと批判　世界システム分析のメリットはこうした植民地主義の総体的な再検討ばかりか、一国史観で検討されることの多かったフランス革命や産業革命(に限らず他の諸革命)にも適用されて再検討されている。従来は「封建的反動」としてしかみられなかった一六世紀の東ヨーロッパの再版農奴制や例外的な現象と判断された南北アメリカにおける奴隷制も、近代資本主義の労働形態として、同一次元で捉えることが可能となった。また「家計世帯」といったごく小さな単位も世界システム分析の対象となる。

　主な批判点としては、ヨーロッパ中心主義的傾向に対するアジア史の対置(フランク〇〇)、近代以前の世界システムの存在の指摘(アブー=ルゴド〇一)、歴史を担う主体の不在の指摘(正統的マルクス主義など)がある。最後の批判点に対しては、諸主体を拘束している牢獄=近代世界システムの分析は諸主体を解放することにつながると反論する。近代世界システムの終焉を見通す以上、近代世界システムを機能的に構築してきた諸社会科学を批判して、世界システム分析を対置させた知の再編成が構想されている。

(平田雅博)

日清・日露戦争《にっしん・にちろせんそう》

日清戦争とは　かつては一八九四年八月一日の宣戦布告から九五年四月一七日の日清講和条約（下関条約）調印までを「日清戦争」としていたが、参謀本部編『日清戦史』全八巻の「戦暦」や大本営設置期間（九四年六月四日～九六年四月一日）などを勘案して、現在では次のように「日清戦争」を捉えている。広義の「日清戦争」は、九四年六月四日から九六年四月一日まで。それは四種類の戦争から構成され、①朝鮮王宮占領戦（七月二三日戦争、日朝戦争など研究者により呼称が異なる）、②狭義の日清戦争（九四年七月二五日の豊島沖海戦から講和条約調印まで）、③東学党殲滅戦争（狭義の日清戦争の間継続）、④台湾征服戦争（九五年三月二三日澎湖諸島作戦から九五年一一月一八日台湾平定を樺山資紀台湾総督が報告するまで）となる（原田〇八）。

三つの局面　戦争を政治の延長ととらえて、①朝鮮に対する清国の宗主権排除の闘争（戦争）、②列強との競争（外交）、③出兵・占領地域の民衆抑圧（政治）と三局面の重層構造だとする説が打ち出され、日本は①では勝利したが、②では三国干渉を引き出して敗北、③では苛酷な制圧戦争で緊張は解けず、結果的に失敗、と判断された（藤村七三）。

日露戦争とは　直接的には義和団戦争に際しての出兵兵力のうち、ロシア軍が満州地域から撤兵しないことを引き金に開戦に至った戦争で、一九〇四年二月六日の日本からの国交断絶通告、八日仁川海戦、一〇日宣戦布告、一一日大本営設置、一〇月八日沙河会戦、〇五年一月一日旅順陥落、三月一～一〇日奉天会戦、五月二七～二八日日本海海戦、八月一〇日～九月五日ポーツマス講和会議、九月五日日露講和条約（ポーツマス条約）調印となる。

日露戦争の世界史的意味　日露戦争は、朝鮮と満州をめぐる日露両国の膨張主義政策が原因となった。同時に、日本の対露戦争決意は一九〇二年の日英同盟が支えていた。イギリスは、ボーア戦争で疲弊しており、ヨーロッパでの戦争を回避したいが、ロシアの海軍拡張策とシベリア鉄道による欧亜直結などに危機感を抱いていた（山室〇五）。日露戦争の陸戦におけるロシア軍の苦戦と後退戦術は、ロシア国内の革命運動と治安の悪化とともに、フランスなどロシア支援体制を崩壊させていった（山田〇九）。陸戦では、重機関銃や大砲の重要性、海戦では大艦巨砲の重要性が確認され、世界の軍事力強化の方向を示した（山田九七）。こうしたことを含めて「世界第〇次大戦」と呼ぶ論者も現れた。日露戦争は、日清戦争とともに、日本の朝鮮（大韓帝国）への影響力・支配の拡大を求めて遂行され、結末は一九一〇年の韓国併合という、不法不当な植民地支配となった。

（原田敬一）

太平洋戦争《たいへいようせんそう》

用語が生まれ定着した経緯　太平洋戦争は、一九四一年一二月以来、日本と米・英・蘭等の間で行われた戦争。以前から継続する中国との戦争などを含めて、近年は「アジア・太平洋戦争」が用いられる場合が多い。対米英開戦後、政府は中国との戦争（「支那事変」）も含め「大東亜戦争」と呼んだ。敗戦後、GHQは「大東亜戦争」の公文書での使用を禁止し、同時にGHQ司令部「太平洋戦争史」等により満州事変以来の実態が国民に知らされた。こうして「太平洋戦争」が一般的な呼称となる。講和後、戦争の記憶が公然化するなかで、一九五三年旧軍人の服部卓四郎が、戦争指導の視点から『大東亜戦争全史』（五三〜五六）を公表した。他方、同じ年に歴史学の立場から、歴史学研究会『太平洋戦争史』（五三〜五四）が発刊され、第二次世界大戦の性格を、帝国主義戦争、反ファッショ戦争、民族解放戦争と規定し、太平洋戦争についても中国民衆の民族解放闘争の性格があることを指摘した。

「大東亜戦争肯定」の動きのなかで　一九六三年、林房雄「大東亜戦争肯定論」が発表され話題となる。彼は「大東亜戦争」が、ペリー来航の以前から始まった「東亜百年戦争」の「終曲」だとした（林六三〜六五）。これは高度経済成長のなかで自信を回復しつつある国民の心性を反映していた。他方、竹内好ら進歩的知識人の一部に、対米英戦と侵略戦争である日中戦争を切り離す見解があった。藤原彰はこれを戒め、太平洋戦争が日中戦争と不可分であること、また第二次世界大戦の一環として理解することで、大戦の性格に反帝国主義的民族運動の側面があることを強調した（藤原六二）。さらに同時期は日本国際政治学会により、外交史・国際政治学の視点からの開戦過程の本格的研究も行われた（日本国際政治学会六二〜六三）。

研究の深化と「アジア・太平洋戦争」論　のち一九八〇年代には教科書検定をめぐるアジア諸国からの批判があり、また加害の実態に迫る研究が多く発表され、それを背景に一九九〇年代以降「アジア・太平洋戦争」という用語が定着した（木坂九三）。一方で細川首相など政府関係者が、戦争責任を一定認める公式発言を行う事態も生まれた。だが、これへの反動として一九九三年自民党議員を中心に「歴史・検討委員会」が発足し「大東亜戦争を如何に総括するか」について検討が行われ、歴史教育の分野でも「歴史の見直し」の動向が見過ごせない動きとなっていった。

「太平洋戦争」と現在　「大東亜戦争」＝解放戦争とするロマン主義的解釈は論外として、侵略戦争の面と、結果として植民地が独立したことの両義性を強調する見解はいまだに存在する。諸地域の独立は日本の敗北の結果であることは強調される必要があろう。ところで、「太平洋戦争」という語は純粋な学術用語ではなく、いわば政治的用語でもあった。これを、歴史的実態を正確にあらわす語に換えるのは有益だが、われわれが長く「太平洋戦争」と呼んできたことの重みは、あらためて考えてみる必要がないだろうか。

（源川真希）

大東亜共栄圏《だいとうあきょうえいけん》

大東亜共栄圏という用語の登場

大東亜共栄圏とは、第二次世界大戦中、日本が唱えた中国や東南アジアなどの支配を正当化するスローガン。一九四〇年四月以降ドイツの西方攻勢により、東南アジアを植民地とするヨーロッパ諸国が降伏・苦戦し、東南アジアが政治的に不安定になるなか、この用語が登場した。初めて用いられたのは、松岡洋右外相が四〇年八月一日に行った記者会見で、「当面の外交方針は大東亜共栄圏の確立を図ること」と述べ、その範囲を「広く蘭印、仏印等の南方諸地域を包含し、日満支三国はその一環である」と説明した。

構想の内実　外務省内の政策形成の検討から当初、大東亜共栄圏構想とは、ドイツ・イタリアの「勝利」のもとでの「講和会議」を予測し、東南アジアに対する日本の発言権を確保するために表明された、実体を持たない「外交スローガン」だったことが明らかにされた（河西〇五a）。しかし、共栄圏は圏内の諸民族の解放と共存共栄による新秩序の建設を図ることであるとの宣伝がなされていき、対米開戦後、日本の戦争目的のように見なされるようになったが、戦争目的は自存自衛であり、大東亜共栄圏の実現を明確に掲げたといいきるのは困難である（岡部九六）。

大東亜共栄圏の内容を検討するために一九四二年二月に設置された大東亜建設審議会では、五月に「皇国ノ指導又ハ統治ノ下圏内各国及各民族ヲシテ各々其ノ所ヲ得セシメ」との基本方針を示しており、構想としても独立運動や民族の要求に応えるものではなかった（波多野九六）。経済に関する答申では、日本の指導下で自給圏建設のため圏内の産業配分を行う一方、生産目標は楽観的で、実現にむけた具体的な方法は定まっていなかった（安達〇六）。

実態　対英米戦争の開戦前後に決定された政府の諸方針では、東南アジア占領地においては重要国防資源の獲得を最優先とし、日本企業を進出させ、現地住民の生活にかかる重圧は忍ばせるとしていた。実際、戦局が悪化するなか、日本への物資収奪が行われ、船舶不足による輸送力の低下や通貨濫発から、物資の極度の不足やハイパーインフレが進み、「共貧圏」ともいえる状況になっていった（小林七五、岡部・小田部八九、疋田九五）。

一九四三年五月の御前会議で決定した「大東亜政略指導大綱」では、ビルマ・フィリピンの「独立」を認める一方で、現在のマレーシアとインドネシアなどの領域を「帝国領土」とすることが確認された。一一月に東条英機内閣は、東京に「独立国」（満州国、汪兆銘政府、フィリピン、タイ、ビルマ）の代表を招いて大東亜会議を開催し、「大東亜共同宣言」を採択した。しかし、この会議自体では植民地台湾・朝鮮への言及はなく、宣言はアジア諸民族の戦争協力や連合国に対する外交攻勢にも効果はなかった（波多野九六）。共栄圏の崩壊は、経済・軍事面だけではなく、「独立」問題などの政治面から「自壊」していく様相が明らかにされている（河西〇五b・一〇）。

（安達宏昭）

戦争責任《せんそうせきにん》

戦争責任とは何か　戦争責任とは、狭義には戦時国際法（国際人道法）に違反した行為に対する責任を意味する。すなわち侵略戦争の計画・準備・遂行という平和に対する罪を犯したこと、あるいは戦争のなかでの非人道的な行為、つまり通例の戦争犯罪や人道に対する罪を犯したことへの責任を意味する。そこでは与えた被害に対する謝罪や賠償責任が生じる。前者の平和に対する罪は第一次世界大戦後から形成されはじめ第二次世界大戦末には確立、ニュルンベルク裁判と東京裁判で適用された。後者のうち、通例の戦争犯罪は一九世紀末から国際社会で認められるようになったものであるが、人道に対する罪はナチスによるユダヤ人大量殺害の経験をふまえて第二次大戦中に作られたものである。

狭義では交戦国・国民に対する法的責任が中心であるが、広義では法的責任にとどまらず政治的・道義的責任など多様なレベルでの責任が含まれ、また相手国民だけでなく自国民への行為も戦争責任に含まれる（家永八五）。たとえば、国民を侵略戦争に駆り立てた政治家やマスメディア、沖縄戦のように自国民を虐殺した軍、無謀な作戦で多くの将兵を餓死させた軍指導者の戦争責任も問われる。その場合は法的責任だけでなく政治的責任も問われる。侵略戦争に加担した国民の責任というような道義的責任もある。さらに侵略戦争や残虐行為を二度とくりかえさないような社会や国家を建設するという歴史的な責任もある。

日本における戦争責任論　日本においては敗戦後、東京裁判で免責された昭和天皇の責任を含めて戦争責任の議論が始まるが一部知識人レベルにとどまり、実証的な研究が始まるのは一九八二年の教科書問題以降だった。さらに広く国民的な議論となるのは一九九〇年代である。日本軍慰安婦や七三一部隊、南京大虐殺などの被害者の告発を受けて、実証的な研究が本格化した（荒井九五）。同時に戦争責任をどのように果たすのかという議論が始まり、国家間の賠償で解決したという議論を批判し、被害者への謝罪と賠償、歴史教育や記念碑・記念館の建設を含めた再発防止措置など具体策が提案された。他方、日本の戦争責任を否定する立場からの反撃もおこり、大きな社会問題となっている。

研究の流れ　日本軍や連合国の資料に基づく実証的な研究が一九八〇年代以来本格化するが、他方、戦争責任問題を数十年にわたって放置してきた日本社会のあり方についての研究、さらには人びとの記憶や、どのように語られてきたのかという言説の研究も進められるようになった。また第二次大戦だけでなく、その後のアメリカによる戦争犯罪やいまだに頻発する紛争における戦争責任についても研究が広がってきている。日本軍慰安婦問題を契機に世界各地における戦時性暴力の研究も始まった。また戦争責任論のなかでは、強制連行・強制労働のような戦時期の植民地での行為が扱われていたが、植民地支配そのものに対する責任を問う植民地責任論も提起されるようになった（永原〇九）。

（林　博史）

ソ連と社会主義《それんとしゃかいしゅぎ》

社会主義体制の形成　マルクス主義の構想する社会主義は、労働者階級の権力、生産手段の社会的所有、経済の計画化を特徴とする社会である。一九世紀のマルクス主義では、先進国の社会主義革命が先導する世界革命によって、社会主義への移行が実現するとされていた。ロシア革命後のレーニンもこうした世界革命を展望したが、ヨーロッパでの革命は挫折、スターリンの一国社会主義路線が確立した。ソ連はコミンテルンを介して世界の共産主義運動に干渉し、第二次大戦後に誕生した東欧・中国の社会主義政権はソ連をモデルとして国家建設を進めた。

研究の展開　戦後しばらくの間、ソ連・社会主義研究はソ連の指導的な見解を受容していたが一九五六年のスターリン批判を契機に、主体的な課題設定のもとに研究が進展した（江口六八、渓内七〇・七二）。七〇年代までは、ソ連を社会主義社会と規定し、ロシア社会に固有の諸問題と社会主義との関係、ネップやスターリン体制の評価、社会的所有と国家的所有、市民的自由、市場メカニズムと社会主義との関係などの問題が論じられた。この時期には、社会主義体制の成立は長期の世界史的過程であり、現存の社会主義は「生成期」の社会主義体制であるとする考え方が影響力をもっていた。八〇年代にかけて社会主義経済の停滞と非民主的政治体制の問題が顕在化すると、その根源をどこに求めるのかという問題関心が浮上した。ソ連・東欧の社会主義体制の動揺・崩壊とともに、社会主義の歴史的位置について総括的な議論が展開された（渓内八八、和田九二）。

ソ連および社会主義の歴史的評価　ソ連・東欧で起こった事態をどのように評価するかについては諸説がある。大別すると、崩壊したのはマルクス主義にもとづく社会主義そのものであるという説と、マルクス主義にもとづく社会主義とは異質な体制であるとする見解に分かれる。前者は、社会主義的計画システムがそもそも実現困難であり、先進資本主義国のような「豊かな消費生活」を実現できなかったことを重視する。後者には、一党独裁の党―国家体制は本来の社会主義体制からの逸脱であるとする見解や現存した社会主義開発独裁あるいは国家資本主義として把握する説などがある。また、第一次世界大戦から冷戦の終焉までを「世界戦争の時代」ととらえ、スターリンによって構築された国家社会主義は、世界戦争に備えるために党と国家と社会が一体化した総力戦体制の完成形態とする見解（和田九二）や、一九世紀的な自由帝国主義によって代表される「パクス・アメリカーナ」に対抗するものとしてソ連「文明」を描く試み（石井九五）など、新たな視角から研究が進展している。中国についても、ナショナリズムの手段として社会主義をとらえかえしたり（西村九三）、社会主義体制は帝国主義戦争の産物であり「経済的後進地域の徹底した総力戦の態勢」とする見解（奥村九九）があらわれた。今後は、社会主義的近代化という問題提起（塩川〇二）を受けとめ、中国やベトナムの経済発展をふまえて、社会主義の運動・体制・理論について総括していくことが求められる。

（小林啓治）

アメリカと日本歴史研究　──とにほんれきしけんきゅう

戦後改革とアメリカ　敗戦によって戦後歴史学は、戦前以来の講座派マルクス主義と「近代主義」（丸山政治学、大塚経済史学、川島法社会学など）の潮流を両輪として出発した。そこでは一方でGHQの戦後改革への肯定的評価（解放軍規定！）と、「近代主義」という呼称に明らかなようにいわゆる「ブルジョワ民主主義」への否定的評価が共存していた。それは一言でいえば、戦後歴史学は「三二年テーゼ」から再出発したのであり、そこには人民戦線や独ソ不可侵条約による欧米知識人の「転向」も視野に入っていなかった。こうした空白があるにもかかわらず辛うじて形成された蜜月は、「半封建」性からの脱却という一点に焦点を結んでいる。E・H・ノーマンはまさにその一点において象徴的人物であるといっていい。『日本における近代国家の成立』から『日本の兵士と農民』、『忘れられた思想家　安藤昌益』から『クリオの顔』に至るノーマンの歴史学が今日でも重要なのは、単に講座派に類似した視点に立っているからではなく、その多元的分析の明晰さとそれを支える一八世紀啓蒙の寛容の視点であることは明らかであり、そこに丸山真男、渡辺一夫、中野好夫、遠山茂樹、加藤周一らをつなぐ戦後思想の一つの流れがある。しかしそうした蜜月は、GHQの占領政策の転換と「逆コース」、共産党五〇年問題による分裂から六全協、そしてノーマンのマッカーシズムによる「自殺」という冷戦下の流れのなかで終息していった。

いわゆる近代化理論　一九六〇年代におけるケネディ政権の誕生とライシャワー駐日大使の就任は、歴史学の分野においては、いわゆる「近代化論」の流入とそれに対する激しい反発を誘発した（安丸九六）。一九五〇年代にアメリカを席巻した「近代化論」はロストウの「離陸論」に明らかなように、アメリカの東アジア戦略と密接な関連をもったイデオロギー（帝国主義的歴史観）であり、国家の研究投資などをテコにアメリカの日本研究にも大きな影響をあたえていた。そこでは共産主義化せずに経済発展を遂げたモデルとして日本に注目し、その内在的発展を識字率などの数量的データを根拠に、日本近世・近代の歴史像を描いてみせた。そこでは戦争はまったくの偶然と処理された（金原七四）。その後、ベトナム戦争下のアメリカでは「憂慮するアジア研究者の会」（CCCS）が結成され、そのイデオロギー的性格の批判も広がり、ノーマンの復権も行われた（ダワー七五）。その後もアメリカでは「近代化論」派と批判派との緊張は、一九八〇年代まで続いていくが、九〇年代以降はもう一つ新しい世代による研究者の台頭のなかで、多くのすぐれた業績が続々発表されてきている。そこでは実証密度の精密さと同時代的問題意識にもとづく視点設定（その一つにポストモダニズムもある）が日本における歴史研究に大きな刺激をあたえている。現在の段階ではまだまだ言語の壁は厚く、日本史研究者が英語のテキストを素材に討論するまでには至っていないが、その同一地平に立った対話の必要は確実に高まっているのが現状であろう。（安田常雄）

出土文字資料《しゅつどもじしりょう》

出土文字資料　出土文字資料は、紙に書かれて伝世されてきた古典籍《こてんせき》・古文書・古記録などの文献史料とは異なり、発掘調査によって地下から発見されるものであり、書写材料としてさまざまな素材が利用されている。紙を用いた漆紙《うるしがみ》文書《もんじょ》、木を用いた木簡《もっかん》、金属・石を用いた金石文《きんせきぶん》、瓦を用いた文字瓦《もじがわら》、土器を用いた墨書《ぼくしょ》・刻書《こくしょ》土器などがある。伝世された文字史料が非常に少ない古代を研究する際に、史料的な限界を打ち破る歴史史料として、多大な効果を発揮している。

資料としての特色は、まず第一に考古学的遺物であるということで、文字情報と並んで、資料に込められた歴史情報を最大限に引き出すためには、出土状況や物としての形態に関する情報が重要なのである。

第二の特質は、紙以外の物質を書写材料としているものが多いので、文字が記された物それぞれの特性や用途・機能・使用方法などが文字内容と密接に連関している。したがって、記された文字情報を正しく解釈し、史料として最大限有効に活用するためには、文字が記された物そのものの特質と、記された文字内容とを慎重に関連づけながら解釈して判断する必要がある。

さらに第三点として、それらが同時代史料であり、後世の潤色や編集が入る余地がない史料であること。また、編纂物などとは異なり、記録・文書あるいは典籍などにまとめられる前段階における、日常的な情報を多く含んでいることも特質の一つである。

個々の出土文字資料に記されている文字情報は、あまりにも断片的なものが多いが、それらから、既存の文献からではうかがい知ることが困難な、古代官衙における日常的な事務処理の様子や、租税貢進の実態、あるいは村落における祭祀・儀礼の様相を具体的に知ることができる。

研究上の意義　出土文字資料には、既存の史料からは得がたい目新しい情報が多く含まれているが、既存の史料によって緻密に構築されてきたこれまでの研究成果と全く無関係に、出土文字資料から新しい情報が読みとれるわけはない。既存の史料から構築された研究成果と、出土文字資料から新たに得られた情報との矛盾を整合的に解釈し、各史料の特性に則して再び読み直すことによって新見解を提示することこそが最も必要なことである。

また、木簡や墨書土器をはじめとした出土文字資料に人間が与えた機能は、社会から切り離された個人が無秩序に付与したものではなく、各々の出土文字資料の記載者が果たしていた当時の社会的な機能と密接に関連しているわけであるから、出土文字資料それぞれの機能を復元することが、各出土文字資料を媒体とする人的・政治的・社会的諸関係を解明することにつながるのであり、ひいては、そのような諸関係の総体としての古代社会像の解明につながっていくのである。そこにこそ出土文字資料研究の意義が存在する。

（高島英之）

正倉院文書《しょうそういんもんじょ》

正倉院文書　校倉造《あぜくらづく》りで知られる東大寺正倉院《しょうそういん》は、三角柱を組み合わせた校倉造りの南・北倉と、その間に挟まれた板囲いの中倉《ちゅうそう》という、独立する三つの倉室《そうしつ》から成っており、北倉《ほくそう》に最も重要な聖武天皇《しょうむてんのう》の遺品、南倉《なんそう》に法会《ほうえ》に使われた種々の用具が収められ、中倉にはおよそ宝物とは言いがたい、一般的な大工道具や文房具をはじめとする東大寺の造営を担当した造東大寺司《ぞうとうだいじし》の管理した物品が収められていた（杉本〇九）。「正倉《しょうそう》院文書《いんもんじょ》」もその一つで、造東大寺司の下部機構であった写経所《しゃきょうじょ》の事務処理帳簿がその中核である。なお、元禄期の開封の際、これらの文書の一部または相当部分が南倉に移され、幕末に至った。

ズタズタにされた正倉院文書　一九世紀前半の天保期、幕府による正倉院の修理と合わせて行われた宝物調査が行われた結果、帳簿の原形は大きく損《そこ》なわれてしまった。担当した穂井田忠友《ほいだただとも》は、帳簿が官司《かんし》の反故《ほご》文書を利用して作成されていることを発見し、印の捺《お》されている紙を次々に外《はず》し、「整理」して新たな巻物を作り出してしまった。こうした「整理」は、明治以降も続けられ、さらに多くの巻物が作り出された。その上、東京帝国大学史料編纂掛（現在の東京大学史料編纂所）がこの貴重な奈良時代の文書を解読、印刷・出版して研究資料に供しようとした際、年代による編集を基本としたため、一連の文書がいくつかに分けて掲載されるという事態も生じた。『大日本古文書　編年文書』二五巻で、正倉院文書のほぼ全体を見ることができるが、本来の帳簿の形態をこの活字資料から知ることは困難になってしまったのである（西〇二）。

七〇年代までの正倉院文書研究

しかし、古代史研究は大きく進展した。それは、戸籍《こせき》・計帳《けいちょう》という人民支配の台帳、また、正税帳《しょうぜいちょう》など、地方財政を検証できる律令制下の公文書等が多く紹介されたからである。古代家族・社会論、また制度史研究を裏づける実態資料として不可欠の資料となっていった。しかし、伝来の直接の要因となった事務処理帳簿そのものの研究は、皆川完一の先駆的研究（皆川六二）を除くと、全くと言ってよいほど見られなかった。

八〇年代以降の新潮流　正倉院文書の本体、すなわち、写経所の事務処理帳簿としての分析が始まったのは、一九八〇年代後半にはいってからである。東京大学史料編纂所の編集になる『正倉院文書目録』の刊行が開始され、ズタズタにされた帳簿の復原研究が可能となり、個別写経事業の関係帳簿を網羅的に集め、帳簿群を整理する作業が進められていった。古文書研究で遅れていた帳簿論が深化され、官司における文書事務を考えるうえでの大きな手掛かりが得られるようになった（大平八九、山下九九、山本〇二）。また、写経事業の研究は、仏教史だけでなく、政治史にも重要な素材を提供している（栄原〇三、宮﨑〇六）。一九八九年には、正倉院文書研究会が発足し、『正倉院文書研究』が刊行されている。新たな質の良い影印集《えいいんしゅう》の刊行も進み、国立歴史民俗博物館のコロタイプ複製は、実物を手にすることのできない一般の研究者にも利用可能で、「モノ」としての研究にも道を開いている。（大平　聡）

教科書裁判記録《きょうかしょさいばんきろく》

教科書裁判の経緯　東京教育大学教授であった家永三郎（一九一三〜二〇〇二年）が、単独で執筆した高等学校教科書『新日本史』（三省堂）に対する検定処分を、違憲・違法として提訴した三次にわたる行政訴訟。五八年の学習指導要領の改訂（高校は六〇年改訂）を契機に検定が一段と強化され、家永教科書に対しては、六二年度（不合格）、六三年度（条件付合格）の検定処分が下された。そのため、家永は、憲法の禁じた検閲にあたるとして、六五年六月、検定意見による精神的苦痛に対する損害賠償を請求した（第一次訴訟：国家賠償請求）。そして、六六年度改訂版に対する検定処分に対しても、六七年六月、検定意見の取消を求めて提訴した（第二次訴訟：行政処分取消請求）。さらに、八四年一月には、八〇年度と八二年度の検定処分（「沖縄戦」「七三一部隊」「南京大虐殺」などを争点とする）に対して、検定意見による精神的苦痛に対する損害賠償を求めたものであった（第三次訴訟：国家賠償請求）。裁判は、教科書検定制度の違憲違法をめぐって争われたもので、教科書の記述の正当性を争ったものではない（判決内容は、〈表〉を参照のこと）。

科学運動としての裁判　原告、弁護団を中核にして、個人、団体、組織が、それぞれに固有の役割を果たしながら、有機的につながり、三二年に及ぶ訴訟を支えたことは、戦後の市民運動・文化運動としても注目すべきものである。提訴一ヵ月後の六五年七月には、遠山茂樹を代表世話人とする支援のための準備会が発足し、九月には「教科書検定訴訟を支援する歴史学関係者の会」（以下、関係者の会と略す。代表委員：大久保利謙、児玉幸多、芳賀幸四郎、事務局長：大江志乃夫）が結成され、活動を開始した。また、教育学者、歴史学者、教師、法律家などが集まり、八月の全国的な支援組織の準備会をうけて、一〇月には、「教科書検定訴訟を支援する全国連絡会」（代表委員：阿部知二、石川達三、梅根悟ら一一名、事務局長：尾山宏）が創立され、「強力な支援の体制をくみ、教科書検定制度の民主化を期したい」との呼びかけがなされた。全国連が創立されると、全国各地に、裁判支援のために、都道府県連および地区連が誕生した。全国連の会員数は、七〇年代には、一万人をこえ、八〇年代半ばには、二万人をこえ、最盛期の九三年には、個人会員（二〇万五八四）、団体会員（二〇八五）、計二二万七七七の会員数となった。憲法理論研究会、全国憲法研究会、日本科学者会議、教育科学研究会なども、それぞれ教科書裁判の問題をとりあげて、訴訟支援のかたちをつくっていった。「歴史学の社会的責任」という主題が最も論じられ、実践されたのは、この教科書裁判においてであった。その中心にあった「関係者の会」は、「今回の訴訟はたんに家永氏個人の問題ではなく、歴史学研究者・教育者全体の問題である」との認識のもと、「広く世論を喚起して民主的教科書制度の確立に寄与する」としていた。直接的な裁判支援としては、法廷に補佐人や証人を送り、準備書面の作成に協力するなどの活動をおこない、それらの成果を宣伝普及するために、定期的に「ニュース」を発行し、支援集会の開催や出版活動をおこなった。

七五年からは、東京教育大学の筑波移転にともなって、「関係者の会」は、歴史学研究会・歴史科学協議会・歴史教育者協議会・東京歴史科学研究会の関係学会を基盤に位置づけられた。

教科書裁判の歴史的意義　七〇年代後半、第一次訴訟控訴審においての準備書面作成には、「関係者の会」が中核となって取り組んだ。高津判決への反論として、家永教科書の全体像、教育的配慮論、天皇・国家、戦争、民衆史、女性史、思想・文化、他教科書との比較という八分野でワーキンググループを結成し、一年半余りの研究会を継続し、延べ一四〇名を越える参加者をえて、「高裁第六準備書面」を作成した。また、この準備書面にそって、高裁での証言がおこなわれたが、その証言と準備、意見書作成にも、ワーキンググループは継続して力を尽くした。八〇年代前半、第三次訴訟については、論点に対応するかたちで、新たな研究会が組織された。特に、八四年に発足した「南京事件調査研究会」は、毎月の例会を続け、史資料の発掘や研究を精力的に進めた。また、八六年には、「沖

訴訟	裁判所	年月日	憲法判断	判決内容
第1次訴訟	東京地裁	56. 6.12　家永提訴 74. 7.16　**高津判決**	合憲合法	家永一部勝利。個別個所の検定について「再検定」し、裁量権の逸脱を認める。
	東京高裁	74. 7.26　家永控訴 86. 3.19　**鈴木判決**	合憲合法	家永全面敗訴。検定意見に「相応の根拠」があるから検定は合憲・合法。
	最高裁	86. 3.20　家永上告 93. 3.16　**可部判決**	合憲合法	家永全面敗訴。検定意見に「看過し難い過誤」が認められない。
第2次訴訟	東京地裁	67. 6.23　家永提訴 70. 7.17　**杉本判決**	適用違憲	家永全面勝利。家永教科書への検定は違憲違法。「国民の教育の自由」を提起。
	東京高裁	70. 7.24　文部大臣控訴 75.12.20　**畔上判決**	判断回避	家永勝利。家永教科書の不合格処分が行政行為における裁量の範囲をこえる。
	最高裁	75.12.30　文部大臣上告 82. 4. 8　**中村判決**	差し戻し	学習指導要領改訂により、「訴えの利益」の有無が焦点となり、高裁へ差し戻し。
	東京高裁	89. 6.27　**丹野判決**	訴えの利益	「訴えの利益」なしとして原判決破棄。
第3次訴訟	東京地裁	84. 1.19　家永提訴 89.10. 3　**加藤判決**	合憲合法	家永一部勝利。「草莽隊」への検定意見は、裁量権の濫用で違法。
	東京高裁	89.10.13　家永控訴 93.10.20　**川上判決**	合憲合法	家永一部勝利。「南京大虐殺」など3か所への検定意見は、裁量権の濫用で違法。
	最高裁	93.10.25　家永上告 97. 8.29　**大野判決**	合憲合法	家永一部勝利。「731部隊」など計4か所への検定意見は裁量権の濫用で違法。

註）憲法判断で、「制度違憲」は、教科書検定制度が「違憲違法」であること、「適用違憲」は、制度は合憲合法であっても、家永教科書への検定については、違憲違法であることを意味する。

縄戦を考える会（東京）」（代表：藤原彰）が発足し、「集団自決」の究明をはじめ、沖縄戦の研究を進めた。証言活動や準備書面の作成などは、歴史学による教科書裁判への直接的な支援となるが、そうした活動は、逆に歴史研究の深化をうながした。また、教科書叙述としての歴史叙述のあり方、通史という方法、主題史・問題史との関係、発達段階との関連、歴史事象を描く際の判断基準などは、教科書裁判を通じて提起された論点であった。教科書裁判は、歴史学の社会的責任を自覚するということ以上の意味をもっていた。また、教科書裁判は、歴史学の領域にとどまらず、既成の学問の枠組みにも刺激を与え、新たな学問的視野が拓かれる契機となった（「杉本判決」をうけて、教育法学という分野が成立し、日本教育法学会が設立された）。何よりも、教科書裁判が核となって、市民自らが、主権者として、憲法と教育基本法を考え、「国民の教育権」を軸に国家と対峙していったことは、主体となって民主主義を担っていくことの意味と意義を現実の運動において体現するものであった。

なお、基本的な裁判記録は、教科書検定訴訟を支援する全国連絡会および家永・教科書検定訴訟記録刊行委員会の編集によって公刊されている（書名等については、大串（一一）を参照のこと）。

また、家永自身が収集した文献資料、裁判関係の資料等は、「家永教科書訴訟関係資料」として、首都大学東京図書情報センター本館に収蔵されている（「家永教科書訴訟文庫目録」参照のこと）。

（今野日出晴）

参考文献一覧

前期旧石器存否論争

H・J・エガース（田中琢・佐原真訳）『考古学研究入門』岩波書店、一九八一
小熊英二『単一民族神話の起源』新曜社、一九九五
角張淳一『旧石器捏造事件の研究』鳥影社、二〇一〇
竹岡俊樹「日本の旧石器時代研究史」『國學院大學学術資料館　考古学資料館紀要』二七、二〇一一a
竹岡俊樹『旧石器時代の歴史　アフリカから日本列島へ』講談社、二〇一一b

縄文農耕論

荒川隆史編『縄文時代のクリ利用に関する考古学・民俗学・年輪年代学的研究』（科研報告書）、二〇〇九
今村啓爾『縄文の実像を求めて』吉川弘文館、一九九九
丑野毅・田川裕美「レプリカ法による土器圧痕の観察」『考古学と自然科学』二四（日本文化財科学会）、一九九一
大山柏『史前研究会小報第一号　神奈川懸下新磯村字勝坂遺物包含地調査報告』史前学会、一九二七
小畑弘己・佐々木由香・仙波靖子「土器圧痕からみた縄文時代後・晩期における九州のダイズ栽培」『植生史研究』一五－二、二〇〇七
賀川光夫「縄文時代の農耕」『考古学ジャーナル』二、一九六六
T. Kanda, *Ancient stone implements. & c.*, Kokubunsha, 1884
酒詰仲男「日本原始農業試論」『考古学雑誌』四二－二、一九五七
澄田正一「日本原始農業発生の問題」『名古屋大学文学部研究論集』XI、一九五五
中沢道彦「縄文農耕論をめぐって」『弥生時代の考古学五　食糧の獲得と生産』同成社、二〇〇九
中山誠二・長沢宏昌・保坂康夫・野代幸和・櫛原功一・佐野隆「レプリカ・セム法による圧痕土器の分析（二）――山梨県上ノ原遺跡、酒呑場遺跡、中谷遺跡」『山梨県立博物館研究紀要』二、二〇〇八
能登健「縄文農耕論」『論争・学説日本の考古学三　縄文時代Ⅱ』雄山閣、一九八七
藤森栄一「日本焼畑陸耕の問題」『夕刊信州』一九四九年一一月二〇日
松谷暁子「長野県諏訪郡原村大石遺跡出土タール状炭化種子の同定について」『長野県中央道埋蔵文化財包蔵地発掘調査報告書――茅野市・原村その一、富士見町その二』長野県教育委員会、一九八一
森本六爾「農業の起源と農耕社会」『考古学評論　日本原始農業新論』東京考古学会、一九三四
山内清男「石器時代にも稲あり」『人類学雑誌』四〇－五、一九二五
山内清男「日本遠古之文化」『ドルメン』一－四～九・二－二、一九三二～三三
山内清男「日本に於ける農業の起源」『歴史公論』六－一、一九三七
渡辺誠『縄文時代の植物食』雄山閣、一九七五

弥生時代起源論争

金関恕・大阪府弥生文化博物館編『弥生文化の成立――大変革の主体は「縄紋人」だった』角川書店、一九九五
小林謙一「近畿地方以東の地域への拡散」西本豊弘編『新弥生時代のはじまり』四、雄山閣、二〇〇九
小林行雄『日本考古学概説』創元社、一九五一

佐原真「農業の開始と階級社会の形成」『岩波講座日本歴史一　原始・古代一』一九七五

佐原真「総論」『弥生文化の研究』一、雄山閣、一九八六

設楽博己・小林青樹「板付Ⅰ式土器成立における亀ケ岡系土器の関与」西本豊弘編『新弥生時代のはじまり』二、雄山閣、二〇〇七

中西靖人「前期弥生ムラの二つのタイプ」『縄文から弥生へ』帝塚山大学考古学研究所、一九八四

春成秀爾・今村峯雄・藤尾慎一郎・坂本稔「弥生時代の開始年代――14C年代の測定結果について」『日本考古学協会第六九回総会研究発表要旨』二〇〇三

春成秀爾・今村峯雄編『弥生時代の実年代　炭素14年代をめぐって』学生社、二〇〇四

藤尾慎一郎『縄文論争』講談社、二〇〇二

邪馬台国論争

石野博信『大和・纒向遺跡』学生社、二〇〇五

王仲殊「日本の三角縁神獣鏡の問題について」『三角縁神獣鏡』学生社、一九九二

佐伯有清『邪馬台国論争』岩波新書、二〇〇六

佐原眞「倭国乱と吉野ヶ里遺跡」『吉野ヶ里遺跡は語る』学生社、一九九二

小林行雄「邪馬台国の所在論について」（初出一九五二）同『古墳時代の研究』青木書店、一九六一

浜田晋介「南関東の弥生から古墳の墓の編年」『墓から探る社会』雄山閣、二〇〇九

原田大六「鋳鏡における湯冷えの現象について」『考古学研究』六－四、一九六〇

春成秀爾・小林謙一・坂本稔・今村峯雄・尾崎大真・藤尾慎一郎・西本豊弘「古墳出現の炭素14年代」『日本考古学協会第七五回総会研究発表要旨』二〇〇九

福永伸哉『三角縁神獣鏡の研究』大阪大学出版会、二〇〇五

森浩一「日本の古代文化」『古代史講座』三、学生社、一九六二

三角縁神獣鏡（同范鏡）論争

王仲殊「関于日本三角縁神獣鏡的問題」『考古』一九八一年第四期

王仲殊「論日本出土的景初四年銘三角縁盤龍鏡」『考古』一九八七年第三期

岸本直文「三角縁神獣鏡製作の工人群」『史林』七二－五、一九八九

車崎正彦「副葬品の組み合わせ　古墳出土鏡の構成」石野博信編『前方後円墳の出現』雄山閣、一九九九

小林行雄『福岡県糸島郡一貴山村銚子塚古墳研究』便利堂、一九五二a

小林行雄「同范鏡による古墳の年代の研究」『考古学雑誌』三八－三、一九五二b

小林行雄「古墳の発生の歴史的意義」『史林』三八－一、一九五五

小林行雄『古墳の話』岩波書店、一九五九a

小林行雄「古墳がつくられた時代」『世界考古学大系三　日本三　古墳時代』平凡社、一九五九b

小林行雄「女王と魏の鏡」『図説世界文化史大系二〇　日本Ⅰ』角川書店、一九六〇

小林行雄『古墳時代の研究』青木書店、一九六一

小林行雄『古鏡』学生社、一九六五

小林行雄『女王国の出現』文英堂、一九六七

小林行雄「三角縁神獣鏡の研究」『京都大学文学部紀要』一三、一九七一

小林行雄「倣製三角縁神獣鏡の研究」『古墳文化論考』平凡社、一九七六

小林行雄「三角縁波文帯神獣鏡の研究」『辰馬考古資料館考古学研究紀要』一、一九七九
新納泉「権現山鏡群の型式学的位置」『権現山五一号墳』『権現山五一号墳』刊行会、一九九一
原田大六『日本古墳文化』東京大学出版会、一九五四
樋口隆康「画文帯神獣鏡と古墳文化」『史林』四三－五、一九六〇
森浩一「日本の古代文化」『古代史講座』三、学生社、一九六二

任那論争

池内宏『日本上代史の一研究——日鮮の研究と日本書紀』近藤書店、一九四七
井上秀雄『任那日本府と倭』東出版社、一九七二
小田富士雄ほか『加耶と古代東アジア』新人物往来社、一九九三
鬼頭清明『日本古代国家の形成と東アジア』校倉書房、一九七六
金錫亨「三韓三国の日本列島内分国について」『歴史科学』一九六三年一号（井上秀雄ほか編『古代日本と朝鮮の基本問題』学生社、一九七四［朴鍾鳴訳］）
金錫亨（朝鮮史研究会訳）『古代朝日関係史——大和政権と任那』勁草書房、一九六九
金泰植『加耶連盟史』一潮閣（韓国）、一九九三
坂本義種『古代東アジアの日本と朝鮮』吉川弘文館、一九七八
末松保和『任那興亡史』大八洲出版、一九四九
鈴木英夫『古代の倭国と朝鮮諸国』青木書店、一九九六
鈴木靖民『古代対外交渉史の研究』吉川弘文館、一九八五
鈴木靖民ほか『増補改訂版　加耶はなぜほろんだか』大和書房、一九九八
千寛宇（平敬二訳）「韓国史の潮流」『韓』一四・一五・一八・一九・二三・三五、一九七二～七三
田中俊明『大加耶連盟の興亡と「任那」——加耶琴だけが残った』吉川弘文館、一九九二
田中俊明『古代の日本と加耶』山川出版社・日本史リブレット、二〇〇九
朝鮮学会編『前方後円墳と古代日朝関係』同成社、二〇〇二
津田左右吉『古事記及び日本書紀の新研究』洛陽堂、一九一九
那珂通世『外交繹史』（初出一九一五）岩波書店、一九五八
朴天秀『加耶と倭——韓半島と日本列島の考古学』講談社、二〇〇七
三品彰英『日本書紀朝鮮関係記事考証』上、吉川弘文館、一九六二
山尾幸久『古代の日朝関係』塙書房、一九八九
李進熙『広開土王碑の研究』吉川弘文館、一九七二
李進熙『広開土王碑と七支刀』学生社、一九八〇

縄文社会論

安斎正人「序論　縄紋社会論へのアプローチ」同編『縄文社会論』上、同成社、二〇〇二
岡本勇「弥生文化の成立」和島誠一編『日本の考古学Ⅲ　弥生時代』河出書房、一九六六
鎌木義昌編『日本の考古学Ⅱ　縄文時代』河出書房、一九六五
小杉康「縄文文化」佐々木憲一ほか編『はじめて学ぶ考古学』有斐閣、二〇一一
近藤義郎「後氷期における技術的革新の評

価」『考古学研究』一二－一、一九六五
佐々木藤雄「縄文社会論ノート」『異貌』五・七・八、一九七六・七八・七九
佐々木藤雄「水野集落論と弥生集落論——浸食される縄文集落論（下）」『異貌』一五、一九九六
高橋龍三郎「総論：村落と社会の考古学」同編『村落と社会の考古学』同成社、二〇〇一
谷口康浩「集落・領域研究」『縄文時代』一〇（第三分冊）、一九九九
塚田光「縄文時代の共同体」『歴史教育』一四－三、一九六六
坪井清足「縄紋文化論」『岩波講座日本歴史一　原始および古代一』一九六二
土井義夫「一九九三年の縄文学界の動向——集落・領域論」『縄文時代』二、一九九一
藤間生大『日本民族の形成』岩波書店、一九五一
長崎元廣「縄紋集落研究の系譜と展望」『駿台史学』五〇、一九八〇
禰津正志「原始日本の経済と社会」『歴史学研究』四－五・六、一九三五
林謙作「東日本縄文期墓制の変遷（予察）」『人類学雑誌』八八、一九八〇
春成秀爾『縄文社会論究』塙書房、二〇〇二
三澤章（和島誠一）「金属文化の輸入と生産経済の発達」『日本歴史教程　第一冊　原始社会の崩壊まで』白揚社、一九三六
水野正好「縄文時代集落復原への基礎的操作」『古代文化』二一－三・四、一九六九
溝口孝司「縄文時代の位置価」『縄文時代の考古学一二　何が分からなくて何をすべきか』同成社、二〇一〇
山田康弘「葬墓制研究　墓制論」『縄文時代』一〇（第三分冊）、一九九九
山内清男「縄紋土器型式の細別と大別」『先史考古学』一－一、一九三七
和島誠一「原始聚落の構成」『日本歴史学講座』学生書房新社、一九四八
和島誠一「農耕・牧畜発生以前の原始共同体」『古代史講座』二、学生社、一九六二
和島誠一・岡本勇「南堀貝塚と原始集落」『横浜市史』第一巻、横浜市、一九五八
渡部義通「日本原始共産社会の生産及び生産力の発展」『思想』一一〇・一一一・一一二、一九三一
渡部義通「原始日本の社会」『日本歴史教程　第一冊　原始社会の崩壊まで』白揚社、一九三六
渡辺仁『縄文式階層化社会』六興出版、一九九〇
Hayden, B. "Pathways to power: Principles for creating socioeconomic inequalities," Price, T. D. and G. M. Feinman eds., *Foundations of Social Inequality*, Plenum Press, 1995
The British Museum, *The Power of Dogu: Ceramic Figures from Ancient Japan*, 2009

農耕社会

安藤広道「弥生農耕の本質」『弥生時代の考古学』五、同成社、二〇〇九
佐原真「農業の開始と階級社会の形成」『岩波講座日本歴史』一、一九七五
都出比呂志「農耕社会の成立」『講座日本歴史』一、東京大学出版会、一九八四
都出比呂志『日本農耕社会の成立過程』岩波書店、一九八九
森貞次郎「島原半島（原山・山ノ寺・礫石原）及び唐津市（女山）の考古学的調査——おわりに」『九州考古学』一〇、一九六一
森本六爾「農業の起源と農業社会」『考古学評論　日本原始農業新論』東京考古学会、

一九三四

地域国家論

門脇禎二「古代社会論」『岩波講座日本歴史』古代二、一九七五
門脇禎二『日本古代政治史論』塙書房、一九八一
門脇禎二『葛城と古代国家――河内王朝論批判』教育社、一九八四
門脇禎二『日本海域の古代史』東京大学出版会、一九八六
門脇禎二『検証古代の出雲――荒神谷以後の古代出雲論を総括する』学習研究社、一九八七
門脇禎二「河内王朝論批判」同編『再検討「河内王朝論」』六興出版、一九八八a
門脇禎二『吉備の古代史』山陽放送出版株式会社、一九八八b
門脇禎二『古代日本の「地域王国」と「ヤマト王国」』上・下、学生社、二〇〇〇
門脇禎二『邪馬台国と地域王国』吉川弘文館、二〇〇八
鈴木靖民「日本古代国家形成史の諸段階」『国学院雑誌』九四―一二、一九九三
田中琢『日本の歴史二　倭人争乱』集英社、一九九一
都出比呂志「日本古代の国家形成論序説――前方後円墳体制の提唱」『日本史研究』三四三、一九九一
都出比呂志「前方後円墳体制と地域権力」門脇禎二編『日本古代国家の展開』上、思文閣出版、一九九五
都出比呂志『古代国家はいつ成立したか』岩波新書、二〇一一
土生田純之「国家形成と王陵――古代朝鮮と「東国」の事例から」岩崎卓也ほか編『現代の考古学七　国家形成の考古学』朝倉書店、二〇〇八
早川庄八「古代天皇制と太政官政治」（初出一九八四）同『天皇と古代国家』講談社、二〇〇〇
原秀三郎「古代日本における国家の語義について」（初出一九七六）同『日本古代国家史研究――大化改新論批判』東京大学出版会、一九八〇
吉川真司「〝丹後王国〟の残映――タニハの古墳時代」朝尾直弘ほか編『京都府の歴史』山川出版社、一九九九

騎馬民族説

石田英一郎・岡正雄・八幡一郎・江上波夫「対談と討論　民族＝文化の源流と日本国家の形成」『民族学研究』一三―三、一九四九（後に『日本民族の起源』平凡社、一九五八　として刊行）
江上波夫『騎馬民族国家　日本古代史へのアプローチ』中公新書、一九六七
江上波夫・佐原真『騎馬民族は来た!?来ない!?』小学館、一九九〇
喜田貞吉「日本太古の民族に就いて」『史学雑誌』二七―三、一九一六
後藤守一「上代に於ける貴族社会の出現」日本人類学会編『日本民族』岩波書店、一九五二
小林行雄「上代日本の乗馬の風習」『史林』三四―三、一九五一
佐原真『騎馬民族は来なかった』ＮＨＫブックス、一九九三
三上次男「日本国家＝文化の起源に関する二つの立場――天皇族は騎馬民族か」『歴史評論』四―六、一九五〇
柳田国男・折口信夫「日本人の神と霊魂の観念そのほか」『民族学研究』一四―二、一九四九

王朝交替論

鈴木靖民『古代国家史研究の歩み』新人物往来社、一九八〇

津田左右吉「古事記及び日本書紀の研究」(初出一九一九)『津田左右吉著作集』別巻一、岩波書店、一九六六
仁藤敦史「王統譜の形成過程について」小路田泰直・広瀬和雄編『王統譜』青木書店、二〇〇五
前之園亮一『古代王朝交替説批判』吉川弘文館、一九八六
水野祐「増訂日本古代王朝史論序説」(初出一九五四)『水野祐著作集』一、早稲田大学出版部、一九九二
義江明子『日本古代系譜様式論』吉川弘文館、二〇〇〇

条里制遺構

石母田正『日本の古代国家』岩波書店、一九七一
井上和人『古代都城制条里制の実証的研究』学生社、二〇〇四
岩本次郎「平城京と京東条里」直木孝次郎先生古稀記念会編『古代史論集』上、塙書房、一九八八
江浦洋「条里型水田面をめぐる諸問題」大阪文化財センター編『池島・福万寺遺跡発掘調査概要Ⅶ』一九九二
岸俊男「飛鳥と方格地割」(初出一九五〇)同『日本古代宮都の研究』岩波書店、一九八八
木全敬三「条里地割の計測と解析」奈良県史編集委員会編『奈良県史四　条里制』名著出版、一九八七
金田章裕『古代日本の景観　方格プランの生態と認識』吉川弘文館、一九九三
金田章裕『古代景観史の研究　宮都・国府・地割』吉川弘文館、二〇〇二
金田章裕『古代・中世遺跡と歴史地理学』吉川弘文館、二〇一一
小林昌二「律令国家成立期の未墾地支配と開発政策の視点――「賦田」制批判の覚書」岸俊男教授退官記念会編『日本政治社会史研究』上、塙書房、一九八四
坂本賞三『日本王朝国家体制論』東京大学出版会、一九七二
千田稔「ミヤケの地理的実体――畿内とその周辺における立地と地割の問題」『史林』五八‐四、一九七五(同『古代日本の歴史地理学的研究』岩波書店、一九九一)
谷岡武雄「播磨国揖保郡条坊(里)の復原と二、三の問題」『史学雑誌』六一‐一一、一九五二
寺沢薫「奈良県多遺跡の条里遺構と二・三の問題」『条里制研究』三、一九八七
中井一夫「地域研究――奈良県における発掘調査から」奈良国立文化財研究所編『条里制の諸問題』Ⅰ、一九八一
長野県教育委員会編『地下に発見された更埴市条里遺構の研究』新毎書籍印刷、一九六八
広瀬和雄「畿内の条里地割」『考古学ジャーナル』三一〇、一九八九
山川均「条里制と村落」『歴史評論』五三八、一九九五

古代官衙

阿部義平『官衙』ニューサイエンス社・考古学ライブラリー、一九八九
井上尚明「郷家に関する一試論」『埼玉考古学論集』埼玉県埋蔵文化財調査事業団、一九九一
大橋泰夫「国郡制と地方官衙の成立――国府成立を中心に」『古代地方行政単位の成立と在地社会』奈良文化財研究所、二〇〇九
山中敏史『古代地方官衙遺跡の研究』塙書房、一九九四
山中敏史「末端支配機構をめぐる諸問題」『律令国家の地方末端支配機構をめぐっ

て』奈良国立文化財研究所、一九九八
奈良文化財研究所『古代の官衙遺跡』Ⅰ・Ⅱ、二〇〇三・〇四

豪族居館

阿部義平「宮殿と豪族居館」『古墳時代の研究』二、雄山閣、一九九〇
下城正・女屋和志雄ほか『三ツ寺Ⅰ遺跡』群馬県埋蔵文化財調査事業団、一八八八
杉井健「首長居館と集落・性格」『史跡で読む日本の歴史二　古墳の時代』吉川弘文館、二〇一〇
都出比呂志「古墳時代首長の政治拠点」坪井清足さんの古稀を祝う会編『論苑考古学』天山舎、一九九三
奈良文化財研究所編『古代豪族居宅の構造と機能』二〇〇七
橋本博文「古墳時代における首長層居宅（総論）」『考古学ジャーナル』二八九、一九八八
東日本埋蔵文化財研究会・群馬県考古学研究所編『古墳時代の豪族居館をめぐる諸問題』一九九八
広瀬和雄「古墳時代首長居館論」『展望考古学』考古学研究会、一九九五
若狭徹『古墳時代の地域社会復元　三ツ寺Ⅰ遺跡』新泉社、二〇〇四

単位集団

近藤義郎「共同体と単位集団」『考古学研究』六―一、一九五九
近藤義郎「弥生文化論」『岩波講座日本歴史一　原始および古代一』一九六二
近藤義郎「弥生文化の発達と社会関係の変化」和島誠一編『日本の考古学Ⅲ　弥生時代』河出書房新社、一九六六
近藤義郎「先土器時代の集団構成」『考古学研究』二二―四、一九七六
都出比呂志「農業共同体と首長権――階級形成の日本的特質」『講座日本史一　古代国家』東京大学出版会、一九七〇
都出比呂志「古墳出現前夜の集団関係――淀川水系を中心に」『考古学研究』二〇―四、一九七四
都出比呂志「日本の新石器時代」『講座日本歴史一　原始・古代一』東京大学出版会、一九八四
都出比呂志『日本農耕社会の成立過程』岩波書店、一九八九
若林邦彦「弥生時代大規模集落の評価」『日本考古学』一二、二〇〇一
若林邦彦「基礎集団・複合型集落・弥生地域社会――大規模集落評価をめぐる補論」『同志社大学考古学シリーズⅧ　考古学に学ぶ（Ⅱ）』二〇〇三
和島誠一「原始聚落の構成」『日本歴史学講座』学生書房新社、一九四八（斉藤忠編『日本考古学論集二　集落と衣食住』吉川弘文館、一九八六）

親族構造

大林太良「縄文時代の社会組織」『季刊人類学』二―二、一九七一
金関恕「弥生の社会」『日本文化の歴史』一、学習研究社、一九六九
キージング、R『親族集団と社会構造』未来社、一九八二
佐々木高明『日本の歴史一　日本史誕生』集英社、一九九一
佐々木藤雄「縄文時代の通婚圏」『信濃』三三―九、一九八一
高橋龍三郎「東日本――関東地方における縄文後期前半の墓制」『季刊考古学』六九、一九九九
田中良之「古代社会の親族関係」『原日本人　朝日ワンテーママガジン』一四、一九九三
田中良之「出自表示批判」『日本考古学』五、

一九九八
西本豊弘・篠田謙一・松村博文・菅谷道保「DNA分析による縄文後期人の血縁関係」『動物考古学』一六、二〇〇一
春成秀爾「抜歯の意義（一）」『考古学研究』二〇－二、一九七三
春成秀爾「縄文晩期の婚後居住規定」『岡山大学法文学部学術紀要（史学篇）』四〇、一九七九
山田康弘『人骨出土例にみる縄文の墓制と社会』同成社、二〇〇八
山本典幸「縄文時代の出自と婚後居住――五領ヶ台式土器の分析を通して」『先史考古学論集』五、一九九六

環状集落

石井寛「縄文社会における移動と地域組織」『調査研究集録』二、港北ニュータウン埋蔵文化財調査団、一九七七
黒尾和久「縄文時代中期の居住形態」『歴史評論』四五四、一九八八
黒尾和久・中山真治・小林謙一「多摩丘陵・武蔵野台地を中心とした縄文時代中期の時期設定」『縄文中期集落研究の新地平』縄文中期集落研究グループ、一九九五
小林謙一『縄紋社会研究の新視点――炭素一四年代測定の利用』六一書房、二〇〇四
小林達雄「原始集落」『岩波講座日本考古学』四、一九八六
小林達雄「縄文集団における二者の対立と合一性」『論苑考古学』坪井清足さんの古希を祝う会、一九九三
縄文時代中期集落研究グループ『縄文中期集落研究の新地平』一九九五
谷口康浩『環状集落と縄文社会構造』学生社、二〇〇五
坪井清足「縄文文化論」『岩波講座日本歴史』一、一九六二
土井義夫「縄文時代集落論の原則的問題」『東京考古』三、一九八五
日本考古学協会『シンポジウム縄文時代集落の変遷　昭和五九年度大会資料』一九八四
丹羽祐一「縄文中期における集落の空間構成と集団の諸関係」『史林』六一－二、一九七八
丹羽祐一「縄文時代の集落構造――中期集落に於ける住居址群の分析より」『考古学論考』小林行雄博士古希記念論文集刊行委員会、一九八二
丹羽祐一「縄文集落の住居配置はなぜ円いのか」前出『論苑考古学』一九九三
ふれいく同人会「水野正好氏の縄文時代集落論批判」『ふれいく』創刊号、一九七一
水野正好「縄文文化期における集落と宗教構造」『日本考古学協会第29回総会発表要旨』日本考古学協会、一九六三
水野正好「縄文時代集落復元への基礎的操作」『古代文化』二一－三・四、一九六九
和島誠一「原始聚落の構成」『日本歴史学講座』学生書房、一九四八
和島誠一「南堀貝塚と原始集落」『横浜市史』一、一九五八

環濠集落

鏡山猛「環溝住居趾小論」（一）～（四）『史淵』六七・六八合輯・七一・七四・七八、一九五六～五九
菅榮太郎「弥生時代環溝集落小論」『同志社大学考古学シリーズⅦ　考古学に学ぶ』一九九九
近藤義郎「弥生文化論」『岩波講座日本歴史一　原始および古代』一九六二
佐原眞「弥生時代の集落」『考古学研究』二五－四、一九七九
鄭澄元・安在晧「蔚州検丹里遺跡」『考古学

研究』三七－二、一九九〇
武末純一「北部九州の環溝集落」『乙益重隆先生古希記念　九州上代文化論集』同刊行会、一九九〇
都出比呂志「環濠集落の成立と解体」『考古学研究』二九－四、一九八三
寺澤薫『王権誕生』小学館、二〇〇〇
藤原哲「弥生社会における環濠聚落の成立と展開」『総研大文化科学研究』七、二〇一一
和島誠一・藤沢長治「階級社会の成立」『日本歴史講座』一、東京大学出版会、一九五六

高地性集落

池田研「高地性集落の機能と生業」『国家形成の考古学』大阪大学考古学研究室、一九九九
小野忠凞『島田川』山口大学、一九五三
小野忠凞「瀬戸内地方における弥生式高地性村落とその機能」『考古学研究』六－二、一九五九
近藤玲・下條信行編『古代文化』五八－二、二〇〇六
佐原眞「石製武器の発達」『紫雲出』香川県詫間町、一九六四
佐原眞「農業の開始と階級社会の成立」『岩波講座日本歴史』一、一九七五
都出比呂志「農耕社会の形成」『講座日本歴史一　原始・古代一』東京大学出版会、一九八四
浜田晋介「考古学における集落研究史」『川崎市市民ミュージアム紀要』一八、二〇〇六
浜田晋介『弥生農耕集落の研究』雄山閣、二〇一一
村川行弘『会下山遺跡』芦屋市教育委員会、一九六四
森岡秀人編『古代文化』五四－四、二〇〇二

オホーツク文化と擦文文化

大井晴男編『シンポジウム　オホーツク文化の諸問題』学生社、一九八二
斜里町立知床博物館『知床の考古』しれとこライブラリー八、北海道新聞社、二〇〇八
野村崇・宇田川洋編『新北海道の古代二　続縄文・オホーツク文化』北海道新聞社、二〇〇三
野村崇・宇田川洋編『新北海道の古代三　擦文・アイヌ文化』北海道新聞社、二〇〇四

アイヌ文化

天野哲也『クマ祭りの起源』雄山閣、二〇〇三
宇田川洋『アイヌ文化成立史』北海道出版企画センター、一九八八
佐々木利和「「アイヌ史」は成立するのだろうか」『北からの日本史』三省堂、一九八八
瀬川拓郎『アイヌ・エコシステムの考古学』北海道図書企画センター、二〇〇五
瀬川拓郎『アイヌの歴史』講談社選書メチエ、二〇〇七
谷本晃久「アイヌ史の可能性」『海外のアイヌ文化財：現状と歴史』南山大学人類学研究所、二〇〇四
藤本強「アイヌ考古学をめぐる諸問題」『北海道考古学』二〇、一九八四
深沢百合子「アイヌ文化をとおしてみる日本考古学」『はじめて出会う日本考古学』有斐閣アルマ、一九九九
百瀬響「「アイヌ文化成立論」の現代的意味について」宇田川洋先生華甲記念『アイヌ文化の成立』北海道出版企画センター、二〇〇四

渡辺仁「アイヌ文化の成立——民族・歴史・考古諸学の合流点」『考古学雑誌』五八–三、一九七二
Adachi, N. et al., "Mitochondrial DNA Analysis of Jomon Skeletons from the Funadomari Site, Hokkaido, and Its Implication for the Origins of Native Americans", *American Journal of Physical Anthropology* 138, 2009
Sato T. et al. "Origins and genetic features of the Okhotsk people, revealed by ancient DNA analysis", *Journal of Human Genetics* 52, 2007

南島貝塚文化

岸本義彦「沖縄新石器時代研究の現状」『古代文化』五二–三、二〇〇〇
木下尚子『南島貝文化の研究』法政大学出版局、一九九六
高梨修『ヤコウガイの考古学』同成社、二〇〇五
高梨修ほか『沖縄文化はどこから来たか』森話社、二〇〇九
高宮廣衛『先史古代の沖縄』第一書房、一九九一
高宮廣衛「琉球諸島の先史時代」金関恕・高宮編『沖縄の歴史と文化——海上の道探求』吉川弘文館、一九九四
高宮広土・伊藤慎二編『先史・原史時代の琉球列島——ヒトと景観』六一書房、二〇一一
谷川健一編『日琉交易の黎明　ヤマトからの衝撃』森話社、二〇〇八
藤本強『もう二つの日本文化』東京大学出版会、一九八八
藤本強『日本列島の三つの文化』同成社、二〇〇九
三島格『貝をめぐる考古学　南島考古学の一視点』学生社、一九七七

セツルメント・アーケオロジー

赤沢威『採集狩猟民の考古学』海鳴社、一九八三
五十嵐彰「〈遺跡〉問題——近現代考古学が浮かび上がらせるもの」鈴木公雄ゼミナール編『近世・近現代考古学入門——「新しい時代の考古学」の方法と実践』慶應義塾大学出版会、二〇〇七
石井寛「縄文社会における集団移動と地域組織」『調査研究集録』二（港北ニュータウン埋蔵文化財調査団）、一九七七
黒尾和久「縄文時代中期の居住形態」『歴史評論』四五四、一九八八
小林謙一「縄文時代中期勝坂式・阿玉台式土器成立期におけるセツルメント・システムの分析——地域文化成立過程の考古学的研究」『神奈川考古』二四、一九八八
小林達雄「多摩ニュータウンの先住者——主として縄文時代のセツルメント・システムについて」『月刊文化財』一一二、一九七三
小林達雄編『縄文ランドスケープ』アム・プロモーション、二〇〇五
酒井龍一「セトルメントアーケオロジー」『考古学ジャーナル』二九六、一九八八
谷口康浩「縄文時代集落の領域」『季刊考古学』四四、一九九三
西本豊弘・津村宏臣・小林謙一・坂口隆・建石徹「縄文集落の生態論」『動物考古学』一七、二〇〇一

貝塚（shell mound）

斉藤弘道「貝塚」『縄文時代』一〇（縄文時代文化研究会）、二〇〇〇
酒詰仲男『日本石器時代食糧総説』土曜会、一九六一
鈴木公雄『貝塚の考古学』東京大学出版会、一九八九

(財)千葉県文化財センター編『房総考古学ライブラリー二　縄文時代二』一九八七
西本豊弘ほか『事典　人と動物の考古学』吉川弘文館、二〇一〇

土坑

今村啓爾ほか『霧ヶ丘』霧ヶ丘遺跡調査団、一九七四
今村啓爾「土坑性格論」『論争・学説日本の考古学』二、雄山閣、一九八八
今村啓爾「群集貯蔵穴と打製石斧」『渡辺仁教授古稀記念論文集　考古学と民族誌』六興出版、一九八九
乙益重隆「袋状竪穴考」『坂本太郎博士頌寿記念　日本史学論集』吉川弘文館、一九八三
堀越正行「小竪穴考」『史館』五・六・八・九、一九七五~七七

甕棺墓

金関丈夫「人種の問題」『日本考古学講座』四、河出書房、一九五五
高倉洋彰「墳墓からみた弥生時代社会の発展過程」『考古学研究』二〇ー二、一九七三
寺沢薫「青銅器の副葬と王墓の形成」『古代学研究』一二一、一九九〇
中園聡「墳墓に現れた意味」『古文化談叢』二五、一九九一
中橋孝博・永井昌文ほか「弥生人」『弥生文化の研究一　弥生人とその環境』雄山閣、一九八九
橋口達也「甕棺の編年的研究」『九州縦貫道関係埋蔵文化財調査報告XXXI中巻』福岡県教育委員会、一九七九
福岡市博物館『弥生人のタイムカプセル』福岡市博物館、一九九八
溝口孝司「弥生時代の社会」『現代の考古学六　村落と社会の考古学』朝倉書店、二〇〇一
森貞次郎「弥生時代における細形銅剣の流入について」『日本民族と南方文化』金関丈夫博士古希記念委員会、一九六八
柳田康雄「集団墓地から王墓へ」『図説発掘が語る日本史六　九州沖縄編』新人物往来社、一九八六

方形周溝墓

飯島義雄「古墳時代前期における「周溝をもつ建物」の意義」『群馬県立博物館紀要』九、一九九八
及川良彦「関東地方の低地遺跡の再検討」『青山考古』一五、一九九八
大場磐雄「東京都八王子発見の方形周溝特殊遺構」『日本考古学協会　昭和三九年度大会発表要旨於群馬大学』一九六四
大場磐雄編『宇津木遺跡とその周辺——方形周溝墓発見の遺跡(調査概報)』考古学資料刊行会、一九七三
近藤義郎「古墳以前の墳丘墓」『岡山大学文学部紀要』三七、一九七七
椙山林繼・山岸良二編『方形周溝墓研究の今』雄山閣、二〇〇五
都出比呂志「墳墓」『岩波講座日本考古学四　集落と祭祀』一九八六
福田聖『ものが語る歴史三　方形周溝墓の再発見』同成社、二〇〇〇
古川登「墳丘墓の概念について——弥生時代墓制研究における述語の混乱」『地域と古文化』地域と古文化刊行会、二〇〇四
山岸良二『方形周溝墓』ニュー・サイエンス社、一九八一
山岸良二編『関東の方形周溝墓』同成社、一九九六

弥生墳丘墓

岡林孝作・水野敏典編『ホケノ山古墳の研究』奈良県立橿原考古学研究所、二〇〇

八
近藤義郎「古墳以前の墳丘墓」『岡山大学法文学部学術紀要』一九七七
近藤義郎『前方後円墳の成立』岩波書店、一九九八
寺沢薫「纒向型前方後円墳の築造」森浩一編『同志社大学考古学シリーズⅣ　考古学と技術』一九八八
北条芳隆・溝口孝司・村上恭通『古墳時代像を見なおす　成立過程と社会変革』青木書店、二〇〇〇

古墳

小林行雄「古墳の発生の史的意義」（初出一九五五）同『古墳時代の研究』青木書店、一九六一
近藤義郎『前方後円墳の時代』岩波書店、一九八三
白石太一郎「古墳の終末と古代国家」同編『古代を考える　終末期古墳と古代国家』吉川弘文館、二〇〇五
都出比呂志「日本古代の国家形成論序説――前方後円墳体制の提唱」『日本史研究』三四三、一九九一
西嶋定生「古墳と大和政権」『岡山史学』一〇、一九六一

前方後円墳

上田宏範『前方後円墳〈増補新版〉』学生社、一九九六
姜仁求「韓国の前方後円墳について」森浩一編『韓国の前方後円墳』社会思想社、一九八四
近藤義郎『前方後円墳の成立』岩波書店、一九九八
高木博志・山田邦和編『歴史の中の天皇陵』思文閣出版、二〇一〇
都出比呂志「日本古代の国家形成論序説――前方後円墳体制の提唱」『日本史研究』三四三、一九九一
西嶋定生「古墳出現の国際的契機」近藤義郎・藤沢長治編『日本の考古学Ⅳ　古墳時代（上）』月報四、河出書房新社、一九六六
朴天秀『伽耶と倭』講談社、二〇〇七
濱田耕作「前方後円墳の諸問題」『考古学雑誌』二六－九、一九三六

上円下方墳

池上悟「上円下方墳の名称と築造企画」『白門考古論叢Ⅱ』二〇〇八
大塚初重「古墳はどのようなうつりかわりをみせるか」『日本考古学の視点』下、東京書籍、一九七四
喜田貞吉「皇陵」『歴史地理』創刊号、一九一三
京都帝国大学文学部考古学教室『大和石舞台の巨大古墳』一九三七
後藤守一『墳墓の変遷』雄山閣、一九三二
小林行雄『図解考古学辞典』一九五九
斎藤忠『日本古墳の研究』吉川弘文館、一九六一
坂詰秀一「特集・武蔵の上円下方墳とその周辺によせて」『武蔵野』八四－一、二〇一〇
白石太一郎「畿内における古墳の終末」『国立歴史民俗博物館研究報告』一、一九八二
高橋健自『古墳と上代文化』雄山閣、一九二四
原田淑人編『日本考古学入門』吉川弘文館、一九五〇
和田軍一「前方後円墳より方墳へ」『歴史地理』五四－二、一九二九

横穴墓

赤星直忠『鎌倉市史』考古篇、一九五九
穴沢咊光・馬目順一「頭椎大刀試論」『福島考古』一八、一九七七

池上悟『日本横穴墓の形成と展開』雄山閣、二〇〇四
金井塚良一『吉見百穴横穴墓群の研究』校倉書房、一九七五
後藤守一『墳墓の変遷』雄山閣、一九三二
近藤義郎『佐良山古墳群の研究』津山市教育委員会、一九五二
坪井正五郎「太古ノ土器ヲ比べテ貝塚ト横穴ノ関係ヲ述ブ」『人類学会報告』一、一八八六
西嶋定生「古墳と大和政権」『岡山史学』一〇、一九六一
藤沢一夫「柏原市域の古代寺院とその性格」『柏原市史』四、一九七五
三木文雄「上総国長生郡二宮本郷村押日横穴群の研究」(一)(二)『考古学雑誌』二六―一・二、一九三六・三七
森本六爾「武蔵荏原郡馬込村の一横穴」『考古学雑誌』一六―六、一九二六
山本清「西山陰の横穴について」『島根大学人文科学論集』九、一九五九
和島誠一ほか『横浜市史』一、一九五八

土器・陶磁器編年

大塚達朗『縄紋土器研究の新展開』同成社、二〇〇〇
岡村秀典「後漢鏡の編年」『国立歴史民俗博物館研究報告』五五、一九九三
黒尾和久ほか「縄文中期集落研究の新地平　シンポジュウム発表要旨・資料」縄文中期集落研究グループ、一九九五
小林謙一「AMS^{14}C年代測定と暦年較正を利用した縄紋中期の土器型式の時間」慶応義塾大学民族学考古学研究室『時空を越えた対話』六一書房、二〇〇四
佐藤達夫「土器型式の実態――五領ヶ台式と勝坂式の間」日本歴史学会編『日本考古学の現状と課題』吉川弘文館、一九七五
寺沢薫・森岡秀人『弥生土器の様式と編年〈近畿編一〉』木耳社、一九八九
寺沢薫・森岡秀人『弥生土器の様式と編年〈近畿編二〉』木耳社、一九九〇
東京大学埋蔵文化財調査室「東京大学構内遺跡出土陶磁器・土器の分類(一)」一九九七
楢崎彰一「古代・中世窯業の技術発展と展開」三上次男・楢崎彰一編『日本の考古学Ⅵ　歴史時代(上)』河出書房新社、一九六七
藤森栄一編『井戸尻　長野県富士見町における中期縄文遺跡群の研究』中央公論美術出版、一九六五
美濃古窯研究会『美濃の古陶』光琳社出版、一九七六
森本伊知郎『近世陶磁器の考古学　出土遺物からみた生産と消費』椙山女学園大学研究叢書三五、雄山閣、二〇〇九
山内清男「第一　日本遠古之文化　Ⅰ縄紋土器文化の真相」(初出一九三二)『山内清男先史考古学論文集一　日本遠古之文化』先史考古学会、一九六七

タイポロジー

大塚達郎「縄文土器研究解題――山内清男」小林達夫編『総覧　縄文土器』アム・プロモーション、二〇〇八
小林達雄「タイポロジー」『日本の旧石器文化一　総論編』雄山閣、一九八三
杉原荘介『原史学序論』葦牙書房、一九四三
田中琢「型式学の問題」『日本考古学を学ぶ(一)日本考古学の基礎』有斐閣、一九七八
戸沢充則「日本考古学における型式学の系譜」『論集日本原史』吉川弘文館、一九八五
山内清男『日本遠古之文化』先史考古学会、

一九三九
山内清男「縄紋土器型式の細別と大別」『山内清男　先史考古学論文集』一九六七
横山浩一「型式論」『岩波講座日本考古学一　研究の方法』一九八五

層位論

麻生優「「現位置論」の現代的意義」『物質文化』二四、一九七五
麻生優「層位論」『岩波講座日本考古学一　研究の方法』一九八五
大塚達郎「縄文土器研究解題——山内清男」小林達夫編『総覧　縄文土器』アム・プロモーション、二〇〇八
芹沢長介「旧石器時代の諸問題」『岩波講座日本歴史一　原始および古代一』一九六二

放射性炭素年代法

今村峯雄「考古学における^{14}C年代測定　高精度化と信頼に関する諸問題」馬淵久夫・富永健編『考古学と化学をむすぶ』東京大学出版会、二〇〇〇
C・T・キーリ・武藤康弘「縄文時代の年代」『縄文文化の研究』一、雄山閣、一九八二
小林謙一『縄紋社会研究の新視点——炭素14年代測定の利用』六一書房、二〇〇四
杉原荘介「神奈川県夏島貝塚出土遺物の放射性炭素による年代決定」『駿台史学』一二、一九六二
芹沢長介「日本最古の文化と縄文土器の起源」『科学』二九-八（岩波書店）、一九五九
谷口康浩「日本および極東における土器出現の年代」『國學院大學考古学資料館紀要』一八、二〇〇二
中村俊夫・辻誠一郎「青森県東津軽郡蟹田町大平山元Ⅰ遺跡出土の土器破片表面に付着した微量炭化物の加速器^{14}C年代」『大平山元Ⅰ遺跡の考古学的調査』大平山元Ⅰ遺跡発掘調査団、一九九九
山内清男・佐藤達夫「縄紋土器の古さ」『科学読売』一二-一三、一九六二
山本直人「放射性炭素年代測定法」『縄文時代』一〇、一九九九
渡辺直経「縄文および弥生時代の^{14}C年代」『第四紀研究』五-三・四、一九六六

年輪年代法

光谷拓実「年輪年代法と文化財」『日本の美術』四二一、二〇〇一

花粉分析法

島倉巳三郎「日本植物の花粉形態」『大阪市立自然科学博物館収蔵資料目録』五、一九七三
塚田松雄『花粉は語る』岩波新書、一九七四
辻誠一郎編『考古学と自然科学三　考古学と植物学』同成社、二〇〇〇
徳永重元「本邦炭の花粉学的研究」『地質調査所報告』一八一、一九五八
徳永重元『花粉分析法入門』ラティス、一九七二
中村純『花粉分析』古今書院、一九六七
中村純「日本産花粉の標徴」Ⅰ・Ⅱ『大阪市立自然史博物館収蔵試料目録』一二・一三、一九八〇
沼田大学ほか「花粉分析より見たる京都付近二・三の森林の変遷について」『日本林学会誌』一八、一九三六
三好教夫・藤木利之・木村裕子『日本産花粉図鑑』北海道大学出版会、二〇一一
安田喜憲・三好教夫編『図説　日本列島植生史』朝倉書店、一九九八
Erdman. G., Pollen and spore morphology. Plant taxonomy. Angiosperms. Almqvist and Wiksell.

Erdman.G.,Pollen and spore morphology. Plant taxonomy. Gymnospermae,Pteridophyta,Pryophyta. Almqvist and Wiksell.
Feagri K.and Iversen J., *Textbook of Pollen Analysis*, The Blackburn Press, 1989
Moore P.D. & Webb J.A & Collinson. & M. E., *Pollen Analysis*, Second Edition, Blackwell Scientific Publications, 1991
Alfred Traverse, *Paleopalynology*, Second Edition, Springer, 2007

プラント・オパール分析法

近藤錬三・佐瀬隆「植物珪酸体分析、その特性と応用」『第四紀研究』二五、一九八六
近藤錬三『プラント・オパール図譜』北海道大学出版会、二〇一〇
杉山真二「植物珪酸体（プラント・オパール）」辻誠一郎編著『考古学と自然科学三 考古学と植物学』同成社、二〇〇〇
外山秀一「プラント・オパールと環境考古学」安田喜憲編『環境考古学ハンドブック』朝倉書店、二〇〇四
藤原宏志「プラント・オパールと水田」田中琢・佐原真編『新しい研究法は考古学に何をもたらしたか』クバプロ、一九九五
Pearsall Deborah M., *Paleoethnobotany: A Handbook of Procedures*, second edition, Academic Press, 2000

圧痕法（レプリカ法）

丑野毅「資料に残された痕跡の観察」『第三回九州古代種子研究会レジュメ』二〇〇七
丑野毅・田川裕美「レプリカ法による土器圧痕の観察」『考古学と自然科学』二四、一九九一
小畑弘己『東北アジア古民族植物学と縄文農耕』同成社、二〇一一
小畑弘己・佐々木由香・仙波靖子「土器圧痕からみた縄文時代後・晩期における九州のダイズ栽培」『植生史研究』一五－二、二〇〇七
中沢道彦・丑野毅「レプリカ法による縄文時代晩期土器の籾状圧痕の観察」『縄文時代』九、一九九八
中沢道彦・丑野毅・松谷暁子「山梨県韮崎市中道遺跡出土の大麦圧痕土器について――レプリカ法による縄文時代晩期土器の籾状圧痕の観察（二）」『古代』一一一、二〇〇二
中山誠二『植物考古学と日本の農耕の起源』同成社、二〇一〇
中山誠二・長沢宏昌・保坂康夫・野代幸和・櫛原功一・佐野隆「レプリカ・セム法による圧痕土器の分析二――山梨県上ノ原遺跡、酒呑場遺跡、中谷遺跡」『山梨県立博物館研究紀要』二、二〇〇八
山崎純男「西日本縄文農耕論」『韓・日新石器時代의農耕問題』二〇〇五
山内清男「石器時代土器底面に於ける稲籾の圧痕」（初出一九二五）『山内清男 先史考古学論文集』第四冊、一九六七

ウォーターセパレーション・フローテーション法（水洗選別法）

高瀬克範・山藤正敏「（四）水洗選別と出土炭化種子の分析結果」『瀬戸岡古墳群』東京都あきる野市瀬戸岡古墳群市道地区調査会、二〇〇四
辻誠一郎「第五章 種実類：大型植物遺体」同編『考古学と植物学』同成社、一九九九
山藤正敏「三．古墳時代前期の遺構と遺物（二）遺物 三．炭化種子・炭化材 a．炭化種子」『水草木・東原』東京都あきる野市・日の出町都道一六五号線パートナ

ー事業地区遺跡調査団、二〇〇四
Pearsall, D.M., *Paleoethnobotany: A Handbook of Procedures*, Second edition, San Diego: Academic Press, 2000
Renfrew, C. and P. Bahn, *Archaeology: Theories, Methods, and Practice*, Fourth edition, London: Thames and Hudson, 2004

遺跡保存運動

文化財保存全国協議会『遺跡保存の事典』三省堂、一九九〇

記録保存

宮瀧交二「「記録保存」再考」『神奈川地域史研究』二二、二〇〇四

歴史考古学

坂詰秀一『歴史考古学の構想と展開』雄山閣、一九七七
坂詰秀一・森郁夫『日本歴史考古学を学ぶ』上、有斐閣、一九八三
鈴木公雄ゼミナール編『近世・近現代考古学入門』慶應義塾大学出版会、二〇〇七
土井義夫「考古資料の性格と転換期の考古学」『歴史評論』四五四、一九八八
浜田耕作『通論考古学』大鐙閣、一九二二（雄山閣、一九八六）

戦跡考古学

黒尾和久「戦争遺跡概念の再検討と平和への可能性」君塚仁彦編著『平和概念の再検討と戦争遺跡』明石書店、二〇〇六
十菱俊武・菊池実編『しらべる戦争遺跡の事典』柏書房、二〇〇二
十菱俊武・菊池実編『続　しらべる戦争遺跡の事典』柏書房、二〇〇三
當麻嗣一「戦跡考古学のすすめ」『南東考古だより』三〇、一九八四

産業考古学

市原猛志「近代化遺産／産業遺産の調査方法に関する実践的研究（一）」『産業考古学』一三七、二〇一〇
黒岩俊郎・玉置正美『産業考古学入門』東洋経済新報社、一九七八
平井東光・種田明・堤一郎『産業遺産を歩こう』東洋経済新報社、二〇〇九
前田清志「序論　産業考古学会の二〇年」前田・玉川寛治編『日本の産業遺産Ⅱ　産業考古学研究』玉川大学出版部、二〇〇〇
山崎俊雄「序論　技術史と産業考古学」山崎・前田清志編『日本の産業遺産　産業考古学研究』玉川大学出版部、一九八六

大化改新論争

石上英一『律令国家と社会構造』名著刊行会、一九九六
井上光貞「大化改新詔の信憑性」『史学雑誌』六〇－一二、一九五一
門脇禎二『「大化改新」論――その前史の研究』徳間書店、一九六九
狩野久「部民制」『講座日本史一　古代国家』東京大学出版会、一九七〇（同『日本古代の国家と都城』東京大学出版会、一九九〇）
鎌田元一『律令公民制の研究』塙書房、二〇〇一
岸俊男「造籍と大化改新詔」『日本書紀研究』一、塙書房、一九六四（同『日本古代籍帳の研究』塙書房、一九七三）
北村文治「改新後の部民政策に関する試論」『北海道大学文学部紀要』六、一九五七（同『大化改新の基礎的研究』吉川弘文館、一九九〇）
坂本太郎「大化改新詔の信憑性の問題につ

いて」『歴史地理』八三―一、一九五二（『坂本太郎著作集』六、吉川弘文館、一九八九）
佐藤宗諄「年号制成立に関する覚書」『日本史研究』一〇〇、一九六八
関晃「大化改新と天皇権力」『歴史学研究』二二八、一九五九（『関晃著作集』二、吉川弘文館、一九九六）
日本史研究会古代史部会「『大化改新』への分析視角」『日本史研究』八三、一九六六
野村忠夫『研究史　大化改新』（増補版）吉川弘文館、一九七八
原秀三郎「大化改新論批判序説――律令制的人民支配の成立過程を論じて、いわゆる『大化改新』の存在を疑う」『日本史研究』八六・八八、一九六六・六七（同『日本古代国家史研究』東京大学出版会、一九八〇）
八木充「大化改新詔の述作について」『山口大学文学会誌』一一―一、一九六〇
吉村武彦『日本古代の社会と国家』岩波書店、一九九六

畿内政権論争

阿部武彦「古代族長継承の問題について」（初出一九五四）同『日本古代の氏族と祭祀』吉川弘文館、一九八四
石母田正『日本の古代国家』（初出一九七一）『石母田正著作集』三、岩波書店、一九八九
大津透「律令国家と畿内」（初出一九八五）同『律令国家支配構造の研究』岩波書店、一九九三
大町健「日本の古代国家と「家族・私有財産および国家の起源」」『歴史学研究』五四〇、一九八五
関晃「律令支配層の成立とその構造」（初出一九五二）『関晃著作集』四、吉川弘文館、一九九七
関晃「畿内制の成立」（初出一九五四）『関晃著作集』二、一九九六
関晃「大化改新と天皇権力」（初出一九五九a）同右
関晃「大化前後の天皇権力について」（初出一九五九b）同右
関晃「大化前後の大夫について」（初出一九五九c）同右
関晃「律令貴族論」（初出一九七六）『関晃著作集』四
竹内理三「『参議』制の成立」（初出一九五一a）同『律令制と貴族政権』第Ⅰ部、御茶の水書房、一九五七
竹内理三「律令官位制に於ける階級性」（初出一九五一b）同右
仁藤敦史「律令国家論の現状と課題」（初出一九九一）同『古代王権と官僚制』臨川書店、二〇〇〇
野村忠夫『律令官人制の研究』吉川弘文館、一九六七
野村忠夫『官人制論』雄山閣、一九七五
早川庄八「律令制と天皇」（初出一九七六）同『日本古代官僚制の研究』岩波書店、一九八六
早川庄八「選任令・選叙令と郡領の『試練』」（初出一九八四）同右
吉川真司「律令太政官制と合議制」（初出一九八八）同『律令官僚制の研究』塙書房、一九九八
吉田孝「『律令国家』と『公地公民』」（初出一九七二）同『律令国家と古代の社会』岩波書店、一九八三
吉田孝「律令国家の諸段階」（初出一九八二）同右

「天皇」・「日本」号の成立論争

網野善彦「「日本」という国号」同『日本論の視座』小学館、一九九〇
石崎高臣「国号「日本」の成立と意義」『國

學院大學大学院紀要　文学研究科』二六、一九九五
石母田正『日本の古代国家』岩波書店、一九七一
岩橋小弥太『日本の国号』吉川弘文館、一九七〇
梅村喬「天皇の呼称」『講座前近代の天皇』四、青木書店、一九九五
大津透「天皇号の成立」同『古代の天皇制』岩波書店、一九九九
大橋一章「「天皇」号成立の時代について」『歴史教育』一八-七、一九七〇
大和岩雄『「日本」国はいつできたか』六興出版、一九八五（新訂版一九九六）
角林文雄「日本古代の君主の称号について」『日本史論叢』一、一九七二
川崎晃「日本の国号の成立に関する覚書」『学習院史学』一二、一九七六
北康宏「天皇号の成立とその重層構造」『日本史研究』四七四、二〇〇二
河内春人「日本国号の由来と来歴」『歴史地理教育』七三五、二〇〇八
小林敏男「王・大王号と天皇号・スメラミコト考」同『古代天皇制の基礎的研究』校倉書房、一九九四
小林敏男『日本国号の歴史』吉川弘文館、二〇一〇
西郷信綱「スメラミコト考」『文学』四三-一、一九七五
西郷信綱「ヒムカシと「日本」と」『朝日百科日本の歴史』一、朝日新聞社、一九八九
坂本太郎「古事記の成立」『古事記大成』四、平凡社、一九五六
佐藤宗諄「「天皇」の成立」『日本史研究』一七六、一九七七
下出積與『神仙思想』吉川弘文館、一九六八
関晃「中国的君主観と天皇観」『季刊日本思想史』四、一九七七
竹内理三「大王天皇考」『日本歴史』五一、一九五二
谷川健一『白鳥伝説』集英社、一九八六
津田左右吉「天皇考」『東洋学報』一〇-三、一九二〇（同『日本上代史の研究』岩波書店、一九三〇）
東野治之「「大王」号の成立と「天皇」号」上田正昭ほか編『ゼミナール日本古代史』下、学生社、一九八〇
東野治之「日出処・日本・ワークワーク」『水茎』一〇、一九九一（同『遣唐使と正倉院』岩波書店、一九九二）
本位田菊士「隋唐交渉と日本国号の成立」『史観』一二〇、一九八九
三品彰英「日本国号考」『聖徳太子研究』三、一九六七
宮崎市定「天皇なる称号の由来について」『思想』六四六、一九七八
宮田俊彦「天皇号の成立は推古十六年である」『日本歴史』二六八、一九七〇
森公章「天皇号の成立をめぐって」『日本歴史』四一八、一九八四
森公章「天皇号の成立とその意義」『古代史研究の最前線』一、雄山閣、一九八六
山尾幸久「古代天皇制の成立」後藤靖編『天皇制と民衆』東京大学出版会、一九七六
渡辺茂「古代君主の称号に関する二、三の試論」『史流』八、一九六七

古代家族論争

安良城盛昭「班田農民の存在形態と古代籍帳の分析方法」『歴史学研究』三四五、一九六九
石母田正「奈良時代農民の婚姻形態に関する一考察」『歴史学研究』七〇・七二、一九三九
今津勝紀「日本古代の村落と地域社会」『考

古学研究』五〇－三、二〇〇三
門脇禎二『日本古代共同体の研究』東京大学出版会、一九六〇
岸俊男「古代後期の社会機構」（初出一九五二）同『日本古代籍帳の研究』塙書房、一九七三
関口裕子『日本古代婚姻史の研究』上・下、塙書房、一九九三
関口裕子『日本古代家族史の研究』上・下、塙書房、二〇〇四
高群逸枝『招婿婚の研究』講談社、一九五三
藤間生大「郷戸について」『社会経済史学』一二－六、一九四二
直木孝次郎「部民制の一考察」（初出一九五一）同『日本古代国家の構造』青木書店、一九五八
吉田晶『日本古代社会構成史論』塙書房、一九六八
吉田孝『律令国家と古代の社会』岩波書店、一九八三

アジア的生産様式論争

石母田正『日本の古代国家』岩波書店、一九七一
大塚久雄『共同体の基礎理論』岩波書店、一九五五
小谷汪之『マルクスとアジア』青木書店、一九七九
小谷汪之『歴史の方法について』東京大学出版会、一九八五
塩沢君男『古代専制国家の構造』御茶の水書房、一九五八
吉村武彦「古代東アジア社会と日本」『講座史的唯物論と現代』三、青木書店、一九七六

王民制

荒井秀規「日本古代の「公民」をめぐって」吉村武彦編『律令制国家と古代社会』塙書房、二〇〇五
石母田正「日本古代の身分秩序」（初出一九六三）『石母田正著作集』四、岩波書店、一九八九
加藤晃「我が国における姓の成立について」坂本太郎博士古稀記念会編『続日本古代史論集』上、吉川弘文館、一九七二
狩野久「部民制――名代・子代を中心として」（初出一九七〇）同『日本古代の国家と都城』東京大学出版会、一九九〇
鎌田元一「『部』についての一考察」（初出一九八四）同『律令公民制の研究』塙書房、二〇〇一
木村茂光「中世百姓の成立」阿部猛編『日本社会における王権と封建』東京堂出版、一九九七
水林彪「『日本書紀』における「公民」と「王民」」『日本史研究』三九三、一九九五
村井章介「王土王民思想と九世紀の転換」『思想』八四七、一九九五
吉村武彦「古代の社会編成」（初出一九八四）同『日本古代の社会と国家』岩波書店、一九九六
吉村武彦「律令制的身分集団の成立」（初出一九九三）同右

国家的土地所有

石上英一「弘福寺文書の基礎的考察」（初出一九八七）同『古代荘園史料の基礎的研究』上、塙書房、一九九七
石母田正「古代法と中世法」（初出一九四九）『石母田正著作集』八、岩波書店、一九八九
石母田正『日本の古代国家』（初出一九七一）『石母田正著作集』三、岩波書店、一九八九
大町健『日本古代の国家と在地首長制』校倉書房、一九八六

川口勝康「日本マルクス主義古代史学研究史序説」『原始古代社会史研究』一・二、校倉書房、一九七四・七五
小谷汪之『マルクスとアジア』青木書店、一九七九
虎尾俊哉「律令時代の公田について」（初出一九六四）同『日本古代土地法史論』吉川弘文館、一九八一
中田薫「律令時代の土地私有権」（初出一九二八）同『法制史論集』二、岩波書店、一九三八
吉村武彦「律令制国家と土地所有」（初出一九七五）同『日本古代の社会と国家』岩波書店、一九九六

首長制

石上英一『律令国家と社会構造』名著刊行会、一九九六
石母田正『日本の古代国家』岩波書店、一九七一
石母田正『日本古代国家論　第一部』岩波書店、一九七三
井上勝博「石母田正『日本の古代国家』におけるモティーフについて」『新しい歴史学のために』二一二、一九九三
今津勝紀「首長制論の再検討」『歴史評論』六二六、二〇〇二
大町健『日本古代の国家と在地首長制』校倉書房、一九八六
中林隆之「石母田正氏の世界史認識」『歴史評論』五六三、一九九七
山尾幸久『日本古代国家と土地所有』吉川弘文館、二〇〇三
吉田晶『日本古代村落史序説』塙書房、一九八〇
吉田孝『律令国家と古代の社会』岩波書店、一九八三

律令国家

青木和夫『日本律令国家論攷』岩波書店、一九九二
池田温編『中国礼法と日本律令制』東方書店、一九九二
池田温編『唐令拾遺補』東京大学出版会、一九九七
石母田正「古代史概説」『岩波講座日本歴史』一、一九六二（『石母田正著作集』一二、岩波書店、一九九〇）
石母田正『日本の古代国家』岩波書店、一九七一（『石母田正著作集』三、岩波書店、一九八九）
大津透編『日唐律令比較研究の新段階』山川出版社、二〇〇八
鎌田元一『律令公民制の研究』塙書房、二〇〇一
鬼頭清明『日本古代国家の形成と東アジア』校倉書房、一九七六
鬼頭清明『律令国家と農民』塙書房、一九七九
都出比呂志『前方後円墳と社会』塙書房、二〇〇五
天一閣博物館・中国社会科学院歴史研究所天聖令整理課題組『天一閣蔵　明鈔本天聖令校証』中華書局、二〇〇六
早川庄八『日本古代官僚制の研究』岩波書店、一九八六
吉川真司「律令体制の形成」『日本史講座一　東アジアにおける国家の形成』東京大学出版会、二〇〇四
吉田晶『日本古代国家成立史論』東京大学出版会、一九七三
吉田孝『律令国家と古代の社会』岩波書店、一九八三

王朝国家

泉谷康夫『律令制度崩壊過程の研究』鳴鳳社、一九七二（高科書店、一九九二）
泉谷康夫『日本中世社会成立史の研究』高

科書店、一九九二
上島享『日本中世社会の形成と王権』名古屋大学出版会、二〇一〇
大津透「平安中後期の国家論のために――王朝国家論とその周辺」（初出二〇〇六）同『日本古代史を学ぶ』岩波書店、二〇〇九
加藤友康「摂関政治と王朝文化」同編『日本の時代史六　摂関政治と王朝文化』吉川弘文館、二〇〇二
坂本賞三『日本王朝国家体制論』東京大学出版会、一九七二
坂本賞三『荘園制成立と王朝国家』塙書房、一九八五
坂本賞三編『王朝国家国政史の研究』吉川弘文館、一九八七
佐藤泰弘『日本中世の黎明』京都大学学術出版会、二〇〇一
下向井龍彦「平安時代の地方政治」日本歴史学会編『日本史研究の新視点』吉川弘文館、一九八六
下向井龍彦「平安時代史研究の新潮流をめぐって――十世紀後半画期論批判」『日本古代・中世史　研究と資料』一五、一九九七
下向井龍彦「摂関期の斎院禊祭料と王朝国家の財政構造――『小右記』を中心に」『九州史学』一五六、二〇一〇
戸田芳実『日本領主制成立史の研究』岩波書店、一九六七
森田悌『平安時代政治史研究』吉川弘文館、一九七八
森田悌『研究史王朝国家』吉川弘文館、一九八〇
吉川真司「摂関政治の転成」（初出「天皇家と藤原氏」一九九五）同『律令官僚制の研究』塙書房、一九九八
吉川真司「平安京」・「院宮王臣家」同編『日本の時代史五　平安京』吉川弘文館、二〇〇二

府官制

坂元義種『古代東アジアの日本と朝鮮』吉川弘文館、一九七八
坂元義種『倭の五王』教育社歴史新書、一九八一
鈴木靖民「東アジア諸民族の国家形成と大和王権」『講座日本歴史一　原始・古代一』東京大学出版会、一九八四
鈴木靖民「倭の五王と外交と内政」林陸朗先生還暦記念『日本古代の政治と制度』続群書類従完成会、一九八五
鈴木靖民「倭の五王」『古代を考える　雄略天皇とその時代』吉川弘文館、一九八八
武田幸男「平西将軍・倭隋の解釈」『朝鮮学報』七七、一九七五

天下（治天下）

安部健夫「中国人の天下観念――政治思想史的試論」ハーバード・燕京・同志社東方文化講座第六輯、一九五六
市川寛「御宇用字考」『国語国文』三－六、一九三三
井上光貞「稲荷山鉄剣銘文考」『歴史と人物』一四一・一四三・一四四、一九八三（『井上光貞著作集』五、岩波書店、一九八六）
大野晋「アメノシタシラシメシシの訓」『文学』四三－四、一九七五
熊谷公男「〝ヲサム〟考」『新日本古典文学大系月報』六〇、岩波書店、一九九五
熊谷公男『日本の歴史三　大王から天皇へ』講談社、二〇〇一
河内春人「「天下」論」『歴史学研究』七九四、二〇〇四
神野志隆光『古事記の世界観』吉川弘文館、一九八六
東野治之「銘文の釈読」東京国立博物館編

『江田船山古墳出土国宝銀象嵌銘大刀』吉川弘文館、一九九三
仁藤敦史「古代日本の世界観——天下・国・都城」『国立歴史民俗博物館研究報告』一一九、二〇〇四
堀敏一『中国と古代東アジア世界』岩波書店、一九九三
吉村武彦「倭国と大和王権」『岩波講座日本通史二　古代一』岩波書店、一九九三
吉村武彦『古代天皇の誕生』角川書店、一九九八
渡辺信一郎『中国古代の王権と天下秩序』校倉書房、二〇〇三

国造制

石母田正『日本の古代国家』岩波書店、一九七一
井上光貞「国造制の成立」（初出一九五一）『井上光貞著作集四　大化前代の国家と社会』岩波書店、一九八五
上田正昭「国県制の実態とその本質」同『日本古代国家成立史の研究』青木書店、一九五九
大川原竜一「大化以前の国造制の構造とその本質」『歴史学研究』八二九、二〇〇七
狩野久「部民制と国造制」（初出一九九三）同『発掘文字が語る古代王権と列島社会』吉川弘文館、二〇一〇
篠川賢『日本古代国造制の研究』吉川弘文館、一九九六
舘野和己「ヤマト王権の列島支配」歴史学研究会・日本史研究会編『日本史講座一　東アジアにおける国家の形成』東京大学出版会、二〇〇四
新野直吉『日本古代地方制度の研究』吉川弘文館、一九七四ａ
新野直吉『研究史　国造』吉川弘文館、一九七四ｂ
森公章『古代郡司制度の研究』吉川弘文館、二〇〇〇
八木充「国造制の構造」（初出一九七五）同『日本古代政治組織の研究』塙書房、一九八六
吉田晶『日本古代国家成立史論』東京大学出版会、一九七三

部民制

井上辰雄『古代王権と宗教的部民』柏書房、一九八〇
井上光貞「部民史論」『新日本史講座　古代前期』中央公論社、一九四八（『井上光貞著作集』四、岩波書店、一九八五）
狩野久『日本古代の国家と都城』東京大学出版会、一九九〇
鎌田元一『律令公民制の研究』塙書房、二〇〇一
岸俊男「日本における「戸」の源流」『日本歴史』一九七、一九六四（同『日本古代籍帳の研究』塙書房、一九七三）
北村文治「改新後の部民対策に関する試論」『北海道大学文学部紀要』六、一九五七（同『大化改新の基礎的研究』吉川弘文館、一九九〇）
高橋明裕「日本古代の「部」の史料について」『立命館史学』一四、一九九三
中村友一「律令制下の氏姓制」『延喜式研究』二三、二〇〇七（同『日本古代の氏姓制』八木書店、二〇〇九）
平野邦雄『大化前代社会組織の研究』吉川弘文館、一九六九
吉村武彦「倭国と大和王権」『岩波講座日本通史』二、一九九三

氏族とウヂ

阿部武彦『氏姓』至文堂、一九六〇
清家章『古墳時代の埋葬原理と親族構造』大阪大学出版会、二〇一〇
田中良之『古墳時代親族構造の研究——人

骨が語る古代社会』柏書房、一九九五
津田左右吉『日本上代史の研究』岩波書店、一九四七
直木孝次郎『日本古代の氏族と天皇』塙書房、一九六四
中村友一『日本古代の氏姓制』八木書店、二〇〇九
中村英重『古代氏族と宗教祭祀』吉川弘文館、二〇〇四
溝口睦子『日本古代氏族系譜の成立』学習院、一九八二
義江明子『日本古代の氏の構造』吉川弘文館、一九八六
吉村武彦『日本古代の社会と国家』岩波書店、一九九六

記紀神話

石母田正『古代貴族の英雄時代』石母田正著作集一〇、岩波書店、一九八九
上田正昭『日本神話論』上田正昭著作集四、角川書店、一九九九
榎村寛之「神話と伝承——日本古代史と隣接諸学の関係」『歴史評論』六三〇、二〇〇二
岡田精司『古代王権の祭祀と神話』塙書房、一九七〇
岡田精司「記紀神話の成立」『岩波講座日本歴史』二、一九七五
神野志隆光『古代天皇神話論』若草書房、一九九九
直木孝次郎『神話と歴史』吉川弘文館、一九七一
溝口睦子『王権神話の二元構造』吉川弘文館、二〇〇〇
三宅和朗『記紀神話の成立』吉川弘文館、一九八四

ヤケ・イヘ・イエ

飯沼賢司「イエの成立と親族」『日本史講座三　中世の形成』東京大学出版会、二〇〇四
関和彦「古代の「家号」と実体的共同体」同『日本古代社会生活史の研究』校倉書房、一九九四
吉田孝「律令制と村落」『岩波講座日本歴史』三、一九七六
吉田孝「ヤケについての基礎的考察」井上光貞博士還暦記念会編『古代史論叢』中、吉川弘文館、一九七八
吉田孝「イヘとヤケ」同『律令国家と古代の社会』岩波書店、一九八三
吉田孝「古代社会における「ウヂ」」『日本の社会史六　社会的諸集団』岩波書店、一九八八

口頭伝達

石母田正『日本古代国家論』第一部、岩波書店、一九七三
大平聡「奈良時代の証書と宣命」土田直鎮先生還暦記念会編『奈良平安時代史論集』上、吉川弘文館、一九八四
大平聡「音声言語と文書行政」『歴史評論』六〇九、二〇〇一
大平聡「日本古代の文書行政と音声言語」藤田勝久・松原弘宣編『古代東アジアの情報伝達』汲古書院、二〇〇八
鐘江宏之「口頭伝達の諸相」『歴史評論』五七四、一九九八
櫛木謙周「宣命に関する一考察」『続日本紀研究』二一〇、一九八〇
東野治之「大宝令成立前後の公文書制度」（初出一九八九）同『長屋王家木簡の研究』塙書房、一九九六
早川庄八「八世紀の任官関係文書と任官儀について」（初出一九八一）同『日本古代官僚制の研究』岩波書店、一九八六
早川庄八「前期難波宮と古代官僚制」（初出一九八三）同右

古市晃「律令制下における勅命の口頭伝達について」吉田晶編『日本古代の国家と村落』塙書房、一九九八
吉川真司「奈良時代の宣」（初出一九八八）同『律令官僚制の研究』塙書房、一九九八

双系制

明石一紀「日本古代家族研究序説」（初出一九七九）同『日本古代の親族構造』吉川弘文館、一九九〇
R・M・キージング（小川・笠原・河合訳）『親族集団と社会構造』未来社、一九八二
関口裕子「戦後の家族・共同体論の学説史的検討」同『日本古代家族史の研究』塙書房、二〇〇四
村武精一「社会人類学における家族・親族理論の展開」「解題」（同編・小川正恭ほか訳『家族と親族』未来社、一九八一）および同書所収論文
義江明子「双系制と両属性」同『日本古代の氏の構造』吉川弘文館、一九八六
義江明子『日本古代系譜様式論』吉川弘文館、二〇〇〇
吉田孝「律令時代の氏族・家族・集落」同『律令国家と古代の社会』岩波書店、一九八三

仕奉

須原祥二「『仕奉』と姓」笹山晴生編『日本律令制の構造』吉川弘文館、二〇〇三
松木俊暁「大和政権における『仕奉』の構造」同『言説空間としての大和政権——日本古代の伝承と権力』山川出版社、二〇〇六
松下正和「古代王権と仕奉」鈴木正幸編『王と公——天皇の日本史』柏書房、一九九八
吉村武彦「仕奉と貢納」『日本の社会史』四、岩波書店、一九八六
吉村武彦『日本古代の社会と国家』岩波書店、一九九六

古代の山野河海

石母田正「古代村落の二つの問題」『歴史学研究』九二・九三、一九四一
北村安裕「天武・持統朝の禁制地について」武光誠編『古代国家と天皇』同成社、二〇一〇
小林昌二「令制下『山川藪沢』所有に関する一考察」『愛媛大学教育学部紀要』第二部・人文・社会科学、第八巻、一九七五
戸田芳実「山野の貴族的領有と中世初期の村落」『ヒストリア』二九、一九六一
北條勝貴「伐採抵抗伝承・伐採儀礼・神殺し——開発の正当化／相対化」増尾伸一郎・工藤健一・北條勝貴編『環境と心性の文化史（下）——環境と心性の葛藤』勉誠出版、二〇〇三
丸山幸彦「九世紀における大土地所有の展開——とくに山林原野をめぐって」『史林』五〇－四、一九六七
宮瀧交二「『嵯峨朝』期における東国集落の再検討」『古代文化』五四－二、二〇〇二
森田喜久男『日本古代の王権と山野河海』吉川弘文館、二〇〇九
吉村武彦「『天皇』の誕生と山海の政」中森義宗・坂井昭宏編『美と新生』東信堂、一九八八

群臣

加藤謙吉「大夫制と大夫選任氏族」『共立女子第二中学・高等学校研究論集』九、一九八六
倉本一宏「氏族合議制の成立——『オホマヘツキミ－マヘツキミ』制」『ヒストリア』一三一、一九九一
佐藤長門「倭王権における合議制の機能と

構造」『歴史学研究』六六一、一九九四
佐藤長門「倭王権における合議制の史的展開」林陸朗・鈴木靖民編『日本古代の国家と祭儀』雄山閣、一九九六
関晃「大化前後の大夫について」『山梨大学学芸学部研究報告』五、一九五九
関晃「律令貴族論」『岩波講座日本歴史』三、一九七六
原島礼二「大夫小論覚書——七世紀前半の大和政権中枢部について」『歴史評論』一一三、一九六〇
吉村武彦「仕奉と氏・職位——大化前代の政治的結合関係」（初出一九八六）同『日本古代の社会と国家』岩波書店、一九九六
吉村武彦「古代の王位継承と群臣」『日本歴史』四九六、一九八九

大兄制・皇太子制

荒木敏夫「書評門脇禎二著『「大化改新」論」』『歴史学研究』三六三、一九七〇
荒木敏夫「大兄論」同『日本古代の皇太子』吉川弘文館、一九八五
井出久美子「大兄制の史的考察」『日本史研究』一〇九、一九七〇
井上光貞「古代の皇太子」（初出一九六四）『井上光貞著作集』一、岩波書店、一九八五
大平聡「日本古代王権継承試論」『歴史評論』四二九、一九八六
門脇禎二「上宮王家滅亡事件」同『「大化改新」論』徳間書店、一九六九（再刊『「大化改新」史論』上、徳間書店、一九九一）
門脇禎二『蘇我蝦夷・入鹿』吉川弘文館、一九七七
篠川賢「六・七世紀の『大兄』」『成城文芸』一三九、一九九二
田中嗣人「『大兄制』管見」『続日本紀研究』一七八、一九七五
直木孝次郎「厩戸皇子の立太子について」（初出一九六八）同『飛鳥奈良時代の研究』塙書房、一九七五
直木孝次郎「大兄制と皇位継承法」上田正昭ほか編『ゼミナール日本古代史』下、光文社、一九八〇
仁藤敦史「皇子宮の経営——大兄と皇弟」（初出一九九三）同『古代王権と都城』吉川弘文館、一九九八

天皇制・太上天皇制

筧敏生「古代王権と議政官」（初出一九八八）同『古代王権と律令国家』校倉書房、二〇〇二
筧敏生「古代王権と律令国家機構」（初出一九九一）同右
筧敏生「中世王権の特質」（初出一九九二a）同右
筧敏生「古代太上天皇制研究の現状と課題」（初出一九九二b）同右
筧敏生「太上天皇尊号宣下制の成立」（初出一九九四）同右
岸俊男「元明太上天皇の崩御」（初出一九六五）同『日本古代政治史研究』塙書房、一九六六
宮内庁書陵部『皇室制度史料』太上天皇一、吉川弘文館、一九七八
斉藤融「太上天皇管見」黛弘道編『古代国家の歴史と伝承』吉川弘文館、一九九二
仁藤敦史「律令制成立期における太上天皇と天皇」（初出一九九〇）同『古代王権と官僚制』臨川書店、二〇〇〇
仁藤敦史「太上天皇制の展開」（初出一九九六）同右
仁藤敦史「太上天皇の詔勅について」吉村武彦編『律令制国家と古代社会』塙書房、二〇〇五
橋本義彦「『薬子の変』私考」（初出一九八四）同『平安貴族』平凡社、一九八六

春名宏昭「太上天皇制の成立」『史学雑誌』九九－二、一九九〇
春名宏昭「平安期太上天皇の公と私」『史学雑誌』一〇〇－三、一九九一
春名宏昭「「院」について」『日本歴史』五三八、一九九三

女帝

荒木敏夫『可能性としての女帝』青木書店、一九九九
井上光貞「古代の女帝」（初出一九六四）『井上光貞著作集』一、岩波書店、一九八五、同『天皇と古代王権』岩波現代文庫、二〇〇〇
折口信夫「女帝考」（初出一九四六）『折口信夫全集』二〇、中央公論社、一九六七
喜田貞吉「中天皇考」（初出一九一五）『喜田貞吉著作集』三、平凡社、一九八一
小林宏「井上毅の女帝廃止論」梧陰文庫研究会編『明治国家形成と井上毅』木鐸社、一九九二
仁藤敦史「古代女帝の成立」『国立歴史民俗博物館研究報告』一〇八、二〇〇三
義江明子「古代女帝論の過去と現在」『岩波講座天皇と王権を考える七　ジェンダーと差別』岩波書店、二〇〇二
義江明子「古代女帝論の転換とその背景」『人民の歴史学』一六五、二〇〇五

貴族

阿部武彦「古代族長継承の問題について」『北大史学』二、一九五四
倉本一宏「議政官組織の構成原理」『史学雑誌』九六－一一、一九八七
佐藤長門「古代参議制に関する二・三の考察」（初出一九九九）同『日本古代王権の構造と展開』吉川弘文館、二〇〇九
竹内理三「「参議」制の成立」『史淵』四九、一九五一
長山泰孝「律令国家と王権」『続日本紀研究』二三七、一九八五

総領制・国司制

荒井秀規「領域区画としての国・評（郡）・里（郷）の成立」『古代地方行政単位の成立と在地社会』奈良国立文化財研究所、二〇〇九
市大樹「飛鳥藤原出土の評制下荷札木簡」同『飛鳥藤原木簡の研究』塙書房、二〇一〇
大橋泰夫「国郡制と地方官衙の成立　国府成立を中心に」前出『古代地方行政単位の成立と在地社会』二〇〇九
大町健「律令制的国郡制の特質とその成立」『日本史研究』二〇八、一九七九（同『日本古代の国家と在地首長制』校倉書房、一九八六）
鐘江宏之「「国」制の成立――令制国・七道の形成過程」笹山晴生先生還暦記念会編『日本律令制論集』上、吉川弘文館、一九九三
亀谷弘明「七世紀の飛鳥京木簡と地域支配」『歴史評論』六五五、二〇〇四
坂本太郎『大化改新の研究』至文堂、一九三八
津田左右吉『日本上代史の研究』岩波書店、一九四七
中西正和「古代総領制の再検討」『日本書紀研究』一三、一九八五
中西康裕「古代総領制の一考察」亀田隆之先生還暦記念会編『律令制社会の成立と展開』吉川弘文館、一九八九
黛弘道「国司制の成立」大阪歴史学会編『律令国家の基礎構造』吉川弘文館、一九六〇（同『律令国家成立史の研究』吉川弘文館、一九八二）
森公章「国宰、国司制の成立をめぐる問題」『歴史評論』六四三、二〇〇三

森田悌「総領制について」『金沢大学教育学部紀要』四〇、一九九一
山中敏史『古代地方官衙遺跡の研究』塙書房、一九九四

評制・郡制

荒井秀規「律令国家の地方支配と国土観」『歴史学研究』八五九、二〇〇九
市大樹「飛鳥藤原出土の評制下荷札木簡」同『飛鳥藤原木簡の研究』塙書房、二〇一〇
大町健「律令制的国郡制の特質とその成立」『日本史研究』二〇八、一九七九（同『日本古代の国家と在地首長制』校倉書房、一九八六）
狩野久「額田部連と飽波評――七世紀史研究の視覚」岸俊男教授退官記念会編『日本政治社会史研究』上、塙書房、一九八四（同『日本古代の国家と都城』東京大学出版会、一九九〇）
鎌田元一「評の成立と国造」『日本史研究』一七六、一九七七（同『律令公民制の研究』塙書房、二〇〇一）
野村忠夫『研究史　大化改新　増補版』吉川弘文館、一九七八
森公章『古代郡司制度の研究』吉川弘文館、二〇〇〇
森公章『地方木簡と郡家の機構』同成社、二〇〇九
山尾幸久『日本国家の形成』岩波書店、一九七七
山中敏史「評制の成立過程と領域区分」『考古学の学際的研究』岸和田市、二〇〇一
吉川真司「律令体制の形成」『日本史講座』一、東京大学出版会、二〇〇四

里制・郷里制・郷制

石母田正「古代村落の二つの問題」『歴史学研究』九二・九三、一九四一（『石母田正著作集一　古代社会論Ⅰ』岩波書店、一九八八）
市大樹『飛鳥藤原木簡の研究』塙書房、二〇一〇
内田銀蔵「日本古代の村落制に就きて」同『日本経済史の研究』下、同文館、一九二一
鎌田元一「郷里制の施行と霊亀元年式」上田正昭編『古代の日本と東アジア』小学館、一九九一
岸俊男「古代村落と郷里制」藤直幹編『古代村落と宗教』若竹書房、一九五一（同『日本古代籍帳の研究』塙書房、一九七三）
岸俊男「郷里制廃止の前後」『日本歴史』一〇六・一〇七、一九五七（同『日本古代政治史研究』塙書房、一九六六）
清水三男『清水三男著作集一　上代の土地関係』校倉書房、一九七五
舘野和己「郷里制の復元的研究」奈良国立文化財研究所『文化財論叢』Ⅱ、一九九五
日野尚志「伊豆国の郷里制について」『九州文化史研究所紀要』三六、一九九〇
福原栄太郎「天平九年の疫病流行とその政治的影響」『神戸山手大学環境文化研究所紀要』四、二〇〇〇
和歌森太郎『日本古代社会』壮文社、一九四九

公田・公地制

伊藤循「日本古代における私的土地所有形成の特質――墾田制の再検討」『日本史研究』二二五、一九八一
岩宮隆司「「公地」成立の諸契機――律令国家成立期の熟田・非熟田支配」『ヒストリア』一七九、二〇〇二
小口雅史「国家的土地所有の成立と展開」『新体系日本史三　土地所有史』山川出版

社、二〇〇二
金沢悦男「律令制下の公地について」黛弘道編『古代国家の歴史と伝承』吉川弘文館、一九九二
俣野好治「律令制下公田についての一考察」岸俊男教授退官記念会編『日本政治社会史研究』上、塙書房、一九八四
丸山幸彦「延喜庄園整理令と初期庄園」『史林』六一－二、一九七八
吉村武彦「八世紀「律令国家」の土地政策の基本的政策——公地制への展開に関して」『史学雑誌』八一－一〇、一九七二
吉村武彦「律令国家と土地所有」『大系日本国家史一　古代』東京大学出版会、一九七五
吉村武彦・石上英一「律令体制と分業体系」『日本経済史を学ぶ』上、有斐閣、一九八二
吉村武彦『日本古代の社会と国家』岩波書店、一九九六

太政官制

大町健「律令国家は専制国家か」吉村武彦・吉岡眞之編『争点日本の歴史三　古代編Ⅱ』新人物往来社、一九九一
加藤麻子「律令文書行政の構築とその理念——議と上表」『日本史研究』五八二、二〇一〇
川尻秋生「日本古代における『議』」『史学雑誌』一一〇－三、二〇〇一
川尻秋生「日本古代における合議制の特質——『畿内政権論』批判序説」『歴史学研究』七六三、二〇〇二
仁藤敦史「律令国家論の現状と課題——畿内政権論・在地首長制論を中心にして」同『古代王権と官僚制』臨川書店、二〇〇〇
早川庄八「律令太政官制の成立」坂本太郎博士古稀記念会編『続日本古代史論集』上、吉川弘文館、一九七二
早川庄八「律令制と天皇」『史学雑誌』八五－三、一九七六
早川庄八「天皇と太政官の権能」『日本史研究の新視点』吉川弘文館、一九八六
古瀬奈津子「天皇と貴族」山中裕・森田悌編『論争日本古代史』河出書房新社、一九九一
吉川真司「律令太政官制と合議制——早川庄八著『日本古代官僚制の研究』をめぐって」『日本史研究』三〇九、一九八八

官人制

石母田正「古代官僚制」同『日本古代国家論　第一部』岩波書店、一九七三
野村忠夫『律令官人制の研究』吉川弘文館、一九六七
野村忠夫『古代官僚の世界　その構造と勤務評定・昇進』塙新書、一九六九

律令軍制

北啓太「律令国家における将軍について」笹山晴生先生還暦記念会編『日本律令制論集』上、吉川弘文館、一九九三
笹山晴生『日本古代衛府制度の研究』東京大学出版会、一九八五
下向井龍彦「日本律令軍制の基本構造」『史学研究』一七五、一九八七
鈴木拓也『古代東北の支配構造』吉川弘文館、一九九八
直木孝次郎「律令的軍制の成立とその意義」『ヒストリア』二八、一九六〇
中尾浩康「律令国家の戦時編成に関する一試論」『日本史研究』五八一、二〇一一
野田嶺志『日本古代軍事構造の研究』塙書房、二〇一〇
橋本裕『律令軍団制の研究　増補版』吉川弘文館、一九九〇

松本政春『律令兵制史の研究』清文堂出版、二〇〇二
吉永匡史「律令軍団制の成立と構造」『史学雑誌』一一六-七、二〇〇七

律令財政

石上英一「律令財政史研究の課題」『日本歴史』三三四、一九七六
鬼頭清明「八、九世紀における出挙銭の存在形態」同『日本古代都市論序説』法政大学出版局、一九七七
栄原永遠男「貢納と財政」『岩波講座日本通史』四、一九九四
薗田香融「出挙——天平から延喜まで」同『日本古代財政史の研究』塙書房、一九八一
早川庄八「公廨稲制度の成立」『史学雑誌』六九-三、一九六〇
早川庄八「律令財政の構造とその変質」彌永貞三編『日本経済史大系一　古代』東京大学出版会、一九六五
吉田孝「雑徭制の展開過程」同『律令国家と古代の社会』岩波書店、一九八三

条里制・条里プラン

石母田正『日本の古代国家』岩波書店、一九七一
伊藤寿和「讃岐国における条里呼称法の整備過程」『歴史地理学』一二〇、一九八三
井上和人『古代都城制条里制の実証的研究』学生社、二〇〇四
弥永貞三「半折考」宝月圭吾先生還暦記念会編『日本社会経済史研究』吉川弘文館、一九六七
岸俊男「班田図と条里制」魚澄先生古稀記念会『国史学論叢』一九五九
金田章裕『条里と村落の歴史地理学研究』大明堂、一九八五
金田章裕『古代日本の景観』吉川弘文館、一九九三
竹内理三「中世荘園に於ける上代的遺制」『史学雑誌』五八-三、一九四九
寺沢薫「大和における中世開発の一様相」『条里制研究』七、一九九一
直木孝次郎「古代国家と村落」『ヒストリア』四二、一九六五
服部一隆「日本古代田制の特質」『歴史学研究』八三三、二〇〇七
堀田璋左右「條里の制」『史学雑誌』一二-一一・一二、一九〇一
三河雅弘「班田図と古代荘園図の役割」『歴史地理学』五二-一、二〇一〇
山川均・佐藤亜聖「下三橋遺跡第二次調査について」奈良女子大学COEプログラム古代日本形成の特質解明の研究教育拠点『都城制研究』三、二〇〇九
吉田敏弘「田図と条里呼称法」『国学院大学大学院紀要』三六、二〇〇四
米倉二郎「農村計画としての条里制」『地理論叢』一、一九三二
米倉二郎『東亜の集落』大明堂、一九六〇

初期荘園

石上英一『律令国家と社会構造』名著刊行会、一九九六
石上英一『古代荘園史料の基礎的研究』上・下、塙書房、一九九七
宇野隆夫『荘園の考古学』青木書店、二〇〇一
小口雅史『日本古代土地経営関係史料集成』同成社、一九九九
岸俊男『日本古代政治史研究』塙書房、一九六六
北村安裕「古代の大土地経営と国家」『日本史研究』五六七、二〇〇九
金田章裕『古代日本の景観』吉川弘文館、一九九三
金田章裕・石上英一・鎌田元一・栄原永遠

男編『日本古代荘園図』東京大学出版会、一九九六
鷺森浩幸『日本古代の王家・寺院と所領』塙書房、二〇〇一
鷺森浩幸「八世紀の荘園と国家の土地支配」『条里制・古代都市研究』一八、二〇〇二
藤間生大『日本庄園史』近藤書店、一九四七
服部昌之「「条里の図的表現」補説」『人文研究』三八‐七、一九八六
藤井一二『初期庄園史の研究』塙書房、一九八六
丸山幸彦『古代東大寺庄園の研究』渓水社、二〇〇一
三河雅弘「班田図と古代荘園図の役割」『歴史地理学』五二‐一、二〇一〇
吉田孝『律令国家と古代の社会』岩波書店、一九八三
米倉二郎「庄園図の歴史地理的考察」『広島大学文学部紀要』一二、一九五七

交易

櫛木謙周「商人と商業の発生」桜井英治・中西聡編『新体系日本史一二　流通経済史』山川出版社、二〇〇二
栄原永遠男『奈良時代流通経済史の研究』塙書房、一九九二
栄原永遠男「国府市・国府交易圏に関する再論」『国立歴史民俗博物館研究報告』六三、一九九五
中西康裕「交易雑物について」『ヒストリア』一〇一、一九八三
早川庄八「律令財政の構造とその変質」彌永貞三編『日本経済史大系一　古代』東京大学出版会、一九六五
三上喜孝『日本古代の貨幣と社会』吉川弘文館、二〇〇五
村井康彦「公営田と調庸制」同『古代国家解体過程の研究』岩波書店、一九六五
吉田孝「律令時代の交易」同『律令国家と古代の社会』岩波書店、一九八三

都城制

浅野充『日本古代の国家形成と都市』校倉書房、二〇〇七
小澤毅『日本古代宮都構造の研究』青木書店、二〇〇三
岸俊男『日本古代宮都の研究』岩波書店、一九九〇
鬼頭清明『日本古代都市論序説』法政大学出版局、一九七七

個別経営

石母田正『日本の古代国家』岩波書店、一九七一（『石母田正著作集』三、岩波書店、一九八九）
大町健『日本古代の国家と在地首長制』校倉書房、一九八六
小口雅史「日本古代における農業経営単位について」虎尾俊哉編『律令国家の地方支配』吉川弘文館、一九九五
門脇禎二『日本古代共同体の研究』東京大学出版会、一九六〇
河音能平『中世封建制成立史論』東京大学出版会、一九七一
鬼頭清明『律令国家と農民』塙書房、一九七九
栗原百寿『農業問題入門』有斐閣、一九五五（『栗原百寿著作集』九、校倉書房、一九八四）
近藤義郎「共同体と単位集団」『考古学研究』六‐一、一九五九
関口裕子『日本古代家族史の研究』上、塙書房、二〇〇四
三谷芳幸「律令国家と校班田」『史学雑誌』一一八‐三、二〇〇九
義江明子『日本古代女性史論』吉川弘文館、二〇〇七

吉田晶『日本古代村落史序説』塙書房、一九八〇
吉村武彦「古代アジア社会と日本」『講座史的唯物論と現代』三、青木書店、一九七六

農業共同体

石母田正「王朝時代の村落の耕地——主として共同体的遺制としての」（初出一九四一）『石母田正著作集』一、岩波書店、一九八八
石母田正『日本の古代国家』岩波書店、一九七一
岡本明郎「日本における農業共同体の成立と国家機構への発展に関する試論」『日本考古学の諸問題』考古学研究会、一九六四
門脇禎二・甘粕健『体系日本歴史一　古代専制国家』日本評論社、一九六七
金井塚良一「関東地方の方形周溝墓——方形周溝墓の社会構成史的検討」『考古学研究』一八－四、一九七二
小林昌二『日本古代の村落と農民支配』塙書房、二〇〇〇
近藤義郎「共同体と単位集団」『考古学研究』六－一、一九五九
近藤義郎「弥生文化論」『岩波講座日本歴史一　原始および古代』岩波書店、一九六二
田中禎昭「古代村落史研究の方法的課題——七〇年代より今日に至る研究動向の整理から」『歴史評論』五三八、一九九五
都出比呂志『日本農耕社会の成立過程』岩波書店、一九八九
寺沢薫「「農業共同体」覚書」『橿原考古学研究所論集』一五、二〇〇八a
寺沢薫「農業共同体論と日本古代史研究」『古代学研究』一八〇、二〇〇八b
広瀬和雄『古墳時代政治構造の研究』塙書房、二〇〇七
吉田晶『日本古代村落史序説』塙書房、一九八〇
和島誠一・田中義昭『日本の考古学Ⅲ　弥生時代』河出書房新社、一九六六

神祇祭祀

石母田正『日本の古代国家』（初出一九七一）『石母田正著作集』三、岩波書店、一九八九
井上光貞『日本古代の王権と祭祀』東京大学出版会、一九八四
榎村寛之「日本古代神祇祭祀法における『法意識』についての基礎的考察」『法制史研究』五九、二〇〇九
大津透『古代の天皇制』岩波書店、一九九九
岡田荘司『平安時代の国家と祭祀』続群書類従刊行会、一九九四
岡田精司『古代王権の祭祀と神話』塙書房、一九七〇
岡田精司『古代祭祀の史的研究』塙書房、一九九一
小倉慈司「八・九世紀における地方神社行政の展開」『史学雑誌』一〇三－三、一九九四
西宮秀紀『律令国家と神祇祭祀制度の研究』塙書房、二〇〇四
西宮秀紀「神祇祭祀」『列島の古代史七　信仰と世界観』岩波書店、二〇〇六
丸山茂『神社建築史論　古代王権と祭祀』中央公論美術出版、二〇〇一

鎮護国家

井上光貞『日本古代の国家と仏教』岩波書店、一九七一
堅田理『日本の古代社会と僧尼』法藏館、二〇〇七
上川通夫『日本中世仏教形成史論』校倉書

房、二〇〇七
黒田俊雄『寺社勢力』岩波書店、一九八〇
中林隆之『日本古代国家の仏教編成』塙書房、二〇〇七
吉田一彦『日本古代社会と仏教』吉川弘文館、一九九五

祥瑞と災異

大隅清陽「儀制令における礼と法」笹山晴生先生還暦記念会編『日本律令制論集』上、吉川弘文館、一九九三（同『律令官制と礼秩序の研究』吉川弘文館、二〇一一）
小坂真二「九世紀段階の怪異変質にみる陰陽道成立の一側面」竹内理三編『古代天皇制と社会構造』校倉書房、一九八〇
関晃「律令国家と天命思想」『日本文化研究所研究報告』一三、一九七七
東野治之「飛鳥奈良朝の祥瑞災異思想」『日本歴史』二五九、一九六九
福原栄太郎「祥瑞考」『ヒストリア』六五、一九七四
細井浩志『古代の天文異変と史書』吉川弘文館、二〇〇七
水口幹記『日本古代漢籍受容の史的研究』汲古書院、二〇〇五
村山修一『日本陰陽道史総説』塙書房、一九八一

御霊信仰

浅香年木「古代北陸道における韓神信仰」『日本海文化』六、一九七九
河音能平『天神信仰の成立』塙書房、二〇〇三
佐伯有清「殺牛祭神と怨霊思想」（初出一九五八）同『日本古代の政治と社会』吉川弘文館、一九七〇
柴田博子「怨霊思想成立の前提」同編『日本古代の思想と筑紫』櫂歌書房、二〇〇九
柴田實編『御霊信仰』雄山閣、一九八四（本文中＊の論文は本書に所収）
長洋一「貞観五年御霊会についての一試論」『九州史学』五、一九五七
西山良平「御霊信仰論」『岩波講座日本通史』五、一九九五
村山修一『天神御霊信仰』塙書房、一九九六
山田雄司『崇徳院怨霊の研究』思文閣出版、二〇〇一
脇田晴子『中世京都と祇園祭』中公新書、一九九九

神仏習合

河音能平「王土思想と神仏習合」『岩波講座日本歴史　古代四』一九七六
黒田俊雄『日本中世の国家と宗教』岩波書店、一九七五
曽根正人編『論集奈良仏教四　神々と奈良仏教』雄山閣、一九九五
田村圓澄「神仏関係の一考察」『史林』三七－二、一九五四
辻善之助『日本仏教史　上世篇』岩波書店、一九四四
津田左右吉『日本の神道』岩波書店、一九四八
義江彰夫「日本における神仏習合形成の社会史的考察」『中国―社会と文化』七、一九九二
義江彰夫『神仏習合』岩波書店、一九九六
吉田一彦「多度神宮寺と神仏習合――中国の神仏習合思想の受容をめぐって」梅村喬編『古代王権と交流四　伊勢湾と古代の東海』名著出版、一九九六
吉田一彦「日本における神仏習合思想の受容と展開――神仏習合外来説（序説）」『仏教史学研究』四七－二、二〇〇五
吉田一彦「垂迹思想の受容と展開――本地垂迹説の成立過程」速水侑編『日本社会

における仏と神』吉川弘文館、二〇〇六

大宰府

石井進「大宰府機構の変質と鎮西奉行の成立」『史学雑誌』六八―一、一九五八

倉住靖彦『古代の大宰府』吉川弘文館、一九八五

酒寄雅志「七・八世紀の大宰府――対外関係を中心として」『國學院雑誌』八〇―一一、一九七九

佐々木恵介「大宰府の管内支配変質に関する試論」土田直鎮先生還暦記念会編『奈良平安時代史論集』下、吉川弘文館、一九八四

竹内理三「大宰府政所考」『史淵』七一、一九五六

平野邦雄「大宰府の徴税機構」竹内理三博士還暦記念会編『律令国家と貴族社会』吉川弘文館、一九六九

八木充「筑紫大宰とその官制」『大宰府古文化論叢』上、吉川弘文館、一九八三

遣唐使・遣新羅使・遣渤海使

石井正敏『日本渤海関係史の研究』吉川弘文館、二〇〇一

酒寄雅志『渤海と古代の日本』校倉書房、二〇〇一

鈴木靖民『古代対外関係史の研究』吉川弘文館、一九八五

関晃『帰化人』（初出一九五六）講談社学術文庫、二〇〇九

専修大学・西北大学共同プロジェクト編『遣唐使の見た中国と日本――新発見「井真成墓誌」から何がわかるか』朝日選書、二〇〇五

濱田耕策『渤海国興亡史』吉川弘文館、二〇〇〇

廣瀬憲雄「倭国・日本と東部ユーラシア――六～一三世紀における政治的連関再考」『歴史学研究』八七二、二〇一〇

皆川雅樹「日本古代の対外交易と「東部ユーラシア」」『歴史学研究』八八五、二〇一一

森克己『遣唐使（増補版）』至文堂、一九六六（初出一九五五）

山内晋次「「東アジア」史再考」『歴史評論』七三三、二〇一一

李成市『東アジアの王権と交易』青木書店、一九九七

渡海制

稲川やよい「「渡海制」と「唐物使」の検討」『史論』四四、一九九一

榎本淳一「『小右記』に見える「渡海制」について」山中裕編『摂関時代と古記録』吉川弘文館、一九九一

瀧川政次郎「衛禁律後半の脱落条文」同『法制史論叢一　律令格式の研究』角川書店、一九六七

山内晋次「古代における渡海禁制の再検討」『待兼山論叢』史学編二二、一九八八

隼人

石上英一「古代国家と対外関係」『講座日本歴史』二、東京大学出版会、一九八四

石上英一「古代東アジア地域と日本」『日本の社会史』一、岩波書店、一九八七

石母田正「天皇と『諸蕃』」（初出一九六二）『石母田正著作集』四、岩波書店、一九八九

伊藤循「延喜式における隼人の天皇守護と隼人＝夷狄論批判」首都大学東京史学科『人文学報』四六〇、二〇一一

井上辰雄「隼人支配」大林太良編『日本古代文化の探求　隼人』社会思想社、一九七五

大町健「日本古代の『国家』と『民族』『帝国主義』」『宮城歴史科学研究』六五、二

〇〇九

鈴木拓也「律令国家転換期の王権と隼人政策」『国立歴史民俗博物館研究報告』一三四〔律令国家転換期の王権と都市〕、二〇〇七

高橋富雄「古代国家と辺境」『岩波講座日本歴史三　古代三』一九六二

中村明蔵『隼人の研究』学生社、一九七七

永山修一『隼人と古代日本』同成社、二〇〇九

蝦夷・俘囚

石上英一「古代東アジア地域と日本」『日本の社会史』一、岩波書店、一九八七

石母田正「天皇と諸蕃」『法学志林』六〇―三・四、一九六二a（同『日本古代国家論　第一部』岩波書店、一九七三）

石母田正「日本古代における国際意識について」『思想』一九六二年四月号、一九六二b（同右）

石母田正「古代の身分秩序」『古代史講座』七、一九六三（同右）

伊藤循「律令制と蝦夷支配」田名網宏編『古代国家の支配と構造』東京堂出版、一九八六

今泉隆雄「律令における化外人・外蕃人と夷狄」羽下徳彦編『中世の政治と宗教』吉川弘文館、一九九四

工藤雅樹『蝦夷と東北古代史』吉川弘文館、一九九八

熊谷公男『古代の蝦夷と城柵』吉川弘文館、二〇〇四

熊田亮介『古代国家と東北』吉川弘文館、二〇〇三

鈴木靖民「古代蝦夷の世界と交流」同編『古代蝦夷の世界と交流』名著出版、一九九六

高橋富雄『蝦夷』吉川弘文館、一九六三

蓑島栄紀『古代国家と北方社会』吉川弘文館、二〇〇一

吉村武彦「古代の社会構成と奴隷制」『講座日本歴史』二、東京大学出版会、一九八四

粛慎

天野哲也「極東民族史におけるオホーツク文化の位置（下）」『考古学研究』二五―一、一九七八

石附喜三男「考古学からみた『粛慎』」同『アイヌ文化の源流』みやま書房、一九八六

熊田亮介「蝦夷と蝦狄」同『古代国家と東北』吉川弘文館、二〇〇三

児島恭子「粛慎・靺鞨と結びつく蝦夷観」同『アイヌ民族史の研究』吉川弘文館、二〇〇三

酒寄雅志「八世紀における日本の外交と東アジアの情勢」同『渤海と古代の日本』校倉書房、二〇〇一

津田左右吉「粛慎考」同『日本古典の研究』下、岩波書店、一九五〇

蓑島栄紀「阿倍比羅夫の北航と北東アジア地域」同『古代国家と北方社会』吉川弘文館、二〇〇一

室賀信夫「阿倍比羅夫北征考」同『古地図抄』東海大学出版会、一九八三

若月義小「律令国家形成期の東北経営」『日本史研究』二七六、一九八五

南島

安里進・山里純一「琉球」上原真人ほか編『列島の古代史一　古代史の舞台』岩波書店、二〇〇六

伊藤循「古代王権と異民族」『歴史学研究』六六五、一九九四

大平聡「南島と古代国家」宮城学院女子大学キリスト教文化研究所『沖縄研究ノート』六、一九九七

熊田亮介「古代国家と南島・隼人」『歴史評論』五五五、一九九六
国分直一『南島先史時代の研究』慶友社、一九七二
鈴木靖民「南島人の来朝をめぐる基礎的考察」田村円澄先生古稀記念会編『東アジアと日本』歴史編、吉川弘文館、一九八七
永山修一「南西日本の境界領域」『歴史と地理』六四五、二〇一一
村井章介「中世日本列島の地域空間と国家」『思想』七三二、一九八五
山里純一『古代日本と南島の交流』吉川弘文館、一九九九

対偶婚

明石一紀「日本古代家族研究序説」同『日本古代の親族構造』吉川弘文館、一九九〇
エンゲルス『家族、私有財産、国家の起源』一八八四
江守五夫『家族の起源』九州大学出版会、一九八五
関口裕子「古代家族と婚姻形態」・「対偶婚概念の理論的検討」同『日本古代婚姻史の研究』上、塙書房、一九九三
高群逸枝『招婿婚の研究』講談社、一九五三（『高群逸枝全集』三・四、理論社、一九六六）
寺内浩「日本古代の婚姻形態について」『新しい歴史学のために』一八五、一九八六
モルガン『古代社会』一八七七
義江明子「婚姻と氏族」同『日本古代女性史論』吉川弘文館、二〇〇七

王土王民思想

石井進「院政時代」『講座日本史』二、東京大学出版会、一九七〇
河音能平「王土思想と神仏習合」『岩波講座日本歴史四　古代四』一九七六
河内祥輔「王土王民思想と『皇民』」『日本歴史』六三四、二〇〇一
河内春人「「天下」論」『歴史学研究』七九四、二〇〇四
三谷芳幸「律令国家の山野支配と王土思想」笹山晴生編『日本律令制の構造』吉川弘文館、二〇〇三
村井章介「王土王民思想と九世紀の転換」『思想』八四七、一九九五

公卿議定制

大津透「摂関期の陣定」『山梨大学教育学部研究報告』四六、一九九六
今正秀「王朝国家中央機構の構造と特質——太政官と蔵人所」『ヒストリア』一四五、一九九四
坂本賞三「御前定の出現とその背景」『史学研究』一八六、一九九〇
下郡剛『後白河院政の研究』吉川弘文館、二〇〇〇
下向井龍彦「王朝国家体制下における権門間相論裁定手続について」『史学研究』一四八、一九八〇
玉井力「十・十一世紀の日本——摂関政治」（初出一九九五）同『平安時代の貴族と天皇』岩波書店、二〇〇〇
土田直鎮「平安時代の政務と儀式」（初出一九七四）同『奈良平安時代史研究』吉川弘文館、一九九二
西本昌弘「古代国家の政務と儀式」（初出二〇〇四）同『日本古代の王宮と儀礼』塙書房、二〇〇八
美川圭「公卿議定制から見る院政の成立」（初出一九八六）同『院政の研究』臨川書店、一九九六
安原功「中世王権の成立——「国家大事」と公卿議定」『年報中世史研究』一八、一九九三

摂関政治

神谷正昌「平安時代の王権と摂関政治」『歴史学研究』七六八、二〇〇二
今正秀「摂政制成立考」『史学雑誌』一〇六―一、一九九七
今正秀「一条朝初期の権力構造」『高円史学』二四、二〇〇八
今正秀「摂政制成立再考」『国史学』一九七、二〇〇九
坂上康俊「関白の成立過程」笹山晴生先生還暦記念会編『日本律令制論集』下、吉川弘文館、一九九三
坂本賞三「一人諮問の由来」『神戸学院大学人文学部紀要』一、一九九〇
坂本太郎「藤原良房と基経」（初出一九六四）『坂本太郎著作集一一　歴史と人物』吉川弘文館、一九八九
下向井龍彦『日本の歴史〇七　武士の成長と院政』講談社、二〇〇一
詫間直樹「天皇元服と摂関制――一条天皇元服を中心として」『史学研究』二〇四、一九九四
山本信吉「平安中期の内覧について」（初出一九七二）同『摂関政治史論考』吉川弘文館、二〇〇三

国風文化

石母田正・松島栄一『日本史概説』I（初出一九五五）『石母田正著作集』一二、岩波書店、一九九〇
大隅和雄「古代末期における価値観の変動」『北海道大学文学部紀要』一六―一、一九六八
小原仁『文人貴族の系譜』吉川弘文館、一九八七
川口久雄『平安朝の漢文学』吉川弘文館、一九八一（新装版一九九六）
川崎庸之「摂関政治と国風文化」（初出一九五二）『川崎庸之著作集』三、東京大学出版会、一九八一
河添房江『源氏物語と東アジア世界』日本放送出版協会、二〇〇七
河音能平「『国風』的世界の開拓」（初出一九六二）『河音能平著作集』二、文理閣、二〇一〇
河音能平「『国風文化』の歴史的位置」（初出一九七〇）同右
木村茂光『「国風文化」の時代』青木書店、一九九七

二十二社体制

上島享「中世王権の創出とその正統性」同『日本中世社会の形成と王権』名古屋大学出版会、二〇一〇
上島享「中世宗教支配秩序の形成」（初出二〇〇一）同右
岡田荘司「十六社奉幣制の成立」（初出一九八七）同『平安時代の国家と祭祀』続群書類従完成会、一九九四
岡田荘司「二十二社の成立と公祭制」（初出一九九二）同右

受領層

佐藤泰弘「受領の成立」吉川真司編『日本の時代史五　平安京』吉川弘文館、二〇〇二
寺内浩「「受領層」について（一・二）」『愛媛大学法文学部論集　人文学科編』二三・二四、二〇〇七・〇八
戸田芳実「国衙軍制の形成過程」（初出一九七〇）同『初期中世社会の研究』東京大学出版会、一九九一
戸田芳実「九世紀東国荘園とその交通形態」（初出一九七五）同右
橋本義彦「摂関政治論」（初出一九六八）同『平安貴族社会の研究』吉川弘文館、一九七六
林屋辰三郎「平安新京における受領の生活」

（初出一九四六a）同『古代国家の解体』東京大学出版会、一九五五
林屋辰三郎「院政の成立に就いて」（初出一九四六b）同右
林屋辰三郎「中世社会の成立と受領層」（初出一九四九）同右
林屋辰三郎「院政政権の歴史的評価」（初出一九五一）同右
吉川真司「摂関政治の転成」同『律令官僚制の研究』塙書房、一九九八

官司請負制

市沢哲「鎌倉後期の公家政権の構造と展開」『日本史研究』三五五、一九九二
井上幸治「中世前期における家業と官職の関係について」『京都市歴史資料館紀要』二二、二〇〇九
遠藤珠紀『中世朝廷の官司制度』吉川弘文館、二〇一一
今正秀「平安中・後期から鎌倉期における官司運営の特質」『史学雑誌』九九―一、一九九〇
桜井英治「三つの修理職」『遥かなる中世』八、一九八七
佐藤進一『日本の中世国家』岩波書店、一九八三
中原俊章『中世王権と支配構造』吉川弘文館、二〇〇五
橋本義彦『平安時代貴族社会の研究』吉川弘文館、一九七六
本郷恵子『中世公家政権の研究』東京大学出版会、一九九八
村井章介「佐藤進一著『日本の中世国家』」『史学雑誌』九三―四、一九八四

富豪層

市大樹「九世紀畿内地域の富豪層と院宮王臣家・諸司」『ヒストリア』一六三、一九九九
坂上康俊「負名体制の成立」『史学雑誌』九四―二、一九八五
戸田芳実「平安初期の国衙と富豪層」（初出一九五九）同『日本領主制成立史の研究』岩波書店、一九六七
戸田芳実「中世成立期の所有と経営について」（初出一九六〇）同右
戸田芳実「中世成立期の国家と農民」（初出一九六八）同『初期中世社会史の研究』東京大学出版会、一九九一
戸田芳実「九世紀東国荘園とその交通形態」（初出一九七五）同右
吉川真司「院宮王臣家」同編『日本の時代史五　平安京』吉川弘文館、二〇〇二

中世移行期論争

安良城盛昭「太閤検地の歴史的前提」（初出一九五四）同『日本封建社会成立史論』上、岩波書店、一九八四
安良城盛昭『日本封建社会成立史論』上・下、岩波書店、一九八四・九五
石母田正「古代末期政治史序説」（初出一九五六）『石母田正著作集』六、岩波書店、一九八九
大山喬平「中世における灌漑と開発の労働編成」（初出一九六一）同『日本中世農村史の研究』岩波書店、一九七八
河音能平『中世封建制成立史論』東京大学出版会、一九七一
工藤敬一『荘園制社会の基本構造』校倉書房、二〇〇二
栗原百寿『農業問題入門』青木書店、一九六九
黒田俊雄「中世の国家と天皇」（初出一九六三）『黒田俊雄著作集』一、法藏館、一九九四
黒田俊雄『荘園制社会』（初出一九六七）『黒田俊雄著作集』五、一九九五

黒田俊雄「日本中世の封建制の特質」（初出一九七四）同右
戸田芳実「在地領主制の形成過程」（初出一九六三）同『日本領主制成立史の研究』岩波書店、一九六七
永原慶二「農奴制形成史の若干の論点」（初出一九六〇）『永原慶二著作選集』二、吉川弘文館、二〇〇七
永原慶二『中世封建制成立過程の研究』（初出一九六一）同右
永原慶二「中世の社会構成と封建制」（初出一九八五）『永原慶二著作選集』七、二〇〇八
永原慶二『二〇世紀日本の歴史学』（初出二〇〇三）『永原慶二著作選集』九、二〇〇八
松本新八郎『中世社会の研究』東京大学出版会、一九五六
峰岸純夫「日本中世社会の構造と国家」（初出一九七五）同『日本中世の社会構成・階級と身分』校倉書房、二〇一〇

南北朝封建革命説

網野善彦「鎌倉末期の諸矛盾」（初出一九七〇）『網野善彦著作集』六、岩波書店、二〇〇七
網野善彦「転換期としての鎌倉末・南北朝期」（初出一九九四）同右
網野善彦『網野善彦著作集』七、岩波書店、二〇〇七
安良城盛昭「太閤検地の歴史的前提」（初出一九五三）同『日本封建社会成立史論』上、岩波書店、一九八四
小泉宣右「内乱期の社会変動」『岩波講座日本歴史』六、一九七五
戸田芳実『日本領主制成立史の研究』岩波書店、一九六七
永原慶二「日本封建制成立史の課題」（補訂初出一九六一）『永原慶二著作選集』二、吉川弘文館、二〇〇七
永原慶二「南北朝〜室町期の再評価のための二、三の論点」（初出一九六二）『永原慶二著作選集』三、二〇〇七
松本新八郎「南北朝内乱の諸前提」（初出一九四七）同『中世社会の研究』東京大学出版会、一九五六
松本新八郎「南北朝の内乱」（初出一九四八）同右
松本新八郎『中世の社会と思想』上・下、校倉書房、一九八三・八五

中世王権論争

網野善彦『異形の王権』（初出一九八六）平凡社ライブラリー、一九九三
伊藤喜良「伝奏と天皇――嘉吉の乱後における室町幕府と王朝権力」（初出一九八〇）同『中世日本の王権と権威』思文閣出版、一九九三
伊藤喜良「中世後期からみた王権」（初出一九九八）同『中世国家と東国・奥羽』校倉書房、一九九九
今谷明『室町の王権』中公新書、一九九〇
黒田俊雄「中世の国家と天皇」（初出一九六三）『黒田俊雄著作集』一、法藏館、一九九四
黒田俊雄「中世における地域と国家と国王」（初出一九八七）同『日本中世の社会と宗教』岩波書店、一九九〇
河内祥輔『日本中世の朝廷・幕府体制』吉川弘文館、二〇〇七
五味文彦『王の記憶』新人物往来社、二〇〇七
佐藤進一「室町幕府論」（初出一九六三）同『日本中世史論集』岩波書店、一九九〇
佐藤進一『日本の中世国家』（初出一九八三）岩波現代文庫、二〇〇七
富田正弘「室町殿と天皇」『日本史研究』三

一九、一九八九

本郷和人『新・中世王権論』新人物往来社、二〇〇四

水野智之「室町時代公武関係論の視角と課題——王権概念の検討から」（初出二〇〇一）同『室町時代公武関係の研究』吉川弘文館、二〇〇五

山口昌男「王権の象徴性」（初出一九六九）同『天皇制の文化人類学』岩波現代文庫、二〇〇〇

地頭論争

石母田正「鎌倉幕府一国地頭職の成立」（初出一九六〇）『石母田正著作集』九、岩波書店、一九八九

上横手雅敬「荘郷地頭制の成立」同『日本中世政治史研究』塙書房、一九七〇

大山喬平「没官領・謀叛人所帯跡地頭の成立」『史林』五八－六、一九七五a

大山喬平「文治国地頭の三つの権限について」『日本史研究』一五八、一九七五b

川合康「鎌倉幕府荘郷地頭職の展開に関する一考察」（初出一九八五）同『鎌倉幕府成立史の研究』校倉書房、二〇〇四

川合康「鎌倉幕府荘郷地頭制の成立とその歴史的性格」（初出一九八六）同右

河内祥輔『頼朝の時代』平凡社、一九九〇

三田武繁「文治の守護・地頭問題の基礎的考察」（初出一九九一）同『鎌倉幕府体制成立史の研究』吉川弘文館、二〇〇七

関幸彦『研究史　地頭』吉川弘文館、一九八三

高田實「頼朝の「総追捕使」補任について」和歌森太郎先生還暦記念論文集編集委員会編『古代・中世の社会と民俗文化』弘文堂、一九七六

高橋典幸「地頭制・御家人制研究の新段階をさぐる」『歴史評論』七一四、二〇〇九

武末泰雄「鎌倉幕府庄郷地頭職補任権の成立」竹内理三編『荘園制社会と身分構造』校倉書房、一九八〇

中田薫「鎌倉時代の地頭職は官職に非ず」（初出一九〇七）同『法制史論集』第二、岩波書店、一九三八

保立道久「日本国惣地頭・源頼朝と鎌倉初期新制」『国立歴史民俗博物館研究報告』三九、一九九二

牧健二「文治守護職の補任」『法学論叢』七－二～五、一九二二

牧健二『日本封建制度成立史』弘文堂書房、一九三五

安田元久「兵粮米・地頭加徴米小考」（初出一九六〇）同『地頭及び地頭領主制の研究』山川出版社、一九六一

義江彰夫『鎌倉幕府地頭職成立史の研究』東京大学出版会、一九七八

義江彰夫『鎌倉幕府守護職成立史の研究』吉川弘文館、二〇〇九

下人論争

安良城盛昭「太閤検地の歴史的前提」（初出一九五三）同『日本封建社会成立史論』上、岩波書店、一九八四

安野眞幸『下人論——中世の異人と境界』日本エディタースクール出版部、一九八七

石井進「中世社会論」（初出一九七六）同『中世史を考える』校倉書房、一九九一

石井進『中世を読み解く——古文書入門』東京大学出版会、一九九〇

石母田正『中世的世界の形成』（初出一九四六）東京大学出版会、一九五七

石母田正『古代末期の政治過程および政治形態』（初出一九五〇）同『古代末期政治史序説』未来社、一九六四

磯貝富士男「日本中世奴隷法の基礎的考察」（初出一九七五）同『日本中世奴隷制論』校倉書房、二〇〇七

磯貝富士男「百姓身分の特質と奴隷への転落をめぐって」（初出一九七七）同右

磯貝富士男「下人の家族と女性」（初出一九九二）同右

磯貝富士男「日本中世社会と奴隷制」（初出一九九四）同右

河音能平「農奴制についてのおぼえがき」（初出一九六〇）『河音能平著作集』三、文理閣、二〇一〇

河音能平「中世封建制時代の土地制度と階級構成」（初出一九六四）『河音能平著作集』一、二〇一〇

河音能平「前近代の人民闘争」（初出一九六八）前出『河音能平著作集』三

河音能平「下人的隷属の二段階」（初出一九六九）同右

木村茂光「中世前期の下人と非人」（初出一九八一）同『日本初期中世社会の研究』校倉書房、二〇〇六

木村茂光「下人の性格規定のために」（初出一九九九）同右

栗原百寿『農業問題入門』（初出一九五五）青木書店、一九六九

鈴木哲雄「東国社会の下人と所従」同『中世日本の開発と百姓』岩田書院、二〇〇一

瀬田勝哉「下人の社寺参詣」『月刊百科』二六一、一九八四

高尾一彦「平安時代の名田経営について」『日本史研究』三〇、一九五六

高橋昌明「日本中世封建社会論の前進のために」（初出一九七八）同『中世史の理論と方法――日本封建社会・身分制・社会史』校倉書房、一九九七

戸田芳実「平安時代社会経済史の課題」（初出一九五九）同『日本領主制成立史の研究』岩波書店、一九六七

戸田芳実「中世成立期の所有と経営について」（初出一九六〇）同右

戸田芳実「中世封建制の成立過程」（初出一九六七）同右

永原慶二『日本封建社会論』（初出一九五五）『永原慶二著作選集』一、吉川弘文館、二〇〇七

永原慶二「農奴制形成史の若干の論点」（初出一九六〇）『永原慶二著作選集』二、二〇〇七

藤木久志『雑兵たちの戦場――中世の傭兵と奴隷狩り』朝日新聞社、一九九五

保立道久『中世の愛と従属――絵巻の中の肉体』平凡社、一九八六

松本新八郎「名田経営の成立」（初出一九四二）同『中世社会の研究』東京大学出版会、一九五六

峰岸純夫「中世社会の階級構成」（初出一九六六）同『日本中世の社会構成・階級と身分』校倉書房、二〇一〇

峰岸純夫「中世の身分制研究と下人身分の特質」（初出一九七五）同右

盛本昌広「中世における主人・下人関係の様相」『歴史学研究』六〇三、一九九〇

湯之上隆「中世における下人身分の基本的性格について」『静岡大学人文論集』三二、一九八一

一九九四年度歴史学研究大会報告・全体会「歴史における『奴隷包摂社会』」『歴史学研究』六六四、一九九四

百姓身分論争

網野善彦「日本中世の民衆像」（初出一九八〇）『網野善彦著作集』八、岩波書店、二〇〇九

安良城盛昭「太閤検地の歴史的前提」『歴史学研究』一六三・一六四、一九五四

安良城盛昭「網野善彦氏の近業についての批判的検討」（初出一九八五）同『天皇・天皇制・百姓・沖縄』吉川弘文館、一九八九

石母田正「中世史研究の起点」（初出一九四九）『石母田正著作集』六、岩波書店、一九八九
石母田正「封建制成立の特質について」（初出一九四九）同右
入間田宣夫「逃散の作法」（初出一九八〇）同『百姓申状と起請文の世界』東京大学出版会、一九八六
大山喬平『日本中世農村史の研究』岩波書店、一九七八
河音能平『中世封建制成立史論』東京大学出版会、一九七一
木村茂光「「式目四二条」を読み直す」『歴史評論』七一四、二〇〇九
工藤敬一『荘園制社会の基本構造』校倉書房、二〇〇二
黒田俊雄「荘園制社会」（初出一九六七）『黒田俊雄著作集』五、法蔵館、一九九五
黒田弘子「逃散・逃亡そして「去留」の自由」（初出一九八七）同『女性からみた中世社会と法』校倉書房、二〇〇二
鈴木哲雄「「去留」の自由」と中世百姓」（初出一九八八）同『中世日本の開発と百姓』岩波書店、二〇〇一
鈴木良一「中世に於ける農民の逃散」（初出一九三四）同『日本中世の農民問題』校倉書房、一九七一
戸田芳実『日本領主制成立史の研究』岩波書店、一九六七
永原慶二「日本における農奴制形成史の若干の論点」（初出一九六〇）「農奴制形成史の若干の論点」と改題し、『永原慶二著作選集』二、吉川弘文館、二〇〇七
永原慶二「（書評）網野善彦著『日本中世の非農業民と天皇』」（初出一九八四）『永原慶二著作選集』七、二〇〇八
藤木久志「戦国期の諸階層の動向――『百姓』の地位をめぐって」（初出一九六九）「『百姓』の法的地位と『御百姓』意識」と改題し、同『戦国社会史論』東京大学出版会、一九七四
松本新八郎『中世社会の研究』東京大学出版会、一九五六
峰岸純夫「日本中世社会の構造と国家」（初出一九七五）同『日本中世の社会構成・階級と身分』校倉書房、二〇一〇
峰岸純夫「中世百姓の「去留の自由」をめぐって」（初出一九九二）同『中世社会の一揆と宗教』東京大学出版会、二〇〇八
柳原敏昭「百姓の逃散と式目四二条」『歴史学研究』五八八、一九八八

荘園公領制

網野善彦「荘園公領制の形成と構造」（初出一九七三）同『日本中世土地制度史の研究』塙書房、一九九一
石井進「院政時代」（初出一九七〇）『石井進著作集』三、岩波書店、二〇〇四
鎌倉佐保『日本中世荘園制成立史論』塙書房、二〇〇九
川端新『荘園制成立過程の研究』思文閣出版、二〇〇〇
工藤敬一「荘園制の展開」（初出一九七五）同『荘園制社会の基本構造』校倉書房、二〇〇二
工藤敬一『荘園公領制の成立と内乱』思文閣出版、一九九二
高橋一樹『中世荘園制と鎌倉幕府』塙書房、二〇〇四

在地領主制

秋山哲雄「都市鎌倉の東国御家人」（初出二〇〇五）同『北条氏権力と都市鎌倉』吉川弘文館、二〇〇六
石母田正『中世的世界の形成』（初出一九四六）岩波文庫、一九八五
石母田正「古代末期の政治過程および政治形態」（初出一九五〇）『石母田正著作集』

六、岩波書店、一九八九
伊藤俊一『室町期荘園制の研究』塙書房、二〇一〇
井上聡「御家人と荘園公領制」『日本の時代史八　京・鎌倉の王権』吉川弘文館、二〇〇三
入間田宣夫「鎌倉前期における領主的土地所有と『百姓』支配の特質」（初出一九七二）同『百姓申状と起請文の世界』東京大学出版会、一九八六
入間田宣夫「守護・地頭と領主制」『講座日本歴史三　中世一』東京大学出版会、一九八四
入間田宣夫編『兵たちの時代Ⅰ・Ⅱ・Ⅲ』高志書院、二〇一〇
大山喬平「国衙領における領主制の形成」（初出一九六〇）同『日本中世農村史の研究』岩波書店、一九七八
大山喬平「荘園制と領主制」（初出一九七〇）同右
河音能平「日本封建国家の成立をめぐる二つの階級」（初出一九六二）『河音能平著作集』一、文理閣、二〇一〇
河音能平「中世封建時代の土地制度と階級構成」（初出一九六四）同右
菊池浩幸・清水亮・田中大喜・長谷川裕子・守田逸人「特集／中世在地領主論の現在」『歴史評論』六七四、二〇〇六
工藤敬一「日本中世の土地所有の理解について」（初出一九六〇a）同『荘園制社会の基本構造』校倉書房、二〇〇二
工藤敬一「領主制の形成について」（初出一九六〇b）同右
工藤敬一「鎌倉時代の領主制」（初出一九六一）同右
黒川直則「守護領国制と荘園体制」『日本史研究』五七、一九六一
黒田俊雄『荘園制社会』（初出一九六七）『黒田俊雄著作集』五、法蔵館、一九九五
高橋修『中世武士団と地域社会』清文堂出版、二〇〇〇
高橋修編『実像の中世武士団』高志書院、二〇一〇
戸田芳実「中世の封建領主制」（初出一九六三）同『日本中世の民衆と領主』校倉書房、一九九四
戸田芳実「中世封建制の成立過程」（初出一九六四）同『日本領主制成立史の研究』岩波書店、一九六七
永原慶二「守護領国制の展開」（初出一九五一）『永原慶二著作選集』二、吉川弘文館、二〇〇七
野口実「豪族的武士団の成立」『日本の時代史七　院政の展開と内乱』吉川弘文館、二〇〇二
元木泰雄『武士の成立』吉川弘文館、一九九四
守田逸人『日本中世社会成立史論』校倉書房、二〇一〇
湯浅治久「「御家人経済」と地域経済圏の成立」『物流・交流・越境　中世都市研究一一』新人物往来社、二〇〇五
湯浅治久『中世後期の地域と在地領主』吉川弘文館、二〇〇二

権門体制

石井進「日本中世国家論の諸問題」『日本史の研究』四六、一九六四
石母田正「封建国家に関する理論的諸問題」歴史学研究会編『国家権力の諸段階――歴史学研究会一九五〇年度大会報告』岩波書店、一九五〇
稲葉伸道『中世寺院の権力構造』岩波書店、一九九七
井原今朝男『日本中世の国政と家政』校倉書房、一九九五
今谷明『室町の王権』中央公論社、一九九〇

入間田宣夫「鎌倉時代の国家権力」『大系日本国家史二　中世』東京大学出版会、一九七五
上横手雅敬「鎌倉・室町幕府と朝廷」『日本の社会史』三、岩波書店、一九八七
黒田俊雄「中世の国家と天皇」『岩波講座日本歴史　中世二』一九六三
黒田俊雄『荘園制社会』日本評論社、一九六七
五味文彦『京・鎌倉の王権』吉川弘文館、二〇〇三
佐藤健治『中世権門の成立と家政』吉川弘文館、二〇〇〇
佐藤進一『日本の中世国家』岩波書店、一九八三
高橋昌明「中世国家論準備ノート（一）」『文化史学』二三、一九六七
田中文英「（解説）権門体制論と黒田史学の成立」『黒田俊雄著作集』一、法蔵館、一九九四
永原慶二「中世国家史の一問題」『思想』四七五、一九六四
永原慶二『日本中世の社会と国家　増補改訂版』青木書店、一九九一
元木泰雄『院政期政治史研究』思文閣出版、一九九六
吉川真司『律令官僚制の研究』塙書房、一九九八

大名領国制

安良城盛昭『日本封建社会成立史論』上、岩波書店、一九八四
池享『大名領国制の研究』校倉書房、一九九五
池上裕子「永原慶二氏の大名領国制」永原慶二追悼文集刊行会編『永原慶二の歴史学』吉川弘文館、二〇〇六
今岡典和・川岡勉・矢田俊文「戦国期研究の課題と展望」『日本史研究』二七八、一九八五
勝俣鎮夫『戦国法成立史論』東京大学出版会、一九七九
勝俣鎮夫『戦国時代論』岩波書店、一九九六
永原慶二『永原慶二著作選集』五～七、吉川弘文館、二〇〇七～〇八
藤木久志『戦国社会史論』東京大学出版会、一九七四
藤木久志『村と領主の戦国世界』東京大学出版会、一九九七
村田修三「戦国大名研究の問題点」『新しい歴史学のために』九四、一九六四

顕密体制

大塚紀弘『中世禅律仏教論』山川出版社、二〇〇九
黒田俊雄「中世の国家と天皇」（初出一九六三）『黒田俊雄著作集一　権門体制論』法蔵館、一九九四
黒田俊雄「中世における顕密体制の展開」（初出一九七五ａ）『黒田俊雄著作集二　顕密体制論』一九九四
黒田俊雄「中世寺社勢力論」（初出一九七五ｂ）『黒田俊雄著作集三　顕密仏教と寺社勢力』一九九五
黒田俊雄『寺社勢力』岩波書店、一九八〇
黒田俊雄「中世寺院史と社会生活史」（初出一九八八）前出『黒田俊雄著作集』二
佐々木馨『中世国家の宗教構造』吉川弘文館、一九八八
佐藤弘夫『日本中世の国家と仏教』吉川弘文館、一九八七
平雅行『日本中世の社会と仏教』塙書房、一九九二
平雅行「黒田俊雄氏と顕密体制論」『歴史科学』一三八、一九九四
久野修義『日本中世の寺院と社会』塙書房、一九九九
松尾剛次『鎌倉新仏教の成立』吉川弘文館、

一九八八（新版一九九八）

一国平均役

上島享「一国平均役の確立過程」（初出一九九〇）同『日本中世社会の形成と王権』名古屋大学出版会、二〇一〇

小山田義夫「造内裏役の成立」（初出一九六三）同『一国平均役と中世社会』岩田書院、二〇〇八

詫間直樹「一国平均役の成立について」坂本賞三編『王朝国家国政史の研究』吉川弘文館、一九八七

院政・治天の君

石母田正『古代末期の政治過程および政治形態』日本評論社、一九五〇

岡田智行「院評定制の成立――殿下評定試論」『年報中世史研究』一一、一九八六

黒田俊雄「中世の国家と天皇」『岩波講座日本歴史』六、一九六二（『黒田俊雄著作集一　権門体制論』宝蔵館、一九九四）

河内祥輔「後三条・白河『院政』の一考察」石井進編『都と鄙の中世史』吉川弘文館、一九九二

五味文彦「荘園・公領と記録所」同『院政期社会の研究』山川出版社、一九八四

近藤成一「中世王権の構造」『歴史学研究』五七三、一九八七

鈴木茂夫『古代文書の機能論的研究』吉川弘文館、一九九七

玉井力「『院政』支配と貴族官人層」『日本の社会史三　権威と支配』岩波書店、一九八七

富田正弘「口宣・口宣案の成立と変遷」『古文書研究』一四・一五、一九七九・八〇

橋本義彦「院政政権の一考察」『書陵部紀要』四、一九五四

橋本義彦「院評定制について」『日本歴史』二六一、一九七〇

林屋辰三郎「院政政権の歴史的評価」『歴史学研究』一四九、一九五一

伴瀬明美「院政期における後宮の変化とその意義」『日本史研究』四〇二、一九九六

美川圭「公卿議定制から見る院政の成立」『史林』六九－四、一九八六

美川圭「院政をめぐる公卿議定制の展開――在宅諮問議奏公卿院評定制」『日本史研究』三八四、一九九一

元木泰雄「治天の君の成立」同『院政期政治史研究』思文閣出版、一九九六

女院

石井進「源平争乱期の八条院領」永原慶二・佐々木潤之介編『日本中世史研究の軌跡』東京大学出版会、一九八八

久保貴子「近世の女院に関する基礎的考察」『早稲田大学教育学部　学術研究』四二、一九九三

栗山圭子「二人の国母」『文学』三－四・五、二〇〇二

五味文彦「女院と女房・侍」（初出一九八二）同『院政期社会の研究』山川出版社、一九八四

高松百香「院政期摂関家と上東門院故実」『日本史研究』五一三、二〇〇五

中村直勝『荘園の研究』星野書店、一九三九

布谷陽子「七条院領の伝領と四辻親王家」『日本史研究』四六一、二〇〇一

野口華世「中世前期の王家と安楽寿院」『ヒストリア』一九八、二〇〇六

野村育世「皇嘉門院の経営と九条兼実」早稲田大学大学院文学研究科『文学研究科紀要　別冊第一四集』哲学・史学編、一九八七

橋本義彦「女院の意義と沿革」井上光貞博士還暦記念会編『古代史論叢』下、吉川

弘文館、一九七八

伴瀬明美「院政期～鎌倉期における女院領について」『日本史研究』三七四、一九九三

服藤早苗「王権と国母」『民衆史研究』五六、一九九八

八代国治『国史叢説』吉川弘文館、一九二五

龍粛「女院制の成立」同『平安時代』春秋社、一九六〇

王家領荘園

遠藤基郎ほか「特集／院政期王家論の現在」『歴史評論』七三六、二〇一一

岡野友彦『源氏と日本国王』講談社現代新書、二〇〇三

川端新『荘園制成立史の研究』思文閣出版、二〇〇〇

栗田寛『荘園考』大八洲学会、一八八八

黒田俊雄「朝家・皇家・皇室考——奥野博士の御批判にこたえる」（初出一九八二）『黒田俊雄著作集』一、法蔵館、一九九四

高橋一樹『中世荘園制と鎌倉幕府』塙書房、二〇〇四

中村直勝『荘園の研究』（初出一九三九）『中村直勝著作集』四、淡交社、一九七八

野口華世「『御料地史稿』と王家領研究」『歴史学研究』八一九、二〇〇六

伴瀬明美「院政期～鎌倉期における女院領について——中世前期の王家の在り方とその変化」『日本史研究』三七四、一九九三

八代国治『国史叢説』吉川弘文館、一九二五

将軍権力の二元性

石母田正「『中世政治社会思想上』解説」（初出一九七二）『石母田正著作集』八、岩波書店、一九八九

大山喬平「荘園制と領主制」（初出一九七〇）同『日本中世農村史の研究』岩波書店、一九七八

近藤成一「中世王権の構造」『歴史学研究』五七三、一九八七

佐藤進一「室町幕府開創期の官制体系」（初出一九六〇）同『日本中世史論集』岩波書店、一九九〇

佐藤進一「室町幕府論」（初出一九六三）同右

佐藤進一「中世史料論」（初出一九七六）同右

永原慶二「日本封建国家論の二、三の論点」（初出一九七二）『永原慶二著作選集』七、吉川弘文館、二〇〇八

新田一郎「統治権的支配」『日本歴史』七〇〇、二〇〇六

古澤直人「鎌倉幕府と中世国家」同『鎌倉幕府と中世国家』校倉書房、一九九一

徳政・徳政令

市沢哲「一四世紀政治史の成果と課題」『日本史研究』五四〇、二〇〇七

井原今朝男『中世の借金事情』吉川弘文館、二〇〇九

海津一朗『中世の変革と徳政』吉川弘文館、二〇〇四

笠松宏至『日本中世法史論』東京大学出版会、一九七九

笠松宏至『徳政令』岩波新書、一九八三

笠松宏至『法と言葉の中世史』平凡社、一九八四

桜井英治『贈与の歴史学』中公新書、二〇一一

佐々木文昭『中世公武新制の研究』吉川弘文館、二〇〇八

久野修義「仏法と人法」『史林』九〇－五、二〇〇七

三浦周行「徳政の研究」同『法制史の研究』

下、岩波書店、一九四五
村井章介『中世の国家と在地社会』校倉書房、二〇〇五

撫民と公平

入間田宣夫「中世国家と一揆」（初出一九八一）同『百姓申状と起請文の世界』東京大学出版会、一九八六
笠松宏至「鎌倉後期の公家法について」『中世政治社会思想』下、岩波書店、一九八一
久保田和彦「公平」ことばの中世史研究会『「鎌倉遺文」に見る中世のことば辞典』東京堂出版、二〇〇七
羽下徳彦「領主支配と法」『岩波講座日本歴史五　中世一』一九七五
本郷恵子「鎌倉期の撫民思想について」鎌倉遺文研究会『鎌倉期社会と史料論』東京堂出版、二〇〇二

得宗専制

秋山哲雄「北条氏一門と得宗政権」（初出二〇〇〇）同『北条氏権力と都市鎌倉』吉川弘文館、二〇〇六
秋山哲雄「長門守護職をめぐって」（初出二〇〇五）同右
網野善彦『蒙古襲来』小学館、一九七四
石井進「鎌倉幕府論」（初出一九六二）『石井進著作集』二、岩波書店、二〇〇四
上横手雅敬「鎌倉幕府と公家政権」（初出一九七五）同『鎌倉時代政治史研究』吉川弘文館、一九九一
奥富敬之『鎌倉北条氏の基礎的研究』吉川弘文館、一九八〇
五味文彦「執事・執権・得宗——安堵と非理」（初出一九八八）同『増補吾妻鏡の方法』吉川弘文館、二〇〇〇
佐藤進一『鎌倉幕府訴訟制度の研究』（初出一九四三）岩波書店、一九九三
佐藤進一「鎌倉幕府政治の専制化について」（初出一九五五）同『日本中世史論集』岩波書店、一九九〇
佐藤進一『日本の中世国家』岩波書店、一九八三
古澤直人『鎌倉幕府と中世国家』校倉書房、一九九一
細川重男『鎌倉政権得宗専制論』吉川弘文館、二〇〇〇
細川重男『鎌倉北条氏の神話と歴史——権威と権力』日本史史料研究会、二〇〇七
村井章介「執権政治の変質」（初出一九八四）同『中世の国家と在地社会』校倉書房、二〇〇五

当事者主義と職権主義

石井良助『中世武家不動産訴訟法の研究』弘文堂書房、一九三八
稲葉継陽「中・近世移行期の村落フェーデと平和」歴史学研究会編『紛争と訴訟の文化史』青木書店、二〇〇〇
笠松宏至「中世法の特質」（初出一九六三）同『日本中世法史論』東京大学出版会、一九七九
佐藤進一『鎌倉幕府訴訟制度の研究』（初出一九四三）岩波書店、一九九三
中田薫「古法制雑筆」（初出一九二〇）同『法制史論集』三下、岩波書店、一九七一
羽下徳彦「「検断沙汰」おぼえがき」『中世の窓』四〜七、一九六〇a
羽下徳彦「中世本所法における検断の一考察」石母田正・佐藤進一編『中世の法と国家』東京大学出版会、一九六〇b

中世のイエと「イエ支配」

石井進『中世武士団』（初出一九七四）『石井進の世界』二、山川出版社、二〇〇五
石井進「中世社会論」（初出一九七六）『石井進著作集』六、岩波書店、二〇〇五

大山喬平「中世社会のイエと百姓」（初出一九七七）同『日本中世農村史の研究』岩波書店、一九七八
勝俣鎮夫『一揆』岩波新書、一九八二
黒田日出男「『荒野』と『黒山』――中世の開発と自然」（初出一九八一）同『境界の中世　象徴の中世』東京大学出版会、一九八六
戸田芳実「律令制下の「宅」の変動」同『日本領主制成立史の研究』岩波書店、一九六七
峰岸純夫「『篠を引く』――室町・戦国時代の農民の逃散」（初出一九九三）同『中世社会の一揆と宗教』東京大学出版会、二〇〇八
Brunner, Otto. *Land und Herrschaft: Grundfragen der territorialen Verfassungsgeschichte Österreichs im Mittelalter,* Wissenschaftliche Buchgesellschaft, Darmstadt, 1990 (Nachdr.d.5.aufl.,1965)

建武新政

網野善彦「異形の王権」（初出一九八六）『網野善彦著作集』六、岩波書店、二〇〇七
市沢哲「鎌倉後期の公家政権の構造と展開――建武新政への一展望」（初出一九九二）同『日本中世公家政治史の研究』校倉書房、二〇一一
市沢哲「太平記とその時代」同編『太平記を読む』吉川弘文館、二〇〇八
上横手雅敬「封建制と主従制」『岩波講座日本通史』九、一九九四
小川信「南北朝内乱」『岩波講座日本歴史』六、一九七五
黒田俊雄「中世の国家と天皇」（初出一九六三）『黒田俊雄著作集』一、法蔵館、一九九四
佐藤進一『南北朝の動乱』（初出一九五八）中公文庫、二〇〇五
佐藤進一『日本の中世国家』岩波書店、一九八三
永原慶二「南北朝の内乱」（初出一九六三）『永原慶二著作選集』五、吉川弘文館、二〇〇七
永原慶二「大名領国」（初出一九六七）同右
永原慶二『内乱と民衆の世紀』（初出一九八八）小学館ライブラリー『大系日本の歴史』六、一九九二
堀米庸三「中世後期における国家権力の形成」（初出一九五三）同『ヨーロッパ中世世界の構造』岩波書店、一九七六
森茂暁『増補改訂南北朝公武関係史の研究』思文閣出版、二〇〇八（初出一九八四）
座談会「南北朝時代について」『日本歴史』二三七、一九六七
『シンポジウム日本歴史七　中世国家論』学生社、一九七四

守護領国制

石母田正『中世的世界の形成』伊藤書店、一九四六
川岡勉『室町幕府と守護権力』吉川弘文館、二〇〇二
黒川直則「守護領国制と荘園体制――国人領主制の確立課程」『日本史研究』五七、一九六一
黒田俊雄「中世の国家と天皇」『岩波講座日本歴史六　中世二』一九六三
永原慶二・杉山博「守護領国制の展開」『社会経済史学』一七―二、一九五一

検地

安良城盛昭「太閤検地の歴史的前提」『歴史学研究』一六三・一六四、一九五三（同『日本封建社会成立史論』上、岩波書店、一九八四）
安良城盛昭「太閤検地の歴史的意義」『歴史

学研究』一六七、一九五四（同『幕藩体制社会の成立と構造』御茶の水書房、一九五九）

安良城盛昭「戦国大名検地と「名主加地子得分」・「名田ノ内徳」――勝俣鎮夫『戦国法成立史論』によせて」『史学雑誌』九〇－八、一九八一（前出『日本封建社会成立史論』上）

有光友學「戦国大名今川氏の歴史的性格――とくに「公事検地」と小領主支配について」『日本史研究』一三八、一九七四

池享「荘園の消滅と太閤検地」『講座日本荘園史四　荘園の解体』吉川弘文館、一九九九（同『日本中近世移行論』同成社、二〇一〇）

池上裕子「織豊期検地論」永原慶二・佐々木潤之介編『日本中世史研究の軌跡』東京大学出版会、一九八八（同『戦国時代社会構造の研究』校倉書房、一九九九）

池上裕子「指出と検地」同『戦国時代社会構造の研究』一九九九

勝俣鎮夫「遠州浜名神戸大福寺領注進状案について――戦国大名今川氏検地の一事例」『日本歴史』三二〇、一九七五（「戦国大名今川氏検地の一事例」と改題し、同『戦国法成立史論』東京大学出版会、一九七九）

勝俣鎮夫「戦国大名検地に関する一考察――恵林寺領「検地帳」の分析」永原慶二編『戦国期の権力と社会』東京大学出版会、一九七六（「戦国大名検地の施行原則」と改題し、同右）

勝俣鎮夫「戦国大名検地について――安良城盛昭氏の批判に答える」『史学雑誌』九二－二、一九八三

国分

則竹雄一『戦国大名領国の権力構造』吉川弘文館、二〇〇五

藤木久志『豊臣平和令と戦国社会』東京大学出版会、一九八五

藤田達生『日本近世国家成立史の研究』校倉書房、二〇〇一

惣無事

竹井英文「戦国・織豊期東国の政治情勢と「惣無事」」『歴史学研究』八五六、二〇〇九

藤井讓治「「惣無事」はあれど「惣無事令」はなし」『史林』九三－三、二〇一〇

藤木久志『豊臣平和令と戦国社会』東京大学出版会、一九八五

藤田達生『日本近世国家成立史の研究』校倉書房、二〇〇一

職の体系

網野善彦「「職」の特質をめぐって」『史学雑誌』七六－二、一九六七

石井進「中世社会論」（初出一九七六）同『中世史を考える』校倉書房、一九九一

大山喬平司会『シンポジウム日本歴史六　荘園制』学生社、一九七三

河音能平『中世封建制成立史論』東京大学出版会、一九七一

川端新『荘園制成立過程の研究』思文閣出版、二〇〇〇

黒田俊雄『荘園制社会』日本評論社、一九六七

黒田俊雄「日本中世の封建制の特質」同『日本中世封建制論』東京大学出版会、一九七四

佐藤泰弘「領家職についての基本的考察」『日本史研究』五六一、二〇〇九

高橋一樹『中世荘園制と鎌倉幕府』塙書房、二〇〇四

戸田芳実「中世の封建領主制」（初出一九六三）同『日本中世の民衆と領主』校倉書房、一九九四

永原慶二「荘園制の歴史的位置」同『日本封建制成立過程の研究』岩波書店、一九六一
永原慶二「荘園制における職の性格」（初出一九六七）同『日本中世社会構造の研究』岩波書店、一九七三
永原慶二『日本中世の社会と国家』ＮＨＫ出版、一九八二

公田（公田体制）

網野善彦『日本中世土地制度史の研究』塙書房、一九九一
石井進「鎌倉幕府と律令制度地方行政機関との関係――諸国大田文の作成を中心として」（初出一九五七）同『日本中世国家史の研究』岩波書店、一九七〇
入間田宣夫「公田と領主制」『歴史』三八、一九六九
入間田宣夫「鎌倉時代の国家権力」『大系日本国家史』二、東京大学出版会、一九七五
大石直正「荘園公領制の成立をどうみるか」『争点日本の歴史』新人物往来社、一九九一
大山喬平「国衙領における領主制の形成」（初出一九六〇）同『日本中世農村史の研究』岩波書店、一九七八
工藤敬一『九州庄園の研究』塙書房、一九六九
工藤敬一『荘園公領制の成立と内乱』思文閣出版、一九九二
坂本賞三『日本王朝国家体制論』東京大学出版会、一九七二
清水三男「国衙領と武士」同『上代の土地関係』伊藤書店、一九四三
竹内理三「在庁官人の武士化」同『日本封建制成立の研究』吉川弘文館、一九五五
田沼睦「公田段銭と守護領国」（初出一九六五）同『中世後期社会と公田体制』岩田書院、二〇〇七
田沼睦「中世的公田体制の展開」（初出一九七〇）同右
戸田芳実「平安初期の国衙と富豪層」（初出一九五九ａ）同『日本領主制成立史の研究』岩波書店、一九六七
戸田芳実「国衙領の名と在家について」（初出一九五九ｂ）同右

在地

石母田正『中世的世界の形成』（初出一九四六）『石母田正著作集』五、岩波書店、一九八八
石母田正『日本の古代国家』（初出一九七一）『石母田正著作集』三、岩波書店、一九八九
梅村喬「在地の歴史的語義について――在地成語と在地造語」（初出一九九九）同『日本古代社会経済史論考』塙書房、二〇〇六
梅村喬「石母田正の在地理論と古代中世史研究」（初出二〇〇五）同『「職」成立過程の研究』校倉書房、二〇一一
田村憲美『在地論の射程』校倉書房、二〇〇一

名（田堵・名主層、百姓名）

石母田正「中世的土地所有権の成立について」（初出一九五〇ａ）『石母田正著作集』八、岩波書店、一九八九
石母田正「古代末期の政治過程および政治形態」（初出一九五〇ｂ）『石母田正著作集』六、一九八九
稲垣泰彦「初期名田の構造」（初出一九六二）同『日本中世社会史論』東京大学出版会、一九八一
稲垣泰彦「東大寺領小東庄の構成」（初出一九六七）同右
稲垣泰彦「中世の農業経営と収取形態」（初

出一九七五）同右
大山喬平「荘園制と領主制」（初出一九七〇）同『日本中世農村史の研究』岩波書店、一九七八
黒田俊雄「鎌倉時代の荘園の勧農と農民層の構成」（初出一九六二）『黒田俊雄著作集』五、法蔵館、一九九五
竹内理三「名発生の一考察」（初出一九四〇）同『寺領荘園の研究』吉川弘文館、一九四二
戸田芳実「国衙領の名と在家について」（初出一九五八）同『日本領主制成立史の研究』岩波書店、一九六七
戸田芳実「平安初期の国衙と富豪層」（初出一九五九）同右
戸田芳実「中世成立期の所有と経営について」（初出一九六〇）同右
松本新八郎「名田経営の成立」（初出一九四二）同『中世社会の研究』東京大学出版会、一九五六
村井康彦「田堵の存在形態」（初出一九五七）同『古代国家解体過程の研究』岩波書店、一九六五

勧農

石井進『鎌倉幕府』中央公論社、一九六五
大山喬平『日本中世農村史の研究』岩波書店、一九七八
木村茂光『日本古代・中世畠作史の研究』校倉書房、一九九二
黒田日出男『日本中世開発史の研究』校倉書房、一九八四
小山靖憲「東国における領主制と村落」（初出一九六六）同『中世村落と荘園絵図』東京大学出版会、一九八七
小山靖憲「鎌倉時代の東国農村と在地領主」（初出一九六八）同右
鈴木哲雄『中世日本の開発と百姓』岩田書院、二〇〇一
戸田芳実『日本領主制成立史の研究』岩波書店、一九六七
峰岸純夫「東国武士の基盤」（初出一九七三）同『中世の東国——地域と権力』東京大学出版会、一九八九
安田元久『地頭及び地頭領主制の研究』山川出版社、一九六一
山本隆志『荘園制の展開と地域社会』刀水書房、一九九四

散田請作

阿部猛「平安末期における在地の諸関係」（初出一九五七）同『日本荘園制成立史の研究』雄山閣、一九六〇
稲垣泰彦「初期名田の構造」（初出一九六二）同『日本中世社会史論』東京大学出版会、一九八一
稲垣泰彦「東大寺領小東庄の構造」（初出一九六七）同右
稲垣泰彦「中世の農業経営と収取形態」（初出一九七五）同右
大山喬平「中世社会の農民」（初出一九六二）同『日本中世農村史の研究』岩波書店、一九七八
大山喬平「中世史研究の一視角」（初出一九六五）同右
鈴木哲雄「越後国石井庄における開発と浪人」（初出一九八七）同『中世日本の開発と百姓』岩田書院、二〇〇一
鈴木哲雄「中世百姓と土地所有」（初出一九九〇）同右
戸田芳実「国衙領の名と在家について」（初出一九五八）同『日本領主制成立史の研究』岩波書店、一九六七
戸田芳実「十－十三世紀の農業労働と村落」（初出一九七六）同『初期中世社会史の研究』東京大学出版会、一九九一
永原慶二「荘園解体期における農民層の分解と農民闘争」（初出一九五三）同『日本

封建制成立過程の研究』岩波書店、一九六一

村井康彦「荘園制の発展と構造」『岩波講座日本歴史』四、一九六二

村井康彦『古代国家解体過程の研究』岩波書店、一九六四

年貢と加地子

網野善彦『日本中世の民衆像』岩波新書、一九八〇

網野善彦「中世都市論」同『日本中世都市の世界』筑摩書房、一九九六

井原今朝男『日本中世の国政と家政』校倉書房、一九九五

今井林太郎『日本荘園制論』三笠書房、一九三九

上島有『京郊庄園村落の研究』塙書房、一九七〇

榎原雅治「中世の政治社会思想」『新体系日本史四　政治社会思想史』山川出版社、二〇一〇

勝山清次『中世年貢成立史の研究』塙書房、一九九五

黒田俊雄『体系日本歴史　荘園制社会』日本評論社、一九六七

瀬田勝哉「近代都市成立史序説」宝月圭吾先生還暦記念会編『日本社会経済史研究　中世編』吉川弘文館、一九六七

高柳光寿「年貢と公事」『高柳光寿史学論文集』吉川弘文館、一九七〇

竹内理三『寺領荘園の研究』畝傍書房、一九四二

徳永裕之「中世後期の京上夫の活動」遠藤ゆりこ・蔵持重裕・田村憲美編『再考中世荘園制』岩田書院、二〇〇七

永原慶二『日本封建制成立過程の研究』岩波書店、一九六一

永原慶二『日本中世社会構造の研究』岩波書店、一九七三

永松圭子『日本中世付加税の研究』清文堂出版、二〇一〇

中村吉治「貢租と夫役」同『近世初期農政史研究』岩波書店、一九三八

西谷地晴美「中世成立期における「加地子」の性格」『展望日本歴史八　荘園公領制』東京堂出版、二〇〇〇

野村和正「山国荘の貢納と『御湯殿上日記』」坂田聡編『禁裏領山国荘』岩田書院、二〇〇八

藤木久志『戦国社会史論』東京大学出版会、一九七四

峰岸純夫「中世社会の階級構成——とくに『下人』を中心に」（初出一九六六）同『日本中世の社会構成・階級と身分』校倉書房、二〇一〇、

村井康彦『古代国家解体過程の研究』岩波書店、一九六五

脇田晴子「中世京都の土地所有」同『日本中世都市論』東京大学出版会、一九八一

畠作

網野善彦「荘園公領制の形成と構造」（初出一九七三）同『日本中世土地制度史の研究』塙書房、一九九一

泉谷康夫「奈良平安時代の畠制度」（初出一九六二）同『律令制度崩壊過程の研究』鳴鳳社、一九七二、高科書店、一九九二

磯貝富士男『中世の農業と気候』吉川弘文館、二〇〇二

木村茂光「中世成立期における畠作の性格と領有関係」（初出一九七七）同『日本古代・中世畠作史の研究』校倉書房、一九九二

木村茂光編『日本農業史』吉川弘文館、二〇一〇

黒田日出男「中世農業史・技術史の諸問題」（初出一九七八）同『日本中世開発史の研究』校倉書房、一九八四

国立歴史民俗博物館『生業から見る日本史』吉川弘文館、二〇〇八
米家泰作『中・近世山村の景観と構造』校倉書房、二〇〇二
高重進『古代・中世の耕地と村落』大明堂、一九七五
高橋昌明「日本中世農業生産力水準再評価の一視点」（初出一九七七）同『中世史の理論と方法』校倉書房、一九九七
日本考古学協会『はたけの考古学』鹿児島大会資料集、二〇〇〇
古島敏雄『日本農業史』岩波書店、一九五六
古島敏雄『日本農業技術史』東京大学出版会、一九七五
増田昭子『雑穀の社会史』吉川弘文館、二〇〇一

寄進地系荘園

今井林太郎『日本荘園制論』三笠書房、一九三九
小野武夫『日本庄園制史論』有斐閣、一九四三
鎌倉佐保「「寄進地系荘園」を捉えなおす」『歴史評論』七一〇、二〇〇九
川端新『荘園制成立史の研究』思文閣出版、二〇〇〇
中田薫「王朝時代の庄園に関する研究」（初出一九〇六）同『法制史論集』二、岩波書店、一九三八
永原慶二「荘園制の歴史的位置」同『日本封建制成立過程の研究』岩波書店、一九六一
西岡虎之助「荘園制の発達」『岩波講座日本歴史』（第四回）一九三三
安田元久『日本荘園史概説』吉川弘文館、一九五七

村落形態

海老澤衷『荘園公領制と中世村落』校倉書房、二〇〇〇
木村礎『日本村落史』弘文堂、一九七八
木村礎編著『村落景観の史的研究』八木書店、一九八八
金田章裕「奈良・平安期の村落形態について」『史林』五四－三、一九七一（同『条里と村落の歴史地理学研究』大明堂、一九八五）
小山靖憲「東国における領主制と村落」『史潮』九四、一九六六（同『中世村落と荘園絵図』東京大学出版会、一九八七）
小山靖憲「鎌倉時代の東国農村と在地領主制」『日本史研究』九九、一九六八（同右）
島田次郎「荘園村落の展開」『岩波講座日本歴史六　中世二』一九六三（同『日本中世の領主制と村落』吉川弘文館、一九八六）
永原慶二「中世村落の構造と領主制」稲垣泰彦・永原慶二編『中世の社会と経済』東京大学出版会、一九六二a（同『日本中世社会構造の研究』岩波書店、一九七三、『永原慶二著作選集』三、吉川弘文館、二〇〇七）
永原慶二「荘園制支配と中世村落」『一橋論叢』四七－三、一九六二b（同右）
水野章二『日本中世の村落と荘園制』校倉書房、二〇〇〇

職能論的武士論

石井進『日本の歴史一二　中世武士団』小学館、一九七四
上横手雅敬「平安中期の警察制度」竹内理三博士還暦記念会編『律令国家と貴族社会』吉川弘文館、一九六九
佐藤進一『日本の歴史九　南北朝の動乱』中央公論社、一九六五
高橋昌明「武士の発生とその性格」『歴史公

論』八、一九七六
髙橋昌明『清盛以前——伊勢平氏の興隆』平凡社、一九八四
髙橋昌明「武士を見なおす」「武士と王権」『朝日百科・日本の歴史別冊　歴史を読みなおす八　武士とは何だろうか——「源氏と平氏」再考』朝日新聞社、一九九四
髙橋昌明『武士の成立　武士像の創出』東京大学出版会、一九九九
戸田芳実「中世成立期の国家と農民」『日本史研究』九七、一九六八
戸田芳実「国衙軍制の形成過程——武士発生史再検討の一視点」日本史研究会史料研究部会編『中世の権力と民衆』創元社、一九七〇
元木泰雄「摂津源氏一門——軍事貴族の性格と展開」『史林』六七‐六、一九八四

惣領制

上横手雅敬「惣領制序説」『人文』八、一九六二（同『日本中世国家史論考』塙書房、一九九四）
髙橋典幸「御家人役『某跡』賦課方式に関する一考察」『鎌倉遺文研究』七、二〇〇一（同『鎌倉幕府軍制と御家人制』吉川弘文館、二〇〇八）
田中大喜「惣領職の成立と『職』の変質」『歴史学研究』八五一、二〇〇九（同『中世武士団構造の研究』校倉書房、二〇一一）
豊田武「惣領制覚書」『一橋論叢』三八‐四、一九五七（『豊田武著作集六　中世の武士団』吉川弘文館、一九八二）
豊田武『武士団と村落』吉川弘文館、一九六三（同右）
七海雅人「鎌倉幕府の御家人役負担体系」同『鎌倉幕府御家人制の展開』吉川弘文館、二〇〇一
新田英治「惣領制について」『歴史学研究』二四〇、一九六〇
羽下徳彦『惣領制』至文堂日本歴史新書、一九六六

家父長制

明石一紀「古代・中世の家族と親族」『歴史評論』四一六、一九八四（同『日本古代親族の構造』吉川弘文館、一九九〇）
安良城盛昭「太閤検地の歴史的前提」『歴史学研究』一六三・一六四、一九五三（同『日本封建社会成立史論』上、岩波書店、一九八四）
飯沼賢司「日本中世の家父長制について」『比較家族史研究』二、一九八七
鎌田浩「家父長制の理論」永原慶二・住谷一彦・鎌田浩編『シリーズ比較家族一　家と家父長制』早稲田大学出版部、一九九二
黒田弘子「『退座』規定と中世女性」『日本史研究』二五六、一九八三
女性史総合研究会編『日本女性史』全五巻、東京大学出版会、一九八二
女性史総合研究会編『日本女性生活史』全五巻、東京大学出版会、一九九〇
鈴木国弘『在地領主制』雄山閣、一九八〇
戸田芳実『日本領主制成立史の研究』岩波書店、一九六七
服部早苗「家族と親族」『日本史研究』二五六、一九八三

逃散

入間田宣夫「逃散の作法」（初出一九八〇）同『百姓申状と起請文の世界』東京大学出版会、一九八六
勝俣鎮夫『一揆』岩波新書、一九八二
勝俣鎮夫 文・宮下実 絵『（歴史を旅する絵本）戦国時代の村の生活——和泉国いりやまだ村の一年』岩波書店、一九八八
黒田弘子「逃散・逃亡そして『去留』の自

由――御成敗式目四二条の解釈」（初出一九八七）「御成敗式目四二条の解釈」と改題し、同『女性からみた中世社会と法』校倉書房、二〇〇二
黒田弘子「逃散を〈女の視座〉からみる――女性史と歴史学」（初出一九九一）「女性史と歴史学――序にかえて」と改題し、同右
黒田弘子「御成敗式目四二条論・その後」同右、二〇〇二a
黒田弘子「『逃毀』再考――妻子と跡と家の継承」同右、二〇〇二b
鈴木良一「中世に於ける農民の逃散」（初出一九四三）同『日本中世の農民問題』校倉書房、一九七一

悪党

石母田正『中世的世界の形成』伊藤書店、一九四六
市沢哲「鎌倉後期の公家政権の構造と展開」『日本史研究』三五五、一九九二
海津一朗『中世の変革と徳政』吉川弘文館、一九九四
熊谷隆之「摂津国長洲荘悪党と公武寺社」勝山清次編『南都寺院文書の世界』思文閣出版、二〇〇七
小泉宜右「伊賀国黒田庄の悪党」稲垣泰彦・永原慶二編『中世の社会と経済』東京大学出版会、一九六二
小泉宜右『悪党』教育社、一九八一
近藤成一「悪党召し捕りの構造」永原慶二編『中世の発見』吉川弘文館、一九九三
桜井彦『悪党と地域社会の研究』校倉書房、二〇〇六
佐藤和彦『南北朝内乱史論』東京大学出版会、一九七九
高橋典幸「荘園制と悪党」『国立歴史民俗博物館研究報告』一〇四、二〇〇三
中村直勝「荘民の生活（其一）」同『荘園の研究』星野書店、一九三九
松本新八郎『中世社会の研究』東京大学出版会、一九五六
山陰加春夫「悪党に関する基礎的考察」『日本史研究』一七八、一九七七

国人領主

石田晴男「室町幕府・守護・国人体制と『一揆』」『歴史学研究』五八六、一九八八（池上裕子・稲葉継陽編『展望日本歴史一二　戦国社会』東京堂出版、二〇〇一）
伊藤俊一「中世後期における『荘家』と地域権力」『日本史研究』三六八、一九九三（「南北朝～室町時代の地域社会と荘園制」と改題し、同『室町期荘園制の研究』塙書房、二〇一〇）
伊藤俊一「室町幕府と荘園制」『年報中世史研究』二八、二〇〇三（「南北朝～室町時代の所領構成と所領支配」と改題し、同右）
菊池浩幸「国人領主のイエと地域社会」『歴史評論』六七四、二〇〇六
菊池浩幸・清水亮・田中大喜・長谷川裕子・守田逸人「特集／中世在地領主研究の成果と課題」『歴史評論』六七四、二〇〇六
黒川直則「中世後期の領主制について」『日本史研究』六八、一九六三
田中大喜「南北朝期在地領主論構築の試み」『歴史評論』六七四、二〇〇六（「南北朝期在地領主論序説」と改題し、同『中世武士団構造の研究』校倉書房、二〇一一）
永原慶二「守護領国制の展開」『社会経済史学』一七－二、一九五一（『永原慶二著作選集二　日本封建制成立過程の研究』吉川弘文館、二〇〇七）
西島太郎「中世後期の在地領主研究」中世後期研究会編『室町・戦国期研究を読みなおす』思文閣出版、二〇〇七

村田修三「国人領主の所領形態について」『月刊歴史』一四、一九六九

荘家の一揆

伊藤俊一「中世後期における『荘家』と地域権力」『日本史研究』三六八、一九九二（同『室町期荘園制の研究』塙書房、二〇一〇）
伊藤俊一「紀伊国における守護役と地域社会――『荘家の一揆』の前提」『年報中世史研究』二七、二〇〇二（同右）
稲垣泰彦「応仁・文明の乱」『岩波講座日本歴史七　中世三』一九六三
入間田宣夫「鎌倉前期における領主的土地所有と『百姓』支配の特質」『歴史学研究』別冊、一九七二（同『百姓申状と起請文の世界』東京大学出版会、一九八六）
入間田宣夫「逃散の作法」豊田武博士古稀記念会編『日本中世の政治と文化』吉川弘文館、一九八〇（同右）
黒川直則「十五・十六世紀の農民問題」『日本史研究』七一、一九六四
黒田弘子「惣村の成立と発展」『日本史研究』一二〇・一二一、一九七一（同『中世惣村史の構造』吉川弘文館、一九七五）
佐藤和彦「中世の農民闘争」『民衆史研究』四、一九六六（同『南北朝内乱史論』東京大学出版会、一九七九）
佐藤和彦「百姓申状の成立について」『民衆史研究』九、一九七一（同右）
鈴木良一「純粋封建制成立における農民闘争」堀米庸三編『社会構成史体系　第三部－三』日本評論社、一九四九（同『中世史雑考』校倉書房、一九八七）
辰田芳雄「東寺領丹波国大山荘における守護支配」『日本歴史』五〇八、一九九〇（同『中世東寺領荘園の支配と在地』校倉書房、二〇〇三）

土一揆・徳政一揆

稲垣泰彦「応仁・文明の乱」（初出一九六三）同『日本中世社会史論』東京大学出版会、一九八一
笠松宏至『徳政令』岩波新書、一九八三
勝俣鎮夫『一揆』岩波新書、一九八二
神田千里『土一揆の時代』吉川弘文館、二〇〇四
黒川直則「徳政一揆の評価をめぐって」『日本史研究』八八、一九六七
酒井紀美「徳政一揆と在地の合力」（初出一九九四）同『日本中世の在地社会』吉川弘文館、一九九九
鈴木良一「純粋封建制成立における農民闘争」（初出一九四九）同『中世史雑考』校倉書房、一九八七
永原慶二「嘉吉徳政一揆の性格について」（初出一九七〇）同『日本中世社会構造の研究』岩波書店、一九七三
藤木久志「応仁の乱の底流に生きる」（初出二〇〇〇）同『飢餓と戦争の戦国を行く』朝日選書、二〇〇一
脇田晴子「都市と農村との対立」同『日本中世都市論』東京大学出版会、一九八一

一向一揆

安藤弥「戦国期宗教勢力論」中世後期研究会編『室町・戦国期研究を読みなおす』思文閣出版、二〇〇七
石田晴男「守護畠山氏と紀州『惣国一揆』――一向一揆と他勢力の連合について」『歴史学研究』四四八、一九七七
川端泰幸「戦国期紀州門徒団における年寄衆の性格」（初出二〇〇三）同『日本中世の地域社会と一揆』法蔵館、二〇〇八
神田千里『一向一揆と真宗信仰』吉川弘文館、一九九一
神田千里『信長と石山合戦』吉川弘文館、一九九五

金龍静『一向一揆論』吉川弘文館、二〇〇四
鈴木良一「戦国の争乱」『岩波講座日本歴史　中世四』一九六三
服部之総『蓮如』新地書房、一九四八
藤木久志「一向一揆論」『講座日本歴史』四、東京大学出版会、一九八五
峰岸純夫「加賀における文明・長享の一揆」『山城国一揆』東京大学出版会、一九八六

惣国一揆

池上裕子「戦国期の一揆」『一揆』二、東京大学出版会、一九八一
石田晴男「山城国一揆の解体——特に『惣国一揆』の観点から」『信大史学』六、一九八二
稲垣泰彦「土一揆をめぐって」『歴史学研究』三〇五、一九六五
海津一朗「最初の惣国一揆」佐藤和彦編『中世の内乱と社会』東京堂出版、二〇〇七
永原慶二「国一揆の史的性格」『歴史公論』四、一九七六
長谷川裕子「戦国期における土豪同名中の成立過程とその機能」『歴史評論』六二四、二〇〇二
峰岸純夫「中世の変革期と一揆」『一揆』五、東京大学出版会、一九八一
宮島敬一「荘園体制と『地域的一揆体制』」『歴史学研究』別冊、一九七五
村田修三「戦国時代の小領主」『日本史研究』一三四、一九七三
湯浅治久「『惣国一揆』と『侍』身分論」『歴史評論』五二三、一九九三

起請文

相田二郎『日本の古文書』岩波書店、一九四九
入間田宣夫「逃散の作法」豊田武博士古稀記念会編『日本中世の政治と文化』吉川弘文館、一九八〇
大河内千恵「将軍代替り誓詞の再検討」『国史学』一八六、二〇〇五
今谷明『籤引き将軍足利義教』講談社選書、二〇〇三
勝俣鎮夫『一揆』岩波新書、一九八二
可児光生「神判としての起請をめぐって」『年報中世史研究』五、一九八〇
斎木一馬「起請破りと起請返し」（初出一九七六）同『古記録の研究』下、吉川弘文館、一九八九
酒井紀美「村落間相論の作法」（初出一九九一）同『日本中世の在地社会』吉川弘文館、一九九九
佐藤進一『新版古文書学入門』（初出一九七三）法政大学出版局、二〇〇三
佐藤弘夫「怒る神と救う神」（初出一九九五）同『神・仏・王権の中世』法蔵館、一九九八
瀬田勝哉「『鬮取』についての覚書——室町政治社会思想史の一試み」『武蔵大学人文学会雑誌』一三-四、一九八二
千々和到「中世民衆の意識と思想」青木美智男ほか編『一揆』四、東京大学出版会、一九八一
千々和到「『誓約の場』の再発見——中世民衆意識の一断面」『日本歴史』四二二、一九八三
千々和到「中世の誓約文書=起請文の、二つの系列」『國學院雑誌』一〇六-二、二〇〇五
千々和到「中世の起請文に見る神仏——起請文神文から前近代の人々の神観念を探る試み」『日本文化と神道』二、二〇〇六
千々和到「護符・起請文の調査と研究」『神道と日本文化の国学的研究発信の拠点形成　研究報告Ⅱ』二〇〇七
中村直勝『起請の心』便利堂、一九六二

峰岸純夫「誓約の鐘」（初出一九八二）同『中世社会の一揆と宗教』東京大学出版会、二〇〇九

貫高制

池享「戦国大名領国における「貫高制」の意義」（初出一九七九）同『大名領国制の研究』校倉書房、一九九五
池上裕子「北条領の公事について」（初出一九八三）同『戦国時代社会構造の研究』校倉書房、一九九九
勝俣鎮夫「戦国大名検地の施行原則」（初出一九七六）同『戦国法成立史論』東京大学出版会、一九七九
永原慶二「大名領国制の構造」（初出一九七六）同『戦国期の政治経済構造』岩波書店、一九九七
則竹雄一「東国における在家役と貫高制」同『戦国大名領国の権力構造』吉川弘文館、二〇〇五
平山優「戦国期東海地方における貫高制の形成過程」『武田氏研究』三七・三八、二〇〇七・〇八
藤木久志「貫高制論の課題」（初出一九六七）同『戦国社会史論』東京大学出版会、一九七四
村田修三「戦国大名毛利氏の権力構造」『日本史研究』七三、一九六四
宮川満「戦国大名の領国制について」（初出一九六七）同『宮川満著作集三　中世社会の諸問題』第一書房、一九九九

銭・貨幣流通論

足立啓二「東アジアにおける銭貨の流通」荒野泰典・石井正敏・村井章介編『アジアのなかの日本史』三、東京大学出版会、一九九二
飯沼賢司「銭は銅材料となるのか」小田富士雄・平尾良光・飯沼賢司編『経筒が語る中世の世界』思文閣出版、二〇〇八
伊藤啓介「鎌倉時代初期における朝廷の貨幣政策」上横手雅敬編『鎌倉時代の権力と制度』思文閣出版、二〇〇八
井原今朝男「宋銭輸入の歴史的意義――沽価法と銭貨出挙の発達」池享編『銭貨』青木書店、二〇〇一
浦長瀬隆『中近世日本貨幣流通史――取引手段の変化と要因』勁草書房、二〇〇一
大田由紀夫「一二～一五世紀初頭東アジアにおける銅銭の流布」『社会経済史学』六一－二、一九九五
川戸貴史『戦国期の貨幣と経済』吉川弘文館、二〇〇八
川戸貴史「一六世紀後半京都における金貨の確立」池享編『室町戦国期の社会構造』吉川弘文館、二〇一〇
黒田明伸『貨幣システムの世界史――〈非対称性〉をよむ』岩波書店、二〇〇三
小葉田淳『改訂増補日本貨幣流通史』（初出一九三〇）刀江書院、一九四三
桜井英治「中世の貨幣・信用」桜井英治・中西聡編『新体系日本史一二　流通経済史』山川出版社、二〇〇二
櫻木晋一『貨幣考古学序説』慶應義塾大学出版会、二〇〇九
嶋谷和彦「模鋳銭の生産と普及」小野正敏・萩原三雄編『戦国時代の考古学』高志書院、二〇〇三
鈴木公雄『出土銭貨の研究』東京大学出版会、一九九九
高木久史『日本中世貨幣史論』校倉書房、二〇一〇
中島圭一「西と東の永楽銭」石井進編『中世の村と流通』吉川弘文館、一九九二
中島圭一「日本の中世貨幣と国家」（初出一九九八）歴史学研究会編『越境する貨幣』青木書店、一九九九
本多博之『戦国織豊期の貨幣と石高制』吉

川弘文館、二〇〇六

松延康隆「銭と貨幣の観念――鎌倉期における貨幣機能の変化について」『列島の文化史』六、一九八九

渡邊誠「平安末・鎌倉初期の宋銭流通と国家」『九州史学』一五三、二〇〇九

土豪・小領主

朝尾直弘「兵農分離をめぐって――小領主層の動向を中心に」（初出一九六四）『朝尾直弘著作集』二、岩波書店、二〇〇四

安良城盛昭「太閤検地の歴史的前提」（初出一九五三）同『日本封建社会成立史論』上、岩波書店、一九八四

稲葉継陽「村の侍身分と兵農分離」（初出一九九三）同『戦国時代の荘園制と村落』校倉書房、一九九八

大山喬平「室町末戦国初期の権力と農民」『日本史研究』七九、一九六五

久留島典子「中世後期の「村請制」について――山城国上下久世庄を素材として」『歴史評論』四八八、一九九〇

黒川直則「十五・十六世紀の農民問題」『日本史研究』七一、一九六四

永原慶二「大名領国制の史的位置――研究史的検討」（初出一九七五）同『永原慶二著作選集』六、吉川弘文館、二〇〇七

長谷川裕子『中近世移行期における村の生存と土豪』校倉書房、二〇〇九

藤木久志「戦国期社会における中間層の動向」（初出一九七〇）同『戦国社会史論』東京大学出版会、一九七四

藤木久志『村と領主の戦国世界』東京大学出版会、一九九七

峰岸純夫「室町・戦国時代の階級構成――とくに「地主」を中心に」（初出一九六六）同『日本中世の社会構成・階級と身分』校倉書房、二〇一〇

宮島敬一「荘園体制と「地域的一揆体制」」『歴史学研究』別冊、一九七五

村田修三「戦国大名毛利氏の権力構造」『日本史研究』七三、一九六四

村田修三「戦国時代の小領主――近江国甲賀郡山中氏について」『日本史研究』一三四、一九七三

湯浅治久「戦国期在地領主と「惣国一揆」」（初出一九九三）同『中世後期の地域と在地領主』吉川弘文館、二〇〇二

村の武力・村の戦争

稲葉継陽『日本近世社会形成史論――戦国時代論の射程』校倉書房、二〇〇九

高木昭作『日本近世国家史の研究』岩波書店、一九九〇

藤木久志『豊臣平和令と戦国社会』東京大学出版会、一九八五

藤木久志『戦国の作法――村の紛争解決』平凡社、一九八七

藤木久志『村と領主の戦国世界』東京大学出版会、一九九七

藤木久志『刀狩り――武器を封印した民衆』岩波新書、二〇〇五

被差別身分論

網野善彦『日本中世の非農業民と天皇』岩波書店、一九八四

網野善彦『異形の王権』平凡社、一九八六

網野善彦『中世の非人と遊女』明石書店、一九九四

大山喬平「中世の身分制と国家」（初出一九七六）同『日本中世農村史の研究』岩波書店、一九七八

喜田貞吉『喜田貞吉著作集』平凡社、一九七九〜八二

黒田俊雄「中世の身分制と卑賤観念」（初出一九七二）同『日本中世の国家と宗教』岩波書店、一九七五

黒田日出男『境界の中世　象徴の中世』東

京大学出版会、一九八六
丹生谷哲一「散所の形成過程について」（初出一九七二）同『日本中世の身分と社会』塙書房、一九九三
丹生谷哲一『検非違使——中世のけがれと権力』平凡社、一九八六
林屋辰三郎『古代国家の解体』東京大学出版会、一九五七
細川涼一『中世の身分制と非人』日本エディタースクール出版部、一九九四
三浦圭一『日本中世賤民史の研究』部落問題研究所、一九九〇
森末義彰「散所考」（初出一九三九）同『中世の社寺と芸術』畝傍書房、一九四一
柳田国男「山荘大夫考」「毛坊主考」など、『定本　柳田国男集』筑摩書房、一九六八
横井清『中世民衆の生活文化』東京大学出版会、一九七五
脇田晴子『日本中世商業発達史の研究』御茶の水書房、一九六九

中世都市・自治

網野善彦『無縁・公界・楽』平凡社、一九七八
佐々木銀弥「日本中世都市の自由・自治研究をめぐって」『社会経済史学』三八-四、一九七二
高尾一彦「京都・堺・博多」『岩波講座日本歴史九　近世一』一九六三
高橋慎一朗『中世都市の力』高志書院、二〇一〇
高橋慎一朗・千葉敏之編『中世の都市』東京大学出版会、二〇〇九
豊田武『日本の封建都市』岩波書店、一九五二
仁木宏『空間・公・共同体』青木書店、一九九七
仁木宏『京都の都市共同体と権力』思文閣出版、二〇一〇
林屋辰三郎『中世文化の基調』東京大学出版会、一九五三
藤原良章・村井章介編『中世のみちと物流』山川出版社、一九九九
脇田晴子「中世の都市と農村」歴史学研究会・日本史研究会編『講座日本史三　封建社会の展開』東京大学出版会、一九七〇
綿貫友子『中世東国の太平洋海運』東京大学出版会、一九九八

律宗・律僧

網野善彦『蒙古襲来』（日本の歴史一〇）、小学館、一九七四
網野善彦『中世東寺と東寺領荘園』東京大学出版会、一九七八
追塩千尋『国分寺の中世的展開』吉川弘文館、一九九六
大石雅章『日本中世社会と寺院』清文堂出版、二〇〇四
大塚紀弘『中世禅律仏教論』山川出版社、二〇〇九
笠原一男『女人往生思想の系譜』吉川弘文館、一九七五
黒田俊雄『日本中世の国家と宗教』岩波書店、一九七五
平雅行『日本中世の社会と仏教』塙書房、一九九二
辻善之助『日本仏教史二　中世篇之一』岩波書店、一九四七
永村眞『中世東大寺の組織と経営』塙書房、一九八九
細川涼一『中世の律宗寺院と民衆』吉川弘文館、一九八七
細川涼一『中世の身分制と非人』日本エディタースクール出版部、一九九四
細川涼一訳注『感身学正記一——西大寺叡尊の自伝』平凡社東洋文庫、一九九九
細川涼一訳注『関東往還記』平凡社東洋文

庫、二〇一一
松尾剛次『勧進と破戒の中世史』吉川弘文館、一九九五
松尾剛次『救済の思想――叡尊教団と鎌倉新仏教』角川書店、一九九六
松尾剛次『日本中世の禅と律』吉川弘文館、二〇〇三

神国思想

大隅和雄「中世神道論の思想史的位置」『日本思想大系一九　中世神道論』岩波書店、一九七七
海津一朗「正安の伊勢神宮神領興行法と公武関係」『史学雑誌』一〇一‐九、一九九二
黒田俊雄「中世国家と神国思想」『日本宗教史講座』一、三一書房、一九五九
佐々木馨「神国思想の中世的展開」『大系仏教と日本人二　国家と天皇』春秋社、一九八七
佐藤弘夫「怒る神と救う神」『日本の仏教』三、法藏館、一九九五
佐藤弘夫『神国日本』ちくま新書、二〇〇六
末木文美士「仏教的世界観とエスノセントリズム」『アジアのなかの日本史Ⅴ　自意識と相互理解』東京大学出版会、一九九三
高橋美由紀「中世神国思想の一側面」『東北福祉大学紀要』一〇、一九八五
南基鶴「蒙古襲来と鎌倉幕府」『史林』七三‐五、一九九〇
藤田雄二「近世日本における自民族中心的思考」『思想』八三二、一九九三

鎌倉仏教

家永三郎『中世仏教思想史研究』法藏館、一九四七
井上光貞『日本浄土教成立史の研究』（初出一九五六）『井上光貞著作集』七、岩波書店、一九八五
大隅和雄「鎌倉仏教とその革新運動」（初出一九七五）同『中世仏教の思想と社会』名著刊行会、二〇〇五
黒田俊雄「中世の国家と天皇」（初出一九六三）『黒田俊雄著作集一　権門体制論』法藏館、一九九四
黒田俊雄「中世における顕密体制の展開」（初出一九七五）『黒田俊雄著作集二　顕密体制論』一九九四
黒田俊雄『寺社勢力』岩波書店、一九八〇
平雅行『日本中世の社会と仏教』塙書房、一九九二
高木豊『鎌倉仏教史研究』岩波書店、一九八二
辻善之助『日本仏教史二　中世篇之一』岩波書店、一九四七
辻善之助『日本仏教史三　中世篇之二』岩波書店、一九四九
松尾剛次『鎌倉新仏教の成立』吉川弘文館、一九八八（新版一九九八）

諸国一宮制

石母田正『中世的世界の形成』伊藤書店、一九四六（『石母田正著作集』五、岩波書店、一九八八）
一宮研究会編『中世一宮制の歴史的展開』上・下、岩田書院、二〇〇四
伊藤邦彦「一宮・惣社の成立に関する基礎的考察」『東京都立工業高等専門学校研究報告』一二、一九七七ａ
伊藤邦彦「諸国一宮・惣社の成立」『日本歴史』三五五、一九七七ｂ
伊藤邦彦「諸国一宮制の成立」『歴史学研究』五〇〇、一九八二
井上寛司『日本中世国家と諸国一宮制』岩田書院、二〇〇九
河音能平「若狭国鎮守一二宮縁起の成立」

『八代学院大学紀要』一、一九七〇（同『中世封建制成立史論』東京大学出版会、一九七一）
中世諸国一宮制研究会編『中世諸国一宮制の基礎的研究』岩田書院、二〇〇〇

無縁・公界・楽

網野善彦『無縁・公界・楽』平凡社選書、一九七八
網野善彦『増補　無縁・公界・楽』平凡社選書、一九八七
網野善彦『網野善彦著作集』一二、岩波書店、二〇〇七
安良城盛昭「網野善彦氏の近業についての批判的検討」『歴史学研究』五三八、一九八五
安良城盛昭「網野善彦氏の近業についての批判的検討（再論）――網野氏の反論に反論する」『年報中世史研究』一一、一九八六
石井進「「新しい歴史学」への模索」『歴史と社会』二、一九八三
永原慶二「書評『無縁・公界・楽』」『史学雑誌』八八-六、一九七九
松井輝昭「戦国時代の無縁所について」『広島県史研究』六、一九八一
峰岸純夫「網野善彦『無縁・公界・楽』によせて（一）」『人民の歴史学』六〇、一九七九（同『中世荘園公領制と流通』岩田書院、二〇〇九）

陰陽道

赤澤春彦『鎌倉期官人陰陽師の研究』吉川弘文館、二〇一一
繁田信一『陰陽師と貴族社会』吉川弘文館、二〇〇四
林淳『近世陰陽道の研究』吉川弘文館、二〇〇五
村山修一『日本陰陽道史総説』塙書房、一九八一
村山修一ほか編『陰陽道叢書』一～四、名著出版、二〇〇一～〇三
柳原敏昭「室町王権と陰陽道」（初出一九八八）『陰陽道叢書二　中世』名著出版、二〇〇三
山下克明『平安時代の宗教文化と陰陽道』岩田書院、一九九六

政治文化（中世）

井原今朝男「中世の国政と家政――中世公家官制史の諸問題」『ヒストリア』一三七、一九九二
小川剛生「即位灌頂と二条家――二条家の『天子御灌頂』の歴史」『三田国文』二五、一九九七
上川通夫「中世の即位儀礼と仏教」岩井忠熊・岡田精司編『天皇代替り儀式の歴史的展開』柏書房、一九八九
五味文彦「院政期政治史断章」同『院政期社会の研究』山川出版社、一九八四
近藤和彦「政治文化――何がどう問題か」歴史学研究会編『現代歴史学の成果と課題　一九八〇-二〇〇〇年Ⅱ　国家像・社会像の変貌』青木書店、二〇〇三
末松剛「摂関家における服飾故実の成立と展開――赤色袍の検討を通じて　上・下」『福岡大学人文論叢』三二-一・二、二〇〇〇
菅原昭英「夢を信じた世界――九条兼実とその周囲」『日本学』五、一九八四
土田直鎮「平安時代の政務と儀式」『国学院大学日本文化研究所紀要』三三、一九七四
東野治之「日記にみる藤原頼長の男色関係――王朝貴族のウィタ・セクスアリス」『ヒストリア』八四、一九七九
細谷勘資「松殿基房の著書と『前関白文書』」『大阪青山短大国文』一五、一九九九

九
松薗斉「日記の家」『九州史学』八四、一九八五
松薗斉「日記の終わりと出家についての一考察」川添昭二先生還暦記念会編『日本中世史論攷』文献出版、一九八七
G. A. Armond and S. Verba eds., *The Civic Culture: Political Attitudes and Democracy in Five Nations*, Princeton, Princeton Univ. Press, 1963.（石川一雄ほか訳『現代市民の政治文化』勁草書房、一九七四）

東アジア海域交流

国立歴史民俗博物館『東アジア中世海道——海商・港・沈没船』二〇〇五
関周一「中世『対外関係史』研究の動向と課題」『史境』二八、一九九四
田中健夫『中世海外交渉史の研究』東京大学出版会、一九五九
田中健夫『中世対外関係史』東京大学出版会、一九七五
田中健夫『対外関係史研究のあゆみ』吉川弘文館、二〇〇三
橋本雄「中世日本対外関係史の論点」『歴史評論』六四二、二〇〇三
村井章介「中世日本列島の地域空間と国家」『思想』七三二、一九八五
桃木至朗編『海域アジア史研究入門』岩波書店、二〇〇八

倭寇

李領（い・よん）『倭寇と日麗関係史』東京大学出版会、一九九九
石原道博『倭寇』吉川弘文館、一九六四
鹿毛敏夫『戦国大名の外交と都市・流通』思文閣出版、二〇〇六
佐久間重男『日明関係史の研究』吉川弘文館、一九九二
関周一「倭寇に関する日韓の認識」『歴博』一二九、二〇〇五
高橋公「中世東アジア海域における海民と交流」『名古屋大学文学部研究論集』史学三三、一九八七
田中健夫『中世海外交渉史の研究』東京大学出版会、一九五九
田中健夫『倭寇』教育社歴史新書、一九八二
田中健夫「倭寇と東アジア通交圏」（初出一九八七）同『東アジア通交圏と国際認識』吉川弘文館、一九九七
檀上寛「明初の海禁と朝貢」『明清時代史の基本問題』汲古書院、一九九七
中島楽章「ポルトガル人の日本初来航と東アジア海域交易」『史淵』一四二、二〇〇五
中島楽章「ポルトガル人日本発来航再論」『史淵』一四六、二〇〇九
中村榮孝『日鮮関係史の研究』上、吉川弘文館、一九六五
橋本雄『中世日本の国際関係』吉川弘文館、二〇〇五
橋本雄・米谷均「倭寇論のゆくえ」桃木至朗編『海域アジア史研究入門』岩波書店、二〇〇八
浜中昇「高麗末期倭寇集団の民族構成」『歴史学研究』六八五、一九九六
藤木久志「海の平和＝海賊停止令」同『豊臣平和令と戦国社会』東京大学出版会、一九八五
藤田明『征西将軍宮』東京宝文館、一九一五（文献出版、一九七六）
藤田達生「海賊禁止令の成立過程」（初出二〇〇〇）同『日本近世国家成立史の研究』校倉書房、二〇〇一
三浦周行「朝鮮の「倭寇」」（初出一九一六）同『日本史の研究』第一輯下、岩波書店、一九八一

村井章介『中世倭人伝』岩波新書、一九九三
村井章介「倭寇とはだれか」『東方学』一一九、二〇一〇
山崎岳「江海の賊から蘇松の寇へ」『東方学報』八一、二〇〇七
米谷均「豊臣政権期における海賊の引き渡しと日朝関係」『日本歴史』六五〇、二〇〇二
米谷均「後期倭寇から朝鮮侵略へ」池享編『日本の時代史一三　天下統一と朝鮮侵略』吉川弘文館、二〇〇三

東国国家論

網野善彦『東と西の語る日本歴史』（初出一九八二）『網野善彦著作集』一五、岩波書店、二〇〇七
石井進『日本中世国家史の研究』（初出一九七〇）『石井進著作集』一、岩波書店、二〇〇四
石母田正「中世における天皇制の克服——天皇制の歴史的検討」（初出一九四六）『石母田正著作集』八、岩波書店、一九八九
黒田俊雄「中世の国家と天皇」（初出一九六三）『黒田俊雄著作集』一、法蔵館、一九九四
佐藤進一『鎌倉幕府訴訟制度の研究』（初出一九四三）岩波書店、一九九三
佐藤進一『日本の中世国家』（初出一九八三）岩波現代文庫、二〇〇七

地域社会論（中世）

稲葉継陽・菊池浩幸・釈迦堂光浩・田中克行「地域社会論の視座と方法」『歴史学研究』六七四、一九九五
榎原雅治『日本中世地域社会の構造』校倉書房、二〇〇〇
久留島典子「中世後期の社会動向」『日本史研究』五七二、二〇一〇
高橋慎一郎編『列島の鎌倉時代』高志書院、二〇一一
湯浅治久「中世村落論と地域社会史の課題」『歴史評論』七一〇、二〇〇九
渡辺尚志『村からみた近世』校倉書房、二〇一〇

太閤検地論争

安良城盛昭「太閤検地の歴史的前提」（初出一九五三）同『日本封建社会成立史論』上、岩波書店、一九八四
安良城盛昭「太閤検地の歴史的意義」（初出一九五四）同『幕藩体制社会の成立と構造』御茶の水書房、一九五九
安良城盛昭「「太閤検地論争」における批判と反批判」（初出一九五七）同『歴史学における理論と実証第一部』御茶の水書房、一九六九
遠藤進之助「徳川期における「村共同体」の組成」（初出一九五五）同『近世農村社会史論』吉川弘文館、一九五七
黒田俊雄『日本中世封建制論』東京大学出版会、一九七四
社会経済史学会編『封建領主制の確立——太閤検地をめぐる諸問題』有斐閣、一九五七
鷲見等曜「徳川初期畿内村落構造の一考察——太閤検地＝封建革命説・相対的革新説への実証的疑問」『社会経済史学』二三‐五・六、一九五八
所三男「近世初期の百姓本役」高村象平ほか編『封建制と資本制』有斐閣、一九五六
宮川満『太閤検地論　第Ⅰ部』（初出一九五九）『宮川満著作集』四、第一書房、一九九九

国郡制論争

浅井清『明治維新と郡県思想』巌南堂書店、一九三九

網野善彦「中世における天皇支配権の一考察」『史学雑誌』八一－八、一九七二（同『日本中世の非農業民と天皇』岩波書店、一九八四）

網野善彦『日本の歴史〇〇　「日本」とは何か』講談社、二〇〇〇

池上裕子「中世後期の国郡と地域」『歴史評論』五九九、二〇〇〇

稲葉継陽「中・近世移行期の領域秩序と国郡制」『歴史評論』六四二・六四七、二〇〇三・〇四

今谷明「守護領国制下に於ける国郡支配について」『千葉史学』一、一九八二（同『室町幕府解体過程の研究』岩波書店、一九八五）

小川和也『牧民の思想』平凡社選書、二〇〇八

黒田俊雄「中世の国家と天皇」『岩波講座日本歴史　中世二』一九六三（同『日本中世の国家と宗教』岩波書店、一九七五）

高木昭作「幕藩初期の国奉行制について」『歴史学研究』四三一、一九七六（同『日本近世国家史の研究』岩波書店、一九九〇）

張翔・園田英弘編『「封建」・「郡県」再考』思文閣出版、二〇〇六

深谷克己「東アジア法文明と教諭支配」『アジア地域文化学叢書Ⅱ　アジア地域文化学の発展』雄山閣、二〇〇六（『深谷克己近世史論集』二、校倉書房、二〇〇九）

宮嶋博史「日本史認識のパラダイム転換のために」『思想』一〇二九、二〇一〇

山口啓二『鎖国と開国』岩波書店、一九九三

「特集・日本封建制と天皇」『歴史評論』三一四、一九七六（『山口啓二著作集』三、校倉書房、二〇〇九）

近世封建制論争

朝尾直弘『近世封建社会の基礎構造』御茶の水書房、一九六七

朝尾直弘『日本近世史の自立』校倉書房、一九八八

安良城盛昭「太閤検地の歴史的前提」『歴史学研究』一六三・一六四、一九五三

安良城盛昭「太閤検地の歴史的意義」『歴史学研究』一七六、一九五四

安良城盛昭『幕藩体制社会の成立と構造』御茶の水書房、一九五九

石井紫郎『日本人の国家生活』東京大学出版会、一九八六

大石学編『近世国家の権力構造――政治・支配・行政』岩田書院、二〇〇三

北島正元『江戸幕府の権力構造』岩波書店、一九六四

佐々木潤之介『幕藩権力の基礎構造』御茶の水書房、一九六四

高木昭作「幕藩初期の国奉行制について」『歴史学研究』四三一、一九七六ａ（同『日本近世国家史の研究』岩波書店、一九九〇）

高木昭作「幕藩初期の身分と国役」『歴史学研究』別冊、一九七六ｂ（同右）

中村吉治『日本封建制再編成史』三笠書房、一九三九

服部之総「初期絶対主義と本格的絶対主義――日本史的世界と世界史的日本」『世界』一九四七年一一月号（『服部之総著作集Ⅳ・絶対主義論』理論社、一九六七）

尾藤正英「徳川時代の社会と政治思想の特質」『思想』六八五、一九八一（同『江戸時代とはなにか――日本史上の近世と近代』岩波書店、一九九二）

藤田五郎『近世農政史論――日本封建社会史研究序説』御茶の水書房、一九五〇

藤田五郎『封建社会の展開過程』有斐閣、一九五二
松本良太「日本近世国家をめぐる議論をふりかえって——山本・水林論争の性格と問題点」『人民の歴史学』一〇〇、一九八九
水林彪「近世の法と国制研究序説」『国家学会雑誌』九〇－一・二〜九五－一・二、一九七七〜八二
水林彪『日本通史二　封建制の再編と日本的社会の確立』山川出版社、一九八七
山口啓二「日本封建制論（上）」『歴史評論』二八四、一九七三
山本博文『幕藩制の成立と近世の国制』校倉書房、一九九〇
脇田修『織田政権の基礎構造』東京大学出版会、一九七五
脇田修『近世封建制成立史論』東京大学出版会、一九七七

朱子学をめぐる論争

阿部吉雄『日本朱子学と朝鮮』東京大学出版会、一九六五
石田一良「徳川封建社会と朱子学派の思想」『東北大学文学部研究年報』一三－下、一九六三
荻生茂博「池田光政の藩政改革と熊沢蕃山——近世における儒教受容の一形態」『歴史』六七、一九八六（同『近代・アジア・陽明学』ぺりかん社、二〇〇八）
衣笠安喜『近世儒学思想史の研究』法政大学出版局、一九七六
黒住真『近世日本社会と儒教』ぺりかん社、二〇〇三
相良亨『近世日本における儒教運動の系譜』理想社、一九六五
柴田純『思想史における近世』思文閣出版、一九九一
田尻祐一郎「儒学の日本化——闇斎学派の論争から」辻達也・朝尾直弘編『日本の近世』一三、中央公論社、一九九三
田原嗣郎『徳川思想史研究』未来社、一九六七
奈良本辰也『近世封建社会史論』高桐書院、一九四八
尾藤正英『日本封建思想史研究』青木書店、一九六一
深谷克己「東アジアにおける近代移行期の君主・神観念——救済と平等への待望シンボルについて」趙景達・須田努編『比較史的にみた近世日本——「東アジア化」をめぐって』東京堂出版、二〇一一
丸山真男『日本政治思想史研究』東京大学出版会、一九五二
宮嶋博史「東アジア世界における日本の「近世化」——日本史研究批判」『歴史学研究』八二一、二〇〇六
守本順一郎『東洋政治思想史研究』未来社、一九六七
渡辺浩『近世日本社会と宋学』東京大学出版会、一九八五

洋学論争

青木歳幸・岩淵令治編『国立歴史民俗博物館研究報告一一六　地域蘭学の総合的研究』国立歴史民俗博物館、二〇〇四
伊東多三郎「洋学の一考察」『社会経済史学』七－三、一九三七
小川亜弥子『幕末期長州藩洋学史の研究』思文閣出版、一九九八
佐藤昌介『洋学史研究序説』岩波書店、一九六四
高橋磌一『洋学論』三笠書房、一九四〇
田崎哲郎『在村の蘭学』名著出版、一九八五
遠山茂樹『明治維新』岩波全書、一九五一
沼田次郎『幕末洋学史』刀江書院、一九五一

沼田次郎『洋学伝来の歴史』至文堂・日本歴史新書、一九六〇
羽仁五郎『白石・諭吉』岩波書店、一九三七

幕藩体制

相川春喜「検地——幕藩封建制成立の基礎過程」『歴史科学』三―九・一〇、一九三四
朝尾直弘『日本近世史の自立』校倉書房、一九八八
安良城盛昭『幕藩体制社会の成立と構造』御茶の水書房、一九五九
伊東多三郎「幕藩体制」『新日本史講座〔第五〕』中央公論社、一九四七（同『幕府と諸藩（近世史の研究第四冊）』吉川弘文館、一九八四）
北島正元『日本歴史全書六　日本近世史』三笠書房、一九三九
佐々木潤之介『幕藩権力の基礎構造』御茶の水書房、一九六四
佐々木潤之介司会『シンポジウム日本歴史一一　幕藩体制論』学生社、一九七四
藤野保『新訂幕藩体制史の研究——権力構造の確立と展開』吉川弘文館、一九七五
古島敏雄「幕藩体制」『世界歴史事典』一五、平凡社、一九五三
山口啓二「藩体制の成立」『岩波講座日本歴史』一〇、一九六三
山口啓二・佐々木潤之介『体系・日本歴史四　幕藩体制』日本評論社、一九七一
共通論題「藩政確立期の諸問題」『社会経済史学』二四―二、一九五八

兵農分離

朝尾直弘『日本近世史の自立』校倉書房、一九八八
朝尾直弘『将軍権力の創出』岩波書店、一九九四
朝尾直弘「兵農分離と戦後の近世史研究」『歴史科学』一四五、一九九六
安良城盛昭『幕藩体制社会の成立と構造』御茶の水書房、一九五九
稲葉継陽『日本近世社会形成史論』校倉書房、二〇〇九
落合功『地域形成と近世社会』岩田書院、二〇〇六
北島正元「兵農分離と幕藩体制」『思想』四七二、一九六三
久留島浩「近世の軍役と百姓」『日本の社会史四　負担と贈与』岩波書店、一九八六
佐々木潤之介『幕藩権力の基礎構造——「小農」自立と軍役』御茶の水書房、一九六四
佐々木潤之介『幕藩制国家論』上・下、東京大学出版会、一九八四
白川部達夫『日本近世の村と百姓的世界』校倉書房、一九九四
高木昭作『日本近世国家史の研究』岩波書店、一九九〇
武井弘一『鉄砲を手放さなかった百姓たち』朝日新聞出版、二〇一〇
藤木久志『豊臣平和令と戦国社会』東京大学出版会、一九八五
牧原成征『近世の土地制度と在地社会』東京大学出版会、二〇〇四
水本邦彦『近世の村社会と国家』東京大学出版会、一九八七
森下徹『日本近世雇用労働史の研究』東京大学出版会、一九九五
吉田ゆり子『兵農分離と地域社会』校倉書房、二〇〇〇

軍役論

朝尾直弘「『幕藩制第一段階』における生産力と石高制」『歴史学研究』二六四、一九六二
金沢静枝「阿波藩の軍役算定法について」

『日本歴史』一九三、一九六四
小林清治「幕藩体制における農民諸役の位置――米沢藩の場合」東北大学『国史談話会雑誌』六、一九六三
佐々木潤之介「幕藩制の構造的特質」『歴史学研究』二四五、一九六〇
佐々木潤之介「軍役論の問題点（上）（下）」『歴史評論』一四六・一四七、一九六二
新見吉治「軍役論について」『日本歴史』一九九、一九六四
高木昭作「『秀吉の平和』と武士の変質――中世的自律性の解体過程」『思想』七二一、一九八四（同『日本近世国家史の研究』岩波書店、一九九〇）
根岸茂夫「所謂『慶安軍役令』の一考察――慶安二年「御軍役人数積」をめぐって」『日本歴史』三八三、一九八〇（同『近世武家社会の形成と構造』吉川弘文館、二〇〇〇）
藤野保「幕藩制下の新軍役論について――佐々木潤之介氏の新軍役論批判」『史学雑誌』七二―四、一九六三
保谷徹「幕府軍制改革の展開と挫折」『シリーズ日本近現代史』一、岩波書店、一九九三
三鬼清一郎「朝鮮役における軍役体系について」『史学雑誌』七五―二、一九六六
山口啓二「幕藩制の構造的特質について」『歴史評論』一四六、一九六二

身分（近世）

朝尾直弘「『将軍権力』の創出」『歴史評論』二四一、二六六、二九三、一九七〇・七二・七四
朝尾直弘「幕藩制と天皇」『大系日本国家史』三、東京大学出版会、一九七五
朝尾直弘「近世の身分制と賤民」『部落問題研究』六八、一九八一
黒田俊雄「中世の身分制と卑賤観念」『部落問題研究』三三、一九七二
佐々木潤之介「統一政権論の歴史的前提」『歴史評論』二四一、一九七〇
高木昭作『日本近世国家史の研究』岩波書店、一九九〇
高埜利彦『近世日本の国家権力と宗教』東京大学出版会、一九八九
塚田孝「社会集団をめぐって」『歴史学研究』五四八、一九八五ａ
塚田孝「近世の身分制支配と身分」『講座日本歴史』五、東京大学出版会、一九八五ｂ
塚田孝『近世身分制と周縁社会』東京大学出版会、一九九七
深谷克己「公儀と身分制」『大系日本国家史』三、東京大学出版会、一九七五
水林彪『日本通史二　封建制の再編と日本的社会の成立』山川出版社、一九八七
峯岸賢太郎『近世身分論』校倉書房、一九八九
宮地正人「朝幕関係からみた幕藩制国家の特質」『人民の歴史学』四二、一九七五
横田冬彦「幕藩制前期における職人編成と身分」『日本史研究』二三五、一九八二
横田冬彦「近世的身分制度の成立」『日本の近世』七、中央公論社、一九九二
吉田伸之「公儀と町人身分」『歴史学研究』別冊、一九八〇
脇田修「近世封建制と部落の成立」『部落問題研究』三三、一九七二

豪農・半プロ論（幕末社会論）

大塚英二『日本近世農村金融史の研究』校倉書房、一九九六
神谷智『近世における百姓の土地所有』校倉書房、二〇〇〇
久留島浩「書評「佐々木潤之介『世直し』」（初出一九八一）同『近世幕領の行政と組合村』東京大学出版会、二〇〇二

久留島浩・吉田伸之編『近世の社会的権力』山川出版社、一九九六
佐々木潤之介『幕末社会論』塙書房、一九六九
佐々木潤之介『世直し』岩波新書、一九七九
志村洋「地域社会論における政治と経済の問題」『歴史学研究』七四八、二〇〇一
白川部達夫『日本近世の村と百姓的世界』校倉書房、一九九四
平川新『紛争と世論』東京大学出版会、一九九六
藤田五郎『日本近代産業の生成』日本評論社、一九四八
藪田貫『国訴と百姓一揆の研究』校倉書房、一九九二
吉田伸之『近世巨大都市の社会構造』東京大学出版会、一九九一
渡辺尚志『近世村落の特質と展開』校倉書房、一九九八

民間社会論

大橋幸泰「民間社会と民本徳治——深谷克己近世史論に学ぶ」『史観』一六二、二〇一〇
深谷克己「百姓一揆の思想」（初出一九七三）同『百姓一揆の歴史的構造』校倉書房、一九七九
深谷克己「近世的百姓人格——『百姓伝記』に現われた」（初出一九八一）同『百姓成立』塙書房、一九九三
深谷克己『大系日本の歴史九　士農工商の世』小学館、一九八八
深谷克己「幕藩制国家と社会をとらえる新たな視点とは」（初出一九九三）同『綱引きする歴史学——近世史研究の身構え』校倉書房、一九九八
深谷克己『日本の歴史六　江戸時代』岩波ジュニア新書、二〇〇〇
深谷克己「東アジア法文明と教諭支配——近世日本を中心に」早稲田大学アジア地域文化エンハンシング研究センター編『アジア地域文化学の発展』雄山閣、二〇〇六
『深谷克己近世史論集一　民間社会と百姓成立』校倉書房、二〇〇九
深谷克己「士農工商と近世身分制」大橋幸泰・深谷克己編『〈江戸〉の人と身分六　身分論をひろげる』吉川弘文館、二〇一一

「藩」概念

青山忠正「江戸時代に「藩」はあったか」『日本史研究』五〇〇、二〇〇四（同『明治維新の言語と史料』清文堂出版、二〇〇六）
岡山藩研究会編『藩世界の意識と関係』岩田書院、二〇〇〇
岡山藩研究会編『藩世界と近世社会』岩田書院、二〇一〇
小川和也『文武の藩儒者　秋山景山』角川学芸出版、二〇一一
岸野俊彦編『尾張藩社会の総合研究』一～四、清文堂出版、二〇〇一～〇九
高野信治『藩国と藩輔の構図』名著出版、二〇〇二
高野信治『近世領主支配と地域社会』校倉書房、二〇〇九
藩政史研究会編『藩制成立史の綜合研究』吉川弘文館、一九六三
深谷克己「明君創造と藩屏国家（一）」『早稲田大学大学院文学研究科紀要』四〇（哲学・史学編）一九九五（『深谷克己近世史論集』二、校倉書房、二〇〇九）
藤野保編『佐賀藩の綜合研究』吉川弘文館、一九八一
明治大学内藤家文書研究会編『譜代藩の研

究』八木書店、一九七二
山口啓二「藩体制の成立」『岩波講座日本歴史一〇 近世二』一九六三（同『幕藩制成立史の研究』校倉書房、一九七四）
吉村豊雄・三澤純・稲葉継陽編『熊本藩の地域社会と行政』思文閣出版、二〇〇九
渡辺尚志編『藩地域の構造と変容』岩田書院、二〇〇八
渡辺尚志・小関悠一郎編『藩地域の政策主体と藩政』岩田書店、二〇〇九
渡辺浩『東アジアの王権と思想』東京大学出版会、一九九七
特集「「藩」からみた日本近世」『歴史評論』六七六、二〇〇六

役の体系

朝尾直弘「近世の身分制と賤民」『部落問題研究』六八、一九八一
『〈江戸〉の人と身分』全六巻、吉川弘文館、二〇一〇～一一
『シリーズ近世の身分的周縁』全六巻、吉川弘文館、二〇〇〇
高木昭作「幕藩制初期の身分と国役」『歴史学研究』別冊、一九七六
塚田孝・吉田伸之・脇田修編『身分的周縁』部落問題研究所出版部、一九九四
水本邦彦「村共同体と村支配」『講座日本歴史五』東京大学出版会、一九八五
峯岸賢太郎「近世身分論」日本歴史学会編『日本史研究の新視点』吉川弘文館、一九八六
横田冬彦「職人と職人集団」『講座日本歴史五』東京大学出版会、一九八五
横田冬彦「〈平人身分〉の社会意識」朝尾直弘教授退官記念会編『日本社会の史的構造』思文閣出版、一九九四
吉田伸之「公儀と町人身分」『歴史学研究』別冊、一九八〇

公儀

朝尾直弘「将軍政治の権力構造」（初出一九七五）同『将軍権力の創出』岩波書店、一九九四
朝尾直弘「「公儀」と幕藩領主制」（初出一九八五）同右
池享「戦国期地域権力の「公儀」について」『中央史学』二七、二〇〇四
笠谷和比古「徳川家康の征夷大将軍任官と慶長期の国制」（初出一九九二）同『近世武家社会の政治構造』吉川弘文館、一九九三
高木昭作「「公儀」権力の確立」（初出一九八一）同『日本近世国家史の研究』岩波書店、一九九〇
深谷克己「公儀と身分制」（初出一九七五）同『近世の国家・社会と天皇』校倉書房、一九九一
藤井讓治「「公儀」国家の形成」（初出一九九四）同『幕藩領主の権力構造』岩波書店、二〇〇二
宮地正人『天皇制の政治史的研究』校倉書房、一九八一
山本博文「家康の「公儀」占拠への一視点——幕藩制成立期の「取次」の特質について」（初出一九八四）同『幕藩制の成立と近世の国制』校倉書房、一九九〇
吉田昌彦『幕末における「王」と「覇者」』ぺりかん社、一九九七

兵営国家論

ヘルマン・オームス（黒住真ほか訳）『徳川イデオロギー』ぺりかん社、一九九〇
高木昭作「「秀吉の平和」と武士の変質」『思想』七二一、一九八四（同『日本近世国家史の研究』岩波書店、一九九〇）
深谷克己「東アジア法文明と教諭支配」早稲田大学アジア地域文化エンハンシング研究センター編『アジア地域文化学叢書

Ⅱ　アジア地域文化学の発展』雄山閣、二〇〇六（「東アジアにおける「政治の文明化」と近世日本」と改題し、『深谷克己近世史論集』二、校倉書房、二〇〇九）

前田勉「近世日本の兵営国家と兵学」『日本文化論叢』四、一九九六（同『近世日本の儒学と兵学』ぺりかん社、一九九六）

丸山真男「転換期の倫理思想（日本）」『論座現代倫理』一一、筑摩書房、一九五九（「開国」と改題し、同『忠誠と反逆』筑摩書房、一九九二）

B. Lasswell, Harold. "The Garrison State," *The American Journal of Sociology* 46, 1941（伊藤拓一訳「兵営国家」神谷不二編『西欧文化への招待一九　戦争と平和』グロリアインターナショナル、一九七一）

百姓

朝尾直弘「『将軍権力』の創出」『歴史評論』二四一、一九七〇（『朝尾直弘著作集』三、岩波書店、二〇〇四）

朝尾直弘「近世の身分制と賤民」『部落問題研究』六八、一九八一（同右）

大藤修『近世農民と家・村・国家』吉川弘文館、一九九六

白川部達夫「近世質地請戻し慣行と百姓高所持」『歴史学研究』五五二、一九八六（同『日本近世の村と百姓世界』校倉書房、一九九四）

鈴木ゆりこ「百姓の家と家族」『岩波講座日本通史』一二、一九九四

高木昭作「幕藩制初期の身分と国役」『歴史学研究』別冊、一九七六（同『日本近世国家史の研究』岩波書店、一九九〇）

早田旅人「幕末期百姓の自意識と家・身分意識」須田努編『逸脱する百姓』東京堂出版、二〇一〇

尾藤正英「徳川時代の社会と政治思想の特質」『思想』六八五、一九八一

深谷克己「百姓一揆の思想」『思想』五八四、一九七三（同『百姓一揆の歴史的構造』校倉書房、一九七九、『深谷克己近世史論集』五、校倉書房、二〇一〇）

深谷克己『江戸時代の身分願望』吉川弘文館、二〇〇六

藤木久志「戦国期の権力と諸階層の動向」『歴史学研究』三五一、一九六九（同『戦国社会史論』東京大学出版会、一九七四）

峯岸賢太郎「近世身分論」日本歴史学会編『日本史研究の新視点』吉川弘文館、一九八六

藪田貫「近世国家の法構造と家長権」『法制史研究』四二、一九九三（同『女性史としての近世』校倉書房、一九九六）

柳谷慶子「日本近世における家族・地域の扶養・介護」大藤修編『家族と地域社会』早稲田大学出版会、一九九六（同『近世の女性相続と介護』吉川弘文館、二〇〇七）

渡辺尚志『百姓の力』柏書房、二〇〇八

文字社会

青木美智男「近世の文字社会と村落での文字教育をめぐって」『信濃』四八二、一九八九

網野善彦「日本の文字社会の特質をめぐって」『列島の文化史』五、一九八八

小池淳一「〈声〉からみた文字」笹原亮二編『口頭伝承と文字文化』思文閣出版、二〇〇九

塚本学『都会と田舎』平凡社、一九九一

辻本雅史「文字社会の成立と出版メディア」辻本雅史・沖田行司編『新体系日本史一六　教育社会史』山川出版社、二〇〇二

辻本雅史「「教育のメディア史」における「江戸」」『日本の教育史学』四九、二〇〇六

辻本雅史「「教育のメディア史」試論」同編

『知の伝達メディアの歴史研究』思文閣出版、二〇一〇
松塚俊三・八鍬友広編『識字と読書』昭和堂、二〇一〇

村請制

稲葉継陽「村の御蔵と年貢収納・種貸・つなぎ」『信濃』四八－一一、一九九六（同『戦国時代の荘園制と村落』校倉書房、一九九八）
勝俣鎮夫「戦国時代の村落」『社会史研究』六、一九八五（同『戦国時代論』岩波書店、一九九六）
佐々木潤之介『幕末社会論』塙書房、一九六九
嶋谷（吉田）ゆり子「幕藩体制成立期の村落と村請制」『歴史学研究』五四八、一九八五（吉田『兵農分離と地域社会』校倉書房、二〇〇〇）
長谷川裕子「一五～一七世紀における村の構造と領主権力」『歴史学研究』八八五、二〇一一
深谷克己「幕藩制における村請制の特質と農民闘争」『歴史学研究』別冊、一九七二（『深谷克己近世史論集四　民衆運動と為政』校倉書房、二〇一〇）
藤木久志「移行期村落論」永原慶二・佐々木潤之介編『日本中世史研究の軌跡』東京大学出版会、一九八八（同『村と領主の戦国世界』東京大学出版会、一九九七）
牧原成征「十七世紀の年貢収取と村請制」『東京大学日本史学研究室紀要』別冊「近世政治史論叢」二〇一〇
水本邦彦『近世の村社会と国家』東京大学出版会、一九八七

知行制論

朝尾直弘「「公儀」と幕藩領主制」『講座日本歴史』五、東京大学出版会、一九八五
安良城盛昭『幕藩体制社会の成立と構造』御茶の水書房、一九五九
伊藤孝幸「日本近世知行制の再検討――尾張藩を素材として」『歴史の理論と教育』七八、一九九〇
川村優『旗本知行所の研究』思文閣出版、一九八八
関東近世史研究会編『旗本知行と村落』文献出版、一九八六
今野真「藩体制と知行制度――秋田藩を事例として」『歴史学研究』別冊、一九七九
佐々木潤之介「幕藩制国家論」『大系日本国家史三　近世』東京大学出版会、一九七五
白川部達夫「旗本相給知行論」前出『旗本知行と村落』一九八六
末岡照啓「近世における旗本救済策と勝手賄いの特質」『國史学』一三九、一九八九
鈴木寿『近世知行制の研究』日本学術振興会、一九七一
高野信治『近世大名家臣団と領主制』吉川弘文館、一九九七
高野信治『藩国と藩輔の構図』名著出版、二〇〇二
J・F・モリス『近世日本知行制の研究』清文堂出版、一九八八
J・F・モリス・白川部達夫・高野信治編『近世社会と知行制』思文閣出版、一九九九
山口啓二「日本封建制論（上）」『歴史評論』二八四、一九七三

御家意識

秋本典夫「近世大名の『家』と家臣団」『歴史教育』一〇－一二、一九六二
朝尾直弘「『公儀』と幕藩領主制」『講座日本歴史』五、東京大学出版会、一九八五
胡光「高松藩の藩政改革と修史事業」『香川史学』二八、二〇〇一

川島慶子「熊本細川藩における系譜・家譜編纂」『地方史研究』二九一、二〇〇一
岸本覚「長州藩の藩祖顕彰と藩政改革」『日本史研究』四六四、二〇〇一
岸本覚「近世後期における大名家の由緒」『歴史学研究』八二〇、二〇〇六
佐藤宏之「読み継がれる越後騒動」『一橋論叢』一三四－四、二〇〇五
佐藤宏之「続・読み継がれる越後騒動」『書物・出版と社会変容』一、二〇〇六
佐藤宏之「苦悩する大名」渡辺尚志・小関悠一郎編『藩地域の政策主体と藩政』岩田書院、二〇〇八
佐藤宏之『近世大名の権力編成と家意識』吉川弘文館、二〇一〇
高野信治「近世初期大名の『御家』について」『九州文化史研究所紀要』三三、一九八八（同『近世大名家臣団と領主制』吉川弘文館、一九九七）
福田千鶴『幕藩制的秩序と御家騒動』校倉書房、一九九九
福田千鶴『御家騒動』中公新書、二〇〇五
福田千鶴『新選御家騒動』上・下、新人物往来社、二〇〇七
水林彪「近世の法と国制研究序説（五）」『国家学会雑誌』九四－九・一〇、一九八一

天道思想

石毛忠「戦国・安土桃山時代の倫理思想――天道思想の展開」日本思想史研究会編『日本における倫理思想の展開』吉川弘文館、一九六七
石毛忠「江戸時代初期における天の思想」『日本思想史研究』二、一九六八
大野出『元三大師御籤本の研究――おみくじを読み解く』思文閣出版、二〇〇九
桑田忠親『豊太閤伝記物語の研究』中文館書店、一九四〇
後藤陽一「〈前提〉室町・戦国期の歴史意識」『史学研究記念論叢』（広島文理科大学史学科教室編）』一九五〇（同『近世村落の社会史的研究』渓水社、一九八二）
後藤陽一「近世思想史上における実学的思惟――熊沢蕃山の時処位論について」『史学研究』四五、一九五一（同右）
田中久夫「安土桃山時代に於ける天道の思想」『歴史地理』八一－四、一九四三
津田左右吉『文学に現はれたる我が国民思想の研究』洛陽堂、一九一六～二一
尾藤正英「封建倫理の問題を中心として」『民族の文化について――歴史学研究会一九五二年度大会報告』岩波書店、一九五三（同『日本封建思想史研究』青木書店、一九六一）
藤田覚『松平定信』中公新書、一九九三
丸山真男『日本政治思想史研究』東京大学出版会、一九五二
水林彪『日本通史Ⅱ　近世　封建制の再編と日本的社会の確立』山川出版社、一九八七
若尾政希「天変地異の思想――安藤昌益の天人相関説と西川如見」『日本文化研究所研究報告』二六、一九九〇（同『安藤昌益からみえる日本近世』東京大学出版会、二〇〇四）
若尾政希「「天道」と幕藩制秩序」同『日本思想史――その普遍と特殊』ぺりかん社、一九九七
若尾政希「『東照宮御遺訓』の形成」『一橋大学研究年報　社会学研究』三九、二〇〇一
若尾政希「『本佐録』の形成」『一橋大学研究年報　社会学研究』四〇、二〇〇二

権力者の神格化

朝尾直弘「「将軍権力」の創出」三『歴史評論』二六六、一九七二

網野善彦・上野千鶴子・宮田登『日本王権論』春秋社、一九八八

大桑斉『日本近世の思想と仏教』法蔵館、一九八九

倉地克直『近世の民衆と支配思想』柏書房、一九九六

曽根原理「『東照大権現縁起』の思想」『日本思想史研究』二〇、一九八八

高野信治「武士神格化と東照宮勧請」『国史学』一九五、二〇〇八

中野光浩『諸国東照宮の史的研究』名著刊行会、二〇〇八

野村玄『日本近世国家の確立と天皇』清文堂出版、二〇〇六

深谷克己「幕藩制国家と天皇」北島正元編『幕藩制国家成立過程の研究』吉川弘文館、一九七八

山田貴司「中世後期地域権力による武士の神格化」『年報中世史研究』三三、二〇〇八

仁政イデオロギー

朝尾直弘「「公儀」と幕藩領主制」『講座日本歴史』五、東京大学出版会、一九八五

小川和也『牧民の思想――江戸の治者意識』平凡社、二〇〇八

深谷克己「百姓一揆の思想」『思想』五八四、岩波書店、一九七三

『深谷克己近世史論集』一、校倉書房、二〇〇九

牧原憲夫『客分と国民のあいだ――近代民衆の政治意識』吉川弘文館、一九九八

宮澤誠一「幕藩制イデオロギーの成立と構造――初期藩政改革との関連を中心に」『歴史学研究』別冊、一九七三

若尾政希『「太平記読み」の時代――近世政治思想史の構想』平凡社、一九九九

支配イデオロギー、支配思想

石田一良「前期幕藩体制のイデオロギーと朱子学派の思想」『日本思想大系　藤原惺窩・林羅山』岩波書店、一九七五

大桑斉『日本近世の思想と仏教』法蔵館、一九八九

ヘルマン・オームス（黒住真ほか訳）『徳川イデオロギー』ぺりかん社、一九九〇

倉地克直「幕藩制前期における支配思想と民衆」（初出一九七六）同『近世の民衆と支配思想』柏書房、一九九六

奈倉哲三「幕藩制支配イデオロギーとしての神儒習合思想の成立」『歴史学研究』別冊、一九七四

難波信雄「幕藩制社会における「イデオロギー」状況の一素描」『歴史』一九七四

尾藤正英「封建倫理」『岩波講座日本歴史九　近世一』一九六三

本郷隆盛「支配の論理と思想」（Ⅰ）（Ⅱ）（Ⅲ）、本郷隆盛・深谷克己編『講座日本近世史』九、有斐閣、一九八一

前田勉『近世日本の儒学と兵学』ぺりかん社、一九九六

三宅正彦「幕藩主従制の思想的原理――公私分離の発展」『日本史研究』一二七、一九七二

宮澤誠一「幕藩制イデオロギーの成立と構造――初期藩政改革との関連を中心に」『歴史学研究』別冊、一九七三

明君

磯田道史「藩政改革の伝播――熊本藩宝暦改革と水戸藩寛政改革」『日本研究』四〇（国際日本文化研究センター）、二〇〇九

小川和也『牧民の思想――江戸の治者意識』平凡社、二〇〇八

小関悠一郎「明君像の形成と民衆の政治意識――阿波国小松島浦船頭専助と細川重賢明君像の形成」菊池勇夫・若尾政希編『〈江戸〉の人と身分五　地域意識の覚醒』

吉川弘文館、二〇一〇
遠山茂樹『明治維新』岩波書店、一九五一
林基『国民の歴史一六　享保と寛政』文英堂、一九七一
『深谷克己近世史論集二　偃武の政治文化』校倉書房、二〇〇九
深谷克己「脱アジアという日本異質論の克服」『歴史評論』七二九、二〇一一
マーク・ラヴィナ（杉岳志訳）「近代化、近代性と名君像の再検討」『歴史評論』七一七、二〇一〇
若尾政希『「太平記読み」の時代』平凡社、一九九九
若尾政希「享保~天明期の社会と文化」大石学編『享保改革と社会変容』吉川弘文館、二〇〇三

キリシタン

大橋幸泰『キリシタン民衆史の研究』東京堂出版、二〇〇一
大橋幸泰「「邪」と「正」の間——近世日本の宗教序列」大橋幸泰・深谷克己編『〈江戸〉の人と身分六　身分論をひろげる』吉川弘文館、二〇一一
川村信三『キリシタン信徒組織の誕生と変容——「コンフラリア」から「こふらりあ」へ』教文館、二〇〇三
清水紘一『織豊政権とキリシタン』岩田書院、二〇〇一
高瀬弘一郎『キリシタン時代の研究』岩波書店、一九七七
村井早苗『幕藩制成立とキリシタン禁制』文献出版、一九八七
村井早苗『天皇とキリシタン禁制——「キリシタンの世紀」における権力闘争の構図』雄山閣、二〇〇〇
山本博文『鎖国と海禁の時代』校倉書房、一九九五

鎖国・海禁

朝尾直弘「鎖国制の成立」『講座日本史』四、東京大学出版会、一九七〇（『朝尾直弘著作集』三、岩波書店、二〇〇四）
荒野泰典『近世日本と東アジア』東京大学出版会、一九八八
岩生成一「鎖国」『岩波講座日本歴史』一〇、一九六三
加藤榮一「鎖国論の現段階」『歴史評論』四七五、一九八九
紙屋敦之・木村直也編『展望日本歴史一四　海禁と鎖国』東京堂出版、二〇〇二
北島万次「幕藩制成立期における対外関係史研究覚書」『高崎経済大学論集』二八-一・二、一九八五
木村直也「近世中・後期の国家と対外関係」『新しい近世史二　国家と対外関係』新人物往来社、一九九六
木村直也「「鎖国」の見直しと教科書記述」『歴史評論』七一一、二〇〇九
小堀桂一郎『鎖国の思想』中央公論社、一九七四
田中健夫「鎖国について」『歴史と地理』二五五、一九七六（同『対外関係と文化交流』思文閣出版、一九八二）
ロナルド・トビ（速水融・永積洋子・川勝平太訳）『近世日本の国家形成と外交』創文社、一九九〇
藤田覚『近世後期政治史と対外関係』東京大学出版会、二〇〇五

「四つの口」論

荒野泰典「幕藩制国家と外交」『歴史学研究』別冊、一九七八
荒野泰典『近世日本と東アジア』東京大学出版会、一九八八
紙屋敦之・木村直也編『展望日本歴史一四　海禁と鎖国』東京堂出版、二〇〇二
木村直也「近世中・後期の国家と対外関係」

『新しい近世史二　国家と対外関係』新人物往来社、一九九六
木村直也「「鎖国」の見直しと教科書記述」『歴史評論』七一一、二〇〇九
鶴田啓「近世日本の四つの「口」」『アジアのなかの日本史Ⅱ　外交と戦争』東京大学出版会、一九九二
藤田覚『近世後期政治史と対外関係』東京大学出版会、二〇〇五

華夷秩序・華夷意識

朝尾直弘「鎖国制の成立」『講座日本史』四、東京大学出版会、一九七〇
朝尾直弘「東アジアにおける幕藩体制」『日本の近世』一、中央公論社、一九九一
荒野泰典「日本型華夷秩序の形成」『日本の社会史』一、岩波書店、一九八七
荒野泰典『近世日本と東アジア』東京大学出版会、一九八八
池内敏『大君外交と「武威」——近世日本の国際秩序と朝鮮観』名古屋大学出版会、二〇〇六
西嶋定生『古代東アジア世界と日本』岩波現代文庫、二〇〇〇

北方史・蝦夷・アイヌ

岩﨑奈緒子『日本近世のアイヌ社会』校倉書房、一九九八
榎森進「アイヌ史（北方史）研究の方法——岩﨑奈緒子著『日本近世のアイヌ社会』によせて」『歴史評論』六〇三、二〇〇〇
榎森進『アイヌ民族の歴史』草風館、二〇〇七
海保嶺夫『エゾの歴史』講談社、一九九六
菊池勇夫『アイヌ民族と日本人』朝日新聞社、一九九四
佐々木利和「イオマンテ考」『歴史学研究』六一三、一九九〇
高倉新一郎『アイヌ政策史』日本評論社、一九四二（新版三一書房、一九七二）
谷本晃久「近年の〝アイヌ史〟研究管見——近世文献史学研究を中心に」北海道史研究協議会編『北海道の歴史と文化』北海道出版企画センター、二〇〇六
北海道大学アイヌ・先住民研究センター編『アイヌ研究の現在と未来』北海道大学出版会、二〇一〇
北海道・東北史研究会編『北からの日本史』三省堂、一九八八
北海道の近世・近代史を語る会「シンポジユウムの記録：北海道の近世をどうとらえたらよいか」『松前藩と松前』四、一九七三

琉球史

安良城盛昭『新・沖縄史論』沖縄タイムス社、一九八〇
井上清「沖縄」『岩波講座日本歴史』一六、一九六二
伊波普猷『古琉球』（初出一九一一）『伊波普猷全集』一、平凡社、一九七四
上原兼善『幕藩制形成期の琉球支配』吉川弘文館、二〇〇一
沖縄歴史研究会「沖縄史研究の現状と課題」『歴史評論』五〇〇、一九九一
紙屋敦之『幕藩制国家の琉球支配』校倉書房、一九九〇
菊山正明「琉球王国の法的・政治的地位——幕藩体制との関連において」『沖縄歴史研究』一一、一九七四
下村富士男「『琉球王国』論」『日本歴史』一七六、一九六三
高良倉吉「近代の沖縄歴史研究」同『沖縄歴史論序説』三一書房、一九八〇
高良倉吉「琉球・沖縄の歴史と日本社会」『日本の社会史』一、岩波書店、一九八七

高良倉吉ほか「地方史研究の現状一七沖縄県」『日本歴史』五七〇、一九九五
田港朝昭「琉球と幕藩制社会」『岩波講座日本歴史』一一、一九七六
豊見山和行編『日本の時代史一八　琉球・沖縄史の世界』吉川弘文館、二〇〇三
豊見山和行『琉球王国の外交と王権』吉川弘文館、二〇〇四
濱下武志『沖縄入門——アジアをつなぐ海域構想』筑摩書房、二〇〇〇
東恩納寛惇『沖縄渉外史』(初出一九五一)『東恩納寛惇全集』一、第一書房、一九七八
琉球新報社編『新琉球史』近世編(上)(下)、同社、一九八九・九〇
渡辺美季「琉球と中国——近年の研究動向」『中国史学』一三、二〇〇三
渡辺美季「琉球史に関するデータベース紹介」『日本歴史』七四〇、二〇一〇
渡辺美季・杉山清彦「近世後期東アジアの通交管理と国際秩序」桃木至朗編『海域アジア史研究入門』岩波書店、二〇〇八

「家」の成立

稲葉継陽『日本近世社会形成史論』校倉書房、二〇〇九
大藤修『近世農民と家・村・国家』吉川弘文館、一九九六
勝俣鎮夫『戦国時代論』岩波書店、一九九六
坂田聡『日本中世の氏・家・村』校倉書房、一九九七
坂田聡・榎原雅治・稲葉継陽『日本の中世一二　村の戦争と平和』中央公論新社、二〇〇二
渡辺尚志『近世の村落と地域社会』塙書房、二〇〇七

土豪

朝尾直弘『近世封建社会の基礎構造』御茶の水書房、一九六七(『朝尾直弘著作集』一、岩波書店、二〇〇三)
稲葉継陽『戦国時代の荘園制と村落』校倉書房、一九九八
黒田基樹『中近世移行期の大名権力と村落』校倉書房、二〇〇三
小酒井大悟「所有・経営からみた土豪の存在形態とその変容過程」渡辺尚志編『畿内の村の近世史』清文堂出版、二〇一〇a
小酒井大悟「近世前期の地域社会における土豪の位置」同右、二〇一〇b
佐々木潤之介『幕藩権力の基礎構造』御茶の水書房、一九六四(増補・改訂版一九八五)
長谷川裕子『中近世移行期の村の生存と土豪』校倉書房、二〇〇九
牧原成征『近世の土地制度と在地社会』東京大学出版会、二〇〇四
吉田ゆり子『兵農分離と地域社会』校倉書房、二〇〇〇

小農自立

朝尾直弘『近世封建社会の基礎構造』御茶の水書房、一九六七
安良城盛昭『幕藩体制社会の成立と構造』増訂第四版、有斐閣、一九八六(初出一九五九)
安良城盛昭『太閤検地と石高制』日本放送出版協会、一九六九
安良城盛昭『日本封建社会成立史論』下、岩波書店、一九九五
大島真理夫「小農と家族」村上直編『日本近世史研究事典』東京堂出版、一九八九
佐々木潤之介『幕藩権力の基礎構造』御茶の水書房、一九六四
渡辺尚志「村の世界」(初出二〇〇四)同『近世の村落と地域社会』塙書房、二〇〇

七

百姓成立論

深谷克己「百姓一揆の思想」(初出一九七三) 同『百姓一揆の歴史的構造』校倉書房、一九七九

深谷克己「百姓」(初出一九八〇) 同『百姓成立』塙書房、一九九三

『深谷克己近世史論集一　民間社会と百姓成立』校倉書房、二〇〇九

百姓一揆

青木美智男ほか編『一揆』全五巻、東京大学出版会、一九八一

犬丸義一「歴史における人民・人民闘争の役割について」『歴史評論』二〇二、一九六七

斎藤洋一「武州世直し一揆のいでたちと得物」『学習院大学史料館研究紀要』一、一九八三

須田努『「悪党」の一九世紀』青木書店、二〇〇二

林基「宝暦—天明期の社会情勢」『岩波講座日本歴史』一二、一九六三

深谷克己「百姓一揆の思想」『思想』五八四、一九七三(『深谷克己近世史論集』五、校倉書房、二〇一〇)

深谷克己『八右衛門・兵助・伴助』朝日新聞社、一九七八

保坂智『百姓一揆と義民の研究』吉川弘文館、二〇〇六

堀江英一『明治維新の社会構造』有斐閣、一九五四

藪田貫「得物・鳴物・打物」『橘女子大学研究紀要』一〇、一九八三(同『国訴と百姓一揆の研究』校倉書房、一九九二)

山田忠雄「宝暦~明和期の百姓一揆」『日本経済史大系　近世下』東京大学出版会、一九六五

若尾政希「百姓一揆物語」岩田浩太郎編『民衆運動史』二、青木書店、一九九九

地域社会論(近世)

大塚英二『日本近世地域研究序説』清文堂出版、二〇〇八

久留島浩『近世幕領の行政と組合村』東京大学出版会、二〇〇二

久留島浩・吉田伸之編『近世の社会的権力』山川出版社、一九九六

平川新『紛争と世論』東京大学出版会、一九九六

藪田貫『国訴と百姓一揆の研究』校倉書房、一九九二

渡辺尚志『豪農・村落共同体と地域社会』柏書房、二〇〇七

渡辺尚志編『近世地域社会論』岩田書院、一九九九

『歴史学研究別冊』一九九九・二〇〇〇・二〇〇一

社会的権力

久留島浩「近世後期の『地域社会』の歴史的性格について」『歴史評論』四九九、一九九一

久留島浩・吉田伸之編『近世の社会的権力』山川出版社、一九九六

平川新『紛争と世論』東京大学出版会、一九九六

平川新・谷山正道編『地域社会とリーダーたち』吉川弘文館、二〇〇六

町田哲『近世和泉の地域社会構造』山川出版社、二〇〇四

藪田貫『国訴と百姓一揆の研究』校倉書房、一九九二

藪田貫「近世の地域社会と国家をどうとらえるか」『歴史の理論と教育』一〇五、一九九九

渡辺尚志編『近世地域社会論』岩田書院、

一九九九
渡辺尚志・小関悠一郎編『藩地域の政策主体と藩政』岩田書院、二〇〇八

中間支配機構論

岩城卓二『近世畿内・近国支配の構造』柏書房、二〇〇六
籠橋俊光「近世中間支配機構の歴史的展開」『東北大学文学部研究年報』四九、一九九九
久留島浩「「中間支配機構」を「社会的権力」論で読み直す」久留島浩・吉田伸之編『近世の社会的権力』山川出版社、一九九六
久留島浩『近世幕領の行政と組合村』東京大学出版会、二〇〇二
志村洋「近世大庄屋研究の現状と課題」渡辺尚志編『近世地域社会論』岩田書院、一九九九a
志村洋「近世後期の地域社会と大庄屋制支配」『歴史学研究』七二九、一九九九b
鈴木寿「天領の研究について」『文部省史料館報』六、一九六八
鈴木寿「中間機構的史料について」『文部省史料館報』一三、一九七一
山崎圭『近世幕領地域社会の研究』校倉書房、二〇〇五
山﨑善弘『近世後期の領主支配と地域社会』清文堂出版、二〇〇七
山本太郎『近世幕府領支配と地域社会構造』清文堂出版、二〇一〇
湯本豊佐太「信州中野天領の中間支配機構」(一)(二)、『信濃』二三－六・七、一九七一

被差別民（近世）

朝尾直弘「幕藩制と畿内の『かわた』農民」『新しい歴史学のために』一六〇、一九八〇
京都部落史研究所編『部落史研究文献目録』柏書房、一九八二
塚田孝『近世日本身分制の研究』兵庫部落問題研究所、一九八七
のびしょうじ「斃牛馬処理をめぐる二・三の問題」『部落問題研究』七三、一九八二
畑中敏之「近世村落社会と『かわた』村」同『近世大坂地域の史的研究』御茶の水書房、一九八〇
藤本清二郎「近世『斃牛馬処理制』の展開と解体」『日本史研究』一八一、一九七七
部落問題研究所編（原田伴彦ほか執筆）『部落の歴史と解放運動』部落問題研究所、一九六五
前圭一「近世皮多の斃牛馬処理権」『近世部落史の研究』上、雄山閣、一九七六
前圭一「『かわた』支配の地域的特質」『部落問題研究』五七、一九七八
三浦圭一「近世未解放部落成立期の基本問題」『歴史評論』二六一、一九七二
三浦圭一「一六世紀における地域的分業流通の構造」永原慶二編『戦国期の権力と社会』東京大学出版会、一九七六
峯岸賢太郎「近世における部落差別の習俗的形態」『部落問題研究』八七、一九八六a
峯岸賢太郎「近世賤民の基礎構造」『部落問題研究』八九、一九八六b
脇田修「近世封建制と部落の成立」『部落問題研究』三三、一九七二
渡辺広『未解放部落の史的研究』吉川弘文館、一九六三

身分的周縁論

木下光生「身分的周縁論への向き合い方」寺木伸明・中尾健次編著『部落史研究からの発信一　前近代編』部落解放・人権研究所、二〇〇九
久留島浩・高埜利彦・塚田孝・横田冬彦・

吉田伸之編『シリーズ近世の身分的周縁』全六巻、吉川弘文館、二〇〇一
後藤雅知・斎藤善之・高埜利彦・塚田孝・原直史・森下徹・横田冬彦・吉田伸之編『シリーズ身分的周縁と近世社会』全九巻、吉川弘文館、二〇〇七〜〇八
塚田孝「身分的周縁論」『日本歴史』七〇〇、二〇〇六
塚田孝編『身分的周縁の比較史』清文堂出版、二〇一〇
塚田孝・脇田修・吉田伸之編『身分的周縁』部落問題研究所、一九九四
吉田伸之『身分的周縁と社会＝文化構造』部落問題研究所、二〇〇三
共同討論「近世身分社会の比較史」『部落問題研究』一九五、二〇一一

中間層

朝尾直弘「十八世紀の社会変動と身分的中間層」『日本の近世一〇　近代への胎動』中央公論社、一九九三
小野将・志村洋・舟橋明宏・多和田雅保「近世地域社会論の現在」『歴史学研究』七四八、二〇〇一
久留島浩「直轄県における組合村－惣代庄屋制について」『歴史学研究』別冊、一九八二（同『近世幕領の行政と組合村』東京大学出版会、二〇〇二）
佐々木潤之介『世直し』岩波書店、一九七九
谷山正道『近世民衆運動の展開』高科書店、一九九四
平川新「転換する近世史のパラダイム」『九州史学』一二三、一九九九
藪田貫『国訴と百姓一揆の研究』校倉書房、一九九二
特集「近世村落史研究の現在」『歴史評論』七三一、二〇一一

通俗道徳

大藤修『近世の村と生活文化――村落から生まれた知恵と尊徳仕法』吉川弘文館、二〇〇一
大橋幸泰『キリシタン民衆史の研究』東京堂出版、二〇〇一
高橋敏『近世村落生活文化史序説　上野国原之郷村の研究』未来社、一九九〇
ひろたまさき「「世直し」に見る民衆の世界像」『日本の社会史七　社会観と世界像』岩波書店、一九八七
安丸良夫「日本の近代化と民衆思想」（上）（下）『日本史研究』七八・七九、一九六五（同『日本の近代化と民衆思想』青木書店、一九七四）
安丸良夫「通俗道徳のゆくえ」『歴史科学』一五五、一九九九
安丸良夫「砺波人の心性」『砺波散村地域研究所研究紀要』二〇、二〇〇三（同『文明化の経験』岩波書店、二〇〇七）
安丸良夫『現代日本思想論――歴史意識とイデオロギー』岩波書店、二〇〇四
横田冬彦「『徒然草』は江戸文学か？」『歴史評論』六〇五、二〇〇〇
若尾政希『「太平記読み」の時代――近世政治思想史の構想』平凡社、一九九九

由緒論

井上攻『由緒書と近世の村社会』大河書房、二〇〇三
岩橋清美『近世日本の歴史意識と情報空間』名著出版、二〇一〇
大友一雄『日本近世国家の権威と儀礼』吉川弘文館、一九九九
落合延孝『猫絵の殿様――領主のフォークロア』吉川弘文館、一九九六
金子拓『記憶の歴史学』講談社、二〇一一
久留島浩「村が『由緒』を語る時」久留島浩・吉田伸之編『近世の社会集団――由

緒と言説』山川出版社、一九九五
佐藤喜久一郎『近世上野神話の世界――在地縁起と伝承者』岩田書院、二〇〇七
白川部達夫・山本英二編『〈江戸〉の人と身分二　村の身分と由緒』吉川弘文館、二〇一〇
山本英二「日本中近世史における由緒論の総括と展望」歴史学研究会編『由緒の比較史』青木書店、二〇一〇
吉岡拓『十九世紀民衆の歴史意識・由緒と天皇』校倉書房、二〇一一

在郷町・在方町

井出努「江州石部宿における村政機構と『町』共同体」『佛教大学総合研究所紀要』一二、二〇〇五
志村洋「地域社会の変容」藤田覚編『日本の時代史一七　近代の胎動』吉川弘文館、二〇〇三
杉森玲子『近世日本の商人と都市社会』東京大学出版会、二〇〇六
高橋美由紀『在郷町の歴史人口学――近世における地域と地方都市の発展』ミネルヴァ書房、二〇〇五
千葉正樹「在方城下町をめぐる論点と展望――仙台藩丸森町場の事例から」『年報都市史研究』九、二〇〇一
深井甚三「宿と町」高橋康夫・吉田伸之編『日本都市史入門二　町』東京大学出版会、一九九〇
屋久健二「近世後期枚方宿の旅籠屋と飯盛女」『年報都市史研究』七、一九九九
吉田伸之「在方市――市をめぐる人々」『シリーズ近世の身分的周縁四　商いの場と社会』吉川弘文館、二〇〇〇
渡辺浩一『近世日本の都市と民衆――住民結合と序列意識』吉川弘文館、一九九九
渡辺浩一「地域の記憶と装置」菊池勇夫・若尾政希編『人と身分の近世史五　地域の覚醒と優越憧憬』吉川弘文館、二〇一〇
『共同研究　在郷町の成立と展開――桐生新町の分析』国立歴史民俗博物館研究報告九五、二〇〇二

民衆宗教

大橋幸泰『キリシタン民衆史の研究』東京堂出版、二〇〇一
小澤浩『生き神の思想史　日本の近代化と民衆宗教』岩波書店、一九八八
小澤浩『民衆宗教と国家神道』山川出版社、二〇〇四
桂島宣弘『幕末民衆思想の研究』増補改訂版、文理閣、二〇〇五
神田秀雄『如来教の思想と信仰――教祖在世時代から幕末期における』天理大学おやさと研究所、一九九〇
澤博勝『近世宗教社会論』吉川弘文館、二〇〇八
島薗進「一九世紀日本の宗教構造の変容」『岩波講座近代日本の文化史二　コスモロジーの「近世」』二〇〇一
宮崎ふみ子「動乱の中の信仰」井上勲編『日本の時代史二〇　開国と幕末の動乱』吉川弘文館、二〇〇四
村上重良『近代民衆宗教史の研究』増訂版、法蔵館、一九六三
村上重良『国家神道と民衆宗教』吉川弘文館、一九八二
村上重良・安丸良夫校注『日本思想大系六七　民衆宗教の思想』岩波書店、一九七一
安丸良夫『日本の近代化と民衆思想』青木書店、一九七四
安丸良夫『一揆・監獄・コスモロジー　周縁性の歴史学』朝日新聞社、一九九九
安丸良夫『文明化の経験――近代転換期の日本』岩波書店、二〇〇七

安丸良夫・磯前順一編『安丸思想史への対論 文明化・民衆・両義性』ぺりかん社、二〇一〇

本所論

井上智勝「近世本所の成立と展開――神祇管領長上吉田家を中心に」『日本史研究』四八七、二〇〇三（同『近世の神社と朝廷権威』吉川弘文館、二〇〇七）

梅田千尋「陰陽道本所土御門家の組織展開――近世本所支配の諸相」『日本史研究』四八七、二〇〇三（同『近世陰陽道組織の研究』吉川弘文館、二〇〇八）

遠藤珠紀「中世朝廷の運営構造と経済基盤」『歴史学研究』八七二、二〇一〇

木場明志「近世土御門家の陰陽師支配と配下陰陽師」（初出一九八二）『陰陽道叢書三 近世』名著出版、一九九二

高埜利彦「前近代日本の宗教と国家――近世を中心にして」（初出一九八一）同『近世日本の国家権力と宗教』東京大学出版会、一九八九

高埜利彦「江戸幕府と寺社」『講座日本歴史』五、東京大学出版会、一九八五（同右）

高埜利彦「幕藩体制における家職と権威」『日本の社会史三 権威と支配』岩波書店、一九八七（同右）

塚田孝「芸能者の社会的地位」（初出一九九二）同『近世身分制と周縁社会』東京大学出版会、一九九七

土岐昌訓「近世の神職組織」（初出一九六三）同『神社史の研究』桜楓社、一九九一

西田かほる「近世在地社会における芸能的宗教者」『歴史評論』六二九、二〇〇二

萩原龍夫『中世祭祀組織の研究』吉川弘文館、一九六五

林淳『近世陰陽道の研究』吉川弘文館、二〇〇五

林淳「幕府寺社奉行と勧進の宗教者――山伏・虚無僧・陰陽師」『新アジア仏教史一三 日本Ⅲ』佼正出版社、二〇一〇

引野亨輔「講釈師」『身分的周縁と近世社会五 知識と学問をになう人びと』吉川弘文館、二〇〇七

保坂裕興「虚無僧――普化宗はどのように解体したか」『シリーズ近世の身分的周縁一 民間に生きる宗教者』吉川弘文館、二〇〇〇

村山修一『日本陰陽道史総説』塙書房、一九八一

吉田伸之「江戸の願人と都市社会」塚田孝ほか編『身分的周縁』部落問題研究所、一九九四（同『身分的周縁と社会＝文化構造』部落問題研究所、二〇〇三）

初期藩政改革

藤野保編『藩体制の形成』Ⅰ・Ⅱ、雄山閣、一九九三・九四

宮沢誠一「幕藩制イデオロギーの成立と構造」『歴史学研究』別冊、一九七三（青木美智男・若尾政希編『展望日本歴史一六 近世の思想・文化』東京堂出版、二〇〇二）

三大改革

大石慎三郎『享保改革の経済政策』御茶の水書房、一九六一

大石学『享保改革の地域政策』吉川弘文館、一九九六

竹内誠「寛政改革」『岩波講座日本歴史 近世四』一九七六

辻達也『享保改革の研究』創文社、一九六三

津田秀夫『江戸時代の三大改革』弘文堂、一九五六

難波信雄「幕藩制改革の展開と階級闘争」

『大系日本国家史三　近世』東京大学出版会、一九七五
藤田覚『幕藩制国家の政治史的研究』校倉書房、一九八七
藤田覚『近世の三大改革』山川出版社、二〇〇二
山口啓二『鎖国と開国』岩波書店、一九九三
歴史学研究会編『時代区分上の理論的諸問題』岩波書店、一九五六

宝暦・天明期論

青木美智男「村方騒動と民衆的社会意識」『講座日本歴史六　近世二』東京大学出版会、一九八五
小関悠一郎「米沢藩明和・安永改革における「仁政」論の再編過程――竹俣当綱の「地利」「国産」理念を中心に」『歴史』一〇三、二〇〇四
竹内誠「寛政改革」『岩波講座日本歴史　近世四』一九七六（同『寛政改革の研究』吉川弘文館、二〇〇九）
中井信彦『転換期幕藩制の研究――宝暦・天明期の経済政策と商品流通』塙書房、一九七一
難波信雄「幕藩制改革の展開と階級闘争」『大系日本国家史三　近世』東京大学出版会、一九七五
林基「宝暦－天明期の社会情勢」『岩波講座日本歴史　近世四』一九六三
山田忠雄・松本四郎編『講座日本近世史五　宝暦・天明期の政治と社会』有斐閣、一九八八
吉永昭・横山昭男「国産奨励と藩政改革」『岩波講座日本歴史　近世三』一九七六
歴史学研究会近世史部会「維新変革の起点――宝暦・天明期の諸問題」『歴史学研究』三〇四、一九六五
若尾政希「百姓一揆物語と「太平記読み」――百姓一揆物語研究序説」岩田浩太郎編『民衆運動史二　社会意識と世界像』青木書店、一九九九

国訴

岩田浩太郎編『民衆運動史二　社会意識と世界像』青木書店、一九九九
谷山正道『近世民衆運動の展開』高科書店、一九九四
谷山正道「近世後期における広域訴願の展開と地域社会」『日本史研究』五六四、二〇〇九
津田秀夫「封建社会崩壊期における農民闘争の一類型について」『歴史学研究』一六八、一九五四
平川新『紛争と世論』東京大学出版会、一九九六
藪田貫『国訴と百姓一揆の研究』校倉書房、一九九二
藪田貫『近世大坂地域の史的研究』清文堂出版、二〇〇五
山﨑善弘「国訴と大坂町奉行所・支配国」『日本史研究』五六四、二〇〇九

農村荒廃論

秋本典夫『北関東下野における封建権力と民衆』山川出版社、一九八一
阿部昭『近世村落の構造と農家経営』文献出版、一九八八
乾宏巳『豪農経営の史的展開』雄山閣、一九八四
大藤修『近世の村と生活文化』吉川弘文館、二〇〇一
桜井昭男「近世後期における潰株再興と村」『史叢』三五、一九八五
須永（阿部）昭「寛政期における幕府代官の地方支配の展開」『栃木県史研究』一六・一七合併号、一九七九
高橋敏『近世村落生活文化史序説』未来社、

一九九〇
田中圭一『日本の江戸時代』刀水書房、一九九九
長倉保「関東農村の荒廃と豪農の問題」『茨城県史研究』一六、一九七〇
長野ひろ子『幕藩制国家の経済構造』吉川弘文館、一九八七
永原慶二・長倉保「後進＝自給的農業地帯における村方地主制の展開」（一）（二）、『史学雑誌』六四―一・二、一九五五
長谷川伸三『近世農村構造の史的分析』柏書房、一九八一
平野哲也『江戸時代村社会の存立構造』御茶の水書房、二〇〇四
古島敏雄『近世日本農業の展開』東京大学出版会、一九六三

世直し・世直し状況論

青木美智男「日本近世史研究の当面する課題」『歴史学研究』三二八、一九六六
青木美智男ほか編『一揆』全五巻、東京大学出版会、一九八一
大舘右喜『幕藩社会の基礎構造』埼玉新聞社、一九八一
落合延孝「世直し一揆研究の現状と課題」『歴史評論』三二四、一九七七
佐々木潤之介『幕末社会論』塙書房、一九六九
佐々木潤之介編『村方騒動と世直し』上・下、青木書店、一九七二・七三
庄司吉之助『世直し一揆の研究』自費出版、一九五六（校倉書房、一九七〇）
須田努『「悪党」の一九世紀』青木書店、二〇〇二
田村栄太郎『世直し』雄山閣、一九六〇
津田秀夫「「世直し」の社会経済的意義」（初出一九六八）同『近世民衆運動の研究』三省堂、一九七九
中島明「幕末・維新期における上州農民の動向」『信濃』二五―三、一九七三（同『幕藩制解体期の民衆運動』校倉書房、一九九三）
宮崎克則「戦争と打ちこわし」岩田浩太郎編『新しい近世史』五、新人物往来社、一九九六（同『九州の一揆打ちこわし』海鳥社、二〇〇九）
安丸良夫・ひろたまさき「『世直し』の論理と系譜」『日本史研究』八五・八六、一九六六（安丸『日本の近代化と民衆思想』青木書店、一九七四）
渡辺尚志編『近代移行期の名望家と地域国家』名著出版、二〇〇六

近世の天皇

朝尾直弘「幕藩制と天皇」『大系日本国家史』三、東京大学出版会、一九七五（『朝尾直弘著作集』三、岩波書店、二〇〇四）
小野信二「幕府と天皇」『岩波講座日本歴史一〇　近世二』一九六三
高埜利彦「江戸幕府の朝廷支配」『日本史研究』三一九、一九八九
深谷克己「幕藩制と天皇」『人民の歴史学』四〇、一九七五（『深谷克己近世史論集』三、校倉書房、二〇〇九）
藤田覚『近世政治史と天皇』吉川弘文館、一九九九
堀新『織豊期王権論』校倉書房、二〇一一
宮地正人「朝幕関係からみた幕藩制国家の特質――明治維新史研究の一前提として」『人民の歴史学』四二、一九七五（同『天皇制の政治史的研究』校倉書房、一九八一）
宮地正人「幕末・維新と天皇」『歴史評論』三二〇、一九七六（「幕藩制下の官位官職制度」と改題し、同右）
山口和夫「天皇・院と公家集団――編成の進展と近世朝廷の自律化、階層制について」『歴史学研究』七一六、一九九八

近世の公家

大屋敷佳子「幕藩制国家における武家伝奏の機能」『論集きんせい』七・八、一九八二・八三

久保貴子『近世の朝廷運営』岩田書院、一九九八

高埜利彦「江戸幕府の朝廷支配」『日本史研究』三一九、一九八九a

高埜利彦『近世日本の国家権力と宗教』東京大学出版会、一九八九b

田中暁龍「江戸時代議奏制の成立について」『史海』三四、一九八七（「議奏制の成立と寛文・延宝期の朝幕関係」と改題し、同『近世前期朝幕関係の研究』吉川弘文館、二〇一一）

橋本政宣『近世公家社会の研究』吉川弘文館、二〇〇二

平井誠二「武家伝奏の補任について」『日本歴史』四二二、一九八三

山口和夫「天皇・院と公家集団」『歴史学研究』七一六、一九九八

山口和夫「朝廷と公家社会」『日本史講座六　近世社会論』東京大学出版会、二〇〇五

近世の寺社

青柳周一『富嶽旅百景――観光地域史の試み』角川書店、二〇〇二

井上智勝『近世の神社と朝廷権威』吉川弘文館、二〇〇七

梅田千尋『近世陰陽道組織の研究』吉川弘文館、二〇〇九

大桑斉「幕藩制国家の仏教統制――新寺禁止令をめぐって」圭室文雄・大桑斉編『近世仏教の諸問題』雄山閣、一九七九

小沢浩「幕藩制国家と宗教」佐々木潤之介ほか編『日本史を学ぶ三　近世』有斐閣、一九七六

木下光生「近世「宗教史」研究の必要性――中世史研究との対比から」『近世史サマーフォーラム二〇〇七の記録』近世史サマーフォーラム二〇〇七実行委員会、二〇〇八

澤博勝『近世の宗教組織と地域社会――教団信仰と民間信仰』吉川弘文館、一九九九

澤博勝『近世宗教社会論』吉川弘文館、二〇〇八

新城常三『新稿社寺参詣の社会経済史的研究』塙書房、一九八二

杣田善雄『幕藩権力と寺院・門跡』思文閣出版、二〇〇三

高埜利彦『近世日本の国家権力と宗教』東京大学出版会、一九八九

竹田聴洲「近世社会と仏教」『岩波講座日本歴史九　近世一』一九七五

田中秀和『幕末維新期における宗教と地域社会』清文堂、一九九七

谷本晃久「宗教からみる近世蝦夷地在地社会」『歴史評論』六二九、二〇〇二

圭室文雄『江戸幕府の宗教統制』評論社、一九七一

辻善之助『日本仏教史』近世編一～四、岩波書店、一九五二～五五

奈倉哲三『真宗信仰の思想史的研究――越後蒲原門徒の行動と足跡』校倉書房、一九九〇

西田かほる「近世的神社支配体制と社家の確立について――甲州国中地域を事例として」『地方史研究』二五一、一九九四

原淳一郎『近世寺社参詣の研究』思文閣出版、二〇〇七

引野亨輔『近世宗教世界における普遍と特殊――真宗信仰を素材として』法藏館、二〇〇七

藤井学「江戸幕府の宗教統制」『岩波講座日本歴史一一　近世三』一九六三

朴澤直秀『幕藩権力と寺檀制度』吉川弘文館、二〇〇四

吉田正高「江戸・東京における町内鎮守管理者としての修験と地域住民——就任、相続、退身の実態を中心に」『関東近世史研究』五四、二〇〇三

近世海運

石井謙治『船』法政大学出版局、一九六八（同『和船Ⅰ・Ⅱ』一九九五に改編）
上村雅洋『近世日本海運史の研究』吉川弘文館、一九九二
小泉和子『箪笥』法政大学出版局、一九八二
斎藤善之『内海船と幕藩制市場の解体』柏書房、一九九四
斎藤善之編『新しい近世史三　市場と民間社会』新人物往来社、一九九六
高瀬保『加賀藩海運史の研究』雄山閣出版、一九七九
高田茂廣『筑前五か浦廻船』西日本新聞社、一九七六
田中圭一『佐渡海運史』中村書店、一九七五
中西聡『近世・近代日本の市場構造』東京大学出版会、一九九八
福尾猛市郎編『内海産業と水運の史的研究』吉川弘文館、一九六六
古田良一『東廻海運及び西廻海運の研究』一九三二（一九四二再刊）
古田良一『河村瑞賢』吉川弘文館、一九六四
牧野隆信『北前船の研究』法政大学出版局、一九八九
村瀬正章『近世伊勢湾海運史の研究』法政大学出版局、一九八〇
柚木学『近世海運史の研究』法政大学出版局、一九七九
若林喜三郎『新版・銭屋五兵衛』北国出版社、一九八二
渡辺信夫『幕藩制確立期の商品流通』柏書房、一九六六

近世都市

朝尾直弘「近世の身分制と賤民」『部落問題研究』六八、一九八一（同『都市と近世社会を考える』朝日新聞社、一九九五）
岩田浩太郎『近世都市騒擾の研究』吉川弘文館、二〇〇四
大石学『首都江戸の誕生　大江戸はいかにして造られたのか』角川書店、二〇〇二
塚田孝「社会集団をめぐって」『歴史学研究』五四八、一九八五
豊田武『日本の封建都市』岩波書店、一九五二
藤田覚『幕藩制国家の政治史的研究』校倉書房、一九八七
吉田伸之「施行と其日稼の者」百姓一揆研究会編『天保期の人民闘争と社会変革』上、校倉書房、一九八〇（同『近世巨大都市の社会構造』東京大学出版会、一九九一）
吉田伸之「巨大城下町——江戸」『岩波講座日本通史』一五、一九九五（同『巨大城下町江戸の分節構造』山川出版社、一九九九）
吉田伸之「城下町の構造と展開」佐藤信・吉田伸之編『都市社会史』山川出版社、二〇〇一
渡辺浩一『近世日本の都市と住民』吉川弘文館、一九九九

近世の漁業・漁村

荒居英次『近世日本漁村史の研究』新生社、一九六三
後藤雅知『近世漁業社会構造の研究』山川出版社、二〇〇一
高橋美貴『近世漁業社会史の研究』清文堂出版、一九九五
高橋美貴『「資源繁殖の時代」と日本の漁

業』山川出版社、二〇〇七
二野瓶徳夫『漁業構造の史的展開』御茶の水書房、一九六二
羽原又吉『日本漁業経済史』上・中一・中二・下、岩波書店、一九五二～五五
原暉三『日本漁業権制度史論』（初出一九四八）国書刊行会、一九七七
堀江俊次「享保期における勘定所の漁業実態調査と漁業政策」小笠原長和編『東国の社会と文化』梓出版社、一九八五
宮田満「近世玉川の漁業生産に伴う役負担と漁場利用関係」『関東近世史研究』二六、一九八九
山口和雄『日本漁業史』東京大学出版会、一九五七

近世の山村

大賀郁夫『近世山村社会構造の研究』校倉書房、二〇〇五
加藤衛拡『近世山村史の研究――江戸地廻り山村の成立と展開』吉川弘文館、二〇〇七
米家泰作『中・近世山村の景観と構造』校倉書房、二〇〇二
笹本正治『山に生きる――山村史の多様性を求めて』岩田書院、二〇〇一
白水智『知られざる日本――山村の語る歴史世界』日本放送出版協会、二〇〇五
古島敏雄『山村の構造』日本評論社、一九四九
溝口常俊『日本近世・近代の畑作地域史研究』名古屋大学出版会、二〇〇二
柳田國男「山立と山臥」同編『山村生活の研究』民間伝承の会、一九三七（『柳田國男全集』四、筑摩書房、一九八九）
脇野博『日本林業技術史の研究』清文堂出版、二〇〇六

近世の女性史

アジア女性史国際シンポジウム実行委員会『アジア女性史』明石書店、一九九七
井上清『日本女性史』三一書房、一九四八
近世女性史研究会『論集近世女性史』吉川弘文館、一九八六
近世女性史研究会『江戸時代の女性たち』吉川弘文館、一九九〇
倉地克直『性と身体の近世史』東京大学出版会、一九九八
桜井由幾・菅野則子・長野ひろ子『ジェンダーで読み解く江戸時代』三省堂、二〇〇一
柴桂子『近世おんな旅日記』吉川弘文館、一九九七
女性史総合研究会編『日本女性史三　近世』東京大学出版会、一九八二
女性史総合研究会編『日本女性生活史三　近世』東京大学出版会、一九九〇
菅野則子「農村女性の労働と生活」前出『日本女性史』三、一九八二
菅野則子「近性女性のリテラシー」『歴史評論』六九六、二〇〇八
総合女性史研究会『総合女性史研究』二八、二〇一一
長島淳子「近世女性の農業労働における位置」『歴史評論』三八三、一九八二
中野節子『考える女たち――仮名草子から「女大学」』大空社、一九九七
長野ひろ子『日本近世ジェンダー論』吉川弘文館、二〇〇三
『日本の近世一五　女性の近世』中央公論社、一九九三
保坂智「一揆・騒動と女性」『歴史評論』四六七、一九八九
柳谷慶子『近世の女性相続と介護』吉川弘文館、二〇〇七
『江戸時代女性文庫』（一一二冊）大空社、一九九四～九八
『女大学資料集成』全二〇冊　大空社、二〇

〇三～〇六（別巻（二〇〇六）には、「女大学」に関する研究の稿が収載されている）

日本資本主義論争

猪俣津南雄『現代日本ブルヂヨアジーの政治的地位』南宋書院、一九二七
猪俣津南雄『没落資本主義の［第三期］』大衆社、一九三〇
猪俣津南雄『極東に於ける帝国主義』改造社、一九三二
大石嘉一郎「マニュファクチュア論争と寄生地主制論争」『経済評論』一七-五、一九六八（同『日本資本主義史論』東京大学出版会、一九九九）
大石嘉一郎「解説　日本資本主義論争と農業＝土地問題」歴史科学協議会編（大石嘉一郎解説）『歴史科学大系九　日本資本主義と農業問題』校倉書房、一九七六
大石嘉一郎編集解説『日本資本主義発達史講座』全七回（復刻版）、岩波書店、一九八二
櫛田民蔵「わが国小作料の特質について」『大原社会問題研究所雑誌』八-一、一九三一（『櫛田民蔵著作集』三、改造社、一九三五）
小山弘健『日本資本主義論争史』上・下、青木書店、一九五三
向坂逸郎『日本資本主義の諸問題』育生社、一九三七
高橋亀吉「日本資本主義の帝国主義的地位」『太陽』一九二七年四月号a
高橋亀吉「末期に於ける帝国主義の変質」『社会科学』一九二七年四月号b
田村貞雄『地租改正と資本主義論争』吉川弘文館、一九八一
土屋喬雄『日本資本主義史論集』育生社、一九三七
土屋喬雄『近世日本封建社会の史的分析』御茶の水書房、一九四九
永原慶二『二〇世紀日本の歴史学』吉川弘文館、二〇〇三
野呂栄太郎『日本資本主義発達史』鉄塔書院、一九三〇（岩波文庫復刻『初版日本資本主義発達史』上・下、大石嘉一郎解説・山本義彦注解、一九八三）
服部之総「維新史方法上の諸問題」『歴史科学』一九三三年四-七月号
平野義太郎「半封建地代論」『改造』一九三五年一二月号（同『農業問題と土地改革』日本評論社、一九四八など、『平野義太郎選集』四、白石書店、一九九一）
丸山真男「民主主義の原理を貫くために」（針生一郎との対談）『新日本文学』一九六五年六月号（『丸山真男座談』五、岩波書店、一九九八）
守屋典郎『日本資本主義分析の巨匠たち』白石書店、一九八二
安田浩『天皇の政治史』青木書店、一九九八
安田浩『近代天皇制国家の歴史的位置』大月書店、二〇一一
山崎隆三『地主制成立期の農業構造』青木書店、一九六〇
山田盛太郎『日本資本主義分析』岩波書店、一九三四
山本義彦『近代日本資本主義史研究』ミネルヴァ書房、二〇〇二
山本義彦「野呂栄太郎と日本資本主義史研究」『経済』一〇二、二〇〇四

ファシズム論争

赤澤史朗・北河賢三編『文化とファシズム』日本経済評論社、一九九三
安部博純『日本ファシズム論』影書房、一九九六
伊藤隆「昭和政治史研究への一視角」（初出

一九七六）同『昭和期の政治』山川出版社、一九八三
江口圭一「一九三〇年代論」同編『体系日本現代史』一、日本評論社、一九七八
加藤陽子「ファシズム論」『日本歴史』七〇〇、二〇〇六
木坂順一郎「日本ファシズム国家論」同編『体系日本現代史』三、日本評論社、一九七九
酒井哲哉「一九三〇年代の日本政治」『年報　近代日本研究一〇　近代日本研究の検討と課題』山川出版社、一九八八
須崎慎一『日本ファシズムとその時代』大月書店、一九九八
高岡裕之『総力戦体制と「福祉国家」』岩波書店、二〇一一
平井一臣『「地域ファシズム」の歴史像』法律文化社、二〇〇〇
丸山真男『現代政治の思想と行動』上・下、未来社、一九五六・五七（増補版一九六四）
山口定『ファシズム』（初出一九七九）岩波現代文庫、二〇〇六
歴史科学協議会編（江口圭一解説）『歴史科学大系一二「日本ファシズム」論』校倉書房、一九七七

天皇制

家近良樹『幕末政治と倒幕運動』吉川弘文館、一九九五
石井孝『日本開国史』吉川弘文館、一九七二
伊藤隆『昭和初期政治史研究』東京大学出版会、一九六九
伊藤之雄『伊藤博文』講談社、二〇〇九
大久保利謙『明治維新の政治過程』吉川弘文館、一九八六
桜井良樹『大正政治史の出発——立憲同志会の成立とその周辺』山川出版社、一九九七
遠山茂樹・今井清一・藤原彰『昭和史』岩波新書、一九五五
原武史『大正天皇』朝日選書、二〇〇〇
原口清『戊辰戦争』塙選書、一九六三
藤田覚『幕末の天皇』講談社選書メチエ、一九九四
増田知子『天皇制と国家』青木書店、一九九九
丸山真男『現代政治の思想と行動』上・下、未来社、一九五六・五七
美濃部達吉『改訂憲法撮要』有斐閣、一九四六
安田浩『天皇の政治史』青木書店、一九九八
安丸良夫『近代天皇像の形成』岩波書店、一九九二
山田朗『昭和天皇の軍事思想と戦略』校倉書房、二〇〇二
吉田裕『昭和天皇の終戦史』岩波新書、一九九二

国民国家論

今西一『国民国家とマイノリティ』日本経済評論社、二〇〇〇
大門正克「〈歴史への問い／現在への問い〉」①〜③（初出一九九七）同『歴史への問い／現在への問い』校倉書房、二〇〇八
大門正克「歴史意識の現在を問う」（初出一九九九）同右
高岡裕之「日本近現代史研究の現在」『歴史評論』六九三、二〇〇八
成田龍一『近代都市空間の文化経験』岩波書店、二〇〇三
二宮宏之『全体を見る目と歴史家たち』木鐸社、一九八六
二宮宏之『歴史学再考』日本エディタースクール出版部、一九九四
西川長夫『国境の越え方』筑摩書房、一九九二

西川長夫「日本型国民国家の形成」西川長夫・松宮秀治編『幕末・明治期の国民国家形成と文化変容』新曜社、一九九五
西川長夫『国民国家論の射程』柏書房、一九九八
福田歓一「国民国家の諸問題」『思想』六二三、一九七六
牧原憲夫『客分と国民のあいだ』吉川弘文館、一九九八
牧原憲夫編『〈私〉にとっての国民国家論』日本経済評論社、二〇〇三
源川真希『近衛新体制の思想と政治』有志舎、二〇〇九
歴史学研究会編『戦後歴史学再考』青木書店、二〇〇〇

女性史研究とジェンダー史研究

荒川章二『豊かさへの渇望』小学館、二〇〇九
上野千鶴子『家父長制と資本制』岩波書店、一九九〇
上野千鶴子『近代家族の成立と終焉』岩波書店、一九九四
江原由美子解説『日本のフェミニズム二 フェミニズム理論』岩波書店、一九九四（新編二〇〇九）
荻野美穂「性差の歴史学――女性史の再生のために」『思想』七六八、一九八八
落合恵美子『近代家族とフェミニズム』勁草書房、一九八六
加藤千香子「『男性史』と歴史学」『歴史学研究』八四四（小特集「「男性史」は何をめざすか」）、二〇〇八
古庄ゆき子『資料　女性史論争』ドメス出版、一九八七
関口裕子「歴史学における女性史研究の意義」『人民の歴史学』五二、一九七七
総合女性史研究会編『時代を生きた女たち――新・日本女性通史』朝日選書、二〇一〇
曽根ひろみ「女性史とフェミニズム」『女性史学』六、一九九六
成田龍一『「大正デモクラシー」』岩波書店、二〇〇七
西川祐子「住まいの変遷と『家庭』の成立」女性史総合研究会編『日本女性生活史』四、東京大学出版会、一九九〇
早川紀代「今日の女性論の視点」『歴史評論』四四三、一九八七
早川紀代「解説」総合女性史研究会編『日本女性史論集一　女性史の視座』吉川弘文館、一九九七
早川紀代「方法論は転回したのか――歴史学研究会『現代歴史学の成果と課題　一九八〇－二〇〇〇』についての所感」『歴史学研究』七八八、二〇〇四
水田珠枝『女性解放思想の歩み』岩波書店、一九七三
脇田晴子「古代・中世女性史覚書」『歴史評論』三三五、一九七八

明治維新

青山忠正『明治維新の言語と史料』清文堂出版、二〇〇六
井上勝生『開国と幕末変革』講談社、二〇〇二
井上清『明治維新』東京大学出版部、一九五一
石井寛治『近代日本とイギリス資本』東京大学出版会、一九八四
石井孝『増訂　明治維新の国際的環境』吉川弘文館、一九六六
芝原拓自『世界史のなかの明治維新』岩波書店、一九七七
田中彰『明治維新政治史研究』青木書店、一九六三
遠山茂樹『明治維新』岩波書店、一九五一
原口清「近代天皇制成立の政治的背景」遠

山茂樹編『近代天皇制の成立』岩波書店、一九八七
眞壁仁『徳川後期の学問と政治』名古屋大学出版会、二〇〇七
三谷博「維新における『変化』をどう『鳥瞰』するか」明治維新史学会編『明治維新の新視角』高城書房、二〇〇一
宮地正人「幕末過渡期国家論」佐藤誠朗・河内八郎編『幕藩制国家の崩壊』有斐閣、一九八一
明治維新史学会編『明治維新史研究の今を問う』有志舎、二〇一一

大正デモクラシー

有馬学・伊藤隆「書評」『史学雑誌』八四–四、一九七五
鹿野政直『大正デモクラシーの底流』日本放送出版協会、一九七三
金原左門『大正期の政党と国民』塙書房、一九七三
坂野潤治『昭和史の決定的瞬間』筑摩書房、二〇〇四
松尾尊兊『大正デモクラシー』岩波書店、一九七四
三谷太一郎『大正デモクラシー論』東京大学出版会、一九七四（新版一九九五）
安田浩・源川真希編『展望日本歴史一九　明治憲法体制』東京堂出版、二〇〇二
山之内靖・コシュマン・成田龍一編『総力戦と現代化』柏書房、一九九五

「帝国」日本と植民地

浅田喬二ほか編『岩波講座近代日本と植民地』全八巻、一九九二〜九三
浅田喬二編『近代日本の軌跡一〇　「帝国」日本とアジア』吉川弘文館、一九九三
岩崎稔ほか編『継続する植民地主義』青弓社、二〇〇五
岡本真希子『植民地官僚の政治史』三元社、二〇〇八
倉沢愛子ほか編『岩波講座アジア・太平洋戦争』全八巻、二〇〇五〜〇六
駒込武『植民地帝国日本の文化統合』岩波書店、一九九六
駒込武「「帝国史」研究の射程」『日本史研究』四五二、二〇〇〇
趙景達『植民地期朝鮮の知識人と民衆』有志舎、二〇〇八
永原陽子編『「植民地責任」論』青木書店、二〇〇九
日本植民地研究会編『日本植民地研究の現状と課題』アテネ社、二〇〇八
松田利彦・やまだあつし編『日本の朝鮮・台湾支配と植民地官僚』思文閣出版、二〇〇九
水野直樹編『生活のなかの植民地主義』人文書院、二〇〇四
宮嶋博史ほか編『植民地近代の視座』岩波書店、二〇〇五
柳沢遊・岡部牧夫編『展望日本歴史二〇　帝国主義と植民地』東京堂出版、二〇〇一
山本武利ほか編『岩波講座「帝国」日本の学知』全八巻、二〇〇六〜〇七

「冷戦」体制

『岩波講座世界歴史二六　経済成長と国際緊張』一九九九
佐々木隆爾「戦後帝国主義の政治過程——『冷戦』から朝鮮戦争」『歴史学研究』別冊、一九七四（同『世界史の中のアジアと日本』御茶の水書房、一九八八）
鈴木正四「桑港条約の歴史的批判」『改造』一九五一年一月号（「サンフランシスコ条約にたいする歴史的批判」と改題し、同『世界現代史の究明』青木書店、一九七〇）
油井大三郎「帝国主義世界体制の再編と

『冷戦』の起源——トルーマン・ドクトリンと英米関係を手掛りとして」『歴史学研究』別冊、一九七四
歴史学研究会編『アジア現代史』一～四、別巻、青木書店、一九七九～八五
渡辺治「総論　アメリカ帝国の自由市場形成戦略と現代の戦争」渡辺治・後藤道夫編『講座　戦争と現代一　「新しい戦争」の時代と日本』大月書店、二〇〇三
John Lewis Gaddis, *The Long Peace: Inquiries into the History of the Cold War*, Oxford University Press, 1987（五味俊樹ほか訳『ロング・ピース——冷戦史の証言「核・緊張・平和」』芦書房、二〇〇二）
Mary Kaldor, *The Imaginary War: Understanding the East-West Conflict*, Blackwell Pub, 1990
Jyce & Gabriel Kolko, *The Limits of Power: The World and United States Foreign Policy 1945-1954*, Harper & Row, 1972
Odd Arne Westad, *The Global Cold War : Third World Interventions and the Making of Our Times*, Cambridge Univ. PR, 2007（佐々木雄太監訳『グローバル冷戦史』名古屋大学出版会、二〇一〇）

自由民権

稲田雅洋『日本近代社会成立期の民衆運動』筑摩書房、一九九〇
色川大吉「困民党と自由党」『歴史学研究』二四七、一九六〇（同『困民党と自由党』揺籃社、一九八四）
色川大吉『明治精神史』黄河書房、一九六四
江村栄一『自由民権革命の研究』法政大学出版局、一九八四
大石嘉一郎『日本地方財行政史序説』御茶の水書房、一九六一
金井隆典「『文明』と民権」『自由民権』二二、一九九二
後藤靖『自由民権運動の展開』有斐閣、一九六六
後藤靖『自由民権』中央公論社、一九七二
困民党研究会編『民衆運動の〈近代〉』現代企画室、一九九三
高島千代「地域自由党員と民権運動——群馬・秩父事件を事例に」『自由民権』二二、一九九二
鶴巻孝雄『近代化と伝統的民衆世界』東京大学出版会、一九九二
内藤正中『自由民権運動の研究』青木書店、一九六四
服部之総「明治維新の革命及び反革命」『日本資本主義発達史講座』岩波書店、一九三三
坂野潤治「『明治百年』と『民権百年』」『世界』四五二、一九八一
平野義太郎「ブルジョア民主主義運動史」『日本資本主義発達史講座』岩波書店、一九三二
堀江英一・遠山茂樹編『自由民権期の研究』全四巻、有斐閣、一九五九
牧原憲夫「民権運動と『民衆』」『自由民権』八、一九九五（同『客分と国民のあいだ』吉川弘文館、一九九八）
安丸良夫「困民党の意識過程」『思想』七二六、一九八四（同『文明化の経験』岩波書店、二〇〇七）
安丸良夫「民衆運動における『近代』」安丸良夫・深谷克己編『日本近代思想大系』二一、岩波書店、一九八九（同右）

明治憲法体制

原口清「明治憲法体制の成立」『岩波講座日本歴史』一五、一九七六
坂野潤治『明治憲法体制の確立　富国強兵

と民力休養』東京大学出版会、一九七一
丸山真男『増補版　現代政治の思想と行動』未来社、一九六四
安田浩・源川真希編『展望日本歴史一九　明治憲法体制』東京堂出版、二〇〇二

陸海軍と近代日本

荒川章二『軍隊と地域』青木書店、二〇〇一
一ノ瀬俊也『近代日本の徴兵制と社会』吉川弘文館、二〇〇四
井上清『日本の軍国主義（新版）』一～四、現代評論社、一九七五～七七
大江志乃夫『日露戦争の軍事史的研究』岩波書店、一九七六
大濱徹也『天皇の軍隊』教育社、一九七八
北岡伸一『日本陸軍と大陸政策』東京大学出版会、一九七八
小林道彦『政党内閣の崩壊と満州事変』ミネルヴァ書房、二〇一〇
藤原彰『軍事史』東洋経済新報社、一九六一
防衛庁防衛研修所戦史室編『戦史叢書』朝雲新聞社、一九六六～八〇
吉田裕「戦争と軍隊——日本近代軍事史研究の現在」『歴史評論』六三〇、二〇〇二

国家論

江口圭一「一九三〇年代論」同編『体系日本現代史』二、日本評論社、一九七八
木坂順一郎「日本ファシズム国家論」同編『体系日本現代史』三、日本評論社、一九七九
中村政則「序説　近代天皇制国家論」『大系日本国家史四　近代一』東京大学出版会、一九七五
中村政則・鈴木正幸「近代天皇制国家の確立」『大系日本国家史五　近代二』東京大学出版会、一九七六
西川長夫「序　日本型国民国家の形成」西川・松宮秀治編『幕末・明治期の国民国家形成と文化変容』新曜社、一九九五
藤田省三「天皇制国家の支配原理　序章」（初出一九五六）同『天皇制国家の支配原理』未来社、一九六六
星埜惇『社会構成体移行論序説』未来社、一九六九
丸山真男「軍国支配者の精神形態」（初出一九四六）同『増補版　現代政治の思想と行動』未来社、一九六四
安田浩「近代天皇制国家試論」藤田勇編『権威的秩序と国家』東京大学出版会、一九八七
渡辺治「日本帝国主義の支配構造」『歴史学研究』別冊、一九八二

治安維持法と警察

荻野富士夫『特高警察体制史』せきた書房、一九八四（増補一九八八）
荻野富士夫編『特高警察関係資料集成』全三〇巻、不二出版、一九九一～九四
荻野富士夫編『治安維持法関係資料集』全四巻、新日本出版社、一九九六
奥平康弘『治安維持法小史』筑摩書房、一九七七
奥平康弘「治安維持法における予防拘禁」『ファシズム期の国家と社会四　戦時日本の法体制』東京大学出版会、一九七九
大日方純夫『近代日本の警察と地域社会』筑摩書房、二〇〇〇
水野直樹「治安維持法の制定と植民地朝鮮」『人文学報』八三、二〇〇〇
水野直樹「植民地独立運動に対する治安維持法の適用——朝鮮・日本「内地」における法運用の落差」浅野豊美・松田利彦編『植民地帝国日本の法的構造』信山社、二〇〇四
渡辺治「治安維持法の成立をめぐって」『季刊現代史』七、一九七六a

渡辺治「一九二〇年代における天皇制国家の治安法制再編成をめぐって」『社会科学研究』二七－五・六合併号、一九七六b

戦後改革

赤澤史朗ほか「総力戦体制をどうとらえるか」『年報日本現代史』三、現代史料出版、一九九七
天川晃・増田弘編『地域から見直す占領改革』山川出版社、二〇〇一
雨宮昭一『戦時戦後体制論』岩波書店、一九九七
雨宮昭一『占領と改革』岩波新書、二〇〇八
大石嘉一郎「戦後改革と日本資本主義の構造変化」東京大学社会科学研究所編『戦後改革一　課題と視角』東京大学出版会、一九七四
大内力「戦後改革と国家独占資本主義」同右、一九七四
袖井林二郎・竹前栄治編『戦後日本の原点』上・下、悠思社、一九九二
ジョン・ダワー『敗北を抱きしめて』岩波書店、二〇〇一
東京大学社会科学研究所編『戦後改革』全八巻、東京大学出版会、一九七四〜七五
原朗「戦後五〇年と日本経済」『年報日本現代史』創刊号、東出版、一九九五
三宅明正「戦後改革と戦後市民社会」『日本史講座一〇　戦後日本論』東京大学出版会、二〇〇五
森武麿「総力戦・ファシズム・戦後改革」『岩波講座アジア・太平洋戦争一　なぜ、いまアジア・太平洋戦争か』二〇〇五
森武麿・大門正克編『地域における戦時と戦後』日本経済評論社、一九九六
山之内靖ほか編『総力戦と現代化』柏書房、一九九五

象徴天皇制

河西秀哉『「象徴天皇」の戦後史』講談社選書メチエ、二〇一〇
後藤致人『昭和天皇と近現代日本』吉川弘文館、二〇〇三
冨永望『象徴天皇制の形成と定着』思文閣出版、二〇一〇
豊下楢彦『安保条約の成立』岩波新書、一九九六
中村政則『象徴天皇制への道』岩波新書、一九八九
松尾尊兊「考証昭和天皇・マッカーサー元帥第一回会見」『京都大学文学部研究紀要』二九、一九九〇
安田常雄「象徴天皇制と民衆意識」『歴史学研究』六二一、一九九一
吉田裕『昭和天皇の終戦史』岩波新書、一九九二
ケネス・ルオフ『国民の天皇』共同通信社、二〇〇三
渡辺治『戦後政治史の中の天皇制』青木書店、一九九〇

十五年戦争

井上寿一『危機のなかの協調外交』山川出版社、一九九四
臼井勝美『中国をめぐる近代日本の外交』筑摩書房、一九八三
江口圭一『十五年戦争小史』青木書店、一九八六
木坂順一郎「『大日本帝国』の崩壊」『講座日本歴史一〇　近代四』東京大学出版会、一九八五
倉沢愛子ほか編『岩波講座アジア・太平洋戦争』全八巻、二〇〇五〜〇六
酒井哲哉『大正デモクラシー体制の崩壊』東京大学出版会、一九九二
副島昭一「日中戦争とアジア太平洋戦争」『歴史科学』一〇二、一九八五

鶴見俊輔「知識人の戦争責任」『中央公論』一九五六年一月号
鶴見俊輔『戦時期日本の精神史』岩波書店、一九八二
藤原彰・今井清一編『十五年戦争史』全四巻、青木書店、一九八八〜八九

総力戦体制

雨宮昭一『戦時戦後体制論』岩波書店、一九九七
木坂順一郎「日本ファシズム国家論」同編『体系日本現代史』三、日本評論社、一九七九
纐纈厚『総力戦体制研究』（初出一九八一）社会評論社、二〇一〇
小林英夫『帝国日本と総力戦体制』有志舎、二〇〇四
高岡裕之「総力戦・ファシズム・近代化」『歴史評論』六四五、二〇〇四
野口悠紀雄『一九四〇年体制』東洋経済新報社、一九九五
藤田省三「天皇制とファシズム」（初出一九五七）同『天皇制国家の支配原理』未来社、一九六六
藤原彰「太平洋戦争」（初出一九六三）同『太平洋戦争史論』青木書店、一九八二
森武麿「総力戦・ファシズム・戦後改革」『岩波講座アジア・太平洋戦争』一、二〇〇五
山之内靖、ヴィクター・コシュマン、成田龍一編『総力戦と現代化』柏書房、一九九五

南京事件

笠原十九司『南京難民区の百日——虐殺を見た外国人』岩波書店、一九九五
笠原十九司『南京事件』岩波新書、一九九七
笠原十九司『南京事件論争史』平凡社新書、二〇〇七
南京事件調査研究会編『南京大虐殺否定論一三のウソ』柏書房、一九九九
秦郁彦『南京事件——「虐殺」の構造』中公新書、一九八六
藤原彰『南京の日本軍——南京大虐殺とその背景』大月書店、一九九七
洞富雄『決定版　南京大虐殺』徳間書店、一九八二
洞富雄・藤原彰・本多勝一編『南京大虐殺の研究』晩聲社、一九九二
本多勝一『南京への道』朝日新聞社、一九八七
吉田裕『天皇の軍隊と南京事件』青木書店、一九八六

産業革命

石井寛治『日本経済史』東京大学出版会、一九七六
石井寛治『日本の産業革命』朝日新聞社、一九九七
大石嘉一郎編『日本産業革命の研究』上・下、東京大学出版会、一九七五
揖西光速ほか『日本資本主義の成立Ⅱ』東京大学出版会、一九五七
高村直助『日本資本主義史論』ミネルヴァ書房、一九八〇
西川俊作・阿部武司編『産業化の時代』上・下、岩波書店、一九九〇
野呂栄太郎『日本資本主義発達史』鉄塔書院、一九三〇
山田盛太郎『日本資本主義分析』岩波書店、一九三四
湯沢威『イギリス経済史』有斐閣、一九九六

寄生地主制

大石嘉一郎『日本資本主義史論』東京大学出版会、一九九九

大内力『日本資本主義の農業問題（改訂版）』東京大学出版会、一九五二
中村政則『近代日本地主制史研究』東京大学出版会、一九七九
山田盛太郎『日本資本主義分析』岩波書店、一九三四
渡辺尚志・五味文彦編『土地所有史』山川出版社、二〇〇二

高度経済成長

荒川章二『全集日本の歴史一六　豊かさへの渇望』小学館、二〇〇九
石井寛治・原朗・武田晴人編『日本経済史五　高度成長期』東京大学出版会、二〇一〇
宇井純『公害原論』亜紀書房、一九七一
エズラ・ヴォーゲル（広中和歌子・木本彰子訳）『ジャパン　アズ　ナンバーワン』TBSブリタニカ、一九七九
大門正克ほか編『高度成長の時代』一～三、大月書店、二〇一〇～一一
加瀬和俊『集団就職の時代』青木書店、一九九七
庄司光・宮本憲一『恐るべき公害』岩波新書、一九六四
橋本健二『「格差」の戦後史――階級社会日本の履歴書』河出書房新社、二〇〇九
渡辺治『「豊かな社会」日本の構造』労働旬報社、一九九〇

農民運動と農民の社会史

大門正克『近代日本と農村社会』日本経済評論社、一九九四
大門正克「生活を改善するということ」『山梨県史研究』一一、二〇〇三
大門正克「農業労働の変化と農村女性」西田美昭ほか編『二〇世紀日本の農民と農村』東京大学出版会、二〇〇六
大門正克「序説「生存」の歴史学」『歴史学研究』八四六、二〇〇八
大川裕嗣「戦後における新しい農民運動」森武麿・大門正克編『地域における戦時と戦後』日本経済評論社、一九九六
鬼嶋淳「占領期農村における医療と社会運動」栗田尚弥編『地域と占領』日本経済評論社、二〇〇七
北河賢三「大牟羅良と『岩手の保健』」『年報日本現代史』八、現代史料出版、二〇〇二
島袋善弘『現代資本主義形成期の農村社会運動』西田書店、一九九六
高岡裕之『総力戦体制と「福祉国家」』岩波書店、二〇一一
永江雅和「食糧供出と農地改革」『土地制度史学』一六一、一九九八
西田美昭『近代日本農民運動史研究』東京大学出版会、一九九七
西田美昭編『昭和恐慌下の農村社会運動』御茶の水書房、一九七八
西田美昭編『戦後改革期の農業問題』日本経済評論社、一九九四
農民運動史研究会編『日本農民運動史』東洋経済新報社、一九六一
林宥一『近代日本農民運動史論』日本経済評論社、二〇〇〇
森武麿『戦時日本農村社会の研究』東京大学出版会、一九九九
安田常雄『日本ファシズムと民衆運動』れんが書房新社、一九七九
横関至『近代農民運動と政党政治』御茶の水書房、一九九九
歴史科学協議会編（林宥一解説）『歴史科学大系二四　農民運動史』校倉書房、一九九一
渡辺新「日本ファシズムと右翼農民運動」『土地制度史学』一〇七、一九八五

昭和史論争

荒井信一「危機意識と現代史――『昭和史』論争をめぐって」『現代の発見六　戦後精神』春秋社、一九六〇（同『現代史におけるアジア――帝国主義と日本の戦争責任』青木書店、一九七七）

大門正克編『昭和史論争を問う――歴史を叙述することの可能性』日本経済評論社、二〇〇六（＊資料編に本項目の荒井・亀井・篠原・遠山・松沢の各論文を再録）

亀井勝一郎「現代歴史家への疑問――歴史家に「総合的」能力を要求することは果して無理だろうか」『文藝春秋』三四－三、一九五六

篠原一「現代史の深さと重さ――欧州現代史研究者の立場から」『世界』一三二、一九五六（同『現代の政治力学――比較現代史的考察』みすず書房、一九六二）

鈴木亮「現代史の課題――『昭和史』と『母の歴史』」歴史教育者協議会・郷土教育全国連絡協議会編『歴史・地理教育講座一　理論編』河出書房、一九五七

遠山茂樹「現代史研究の問題点――『昭和史』の批判に関連して」『中央公論』七一－六、一九五六

堀米庸三『歴史と人間』ＮＨＫブックス、一九六五

松沢弘陽「書評『昭和史（新版）』」『思想』四二四、一九五九

源川真希「『昭和史』を書くということ」『歴史評論』七三五、二〇一一

日本の近代・近代化

石井寛治『近代日本とイギリス資本』東京大学出版会、一九八四

大門正克『歴史への問い／現代への問い』校倉書房、二〇〇八

鹿野政直『化生する歴史学』校倉書房、一九九八

神島二郎『近代日本の精神構造』岩波書店、一九六一

金原左門『「日本近代化」論の歴史像』中央大学出版部、一九六八

芝原拓自『日本近代化の世界史的位置』岩波書店、一九八一

鶴巻孝雄『近代化と伝統的民衆世界』東京大学出版会、一九九二

成田龍一『近代都市空間の文化経験』岩波書店、二〇〇三

西川長夫「日本型国民国家の形成」西川長夫・松宮秀治編著『幕末・明治期の国民国家形成と文化変容』新曜社、一九九五

安丸良夫『日本の近代化と民衆思想』青木書店、一九七四

渡辺尚志『村からみた近世』校倉書房、二〇一〇

国家神道

葦津珍彦『国家神道とは何だったのか』神社新報社、一九八七（新版二〇〇六）

畔上直樹『「村の鎮守」と戦前日本』有志舎、二〇〇九

磯前順一『近代日本の宗教言説とその系譜』岩波書店、二〇〇三

井上寛司『日本の神社と「神道」』校倉書房、二〇〇六

子安宣邦『国家と祭祀』青土社、二〇〇四

阪本是丸『国家神道形成過程の研究』岩波書店、一九九四

阪本是丸編『国家神道再考』弘文堂、二〇〇六

島薗進『「国家神道」と日本人』岩波書店、二〇一〇

新田均『近代政教関係の研究』大明堂、一九九七

村上重良『国家神道』岩波新書、一九七〇

安丸良夫『近代天皇像の形成』岩波書店、一九九二

山口輝臣『明治国家と宗教』東京大学出版会、一九九九

皇国史観

池田智文「日本近代史学の思想史的研究――「国史学」と「皇国史観」の関係について」『龍谷大学大学院文学研究科紀要』二八、二〇〇六
昆野伸幸『近代日本の国体論』ぺりかん社、二〇〇八
櫻井進「帝国への欲望――『国体の本義』・「皇国史観」・「大東亜共栄圏」」『現代思想』二九―一六、二〇〇一
田中卓『皇国史観の対決』皇學館大学出版部、一九八四
永原慶二『皇国史観』岩波ブックレット、一九八三
成田龍一「ナショナル・ヒストリーへの「欲望」」(初出二〇〇二)同『歴史学のポジショナリティ』校倉書房、二〇〇六
長谷川亮一『「皇国史観」という問題』白澤社、二〇〇八
平田哲男「新反動史学の特質――現代的皇国史観について」『歴史評論』二〇五、一九六七

慰霊

今井昭彦『近代日本と戦死者祭祀』東洋書林、二〇〇五
大原康男『忠魂碑の研究』暁書房、一九八四
籠谷次郎『近代日本における教育と国家の思想』阿吽社、一九九四
黒田俊雄「鎮魂の系譜」『歴史学研究』五〇〇、一九八二
國學院大學研究開発推進センター編『慰霊と顕彰の間』錦正社、二〇〇五
國學院大學研究開発推進センター編『霊魂・慰霊・顕彰』錦正社、二〇一〇
西村明『戦後日本と戦争死者慰霊』有志舎、二〇〇六
羽賀祥二『明治維新と宗教』筑摩書房、一九九四
羽賀祥二『史蹟論』名古屋大学出版会、一九九八
村上重良『慰霊と招魂』岩波新書、一九七四
本康宏史『軍都の慰霊空間』吉川弘文館、二〇〇二
矢野敬一『慰霊・追悼・顕彰の近代』吉川弘文館、二〇〇六

史蹟

高木博志『近代天皇制の文化史的研究』校倉書房、一九九七
高木博志『近代天皇制と古都』岩波書店、二〇〇六
高木博志・山田邦和編『歴史のなかの天皇陵』思文閣出版、二〇一〇
外池昇『幕末・明治期の陵墓』吉川弘文館、一九九七
日本史研究会編『日本史研究』三五一、「特集　近代の文化財と歴史意識」一九九一
日本史研究会編『日本史研究』五二五、「特集　近代日本の地域社会と歴史意識」二〇〇六
羽賀祥二『史蹟論』名古屋大学出版会、一九九八
森本和男『文化財の社会史』彩流社、二〇一〇
歴史科学協議会編『歴史評論』五七三、「特集　近代日本の文化財問題」一九九八
若尾裕司・羽賀祥二『記録と記憶の比較文化史』名古屋大学出版会、二〇〇五

市民

荒川章二『全集日本の歴史一六　豊かさへの渇望』小学館、二〇〇九

江口圭一『都市小ブルジョア運動史の研究』未来社、一九七六

佐伯啓思『「市民」とは誰か』PHP新書、一九九七

住友陽文「近代日本の都市自治論の再生」山口定ほか編『現代国家と市民社会』ミネルヴァ書房、二〇〇五

松尾尊兊『大正デモクラシー』岩波書店、一九七四

松下圭一「〈市民〉的人間類型の現代的可能性」『思想』一九六六年六月号

道場親信「一九六〇－七〇年代『市民運動』『住民運動』の歴史的位置」『社会学評論』五七－二、二〇〇六

ネオ・リベラリズム

アベラ（牧野洋訳）『ランド　世界を支配した研究所』文藝春秋社、二〇〇八

大嶽秀夫『自由主義的改革の時代』中央公論社、一九九四

小沢弘明「歴史のなかの新自由主義――序論」『歴史評論』六七〇、二〇〇六

小野将「『新自由主義時代』の近世史研究」『歴史科学』二〇〇、二〇一〇

金澤史男「日本における新自由主義の二〇年」『土地制度史学』四三－三、二〇〇一

権上康男『新自由主義と戦後資本主義』日本経済評論社、二〇〇六

中林真幸「自由な市場経済の歴史」『経済セミナー』六四七、二〇〇九

中山智香子『経済戦争の理論』勁草書房、二〇一〇

ハーヴェイ（渡辺治監訳）『新自由主義』作品社、二〇〇七

人民闘争史・民衆運動史

江口圭一『都市小ブルジョア運動史の研究』未来社、一九七六

大門正克「解説・民衆世界への問いかけ」大門正克・小野沢あかね編『展望日本歴史二一　民衆世界への問いかけ』東京堂出版、二〇〇一

困民党研究会編『民衆運動の〈近代〉』現代企画室、一九九四

中村政則『日本近代と民衆』校倉書房、一九八四

宮地正人「帝国主義形成期の都市民衆運動」『歴史学研究』別冊、一九七二

三輪泰史『日本労働運動史序説』校倉書房、二〇〇九

安田浩「近代史研究における二、三の問題」佐々木潤之介・石井進編『新編日本史研究入門』東京大学出版会、一九八二

歴史科学協議会編『現代を生きる歴史科学三　方法と視座の探求』大月書店、一九八七

歴史学研究会編『戦後歴史学を検証する――歴研創立七〇周年記念』青木書店、二〇〇二

労働運動と労働・労働者

市原博『炭鉱の労働社会史』多賀出版、一九九七

大河内一男『黎明期の日本労働運動』岩波新書、一九五二

隅谷三喜男『日本労働運動史』有信堂、一九六六

東條由紀彦『製糸同盟の女工登録制度――日本近代の変容と女工の「人格」』東京大学出版会、一九九〇

西成田豊『近代日本労資関係史の研究』東京大学出版会、一九八八

二村一夫『足尾暴動の史的分析』東京大学出版会、一九八八

兵頭釗『日本における労資関係の展開』東京大学出版会、一九七一

福本茂雄（岩村登志夫）「総同盟大阪連合会と労働委員会――住友工場協議会の成立

と展開」『大阪百年史紀要』二・三、一九六六
三輪泰史『日本労働運動史序説――紡績労働者の人間関係と社会意識』校倉書房、二〇〇九
安田浩「政党政治体制下の労働政策――原内閣期における労働組合公認問題」『歴史学研究』四二〇、一九七五
歴史科学協議会編（梅田欽治解説）『歴史科学大系二五　労働運動史』校倉書房、一九八一
渡部徹『日本労働組合運動史』青木書店、一九五四

部落問題

上杉聡『明治維新と賤民廃止令』解放出版社、一九九〇
黒川みどり『異化と同化の間』青木書店、一九九九
佐賀朝『近代大阪の都市社会構造』日本経済評論社、二〇〇七
鈴木良『近代日本部落問題研究序説』兵庫部落問題研究所、一九八五
塚田孝・吉田伸之・脇田修『身分的周縁』部落問題研究所、一九九四
畑中敏之『「部落史」を問う』兵庫部落問題研究所、一九九五
ひろた・まさき『差別の諸相』岩波書店、一九九〇
馬原鉄男『日本資本主義と部落問題』部落問題研究所、一九七一

歴史科学運動

梅田欽治「「国民的歴史学」運動の遺産――一九五〇年代の「歴史評論」の歴史」『歴史評論』一五〇、一九六三
大串潤児「国民的歴史学運動の思想・序説」『歴史評論』六一三、二〇〇一
佐藤伸雄・梅田欽治「国民の歴史意識と歴史学」歴史学研究会・日本史研究会編『講座日本史一〇　現代歴史学の展望』東京大学出版会、一九七一
民主主義科学者協会歴史部会総括委員会（梅田欽治執筆）「民主主義科学者協会歴史部会活動総括（案）」『歴史評論』二〇〇、一九六七（後掲『民科歴史部会資料集』所収）
歴史科学協議会編（渡辺菊雄・梅田欽治解説）『歴史科学大系三三　民科歴史部会資料集』校倉書房、一九九九

大衆社会

大門正克『近代日本と農村社会――農民世界の変容と国家』日本経済評論社、一九九四
大門正克「時代を区分するということ――日本近現代史の場合」歴史学研究会編『歴史学における方法的転回――現代歴史学の成果と課題一九八〇－二〇〇〇年』Ⅰ、青木書店、二〇〇二
アンドルー・ゴードン「消費、生活、娯楽の『貫戦史』」『岩波講座アジア・太平洋戦争六　日常生活の中の総力戦』二〇〇六
後藤道夫「大衆社会論争」東京唯物論研究会編『戦後思想の再検討　政治と社会篇』白石書店、一九八六
後藤道夫「日本型大衆社会とその形成――社会的統合と政治的統合の錯綜」『シリーズ日本近現代史――構造と変動四　戦後改革と現代社会の形成』岩波書店、一九九三
重松正史『大正デモクラシーの研究』清文堂出版、二〇〇二
住友陽文「大衆デモクラシーとナショナリズム」『日本史講座九　近代の転換』東京大学出版会、二〇〇五

高岡裕之「十五年戦争期の国民音楽」戸ノ下達也・長木誠司編『総力戦と音楽文化——音と声の戦争』青弓社、二〇〇八

林宥一『「無産階級」の時代——近代日本の社会運動』青木書店、二〇〇〇

松下圭一「大衆国家の成立とその問題性」『思想』一九五六年一一月号（同『〈増補版〉現代政治の条件』中央公論社、一九六九）

源川真希『近現代日本の地域政治構造』日本経済評論社、二〇〇一

安田浩「総論」前出『シリーズ日本近現代史——構造と変動三　現代社会への転形』一九九三

渡辺治「日本帝国主義の支配構造」『歴史学研究』別冊、一九八二

マルクス主義

磯前順一、ハリー・D・ハルトゥーニアン編『マルクス主義という経験』青木書店、二〇〇八

大塚久雄・内田義彦・松島栄一編『現代日本思想大系七〇　マルクス主義Ⅰ』筑摩書房、一九六六

芝原拓自『所有と生産様式の歴史理論』青木書店、一九七二

遠山茂樹『戦後の歴史学と歴史意識』岩波書店、一九六八

松沢弘陽『日本社会主義の思想』筑摩書房、一九七三

松田道雄「解説」『近代日本思想大系三五　昭和思想集Ⅰ』筑摩書房、一九七四

望月清司『マルクス歴史理論の研究』岩波書店、一九七三

守屋典郎『日本マルクス主義理論の形成と発展』青木書店、一九六七

安田常雄「マルクス主義と知識人」『岩波講座日本通史　近代三』一九九五

安丸良夫『〈方法〉としての思想史』校倉書房、一九九六

従軍慰安婦

石田米子・内田知行編『黄土の村の性暴力』創土社、二〇〇四

朱徳蘭『台湾総督府と慰安婦』明石書店、二〇〇五

宋連玉・金栄編『軍隊と性暴力——朝鮮半島の二〇世紀』現代史料出版、二〇一〇

永原陽子編『「植民地責任」論』青木書店、二〇〇九

VAWW-NET Japan編『日本軍性奴隷制を裁く——二〇〇〇年女性国際戦犯法廷の記録』全六巻、緑風出版、二〇〇〇～〇二

尹明淑『日本の軍隊慰安婦制度と朝鮮人軍隊慰安婦』明石書店、二〇〇三

吉見義明『従軍慰安婦』岩波書店、一九九五

吉見義明「「従軍慰安婦」問題研究の到達点と課題」『歴史学研究』八四九、二〇〇九

吉見義明・林博史編『共同研究　日本軍慰安婦』大月書店、一九九五

都市史（近代）

伊藤之雄編『近代京都の改造』ミネルヴァ書房、二〇〇六

大石嘉一郎・金澤史男編『近代日本都市史研究』日本経済評論社、二〇〇三

小路田泰直『日本近代都市史研究序説』柏書房、一九九一

佐賀朝『近代大坂の都市社会構造』日本経済評論社、二〇〇七

櫻井良樹『帝都東京の近代政治史』日本経済評論社、二〇〇三

芝村篤樹『日本近代都市の成立——一九二〇・三〇年代の大阪』松籟社、一九九八

中野隆生編『都市空間の社会史　日本とフランス』山川出版社、二〇〇四

成田龍一編『近代日本の軌跡九　都市と民衆』吉川弘文館、一九九三
能川泰治「近現代史部会・趣旨説明」『日本史研究』四六四、二〇〇一
橋谷弘『帝国日本と植民地都市』吉川弘文館、二〇〇四
原田敬一『日本近代都市史研究』思文閣出版、一九九七
源川真希『東京市政』日本経済評論社、二〇〇七
本康宏史『軍都の慰霊空間』吉川弘文館、二〇〇二

厚生

赤澤史朗『近代日本の思想動員と宗教統制』校倉書房、一九八九
石川弘義編『レジャーの思想と行動』日本経済新聞社、一九七三
鬼嶋淳「戦時期の保健医療問題と地域社会——埼玉県入間郡富岡村を中心に」『史観』一五二、二〇〇五
鐘家新『日本福祉国家の形成と「十五年戦争」』ミネルヴァ書房、一九九八
高岡裕之「総力戦と都市——厚生運動を中心に」『日本史研究』四一七、一九九七
高岡裕之『総力戦体制と「福祉国家」——戦時期日本の「社会改革」構想』岩波書店、二〇一一
藤野豊『厚生省の誕生——医療はファシズムをいかに推進したか』かもがわ出版、二〇〇三
吉田久一『昭和社会事業史』ミネルヴァ書房、一九七一

企業社会

木本喜美子『家族・ジェンダー・企業社会』ミネルヴァ書房、一九九五
渡辺治『「豊かな社会」日本の構造』労働旬報社、一九九〇
渡辺治『企業支配と国家』青木書店、一九九一

公共性

大石嘉一郎・金澤史男編『近代日本都市史研究』日本経済評論社、二〇〇三
大石嘉一郎・西田美昭編『近代日本の行政村』日本経済評論社、一九九一
小野塚知二・沼尻晃伸編『大塚久雄『共同体の基礎理論』を読み直す』日本経済評論社、二〇〇七
神島二郎『近代日本の精神構造』岩波書店、一九六一
小路田泰直「天皇制と公共性」『日本史研究』三九一、一九九五
筒井正夫「城下町における近代都市の成立」『歴史と経済』一八三、二〇〇四
沼尻晃伸「都市の公共性をめぐる論点」『歴史と経済』一八四、二〇〇四
原田純孝「『日本型』都市法の生成と都市計画、都市土地問題」同編『日本の都市法Ⅰ　構造と展開』東京大学出版会、二〇〇一
宮地正人『日露戦後政治史の研究』東京大学出版会、一九七三
安田常雄「現代史における自治と公共性に関する覚書」『法学新報』一〇九－一・二、二〇〇二
安丸良夫「民権運動の系譜」『自由民権』七、一九九三
安丸良夫『文明化の経験』岩波書店、二〇〇七
山田公平『近代日本の国民国家と地方自治』名古屋大学出版会、一九九一

被災史料保全と歴史学

板垣貴志・川内淳史『阪神・淡路大震災像の形成と受容——震災資料の可能性』岩田書店、二〇一一

日本史研究会特設部会「阪神淡路大震災と歴史学――被災史料保全活動からみえたこと」『日本史研究』四一六、一九九七

馬場義弘・奥村弘・辻川敦「市民社会における史料保存と歴史学」『歴史学研究』七三八、二〇〇〇

松下正和・河野未央編『水損史料を救う――風水害からの歴史資料保全』岩田書店、二〇〇九

歴史資料ネットワーク編『歴史のなかの神戸と平家』神戸新聞総合出版センター、一九九九

歴史資料ネットワーク編『歴史資料ネットワーク活動報告書』二〇〇二

特集「災害と資料保存」『歴史評論』六六六、二〇〇五

在日朝鮮人

飯沼二郎編『在日韓国・朝鮮人』海風社、一九八八

岩村登志夫『在日朝鮮人と日本労働者階級』校倉書房、一九七二

小熊英二・姜尚中編『在日一世の記憶』集英社新書、二〇〇八

梶村秀樹「定住外国人としての在日朝鮮人」『思想』七三四、一九八五

朝鮮史研究会編『朝鮮史研究入門』名古屋大学出版会、二〇一一

外村大『在日朝鮮人社会の歴史学的研究』緑蔭書房、二〇〇四

朴慶植『朝鮮人強制連行の記録』未来社、一九六五

樋口雄一『日本の朝鮮・韓国人』同成社、二〇〇二

水野直樹「朝鮮人の国外移住と日本帝国」『岩波講座世界歴史』一九、一九九九

森田芳夫『数字が語る在日韓国・朝鮮人の歴史』明石書店、一九九六

歴史修正主義

金富子・中野敏男編『歴史と責任――「慰安婦」問題と一九九〇年代』青弓社、二〇〇八

小森陽一・高橋哲哉編『ナショナル・ヒストリーを超えて』東京大学出版会、一九九八

高橋哲哉『歴史／修正主義』岩波書店、二〇〇一

遅塚忠躬『史学概論』東京大学出版会、二〇一〇

P・ヴィダル＝ナケ『記憶の暗殺者たち』人文書院、一九九五

ティル・バスティアン『アウシュヴィッツと〈アウシュヴィッツの嘘〉』白水社、一九九五

藤原彰・森田俊男編『近現代史の真実は何か――藤岡信勝氏の「歴史教育・平和教育」論批判』大月書店、一九九六

柳沢遊「現代日本を読む　現代日本のネオナショナリズム――受容基盤との関連を中心に」『ポリティーク』四、二〇〇二

山田朗『歴史修正主義の克服――ゆがめられた〈戦争論〉を問う』高文研、二〇〇一

セルジョ・ルッツァット『反ファシズムの危機――現代イタリアの修正主義』岩波書店、二〇〇六

歴史学研究会編『歴史における「修正主義」』青木書店、二〇〇〇

沖縄

安良城盛昭『新・沖縄史論』沖縄タイムス社、一九八〇

新崎盛暉『戦後沖縄史』日本評論社、一九七六

大田昌秀編『総史沖縄戦』岩波書店、一九八二

小熊英二『〈日本人〉の境界』新曜社、一九

九八
鹿野政直『戦後沖縄の思想像』朝日新聞社、一九八七
金城正篤「「琉球処分」と民族統一の問題」『史林』五〇ー一、一九六七
嶋津与志『沖縄戦を考える』ひるぎ社、一九八三
新川明『異族と天皇の国家』二月社、一九七三
冨山一郎『近代日本社会と「沖縄人」』日本経済評論社、一九九〇
林博史『沖縄戦と民衆』大月書店、二〇〇一
藤原彰編『沖縄戦・国土が戦場になったとき』青木書店、一九八七
宮里政玄編『戦後沖縄の政治と法 一九四五―七二』東京大学出版会、一九七五
森宣雄「琉球は「処分」されたか」『歴史評論』六〇三、二〇〇〇
屋嘉比収・近藤健一郎・新城郁夫・藤澤健一・鳥山淳編『沖縄・問いを立てる』一～五、社会評論社、二〇〇八～〇九

東京裁判

粟屋憲太郎「東京裁判への道」『朝日ジャーナル』一九八四年一〇月一二日号～八五年四月一二日号（同『東京裁判への道』上・下、講談社選書メチエ、二〇〇六）
粟屋憲太郎『東京裁判論』大月書店、一九八九
内海愛子『朝鮮人BC級戦犯の記録』勁草書房、一九八二
内海愛子・村井吉敬『赤道下の朝鮮人叛乱』勁草書房、一九八〇
大沼保昭『戦争責任論序説』東京大学出版会、一九七五
武田珂代子『東京裁判における通訳』みすず書房、二〇〇八
戸谷由麻『東京裁判 第二次大戦後の法と正義の追求』みすず書房、二〇〇八
永井均『フィリピンと対日戦犯裁判』岩波書店、二〇一〇
中里成章『パル判事 インド・ナショナリズムと東京裁判』岩波新書、二〇一一
中島岳志『パール判事 東京裁判批判と絶対平和主義』白水社、二〇〇七
林博史『裁かれた戦争犯罪――イギリスの対日戦犯裁判』岩波書店、一九九八
日暮吉延『東京裁判の国際関係――国際政治における権力と規範』木鐸社、二〇〇二
丸山真男「軍国支配者の精神形態」『潮流』一九四九年五月号（同『現代政治の思想と行動』上、未来社、一九五六）

ポスト・モダン

ルイ・アルチュセール（西川長夫訳）『国家とイデオロギー』福村出版、一九七五
テリー・イーグルトン（森田典正訳）『ポストモダニズムの幻想』大月書店、一九九八
大門正克編『昭和史論争を問う』日本経済評論社、二〇〇六
西川長夫『国境の超え方』筑摩書房、一九九二（増補版、平凡社ライブラリー、二〇〇一）
ミシェル・フーコー（渡辺一民・佐々木明訳）『言葉と物』新潮社、一九七四
ミシェル・フーコー（田村俶訳）『監獄の誕生』新潮社、一九七七
牧原憲夫『客分と国民のあいだ――近代民衆の政治意識』吉川弘文館、一九九八
牧原憲夫編『〈私〉にとっての国民国家論』日本経済評論社、二〇〇三
安田常雄「方法についての断章」歴史学研究会編『戦後歴史学再考』青木書店、二〇〇〇
ジャン＝フランソワ・リオタール（小林康

夫訳）『ポスト・モダンの条件』書肆風の薔薇、一九八六

地域支配

佐賀朝『近代大阪の都市社会構造』日本経済評論社、二〇〇七
佐々木隆爾「戦後史像の再検討」『歴史評論』四四一、一九八七（同『世界史の中のアジアと日本』御茶の水書房、一九八八）
鈴木良「地域支配と部落問題」『部落問題研究』六二、一九七九（奥村弘・久留島浩編『展望日本歴史一七　近世から近代へ』東京堂出版、二〇〇五）
鈴木良「水平運動史の課題と方法」『部落問題研究』七六、一九八三（同『近代日本部落問題研究序説』兵庫部落問題研究所、一九八五）
鈴木良「民主主義と歴史学」歴史科学協議会編『現代を生きる歴史学』一、大月書店、一九八七
鈴木良『水平社創立の研究』部落問題研究所、二〇〇五
野呂栄太郎『日本資本主義発達史』鉄塔書院、一九三〇
広川禎秀編『近代大阪の地域と社会変動』部落問題研究所、二〇〇九
丸山真男『日本の思想』岩波書店、一九六一
吉田伸之「地域把握の方法」歴史学研究会編『現代歴史学の成果と課題一九八〇－二〇〇〇年』Ⅱ、青木書店、二〇〇三

近代家族

大澤真理『企業中心社会を越えて――現代日本を〈ジェンダー〉で読む』時事通信社、一九九三
荻野美穂『「家族計画」への道――近代日本の生殖をめぐる政治』岩波書店、二〇〇八
落合恵美子「〈近代家族〉の誕生と終焉」『現代思想』一九八五年六月号
落合恵美子『近代家族とフェミニズム』勁草書房、一九八九
落合恵美子『二一世紀家族へ――家族の戦後体制の見かた・越えかた』有斐閣、一九九四
木本喜美子『家族・ジェンダー・企業社会』ミネルヴァ書房、一九九五
小山静子『良妻賢母という規範』勁草書房、一九九一
竹内敬子「工場法とジェンダー――一九一一年工場法と女性をめぐる「仮設」の受容」三宅義子編『日本社会とジェンダー』明石書店、二〇〇一
千本暁子「日本における性別役割分業の形成――家計調査をとおして」荻野美穂ほか『制度としての〈女〉――性・産・家族の比較社会史』平凡社、一九九〇
西川祐子『近代国家と家族モデル』吉川弘文館、二〇〇〇
牟田和恵『戦略としての家族――近代日本の国民国家形成と女性』新曜社、一九九六
横山文野『戦後日本の女性政策』勁草書房、二〇〇二

世界システム論

アブー＝ルゴド、ジャネット・L（佐藤次高・斯波義信・高山博・三浦徹訳）『ヨーロッパ覇権以前』岩波書店、二〇〇一
ウォーラーステイン、Ⅰ（川北稔訳）『近代世界システム、農業資本主義と「ヨーロッパ世界経済」の成立』Ⅰ・Ⅱ、岩波書店、一九八一
ウォーラーステイン、Ⅰ（川北稔訳）『近代世界システム一六〇〇－一七五〇、重商主義と「ヨーロッパ世界経済」の凝集』

名古屋大学出版会、一九九三
ウォーラーステイン、I（川北稔訳）『近代世界システム一七三〇－一八四〇s、大西洋革命の時代』名古屋大学出版会、一九九七
ウォーラーステイン、I（川北稔訳）『史的システムとしての資本主義』新版、岩波書店、一九九七
ウォーラーステイン、I（本多健吉・高橋章監訳）『脱＝社会科学、一九世紀パラダイムの限界』藤原書店、一九九三
ウォーラーステイン、I（山下範久訳）『新しい学、二一世紀の脱＝社会科学』藤原書店、二〇〇一
ウォーラーステイン、I（山下範久訳）『入門世界システム分析』藤原書店、二〇〇六
川北稔編『知の教科書・ウォーラーステイン』講談社、二〇〇一
テイラー、P・J（高木彰彦訳）『世界システムの政治地理』上・下、大明堂、一九九一
平田雅博『イギリス帝国と世界システム』晃洋書房、二〇〇〇
フランク、A・G（山下範久訳）『リオリエント、アジアの時代のグローバル・エコノミー』藤原書店、二〇〇〇

日清・日露戦争

大江志乃夫『日露戦争の軍事史的研究』岩波書店、一九七六
大江志乃夫『世界史としての日露戦争』立風書房、二〇〇一
高橋秀直『日清戦争への道』東京創元社、一九九五
千葉功『旧外交の成立』勁草書房、二〇〇八
原田敬一『日清・日露戦争』岩波新書、二〇〇七
原田敬一『日清戦争』吉川弘文館、二〇〇八
藤村道生『日清戦争』岩波新書、一九七三
山田朗『軍備拡張の近代史――日本軍の膨張と崩壊』吉川弘文館、一九九七
山田朗『世界史の中の日露戦争』吉川弘文館、二〇〇九
山室信一『日露戦争の世紀――連鎖視点から見る日本と世界』岩波新書、二〇〇五
和田春樹『日露戦争　起源と開戦』上・下、岩波書店、二〇〇九・一〇

太平洋戦争

木坂順一郎「アジア・太平洋戦争の呼称と性格」『龍谷法学』二五－四、一九九三
木坂順一郎「アジア・太平洋戦争再論」『季刊・戦争責任研究』五〇、二〇〇五
倉沢愛子ほか編『岩波講座アジア・太平洋戦争』全八巻、二〇〇五～〇六
日本国際政治学会太平洋戦争原因研究部編『太平洋戦争への道』全七巻、朝日新聞社、一九六二～六三
服部卓四郎『大東亜戦争全史』全八巻、鱒書房、一九五三～五六（芙蓉書房、一九六五）
林房雄「大東亜戦争肯定論」『中央公論』一九六三年九月号～一九六五年六月号
藤原彰「太平洋戦争」『岩波講座日本歴史』二一、一九六三
吉田裕『日本人の戦争観』岩波書店、一九九五
歴史学研究会『太平洋戦争史』全五巻、東洋経済新報社、一九五三～五四

大東亜共栄圏

安達宏昭「戦時期の『大東亜経済建設』構想――『大東亜建設審議会』を中心に」同時代史学会編『日中韓ナショナリズムの

同時代史』日本経済評論社、二〇〇六
岡部牧夫「『大東亜共栄圏』論」歴史学研究会編『講座世界史』八、東京大学出版会、一九九六
岡部牧夫・小田部雄次「『大東亜共栄圏』の支配と矛盾」藤原彰・今井清一編『太平洋戦争』三、青木書店、一九八九
河西晃祐「外務省『大東亜共栄圏』構想の形成過程」『歴史学研究』七九八、二〇〇五a
河西晃祐「『帝国』と『独立』――『大東亜共栄圏』における『自主独立』問題の共振」『年報日本現代史』一〇、現代史料出版、二〇〇五b
河西晃祐「『独立』国という『桎梏』」『岩波講座東アジア近現代通史』六、岩波書店、二〇一〇
後藤乾一「『大東亜共栄圏』の実像」浅田喬二編『近代日本の軌跡一〇「帝国」日本とアジア』吉川弘文館、一九九四
小林英夫『「大東亜共栄圏」の形成と崩壊』御茶の水書房、一九七五
波多野澄雄『太平洋戦争とアジア外交』東京大学出版会、一九九六
疋田康行編著『「南方共栄圏」』多賀出版、一九九五

戦争責任

荒井信一『戦争責任論』岩波書店、一九九五
家永三郎『戦争責任』岩波書店、一九八五
石田雄『記憶と忘却の政治学』明石書店、二〇〇〇
永原陽子編『「植民地責任」論』青木書店、二〇〇九
日本弁護士連合会編『日本の戦後補償』明石書店、一九九四
吉田裕『日本人の戦争観』岩波書店、一九九五
読売新聞戦争責任検証委員会『検証戦争責任』一・二、中央公論新社、二〇〇六
『季刊戦争責任研究』創刊号、一九九三（継続刊行中、二〇一二年三月現在、七五号）

ソ連と社会主義

石井規衛『文明としてのソ連』山川出版社、一九九五
江口朴郎編『ロシア革命の研究』中央公論社、一九六八
奥村哲『中国の現代史――戦争と社会主義』青木書店、一九九九
塩川伸明「歴史的経験としてのソ連」『比較経済体制研究』九、二〇〇二
渓内謙『スターリン政治体制の成立』第一部・第二部・第三部・第四部、岩波書店、一九七〇・七二・八〇・八六
渓内謙『現代社会主義を考える』岩波書店、一九八八
西村成雄「二〇世紀中国を通底する「国民国家の論理」とナショナリズム・社会主義」『歴史評論』五一五、一九九三
藤田勇『社会主義社会論』東京大学出版会、一九八〇
和田春樹『歴史としての社会主義』岩波新書、一九九二
「リレー連載　社会主義を考える」①～㉕、『歴史評論』五三〇～五六七、一九九四～九七

アメリカと日本歴史研究

奥泉栄三郎「北米における「戦後日本」研究」佐々木毅ほか編『戦後史大事典』（増補新版）三省堂、二〇〇五
金原左門『「日本近代化」論の歴史像』（増補第二版）中央大学出版部、一九七四
キャロル・グラック（梅崎透訳）『歴史で考える』岩波書店、二〇〇七
アンドルー・ゴードン編（中村政則監訳）『歴史としての戦後日本』上・下、みすず

書房、二〇〇一
ジョン・ダワー（猿谷要監修）『人種偏見』TBSブリタニカ、一九八七（『容赦なき戦争』と改題し、平凡社ライブラリー、二〇〇八）
『ハーバート・ノーマン全集』全四巻（大窪愿二編訳）岩波書店、一九七七
安丸良夫『〈方法〉としての思想史』校倉書房、一九九六
John W. Dower, "E. H. Norman, Japan and the Uses of History", John W. Dower ed. *Origins of the Modern Japanese State: Selected Writings of E. H. Norman*, Pantheon Books, New York, 1975

出土文字資料

鐘江宏之『地下から出土した文字』山川出版社・日本史リブレット、二〇〇七
佐藤信『出土史料の古代史』東京大学出版会、二〇〇二
高島英之『古代出土文字資料の研究』東京堂出版、二〇〇〇
高島英之『古代東国地域史と出土文字資料』東京堂出版、二〇〇六
平川南『漆紙文書の研究』吉川弘文館、一九八九
平川南『墨書土器の研究』吉川弘文館、二〇〇〇

正倉院文書

大平聡「正倉院文書研究試論」『日本史研究』三一八、一九八九
栄原永遠男『奈良時代写経史研究』塙書房、二〇〇三
杉本一樹『正倉院　歴史と宝物』中公新書、二〇〇九
西洋子『正倉院文書整理過程の研究』吉川弘文館、二〇〇二
皆川完一「光明皇后願経五月一日経の書写について」坂本太郎博士還暦記念論集刊行会編『日本古代史論集』上、吉川弘文館、一九六二
宮﨑健司『日本古代の写経と社会』塙書房、二〇〇六
山下有美『正倉院文書と写経所の研究』吉川弘文館、一九九九
山本幸男『写経所文書の基礎的研究』吉川弘文館、二〇〇二

教科書裁判記録

家永教科書訴訟弁護団編『家永教科書裁判——三二年にわたる弁護団活動の総括』日本評論社、一九九八
家永三郎『教科書検定』日本評論社、一九六五
家永三郎『教科書訴訟十年』ほるぷ新書、一九七四
家永三郎『教科書裁判』日本評論社、一九八一
家永三郎『一歴史学者の歩み』岩波現代文庫、二〇〇三
大串潤児「史学史としての教科書裁判」『思想』二〇一一年八月号
君島和彦「歴史学は家永教科書裁判から何を学んだか」『日韓歴史教科書の軌跡——歴史の共通認識を求めて』すずさわ書店、二〇〇九
教科書検定訴訟を支援する全国連絡会編『家永教科書裁判のすべて——三二年の運動とこれから』民衆社、一九九八
教科書検定訴訟を支援する歴史学関係者の会編『歴史の法廷——家永教科書裁判と歴史学』大月書店、一九九八

執筆者一覧（五十音順）＊編集委員

赤澤春彦　浅野　充　畔上直樹　安達宏昭　新井　悟　荒井秀規　市沢　哲　伊藤　循　伊藤俊一
伊藤瑠美　稲葉継陽　井上寛司　井原今朝男　今津勝紀　上島　享　靫矢嘉史　梅田千尋　梅村　喬
江口　桂　遠藤珠紀　及川良彦　大岡　聡　大賀郁夫　大門正克　大川　啓　大川原竜一　大塚紀弘
大橋幸泰　大平　聴　小川和也　奥村　弘　小倉真紀子　小田真裕　落合　功　落合義明　小野本敦
大日方純夫　海津一朗　角張淳一　糟谷幸裕　堅田　理　加藤博文　鎌倉佐保　亀谷弘明　川戸貴史
河西秀哉　菊地照夫　鬼嶋　淳　＊木村茂光　木村直也　久保健一郎　倉敷伸子　栗山圭子　＊黒尾和久
黒田弘子　纐纈　茂　河内春人　小酒井大悟　呉座勇一　小関悠一郎　後藤致人　小林謙一　小林知子
小林啓治　＊近藤成一　紺野英二　昆野伸幸　今野日出晴　今　正秀　斎藤善之　佐伯智広　酒井芳司
坂江　渉　坂本達彦　櫻澤　誠　佐々木啓　佐藤健治　佐藤長門　佐藤宏之　佐藤泰弘　清水克行
菅野則子　杉　岳志　鈴木哲雄　鈴木直樹　鈴木　文　須田　努　関　周一　曽根原理　高岡裕之
高島英之　高瀬克範　高橋健太郎　高橋典幸　高松百香　田上勇一郎　竹井英文　武廣亮平　建石　徹
田中大喜　＊田中禎昭　谷口真子　谷本晃久　田村憲美　綱川歩美　戸邉秀明　永江雅和　中沢道彦
中嶋久人　永田史子　中野高行　中野　良　中村　元　中村只吾　中村友一　中山真治　中山誠二
夏目琢史　奈良勝司　西木浩一　西　聡子　西田友広　西谷正浩　西村慎太郎　仁藤敦史　布川　弘
沼尻晃伸　野口華世　野尻泰広　野村朋弘　野本禎司　橋本真紀夫　橋本　雄　長谷川裕子　服部一隆
浜田晋介　早川紀代　林　博史　原田敬一　平田雅博　福澤徹三　福田千鶴　藤井　崇　藤尾慎一郎
古市　晃　細井浩志　細川涼一　本庄十喜　牧原成征　松崎元樹　松田行彦　三河雅弘　＊源川真希
皆川雅樹　宮里　修　宮瀧交二　三輪泰史　武川夏樹　村本周三　望月良親　森田喜久男　守田逸人
盛本昌広　森脇孝広　安田常雄　山口公一　山田康弘　山藤正敏　山本英二　山本公徳　山本義彦
矢森小映子　湯浅治久　義江明子　吉永匡史　吉見義明　依田亮一　＊若尾政希　渡辺浩一　渡辺美季

戦後歴史学用語辞典

2012年6月25日　初版印刷
2012年7月5日　初版発行

監修者　木村茂光
編　者　歴史科学協議会
発行者　皆木和義
印刷所　株式会社フォレスト
製本所　渡辺製本株式会社

発行所　株式会社　東京堂出版

東京都千代田区神田神保町1-17〔〒101―0051〕
電話03-3233-3741　振替00130-7-270
http://www.tokyodoshuppan.com/

ISBN978-4-490-10818-7　C3521

Printed in Japan